苏州博物馆藏

古 籍 善 本

苏州博物馆　编著

文物出版社

北京 · 2011

封面设计　程星涛
责任印制　梁秋卉
责任编辑　李　穆

图书在版编目（CIP）数据

苏州博物馆藏古籍善本/苏州博物馆编著.
—北京：文物出版社，2012.1
（苏州博物馆馆藏文物系列丛书）
ISBN 978-7-5010-3393-5

Ⅰ.①苏…　Ⅱ.①苏…　Ⅲ.①古籍－善本－
图书馆目录－苏州市　Ⅳ.①Z838

中国版本图书馆CIP数据核字(2011)第277975号

苏州博物馆藏古籍善本

编　　著　苏州博物馆
出版发行　文物出版社
地　　址　北京市东直门内北小街2号楼
　　　　　邮政编码　100007
　　　　　http：//www.wenwu.com
　　　　　E-mail：web@wenwu.com
制版印刷　北京燕泰美术制版印刷有限责任公司
经　　销　新华书店
版　　次　2012年1月第1版第1次印刷
开　　本　889×1194　1/16　印张 20.75
书　　号　ISBN 978-7-5010-3393-5
定　　价　280.00元

Rare Ancient Books Collected by Suzhou Museum

Suzhou Museum Redact

Cultural Relics Press

Beijing 2011

苏州博物馆系列丛书总序

一位学者说："苏州，是一座用文化打造起来的城市，唯有用文化才能使她挺直腰杆。"一位官员说："文化，是苏州最大的魅力；文化，是苏州最强的竞争力。"

江南水乡、人间天堂的苏州，地处长江三角洲的核心地带，扼守太湖水网和京杭大运河的要津，风物清嘉，人文荟萃，是中华文明的重要发祥地之一。

悠久的历史文化积淀和传承，赋予了古城苏州独特的整体文化景观。刻于公元一二二九年的宋《平江图》碑，是当今世界所能看到最早的城市平面图。古城苏州"水陆并行双棋盘格局"至今仍然存在，以小桥流水、粉墙黛瓦为特征的古城风貌，使人在这古今和谐的东方水城空间环境中，处处感受到一种纤巧秀美的柔性文化魅力，感受到一种宁静婉约的优雅文化氛围。

丰厚的吴地文化遗产精华，秀外慧中，包容了千年古城、水乡古镇、园林胜迹、街坊民居等丰富多彩的物化形态，也体现在昆曲、苏剧、评弹、桃花坞木刻、吴门书画、丝绸、刺绣、工艺珍品等门类齐全的艺术形态，更表现于苏州人才辈出、群星灿烂的文脉传承。人文资源的博大、文化底蕴的深厚、文化心理的成熟和文化氛围的浓重，使苏州成为活着的文化遗产，也使苏州成为享誉中国乃至世界的魅力城市。

博物馆是展示城市魅力和竞争力的重要舞台。苏州博物馆是展示苏州地方历史文化的综合性博物馆，作为一座地域性政府主导体制下的公益性的重要文化场所，它依托全国重点文物保护单位——太平天国忠王府作为博物馆文化遗产保护和发展的基础，在苏州地区各类博物馆中，建馆最早、综合实力最强，具有举足轻重的地位。苏州博物馆现藏各类文物约三万余件，以出土文物、明清书画和古代工艺品见长，不少器物从质地到器形，既有本地特色，又有与周边文化交流的痕迹。

作为收藏、保护、研究、展示人类文化遗产的公共文化设施，博物馆体现的是一个城市和地区的文明风貌和个性，是对文明记忆的一种汇聚、凝练与传承，反映一个城市的品味、内在风格和历史文脉。当今，博物馆已经成为各国、各地区一种普遍性的文化表达方式，为社会和社会发展服务是其宗旨。在现代化和全球化背景下，博物馆和文化遗产的重要性日益凸显，它不仅担负着文化传承、文化认同的重任，是现代人高素质的精神和美感生活不可或缺的组成部分，同时也日益成为国家和地区的文化、经济与社会发展的重要支撑点。

在苏州建城二千五百二十年之际，由著名建筑大师贝聿铭担纲设计的苏州博物馆新馆，已经露出了崭新的雄姿。新馆以其大胆和意味深长的精准选址、体现继承和创新的"中而新，苏而新"的设计理念、追求和谐适度的"不高不大不突出"的设计原则、精益求精的高标准建设，成为一座既有苏州传统园林建筑特色、又有现代建筑艺术利落的几何造型、精巧的布局结构，以及完善的设施功能，并且在各个细节上都体现出丰富人文内涵的现代化综合性博物馆。新馆建筑充分利用空间资源来倡导文化，充满着古今文化传承、艺术表现以及科技进步的和谐美感和传神意韵，具有不朽和传世的经典意义，她和毗邻的拙政园、忠王府、狮子林等传统园林建筑珠联璧合，交相辉映，形成了一条丰富多彩的历史文化长廊。苏州博物馆新馆是贝聿铭先生建筑生涯中的封刀之作，它不仅是当今苏州的一个标志性公共建筑，更是中国建筑文化从传统通向未来的一座桥梁，成为中国建筑发展创新的一个标记。同时，它把古城苏州的文化遗产保护事业推上了一个新的平台，也为苏州博物馆翻开了全新的一页。

做好新馆硬件和软件建设两方面的工作，打造苏州博物馆精品品牌，是发展文化生产力，满足人民群众日益增长的文化需求的客观需要；是建设文明苏州，实现苏州经济社会文化和谐发展的具体实践；是时代赋予我们的历史责任。为了让更多的人了解苏州博物馆的历史与文化的发展，认识苏州博物馆的藏品和展览，提升博物馆的学术水准、社会声望和荣誉地位，充分彰显博物馆的社会价值和社会文化功能，我们将陆续出版一批有关苏州博物馆藏品以及与之相关的保护和研究方面的系列丛书，以满足广大人民群众的需求。

烟雨江南，如诗如画。面对着现代化建设的高歌猛进，古城中那随处可见的古色古香，那丝丝缕缕古意的静谧，清冷而美丽着。坚守文化的精神家园，保护、传承和光大这份弥足珍贵的文化遗产，不仅是博物馆人的工作和义务，更是生活在这片土地上的人们的崇高责任。

汤钰林

二〇〇九年五月

Preface

A scholar said that the city of Suzhou is built by the culture and only the culture can straighten her back; an official said the culture of Suzhou is the most charming and competitive.

Suzhou, called the waterside city and the paradise on earth, is located in the core area of the Yangtze River Delta.

It holds the network of Taihu Lake and the key post of Grand Canal. The richer land fosters more talents. It is one of the birthplaces of Chinese civilization.

The cultural accumulation and inheritance in a long history endows a unique and integrated cultural landscape to Suzhou. The Stele "Map of Pingjiang" of Song Dynasty, engraved in 1229, now is the earliest city ichnography in the world. The layout of Suzhou "the lands and rivers lying like the double chessboards" does not change greatly up to now. The scene of "the whitewashed wall with dark gray tiles" and "the water flowing under the small bridges" let the people everywhere feel a kind of gentle cultural charm and elegant cultural atmosphere in the space of an oriental waterside city. It is peaceful and harmonious.

The rich heritage of Wu culture, beauty with connotation, not only contains the substantial forms such as the 2,500-year-old waterside city, the classical gardens, the old streets and houses, but also the art forms such as Pingtan Opera, Kun Opera, Su Opera, Taohuawu Woodcut, Calligraphy and Painting of Wumen School, Silk, Embroidery and Craftwork etc. Suzhou is full of talents from ancient to today. The rich human resource, the profound cultural foundation, the mature cultural mentality and the strong cultural atmosphere let Suzhou become the living cultural heritage and the charming city in China, even in the world.

The museum is an important stage to show the charm and competition capacity of the city. Suzhou Museum, led by the government, is a comprehensive museum concerning the local culture and history. It is the earliest museum and has the strongest comprehensive strength in Suzhou. On the basis of the protection and development of the Residence of Prince Zhong of Taiping Heavenly Kingdom (National Priority Preservative Unit of the Cultural Relics), the status of Suzhou Museum is pivotal as a significant public cultural place. Suzhou Museum collects over 30,000 cultural relics and is expert in the unearthed relics, ancient craftwork, calligraphy and painting of Ming and Qing Dynasty. Some cultural relics, from her texture to shape, not only have the local characteristic, but also have the evidence of the cultural exchange with the surroundings.

As the public cultural establishment for the collection, protection, research and exhibition of the human cultural heritage, the museum reflects the civilization and character of a city, reflects the taste, connotation and history of a city. It is the concentration and inheritance of the civilization memory. Today, the museum already becomes a kind of cultural expression universally in the nations and regions. Its purpose is to serve the society and the social development. With the background of modernization and globalization, the significance of the museum and cultural heritage is highlighted increasingly. It shoulders the important task of the culture Identity and inheriting. And it is indispensable to the modern people for pursuing their high-quality spiritual life. The museum, simultaneously, increasingly becomes the important support to the cultural, economic and social development of the nations and regions.

In the 2520th anniversary of the establishment of Suzhou city, the New Suzhou Museum, designed by Mr. I.M.Pei who is a famous architect, begins to show her new appearance. The innovative design concept is "Chinese style with innovation, Suzhou style with creativity" and the harmonious design principle is "not high, not large and not projecting". Through the bold and meaningful site choice and the high-quality construction, the new museum becomes a modern comprehensive museum with the humanism connotation. It not only has the character of Suzhou classical garden, but also the simple geometric form of modern art, the exquisite structural layout and the complete function.

The construction of the new museum makes full use of the space resource to advocate the culture, harmonious with the heritage, art expression and technological development. The new museum is adjacent to the classical gardens such as the Humble Administrator Garden, the Residence of Prince Zhong and The Lion Forest Garden. They enhance each other's beauty and become a varied historical and cultural gallery. The New Suzhou Museum is the last work of Mr. I. M. Pei in his career and will be an immortal and classical construction in the world. The new museum is not only a symbolic public construction in Suzhou, but also becomes an innovative mark, which bridges the Chinese architectural culture from the tradition to the future. The new museum, simultaneously, pushes the career of the cultural heritage of Suzhou to a new stage and turns a new page of Suzhou Museum.

Improving the hardware and software, and creating the cultural brand of Suzhou Museum is the need of developing the cultural productivity and satisfying the increasing cultural requirement of the people; it is the concrete practice of the civilization construction and the realization of the harmonious development of the economy and culture in Suzhou; It is also the historical duty endowed by time. We will successively publish a series of books about the collections of Suzhou Museum, their protection and research. Let more people know the collections, exhibitions, and historical and cultural development of Suzhou Museum. It also can promote the academic research, exalt the social reputation and status, and fully embody the social value and cultural function of Suzhou Museum.

Suzhou in misty rain likes a painting or a poem. Under the background of the modernization, the antiquity still can be seen everywhere in the ancient city. It is quiet, clear and beautiful. Not only the people of the museum, but also the people living in the land have the duty to hold the spiritual homeland of the culture and have the responsibility to protect, inherit and spread the valuable cultural heritage.

Tang Yulin

2009.5

前　言

苏州，是国务院首批公布的24座中国历史文化名城之一，自古以风物清嘉、人杰地灵著称于世，享有“人间天堂”之美誉。在江南烟雨氤氲着的写意山水中，在私家园林清幽的精致回廊上，走出世代吴中文人，亦层累积淀出深厚的地方文脉。众多文人墨客以诗书成名，亦以是传家，书香绵延，世泽久长。尤其是明清两代，藏书刻书家层出不穷，高峰迭起，如钱谦益绛云楼、汪士钟艺芸书舍、瞿启甲铁琴铜剑楼等，皆独步一时，为书林翘楚。虽历经岁月沧桑，仍有大量古籍图册分藏于各公立机构和私人藏家处，其中珍善之本为数颇夥，成为见证这座二千五百多年古城文化渊薮的精美文物，也是中华民族乃至全人类不可再生、弥足珍贵的文化遗产。

苏州博物馆成立于1960年，当肇业草创之始，苏州博物馆和苏州市文物管理委员会的前辈们，就积极搜求古籍文献。当时诸多社会贤达纷纷慨然响应，将庋藏多年的收藏无私捐献给国家，像朱德元帅恩师李根源先生，民国元老何澄之女何泽慧女士，顾沅后人顾翼东教授，均是其中代表。文革时期，苏州博物馆也抢救保护了大批珍贵的古籍善本，并完好保存至今。若没有历任前辈们无私忘我的寻访搜剔，就没有今日高枕安卧于苏州博物馆藏书楼库房中的森森古籍。他们和历代的学者仁人一样，是这座博物馆、这座城市、这个民族文化之火的守望者与传薪者。

苏州博物馆图书馆所藏中文古籍有10万余册（含卷轴、册页等），虽不云多，然可曰精善，尤其是佛教经卷、地方文献、碑帖拓片、名人手稿等，均为极富特色的馆藏佳品。自2007年开展全国古籍普查始，苏州博物馆迄今已有56种古籍入选全国珍贵古籍名录，127种入选江苏省珍贵古籍名录，其中不乏历史文献性、学术资料性、艺术代表性俱佳的珍品。

苏州博物馆馆藏古籍中，最具代表性的当属佛教经卷。江南地区自魏晋以后，崇佛之风日盛，“南朝四百八十寺，多少楼台烟雨中”，即昔日盛况之描绘。1978年，于苏州城南瑞光塔第三层塔心天宫窖藏中的一只楠木黑漆嵌螺钿经箱内，意外发现沉睡了千年的〔后秦〕释鸠摩罗什译《妙法莲华经》七卷七轴，每轴皆由写经高手在深湛碧蓝的磁青纸上，以泥金楷书精钞，字体宽舒，间架沉稳，气韵高古，洒脱秀逸。每卷卷首又有泥金细笔绘佛教经变故事，线条纤若游丝，翩若惊鸿，舒卷自如，精妙绝伦。卷七后有泥金正楷书跋：“时显德三年岁丙辰十二月十五日，弟子朱承惠特舍净财收赎此古旧损经七卷，备金银及碧纸，倩人书写，已得句义周圆添续良因，伏愿上报四重恩下救三涂苦，法界含生俱沾利乐永充供养。”知为五代后周世宗显德三年（956）写本。与此碧纸金书本同时重见天日的，是雕版印刷〔后秦〕释鸠摩罗什译《妙法莲华经》六卷，刻字精细谨严方正端穆。卷一前引首磁青纸有泥金行楷题识：“天禧元年九月初五日，雍熙寺僧永宗转舍《妙法莲华经》一部七卷，入瑞光院新建多宝佛塔相轮珠内，所其福利上报四恩下资三有，若有瞻礼顶戴者，舍此一报身同生极乐国。”知为北宋真宗天禧元年(1017)封入天宫，其刻印时间当在北宋初或更早，是我国现存最早的雕版印刷佛教经卷之一，版本价值不可估量。此二部《妙法莲华经》一写一刻，可谓苏州博物馆馆藏善本中的镇馆之宝。除上述者外，北宋写本《佛说观世音经》一卷，北宋初写本《佛说天地八阳经》一卷，北宋初泥金写本《佛说阿弥陀经》，北宋天禧元年写本《佛说相轮陀罗尼经》一卷，北宋至和元年(1054)金银写本《金刚般若波罗蜜经》一卷，北宋开宝七年（974)刊《开宝藏》刻本《杂阿含经》五十卷，北宋端拱元年(988)刻本《金光明经》四卷、《金光明经忏悔灭罪传》一卷，北宋咸平四年(1001)杭州赵宗霸开雕刻本，汉文、梵文两面印刷《大隋求陀罗尼神咒经》一卷，宋两浙转运司刻本《大方广佛华严经疏》，宋湖州思溪圆觉禅院刊《思溪藏》刻本和宋元平江府碛砂延圣院刊《碛砂藏》刻本《大般若波罗蜜多经》六百卷两种，均法相庄严、异彩纷呈，极富学术版本价值和艺术观瞻性。

中国雕版印刷史源远流长，历代刻书汗牛充栋，但世人每以宋刻元椠为臻品至尊。苏州博物馆所藏宋元刻本不多，〔宋〕吕祖谦撰《东莱吕太史文集》十五卷《别集》十六卷《外集》五卷《丽泽论说集录》十卷，宋吕祖俭辑、宋嘉泰四年(1204)吕乔年刻、元明递修本，《附录》三卷《附录拾遗》一卷，此书虽仅存《文集》卷六至十五、《附录》三卷、《附录拾遗》一卷，但流传有序，先后为明代徐𤊹红雨楼、清代蒋绮三径斋、郑杰注韩居、日本岛田翰、民国田吴炤、沈曾植、刘之泗诸家迭藏，并有刘之泗跋。〔宋〕郭茂倩辑、元至正元年(1341)集庆路儒学刊、明嘉靖三十年（1551）递修刻本《乐府诗集》一百卷《目录》二卷，此书乃元代官刻书籍，系中书省辖下江东建康道肃政廉访司所分管的集庆路刊刻。此书曾为潘祖荫箧中旧物，全书有其朱、墨双笔校改。〔宋〕朱熹撰、元刻本《诗集传》十卷，此书曾经归汪士钟书斋所有。〔汉〕扬雄撰，〔晋〕李轨、〔唐〕柳宗元、〔宋〕宋咸、吴祕、司马光注，宋刻元修本《纂图互注扬子法言》十卷，此书是何澄于1925年，在北京宣武门内头发胡同冷摊上以两枚银币易得。另外，像〔宋〕苏轼撰题、〔宋〕王十朋纂集、〔宋〕刘辰翁批点、元刻本《增刊校正王状元集注分类东坡先生诗》二十五卷，〔元〕左克明辑、元至正刊、明修刻本《古乐府》十卷等，也颇具价值允足珍视。

明代刊本之精善名贵者，与古刻相比亦不遑多让，自古即有下宋本一等之评。苏州博物馆所藏明代古籍，涵盖了有明刻书早、中、晚三期，拥有大部分帝号时代的刻书。〔宋〕阮逸注《中说》，系明初据宋建安本翻刻本。〔元〕刘履撰、明初何景春刻本《选诗补注》八卷《补遗》二卷《续编》四卷，此书一名《风雅翼》，为福建建阳县刻本。〔明〕周思德辑、明宣德七年杨震宗刻本《上清灵宝济度大成金书》四十卷，这些都是典型的明代早期刻书，风格鲜明。〔宋〕朱熹撰、〔明〕吴讷辑、明成化十八年琴川郡守周凰刊本《晦庵先生五言诗抄》一卷《晦庵文抄》七卷，此书一度入常熟铁琴铜剑楼，清咸丰时经学者王振声先后三度校改，朱墨双笔细细勘正，并一再长跋，又有叶裕仁、方宗诚、李芝绶、王庆长诸跋，开卷墨华烂然。〔明〕吴祺、顾潜纂修，稿本(明弘治十五年以后)《〔弘治〕昆山志》十四卷和〔明〕吴宽、王鏊、林世远等纂修，明正德元年刊、嘉靖增修本《正德姑苏志》六十卷，此二种同为苏州本地学者所著本地志乘，乡邦文献有赖他们的不辍笔耕，才能世代传承绵绵不绝。〔明〕祝允明纂明正德十一年（1516）稿本《正德兴宁志》，此书为明代草圣祝枝山就任广东兴宁知县期间亲笔撰写，祝氏一生无意仕途，为官仅仅四年，其所书诗文篇章，虽只字片墨亦为世珍罕；何况亲笔纂书方志，更属海内无俦。希哲书写此册时正当中年，通篇行楷劲朗，布局自如，取法魏晋古逸，而又富卓尔不群之气。阅之法度森然神定气闲，是一件不可多得的书法艺术杰作。〔元〕滑寿撰、明成化钞本《十四经发挥》，此书版式舒阔，是重要的中医针灸秘笈。与此煌煌巨册相映成趣的是〔明〕杨慎辑、明嘉靖四年（1525）成都杨氏刊巾箱本《杨升庵辑要三种》十二卷，可至于美人掌心把玩，令人爱不忍释。首册书衣有民国画坛巨擘吴湖帆，以极小的瘦金体工书题跋："壬申十二月八日，内江张大千、武进谢玉岑同集亚农灌木楼，出此明印袖珍本三种，即请孙伯渊君重装，题此志快，吴湖帆书。"可证一时文会之盛。〔明〕杨循吉撰、明万历元年上海顾从德芸阁刊木活字本《松筹堂集》十二卷，此书开本虽很小巧，且是活字印刷，然字体瘦硬有致，细读之下，字里行间隐隐透出娟雅清秀。此种曾是董其昌、毛晋、汪士钟、钱大成书斋长物，并有批校。〔明〕冯梦龙辑《甲申纪事》十三卷，此书为明弘光元年冯氏自刊刻本，极为少见。

众多的稿、钞、校本，是苏州博物馆馆藏清代古籍的最大特色。其中既有位居高官权重一时的名臣，如〔清〕汤斌撰《汤文正公手书文稿》，此书有田兰芳、吴大澂批，王廉跋；〔清〕潘世恩撰《潘世恩日记》存清道光十八年(1838)至二十六年(1846)；清潘祖荫撰《潘祖荫日记》存清同治二年(1863)、光绪七年(1881)至十三年(1887)、光绪十五年(1889)至十六年(1890)；〔清〕洪钧撰《洪钧日记》存清同治九年(1890)至同治十年(1871）、光绪二年（1876）至光绪四年（1878）、光绪七年（1881）至光绪九年（1883）、光绪十年（1884）至光绪十三年（1887）、光绪十八年（1892）至光绪十九年（1893）。又有著述等身誉满学林的硕儒，如〔清〕惠栋撰，雍正十三年（1735）《周易古义》，吴中惠氏家族，乃清代著名的学术世家，自红豆老人惠周惕、子红豆先生惠士奇、孙小红豆先生惠栋，皆为海内儒林所推重，与高邮王氏、金坛段氏并称朴学泰斗。〔清〕钮树玉撰，清嘉庆四年（1799）稿本《说文新附考》不分卷。〔清〕王芑孙撰《王铁夫先生游山诗》存一卷。〔清〕张廷济撰《张廷济日记》存清嘉庆十三年(1808）、二十三年(1818)。〔元〕郭翼撰、清乾隆钞本《林外野言》二卷，此书为长塘鲍廷博以朱、墨、黄三笔批校，又有劳格墨批和丁祖荫纸条夹批。〔明〕陶宗仪辑、清昭文张金吾爱日精庐精钞本《游志续编》，有赵宗建批校句读。既有苏州名门望族的诗词文赋随笔日记，如潘世恩、潘曾莹、潘曾绶、潘钟瑞、潘祖同、潘祖荫、潘观保著述二十余种；又有近现代学者名人的作品，如〔清〕冯桂芬、陈玚撰《西算新法直解》（稿本）八卷。〔清〕谢家福撰《燐血丛钞》（稿本）四卷，此书为了解太平天国时期苏城劫难的重要史料。〔清〕吴荫培撰《吴荫培日记》存清光绪二十六(1900)年至三十二年(1906)。〔清〕叶昌炽撰、清光绪十二年(1886)稿本《藏书纪事诗》不分卷，被誉为“藏家之诗史，书林之掌故”，是每一位从事古籍整理与版本鉴定人士的必读经典。而在诸多稿、钞、校本中，最令人叹为观止的是〔清〕顾沅辑、清道光八年（1828）稿本《吴郡文编》，此书系顾湘舟用“然松书屋”蓝丝栏稿纸精钞而成，煌煌八十巨册，搜罗历代文人有关苏州的名篇旧制，就当时所能知者几乎一网打尽，又有众多学者名家如石韫玉、梁章钜、董国华、王同愈等，纷纷亲笔题名、作序、缀跋，实在是清代苏州地方文献之集大成之作。此种为顾氏后人、上海复旦大学教授顾翼东先生无私捐赠，将此无价瑰宝化私为公永留人间，其高风亮节，令人钦佩。

岁月荏苒，不舍昼夜，人生天地间，如白驹过隙，倏忽而逝。但一代又一代的书生墨客，以他们短短几十年的生命，默默撰写着一册又一册的心血文字。当千载之下，斯人虽已远去，他们用生命雕镂成的书卷依然活在世间。每一个走进博物馆展厅的观众，每一个坐在图书馆查阅资料的读者，当您欣赏着橱窗里的卷轴，当您阅读着手中的古籍，希望都能宝爱这些先贤们遗留下的珍贵手泽。愿我们能更加珍惜善待古籍善本。唯有如斯，方能使所有美好的书籍世世代代传递下去。

Preface

Suzhou, known as the paradise in the human world and one of the 24 Chinese Cities of Historical and Cultural Fame officially appointed by the State Council, has been famous since its ancient time for its beautiful landscape and long history. Suzhou has accumulated a deep local context with generations of scholars in its Jiangnan impressionistic landscapes and delicate corridor in private parks. Lots of scholars have been famous for their poems and books. Particularly in the Ming and Qing dynasties, there were a large number of book collectors and engravers, such as Qian Qianyi, Wang Shizhong and Qu Qijia. Through years, there are still a number of ancient books and manuscripts held in various public institutions and private collectors. Many of them are rare editions, witnessing Suzhou's cultural relics with its 2,500-year history and also the precious cultural heritage of the Chinese nation and the whole human.

The Suzhou Museum was founded in 1960. At its foundation, the predecessors of the museum and the Suzhou Cultural Relics Management Committee were actively searching for ancient books and documents. During that time, many community leaders generously donated their private collections, such as Mr. Li Genyuan, Ms. He Zehui, Professor Gu Yidong. During the Cultural Revolution, the Suzhou Museum also protected and saved a lot of valuable precious ancient books, and preserved them in good condition. If without their unselfish search, there will no piles of ancient books in the museum's library. They, as well as those scholars in the history, are the watcher and blazer of the fire of the museum, the city, and the nation.

There are more than 100,000 ancient Chinese books (including scrolls, albums of paintings or calligraphy, etc.) in the museum's library. The quantity might not be large, but they are delicate and rare, and especially the Buddhist scrolls, local documents, stele rubbings, and celebrities' manuscripts are very unique collections. Since the national census of ancient books in 2007, 56 types of ancient books of the museum have been selected as the national precious ancient books, and 127 ones have been selected as Jiangsu provincial precious books, and many of them are precious in historical documents, scholar information, and artistic treasures. The representative Buddhist scrolls are two editions of Lotus Sutra, one is a manuscript written in the year of 956, and the other is engraved in the early Northern Song Dynasty or earlier. The two are the museum's most precious collections. Other fine collections also include the engraved editions in the Song and Yuan dynasties, such as Collections of Donglai Minister Lv and Zhengde Gusu Chorography.

One of the museum's feature collections is the manuscripts, transcriptions and revisions of Qing dynasty books. It includes not only diaries of gentilities' poems, such as Diaries of Pan Shi'en, Diaries of Pan Zuyin and Diaries of Hong Jun, but also scholars' works in the modern history, such as Annalistic Bibliotheca Poem of Ye Changzhi's manuscript. It also includes the Blood of Taiping Heavenly Kingdom of Xie Jiafu's manuscript. The most surprising one is the manuscript of Wujun Articles Selection in eighty volumns.

The time flies day and night. But literati generation after generation quietly and painstakingly composed books one by one in their short lives. They passed away, but their works are still alive in the world. Wish each visitor to the museum and each reader sitting in the library will treasure these precious legacies of our forebears. May we cherish these rare and precious books. Only in this way, we can pass these beautiful books from generation to generation.

目　　录

Catalogue

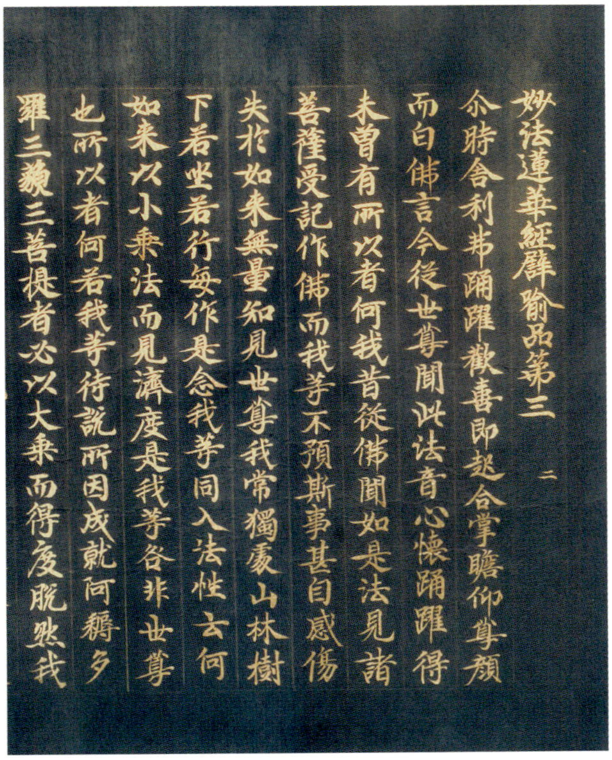

妙法蓮華經譬喻品第三　二
尒時舍利弗踊躍歡喜即起合掌瞻仰尊顔
而白佛言今從世尊聞此法音心懷踊躍得
未曾有所以者何我昔從佛聞如是法見諸
菩薩受記作佛而我等不預斯事甚自感傷
失於如來無量知見世尊我常獨處山林樹
下若坐若行每作是念我等同入法性云何
如來以小乘法而見濟度是我等咎非世尊
也所以者何若我等待說所因成就阿耨多
羅三藐三菩提者必以大乘而得度脫然我

1 妙法莲华经七卷

（后秦）释鸠摩罗什译　唐五代泥金写本

Saddharma-pundarika-sutra, seven volumes

Translation by Kumārajīva (384-417)

Transcription (Gold Dust), Tang-Five Dynasties (618-960)

卷轴装，卷一版框尺寸27.0×951.0cm，五百一十行（二十一纸），行十七字；卷二版框尺寸27.0×951.0cm，五百七十行（二十四纸），行十七字；卷三版框尺寸27.0×951.0cm，五百六十二行（二十三纸），行十七字；卷四版框尺寸27.0×951.0cm，六百六十四行（二十七纸），行十七字；卷五版框尺寸27.0×951.0cm，六百二十五行（二十六纸），行十七字；卷六版框尺寸27.0×951.0cm，六百二十五行（二十六纸），行十七字；卷七版框尺寸27.0×951.0cm，五百四十行（二十二纸），行十七字。

经书1978年发现于苏州瑞光寺塔第三层塔心天宫，共七卷。每卷引首有经变图一幅，画面泥金绘制，略设色，线条精工流畅，佛像庄严生动。

国家珍贵古籍名录号00056。

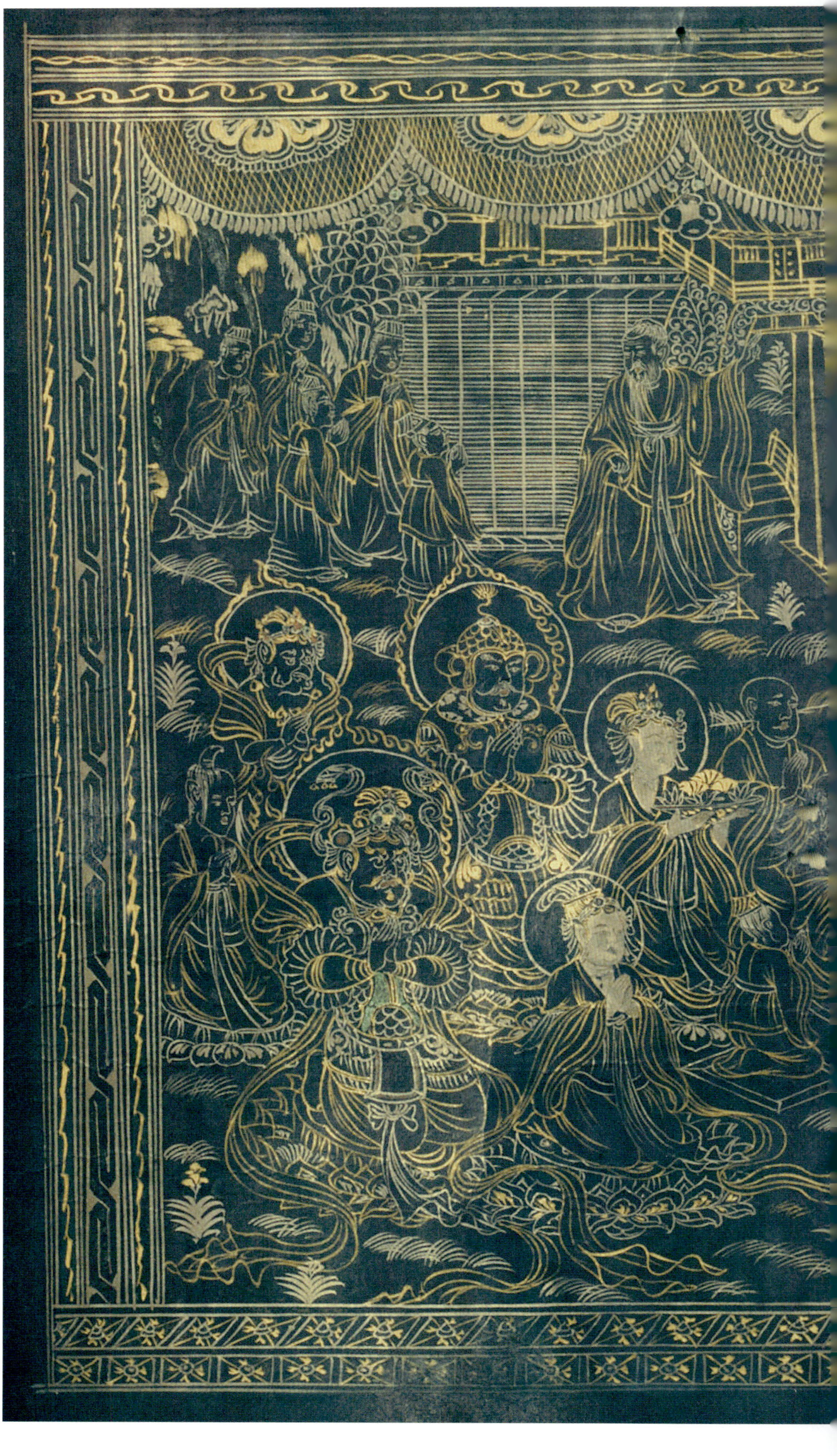

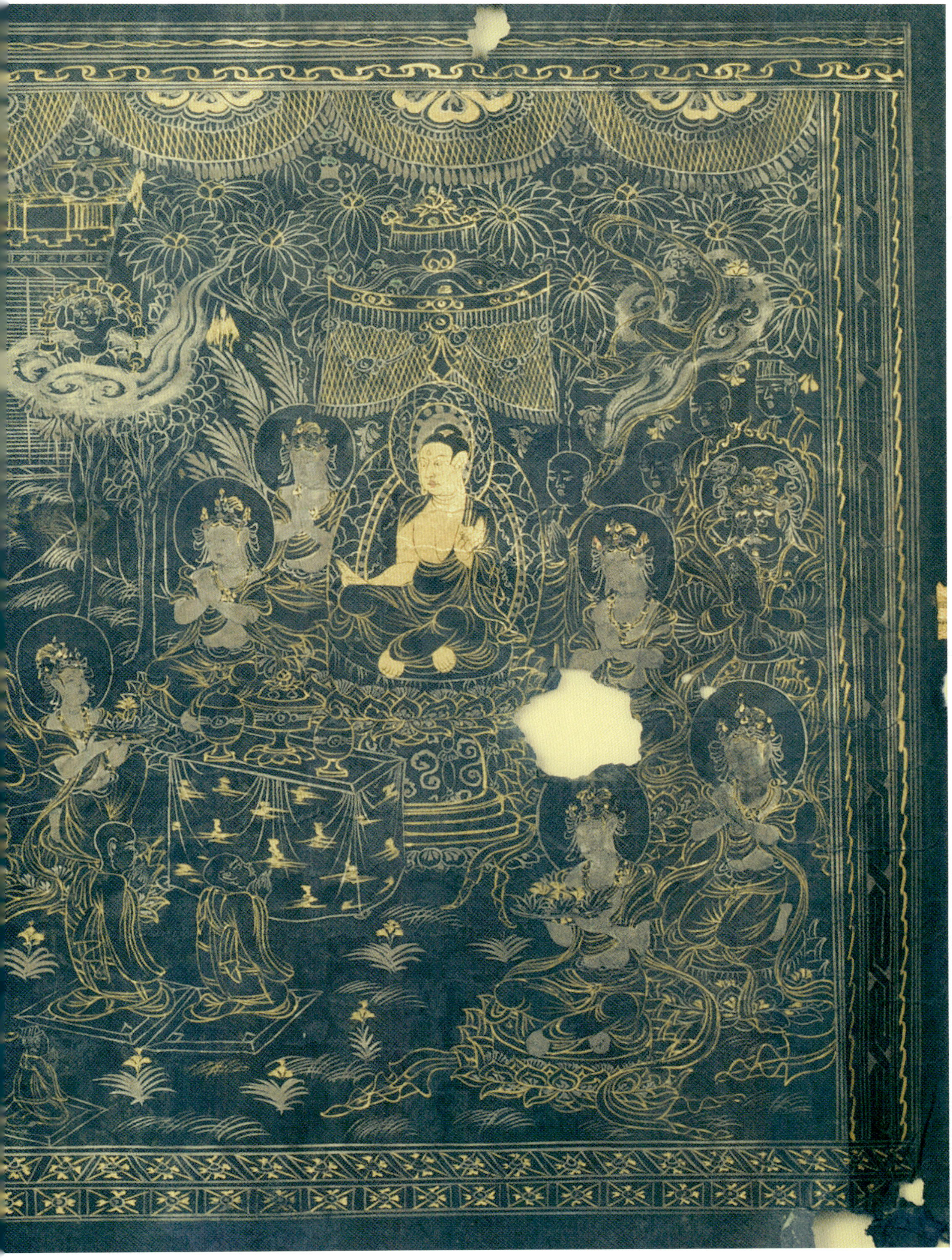

妙法蓮華經藥草喻品第五　三

尒時世尊告摩訶迦葉及諸大弟子善哉善哉迦葉善說如來真實功德誠如所言如來復有無量無邊阿僧祇功德汝等若於無量億劫說不能盡迦葉當知如來是諸法之王若有所說皆不虛也於一切法以智方便而演說之其所說法皆悉到於一切智地如來觀知一切諸法之所歸趣亦知一切衆生深心所行通達無礙又於諸法究盡明了示諸衆生一切智慧

汝等當前進　此是化城耳　我見汝疲極　中道欲退還
故以方便力　權化作此城　汝今勤精進　當共至寶所
我亦復如是　為一切導師　見諸求道者　中路而懈廢
不能度生死　煩惱諸險道　故以方便力　為息說涅槃
言汝等苦滅　所作皆已辦　既知到涅槃　皆得阿羅漢
尒乃集大衆　為說真實法　諸佛方便力　分別說三乘
唯有一佛乘　息處故說二　今為汝說實　汝所得非滅
為佛一切智　當發大精進　汝證一切智　十力等佛法
具三十二相　乃是真實滅　諸佛之導師　為息說涅槃
既知是息已　引入於佛慧

妙法蓮華經卷第三

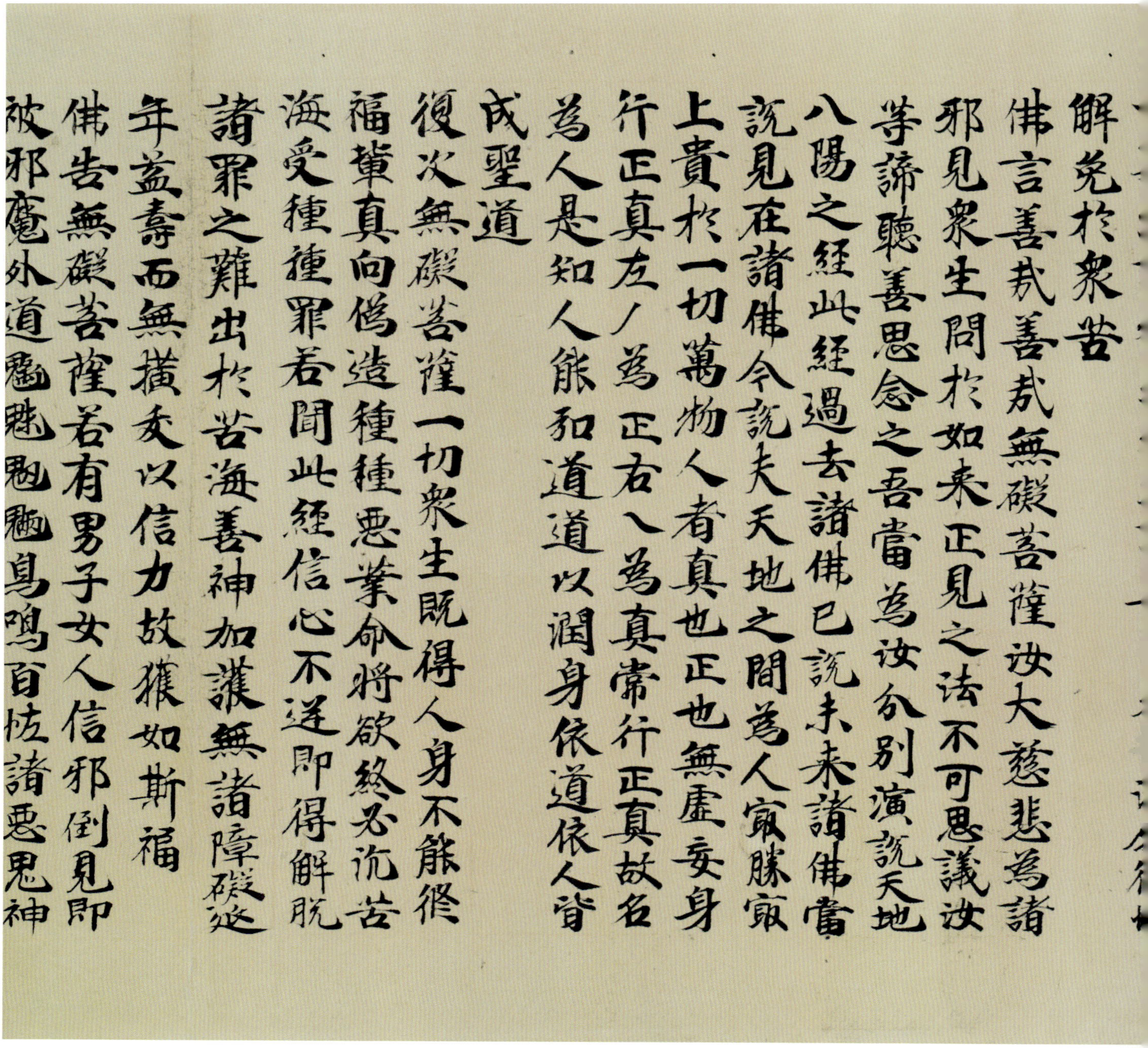
解免於衆苦
佛言善哉善哉無礙菩薩汝大慈悲爲諸
邪見衆生問於如來正見之法不可思議汝
等諦聽善思念之吾當爲汝分别演說天地
八陽之經此經過去諸佛已說未來諸佛當
說見在諸佛今說夫天地之間爲人最勝最
上貴於一切萬物人者真也正也無虛妄身
行正真左丿爲正右乀爲真常行正真故名
爲人是知人能弘道道以潤身依道依人皆
成聖道
復次無礙菩薩一切衆生既得人身不能修
福背真向僞造種種惡業命將欲終必沉苦
海受種種罪若聞此經信心不逆即得解脫
諸罪之難出於苦海善神加護無諸障礙延
年益壽而無橫夭以信力故獲如斯福
佛告無礙菩薩若有男子女人信邪倒見即
被邪魔外道魑魅魍魎鳥鳴百怪諸惡鬼神

2 佛说天地八阳经

北宋初年写本

Sutra (Fo Shuo Tian Di Ba Yang)

Transcription, the early northern Song Dynasty（960-1127）

卷轴装，版框尺寸27.5×386.0cm，二百零七行，行十六至十八字。

朱丝栏纸，上下单边，共八纸相连。卷首题“弟子楼阇为自身并家眷保安造此经永充供养”。全卷行楷墨书，结构丰肥，舒卷自如。

国家珍贵古籍名录号07190。

弟子樓閙爲自身并家眷保安造此經永充供養

佛說天地八陽經

聞如是一時佛在毗耶達摩城寬廓宅中
十方相隨四衆圍繞尒時無礙菩薩在大衆
中即從座起合掌向佛而白佛言世尊此閻
浮提衆生遞代相生無始已來相續不斷
有識者少無知者多長壽者少短命者多
富貴者少貧賤者多智慧者少愚癡者多
温柔者少剛強者多念佛者少求神者多
正直者少諂曲者多清慎者少濁濫者多
致使世俗淺薄官法荼毒賦役煩重百姓窮

何量等虛空無有邊底聖道
復次無邊身菩薩摩訶薩若有衆生不信
正法常生邪見忽聞此經即生誹謗言非
佛說是人現世得白癩病惡瘡膿血遍體
交流腥臊臭穢人皆憎嫉命終之時即墮
阿鼻無間地獄上火徹下下火徹上鐵槍
鐵叉遍身穿穴鎔銅灌口筋骨爛壞一日
一夜万生万死受大苦痛無有休息謗斯
經故獲罪如是佛為罪人而說偈言
身是自然身 五體自然足 長乃自然長 老則自然老
生乃自然生 死乃自然死 求長不得長 求短不得短
苦樂汝自當 邪正由汝己 欲作有為功 讀經莫問師
千千万万世 得道轉法輪
佛說此經已一切聽衆 得未曾有 心明性正
歡喜踊躍 皆見諸相非相 入佛知見 悟佛
知見 無入無悟 無知無見 不得一法即涅槃樂

佛說入閭經

大光明佛
心是法界天法界天中即現一切法無礙佛
含藏識天演出阿那含經　大涅槃經
阿賴耶識天演出大智度經　瑜伽論經
善男子佛即是法法即是佛合為一相即現
大通智勝如來
佛說此經時一切大地六種震動光照天地
無有邊際浩浩蕩蕩而無所名一切幽冥皆
悉明朗一切地獄並皆消滅一切罪人俱得
離苦聽衆之中八万七千菩薩一時成佛号
虛空藏如來應正等覺劫名圓滿國号無
邊一切人民無有彼此並證無諍三昧六萬
六千比丘比丘尼優婆塞優婆夷得大總持
無數天龍夜叉乾闥婆阿脩羅迦樓羅緊那
羅摩睺羅伽人等得法眼清淨行菩薩道
善男子若復有人得官登位之日及新入宅
之日即讀此經三遍甚大吉利獲福無量
善男子若讀此經一遍如讀一切經一遍若

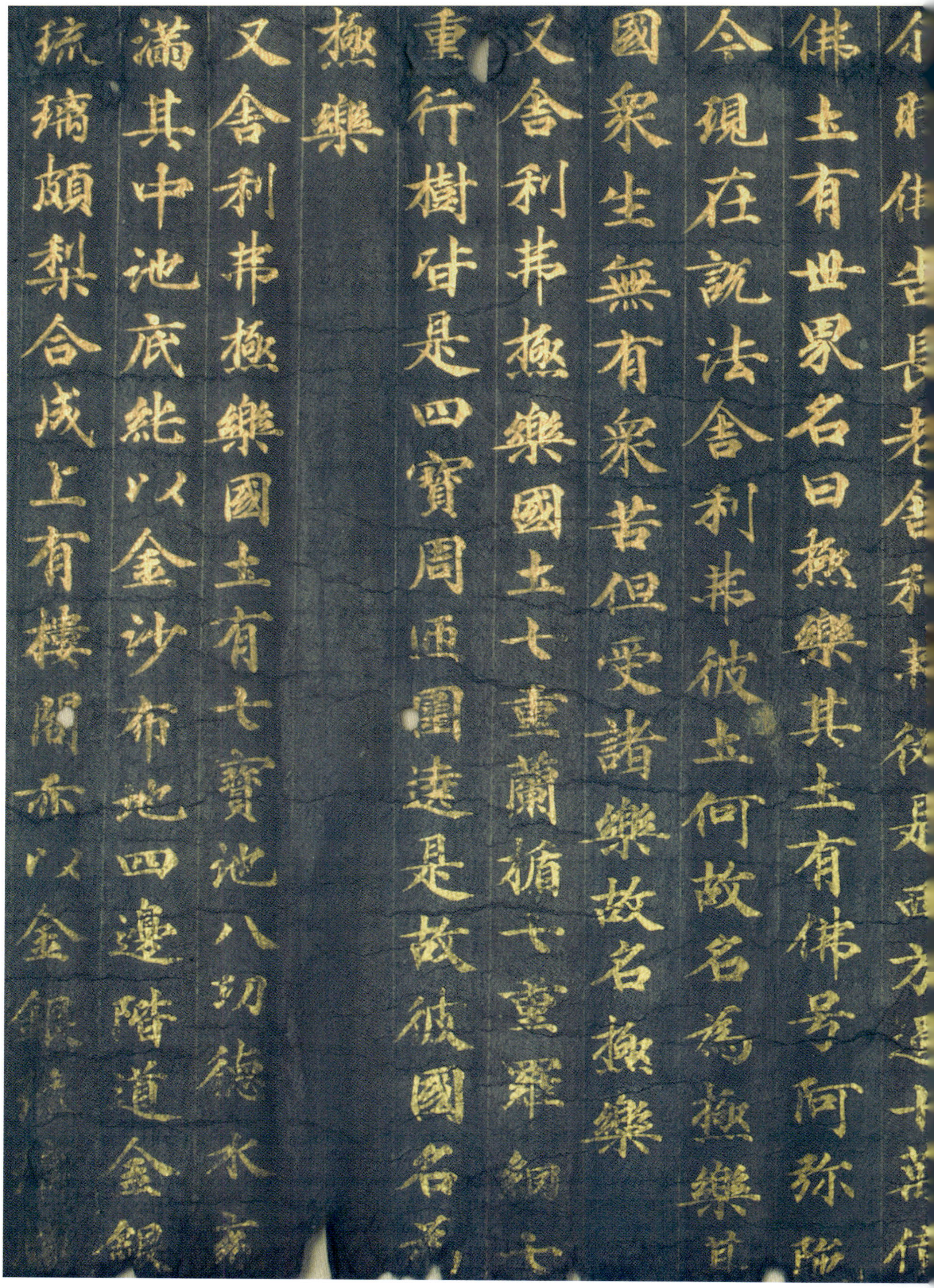
介時佛告長老舍利弗從是西方過十萬億
佛土有世界名曰極樂其土有佛号阿弥陁
今現在說法舍利弗彼土何故名為極樂其
國衆生無有衆苦但受諸樂故名極樂
又舍利弗極樂國土七重欄楯七重羅網七
重行樹皆是四寶周匝圍遶是故彼國名為
極樂
又舍利弗極樂國土有七寶池八功德水充
滿其中池底純以金沙布地四邊階道金銀
琉璃頗梨合成上有樓閣亦以金銀

3 佛说阿弥陀经

（后秦）释鸠摩罗什译　北宋初年泥金写本

Amitabha-sutra

Translation by Kumārajīva (384-417)

Transcription (Gold Dust), the early northern Song Dynasty（960-1127）

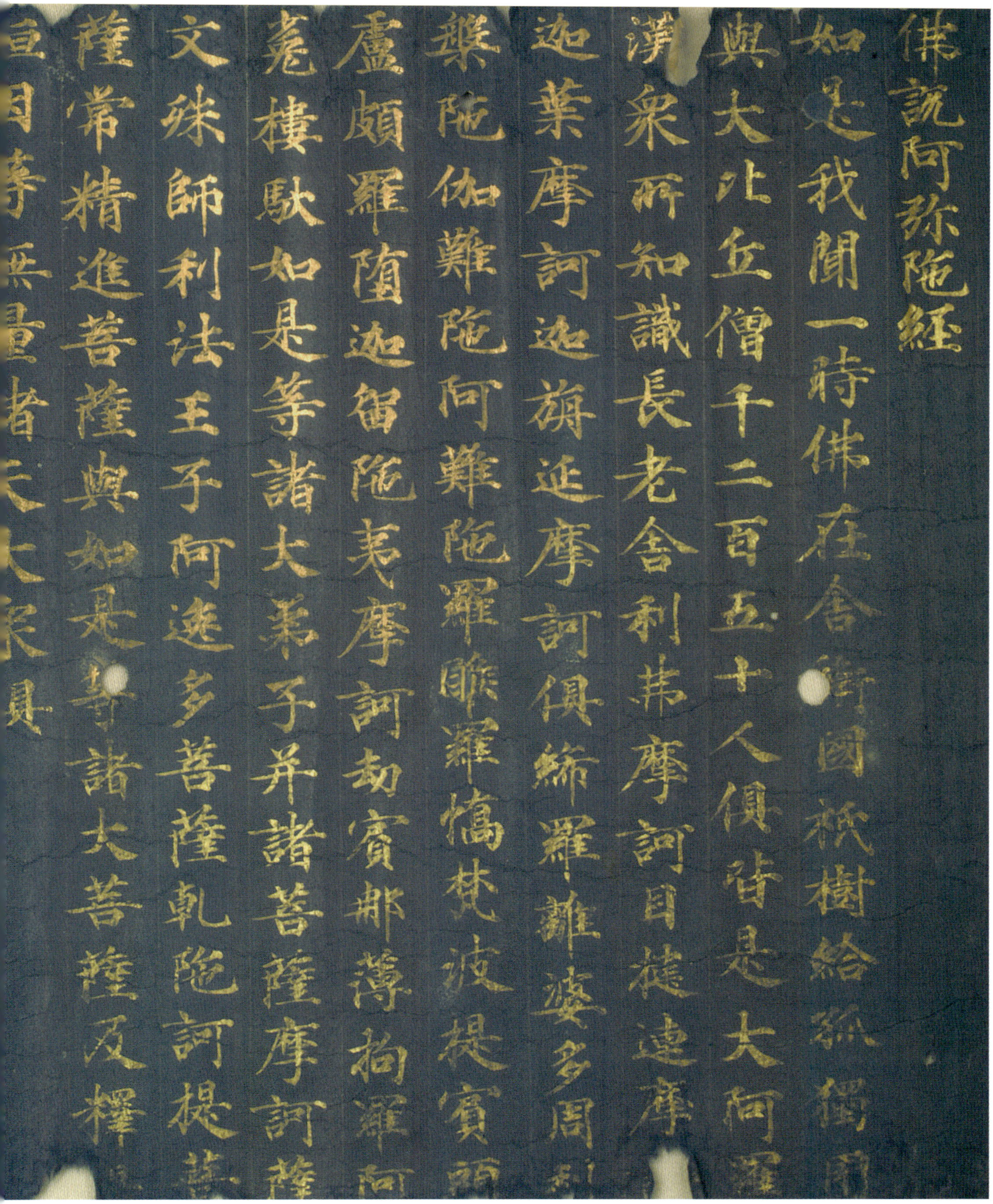
佛説阿弥陁經
如是我聞一時佛在舍衛國祇樹給孤獨園
與大比丘僧千二百五十人俱皆是大阿羅
漢衆所知識長老舍利弗摩訶目揵連摩
迦葉摩訶迦旃延摩訶俱絺羅離婆多周利
槃陁伽難陁阿難陁羅睺羅憍梵波提賓頭
盧頗羅墮迦留陁夷摩訶劫賓那薄拘羅阿
㝹樓馱如是等諸大弟子并諸菩薩摩訶薩
文殊師利法王子阿逸多菩薩乾陁訶提菩
薩常精進菩薩與如是等諸大菩薩及釋
桓因等無量諸天大衆俱

卷轴装，版框尺寸22.5×211.0cm，一百二十三行，行十七字。

经写于金丝栏碧纸上，全卷用楷书泥金书写，结构较扁，书写端正，法度森严。

国家珍贵古籍名录号07182。

提為一切世間說此難信之法是為甚難佛

說此經已舍利弗及諸比丘一切世間天人阿

脩羅等聞佛所說歡喜信受作礼而去

無量壽佛說往生淨土呪

南無阿弥多婆夜　哆他伽哆夜　多地夜他

阿弥唎上聲都婆毗　阿弥唎哆　悉耽婆毗

阿弥唎哆毗迦蘭帝阿弥唎哆　毗迦蘭哆

伽弥膩　伽伽那　枳多迦隸　莎婆訶

佛說阿弥陀經

耨多羅三藐三菩提於彼國土若已生若今
生若當生是故舍利弗諸善男子善女人若
有信者應當發願生彼國土
舍利弗如我今者稱讚諸佛不可思議功德
彼諸佛等亦稱讚我不可思議功德而作是
言釋迦牟尼佛能為甚難希有之事能於娑
婆國土五濁惡世劫濁見濁煩惱濁衆生濁
命濁中得阿耨多羅三藐三菩提為諸衆生
說是一切世間難信之法舍利弗當知我於
五濁惡世行此難事得阿耨多羅三藐三菩

雜阿含經卷第四之四

特犉下音字犢音讀逼迫上彼力反下音伯鞭笞上必綿反下音

癡怛丁達反祀音似鄙卑美反澡瓶上音早刻削上音克下

思約反傭客上音容氎音牒澡嗽下音瘦係音計犁雜上音

梨姝尺朱反捷上才葉反耆渠夷反娉疋併反䵃俱猛反棘

刺上居力反下七賜反跱直里反犂零低反軛音厄鞅於兩反鑱

助鑒反轅音園啾子由反鞞步迷反絺勑之反遼郎彫反祠

祀二字音詞似反揣音團徙斯綺反鳩居求反輻音福輞音罔拔

蒲八反杓時約反弊毗祭反悋良刃反槌直追反愶虛業反

諱許貴反誣音無

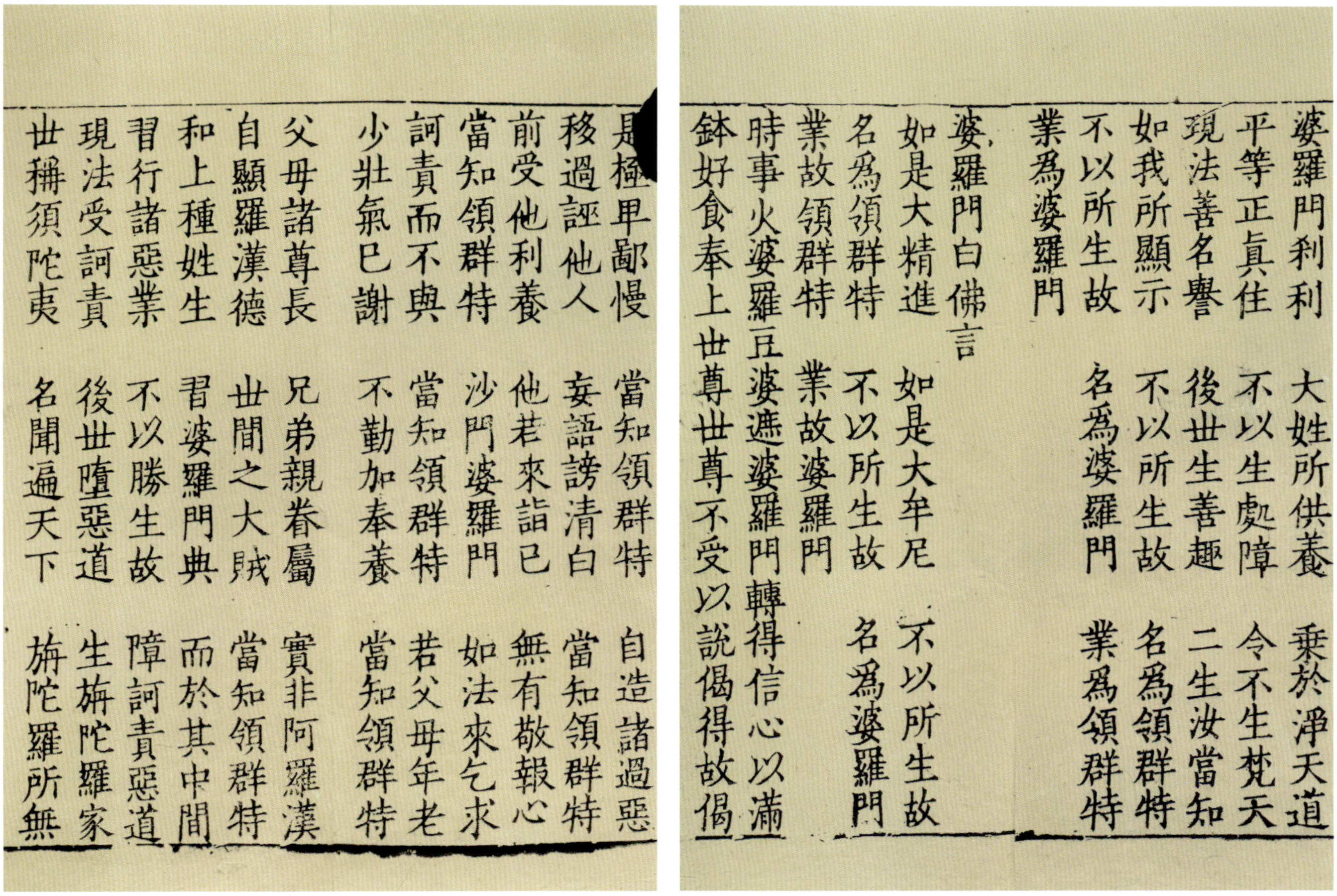
婆羅門剎利　大姓所供養　乘於淨天道
平等正真住　不以生處障　令不生梵天
現法善名譽　後世生善趣　二生汝當知
如我所顯示　不以所生故　名爲領群特
不以所生故　名爲婆羅門　業爲領群特
業爲婆羅門
婆羅門白佛言
如是大精進　如是大牟尼　不以所生故
名爲領群特　不以所生故　名爲婆羅門
業故領群特　業故婆羅門
時事火婆羅豆婆遮婆羅門轉得信心以滿
鉢好食奉上世尊世尊不受以說偈得故偈

是極卑鄙慢　當知領群特　自造諸過惡
移過誣他人　妄語謗清白　當知領群特
前受他利養　他若來詣已　無有敬報心
當知領群特　沙門婆羅門　如法來乞求
訶責而不與　當知領群特　若父母年老
少壯氣已謝　不勤加奉養　當知領群特
父母諸尊長　兄弟親眷屬　實非阿羅漢
自顯羅漢德　世間之大賊　當知領群特
和上種姓生　習婆羅門典　而於其中間
習行諸惡業　不以勝生故　障訶責惡道
現法受訶責　後世墮惡道　生旃陀羅家
世稱須陀夷　名聞遍天下　旃陀羅所無

4 杂阿含经五十卷

（刘宋）释求那跋陀罗译　北宋开宝七年（974）刻开宝藏本　存一卷（四残叶）

Samyuktagama-sutra, fifty volumes

Block-printed Edition from Tripitaka, the 7th year of the Kaibao era of the northern Song Dynasty (974)

经折装，版框尺寸25.0×11.5cm，半叶六行，行十七字，小字双行同，上下单边。

经书用后人书写《心经》的经折装散页包裹，印刷所用经纸已经染潢，厚实坚韧。

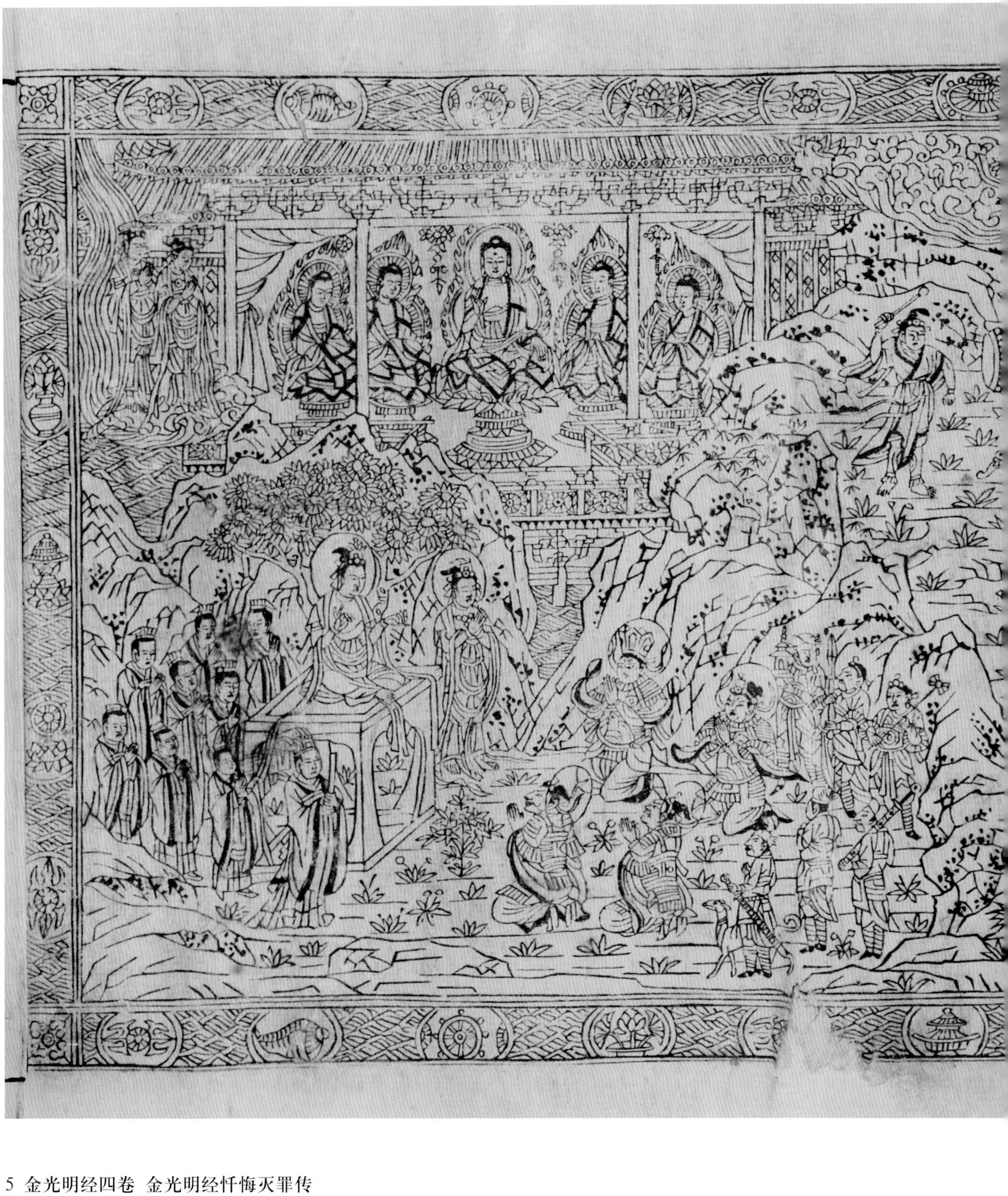

5 金光明经四卷 金光明经忏悔灭罪传

（北凉）释昙无谶译 北宋端拱元年（988）刻本

Suvarnaprabhasa-sutra, four volumes Block-printed Edition, the 1st year of the Duangong era of the northern Song Dynasty (988)

卷轴装，《金光明经》卷一版框尺寸32.9×750.5cm（卷前扉画23.7×46.5cm），三百九十二行，行十七字；卷二版框尺寸33.5×889.0cm（卷前扉画23.7×46.8cm），五百零四行，行十七字；卷三版框尺寸33.0×819.0cm（卷前扉画23.1×46.2cm），四百七十六行，行十七字；卷四版框尺寸33.1×976.0cm（卷前扉画23.0×46.4cm），五百六十行，行十七

字；《金光明经忏悔灭罪传》版框尺寸34.0×131.0cm，六十九行，行二十至二十一字不等。

卷端题名作“三藏法师昙无谶译”，单线版框，乌丝栏，上下单边。每卷引首均有卷前扉画，题名《金光明经第一变相》（其余相类），内容为佛教经变图。每图中绘三至六组佛教故事，线条精细流畅，生动刻画出神佛、动物等形象，外加海水八宝图案边饰。每卷尾均镌有“大宋端拱元年戊子岁二月□日雕印”，每轴卷后有行楷墨书题识“孙氏女弟子经”。

国家珍贵古籍名录号07181。

金光明經第二變相

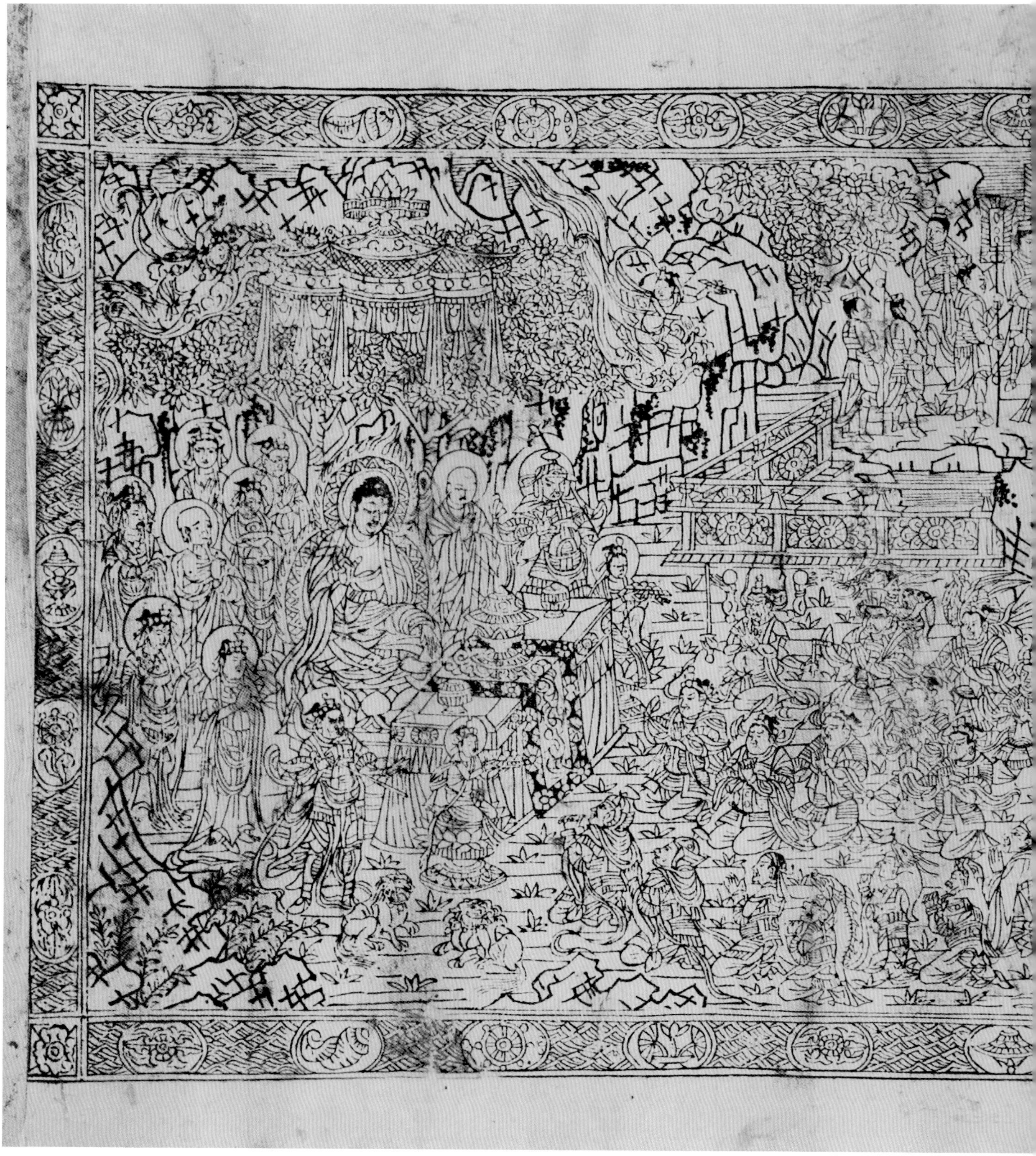

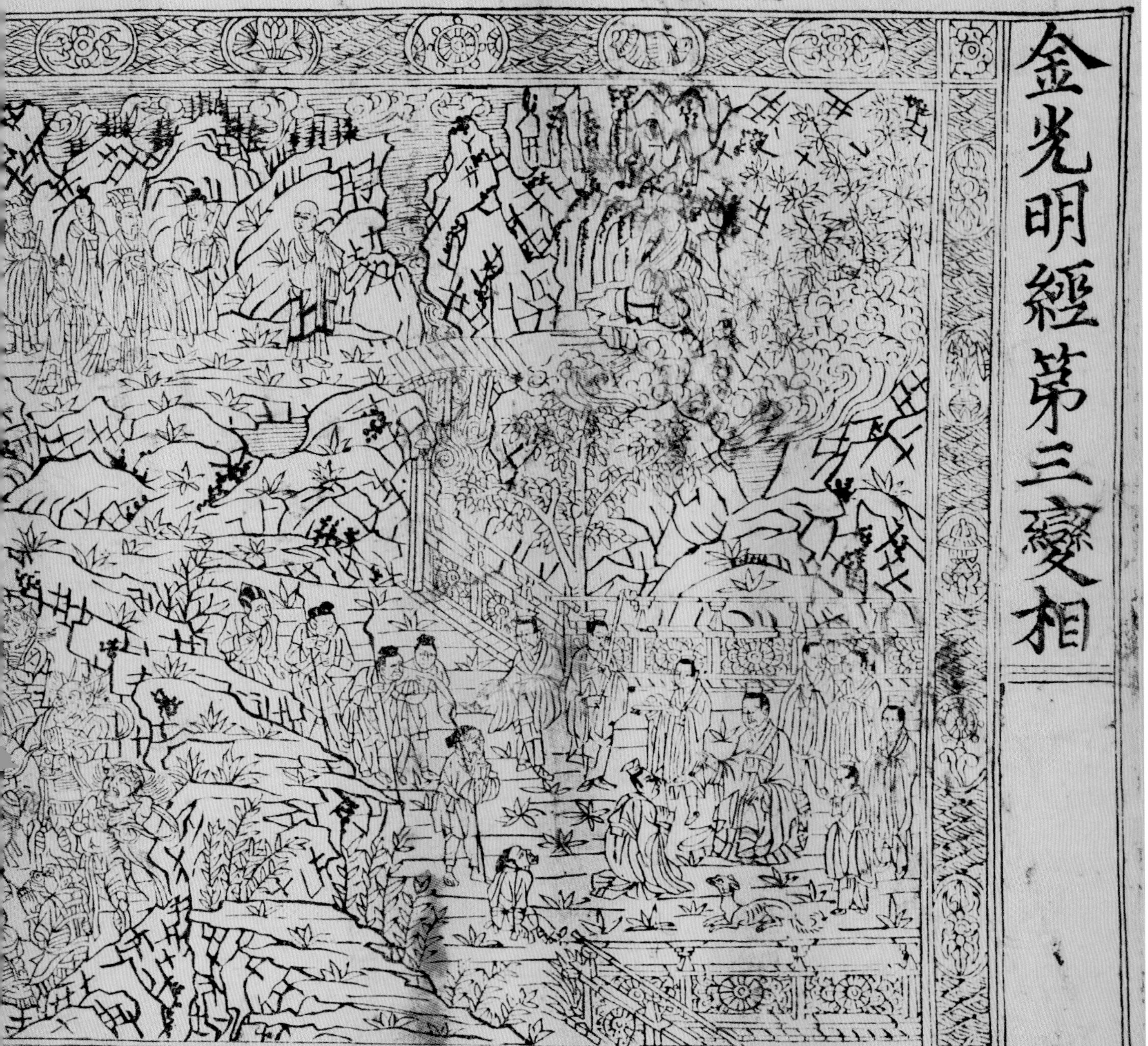
金光明經第三變相

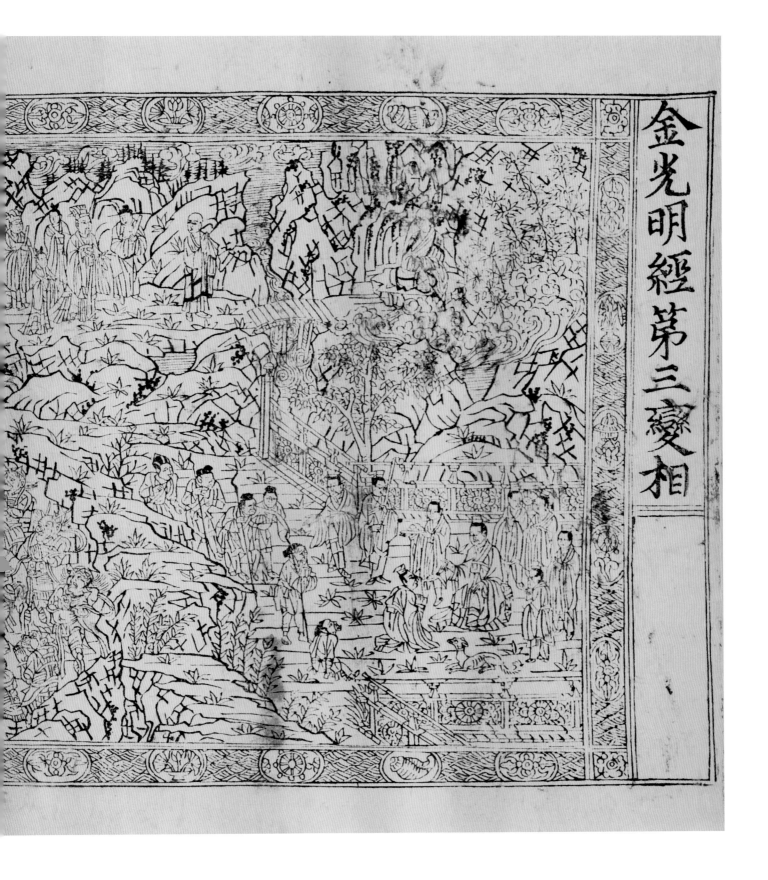

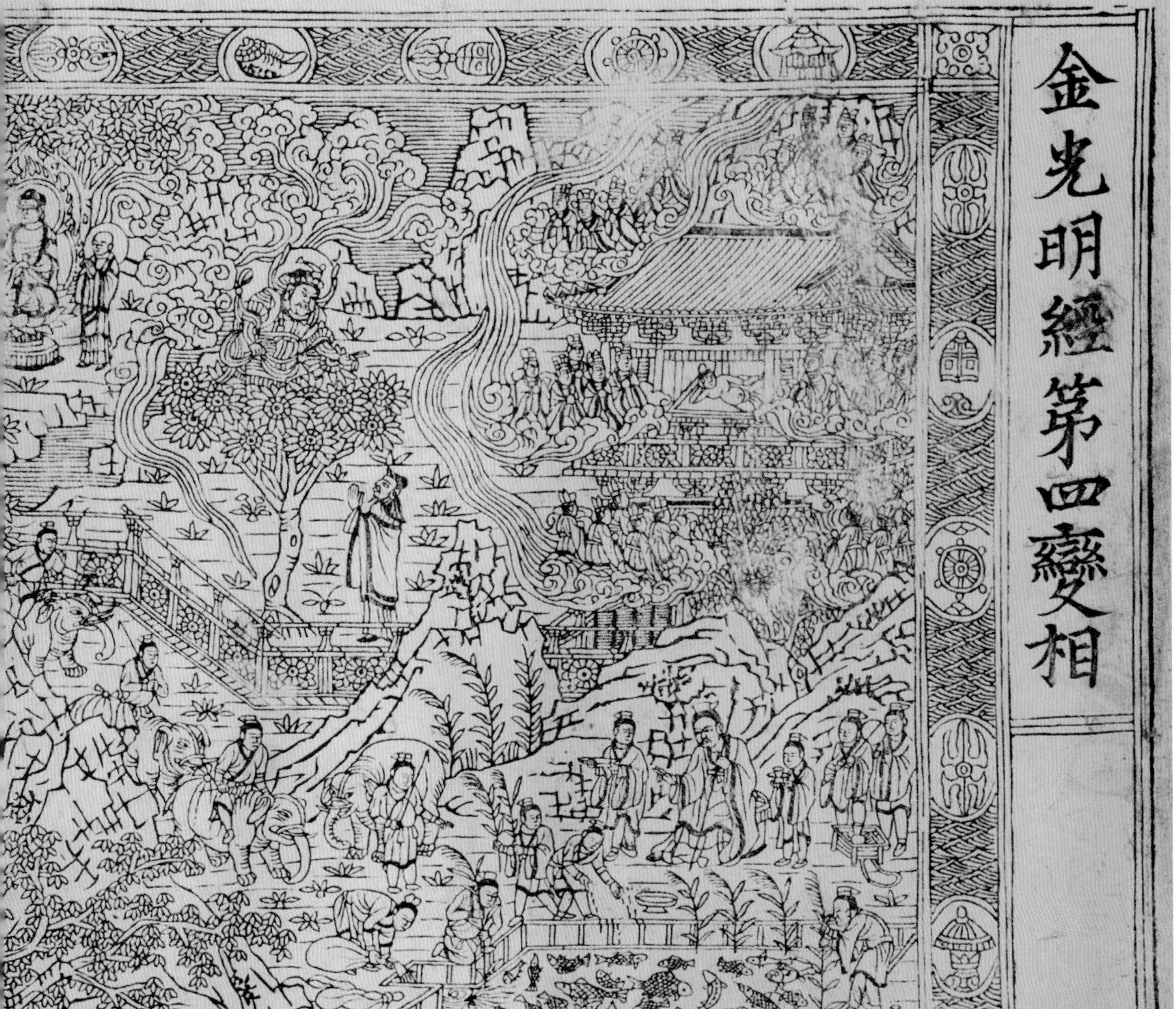
金光明經第四變相

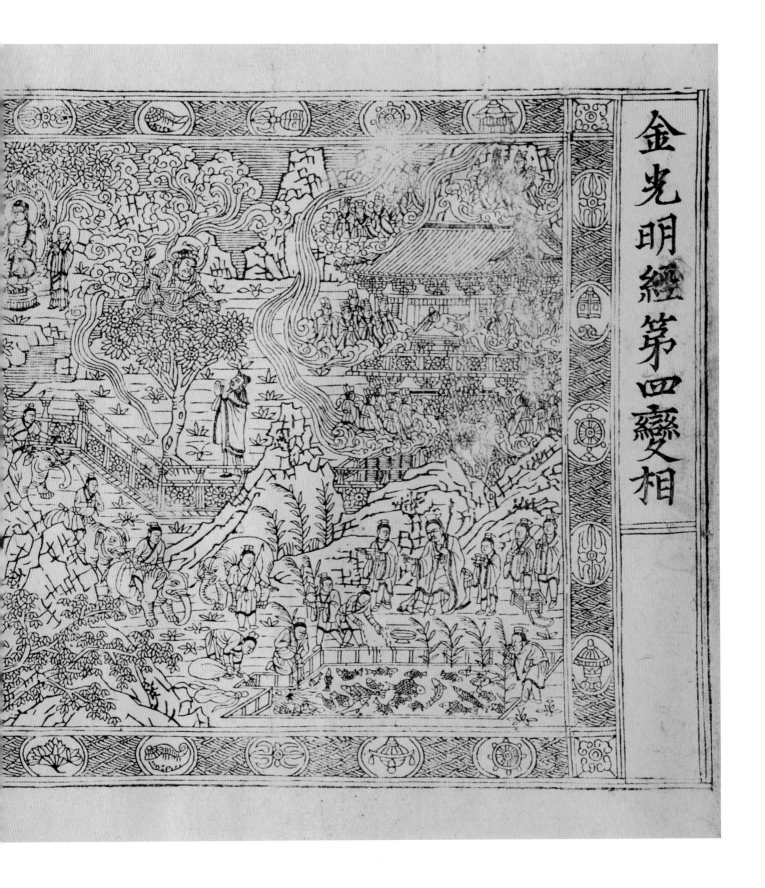

金光明經卷第二

三藏法師曇無讖譯

四天王品第六

尒時毗沙門天王提頭賴吒天王毗樓勒叉
天王毗留愽叉天王俱從座起偏袒右肩右
膝着地胡跪合掌白佛言世尊是金光明微
妙經典衆經之王諸佛世尊之所護念莊嚴
菩薩深妙功德常為諸天之所恭敬能令天
王心生歡喜亦為護世之所讚歎此經能照
諸天宮殿是經能與衆生快樂是經能令地
獄餓鬼畜生諸河燋乾悉令枯竭是經能除
一切怖畏是經能却他方怨賊是經能除穀

金光明經序品第一

三藏法師曇無讖譯

如是我聞一時佛在王舍大城耆闍崛山是時如來遊於無量甚深法性諸佛行處過諸菩薩所行清淨

是金光明　諸經之王　若有聞者　則能思惟
無上微妙　甚深之義　如是經典　常為四方
四佛世尊　之所護持　東方阿閦　南方寶相
西無量壽　北微妙聲　我今當說　懺悔等法
所生功德　為無有上　能壞諸苦　盡不善業
一切種智　而為根本　無量功德　之所莊嚴
滅除諸苦　與無量樂　諸根不具　壽命損減
貧窮困苦　諸天捨離　親厚鬬訟　王法所加

金光明經卷第四

三藏法師曇無讖譯

流水長者子品第十六

佛告樹神尒時流水長者子於天自在光王
國內治一切衆生無量苦患已令其身體平
復如本受諸快樂以病除故多設福業脩行
布施尊重恭敬是長者子作如是言善哉長
者能大增長福德之事能益衆生無量壽命
汝今真是大醫之王善治衆生無量重病必
是菩薩善解方藥善女天時長者子有妻名
曰水空龍藏而生二子一名水空二名水藏
時長者子將是二子次第遊行城邑聚落㝡
後到一大空澤中見諸虎狼狐犬鳥獸多食

金光明經卷第三

三藏法師曇無讖譯

散脂鬼神品第十

尒時散脂鬼神大將及二十八部諸鬼神等即從座起偏袒右肩右膝着地白佛言世尊是金光明微妙經典若現在世及未來世在在處處若城邑聚落若山澤空處若王宮宅隨是經典所流布處我當與此二十八部大鬼神等往至彼所隱蔽其形隨逐擁護是說法者消滅諸惡令得安隱及聽法衆若男若女童男童女於是經中乃至得聞一如來名一菩薩名及此經典首題名字受持讀誦我當隨侍宿衛擁護悉滅其惡令得安隱及國

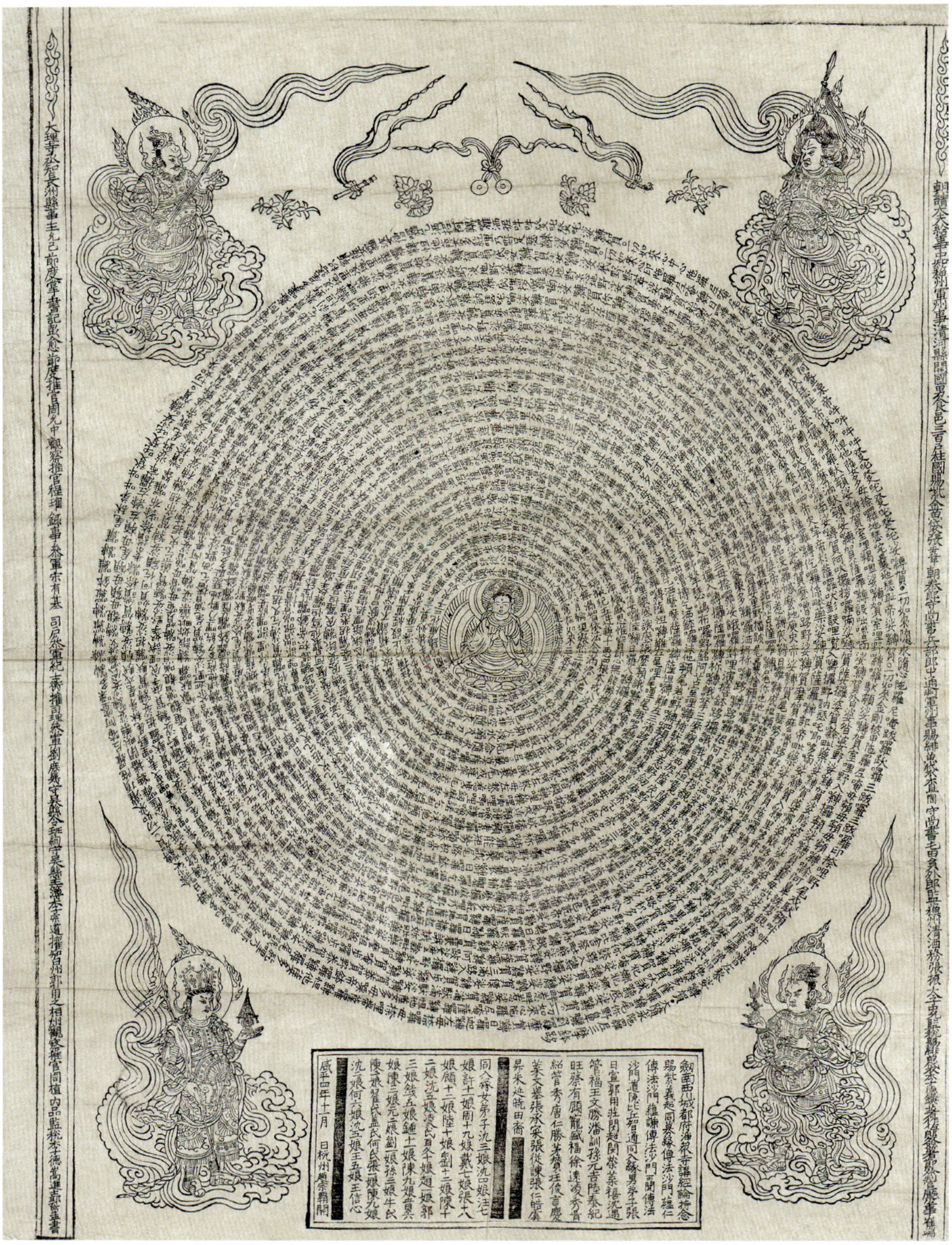

6 大隋求陀罗尼神咒经一卷

北宋咸平四年（1001）杭州赵宗霸刻本

Suvarnaprabhasa-sutra, four volumes Block-printed Edition, the 1st year of the Duangong era of the northern Song Dynasty (988)

皮纸刻印，版框尺寸44.5×36.1cm。

经咒1978年发现于苏州瑞光塔第三层天宫，原藏于真珠舍利宝幢内。它以释迦像为中心，按顺时针方向由内而外连续环以同心圆排列经文，共二十七圈，四角为四天王像，脚踏飞云。左右两侧双直线栏内镌刻十八位职官姓名。版面下方正中镌刻牌记：“剑南西川城都府净众寺讲经论持念赐紫义超同募缘传法沙门蕴仁传法沙门蕴谦传法沙门可闻传法沙门道隐比丘智通同入缘男弟子张日宣郭用庄闵超闵荣叶禧沈遇管福王文胜潘训孙元吉陆泰纪旺蔡有顾宠盛福徐远凌秀贲绍管秀塘仁胜茅赞庄俊言庆叶文举张承宷张从谏张仁皓虞升朱延晓田裔同入缘女弟子沈三娘沈四娘汪七娘许十一娘周十九娘戴七娘张十八娘顾十二娘陆十娘刘十二娘陈十二娘沈五娘凌氏夏十娘赵一娘郭三娘钱五娘钟十一娘陈九娘贲六娘陈三娘元二娘刘一娘孙三娘牛氏陈二娘翟氏盖氏何氏张一娘陈九娘沈二娘何六娘沈五娘王五娘王信心　咸平四年十一月□日杭州赵宗霸开”。

国家珍贵古籍名录号07189。

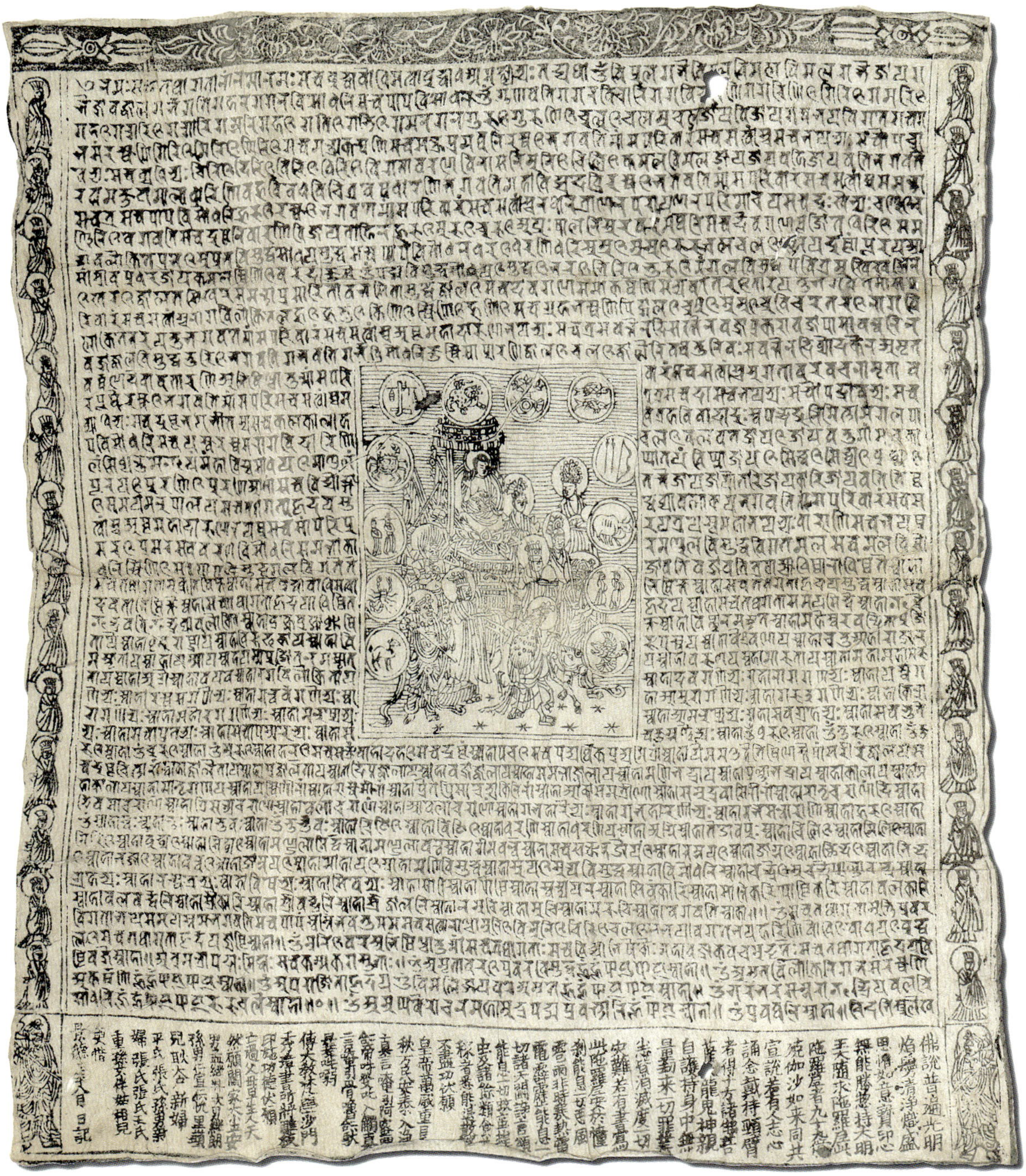

7 大隋求陀罗尼神咒经一卷（梵文）

北宋景德二年（1005）刻本

Sutra (Da Sui Qiu Tuo Luo Ni Shen Zhou), one volume

Block-printed Edition with Sanskrit, the 2nd year of the Jingde era of the northern Song Dynasty (1005)

皮纸刻印，版框尺寸25.0×21.2cm。

经咒1978年发现于苏州瑞光塔第三层天宫，原藏于真珠舍利宝幢内。中央界一长方形双线框栏，内绘佛教经变故事，栏内左、上、右三方，各镌墨线双圈四个，内绘黄道十二宫像，自左下起，依次为：白羊、天蝎、双子、巨蟹、天秤、狮子、宝瓶、双鱼、人马、金牛、室女、摩羯。栏框外周横排梵文经文，计四十七行。经文左右两侧各镌线刻神像十四名，合为二十八宿。上方绘花卉图案边饰，下方为题记，云："佛说普遍光明焰鬘清净炽盛思惟如意宝印心无能胜态持大明王大随求陁罗尼此陁罗尼者九十九亿殑伽沙如来同共宣说若有人志心诵念戴持颈臂者得十方诸佛菩萨□龙鬼神亲自护持身中无量劫来一切罪业悉皆消灭度一切灾难若有书写此陁罗尼安于幢刹能息一切恶风雹雨非时寒热雷电霹雳能息一切诸天斗诤言颂能息一切蚊蛮蝗虫及诸余类食庄稼者悉能退散□不尽功伏愿皇帝万岁重目千秋万民安泰入净真言唵引阿蜜□□帝吽发吒入触真言唵引骨噜□驮曩吽嗡传大教梵学沙门秀璋书所将雕板印施功德伏愿亡过父母早生人天然愿合家大小平安男孟继升次男继朗孙男仁宣仁悦里头儿耿大户新妇平氏张氏孙男新妇张氏张氏王氏重孙女伴姑相儿更惜　景德二年八月□日记。"

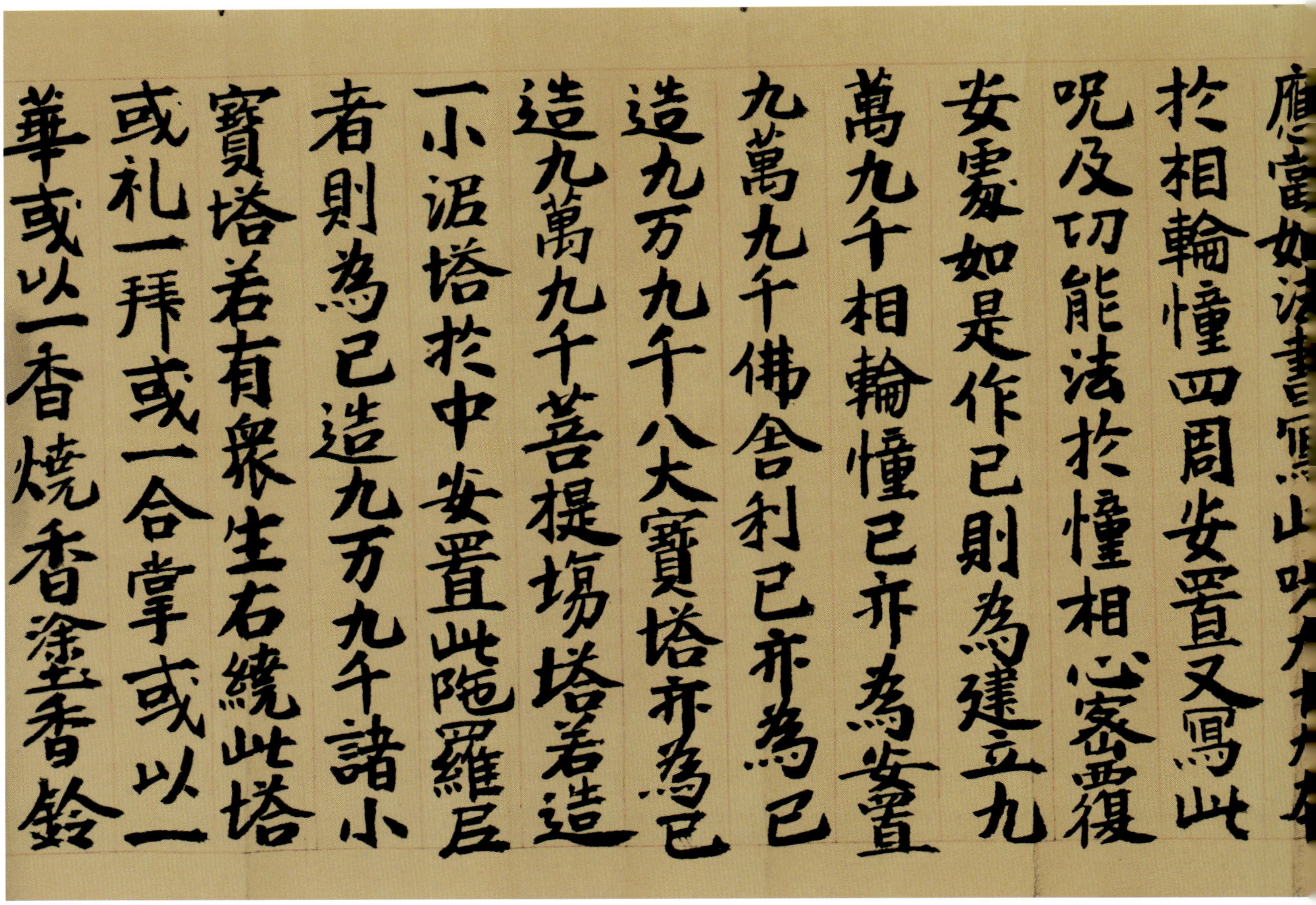
於相輪幢四周安置又寫此
呪及切能法於幢相心密覆
安處如是作已則為建立九
萬九千相輪幢已亦為安置
九萬九千佛舍利已亦為已
造九万九千八大寶塔亦為已
造九萬九千菩提場塔若造
一小泥塔於中安置此陁羅尼
者則為已造九万九千諸小
寶塔若有衆生右繞此塔
或礼一拜或一合掌或以一
華或以一香燒香塗香鈴

8 佛说相轮陀罗尼经一卷

北宋天禧元年（1017）写本

Sutra (Fo Shuo Xiang Lun Tuo Luo Ni), One volume

Transcription, the 1st year of the Tianxi era of the northern Song Dynasty (1017)

卷轴装，版框尺寸15.5×100.0cm，四十七行（另间附空白二行），行十字。

朱丝栏纸，上下单边。卷尾墨笔题记：“苏州吴县永定乡敬佛弟子吴耸书写此经舍入 宝塔中永充供养追助亡妣唐氏七娘子远年生界愿承兹佛力自在受生。”

佛說相輪陁羅尼

佛言善男子今為汝說相輪
陁羅尼即說呪曰
唵一引薩婆怛他揭多毗補
羅曳移執反下同瑟擞竹凡反下同二末尼羯
諾迦舉佉反曷喇折哆三毗菩
瑟哆曳瑟擞四杜嚕杜嚕五
三曼哆毗嚕吉帝六薩囉
薩囉播跛輸達尼七菩達
尼三菩達尼八鉢囉上伐囉上
曳瑟擞伐麗九末尼䏲襜十
鶻嚕上囉上末羅毗式第十一
吽引吽引牛鳴音以少可善男子

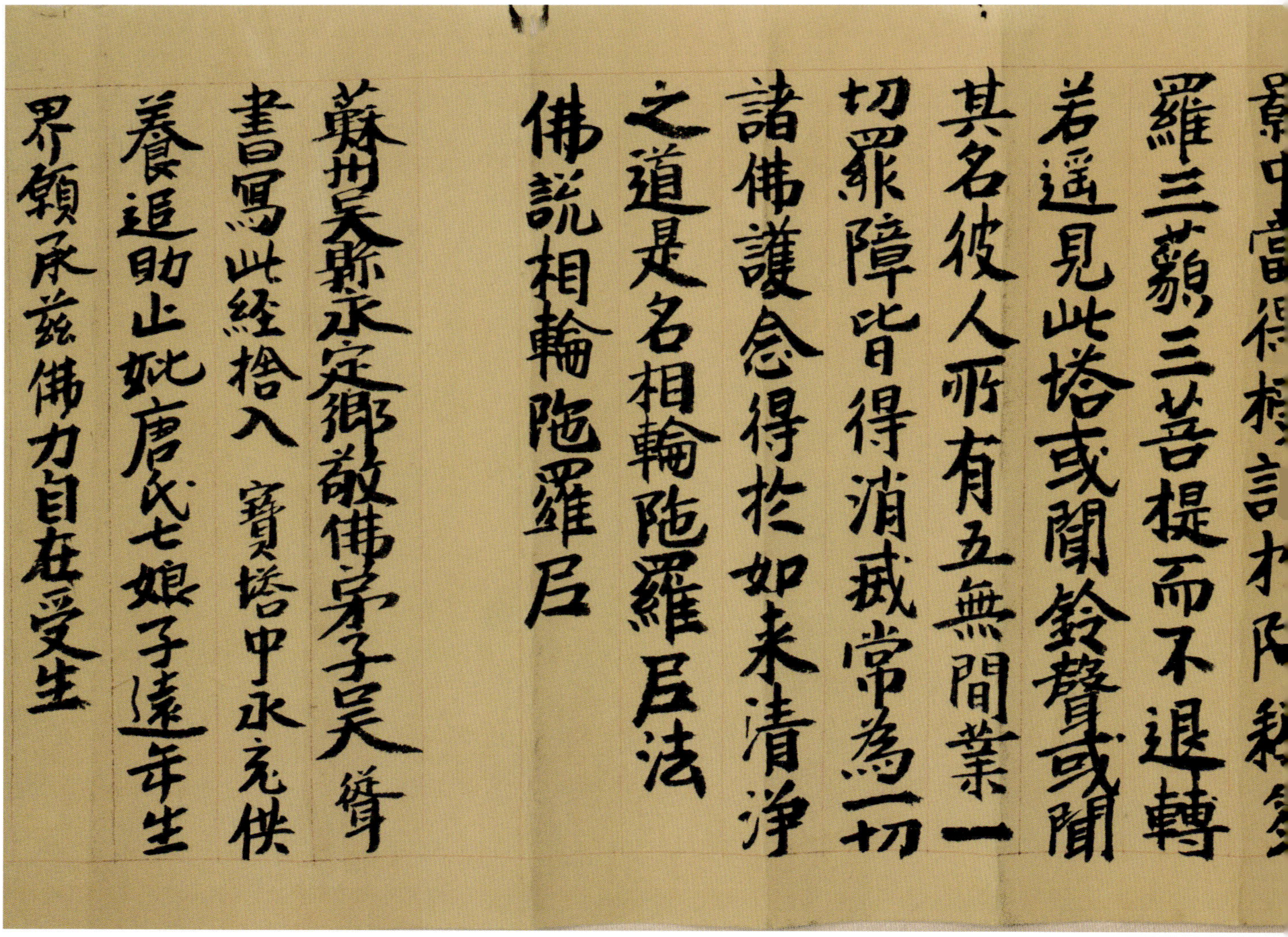
影中當得授記於阿耨多
羅三藐三菩提而不退轉
若遥見此塔或聞鈴聲或聞
其名彼人所有五無間業一
切罪障皆得消滅常為一切
諸佛護念得於如來清淨
之道是名相輪陀羅尼法
佛説相輪陀羅尼

蘇州吴縣永定鄉敬佛弟子吴贇
書寫此経捨入寶塔中永充供
養追助亡妣唐氏七娘子遠年生
界願承茲佛力自在受生

萬九千相輪幢已亦為安置
九萬九千佛舍利已亦為已
造九万九千八大寶塔亦為已
造九萬九千菩提場塔若造
一小泥塔於中安置此陁羅尼
者則為已造九万九千諸小
寶塔若有衆生右繞此塔
或礼一拜或一合掌或以一
華或以一香燒香塗香鈴
鐸幡蓋而供養者則為供
養九萬九千諸佛塔已是則
成就廣大善根福德之聚
若有飛鳥文[illegible][illegible][illegible][illegible]塔

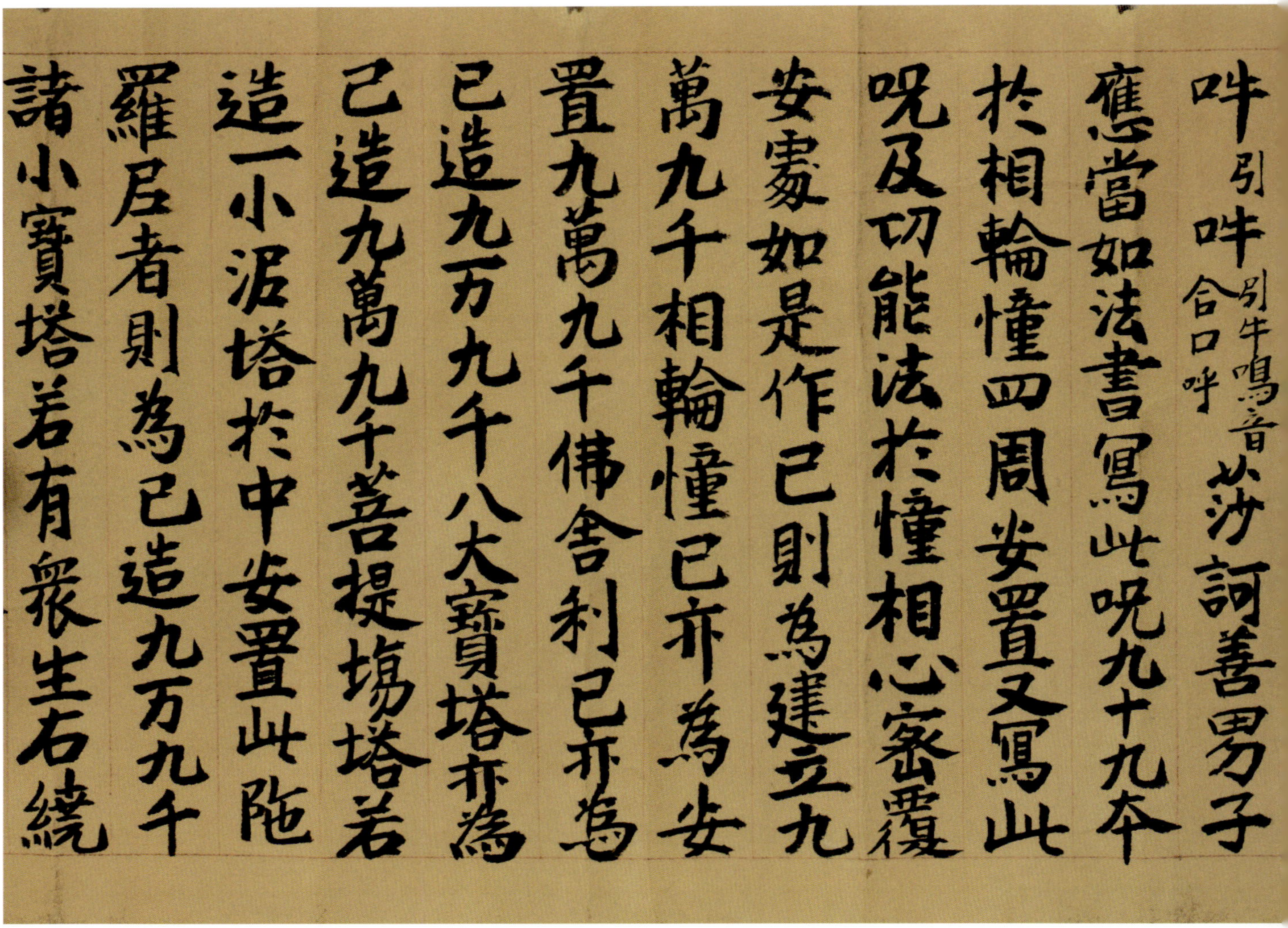

吽引吽引牛鳴音合口吽莎訶善男子
應當如法書寫此呪九十九本
於相輪憧四周安置又寫此
呪及功能法於憧相心竅覆
安處如是作已則為建立九
萬九千相輪憧已亦為安
置九萬九千佛舍利已亦為
已造九万九千八大寶塔亦為
已造九萬九千菩提場塔若
造一小泥塔於中安置此陁
羅尼者則為已造九万九千
諸小寶塔若有衆生右繞

9 佛说相轮陀罗尼经一卷

北宋天禧元年（1017）写本

Sutra (Fo Shuo Xiang Lun Tuo Luo Ni), One volume

Transcription, the 1st year of the Tianxi era of the northern Song Dynasty (1017)

卷轴装，版框尺寸15.5×90.0cm，四十四行（另间附空白一行），行十字。

朱丝栏纸，上下单边。卷尾墨笔题记：“吴县利娃乡朱从庆为亡妣周氏六娘写入瑞光宝塔永充供养 天禧元年九月十日记。”

佛說相輪陁羅尼
佛言善男子今為汝說相
輪陁羅尼即說呪曰
唵一引薩婆怛他揭多毗補
羅曳移執反下同瑟徵竹乞反下同二末尼羯
諾迦皐佉反冐喇析哆三毗菩
瑟哆曳瑟徵四杜嚕杜嚕五
三曼哆毗嚕吉帝六薩囉
薩囉播跛輸達尼七菩達
尼三菩達尼八鉢囉上伐囉上
曳瑟徵伐麗九末尼脫檐十

聲或聞其名彼人所有五無
間業一切罪障皆得消滅
常為一切諸佛護念得於如來
清淨之道是名相輪陁羅
尼法
佛說相輪陁羅尼
吴縣利娃鄉米從慶為
亡妣周氏六娘寫入
瑞光寶塔永充供養
天禧元年九月十日記

10 金刚般若波罗蜜经

（后秦）释鸠摩罗什译　北宋至和元年（1054）金银写本

Vajracchedika-prajnaparamita-sutra

Translation by Kumārajīva (384-417)

Transcription (Gold and Silver Dust), the 1st year of the Zhihe era of the northern Song Dynasty (1054)

卷轴装，版框尺寸22.5×672.5cm（卷前扉画16.3×27.1cm），四百三十四行（十一纸相连），行十六至十七字。

单线版框，朱丝栏，上下单边。卷轴包首为银线绘缠枝牡丹图案，并有金线描云纹图案边框。画面起首处有楷体金书“金刚般若波罗蜜经”题签，上镶金壶门，下托金宝相莲花。全卷中“金刚般若波罗蜜经”“佛”“菩萨”“须菩提”诸字用金书，其余字为银书。引首有卷前扉画一帧，内容为佛教经变图。用金线勾绘观世音菩萨端坐莲花座上，四周诸菩萨，须菩提皆用银线描绘，线条精工流畅。卷尾墨书题记：“瑞昌县君孙氏四娘子谨舍净财收赎此经永充供养　至和元年十一月□日”。

国家珍贵古籍名录号07167。

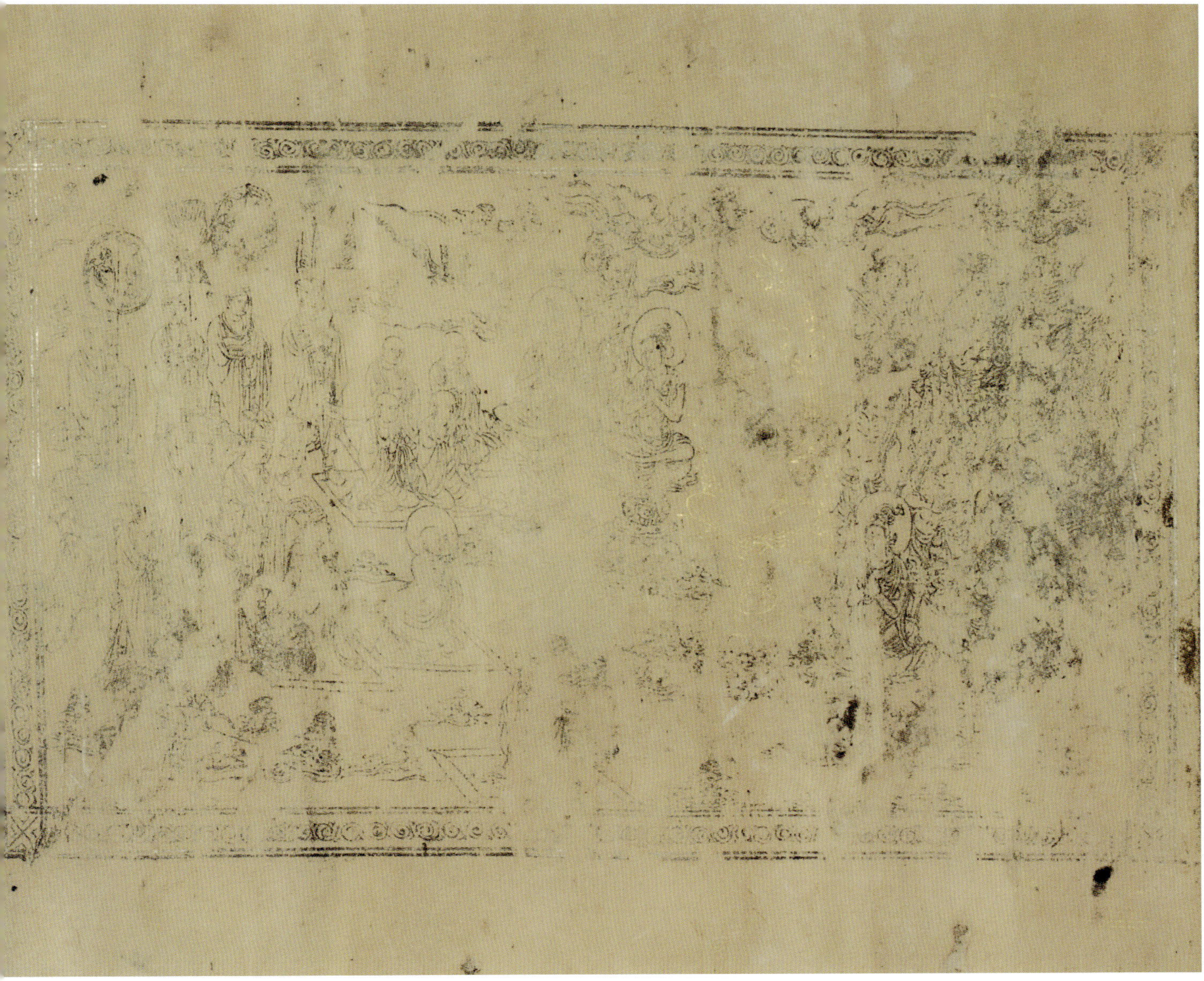

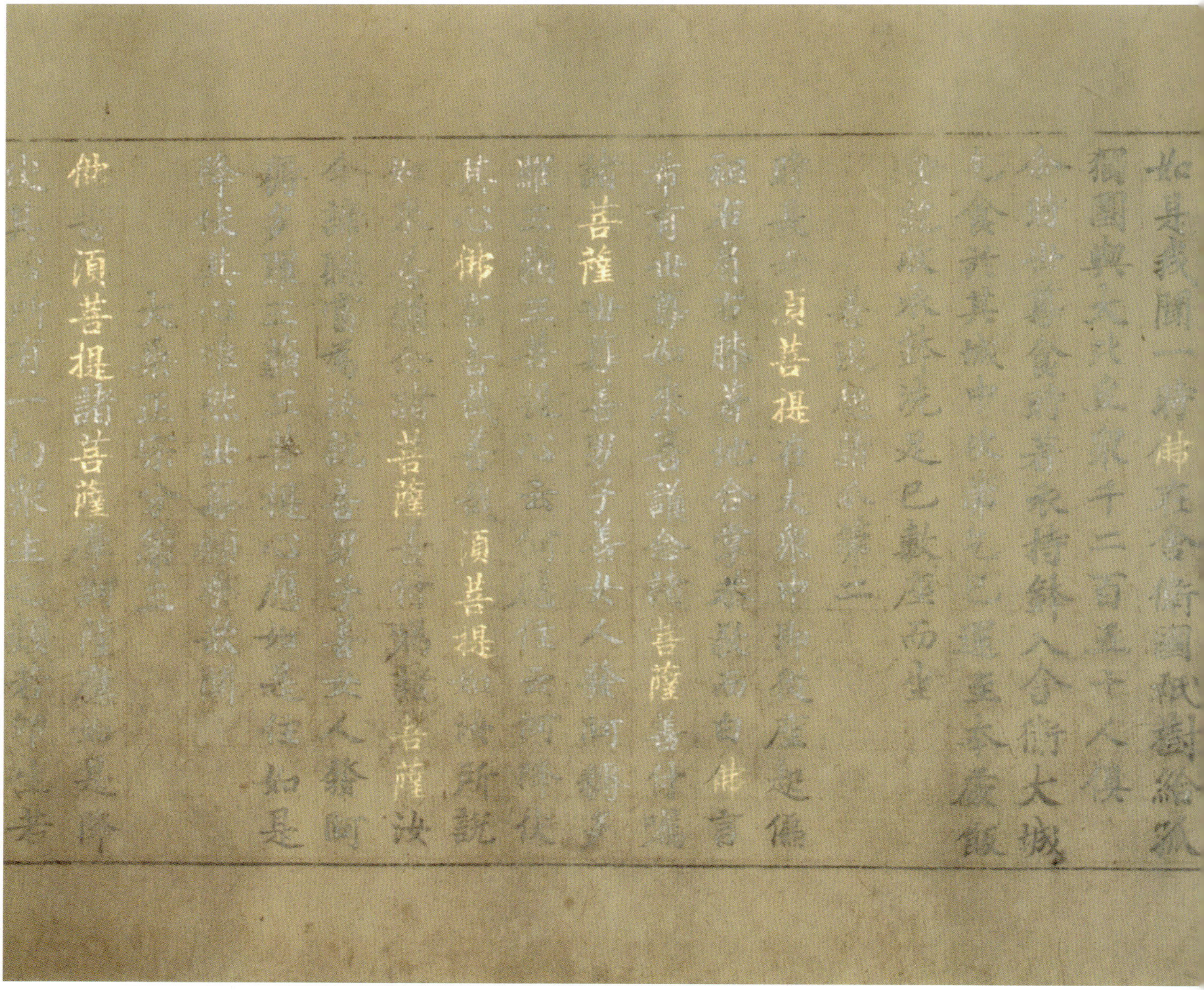

如是我聞一時佛在舍衛國祇樹給孤
獨園與大比丘衆千二百五十人俱
爾時世尊食時著衣持鉢入舍衛大城
乞食於其城中次第乞已還至本處飯
食訖收衣鉢洗足已敷座而坐
善現起請分第二
時長老須菩提在大衆中即從座起偏
袒右肩右膝著地合掌恭敬而白佛言
希有世尊如來善護念諸菩薩善付囑
諸菩薩世尊善男子善女人發阿耨多
羅三藐三菩提心云何應住云何降伏
其心佛言善哉善哉須菩提如汝所說
如來善護念諸菩薩善付囑諸菩薩汝
今諦聽當為汝說善男子善女人發阿
耨多羅三藐三菩提心應如是住如是
降伏其心唯然世尊願樂欲聞
大乘正宗分第三
佛告須菩提諸菩薩摩訶薩應如是降
伏其心所有一切衆生之類若卵生若

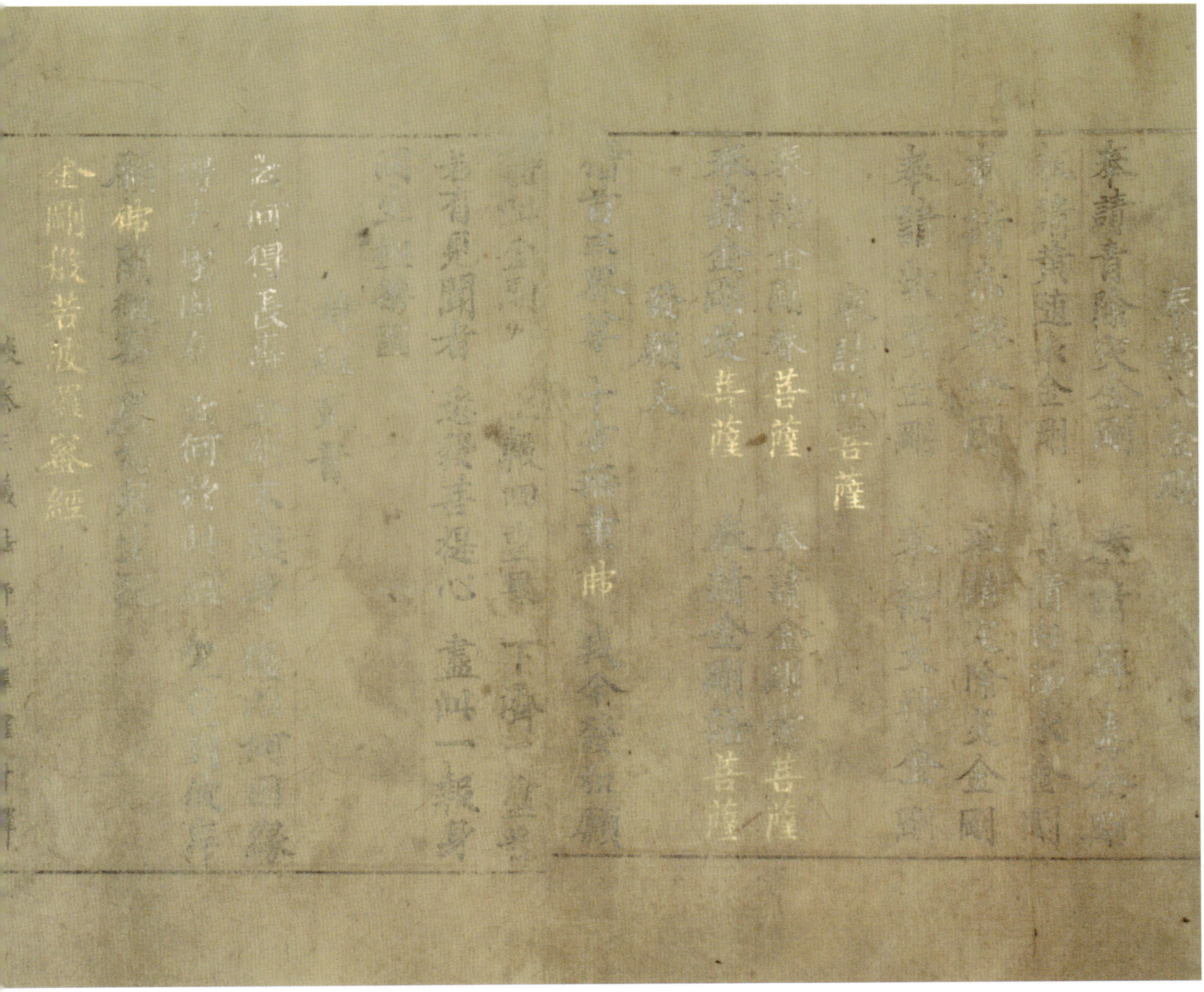
奉請青除災金剛
奉請金剛眷菩薩
奉請金剛索菩薩
奉請金剛愛菩薩
奉請金剛語菩薩
發願文
稽首三界尊 歸命十方佛 我今發弘願 持此金剛經
上報四重恩 下濟三塗苦 若有見聞者 悉發菩提心 盡此一報身
同生極樂國
云何得長壽 金剛不壞身 復以何因緣
得大堅固力 云何於此經 究竟到彼岸
願佛開微密 廣為眾生說
金剛般若波羅蜜經

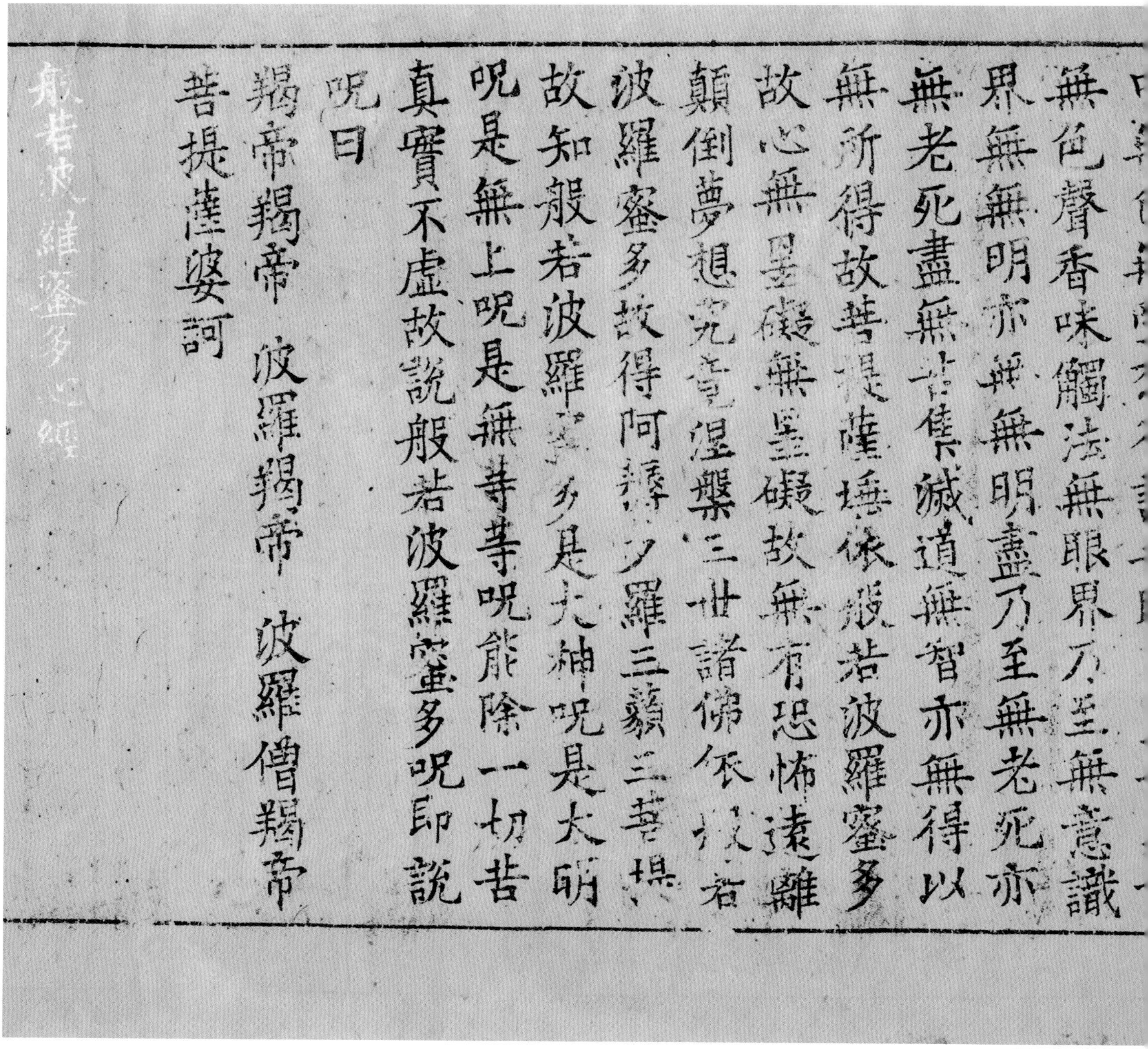
無色聲香味觸法無眼界乃至無意識
界無無明亦無無明盡乃至無老死亦
無老死盡無苦集滅道無智亦無得以
無所得故菩提薩埵依般若波羅蜜多
故心無罣礙無罣礙故無有恐怖遠離
顛倒夢想究竟涅槃三世諸佛依般若
波羅蜜多故得阿耨多羅三藐三菩提
故知般若波羅蜜多是大神呪是大明
呪是無上呪是無等等呪能除一切苦
真實不虛故說般若波羅蜜多呪即說
呪曰
羯帝羯帝　波羅羯帝　波羅僧羯帝
菩提薩婆訶
般若波羅蜜多心經

11 般若波罗蜜多心经

（唐）释玄奘译 北宋写本

Prajnaparamita-hrdays-sutra

Translation by Xuan Zang from Tang Dynasty (618-907)

Transcription, the northern Song Dynasty (960-1127)

卷轴装，版框尺寸23.9×60.0cm（卷前扉画13.5×16.8cm），二十一行，行十五字。

单线版框，乌丝栏，上下单边。引首有卷前扉画一帧，内容为佛教经变图。用金线绘观世音菩萨居须弥座，其余皆用墨线勾绘。卷轴包首为墨线绘缠枝牡丹图案，并有云纹边框。画面起首处有楷体金书“般若波罗蜜多心经”题签。书名“般若波罗蜜多心经”金书。

国家珍贵古籍名录号07165。

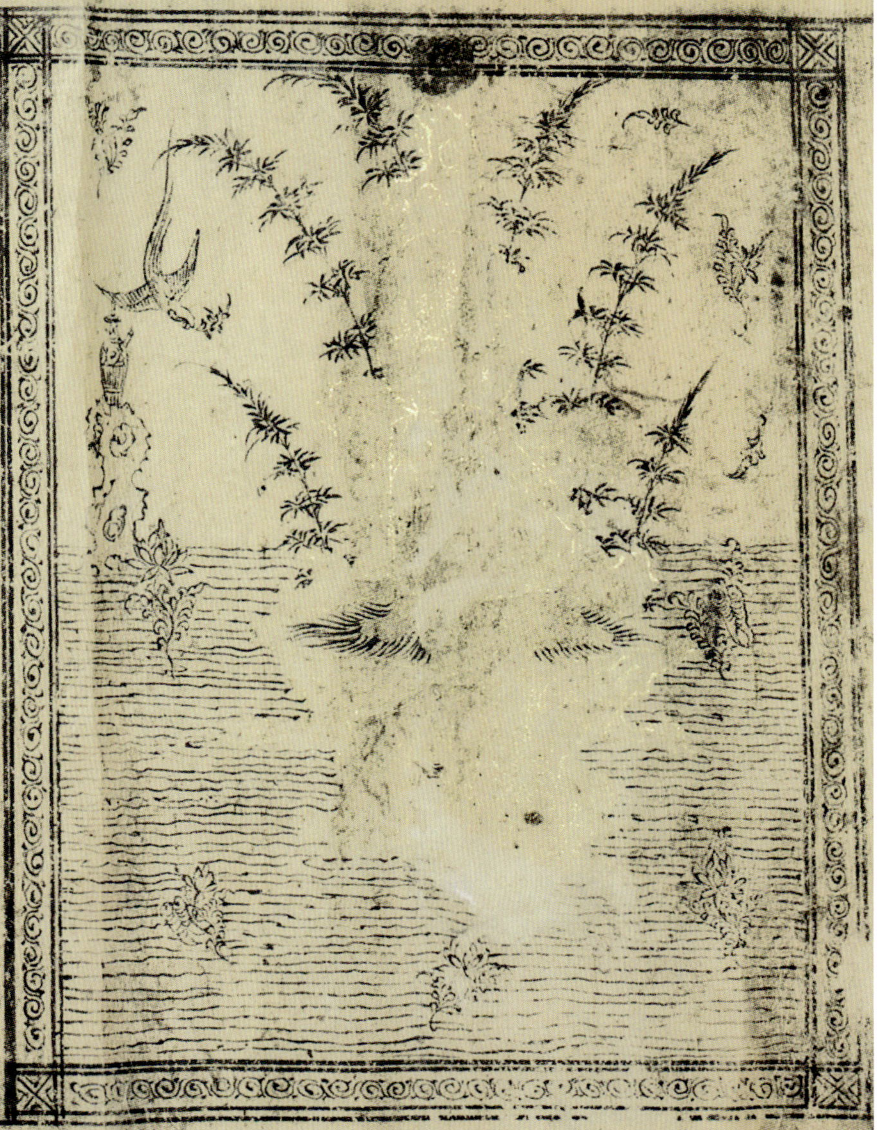

般若波羅蜜多心經

觀自在菩薩行深般若波羅蜜多時照
見五蘊皆空度一切苦厄舍利子色不
異空空不異色色即是空空即是色受
想行識亦復如是舍利子是諸法空相

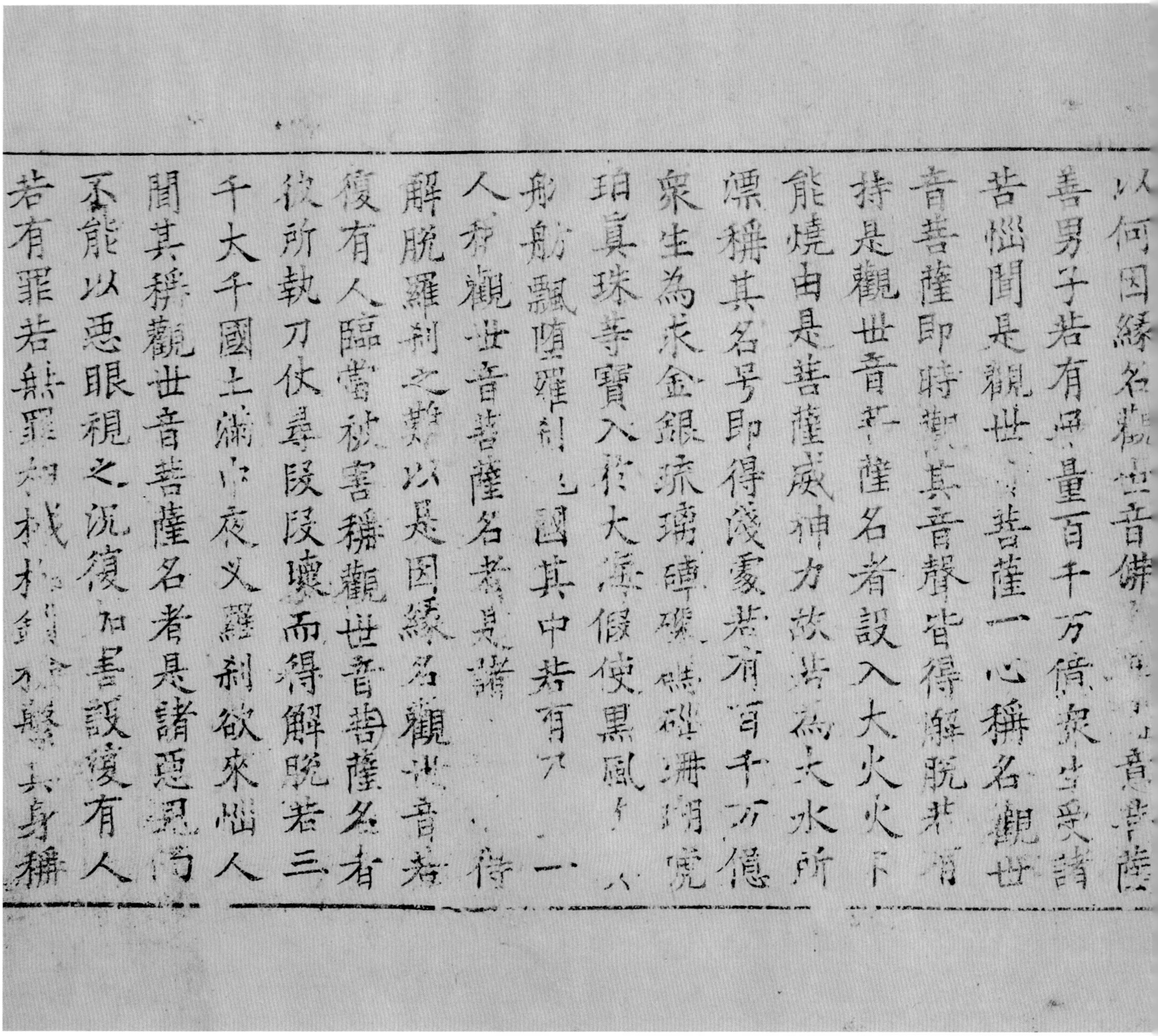
以何因緣名觀世音佛告無盡意菩薩
善男子若有無量百千万億衆生受諸
苦惱聞是觀世音菩薩一心稱名觀世
音菩薩即時觀其音聲皆得解脫若有
持是觀世音菩薩名者設入大火火不
能燒由是菩薩威神力故若為大水所
漂稱其名號即得淺處若有百千万億
衆生為求金銀琉璃硨磲碼碯珊瑚虎
珀真珠等寶入於大海假使黑風吹其
船舫飄墮羅剎鬼國其中若有乃至一
人稱觀世音菩薩名者是諸 得
解脫羅剎之難以是因緣名觀世音若
復有人臨當被害稱觀世音菩薩名者
彼所執刀杖尋段段壞而得解脫若三
千大千國土滿中夜叉羅剎欲來惱人
聞其稱觀世音菩薩名者是諸惡鬼尚
不能以惡眼視之況復加害設復有人
若有罪若無罪杻械枷鎖檢繫其身稱

12 佛说观世音经

北宋写本

Avalokyatasvvra-sutra

Transcription, the northern Song Dynasty (960-1127)

卷轴装，版框尺寸23.1×240.0cm（卷前扉画16.8×22.6cm），一百四十一行，行十五字。

无丝栏，上下单边，用墨线勾绘。引首有卷前扉画一帧，用金线绘观世音菩萨端坐莲台（须弥座），手持麈尾。卷轴包首为墨线绘缠枝牡丹图案，并有云纹边框。画面起首处有楷体金书“佛说观世音经”题签。卷端及卷尾书名“佛说观世音经”用金书，其余墨书。

国家珍贵古籍名录号07193。

佛說觀世音經

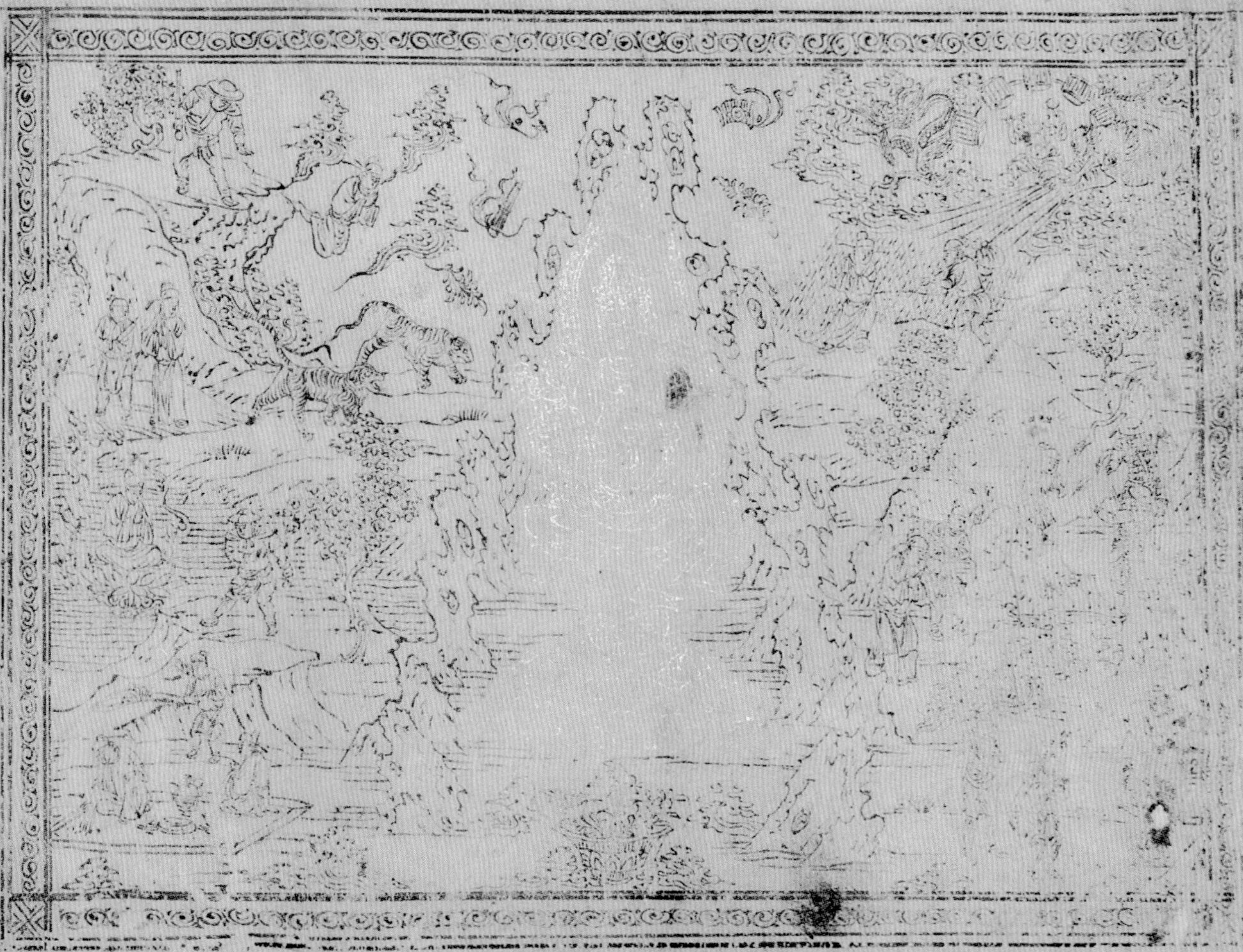

尒時無盡意菩薩　即從座起偏袒右肩

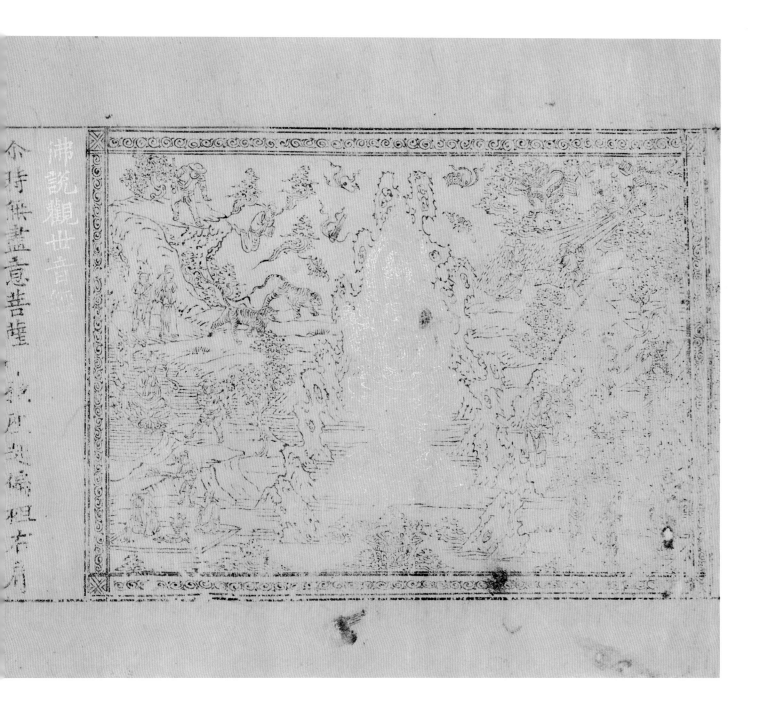

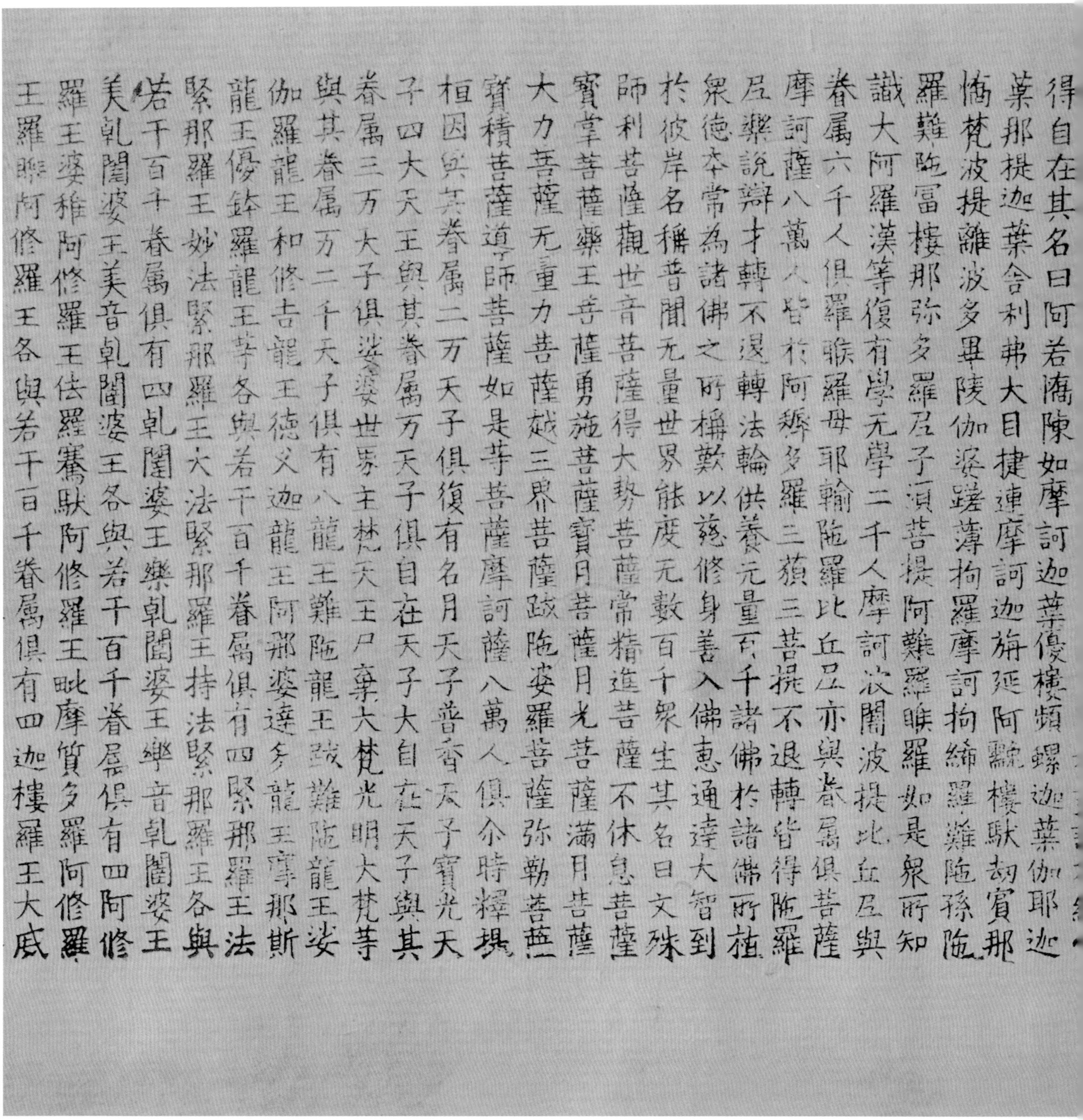
得自在其名曰阿若憍陳如摩訶迦葉優樓頻螺迦葉伽耶迦
葉那提迦葉舍利弗大目揵連摩訶迦旃延阿㝹樓駄劫賓那
憍梵波提離波多畢陵伽婆蹉薄拘羅摩訶拘絺羅難陁孫陁
羅難陁富樓那弥多羅尼子須菩提阿難羅睺羅如是衆所知
識大阿羅漢等復有學无學二千人摩訶波闍波提比丘尼與
眷屬六千人俱羅睺羅母耶輸陁羅比丘尼亦與眷屬俱菩薩
摩訶薩八萬人皆於阿耨多羅三藐三菩提不退轉皆得陁羅
尼樂說辯才轉不退轉法輪供養无量百千諸佛於諸佛所植
衆德本常為諸佛之所稱歎以慈修身善入佛慧通達大智到
於彼岸名稱普聞无量世界能度无數百千衆生其名曰文殊
師利菩薩觀世音菩薩得大勢菩薩常精進菩薩不休息菩薩
寶掌菩薩藥王菩薩勇施菩薩寶月菩薩月光菩薩滿月菩薩
大力菩薩无量力菩薩越三界菩薩䟦陁婆羅菩薩弥勒菩薩
寶積菩薩導師菩薩如是等菩薩摩訶薩八萬人俱尒時釋提
桓因與其眷屬二万天子俱復有名月天子普香天子寶光天
子四大天王與其眷屬万天子俱自在天子大自在天子與其
眷屬三万天子俱娑婆世界主梵天王尸棄大梵光明大梵等
與其眷屬万二千天子俱有八龍王難陁龍王䟦難陁龍王娑
伽羅龍王和修吉龍王德叉迦龍王阿那婆達多龍王摩那斯
龍王優鉢羅龍王等各與若干百千眷屬俱有四緊那羅王法
緊那羅王妙法緊那羅王大法緊那羅王持法緊那羅王各與
若干百千眷屬俱有四乾闥婆王樂乾闥婆王樂音乾闥婆王
美乾闥婆王美音乾闥婆王各與若干百千眷屬俱有四阿修
羅王婆稚阿修羅王佉羅騫駄阿修羅王毗摩質多羅阿修羅
王羅睺阿修羅王各與若干百千眷屬俱有四迦樓羅王大威

13 妙法莲华经七卷

（后秦）释鸠摩罗什译 北宋初年刻本 存六卷（一至五、七）

Saddharma-pundarika-sutra, seven volumes

Translation by Kumārajīva (384-417)

Block-printed Edition, the early northern Song Dynasty (960-1127)

Six Volumes collection (No. 1-5, 7)

卷轴装，卷一版框尺寸16.9×273.5cm，四百二十七行（五纸连接），行二十四字；卷二版框尺寸16.6×290.0cm，四百五十九行（六纸连接），行二十四字；卷三版框尺寸16.5×272.0cm，四百三十八行（五纸连接），行二十四字；

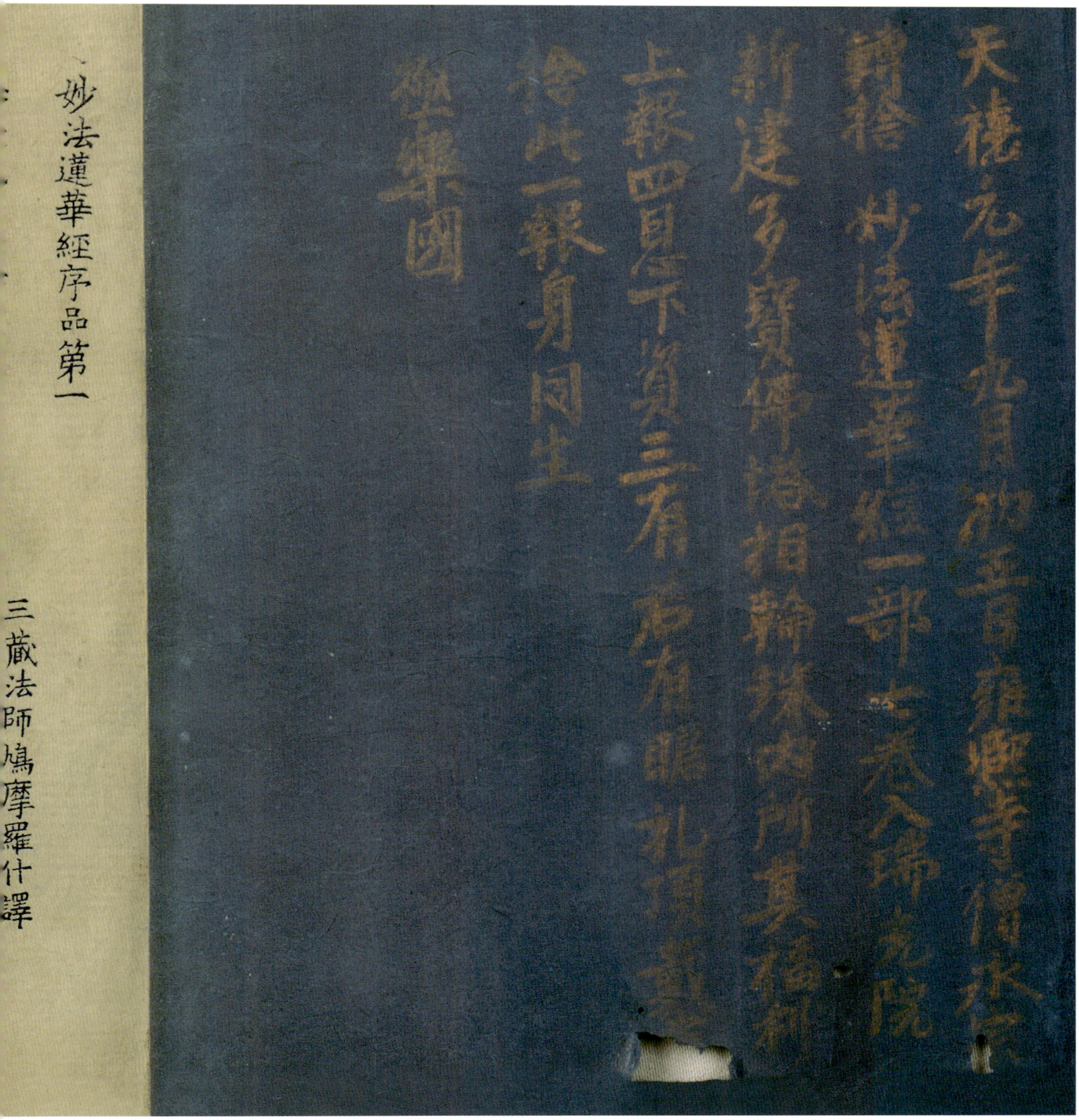

卷四版框尺寸16.7×319.0cm，五百二十二行（六纸连接），行二十四字；卷五版框尺寸16.8×311.0cm，四百九十八行（六纸连接），行二十四字；卷七版框尺寸16.8×251.0cm，四百十二行（五纸连接），行二十四字。

1978年发现于瑞光寺塔第三层塔心砖龛天宫内，原为七卷，其中第六卷被毁。页面不设边框，字体书法端正，刻工精细，可与开宝年间蜀刻官本相媲美。每卷引首以横长14–16厘米的碧纸为包首。卷前题记："天禧元年九月初五日，雍熙寺僧永宗转舍妙法莲华经一部七卷入瑞光院新建多宝佛塔相轮珠内，所其福利，上报四恩，下资三有，若有瞻礼顶戴者，舍此一报身，同生极乐国。"这部经书是我国国内现存最早的佛经刻本，在我国古代印刷史上占有重要地位。

国家珍贵古籍名录号06899。

若得作佛時　具三十二相　天人夜叉衆　龍神等恭敬
是時乃可謂　永盡滅无餘　佛於大衆中　說我當作佛
聞如是法音　疑悔悉已除　初聞佛所說　心中大驚疑
將非魔作佛　惱亂我心耶　佛以種種緣　譬喻巧言說
其心安如海　我聞疑網斷　佛說過去世　无量滅度佛
安住方便中　亦皆說是法　現在未来佛　其數无有量
亦以諸方便　演說如是法　如今者世尊　從生及出家
得道轉法輪　亦以方便說　世尊說實道　波旬无此事
以是我定知　非是魔作佛　我墮疑網故　謂是魔所為
聞佛柔軟音　深遠甚微妙　演暢清淨法　我心大歡喜
疑悔永已盡　安住實智中　我定當作佛　為天人所敬
轉无上法輪　教化諸菩薩
尒時佛告舍利弗吾今於天人沙門婆羅門等大衆中說我昔
曾於二万億佛所為无上道故常教化汝汝亦長夜隨我受學
我以方便引導汝故生我法中舍利弗我昔教汝志願佛道汝
今悉忘而便自謂已得滅度我今還欲令汝憶念本願所行道
故為諸聲聞說是大乘經名妙法蓮華教菩薩法佛所護念舍
利弗汝於未来世過无量无邊不可思議劫供養若干千万億
佛奉持正法具足菩薩所行之道當得作佛号曰華光如来應
供正遍知明行足善逝世間解无上士調御丈夫天人師佛世
尊國名離垢其土平正清淨嚴飾安隱豐樂天人熾盛瑠璃為
地有八交道黃金為繩以界其側其傍各有七寶行樹常有華
果華光如来亦以三乘教化衆生舍利弗彼佛出時雖非惡世
以本願故說三乘法其劫名大寶莊嚴何故名曰大寶莊嚴其
國中以菩薩為大寶故彼諸菩薩无量无邊不可思議筭數譬
喻所不能及非佛智力无能知者若欲行時寶華承足此諸菩

妙法蓮華經譬喻品第三

後秦三藏鳩摩羅什奉　詔譯

尒時舍利弗踊躍歡喜即起合掌瞻仰尊顔而白佛言今從世尊聞此法音心懐踊躍得未曾有所以者何我昔從佛聞如是法見諸菩薩受記作佛而我等不預斯事甚自感傷失於如来无量知見世尊我常獨處山林樹下若坐若行每作是念我等同入法性云何如来以小乘法而見濟度然是我等咎非世尊也所以者何若我等待說所因成就阿耨多羅三藐三菩提者必以大乘而得度脫然我等不解方便隨宜所說初聞佛法遇便信受思惟取證世尊我從昔来終日竟夜每自剋責而今從佛聞所未聞未曾有法斷諸疑悔身意泰然快得安隱今日乃知真是佛子從佛口生從法化生得佛法分尒時舍利弗欲重宣此義而說偈言

我聞是法音　得所未曾有　心懐大歡喜　疑網皆已除
昔来蒙佛教　不失於大乘　佛音甚希有　能除衆生惱
我已得漏盡　聞亦除憂惱　我處於山谷　或在林樹下
若坐若經行　常思惟是事　嗚呼深自責　云何而自欺
我等亦佛子　同入无漏法　不能於未来　演說无上道
金色三十二　十力諸解脫　同共一法中　而不得此事
八十種妙好　十八不共法　如是等功德　而我皆已失
我獨經行時　見佛在大衆　名聞滿十方　廣饒益衆生
自惟失此利　我為自欺誑　我常於日夜　每思惟是事
欲以問世尊　為失為不失　我常見世尊　稱讚諸菩薩
以是於日夜　籌量如此事　今聞佛音聲　隨宜而說法
无漏難思議　令衆至道場　我本著邪見　為諸梵志師

通身出光明飛行自在志念堅固精進智恵普皆金色三十二相而自荘嚴其國衆生常以二食一者法喜食二者禪悦食有无量阿僧祇千万億那由他諸菩薩衆得大神通四无礙智善能教化衆生之類其聲聞衆筭數挍計所不能知皆得具足六通三明及八解脱其佛國土有如是等无量功德荘嚴成就劫名寶明國名善淨其佛壽命无量阿僧祇劫法住甚久佛滅度後起七寶塔遍滿其國尒時世尊欲重宣此義而説偈言

諸比丘諦聽　佛子所行道　善學方便故　不可得思議
知衆樂小法　而畏於大智　是故諸菩薩　作聲聞緣覺
以无數方便　化諸衆生類　自説是聲聞　去佛道甚遠
度脱无量衆　皆悉得成就　雖小欲懈怠　漸當令作佛
内秘菩薩行　外現是聲聞　少欲猒生死　實自淨佛土
示衆有三毒　又現邪見相　我弟子如是　方便度衆生
若我具足説　種種現化事　衆生聞是者　心則懷疑惑
今此富樓那　於昔千億佛　勤修所行道　宣護諸佛法
為求无上恵　而於諸佛所　現居弟子上　多聞有智恵
所説无所畏　能令衆歡喜　未曾有疲倦　而以助佛事
已度大神通　具四无礙智　知衆根利鈍　常説清淨法
演暢如是義　教諸千億衆　令住大乗法　而自淨佛土
未来亦供養　无量无數佛　護助宣正法　亦自淨佛土
常以諸方便　説法无所畏　度不可計衆　成就一切智
供養諸如来　護持法寶藏　其後得成佛　号名曰法明
其國名善淨　七寶所合成　劫名為寶明　菩薩衆甚多
其數无量億　皆度大神通　威德力具足　充滿其國土
聲聞亦无數　三明八解脱　得四无礙智　以是等為僧
其國諸衆生　婬欲皆已斷　純一變化生　具相荘嚴身
法喜禪悦食　更無餘食想　无有諸女人　亦无諸惡道

妙法蓮華經五百弟子受記品第八

後秦三藏鳩摩羅什奉 詔譯

尒時富樓那弥多羅尼子從佛聞是智惠方便隨宜說法又聞
授諸大弟子阿耨多羅三藐三菩提記復聞宿世因緣之事復
聞諸佛有大自在神通之力得未曾有心淨踊躍即從座起到
於佛前頭面礼足却住一面瞻仰尊顏目不暫捨而作是念世尊
甚奇特所為希有隨順世間若干種性以方便知見而為說法
拔出衆生處處貪着我等於佛功德言不能宣唯佛世尊能知
我等深心本願尒時佛告諸比丘汝等見是富樓那弥多羅尼
子不我常稱其於說法人中最為第一亦常歎其種種功德精
勤護持助宣我法能於四衆示教利喜具足解釋佛之正法而
大饒益同梵行者自捨如來無能盡其言論之辯汝等勿謂富
樓那但能護持助宣我法亦於過去九十億諸佛所護持助宣
佛之正法於彼說法人中亦最第一又於諸佛所說空法明了
通達得四无礙智常能審諦清淨說法无有疑惑具足菩薩神
通之力隨其壽命常修梵行彼佛世人咸皆謂之實是聲聞而
富樓那以斯方便饒益无量百千衆生又化无量阿僧祇人令
立阿耨多羅三藐三菩提為淨佛土故常作佛事教化衆生諸比
丘富樓那亦於七佛說法人中而得第一今於我所說法人中
亦為第一於賢劫中當來諸佛說法人中亦復第一而皆護持
助宣佛法亦於未來護持助宣无量无邊諸佛之法教化饒益
无量衆生令立阿耨多羅三藐三菩提為淨佛土故常勤精進
教化衆生漸漸具足菩薩之道過无量阿僧祇劫當於此土得
阿耨多羅三藐三菩提号曰法明如來應供正遍知明行足善
逝世間解无上士調御丈夫天人師佛世尊其佛以恒河沙等
三千大千世界為一佛土七寶為地地平如掌无有山陵谿澗

尒時釋迦牟尼佛告文殊師利是妙音菩薩摩訶薩欲從淨華
宿王智佛國與八万四千菩薩圍遶而来至此娑婆世界供養
親近礼拜於我亦欲供養聽法華經文殊師利白佛言世尊是
菩薩種何善本修何功德而能有是大神通力行何三昧願為
我等說是三昧名字我等亦欲勤修行之行此三昧乃能見是
菩薩色相大小威儀進止惟願世尊以神通力彼菩薩来令我
得見尒時釋迦牟尼佛告文殊師利此久滅度多寶如来當為
汝等而現其相時多寶佛告彼菩薩善男子来文殊師利法王
子欲見汝身

于時妙音菩薩於彼國沒與八万四千菩薩俱共發来所經諸
國六種震動皆悉雨於七寶蓮華百千天樂不鼓自鳴是菩薩
目如廣大青蓮華葉正使和合百千万月其面貌端正復過於
此身真金色无量百千功德莊嚴威德熾盛光明照耀諸相具
足如那羅延堅固之身入七寶臺上昇虛空去地七多羅樹諸
菩薩衆恭敬圍遶而来詣此娑婆世界耆闍崛山到已下七寶
臺以價直百千瓔珞持至釋迦牟尼佛所頭面礼足奉上瓔珞
而白佛言世尊淨華宿王智佛問訊世尊少病少惱起居輕利
安樂行不四大調和不世事可忍不衆生易度不多貪欲瞋
恚愚癡嫉妬慳慢不无不孝父母不敬沙門邪見不善心不攝
五情不世尊衆生能降伏諸魔怨不久滅度多寶如来在七寶
塔中来聽法不又問訊多寶如来安隱少惱堪忍久住不世尊
我今欲見多寶佛身惟願世尊示我令見

尒時釋迦牟尼佛語多寶佛是妙音菩薩欲得相見時多寶佛
告妙音言善哉善哉汝能為供養釋迦牟尼佛及聽法華經并
見文殊師利等故来至此

尒時華德菩薩白佛言世尊是妙音菩薩種何善根修何功德

妙法蓮華經妙音菩薩品第二十四

後秦三藏鳩摩羅什奉詔譯

尒時釋迦牟尼佛放大人相肉髻光明及放眉間白毫相光遍照東方百八萬億那由他恒河沙等諸佛世界過是數已有世界名淨光莊嚴其國有佛号淨華宿王智如來應供正遍知明行足善逝世間解無上士調御丈夫天人師佛世尊為无量无邊菩薩大衆恭敬圍遶而為說法釋迦牟尼佛白毫光明遍照其國

尒時一切淨光莊嚴國中有一菩薩名曰妙音久已殖衆德本供養親近無量百千万億諸佛而悉成就甚深智慧得妙幢相三昧法華三昧淨德三昧宿王戲三昧无緣三昧智印三昧解一切衆生語言三昧集一切功德三昧清淨三昧神通遊戲三昧慧炬三昧莊嚴王三昧淨光明三昧淨藏三昧不共三昧日旋三昧得如是百千万億恒河沙等諸大三昧釋迦牟尼佛光照其身即白淨華宿王智佛言世尊我當往詣娑婆世界礼拜親近供養釋迦牟尼佛及見文殊師利法王子菩薩藥王菩薩勇施菩薩宿王華菩薩上行意菩薩莊嚴王菩薩藥上菩薩

尒時淨華宿王智佛告妙音菩薩汝莫輕彼國生下劣想善男子彼娑婆世界高下不平土石諸山穢惡充滿佛身卑小諸菩薩衆其形亦小而汝身四万二千由旬我身六百八十万由旬汝身第一端正百千万福光明殊妙是故汝往莫輕彼國若佛菩薩及國土生下劣想妙音菩薩白其佛言世尊我今詣娑婆世界皆是如來之力如來神通遊戲如來功德智慧莊嚴於是妙音菩薩不起于座身不動搖而入三昧以三昧力於耆闍崛山去法座不遠化作八万四千衆寶蓮華閻浮檀金為莖白銀

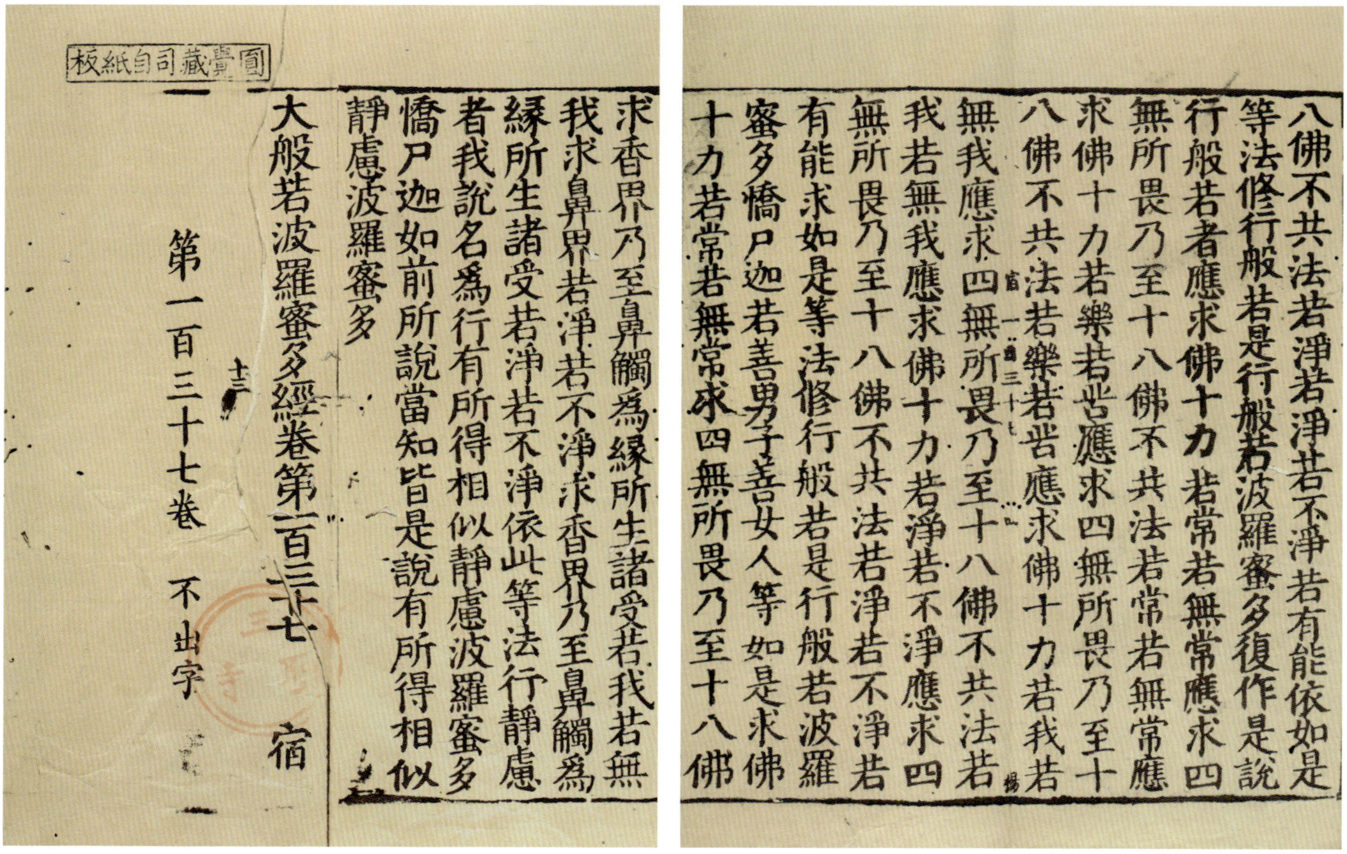
八佛不共法若淨若不淨若有能依如是
等法修行般若是行般若波羅蜜多復作是說
行般若者應求佛十力若常若無常應求四
無所畏乃至十八佛不共法若常若無常應
求佛十力若樂若苦應求四無所畏乃至十
八佛不共法若樂若苦應求佛十力若我若
無我應求四無所畏乃至十八佛不共法若
我若無我應求佛十力若淨若不淨應求四
無所畏乃至十八佛不共法若淨若不淨若
有能求如是等法修行般若是行般若波羅
蜜多憍尸迦若善男子善女人等如是求佛
十力若常若無常求四無所畏乃至十八佛

求香界乃至鼻觸爲緣所生諸受若我若無
我求鼻界若淨若不淨求香界乃至鼻觸爲
緣所生諸受若淨若不淨依此等法行靜慮
者我說名爲行有所得相似靜慮波羅蜜多
憍尸迦如前所說當知皆是說有所得相似
靜慮波羅蜜多
大般若波羅蜜多經卷第一百三十七　宿

14 大般若波罗蜜多经六百卷

（唐）释玄奘译　宋湖州思溪圆觉禅院刻思溪藏本　存一卷（一百三十七）

Mahaprajna-paramita-sutra, six hundreds volumes

Translation by Xuan Zang from Tang Dynasty (618-907)

Block-printed Edition of Sixi Collection engraved in Yuanjue Temple (Sixi, Huzhou city) of the Song Dynasty (960-1279)

One volumes collection (No. 137)

经折装，版框尺寸24.4×11.3cm，半叶六行，行十七字，上下单边。

原册有磁青纸书衣，上墨书“大般若波罗蜜多经卷第一百三十七”，字体古雅。卷端天头有“圆觉藏司自纸板”，右下钤“三圣寺”朱圆戳记。《大藏经》的版本系统分为北、中、南三家：中原系《开宝藏》是我国历史上第一部雕版印刷的大藏经。北宋初年在四川刊雕，此系中又有《赵城金藏》、《高丽藏》（初刻、再刻）。北方系以《契丹藏》为代表，南方系以《崇宁藏》为代表，此系中又有《毗卢藏》《思溪圆觉藏》《思溪资福藏》《碛砂藏》《普宁藏》《洪武南藏》《永乐南藏》等。在宋元南方系《大藏经》中，第三个雕版印刷的即是《思溪藏》。《思溪圆觉藏》的版式继承了福州藏（《崇宁藏》、《毗卢藏》）的特点：每版五个半叶，每半叶六行，行十七字，字体大部分为颜体，也有部分是手写上版。《思溪藏》完整已不存，零本在国内仅少数几个单位有收藏，极为罕见。

圓覺藏司自紙板

大般若波羅蜜多經卷第一百三十七　宿

三藏法師　玄奘奉　詔譯

初分校量功德品第三十之三十五

復次憍尸迦若善男子善女人等爲發無上菩提心者說八解脫若常若無常說八勝處九次第定十遍處若常若無常說八解脫若樂若苦說八勝處九次第定十遍處若樂若苦說八解脫若我若無我說八勝處九次第定十遍處若我若無我說八解脫若淨若不淨說八勝處九次第定十遍處若淨若不淨若有能依如是等法修行般若是行般若波羅蜜多復作是說行般若者應求八解脫若

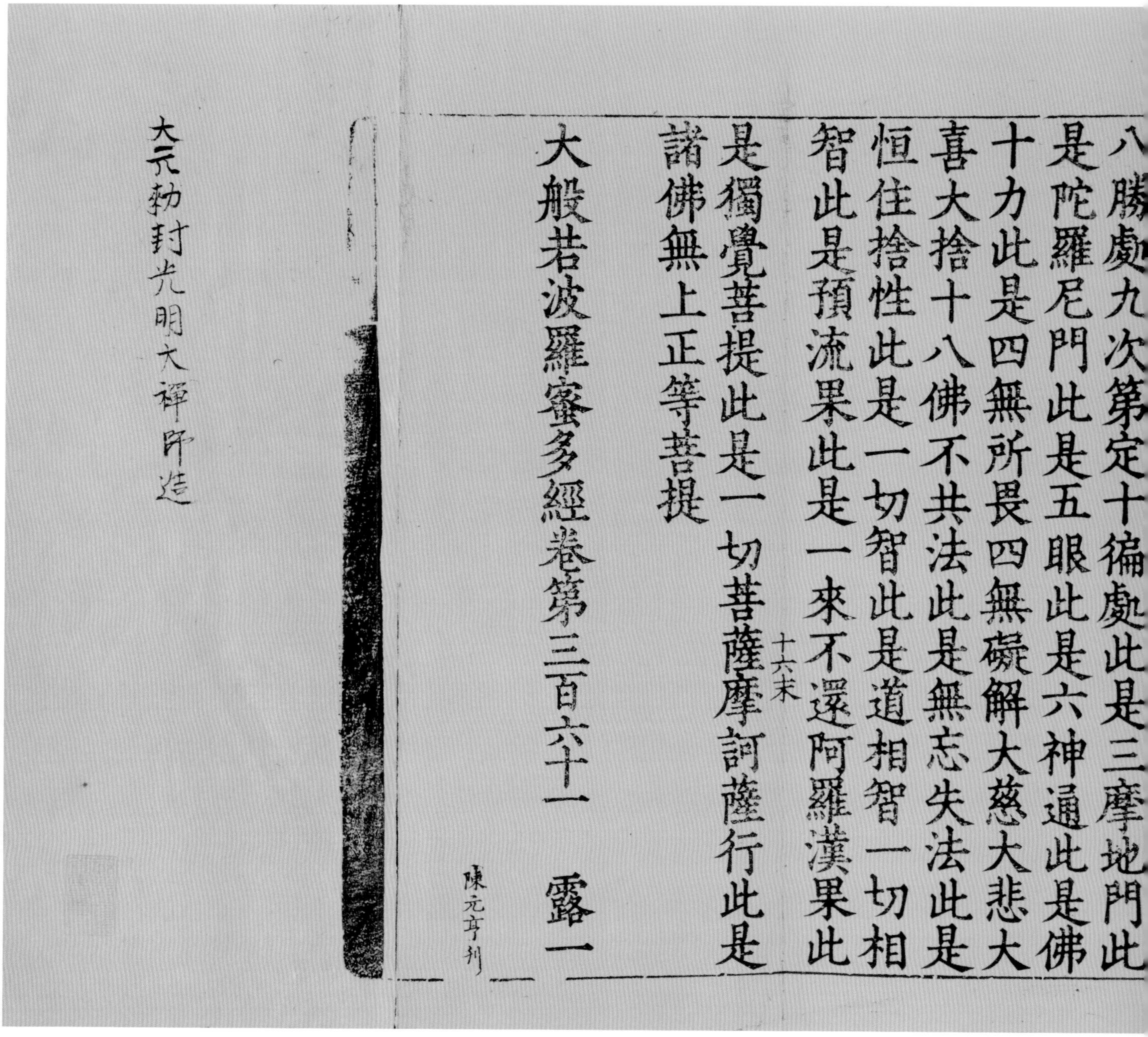
八勝處九次第定十徧處此是三摩地門此
是陀羅尼門此是五眼此是六神通此是佛
十力此是四無所畏四無礙解大慈大悲大
喜大捨十八佛不共法此是無忘失法此是
恒住捨性此是一切智此是道相智一切相
智此是預流果此是一來不還阿羅漢果此
十六末
是獨覺菩提此是一切菩薩摩訶薩行此是
諸佛無上正等菩提
大般若波羅蜜多經卷第三百六十一　露一
陳元亨刊
大元勅封光明大禪師造

15 大般若波罗蜜多经六百卷

（唐）释玄奘译　宋元平江府碛砂延圣院刻碛砂藏本　存一卷（三百六十一）

Mahaprajna-paramita-sutra, six hundreds volumes

Translation by Xuan Zang from Tang Dynasty (618-907)

Block-printed Edition of Qisha Collection (Qisha-yanshen Temple, Suzhou city) of the Song and Yuan Dynasties (960-1368)

One volumes collection (No. 361)

经折装，版框尺寸24.5×11.2cm，半叶六行，行十七字，上下单边。

经卷《大藏经》中之《碛砂藏》零本。卷后护叶有墨书“大元勅封光明大禅师造”。《碛砂藏》是南宋平江府陈湖（苏州吴县）碛砂延圣寺雕刊的私版大藏经。据元释圆至所撰《平江府陈湖碛砂延圣院记》所载，陈湖在长洲县东四十里，宋乾道八年（1172）寂堂禅师得费氏陈湖中一片名曰碛砂的沙洲，遂构架起屋，名为延圣院。其圆寂后，诸弟子建浮图以祀其舍利，又刻三藏之经，而栖其版于院北之坊。《碛砂藏》的刊版一直到元大德五年（1301）以后还在续修。此种存世者零本极多。我馆所藏为其中《大般若波罗蜜多经》之一卷。《碛砂藏》为目前已知大藏经中装有扉画最多的一种，亦是我国版画史上的宝贵遗产。我馆收藏此册即有精美的卷前扉画，弥足珍贵。

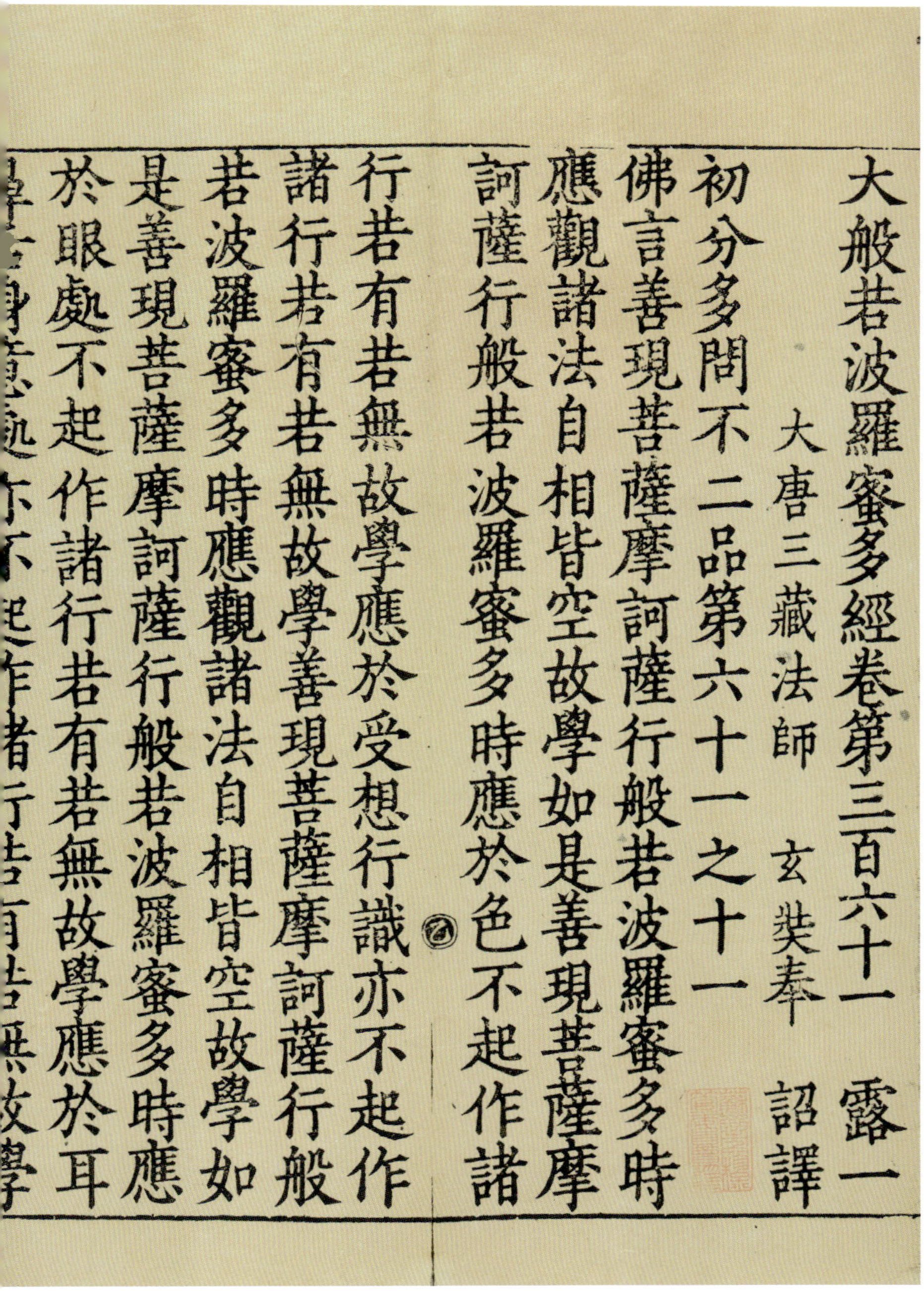
大般若波羅蜜多經卷第三百六十一　露一
大唐三藏法師　玄奘奉　詔譯
初分多問不二品第六十一之十一
佛言善現菩薩摩訶薩行般若波羅蜜多時
應觀諸法自相皆空故學如是善現菩薩摩
訶薩行般若波羅蜜多時應於色不起作諸
行若有若無故學應於受想行識亦不起作
諸行若有若無故學善現菩薩摩訶薩行般
若波羅蜜多時應觀諸法自相皆空故學如
是善現菩薩摩訶薩行般若波羅蜜多時應
於眼處不起作諸行若有若無故學應於耳
鼻舌身意處亦不起作諸行若有若無故學

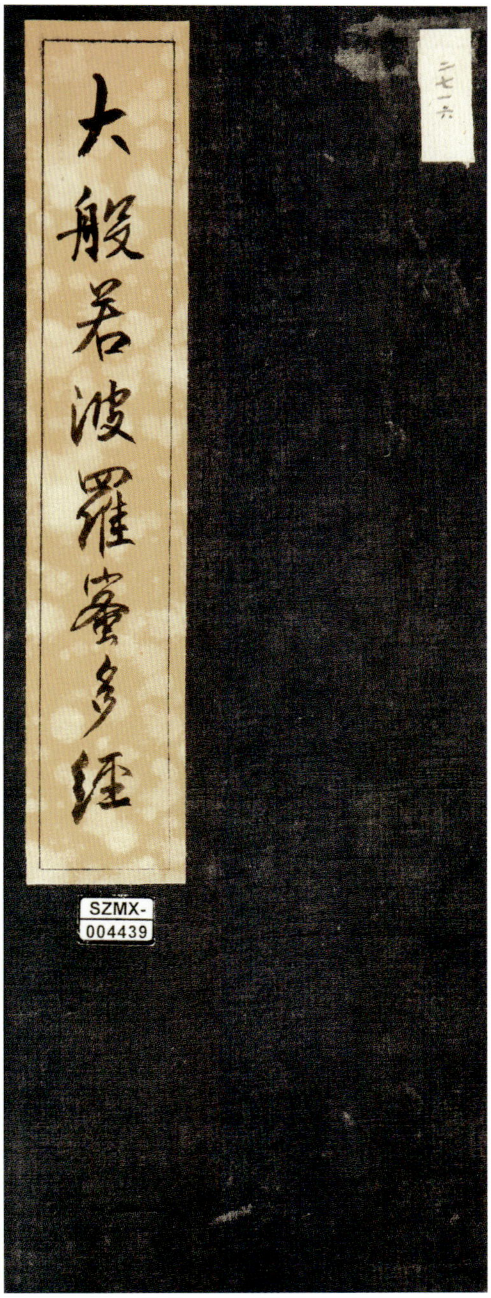

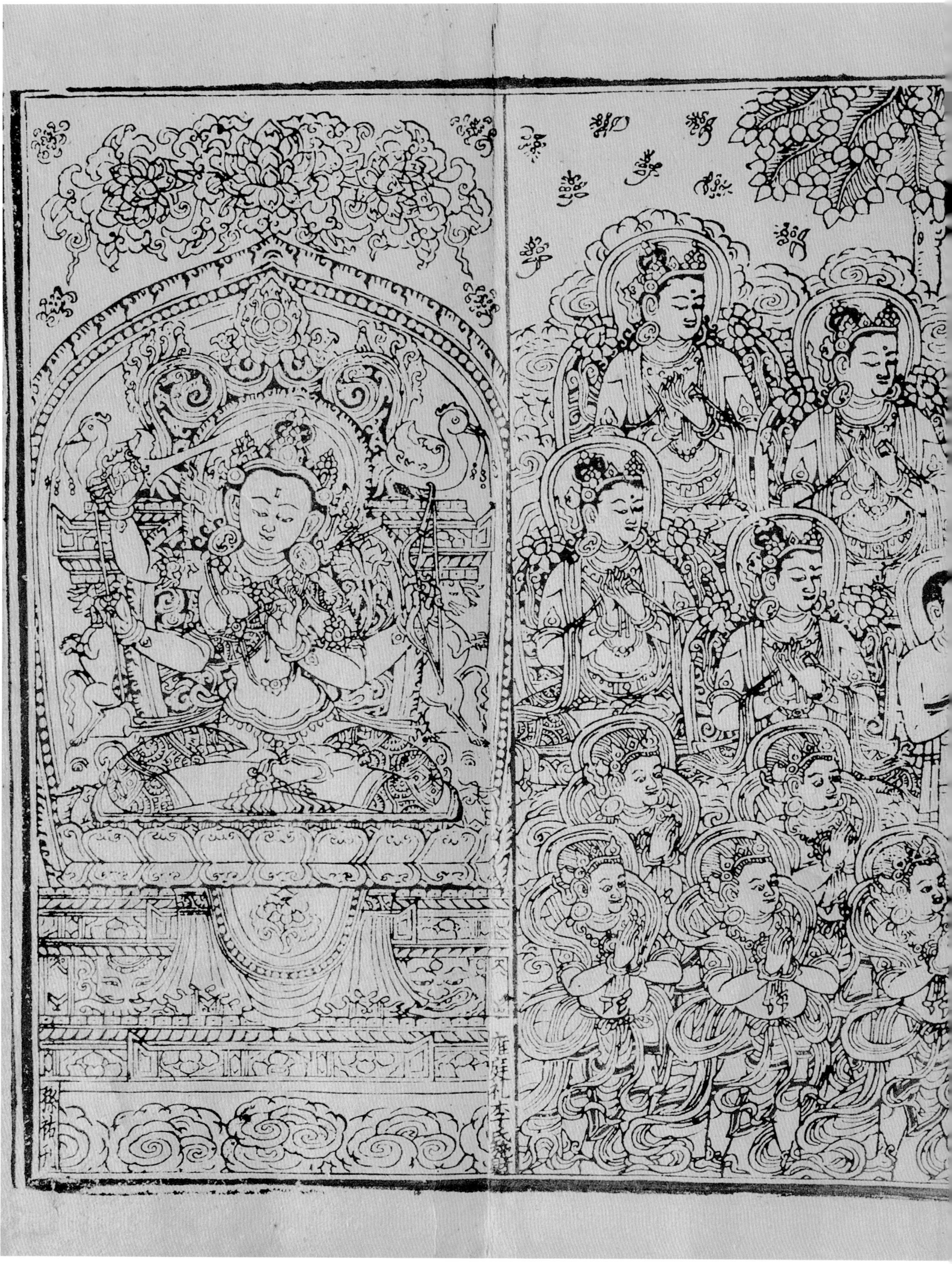

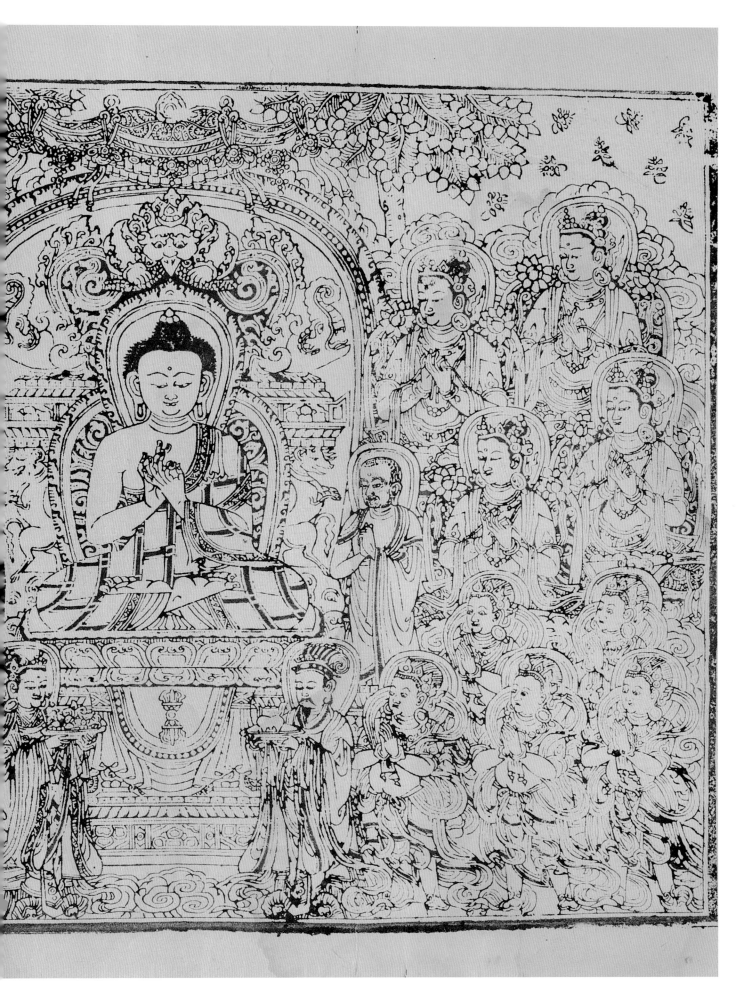

金剛那羅延無畏次有佛興名普智勇
猛幢次有佛興名普開法蓮華身次有
佛興名功德妙海次有佛興名道場
功德月次有佛興名法炬熾然月次有
佛興名普光明髻次有佛興名法幢燈
次有佛興名金剛海幢雲次有佛興名
名稱山功德雲次有佛興名栴檀妙月
次有佛興名普妙光明華次有佛興名

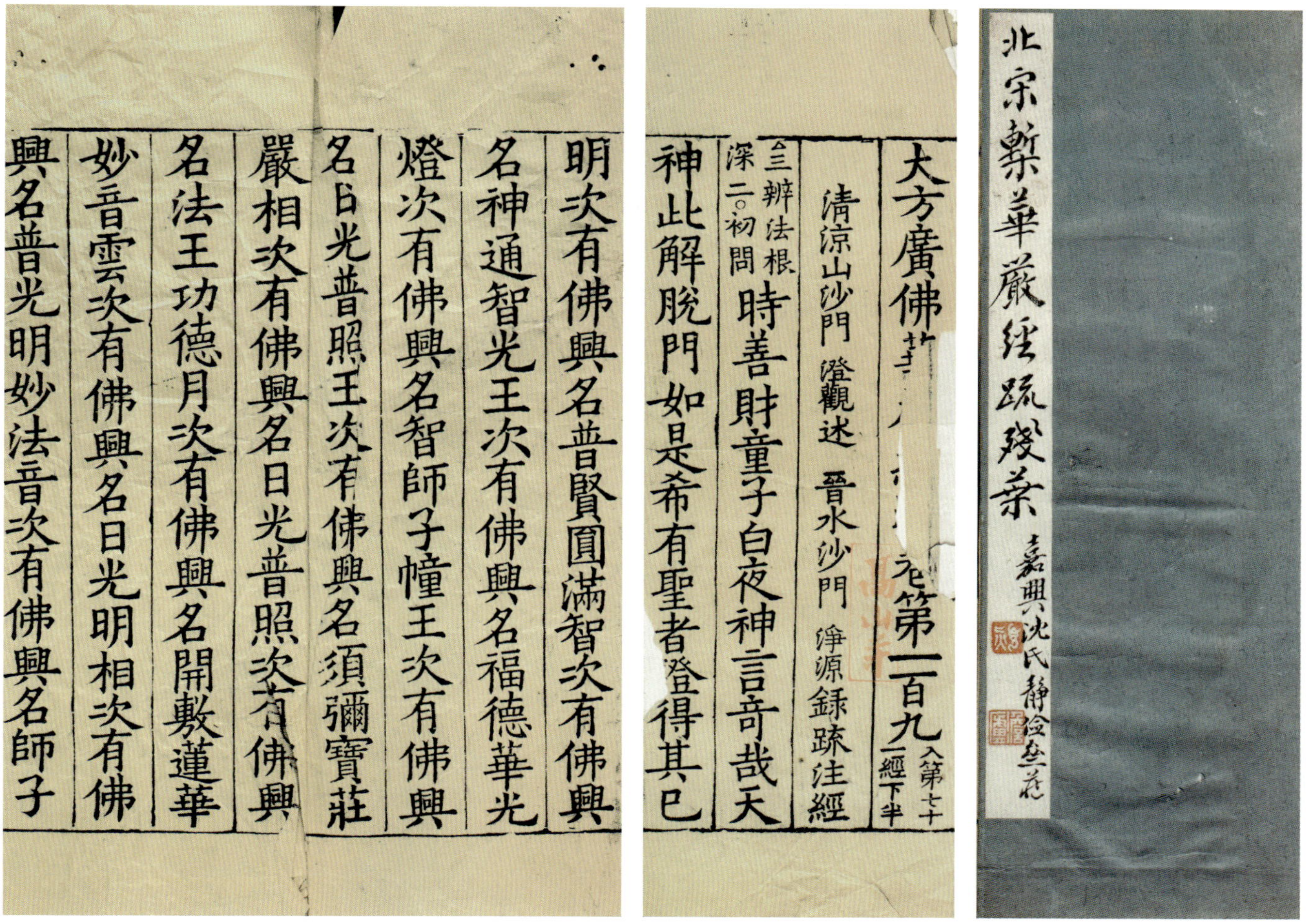

北宋槧華嚴经疏殘葉
嘉興沈氏静俭齋藏
卷第一百九 入第七十一經下半
清涼山沙門 澄觀述 晉水沙門 淨源錄疏注經
三辨法根深二初問 時善財童子白夜神言奇哉天
神此解脫門如是希有聖者登得其已
明次有佛興名普賢圓滿智次有佛興
名神通智光王次有佛興名福德華光
燈次有佛興名智師子幢王次有佛興
名日光普照王次有佛興名須彌寶莊
嚴相次有佛興名日光普照次有佛興
名法王功德月次有佛興名開敷蓮華
妙音雲次有佛興名日光明相次有佛
興名普光明妙法音次有佛興名師子

16 大方广佛华严经疏一百二十卷

（唐）释澄观撰　（宋）释净源录疏注经　宋两浙转运司刻本　存残叶一卷（一百九）

Buddha-avatamsaka-mahavai-pulya sutra, one hundred and twenty volumes

Block-printed Edition of the Song Dynasty (960-1279)

One volume collection (No.109)

经折装，版框尺寸23.7×10.8cm，半叶四行，行十五字，上下单边。

用残旧宣纸包裹，原册有磁青纸书衣，贴有题签条，上题："北宋槧华严经疏残叶　嘉兴沈氏静俭斋藏"，并钤"澹庐"白文方印、"颎"白文方印。卷端右下钤有"高山寺"朱文长方戳记。

国家珍贵古籍名录号03047。

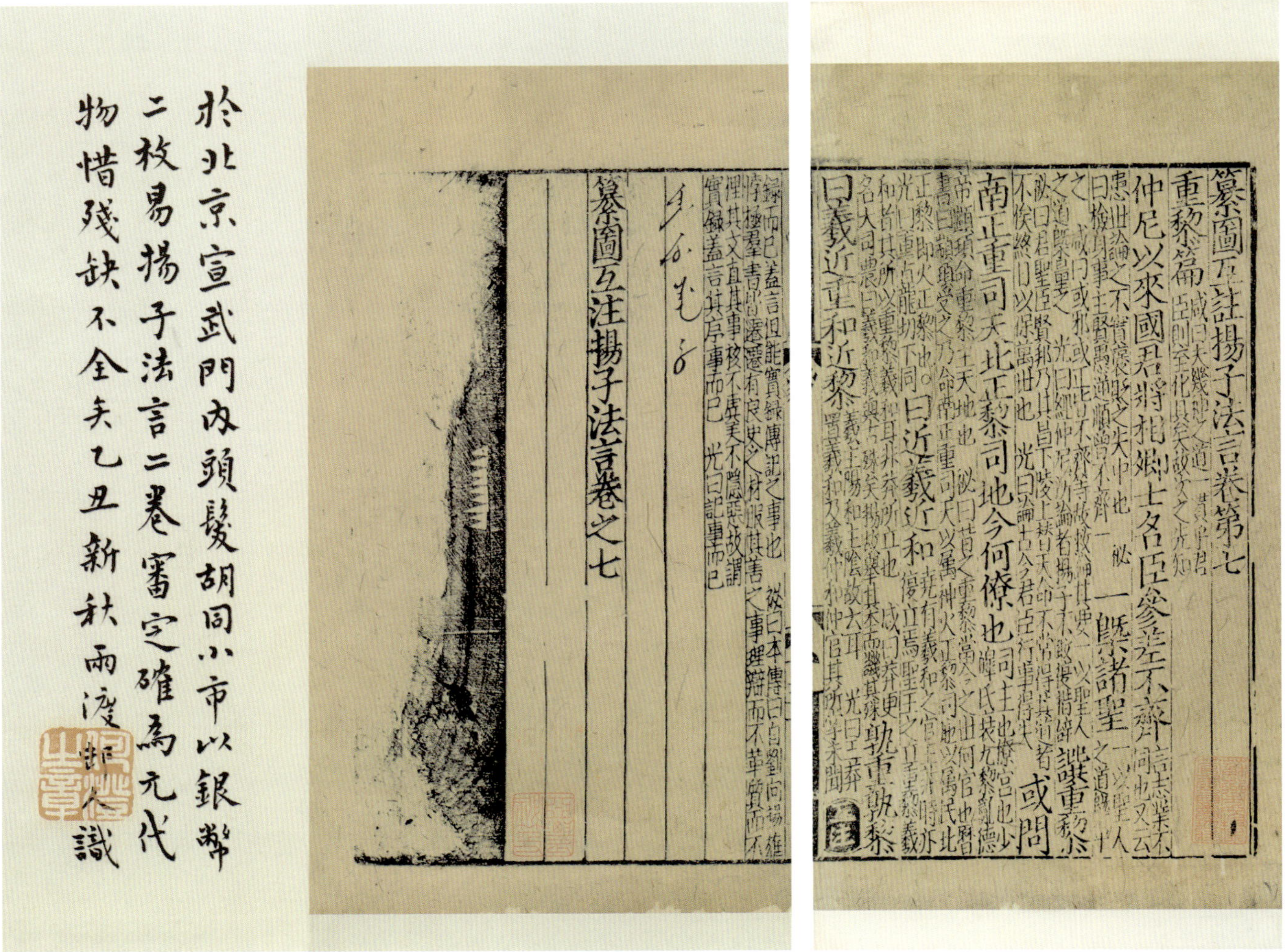
於北京宣武門內頭髮胡同小市以銀幣二枚易揚子法言二卷審定確為元代物惜殘缺不全矣乙丑新秋兩渡邨人識
纂圖互注揚子法言卷之七
纂圖互註揚子法言卷第七

17 纂图互注扬子法言十卷

（汉）扬雄撰　（晋）李轨　（唐）柳宗元　（宋）宋咸、吴祕、司马光注　宋刻元修本　何澄跋　存二卷（六至七）

Yang- zi Sayings with illustration, ten volumes

Written by Yang Xiong from the Han Dynasty

Block-printed Edition of the Song Dynasty (960-1127) and revised in Yuan Dynasty (1271-1368)

Two volumes collection (No.6-7)

线装，版框尺寸18.1×12.2cm，半叶十一行，行二十一字，小字双行二十五字，黑口，左右双边，双顺黑鱼尾。

卷六首叶，卷七叶三为抄配。书中钤“曾存定邸行有恒堂”朱文方印、“亚农秘笈”朱文方印、“何澄之章”白文方印，书后护叶有何澄墨跋：“于北京宣武门内头发胡同小市以银币二枚易《扬子法言》二卷，审定确为元代物，惜残缺不全矣。乙丑新秋两渡邨人识。”此种原破损较甚，经重新修补装池为金镶玉式。

纂圖互注揚子法言卷第六

五百篇咸曰矜其末至而諱之自然聖人則孰能與此故五百之義次之寡見

聖人聰明淵懿繼天測靈咸曰靈萬靈也言天有泰否聖有出沒皆不常言故聖人之出沒繼天道之否泰所以測濟萬靈者也祕曰神靈冠乎羣倫經諸範咸曰範模倫品也範猶制度也言聖人之生冠于羣品經緯以制度而為天下利至聖之者存乎孰範光曰聖人以聰明深美之德繼成上天之祕曰功測知神靈之理首出羣類包其立之法度以為萬世之常道也譔五百祕曰麟鳳不常出聖人不常生或如三辰之並照或如一天之獨久能存其道則糯與何量哉光曰明聖人之道

或問五百歲而聖人出有諸孟軻史遷皆有此言祕曰趙岐言五百歲聖人一出天道之常也曰堯舜禹君臣也而並光曰並世文武周公父子也而處光曰同處湯孔子數百歲而生湯上距禹下距文王孔子上距周公皆數百歲因往以推來雖千一不可知也千歲一人一歲千人不可知也祕曰堯舜禹三聖相並後數百年始生湯文武周公三聖同時後數百年始生孔子先則比年而三聖

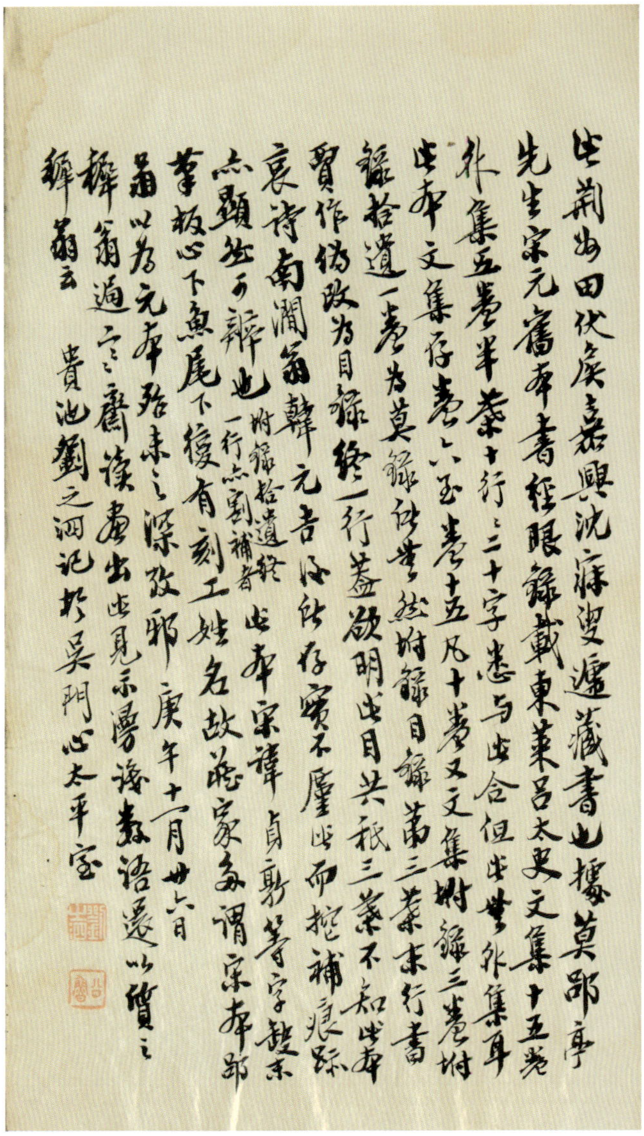

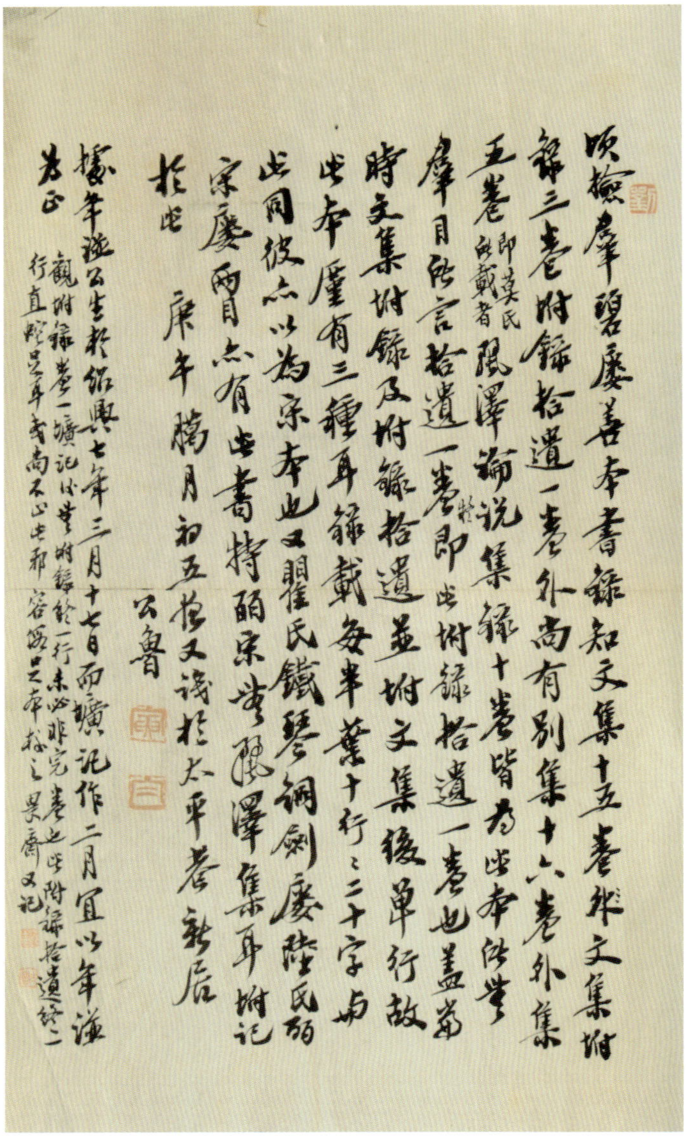

18 东莱吕太史文集十五卷别集十六卷外集五卷丽泽论说集录十卷附录三卷附录拾遗一卷

（宋）吕祖谦撰　（宋）吕祖俭辑　宋嘉泰四年（1204）吕乔年刻元明递修本　存十四卷（《文集》六至十，《附录》一至三，《附录拾遗》全）

An anthology of the Donglai official historian Lv's works, thirty-six volumes

Written by Lv Zuqian from the Song Dynasty

Block-printed Edition of the 4th year of the Jiatai era of Song Dynasty (1204) and revised in Yuan and Ming Dynasties (1271-1644)

Fourteen volumes collection

线装，版框尺寸21.0×15.8cm，半叶十行，行二十字，白口，左右双边，双顺黑鱼尾。

（明）徐𤊹、（清）蒋绮、（清）郑杰、（日本）岛田翰、（民国）田吴炤、（民国）沈曾植、（民国）刘之泗递藏本。书中有“荆州田氏藏书之印”朱文竖长印、“伟裔所收善本”朱文竖长印、“建安杨氏传家图书”朱文竖长印、“晋安徐兴公家藏书”朱文竖长印、“郑杰之印”白文方印、“晋安蒋绚臣家藏书”朱文竖长印、“之泗经眼”朱文方印、“岛田翰读书记”白文竖长印、“刘之泗”白文方印等钤印二十九方。

国家珍贵古籍名录号01140。

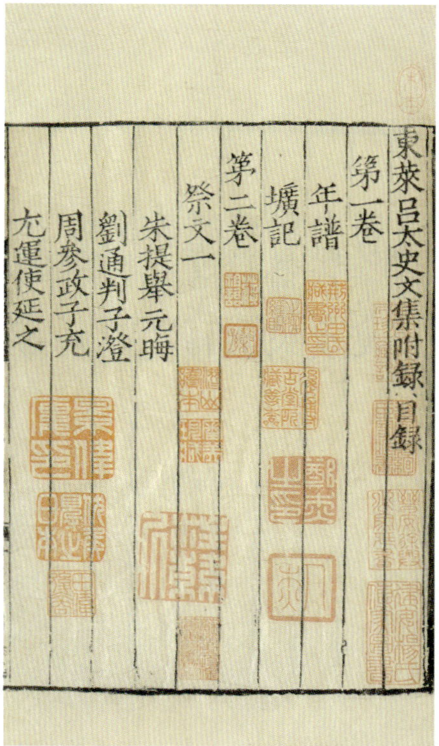
東萊呂太史文集附録目録
第一卷
年譜
壙記
第二卷
祭文一
朱提舉元晦
劉通判子澄
周參政子充
尤運使延之

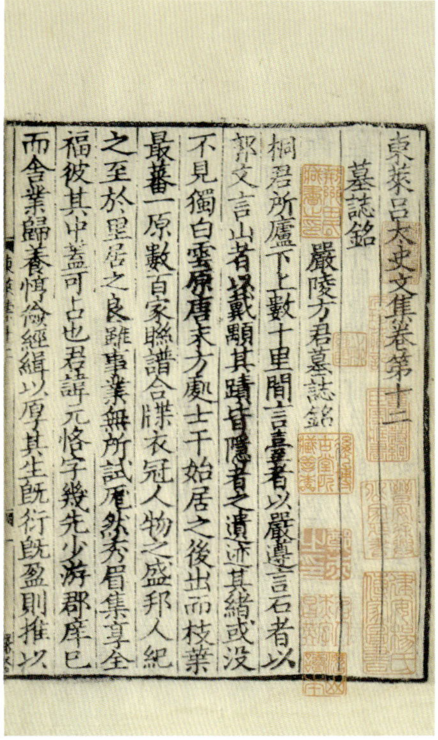
東萊呂太史文集卷第十二
墓誌銘
嚴陵方君墓誌銘
桐君所廬下上數十里間言臺者以嚴遵言石者以郭文言山者以戴顒其蹟皆隱者之遺迹其緒或沒不見獨白雲原唐末方處士干始居之後出而枝葉最蕃一原數百家聯譜合牒衣冠人物之盛邦人紀之至於里居之良雖事業無所試厖然秀眉集享全福彼其中蓋可占也君諱元愷字幾先少游郡庠已而舍業歸養惇倫經緝以厚其生既衍既盈則推以

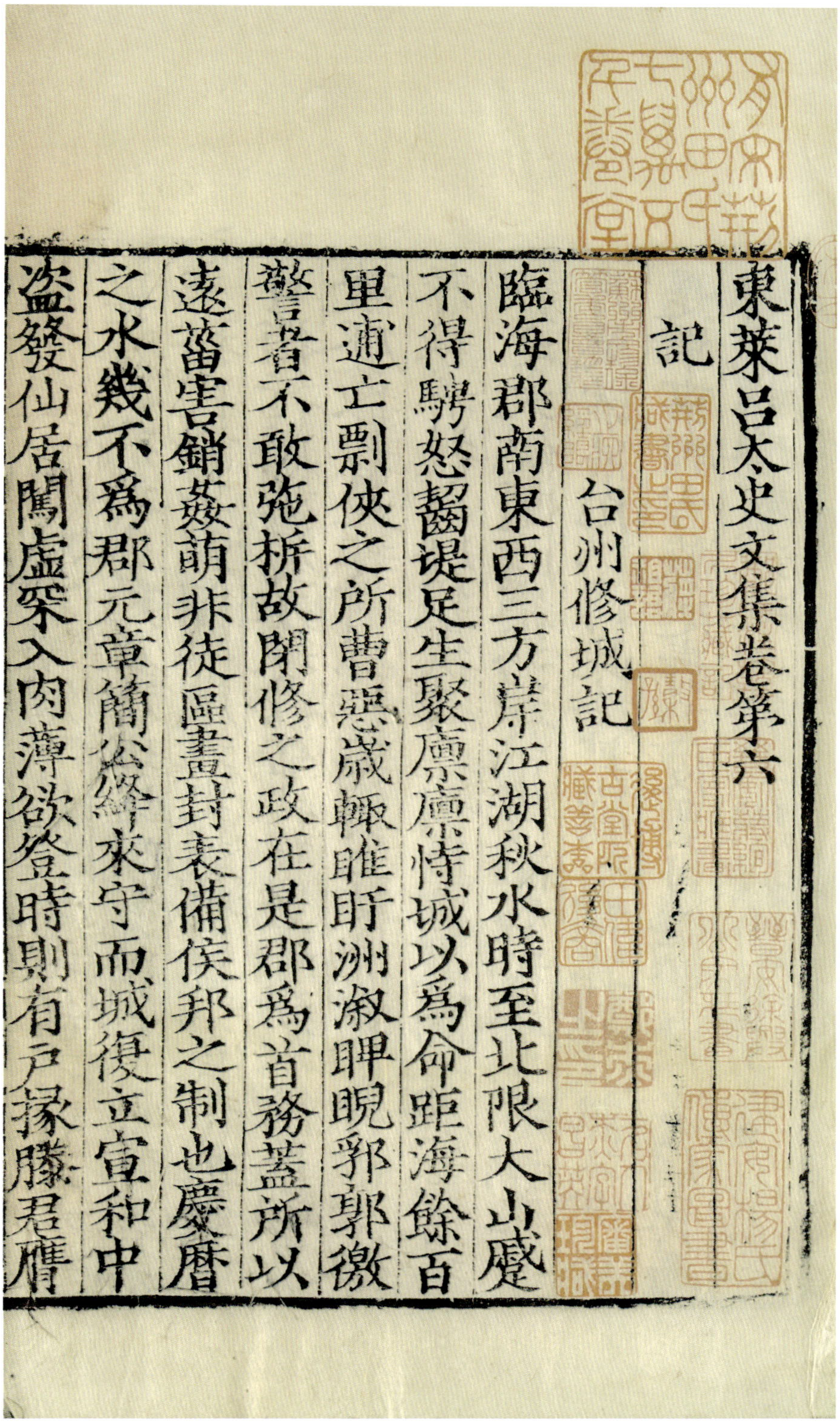
東萊呂太史文集卷第六
記
台州修城記
臨海郡南東西三方岸江湖秋水時至北限大山壓不得騁怒齧隄足生聚廪廪恃城以爲命距海餘百里逋亡剽俠之所曹聚歲輙睢盱洲潊睥睨郛郭徼警者不敢弛柝故閉修之政在是郡爲首務蓋所以遠菑害銷姦萌非徒區畫封表備侯邦之制也慶曆之水幾不爲郡元章簡公絳來守而城復立宣和中盜發仙居闖虛衆入肉薄欲登時則有戶掾滕君膺

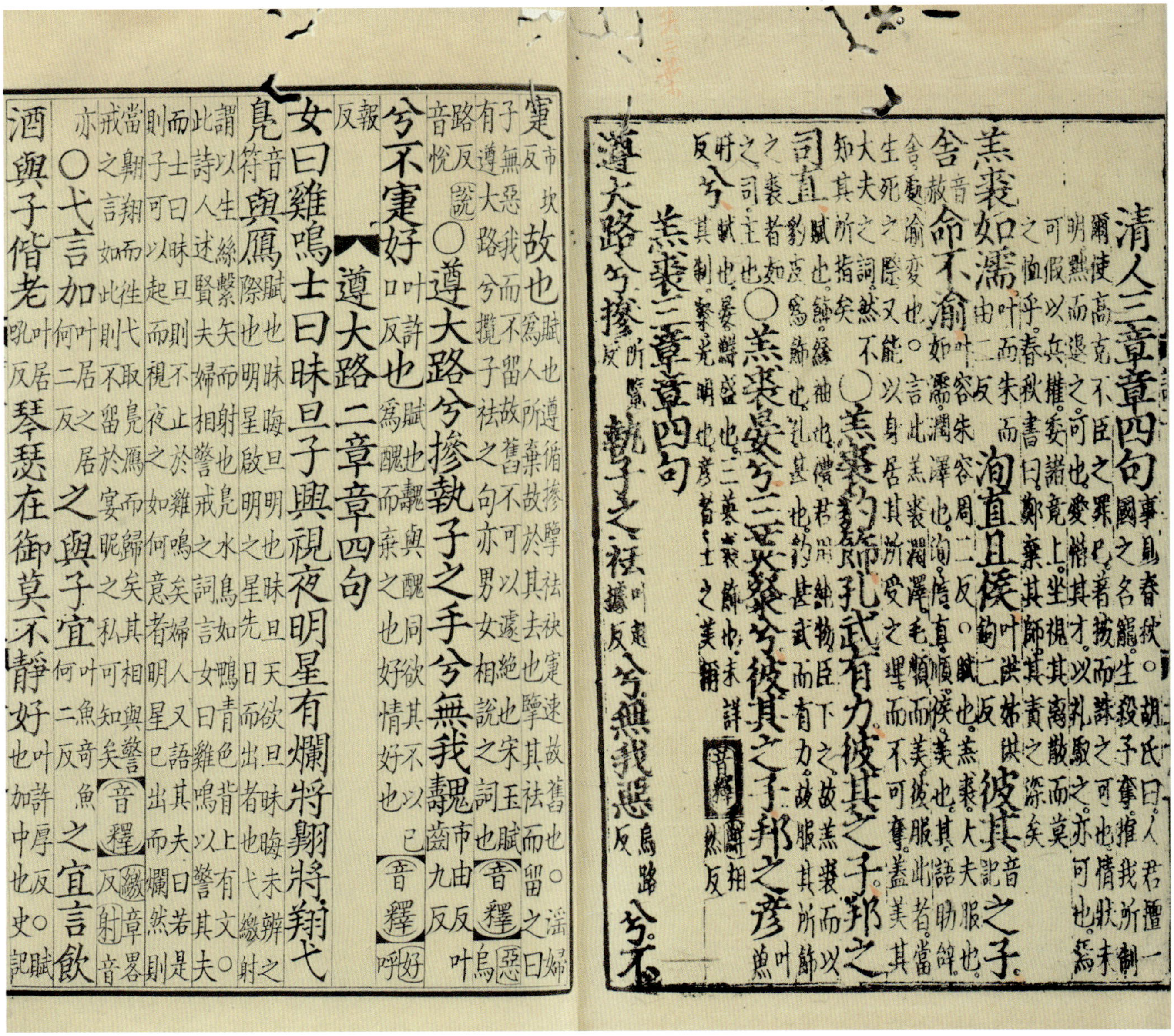

19 诗集传十卷

（宋）朱熹撰　元刻本　存八卷（二至四、六至十）

Unscramble of the Book of Odes, ten volumes

Written by Zhu Xi (1130-1200) from the Song Dynasty

Block-printed Edition of the Yuan Dynasty (1271-1368)

Eight volumes collection (No.2-4, 6-10)

线装，版框尺寸20.4×13.2cm，半叶十行，行二十一字，黑口，四周双边，双顺黑鱼尾。

有抄配，分别为卷二叶二十一至叶二十二、卷十叶一至叶二。书中钤“汪士钟印”白文方印、“阆源真赏”朱文方印、“汤氏醇父”白文方印。汪士钟，字阆源，长洲人，清代藏书大家，藏书楼曰艺芸书舍，嘉庆时四大藏书家黄丕烈、周锡瓒、顾之逵、袁廷梼之书皆归其门下，且精校雠。

国家珍贵古籍名录号02558。

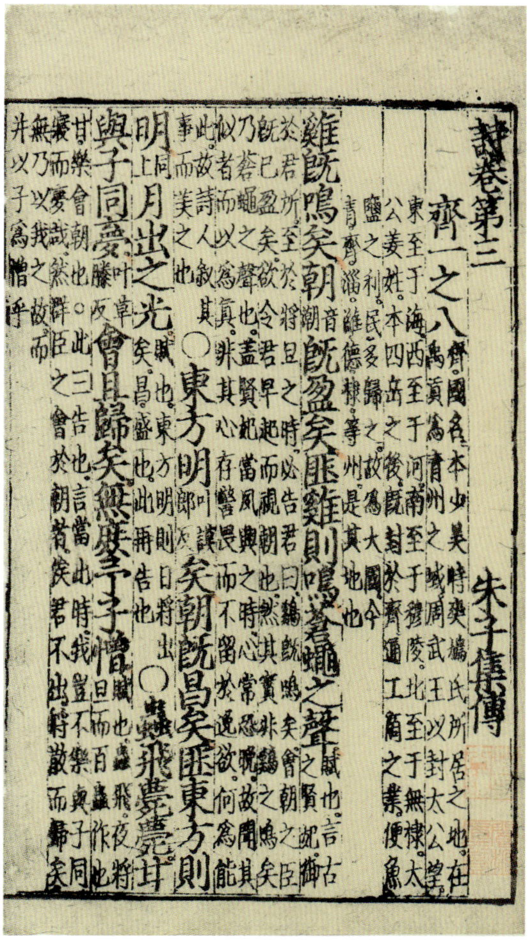

詩卷第二　　朱子集傳

齊一之八

雞既鳴矣朝既盈矣匪雞則鳴蒼蠅之聲

○東方明矣朝既昌矣匪東方則明月出之光

○蟲飛薨薨甘與子同夢會且歸矣無庶予子憎

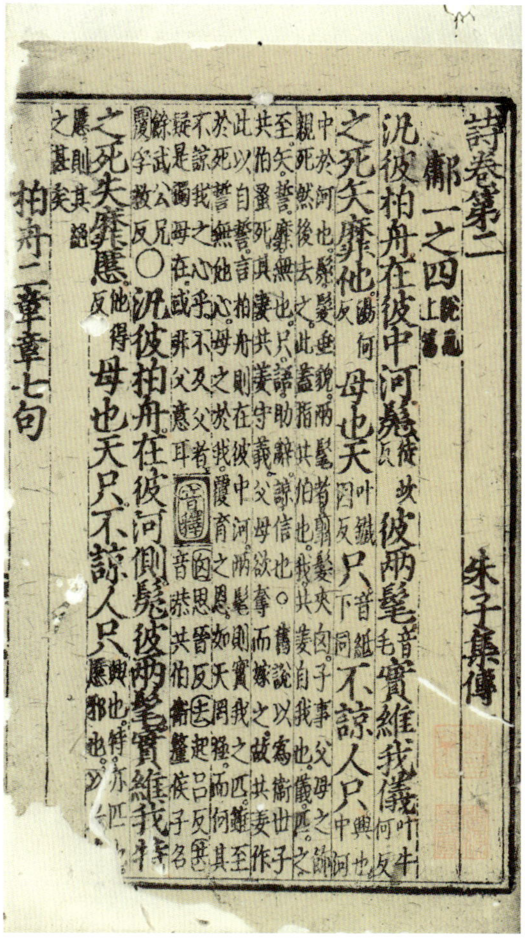

詩卷第二　　朱子集傳

鄘一之四

汎彼柏舟在彼中河髧彼兩髦實維我儀之死矢靡他母也天只不諒人只

○汎彼柏舟在彼河側髧彼兩髦實維我特之死矢靡慝母也天只不諒人只

柏舟二章章七句

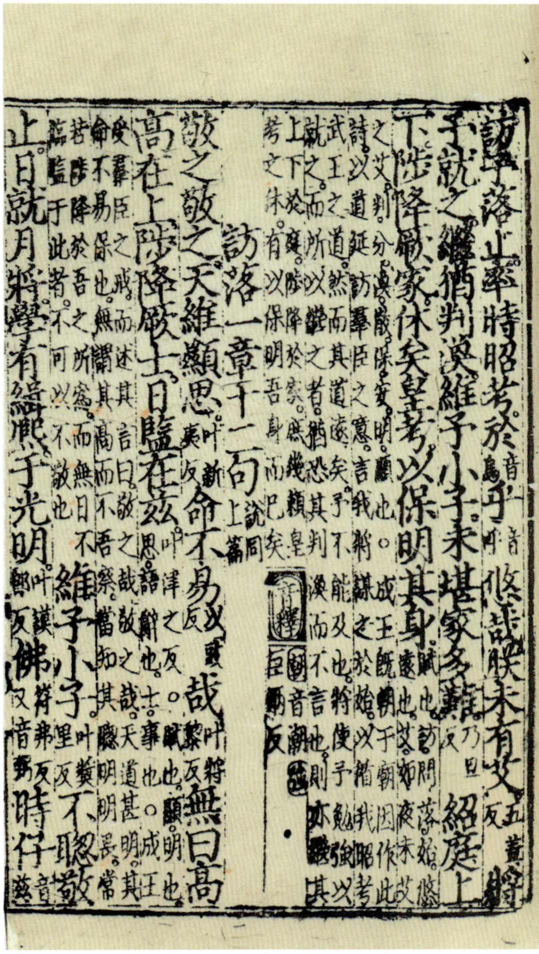

訪予落止率時昭考於乎悠哉朕未有艾將予就之繼猶判渙維予小子未堪家多難紹庭上下陟降厥家休矣皇考以保明其身

訪落一章十二句

敬之敬之天維顯思命不易哉無曰高高在上陟降厥士日監在茲維予小子不聰敬止日就月將學有緝熙于光明佛時仔

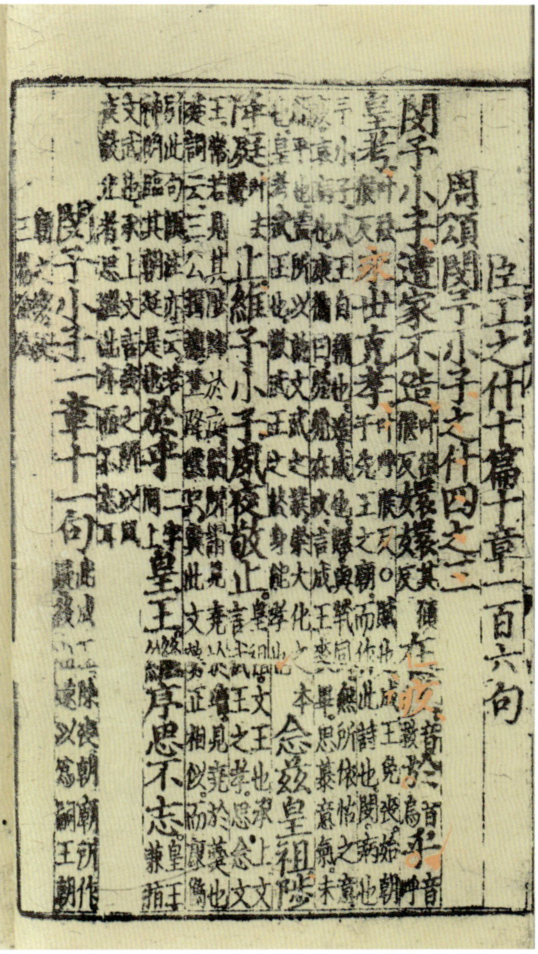

臣工之什十篇十章一百六句

周頌閔予小子之什四之三

閔予小子遭家不造嬛嬛在疚於乎皇考永世克孝念茲皇祖陟降庭止維予小子夙夜敬止於乎皇王繼序思不忘

閔予小子一章十一句

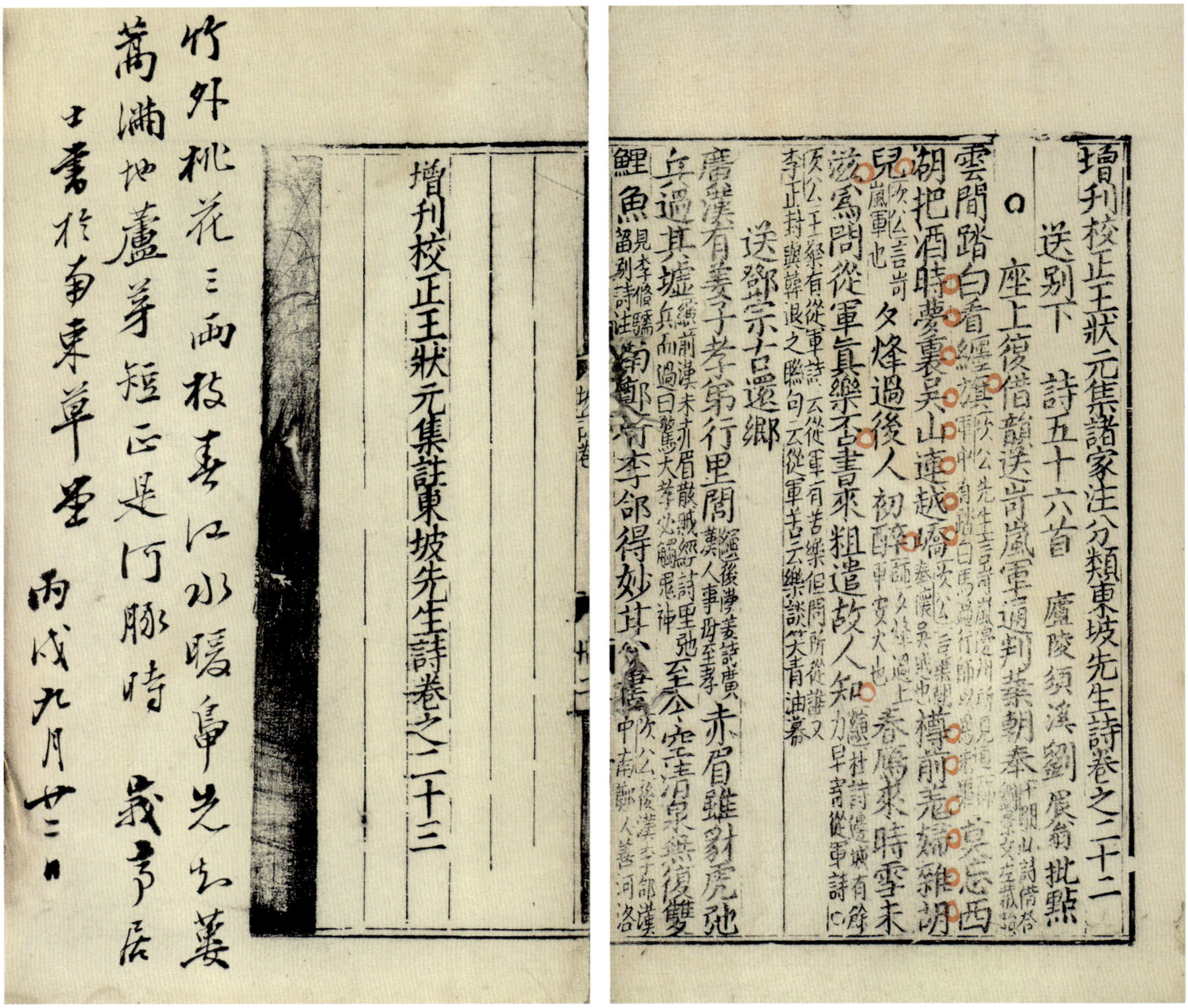

20 增刊校正王状元集注分类东坡先生诗二十五卷

（宋）王十朋纂集 （宋）苏轼撰题 （宋）刘辰翁批点 元刻本 存十卷（四至六、十二至十四、十七至十八、二十二至二十三）

Supplement for revising the variorum of the Mr. Dongpo's poems by Wang Shipeng
Compiled by Wang Shipeng from the Song Dynasty, twenty-five volumes
Block-printed Edition of the Yuan Dynasty (1271-1368)
Ten volume collection (No. 4-6, 12-14, 17-18, 22-23)

线装，版框尺寸20.3×13.4cm，半叶十二行，行二十一字，小字双行二十六字，黑口，四周双边，双顺黑鱼尾。

书中钤“温经草阁”、“自食其力”朱文方印。

刘辰翁（1231–1297），字会孟，号须溪，南宋庐陵（今江西吉安）人。进士出身，宋亡后，矢志不仕，回乡隐居，专心著作。其遗著由子刘将孙编为《须溪先生集》，《宋史·艺文志》著录为一百卷，已佚。清四库馆臣据《永乐大典》、《天下同文集》等书所录，辑为十卷，另有《须溪先生四景诗集》传世。刘氏一生勤于批点，所撰点者有《班马异同评》三十五卷、《校点韦苏州集》十卷等。

增刊校正王狀元集註分類東坡先生詩卷之四

廬陵須溪劉辰翁批點

城郭　詩二首

石鼻城〔厚〕石鼻在汧水之北南去陳倉二十里

平時戰國今無在〔次公〕石鼻寨先生前注即武城鎮也戰國指言蜀與魏也諸葛亮築此城以拒郝昭陌上征夫自不閑北客初來試新險蜀人從此送殘山〔次公〕自北來而入蜀者至此漸入山故曰試新險自蜀來而趨京洛者至此已出山故曰送殘山頂唐獨孤及集有招北客文〇〔苦〕拙杜詩殘山碣石開獨穿暗月朦朧裏愁渡奔河蒼茫間〔次公〕蒼茫讀從上声先生何篇亦云蒼茫曠奔流蓋於此地見渭河故也漸入西南風景變〔次公〕自此出前往寶雞寫入西南矣道邊脩竹水潺潺

芙蓉城并引〔任〕時元豐元年戊午先生在徐州作

世傳王迥子高與仙人周瑶英遊芙蓉城元豐三年三月余始識子高問之信然乃作此詩極其情

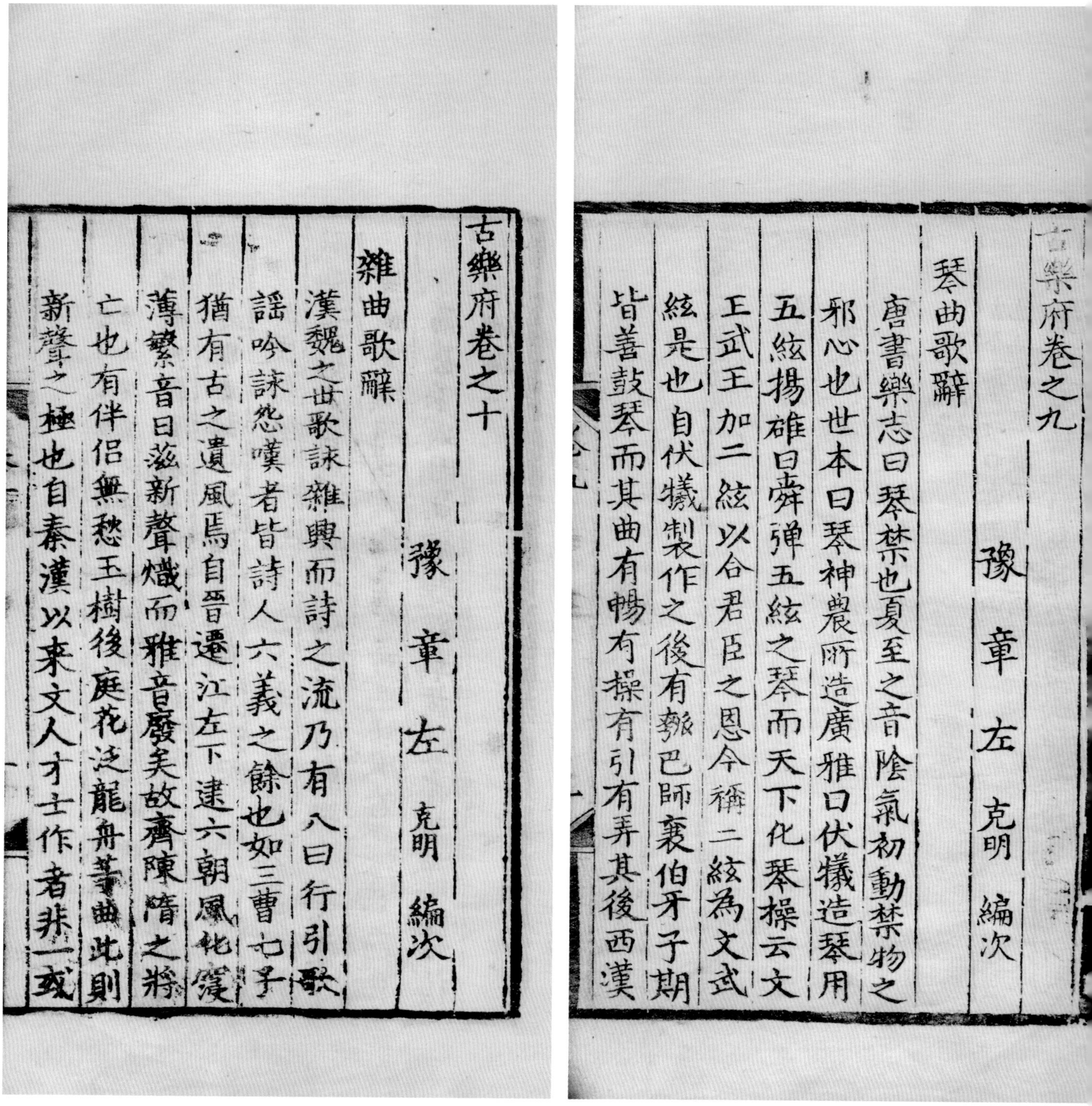

古樂府卷之九

豫章左克明編次

琴曲歌辭

唐書樂志曰琴禁也夏至之音陰氣初動禁物之邪心也世本曰琴神農所造廣雅曰伏犧造琴用五絃揚雄曰舜彈五絃之琴而天下化琴操云文王武王加二絃以合君臣之恩今稱二絃為文武絃是也自伏犧製作之後有瓠巴師襄伯牙子期皆善鼓琴而其曲有暢有操有引有弄其後西漢

古樂府卷之十

豫章左克明編次

雜曲歌辭

漢魏之世歌詠雜興而詩之流乃有八曰行引歌謠吟詠怨嘆者皆詩人六義之餘也如三曹七子猶有古之遺風焉自晉遷江左下逮六朝風化寖薄繁音日滋新聲熾而雅音廢矣故齊陳隋之將亡也有伴侶無愁玉樹後庭花泛龍舟等曲此則新聲之極也自秦漢以來文人才士作者非一或

21 古乐府十卷

（元）左克明辑　元至正刻明修本　存三卷（八至十）

Poems in the Old Yuefu style, ten volumes

Compiled by Zuo Keming from the Yuan Dynasty

Block-printed Edition of the Zhizheng era of the Yuan Dynasty (1341 – 1369) and revised in Ming Dynasty (1368-1644)

Three volumes collections (No. 8-10)

线装，版框尺寸20.4×13.0cm，半叶九行，行二十一字，双行小字同，黑口，左右双边，双对黑鱼尾。

原题：“豫章左克明编次”，书中钤“太初”朱文方印、“钱复”白文界边方印。

古樂府卷之八

豫章左克明編次

舞曲歌辭

周有六舞一曰帗舞二曰羽舞三曰皇舞四曰旄舞五曰干舞六曰人舞周官舞師掌教四舞樂師掌教國子小舞自漢魏以後樂舞寖盛故有雅舞有雜舞雅舞用之郊廟朝饗雜舞用之宴會雜舞者公莫巴俞鞞鐸拂舞白紵之類是也始皆出於方俗後寖陳於殿庭蓋宴會所奏率非雅舞宋武

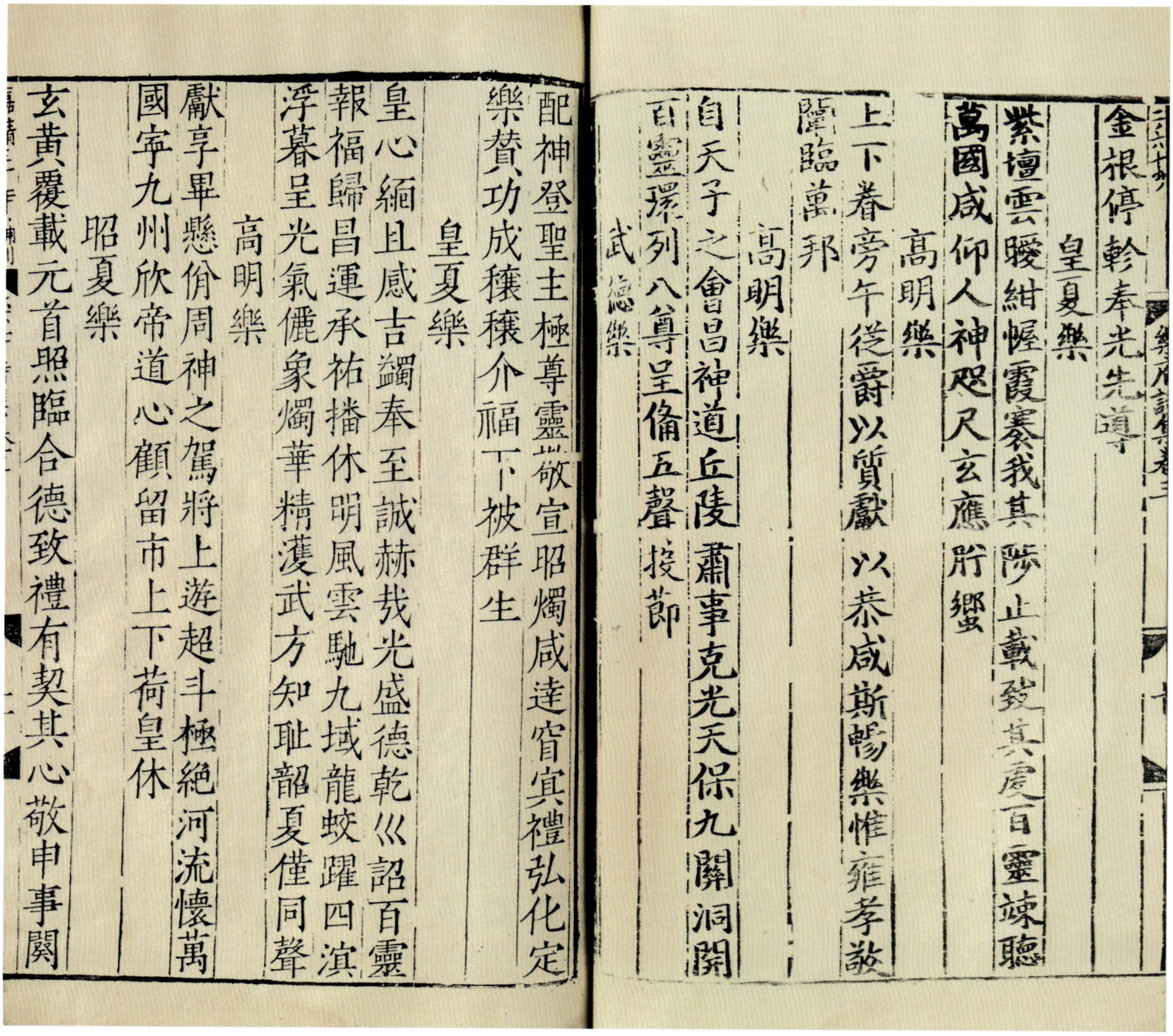
金根停軫奉光先導
皇夏樂
紫壇雲暧紺幄霞褰我其陟止載致其虔百靈竦聽
萬國咸仰人神咫尺玄應肸蠁
高明樂
上下眷旁午從爵以質獻以恭咸斯暢樂惟雍孝敬
降臨萬邦
高明樂
自天子之會昌神道丘陵肅事克光天保九闈洞開
百靈環列八尊呈備五聲投節
武德樂
配神登聖主極尊靈敬宣昭燭咸達窅冥禮弘化定
樂贊功成穰穰介福下被群生
皇夏樂
皇心緬且感吉蠲奉至誠赫我光盛德乾巛詔百靈
報福歸昌運承祐播休明風雲馳九域龍蛟躍四濱
浮暮呈光氣儷象燭華精濩武方知耻韶夏僅同聲
高明樂
獻享畢懸佾周神之駕將上遊超斗極絶河流懷萬
國寧九州欣帝道心顧留市上下荷皇休
昭夏樂
玄黃覆載元首照臨合德致禮有契其心敬申事闕

22 乐府诗集一百卷目录二卷

（宋）郭茂倩辑　元至正元年（1341）集庆路儒学刻明修本　存七十二卷（一至四十二，七十一至一百）

Poems of the Yuefu style, one hundred volumes; The catalogue, two volumes

Compiled by Guo Maoqian from the Song Dynasty

Block-printed Edition of the 1st year of the Zhizheng era of the Yuan Dynasty (1341 and revised in Ming Dynasty (1368-1644)

Seventy-two volumes collections (No. 1-42, 71-100)

线装，版框尺寸23.4×16.1cm，半叶十一行，行二十字，黑口，左右双边，双对黑鱼尾。

版心镌有字数，《目录》阙卷四十，全书有潘祖荫朱墨双笔校改，书中钤“伯寅藏书”朱文方印、“在兹”朱文方印、“郑兹之印”白文方印。《乐府诗集》系现存最早最完备的乐府诗总集，《四库全书总目》赞其“征引浩博，援据精审，宋以来考乐府者无能出其范围”。

国家珍贵古籍名录号01204。

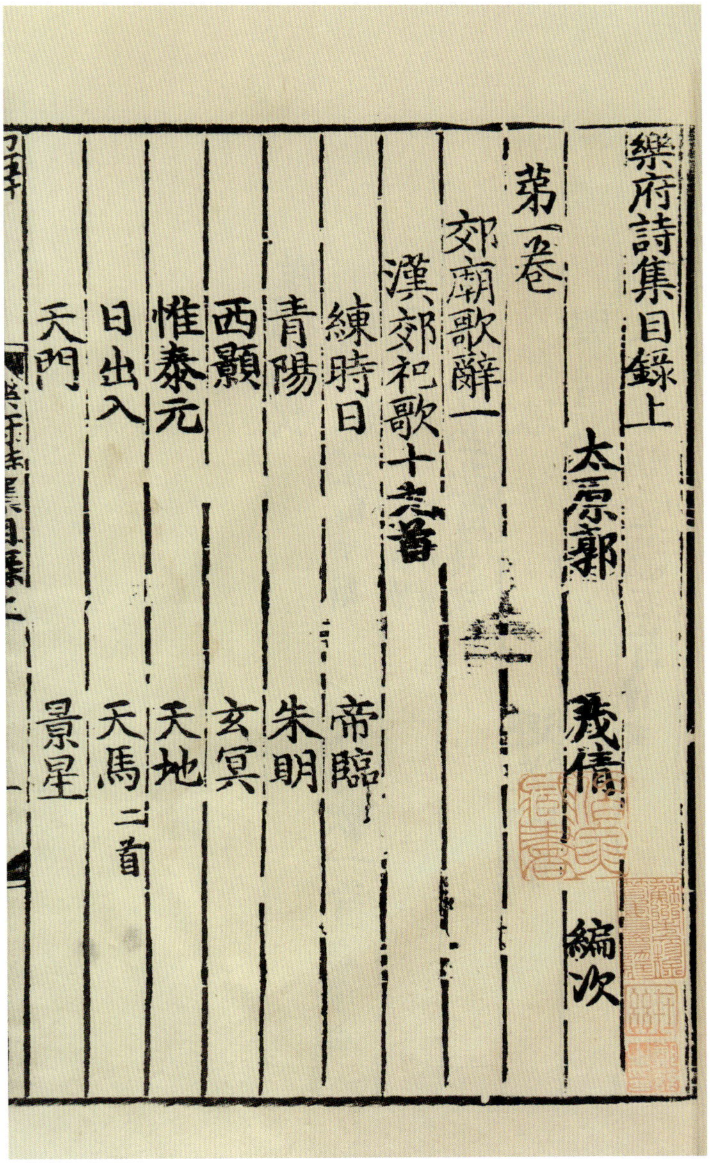

樂府詩集目錄上　太原郭茂倩編次

第一卷

郊廟歌辭一

漢郊祀歌十九首

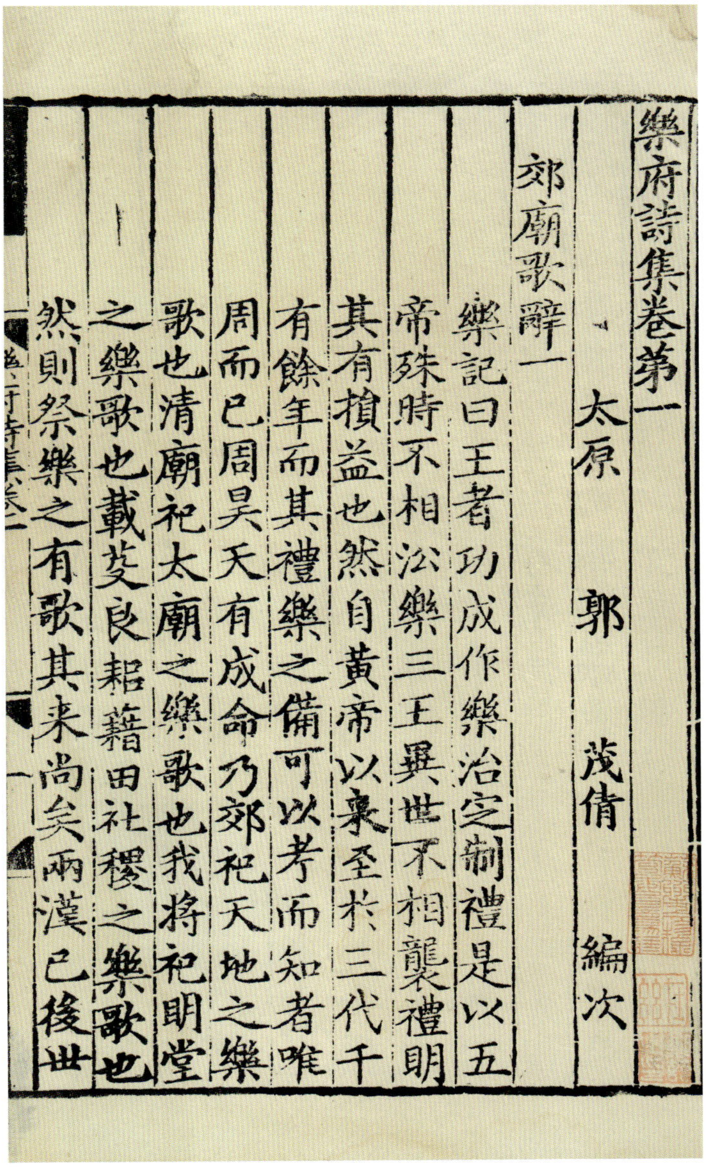

樂府詩集卷第一　太原郭茂倩編次

郊廟歌辭一

樂記曰王者功成作樂治定制禮是以五帝殊時不相沿樂三王異世不相襲禮明其有損益也然自黃帝以來至於三代千有餘年而其禮樂之備可以考而知者唯周而已周昊天有成命乃郊祀天地之樂歌也清廟祀太廟之樂歌也我將祀明堂之樂歌也載芟良耜藉田社稷之樂歌也然則祭樂之有歌其來尚矣兩漢已後世

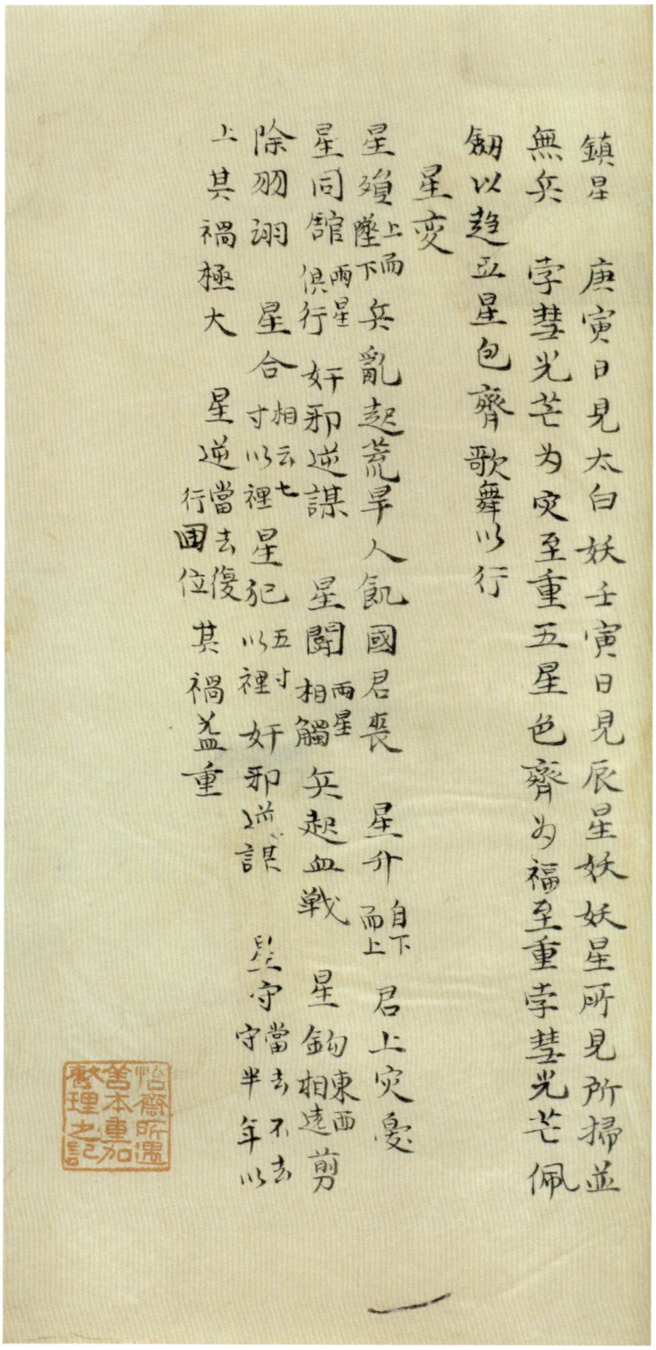

鎮星庚寅日見太白妖壬寅日見辰星妖妖星所見所掃並
無矣　字彗光芒为灾至重五星色齊为福至重字彗光芒佩
翎以趋五星色齊歌舞以行
星变
星殞墜上而下兵亂起荒旱人飢國君喪　星升自下而上君上灾憂
星同館两星俱行奸邪逆謀　星鬪两星相觸兵起血戰　星鉤東西相遠剪
除翙翊　星合相去七寸以裡　星犯相去五寸以裡奸邪逆謀　星守當去不去守半年以
上其禍極大　星逆當去復行回位其禍益重

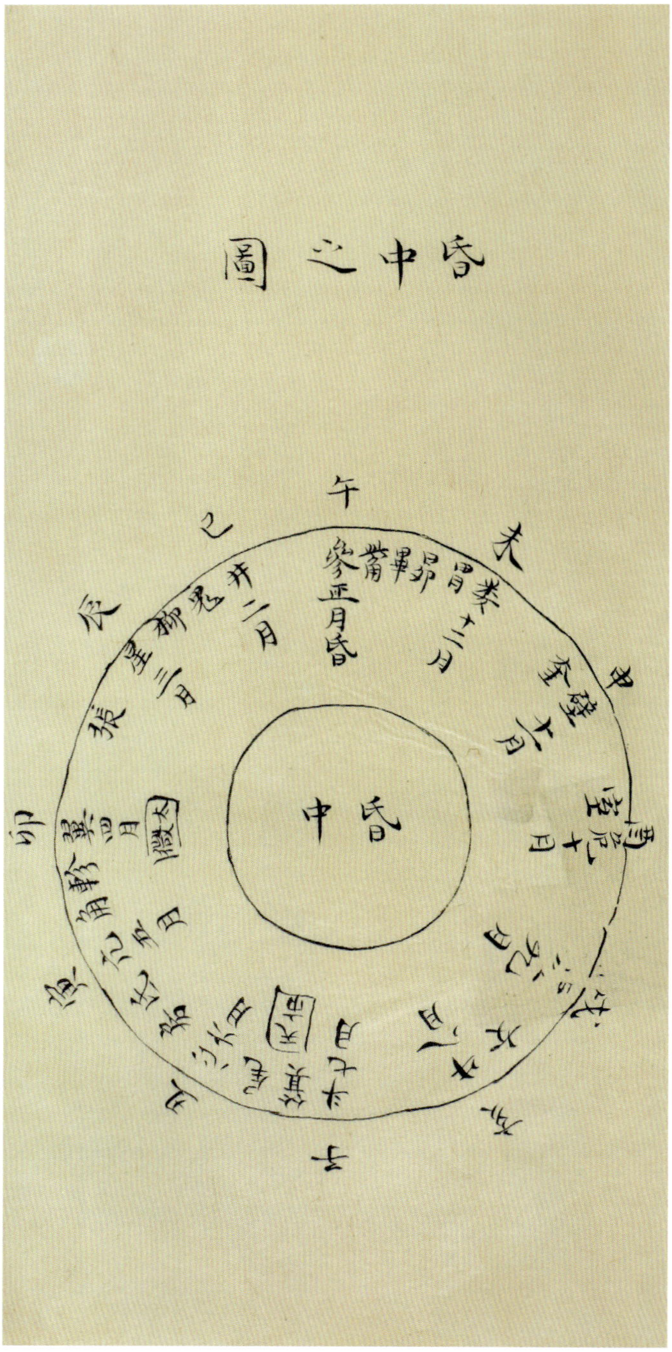

23 天文秘略说不分卷

（明）刘基订著　明抄本

Astronomy theory

Compiled and written by Liu Ji from the Ming Dynasty

Transcription, the Ming Dynasty (1368-1644)

线装，开本26.7×16.5cm，第一册半叶十一行，行二十四字，第二册半叶行数不等，行字数不等。

素面抄纸，卷首程质清隶署书名“天文秘略”。书中钤“质清”朱文竖长印、“新安程氏”白文方印、“怡斋所遇善本重加整理之记”朱文方印，“森伯乐斋”白文方印。

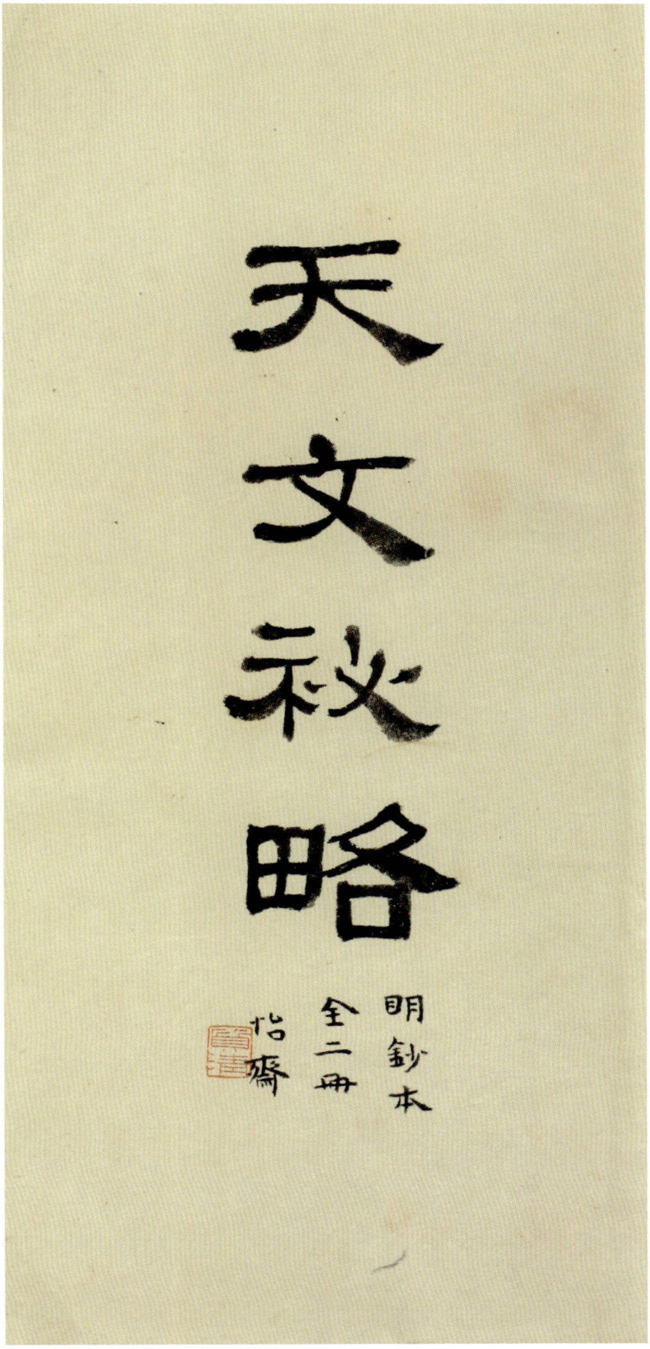
天文秘略

明鈔本

全二冊

怡齋

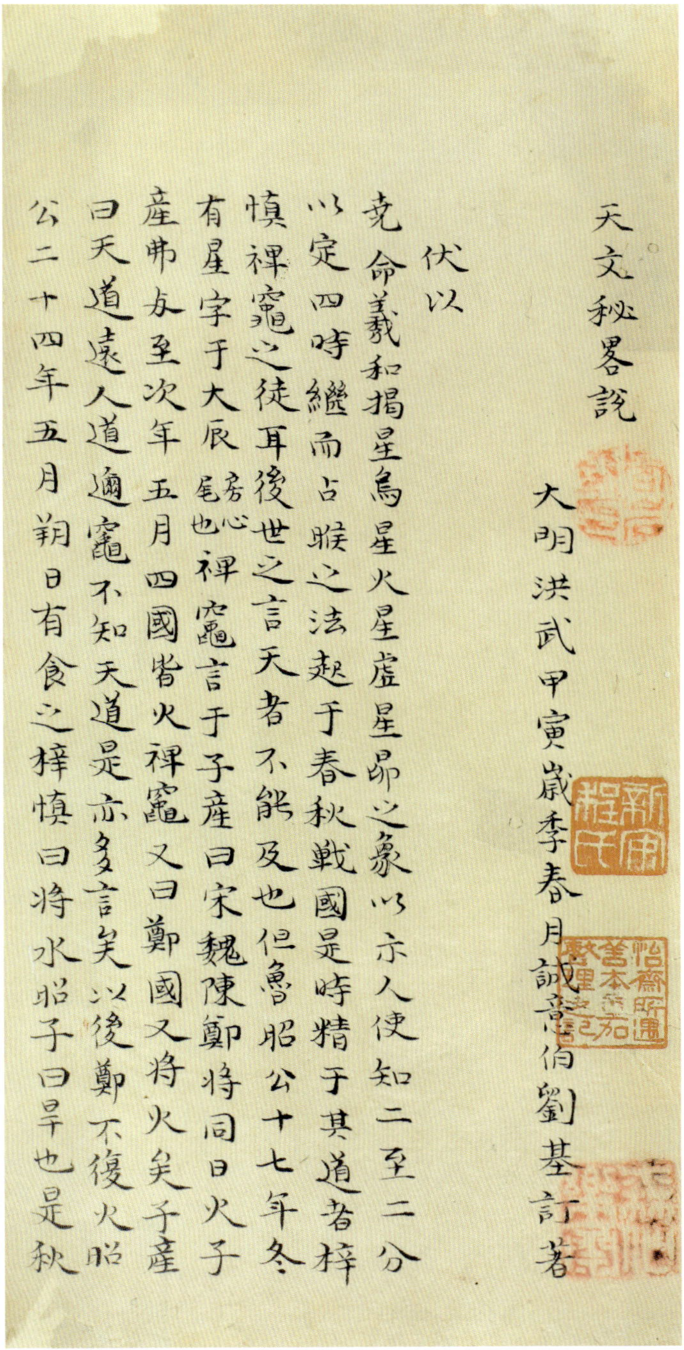
天文秘畧說

大明洪武甲寅歲季春月誠意伯劉基訂著

伏以

堯命羲和揭星鳥星火星虛星昴之象以示人使知二至二分以定四時繼而占睽之法起于春秋戰國是時精于其道者梓慎裨竈之徒耳後世之言天者不能及也但魯昭公十七年冬有星孛于大辰（房心尾也）裨竈言于子產曰宋衛陳鄭將同日火子產弗與至次年五月四國皆火裨竈又曰鄭國又將火矣子產曰天道遠人道邇竈不知天道是亦多言矣以後鄭不復火昭公二十四年五月朔日有食之梓慎曰將水昭子曰旱也是秋

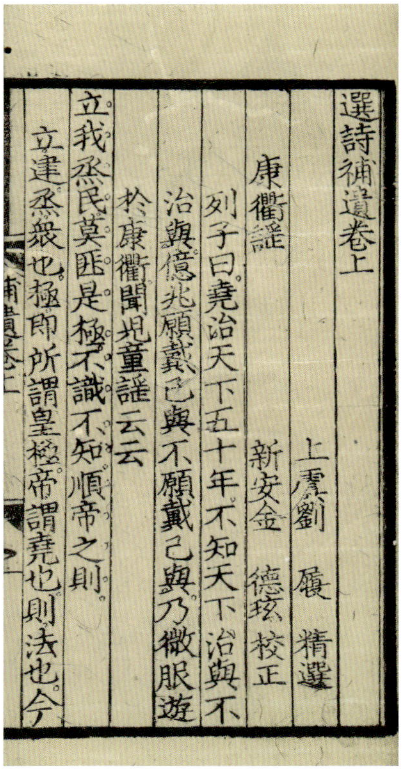
選詩補遺卷上
上虞劉履精選
康衢謡　新安金德玹校正
列子曰堯治天下五十年不知天下治與不
治與億兆願戴己與不願戴己與乃微服遊
於康衢聞兒童謡云云
立我烝民莫匪是極不識不知順帝之則
立建烝衆也極即所謂皇極帝謂堯也則法也今

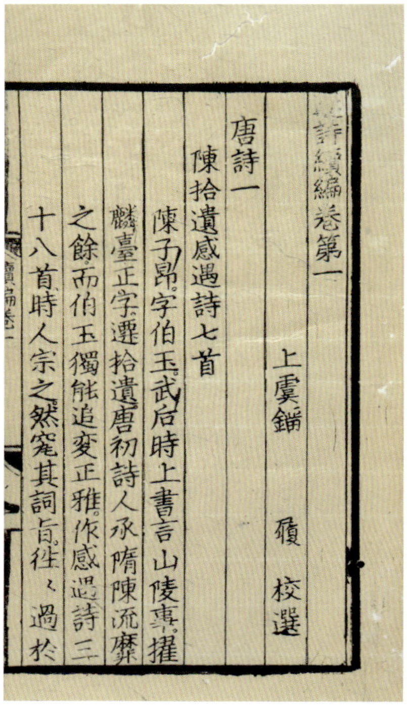
選詩續編卷第一
上虞鎦履校選
唐詩一
陳拾遺感遇詩七首
陳子昂字伯玉武后時上書言山陵事擢
麟臺正字遷拾遺唐初詩人承隋陳流靡
之餘而伯玉獨能追変正雅作感遇詩三
十八首時人宗之然窺其詞旨往往過於

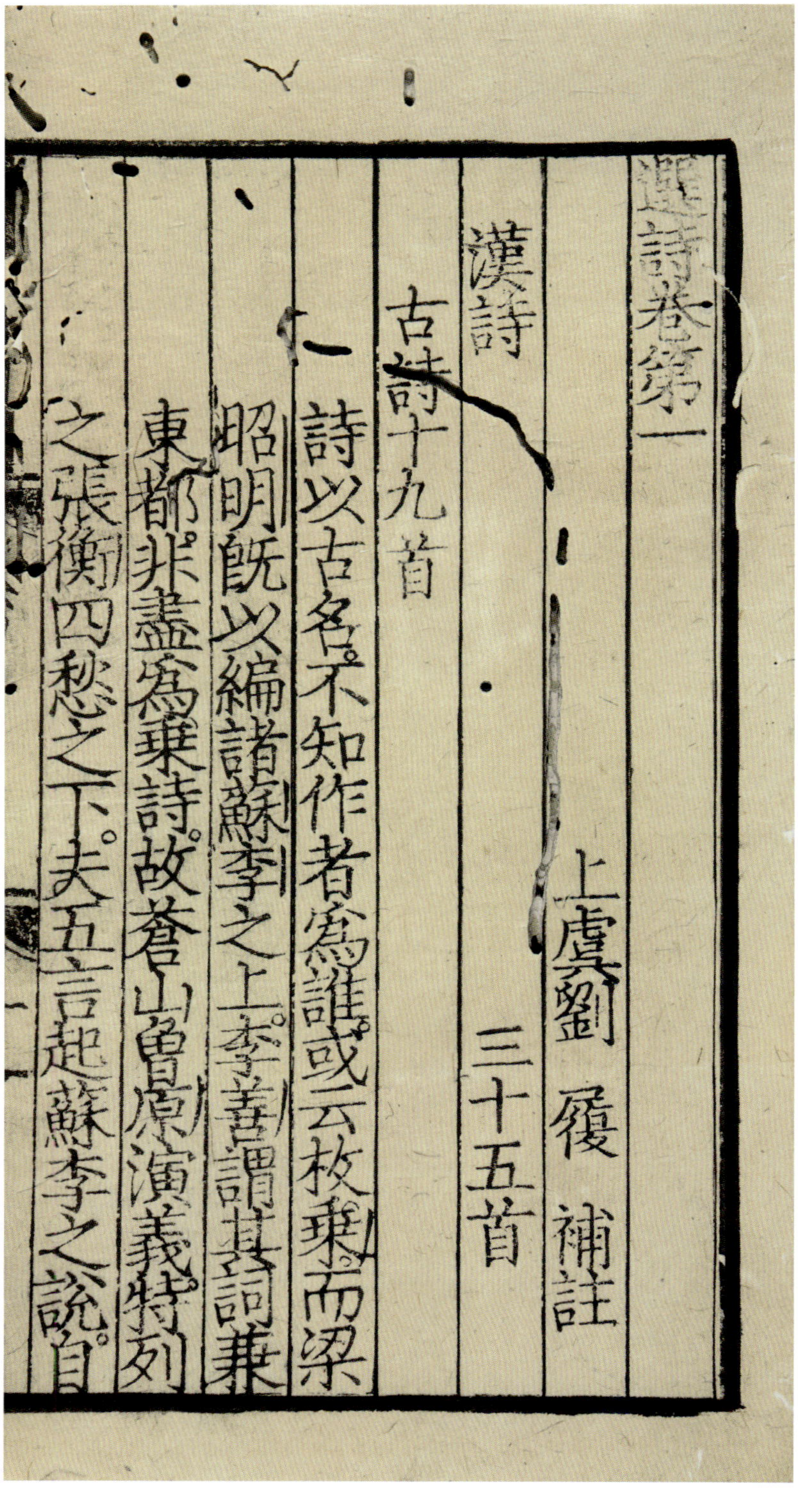
選詩卷第一
上虞劉履補註
漢詩　三十五首
古詩十九首
詩以古名不知作者爲誰或云枚乘而梁
昭明既以編諸蘇李之上李善謂其詞兼
東都非盡爲乘詩故蒼山曾原演義特列
之張衡四愁之下夫五言起蘇李之説自

24 选诗补注八卷补遗二卷续编四卷

（元）刘履撰　明前期刻本

Explanation of the poetry anthology of the Wen Xuan

Written by Liu lv from the Yuan Dynasty

Block-printed Edition of the early Ming Dynasty (1368-1644)

线装，版框尺寸19.4×11.4cm，半叶八行，行二十字，小字双行同，黑口，左右双边，双顺黑鱼尾。

首册原题签署“风雅翼”，卷前有元至正二十三年（1363）金华戴良序，题亦作《风雅翼序》。《总目》题名作《风雅翼选诗》，下题“上虞刘履坦之辑选，新安金德玹仁本校正，建阳县知县何景春捐俸刊”，卷端题“上虞刘履补注”，《补遗》卷端题作“上虞刘履精选，新安金德玹校正”，《续编》卷端题“上虞刘履校选”。知此种乃福建建阳县刻本也。较之明嘉靖四年（1525）萧梅林刻本及明嘉靖三十一年（1552）顾存仁养吾堂刻本，此种版本当更早。

国家珍贵古籍名录号06248。

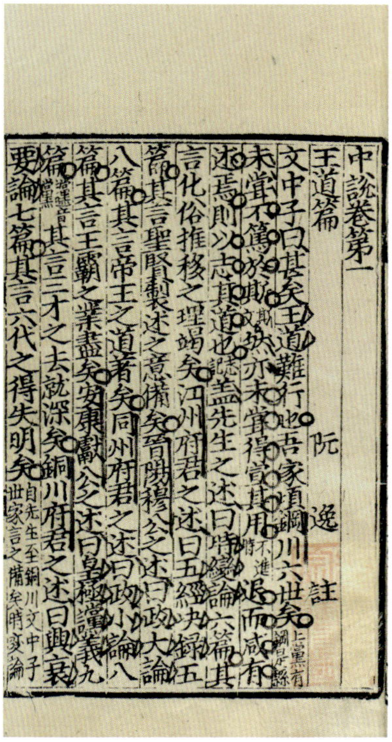
中說卷第一
王道篇 阮逸註

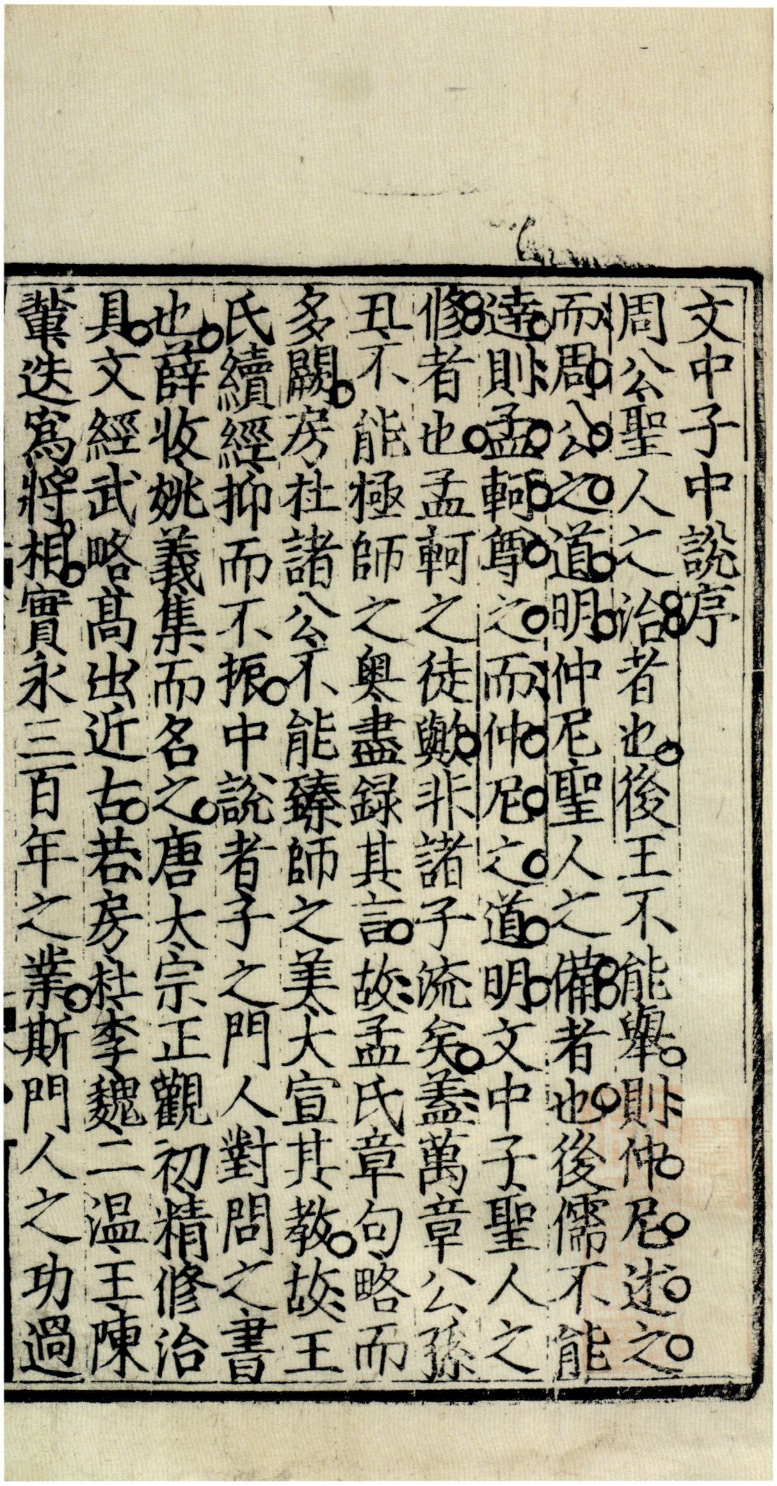
文中子中說序
周公聖人之治者也後王不能舉則仲尼述之
而周公之道明仲尼聖人之備者也後儒不能
達則孟軻尊之而仲尼之道明文中子聖人之
修者也孟軻之徒歟非諸子流矣蓋萬章公孫
丑不能極師之奧盡錄其言故孟氏章句略而
多闕房杜諸公不能臻師之美大宣其教故王
氏續經抑而不振中說者子之門人對問之書
也薛收姚義集而名之唐太宗正觀初精修治
具文經武略高出近古若房杜李魏二溫王陳
輩迭爲將相實永三百年之業斯門人之功過

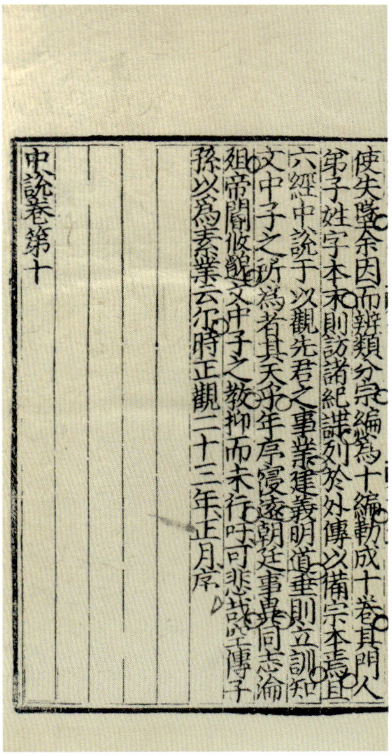
中說卷第十

25 **中说十卷**

题（隋）王通撰 （宋）阮逸注 明初刻本

Zhong Sayings, ten volumes

Written by Wang Tong from the Sui Dynasty

Block-printed Edition of the early Ming Dynasty (1368-1644)

线装，版框尺寸17.7×12.4cm，半叶十一行，行二十一字，小字双行二十五字，黑口，四周双边，双顺黑鱼尾。

书中钤“慧□”白文竖长印、“吴郡□□宗□收藏”朱文竖长印。此种为何澄子女所捐赠。

国家珍贵古籍名录号04421。

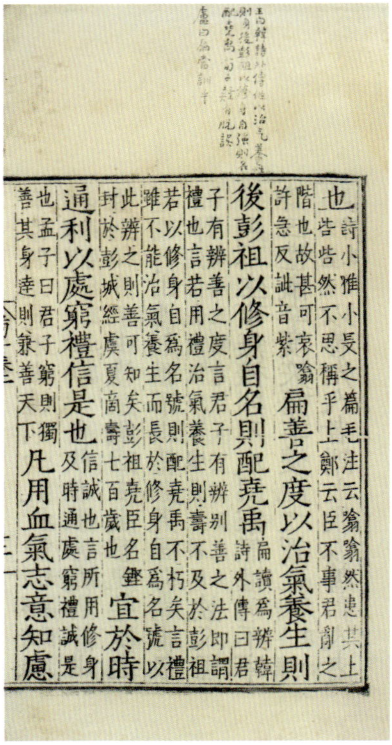

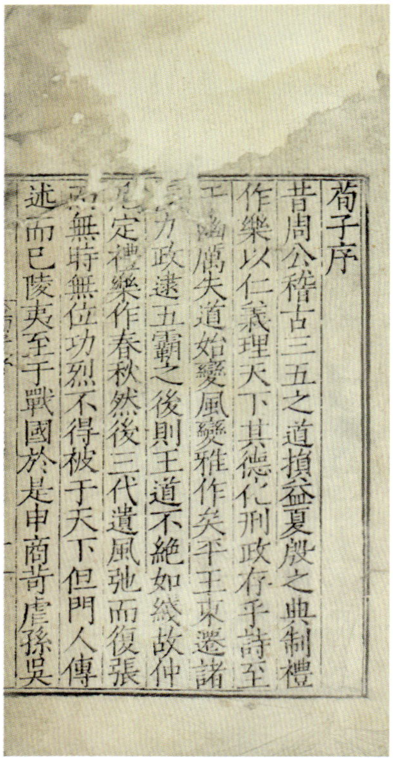

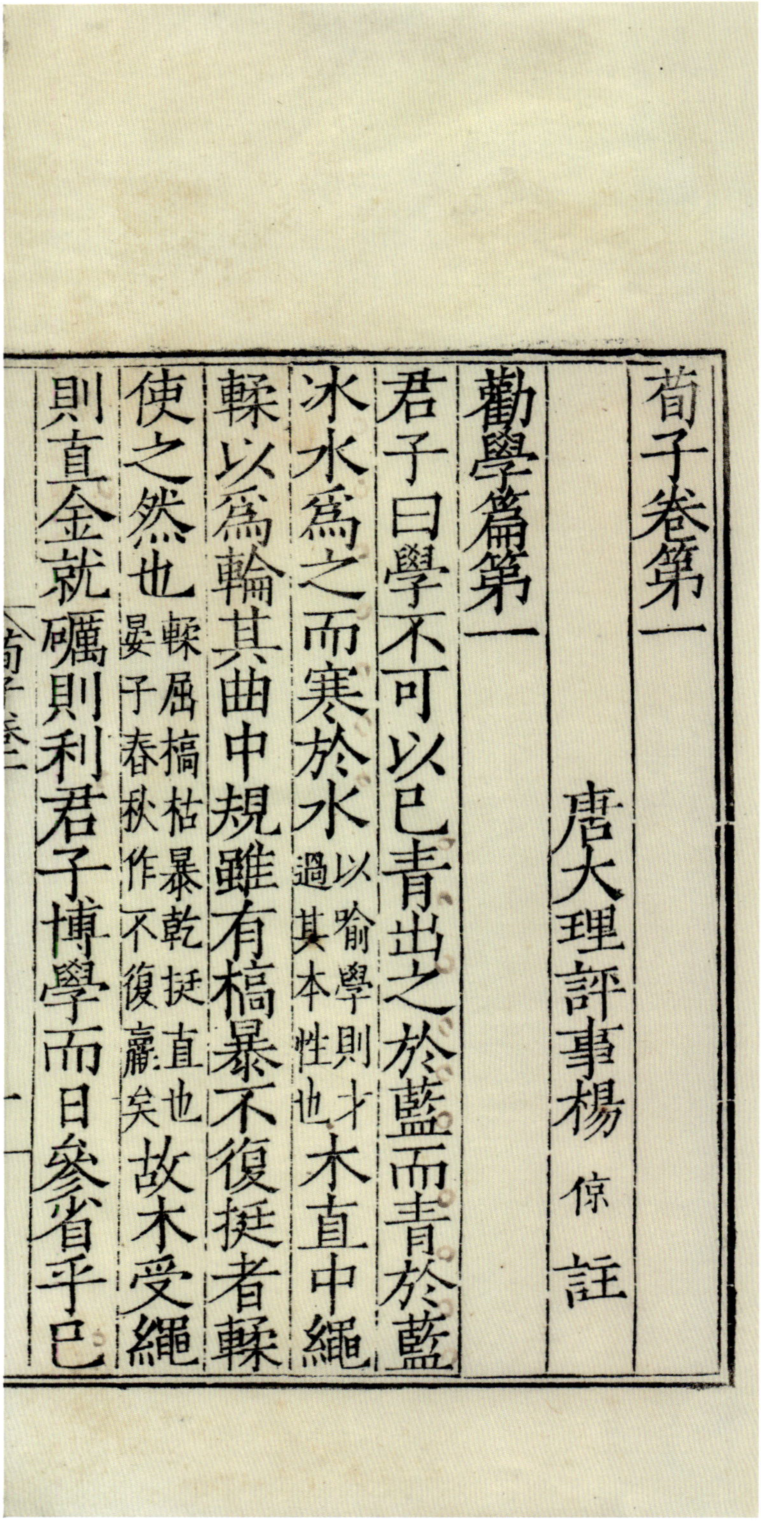

26 纂图互注荀子二十卷

（唐）杨倞注 明初翻宋官刻本

Xun-zi Sayings with illustration, twenty volumes

Noted by Yang Jing from the Tang Dynasty

Block-printed Edition of the early Ming Dynasty (1368-1644), reprinted from the Song Dynasty official Edition

线装，版框尺寸20.3×14.1cm，半叶八行，行十七字，小字双行同，白口，四周双边，单白鱼尾。

此种典型明早期风格，所用为白绵纸，天头有墨笔眉批。

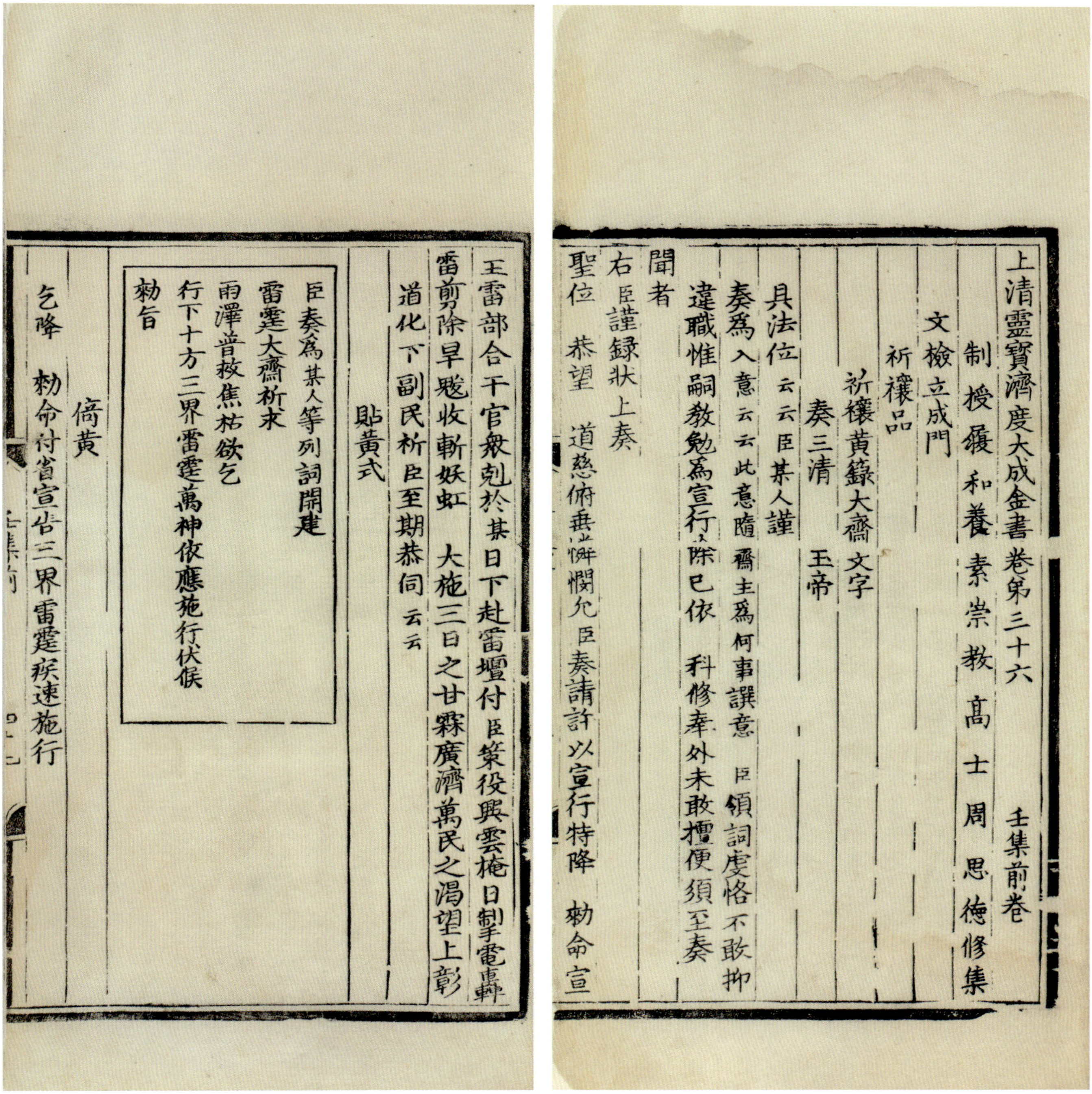

上清靈寶濟度大成金書卷第三十六　壬集前卷
制授履和養素崇教高士周思德修集
文檢立成門
祈禳品
祈禳黃籙大齋文字
奏三清　玉帝
具法位云云臣某人謹
奏爲入意云云此意隨齋主爲何事譔意臣須詞度恪不敢抑
違職惟嗣教勉爲宣行除已依　科修奉外未敢擅便須至奏
聞者
右臣謹録狀上奏
聖位　恭望　道慈俯垂憐憫允臣奏請許以宣行特降　勑命宣
王雷部合干官衆剋於某日下赴雷壇付臣策役興雲掩日掣電轟
雷剪除旱魃收斬妖虹　大施三日之甘霖廣濟萬民之渴望上彰
道化下副民祈臣至期恭伺　云云
貼黃式
臣奏爲某人等列詞開建
雷霆大齋祈求
雨澤普救焦枯欲乞
行下十方三界雷霆萬神依應施行伏候
勑旨
倚黃
乞降　勑命付省宣告三界雷霆疾速施行

27 上清灵宝济度大成金书四十卷

（明）周思德辑　明宣德七年（1432）杨震宗刻本　存一卷（三十六）

Taoism works (Shang Qing Ling Bao Ji Du Da Cheng Jin Shu), forty volumes
Compiled by Zhou Side from Ming Dynasty
Block-printed Edition of Yang Zhenzong, the 7th year of the Xuande era of the Ming Dynasty (1432)
One volume collection (No.36)

线装，版框尺寸23.7×15.2cm，半叶十二行，行二十六字，黑口，四周双边，双对黑鱼尾。

此种典型明代前期刻书风格，无论官雕抑或私刻，均为“黑口赵字继元”。

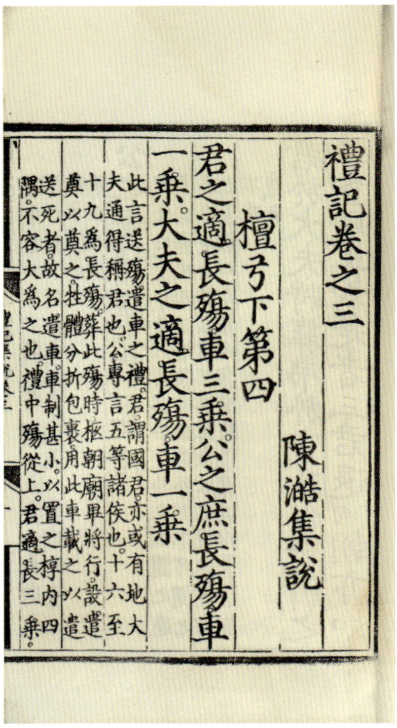
禮記卷之三

檀弓下第四　陳澔集説

君之適長殤車三乘公之庶長殤車一乘大夫之適長殤車一乘

此言送殤遣車之禮君謂國君亦或有地大夫通得稱君也公專言五等諸侯也十六至十九為長殤葬此殤時柩朝廟畢將行設遣奠以奠之牲體分折包裹用此車載之以遣送死者故名遣車車制甚小以置之椁内四隅不容大為之也禮中殤從上君適長三乘

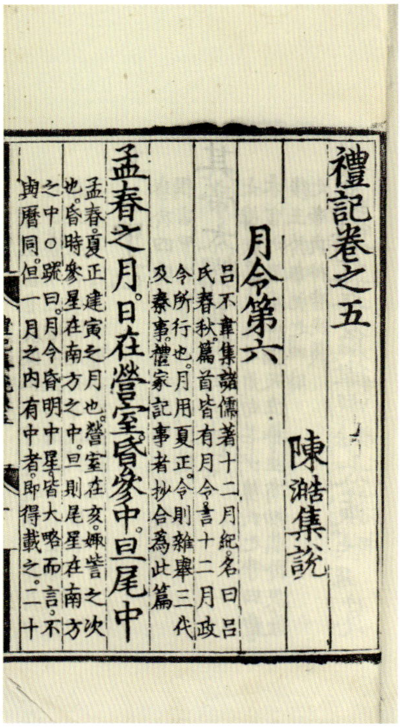
禮記卷之五

月令第六　陳澔集説

呂不韋集諸儒著十二月紀名曰呂氏春秋篇首皆有月令言十二月政令所行也月用夏正令則雜舉三代及秦事禮家記事者抄合為此篇

孟春之月日在營室昏參中旦尾中

孟春夏正建寅之月也營室在亥娵訾之次也昏時參星在南方之中旦則尾星在南方之中○疏曰月令昏明中星皆大略而言不與曆同但一月之内有中者即得載之二十

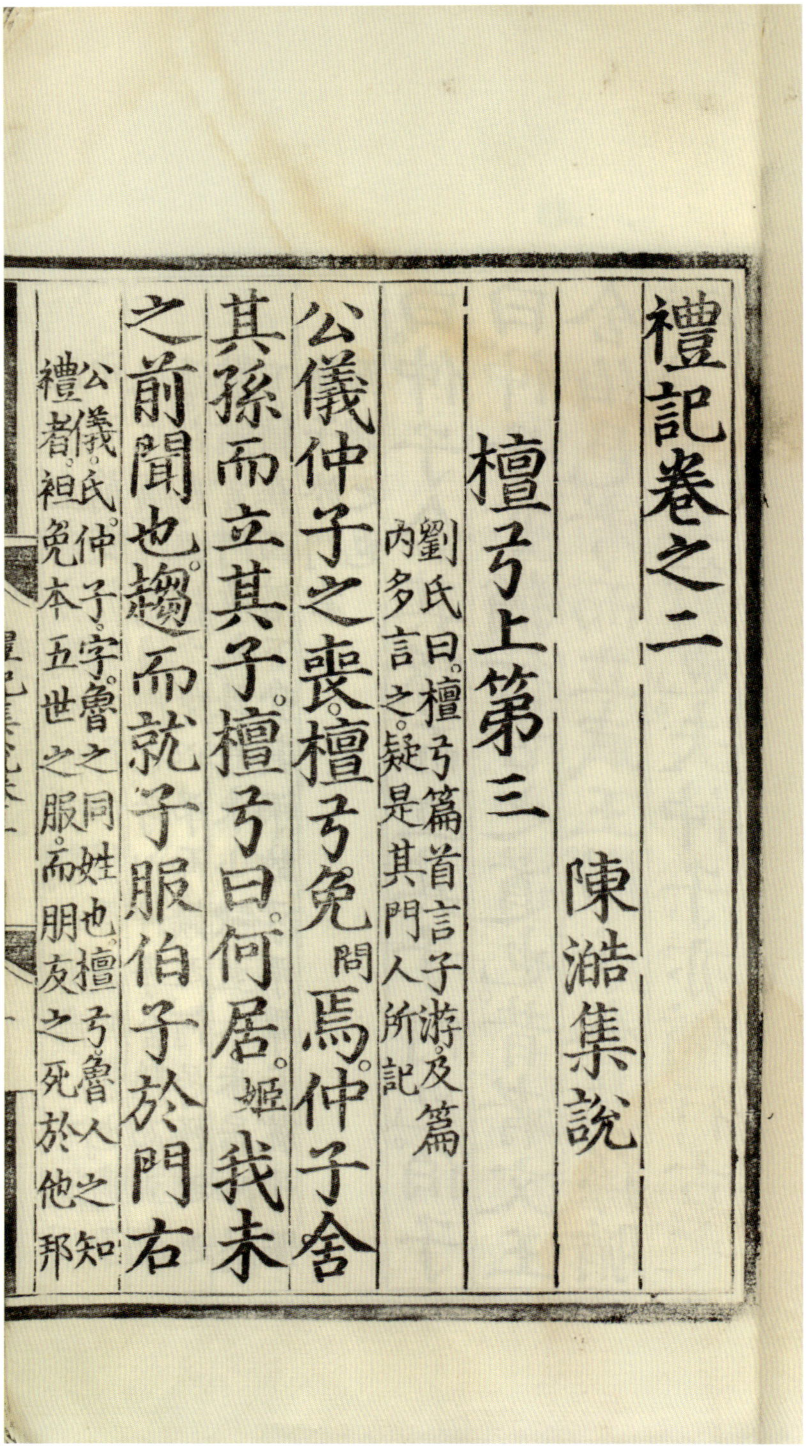
禮記卷之二

檀弓上第三　陳澔集説

劉氏曰檀弓篇首言子游及篇内多言之疑是其門人所記

公儀仲子之喪檀弓免焉仲子舍其孫而立其子檀弓曰何居我未之前聞也趨而就子服伯子於門右

公儀氏仲子字魯之同姓也檀弓魯人之知禮者袒免本五世之服而朋友之死於他邦

28 礼记集说十六卷

（元）陈澔撰　明正统十二年（1447）司礼监刻本　存十四卷（二至九、十一至十六）

Variorum of the Book of Rites, sixteen volumes

Written by Chen Hao from the Yuan Dynasty

Block-printed Edition of the 12th year of Zhengtong era of the Ming Dynasty (1477)

Fourteen volumes collection (No.2-9, 11-16)

线装，版框尺寸23.3×16.6cm，半叶八行，行十四字，小字双行十七字，黑口，四周双边，双顺黑鱼尾。

陈澔（1260—1341），字可大，号云住，人称经归先生。南康路都昌县（今江西都昌）人，宋末元初著名理学家、教育家。陈氏《礼记集说》乃明清两代学校、书院、私塾的“御定”课本，科考取士的必读之书。元代教育家吴澄称其“可谓善读书，其论《礼》无可疵矣！”《续文献通考》载：“永乐间颁《四书五经大全》，废古注疏不用，《礼记》皆用陈澔集说”。此种典型明代司礼监刻本。早期司礼监刻本多为包背装，版式阔大，行格疏朗，字体上承元代遗风，喜用赵体，字大如钱，读来悦目醒神。版式常见有四周双栏，大黑口，双鱼尾，气象凝重、恢弘，观感上庄严、华美、凝重，有很强的艺术性。

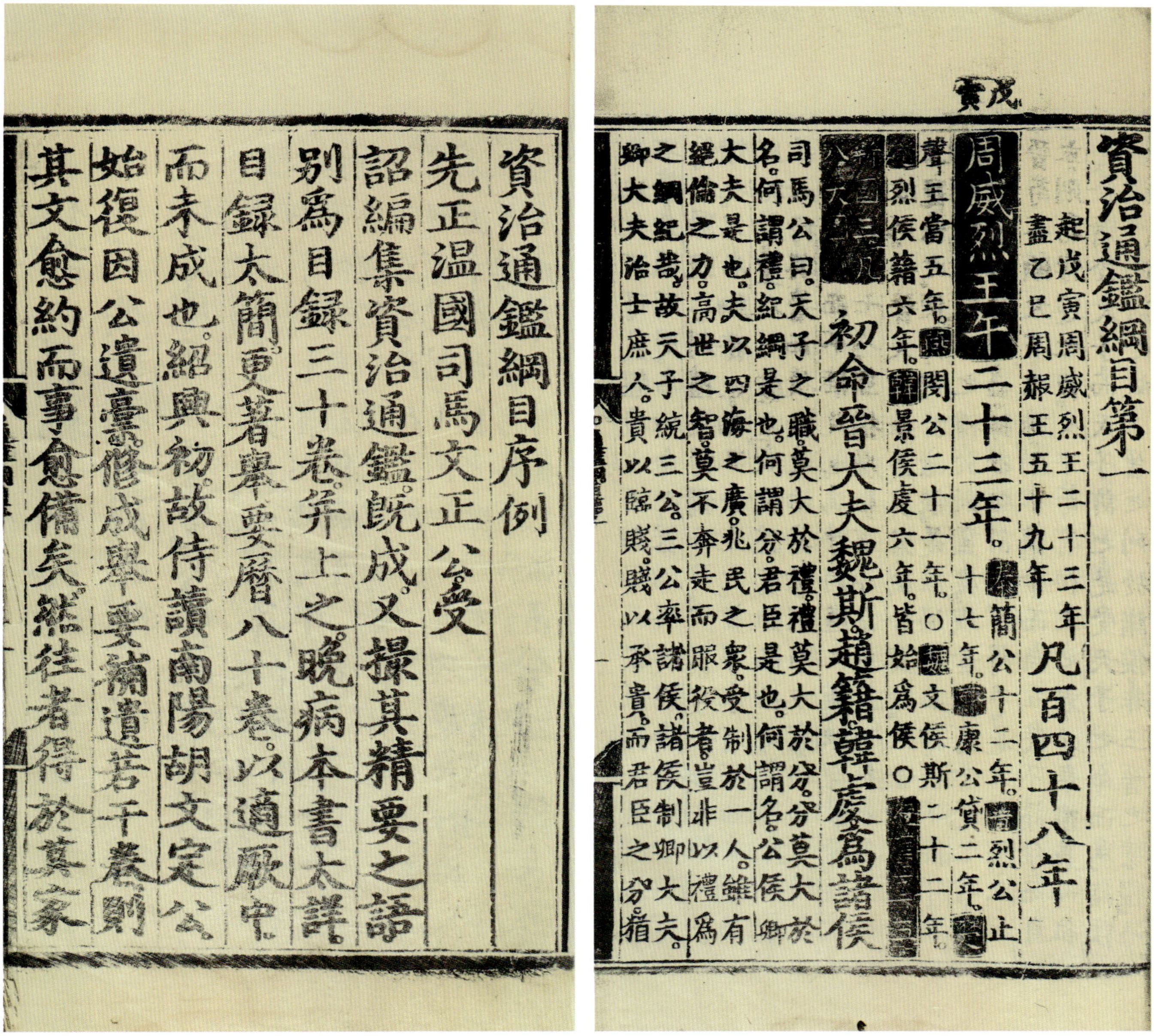

29 资治通鉴纲目五十九卷

（宋）朱熹撰　明成化九年（1473）内府刻本　存四十七卷（一至四十七）

Condensation of the book of Comprehensive Mirror for Aid the Governance, fifty-nine volumes

Written by Zhu Xi from the Song Dynasty

Block-printed Edition of the 9th year of the Chenghua era of the Ming Dynasty (1473)

Forty-seven volumes collection (No. 1-47)

线装，版框尺寸27.3×18.4cm，半叶八行，行十八字，小字双行二十一字，黑口，四周单边，双对黑花鱼尾。

明内府刻书，始于洪武，迄于万历，所刻不下数十万版。所谓明内府刻本，即司礼监下设的一个经场刻的书，其刻书的一般特点是书品宽大、纸墨精良、版式舒朗。

国家珍贵古籍名录号03630。

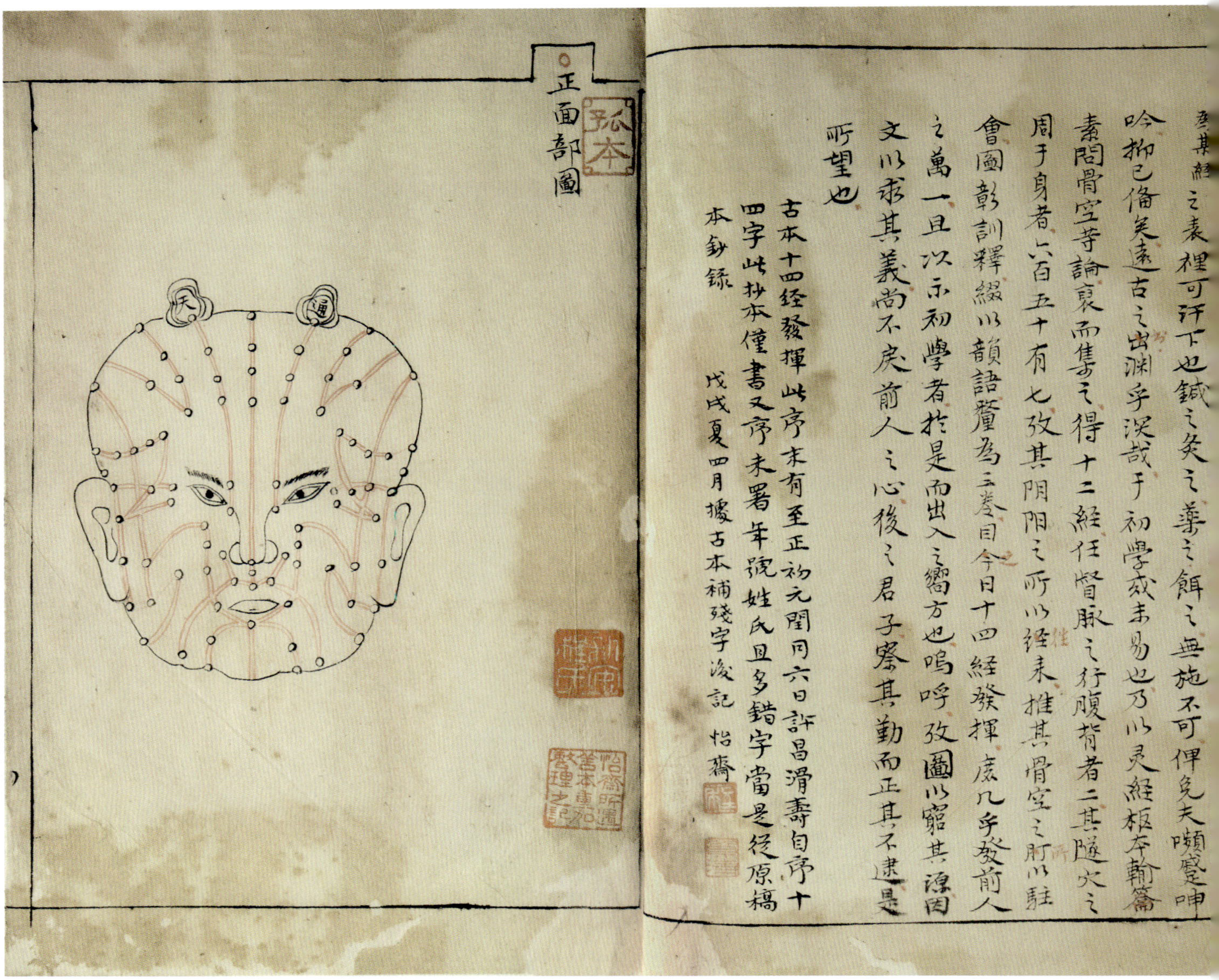

30 十四经发挥三卷

（元）滑寿撰　明抄本　程质清批校并跋

Elucidation of Fourteen Bodily Channels, three volumes

Written by Hua Shou from the Yuan Dynasty

Transcription, the Ming Dynasty (1368-1644)

线装，版框尺寸23.3×17.2cm，半叶十一行，行字数不等，小字双行不等，白口，四周单边。

卷前明宋濂序首A面抄配。原书破损较严重，经重修补装，版式阔大。卷前扉页有大字篆署“明抄十四经发挥”，小字落款“戊戌夏四月重装　怡斋题”。卷前抄明宋濂序，元至正二十四年（1364）吕复序，元至正元年（1341）滑寿序。滑序后有墨识，卷后护叶有程质清墨跋。书中钤“质清四十以后作”朱文方印、“怡斋所遇善本重加整理之记”朱文方印、“新安程氏”白文方印、“孤本”朱文竖长印、“怡斋所遇文献古籍记”朱文方印。抄本文字极富汉简风味。程质清捐赠。

国家珍贵古籍名录号04626。

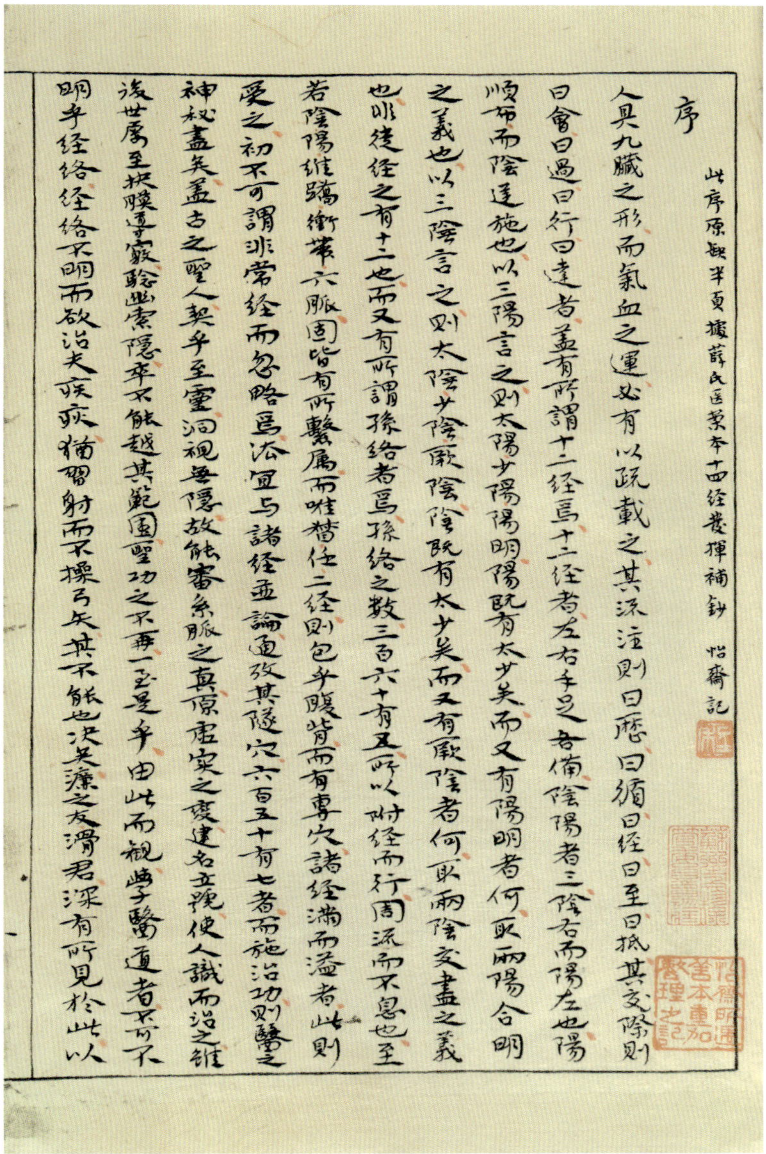
序
此序原缺半頁據薛氏医案本十四经發揮補鈔 怡齋記
人具九臓之形而氣血之運必有以疏載之其流注則曰歷曰循曰经曰至曰抵其交際則
曰會曰過曰行曰達者蓋有所謂十二经焉十二经者左右手足各備陰陽者三陰右而陽左也陽
順布而陰逆施也以三陽言之則太陽少陽陽明陽既有太少矣而又有陽明者何取兩陽合明
之義也以三陰言之則太陰少陰厥陰陰既有太少矣而又有厥陰者何取兩陰交盡之義
也非徒经之有十二也而又有所謂孫絡者焉孫絡之數三百六十有五所以附经而行周流而不息也至
若陰陽維蹻衝帶六脈固皆有所繫屬而唯督任二经則包乎腹背而有專穴諸经滿而溢者此則
受之初不可謂非常经而忽略焉法宜与諸经並論通攷其隧穴六百五十有七者而施治功則醫之
神秘盡矣蓋古之聖人契乎至靈洞視無隱故能審系脈之真原虚實之變建名立號使人識而治之雖
後世屢至抉膜導竅驗幽索隱卒不能越其範圍聖功之不再一至是乎由此而觀學醫道者不可不
明乎经絡经絡不明而欲治夫疢疾猶習射而不操弓矢其不能也決矣濂之友滑君深有所見於此以

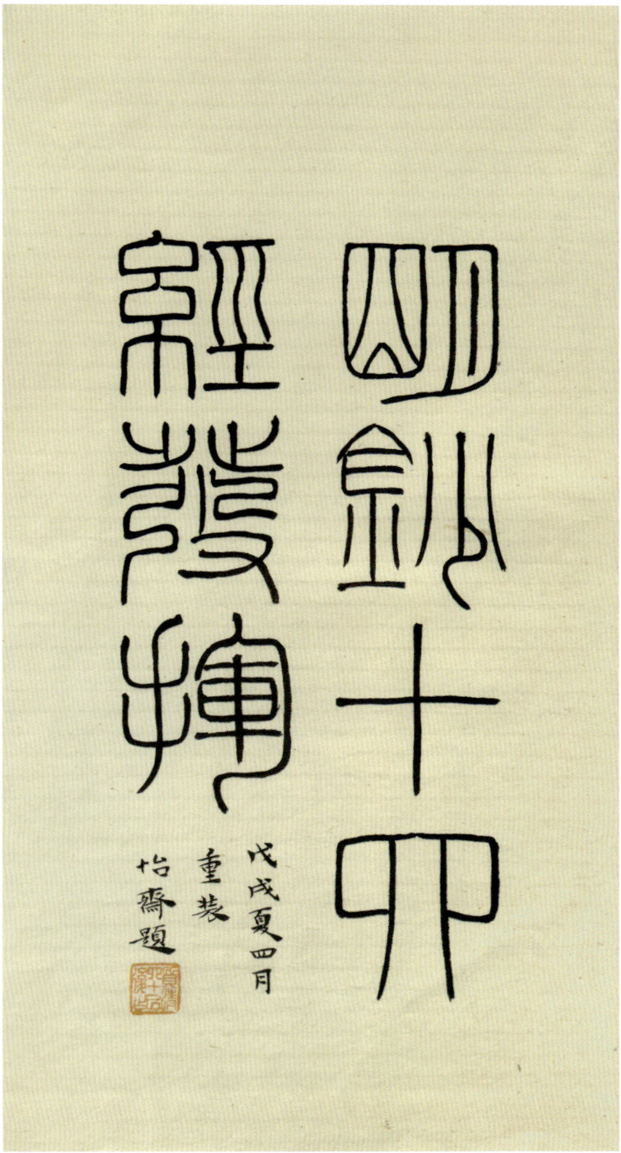
明鈔十四
經發揮
戊戌夏四月
重裝
怡齋題

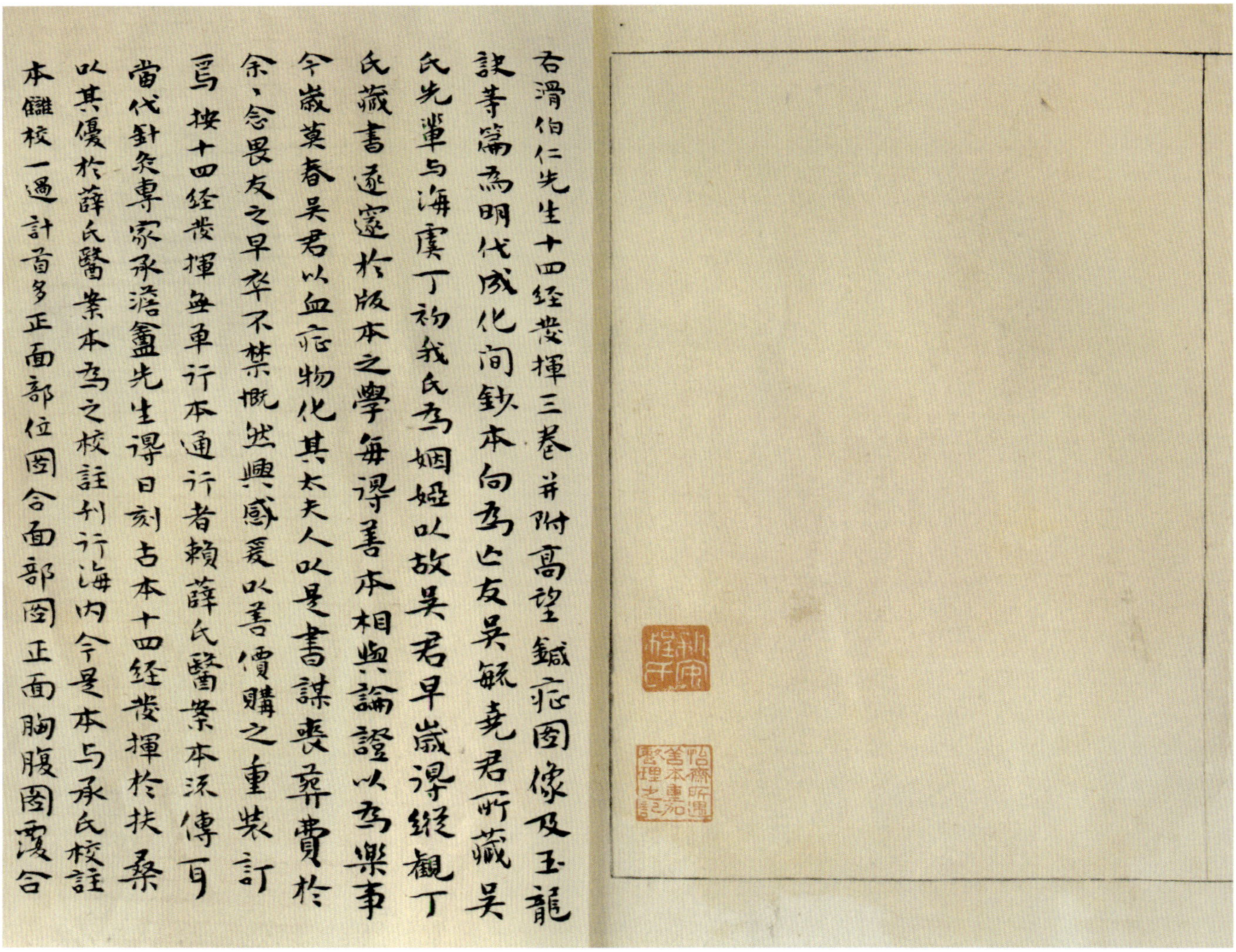
右滑伯仁先生十四经發揮三卷并附高望鍼症图像及玉龍
訣等篇為明代成化間鈔本向為亡友吳毓堯君所藏吳
氏先輩与海虞丁初我氏為姻婭以故吳君早歲得縱觀丁
氏藏書遂窺於版本之學每得善本相與論證以為樂事
今歲莫春吳君以血症物化其太夫人以是書謀喪葬費於
余、念畏友之早卒不禁慨然興感爰以善價購之重裝訂
焉按十四经發揮無单行本通行者賴薛氏醫案本流傳百
當代針灸專家承澹盦先生得日刻古本十四经發揮於扶桑
以其優於薛氏醫案本為之校註刊行海内今是本与承氏校註
本讎校一過計首多正面部位图合面部图正面胸腹图覆合

十四経發揮巻上

手足陰陽流注篇

凡人兩手足各之三陰脉三陽脉以合為十二経也

三陰謂太陰少陰厥陰三陽謂陽明太陽少陽也人有兩手足各也三陰脉三陽脉相合為十二経也手三陰謂太陰肺経少陰心経厥陰心包絡経也手三陽謂陽明大腸経太陽小腸経少陽三焦経足三陰謂太陰脾経少陰腎経厥陰肝経足三陽謂陽明胃経太陽膀胱経少陽膽經謂之経也以血氣流行経常不息者而言謂之脉者以血理分行体者而言也

手之三陰從臟走至手〻之三陽從手走至頭足之三陽從頭下走至足〻之三陰從足上走入腹

手三陰從臟走至手謂手太陰起中焦至扵出大指之端手少陰起心中至出小指之端手厥陰起胷中至出中背之端手三陽從手走至頭謂手陽明起大指次指之端至上挾鼻孔手太陽起小指之端至目内眥手少陽起小指之端至目銳眥足三陽從頭走至足謂足陽明起於鼻至入中指内間足太陽起目内眥至小指外側端足少陽起目銳眥至入小指次指間足三陰從足走入腹謂足太陰起大指之端至屬脾絡胃足少陰起足心至屬腎絡膀胱足厥陰起大指聚毛至屬肝絡膽足三陰殆曰從足入腹然太陰乃復上膈挾咽散舌下少陰乃復從腎上挾舌本厥陰乃復上出與額督脉會於巔兼手太陰從肺系横出腋下手少陰從心系上肺出腋下手厥陰循胸出脇上抵腋下此又秦越人所謂諸陰脉皆至頸胷而还者也而厥陰則又上出於巔蓋厥陰〻之尽也所以然者亦陰無可尽之理亦猶易之碩果不食示陽無可尽之義也然易之陰陽以氣言之

十二

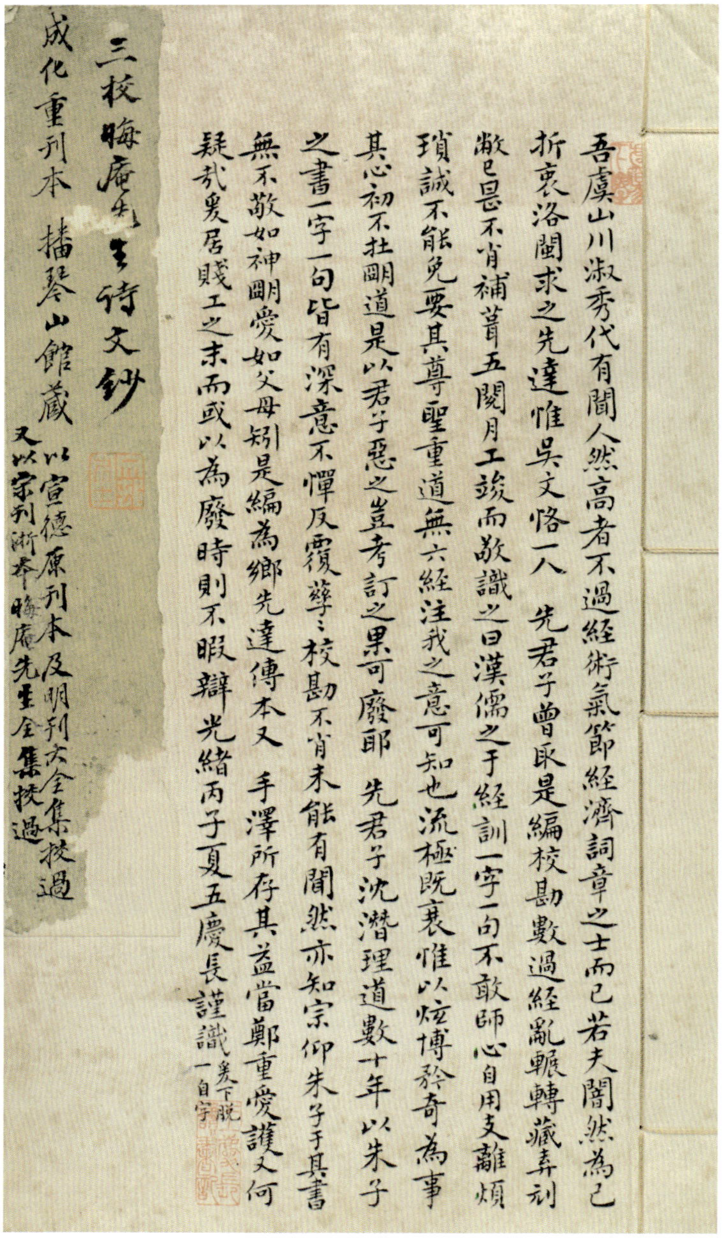

三校晦庵先生詩文鈔
成化重刊本 播琴山館藏 以宣德原刊本及明刊大全集校過 又以宋刊浙本晦庵先生全集校過

吾虞山川淑秀代有聞人然高者不過經術氣節經濟詞章之士而已若夫闇然爲己折衷洛閩求之先達惟吴文恪一人 先君子曾取是編校勘數過經亂輾轉藏弆刓敝已甚不肖補葺五閱月工竣而敬識之曰漢儒之于經訓一字一句不敢師心自用支離煩瑣誠不能免要其尊聖重道無六經注我之意可知也流極既衰惟以炫博矜奇爲事其心初不在明道是以君子惡之豈考訂之果可廢耶 先君子沈潛理道數十年以朱子之書一字一句皆有深意不憚反覆尋繹校勘不肖未能有聞然亦知宗仰朱子于其書無不敬如神明愛如父母矧是編爲鄉先達傳本又 手澤所存其益當鄭重愛護又何疑哉炅居賤工之末而或以爲廢時則不暇辯 光緒丙子夏五慶長謹識 一炅下脱一自字

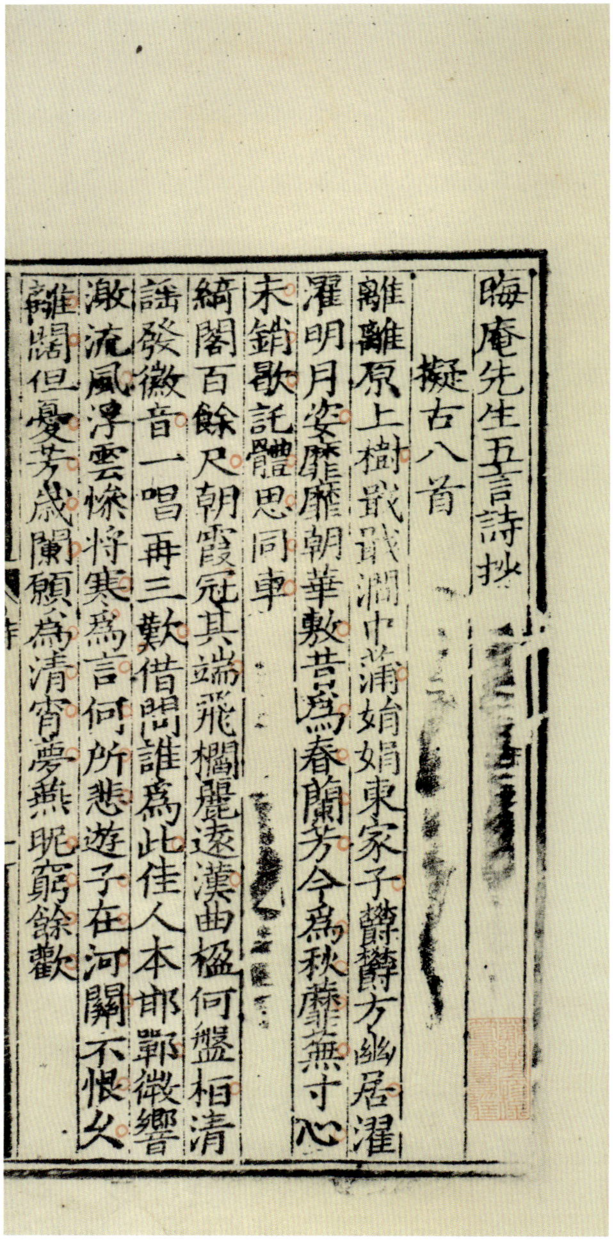

晦庵先生五言詩抄

擬古八首

離離原上樹戢戢澗中蒲娟娟東家子鬱鬱方幽居濯濯明月姿靡靡朝華敷昔爲春蘭芳今爲秋蘼蕪寸心未銷歇託體思同車

綺閣百餘尺朝霞冠其端飛欄麗遠漢曲檻何盤桓清謡發徽音一唱再三歎借問誰爲此佳人本邯鄲徽響激流風浮雲悽將寒爲言何所悲遊子在河關不恨久離闊但憂芳歲闌願爲清宵夢兒窮餘歡

31 晦庵先生五言诗抄一卷晦庵文抄七卷

（宋）朱熹撰 （明）吴讷辑 明成化十八年（1482）周凰等刻本 清王振声校并跋 清叶裕仁、方宗诚、李芝绶、王庆长跋

Collected poems in Five-syllable Verse by Mr. Hui An, one volume; Collected literary works of Mr. Hui An, seven volumes
Written by Zhu Xi from the Song Dynasty
Block-printed Edition of the 18th year of the Chenghua era of the Ming Dynasty (1482)

线装，版框尺寸21.2×13.1cm，半叶九行，行二十一字，黑口，四周双边，双顺黑鱼尾。

首册书衣贴有书签，上墨书：“三校晦庵先生诗文钞。成化重刊本，播琴山馆藏。以宣德原刊本及明刊大全集校过，又以宋刊浙本《晦庵先生全集》校过。”书衣有墨识，卷前扉页有墨笔白描像一帧，上大字篆署：“文邨先生遗象”，叶B面有大字篆署像赞。全书有王振声朱、墨双笔批校。此种为明成化十八年（1482）琴川（常熟）郡守周凰主刊，唐诏、李昌、孙瑜等刻本。

国家珍贵古籍名录号08916。

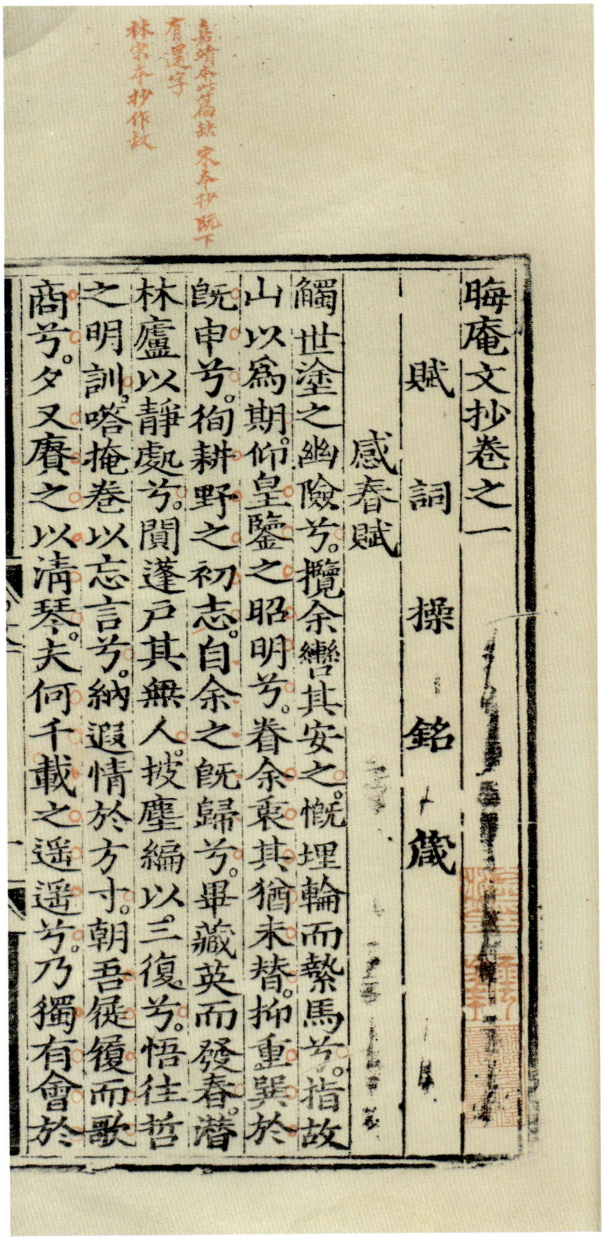

嘉靖本此篇缺　宋本抄既下有還字

林宗本抄作扱

晦庵文抄卷之一

賦　詞　操　銘　箴

感春賦

觸世塗之幽險兮。攬余轡其安之。慨埋輪而縶馬兮。指故山以爲期。仰皇鑒之昭明兮。眷余衷其猶未替。抑重巽於既申兮。徇耕野之初志。自余之既歸兮。畢藏英而發春。潛林廬以靜處兮。闃蓬戶其無人。披塵編以三復兮。悟往哲之明訓。嗒掩卷以忘言兮。納遐情於方寸。朝吾屣履而歌商兮。夕又賡之以清琹。夫何千載之遥遥兮。乃獨有會於

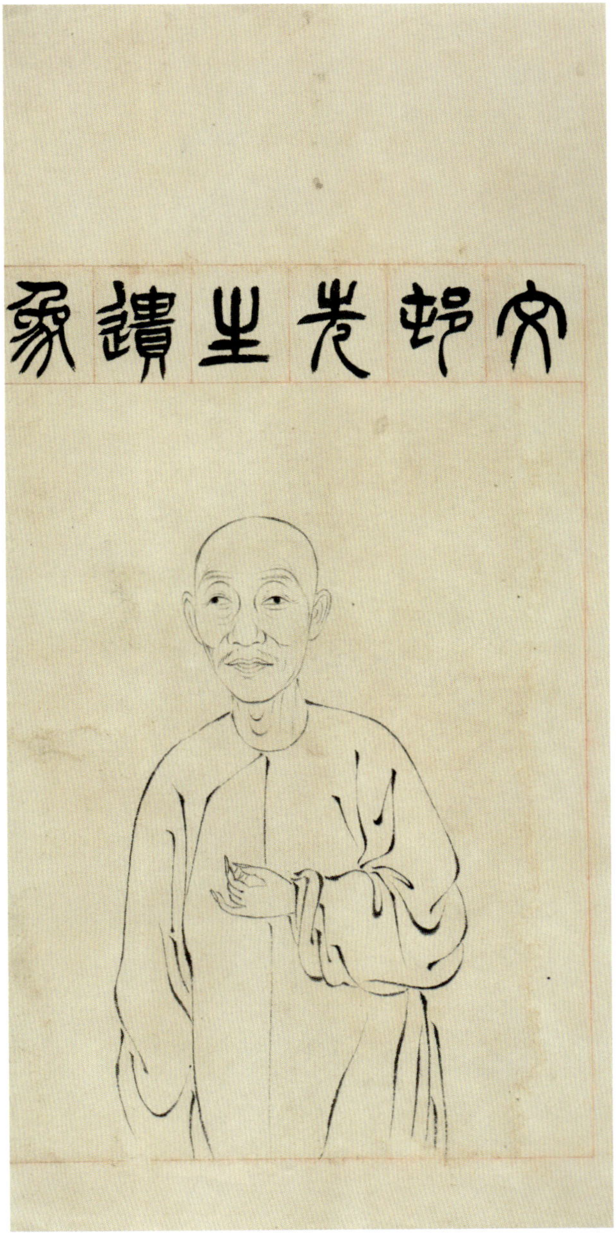

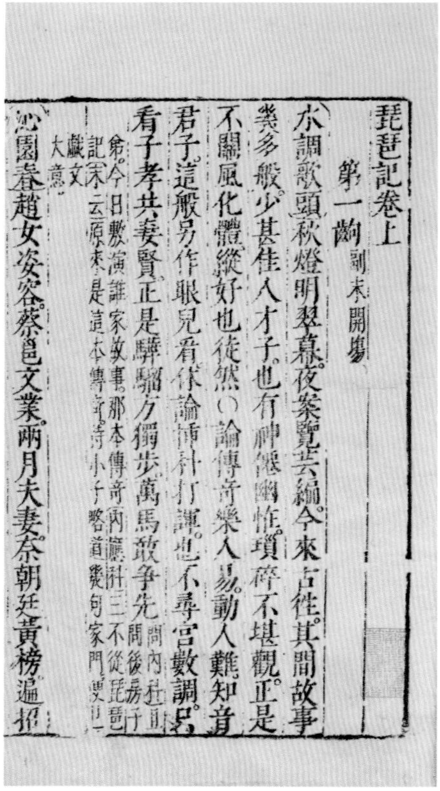

琵琶記卷上
第一齣 副末開場
水調歌頭 秋燈明翠幕。夜案覽芸編。今來古往。其間故事幾多般。少甚佳人才子。也有神仙幽怪。瑣碎不堪觀。正是不關風化體。縱好也徒然。論傳奇。樂人易。動人難。知音君子。這般另作眼兒看。休論插科打諢。也不尋宮數調。只看子孝共妻賢。正是驊騮方獨步。萬馬敢爭先。（問內科）且問後房子弟。今日敷演誰家故事。那本傳奇。（內應科）三不從琵琶記。（末云）原來是這本傳奇。待小子略道幾句家門。便見一戲文大意。
沁園春 趙女姿容。蔡邕文業。兩月夫妻。奔朝廷黃榜。遍招

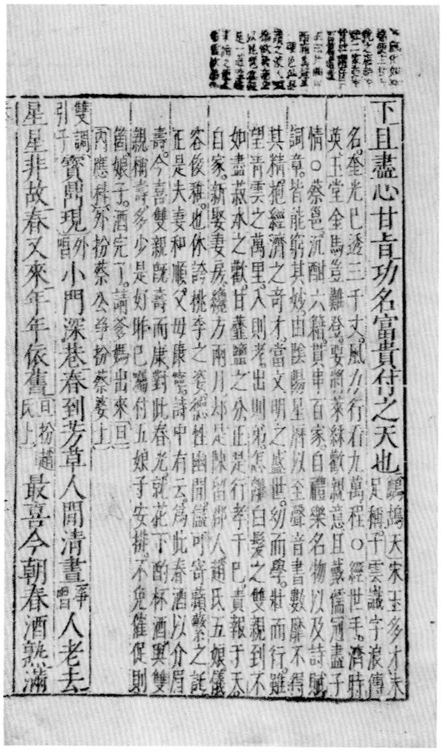

下 且盡心甘旨。功名富貴付之天也。鷓鴣天（末）宋玉多才未足稱。子雲識字浪傳名。奎光已透三千丈。風力行看九萬程。○經世手。濟時英。玉堂金馬豈難登。要將萊綵歡親意。且戴儒冠盡子情。○蔡邕沉酣六籍。貫串百家。自禮樂名物以及詩賦詞章。皆能窮其妙。由陰陽星曆以至聲音書數。靡不得其精。抱經濟之奇才。當文明之盛世。幼而學。壯而行。雖望青雲之萬里。入則孝。出則弟。怎離白髮之雙親。到不如盡菽水之歡。甘虀鹽之分。正是行孝于己。責報于天。自家。新娶妻房。纔方兩月。却是陳留郡人趙氏五娘。儀容俊雅。也休誇桃李之姿。德性幽閒。儘可寄蘋蘩之託。正是夫妻和順。父母康寧。詩中有云。為此春酒。以介眉壽。今喜雙親既壽而康。對此春光。就花下酌杯酒與雙親稱壽。多少是好。昨已囑付五娘子安排。不免催促則箇。娘子。酒完了。請爹媽出來。（旦）（內應科）（外扮蔡公淨扮蔡婆上）
雙調引子 寶鼎現（外唱）小門深巷。春到芳草。人閒清晝。（淨唱）人老去星星非故。春又來年年依舊。（旦扮趙氏上）最喜今朝春酒熟。滿

32 琵琶记三卷新镌伯喈释义大全一卷

（元）高明撰 明刻本

Opera script of the pipa, one volume

Written by Gao Ming from the Yuan Dynasty

Block-printed Edition of the Ming Dynasty (1368-1644)

线装，版框尺寸21.1×13.9cm，半叶十行，行二十二字，小字双行同，白口，四周单边。

原已残缺，重新装池。全书无序跋及牌记、刻工姓氏。首册目录题名“元本出相南琵琶记”。书中字体犹有嘉、隆时期风格，全书有大量精美木刻版画插图。

国家珍贵古籍名录号09566。

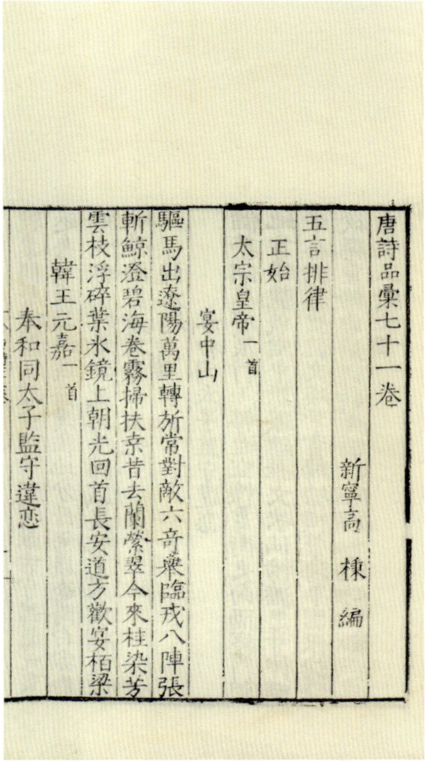

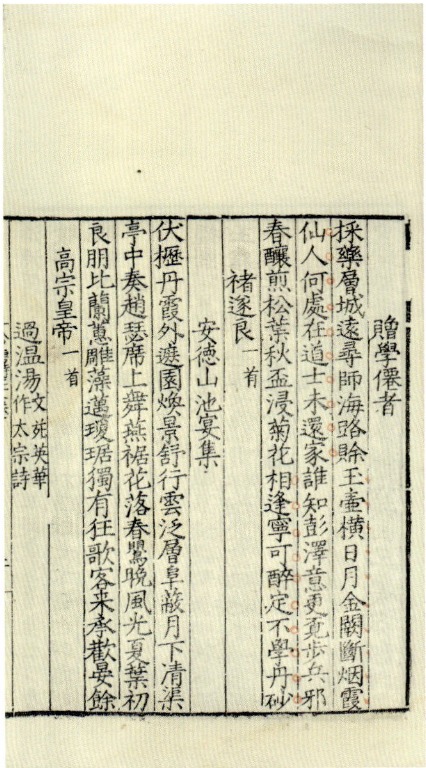

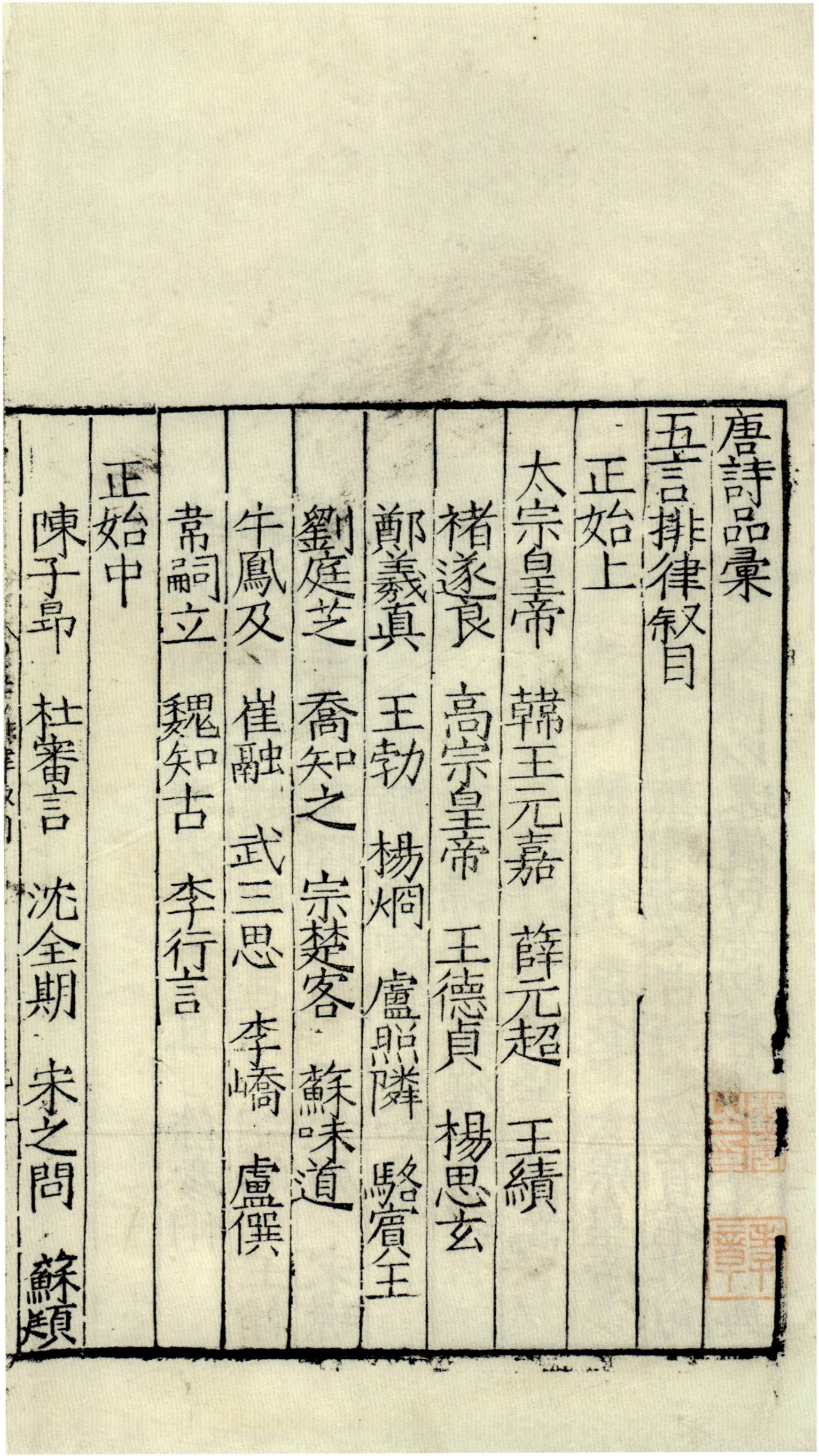

33 唐诗品汇九十卷拾遗十卷

（明）高棅辑　明弘治六年（1493）张璁刻本　存十四卷（七十一至七十五、八十二至九十）

Collected works of the Tang Dynasty Poems, ninety volumes; The supplement, ten volumes

Compiled by Gao Bing from the Ming Dynasty

Block-printed Edition of the 6th year of the Hongzhi era of the Ming Dynasty (1493)

Fourteen volumes collection (No. 71-75, 82-90)

线装，版框尺寸17.1×14.0cm，半叶十一行，行二十字，小字双行同，白口，四周单边，单白鱼尾。

原题“新宁高棅编”。书中有朱笔批校，又有“顾岩之印”白文方印、“孝章”朱文方印。

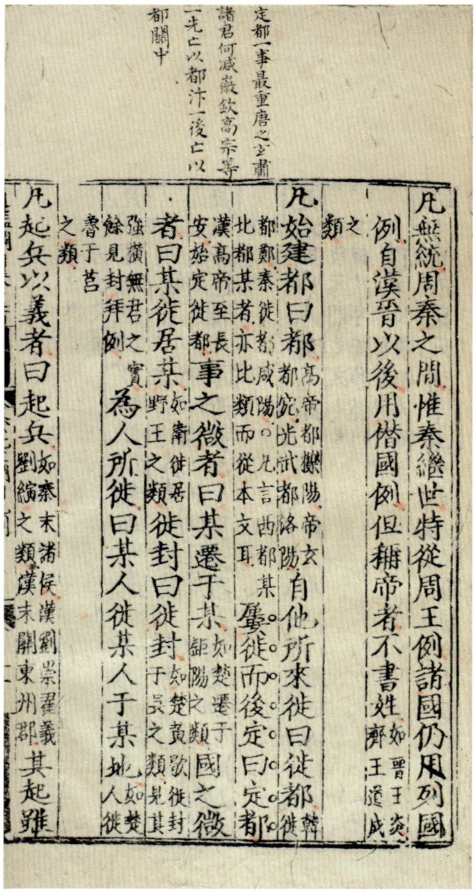

定都一事最重唐之玄肅
諸君何減嚴欽高宗等
一先亡以都汴一後亡以
都關中

凡無統周秦之間惟秦繼世特從周王例諸國仍用列國
例自漢晉以後用僭國例但稱帝者不書姓如晉王炎鄭王道成之類
凡始建都曰都高帝都櫟陽帝玄都宛光武都洛陽自他所來徙曰徙都韓徙都鄭秦徙都咸陽○凡言西都某比都某者亦比類而從本文耳釁。徙而後定曰定都漢高帝至長安始定徙都事之微者曰某遷于某如楚遷于鄀陽之類國之微
者曰某徙居某如衛徙居野王之類徙封曰徙封如楚子員之類見其徙封強橫無君之實爲人所徙曰某人徙某人于某地如楚人徙餘見封拜例魯于莒之類
凡起兵以義者曰起兵如秦末諸侯漢劉縯之類漢末關東州郡其起雖

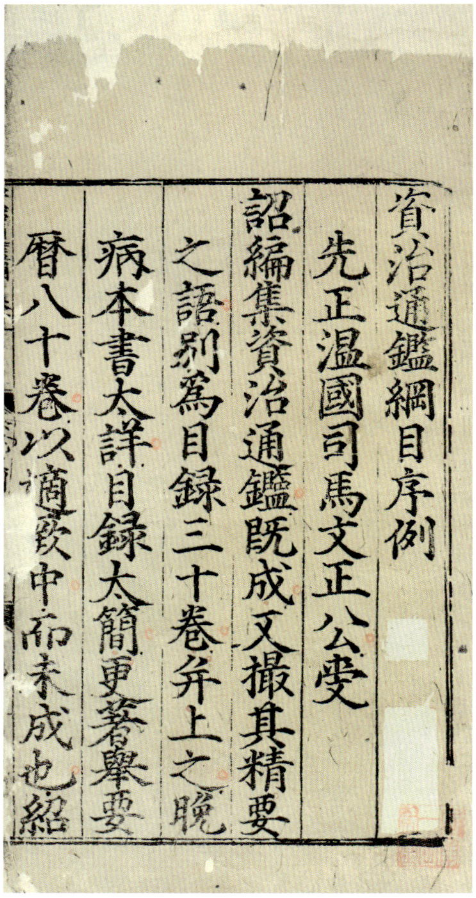

資治通鑑綱目序例
先正溫國司馬文正公受
詔編集資治通鑑既成又撮其精要
之語別爲目錄三十卷并上之晚
病本書太詳目錄太簡更著舉要
曆八十卷以適厥中而未成也紹

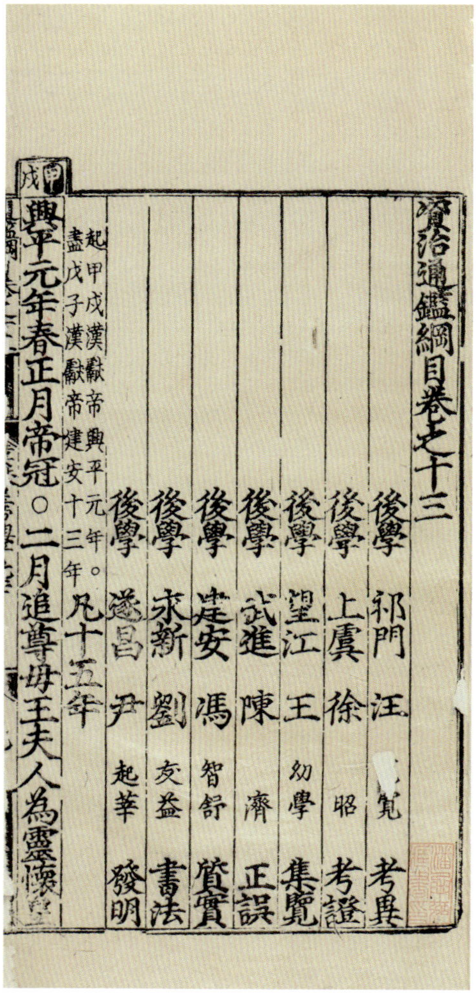

資治通鑑綱目卷之十三
後學 祁門 汪 克寬 考異
後學 上虞 徐 昭 考證
後學 望江 王 幼學 集覽
後學 武進 陳 濟 正誤
後學 建安 馮 智舒 質實
後學 永新 劉 友益 書法
後學 遂昌 尹 起莘 發明
甲戌
起甲戌漢獻帝興平元年。盡戊子漢獻帝建安十三年。凡十五年
興平元年春正月帝冠○二月追尊母王夫人為靈懷皇

34 资治通鉴纲目五十九卷首一卷

（宋）朱熹撰 （宋）尹起莘发明 （元）刘友益书法 （元）汪克宽考异 （元）徐昭考证 （元）王幼学集览 （明）陈济正误 （明）冯智舒质实 明弘治十一年（1498）慎独斋刻本 存二卷（十三，首全）

Condensation of the book of Comprehensive Mirror for Aid the Governance
Written by Zhu Xi from the Song Dynasty (960-1279)
Block-printed Edition of the 11th year of the Hongzhi era of the Ming Dynasty (1498)

线装，版框尺寸21.7×13.5cm，半叶十行，行二十二字，小字双行同，黑口，四周双边，双顺黑鱼尾。

版心上有“通鉴纲目卷之某”，书中钤“定甫一字树堂”朱文方印，“潘承弼藏书印”朱文竖长印。潘景郑旧藏。

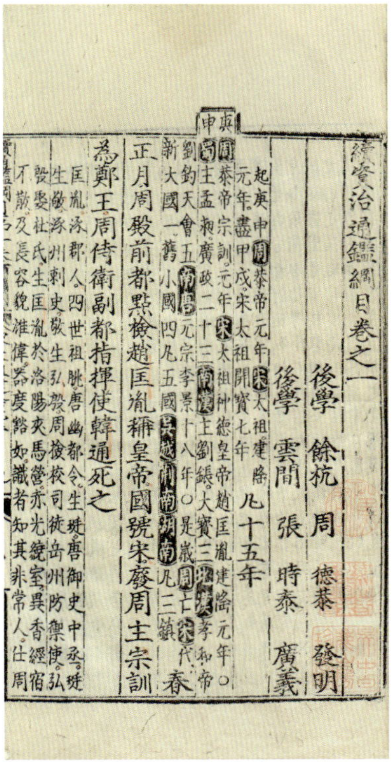

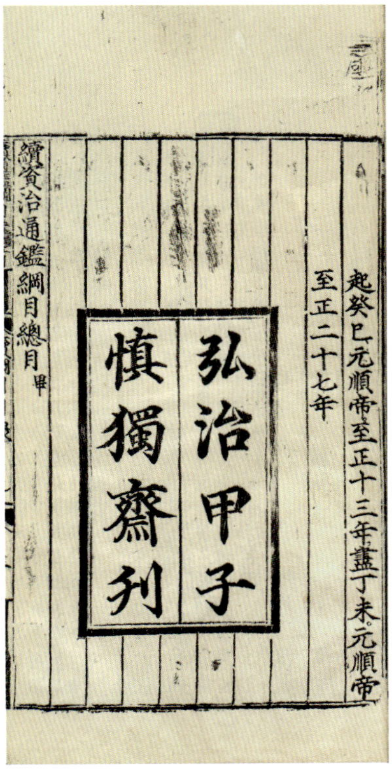

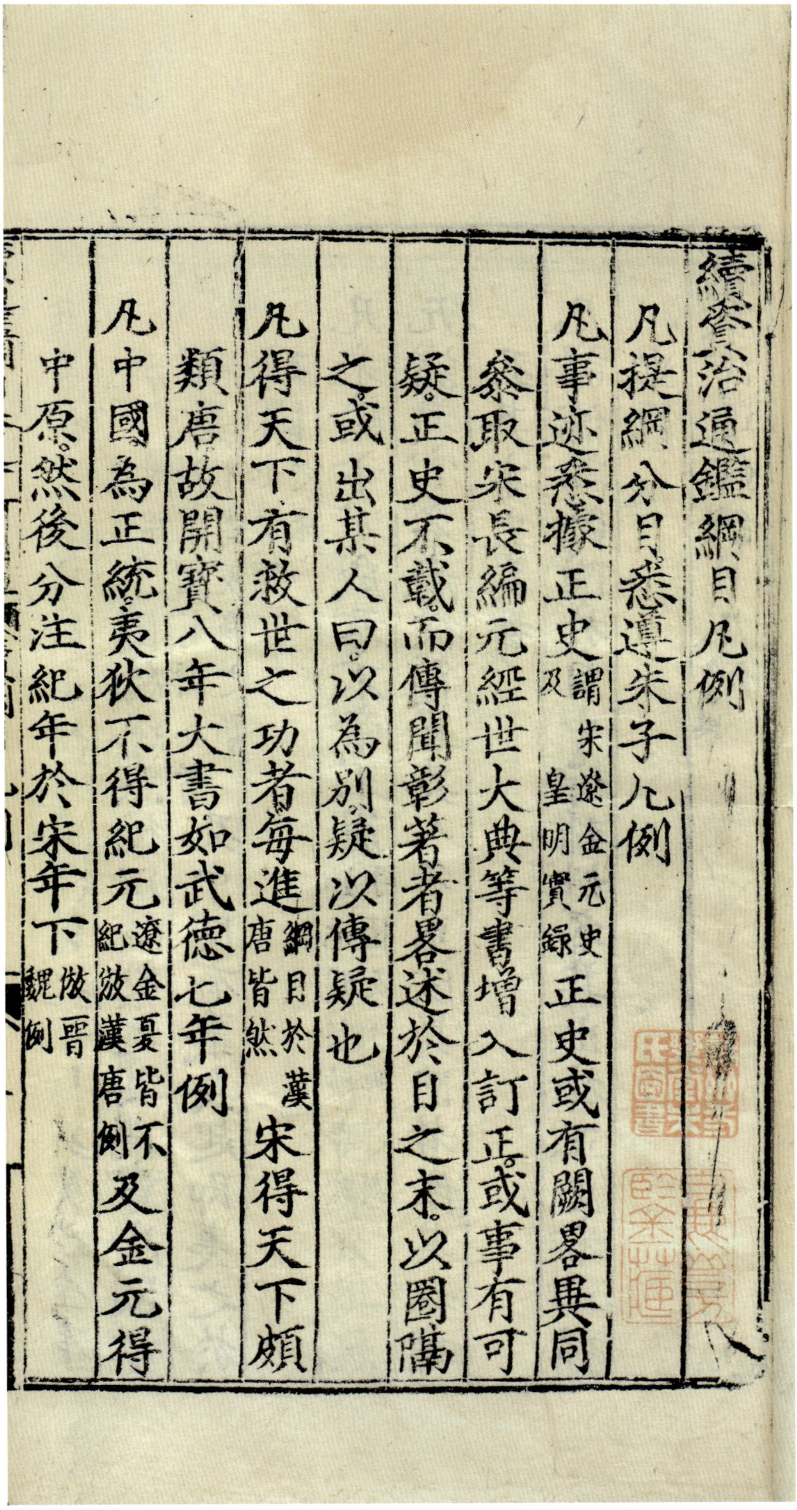

35 续资治通鉴纲目二十七卷

（明）商辂等撰 （明）周礼发明 （明）张时泰广义 明弘治十七年（1504）慎独斋刻本

Sequels of the Condensation of the book of Comprehensive Mirror for Aid the Governance, twenty-seven volumes

Written by Shang Lu from the Song Dynasty (960-1279)

Block-printed Edition of the 17th year of the Hongzhi era of the Ming Dynasty (1504)

线装，版框尺寸19.7×13.3cm，半叶十行，行二十二字，小字双行二十一字，黑口，四周双边，双顺黑鱼尾。

首册《目录》叶五A面有“弘治甲子慎独斋刊”牌记。书口上有“续通鉴纲目第某卷”。书中钤“苏州二乐堂朱氏图书”白文方印、“白鹿山房鉴藏”朱文竖长印、“白鹿子”朱文竖长印、“吴中白鹿山房珍赏”朱文方印、“蕉下客”朱文圆印。

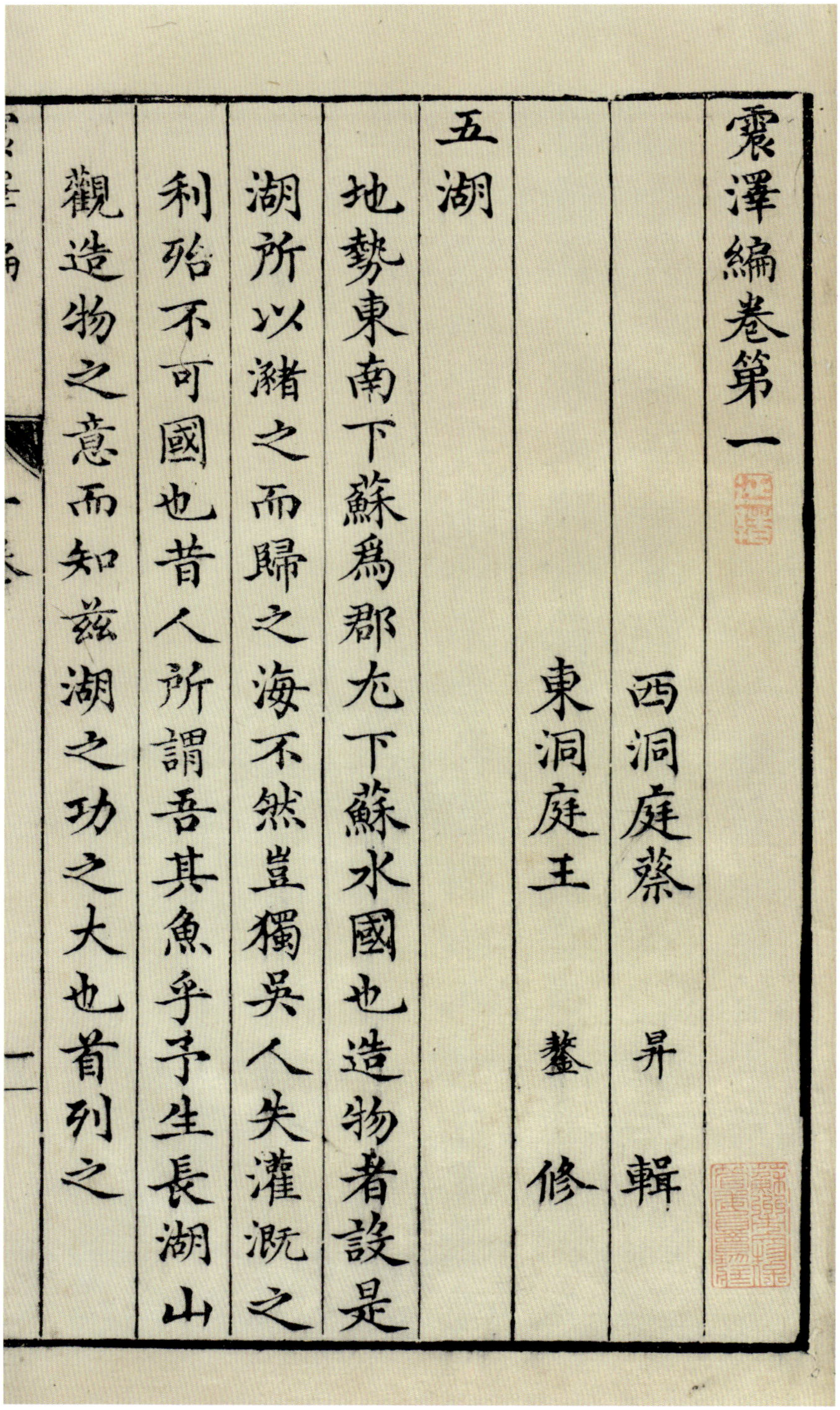
震澤編卷第一

西洞庭蔡　昇　輯

東洞庭王　鏊　修

五湖

地勢東南下蘇爲郡尤下蘇水國也造物者設是湖所以瀦之而歸之海不然豈獨吴人失灌溉之利殆不可國也昔人所謂吾其魚乎予生長湖山觀造物之意而知茲湖之功之大也首列之

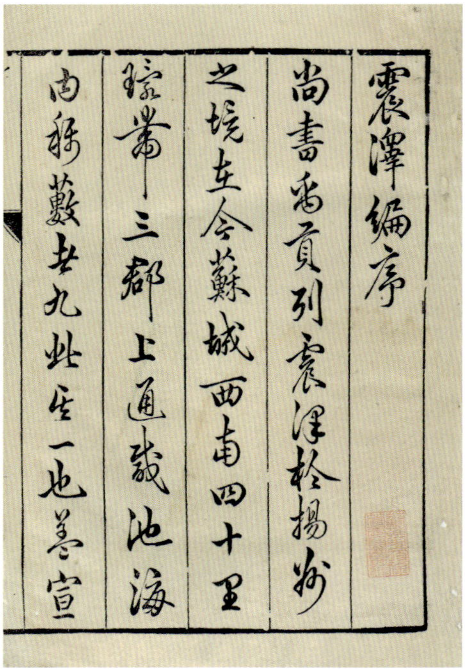

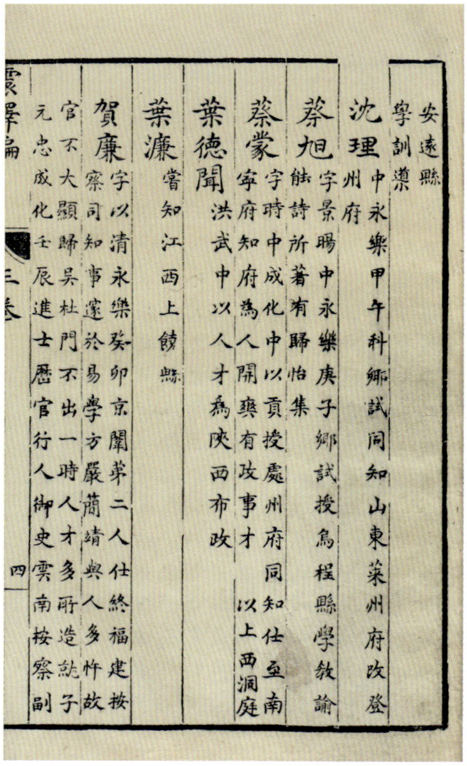

36 **震泽编八卷**

（明）蔡昇、王鏊辑　明弘治十八年（1505）林世远刻本

Chorography of Zhenze, eight volumes

Compiled by Cai Shen and Wang Ao from the Ming Dynasty

Block-printed Edition of the 18th year of the Hongzhi era of the Ming Dynasty (1505)

线装，版框尺寸23.3×15.4cm，半叶八行，行二十字，小字双行同，白口，四周单边，单黑鱼尾。

此种为蔡昇撰辑、王鏊重修。卷前有明弘治十八年杨循吉撰《震泽编·序》。

蔡昇，字景东，吴县人，博极群书，工诗赋。书中钤“延绪”白文竖长印。

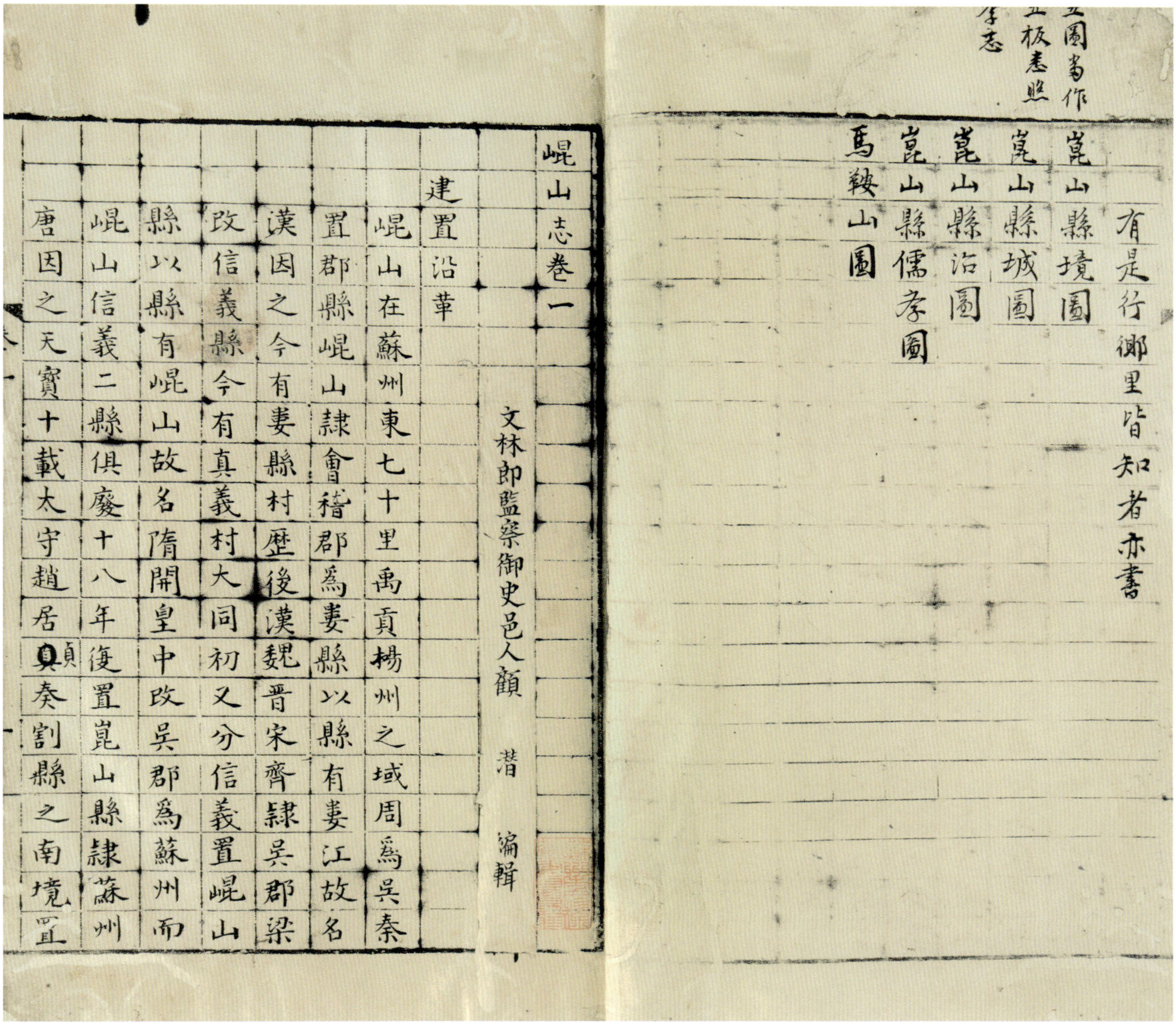
立圖當作
立板志照
学志

有是行鄉里皆知者亦書

崑山縣境圖
崑山縣城圖
崑山縣治圖
崑山縣儒學圖
馬鞍山圖

崐山志卷一
文林郎監察御史邑人顧潛編輯

建置沿革
崐山在蘇州東七十里禹貢揚州之域周爲吴秦置郡縣崐山隷會稽郡爲婁縣以縣有婁江故名漢因之今有婁縣村後漢魏晋宋齊隷吴郡梁改信義縣今有真義村歷大同初又分信義置崐山縣以縣有崐山故名隋開皇中改吴郡爲蘇州而崐山信義二縣俱廢十八年復置崑山縣隷蘇州唐因之天寶十載太守趙居貞奏割縣之南境置

37［弘治］昆山志十四卷

（明）吴祺　顾潜纂修　稿本（有抄配）存十二卷（一至十二）

Chorography of Kunshan [the Hongzhi era of the Ming Dynasty], fourteen volumes

Compiled by Wuqi and Guqian from the Ming Dynasty

Manuscript (part of transcription)

Twelve volumes collection (No. 1-12)

线装，版框尺寸21.2×14.9cm，半叶十行，行二十一字，小字双行同，白口，左右双边，单黑鱼尾。

黑格抄纸，《目录》首叶A面为抄配，书中有顾潜墨笔校改。顾潜（1471–1534）字孔昭，号桴斋，晚号西岩，昆山人。明弘治二年（1489）领乡荐，九年成进士，选庶吉士，改授山西道御史，十六年补山东道御史，出督京畿学政。生平以礼自持，燕居如对宾客，时手一编，不问户外事。事亲十二年，于舍南凿池叠山，为展桂堂。

国家珍贵古籍名录号04144。

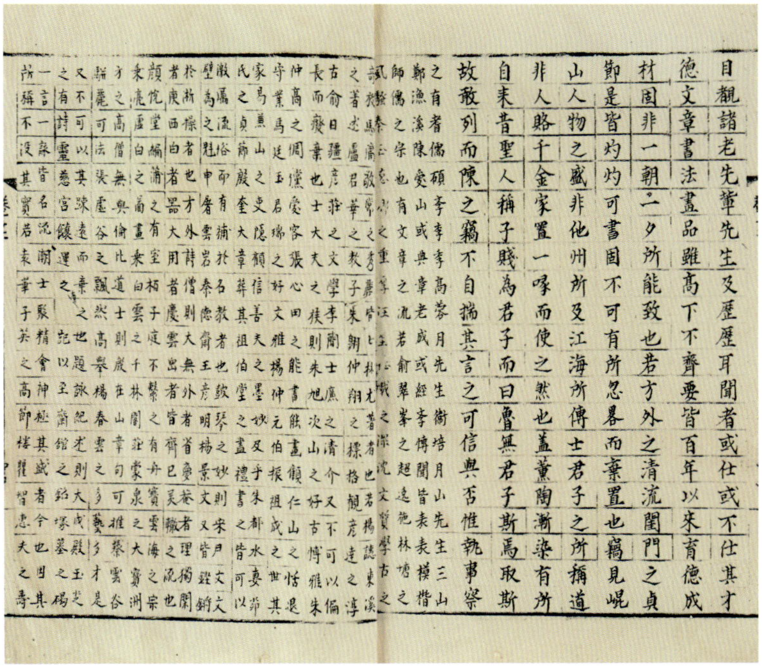

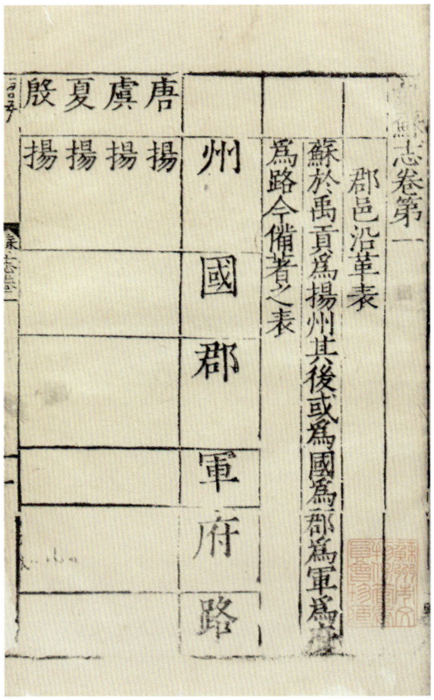

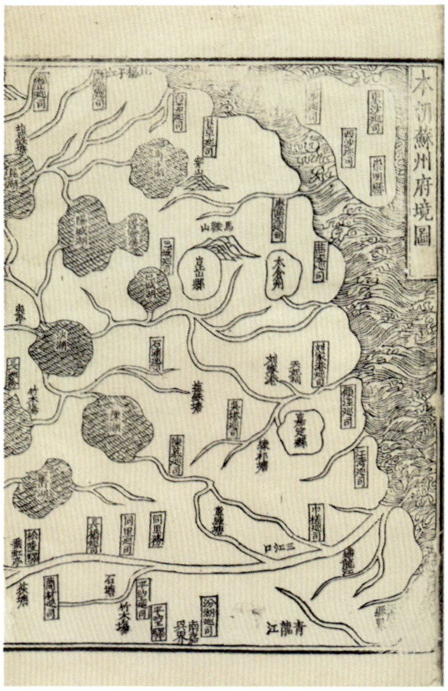

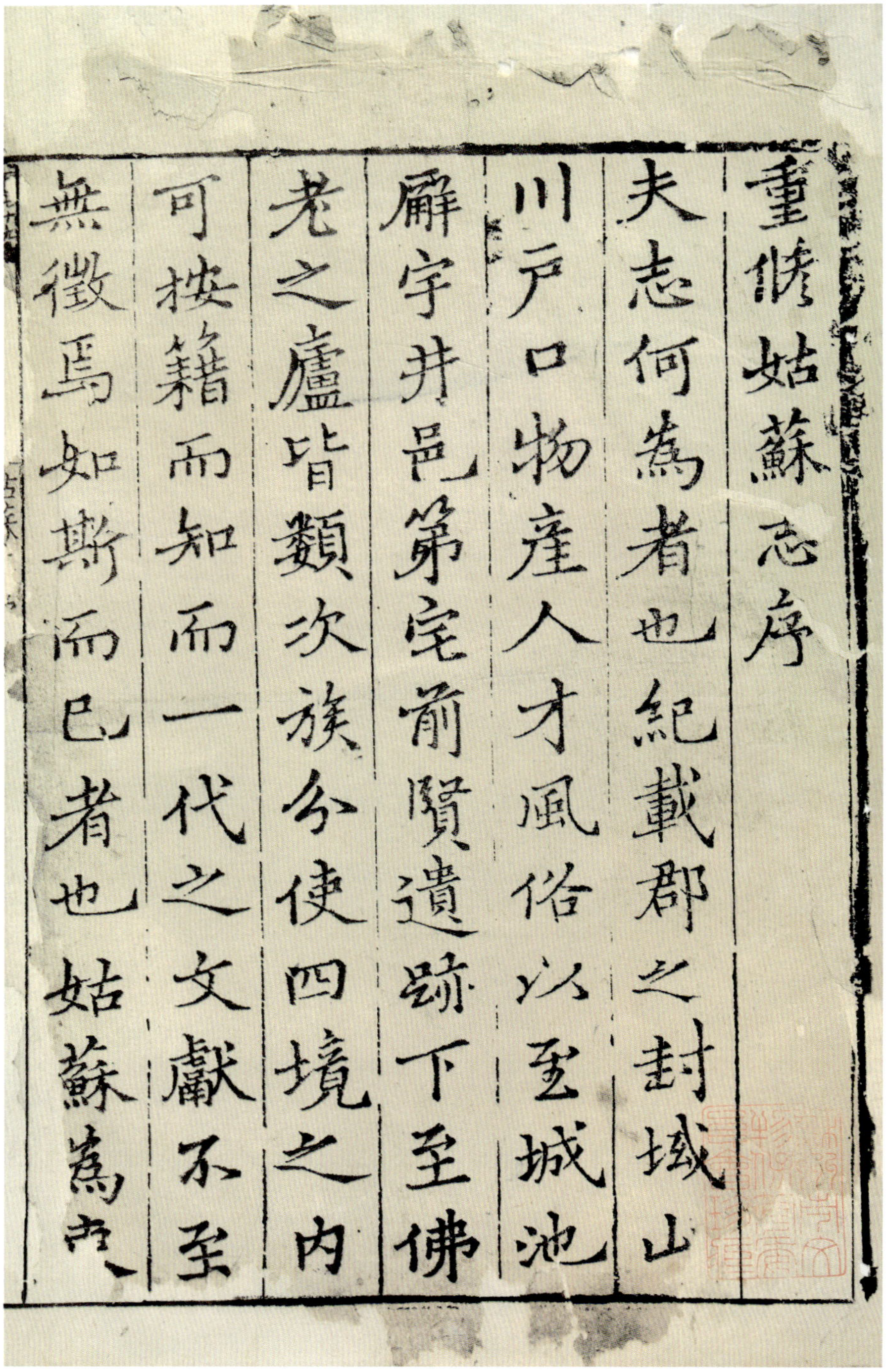

38［正德］姑苏志六十卷

（明）林世远　王鏊等纂修　明正德刻嘉靖增修本

Chorography of Gusu [the Zhengde era of the Ming Dynasty], sixty volumes

Compiled by Lin Shiyuan and Wang Ao from the Ming Dynasty

Block-printed Edition of the Zhengde era (1506-1521) and supplement of the Jiajing era (1522-1566) of the Ming Dynasty (Volume No.50-51 transcription)

线装，版框尺寸22.6×16.6cm，半叶十行，行二十字，小字双行同，白口，左右双边，单黑鱼尾。

版心下有字数及刻工姓名，如沈乔、李耀、李清、李约、章训、李安、闻祥、叶堂、张敖、唐其、吴江、夏佳、洪相、夏文等。卷五十至五十一为抄配。书中钤“闽戴戚芬农图籍”朱文竖长印、“长春居士”黑文竖长印。此种为现代著名学者王謇捐赠。

国家珍贵古籍名录号04143。

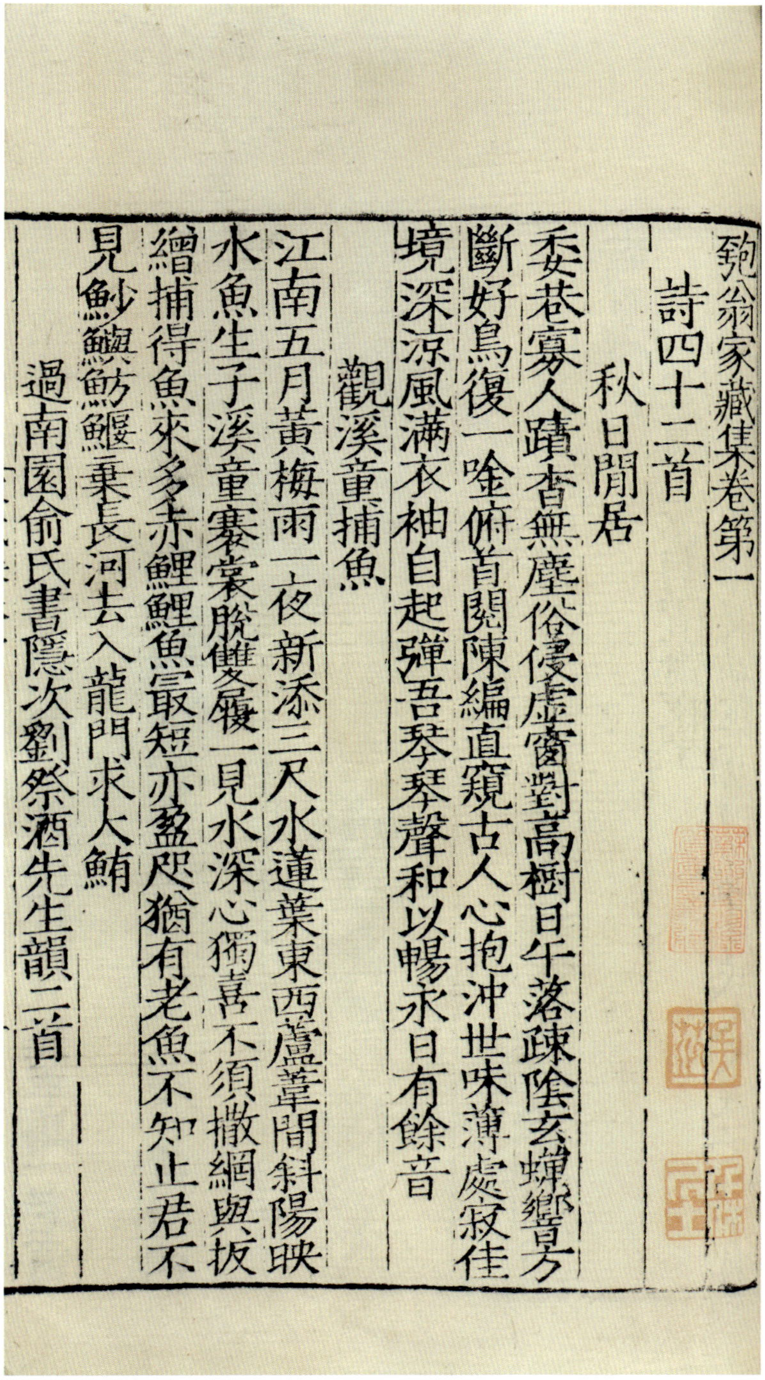
匏翁家藏集卷第一
詩四十二首
秋日閒居
委巷寡人蹟杳無塵俗侵虛窗對高樹日午落踈陰玄蟬響乍
斷好鳥復一唫俯首閱陳編直窺古人心抱冲世味薄處寂佳
境深涼風滿衣袖自起彈吾琴琴聲和以暢永日有餘音
觀溪童捕魚
江南五月黃梅雨一夜新添三尺水蓮葉東西蘆葦間斜陽映
水魚生子溪童褰裳脫雙屐一見水深心獨喜不須撒網與扳
繒捕得魚來多赤鯉鯉魚最短亦盈咫猶有老魚不知止君不
見鯋鱮魴鱷秉長河去入龍門求大鮪
過南園俞氏書隱次劉祭酒先生韻二首

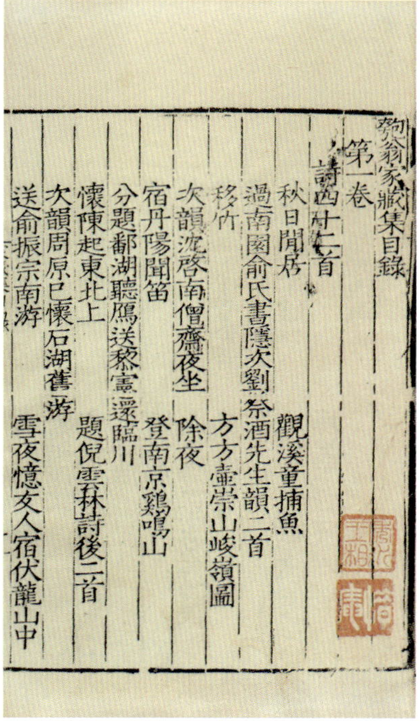
匏翁家藏集目錄
第一卷
詩四十二首
秋日閒居　觀溪童捕魚
過南園俞氏書隱次劉祭酒先生韻二首
移竹　方方壺崇山峻嶺圖
次韻沈啓南僧齋夜坐　除夜
宿丹陽聞笛　登南京雞鳴山
分題鄱湖聽鴈送蔡寅還臨川
懷陳起東北上　題倪雲林詩後二首
次韻周原已懷石湖舊游　雪夜憶友人宿伏龍山中
送俞振宗南游

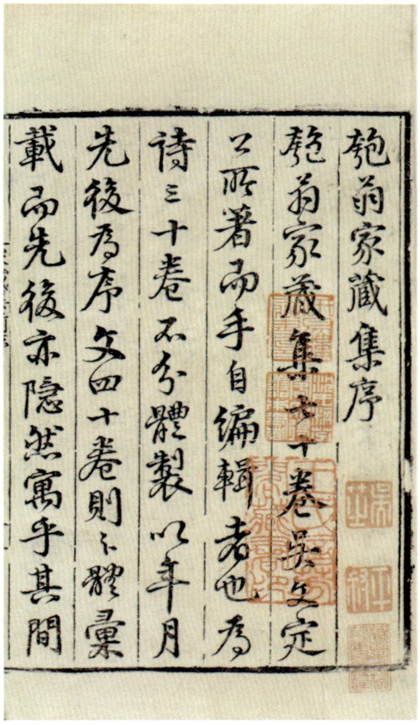
匏翁家藏集序
匏翁家藏集七十七卷吳文定
公所著而手自編輯者也為
詩三十卷不分體製以年月
先後為序文四十卷則分體彙
載而先後亦隱然寓乎其間

39 匏翁家藏集七十七卷补遗一卷

（明）吴宽撰　明正德三年（1508）吴奭刻本

Collected Works of Pao Weng, seventy-seven volumes; The supplement, one volume

Written by Wu Kuan from the Ming Dynasty

Block-printed Edition of the 3rd year of the Zhengde era of the Ming Dynasty (1508)

线装，版框尺寸19.7×14.5cm，半叶十二行，行二十四字，白口，左右双边。

书中钤“吴芝”白文方印、“平叔”白文方印、“王氏信芳阁藏书印”朱文竖长印、“沈氏粹芬阁所得善本书”白文方印、“研易楼藏书印”朱文方印、“五竹居”白文方印、“秀水王相”朱文方印、“惜庵”白文方印、“吴芝”朱文方印、“千休居士”白文方印等钤印三十方。

国家珍贵古籍名录号05913。

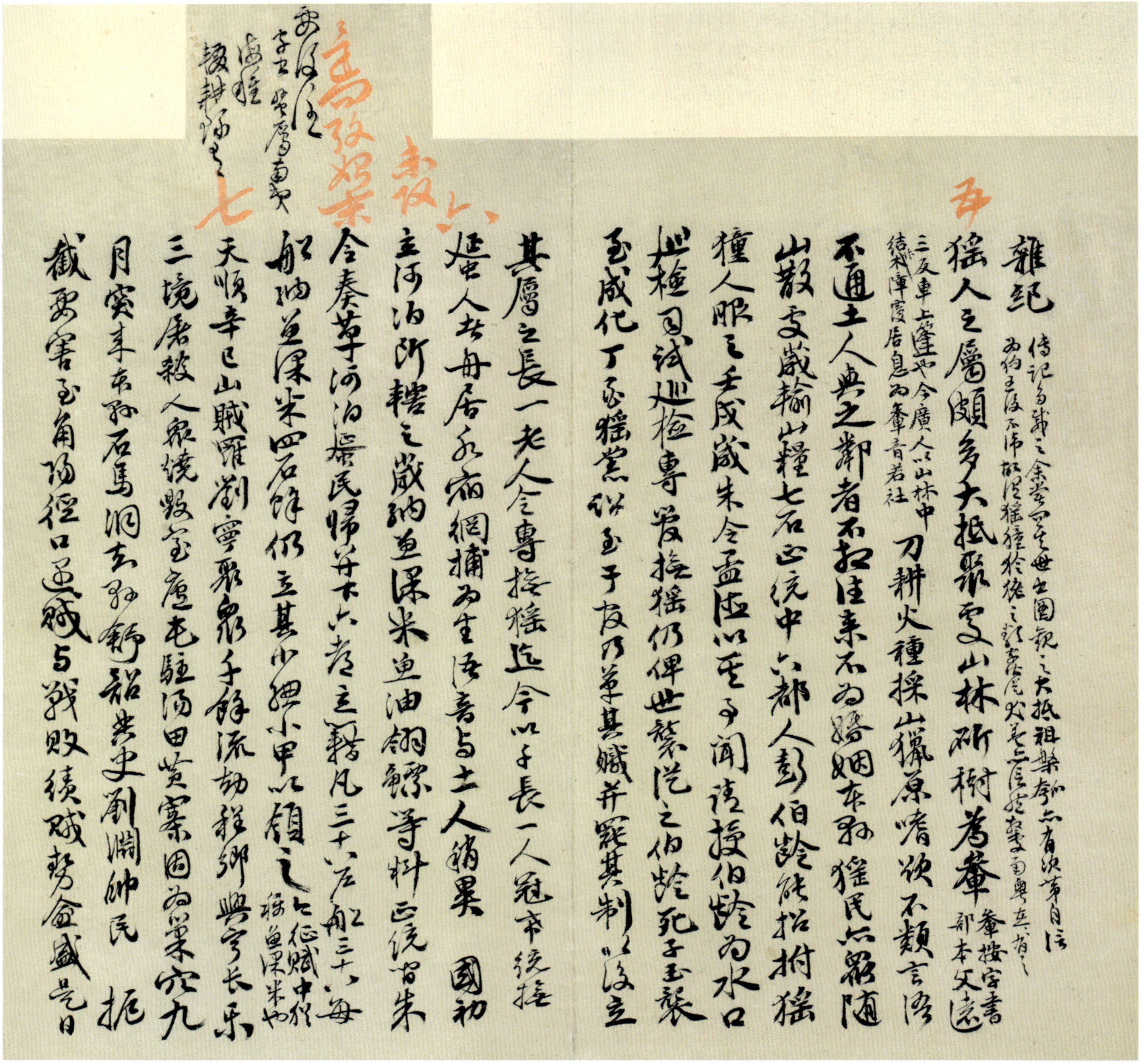

40 [正德]兴宁志四卷

（明）祝允明纂修　稿本

Chorography of Xingning [the Zhengde era of the Ming Dynasty], four volumes

Compiled by Zhu Yunming from the Ming Dynasty

Manuscript

经折装，开本35.5×20.0cm，半叶九行，行字数不等。

此种乃祝氏中年时所作，通篇楷法精劲，结体谨严，取法魏晋，又富卓逸之气。祝氏一生无意仕途，为官时间仅四年，其间所撰诗文篇章，本就稀见，而亲笔所撰方志，更是海内无匹，允足珍宝。此种曾为苏州顾氏过云楼家藏之物。书中钤“琅琊王敬业氏家藏图书”朱文竖长印、“顾麟士”白文方印。祝允明（1461－1527，一作1460－1526）字希哲，号枝山，又号枝指生，苏州人，明弘治五年（1492）举人，正德十年（1515）任兴宁知县，后迁应天府通判。十四年谢病归，博览群籍，文章有奇气，书法冠绝海内，草书尤臻笔妙，有明朝第一之称。

国家珍贵古籍名录号08027。

興寧志共計四十葉 連序及末葉一行字數都在內

崇禎辛巳十月十二日記

正德興寧志序

惠興寧之志　國朝以前有無不可知成化末邑人知上
石西州殷君輿始為之王貟外璉序言永樂間有　詔
旨所脩久而殘缺且燬于寇已無刻本正德乙亥余來知縣
事問之士庶獨有殷書木刻存其家即閱之脫簡甚多
又其中複重錯揉益甚極厭觀覽蓋弘治初又為縣令秦
泰附益之而編刻苟悤思欲稍為繕葺未暇會方伯吳公牒郡縣令脩
補地志允明亦以是應命期且勉為之丙子冬承臺省檄治通志辭不
獲將自縣趨台因以意授弟子貟劉天錫王希賢李庠張天賦使以
殷書為本徵扣見聞補漏匡誤迄于今事為編以歸余舟中稍為之芟
除比聯以成書四卷題曰正德興寧志以別于舊立義述文皆出余意獨
惜永樂之書未見也纂事如追亡捜匿唯力不足刊繆若理疾恒病
不得其情矧乏日力焉免遺恨茲亦姑云爾爾然而失於往者後有
得之可復續伺於來者固無庸言是則二者咸存乎後之人是歲冬
十二月二十九日乙亥長洲祝允明序

正德興寧志第一卷

史記漢書歷代史皆謂揚州惟通典通志及文獻通考謂非
郡縣建置因革

興寧縣在禹貢周職方為揚州之境春秋時屬越秦為
南海郡地漢為龍川縣地東晉始置縣并今長樂地為
興寧縣隋因之屬循州唐以齊昌縣省入南漢劉鋹改
為齊昌府以其子世鎮之宋熙寧五年一云開寶四年復為縣
隸循州屬廣南東路元至元十三年立循州路總管府
仍屬焉後至元二十三年復為循州隸廣東道元貞元
年改屬惠州路泰定元年復隸本道元末土豪謝以
文據循州縣亦屬之既而何真殺以文有其地　洪武初
歸附　朝廷因之二年廢州為縣仍隸惠州府命縣
丞劉淵持印來創縣治

分野

天文女分野星紀之次其星翼軫其次鶉尾

疆域至到

縣去郡極遠五百五十里餘居東北之裔厥壤東至逕心程鄉
縣界七十五里南至梓檪長樂孖界七十里西至黃土
嶺長樂界二十五里北至蕉坑江西安遠孖界二百

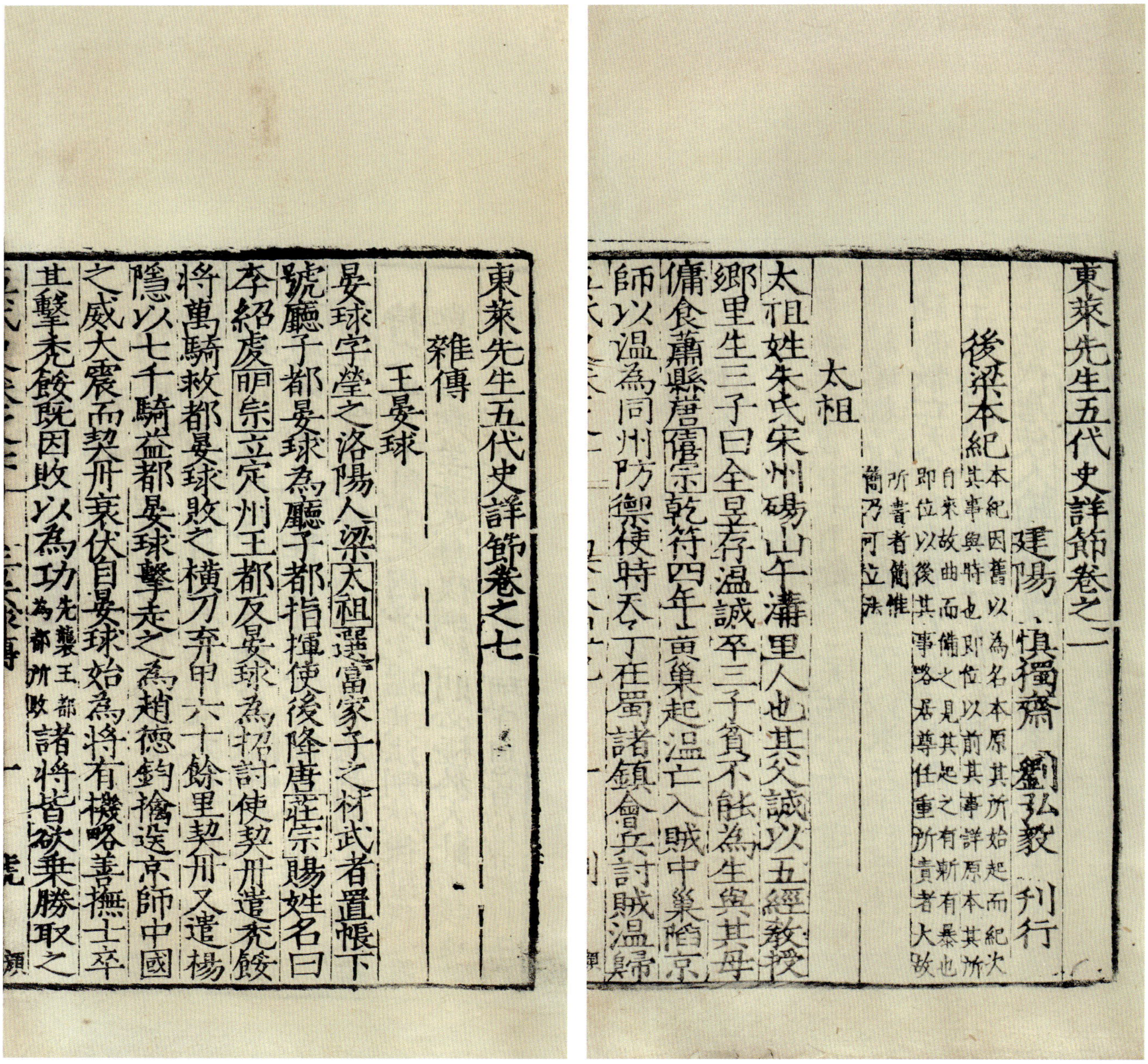

東萊先生五代史詳節卷之二

建陽 慎獨齋 劉弘毅 刊行

後梁本紀 本紀因舊以為名本原其所始起而紀次其事與時也即位以前其事詳原本其所自來故曲而備之見其起之有漸有暴也即位以後其事略居尊任重所責者大故所書者簡惟簡乃可立法

太祖

太祖姓朱氏宋州碭山午溝里人也其父誠以五經教授鄉里生三子曰全昱存溫誠卒三子貧不能為生與其母傭食蕭縣僖宗乾符四年黃巢起溫亡入賊中巢陷京師以溫為同州防禦使時天下在蜀諸鎮會兵討賊溫歸

東萊先生五代史詳節卷之七

雜傳

王晏球

晏球字瑩之洛陽人梁太祖選富家子之材武者置帳下號廳子都晏球為廳子都指揮使後降唐莊宗賜姓名曰李紹虔明宗立定州王都反晏球為招討使契丹遣禿餒將萬騎救都晏球敗之橫刀弃甲六十餘里契丹又遣惕隱以七千騎益都晏球擊走之為趙德鈞擒送京師中國之威大震而契丹衰伏自晏球始為將有機略善撫士卒其擊禿餒既因敗以為功先襲王都為都所敗諸將皆欲乘勝取之

41 东莱先生五代史详节十卷

（宋）吕祖谦辑　明正德十一年（1516）建阳刘（弘毅）氏慎独斋刻《十七史详节》本

The redacted history of Five Dynasties by Mr. Donglai, ten volumes

Compiled by Lv Zuqian from the Song Dynasty

Block-printed Edition of the 11th year of Zhengde era of the Ming Dynasty (1516)

线装，版框尺寸19.0×13.9cm，半叶十行，行二十二字，小字双行同，白口，四周单边。

此种为刘弘毅所辑刊丛书《十七史详节》第十种，版心上有“五代史卷之某”。

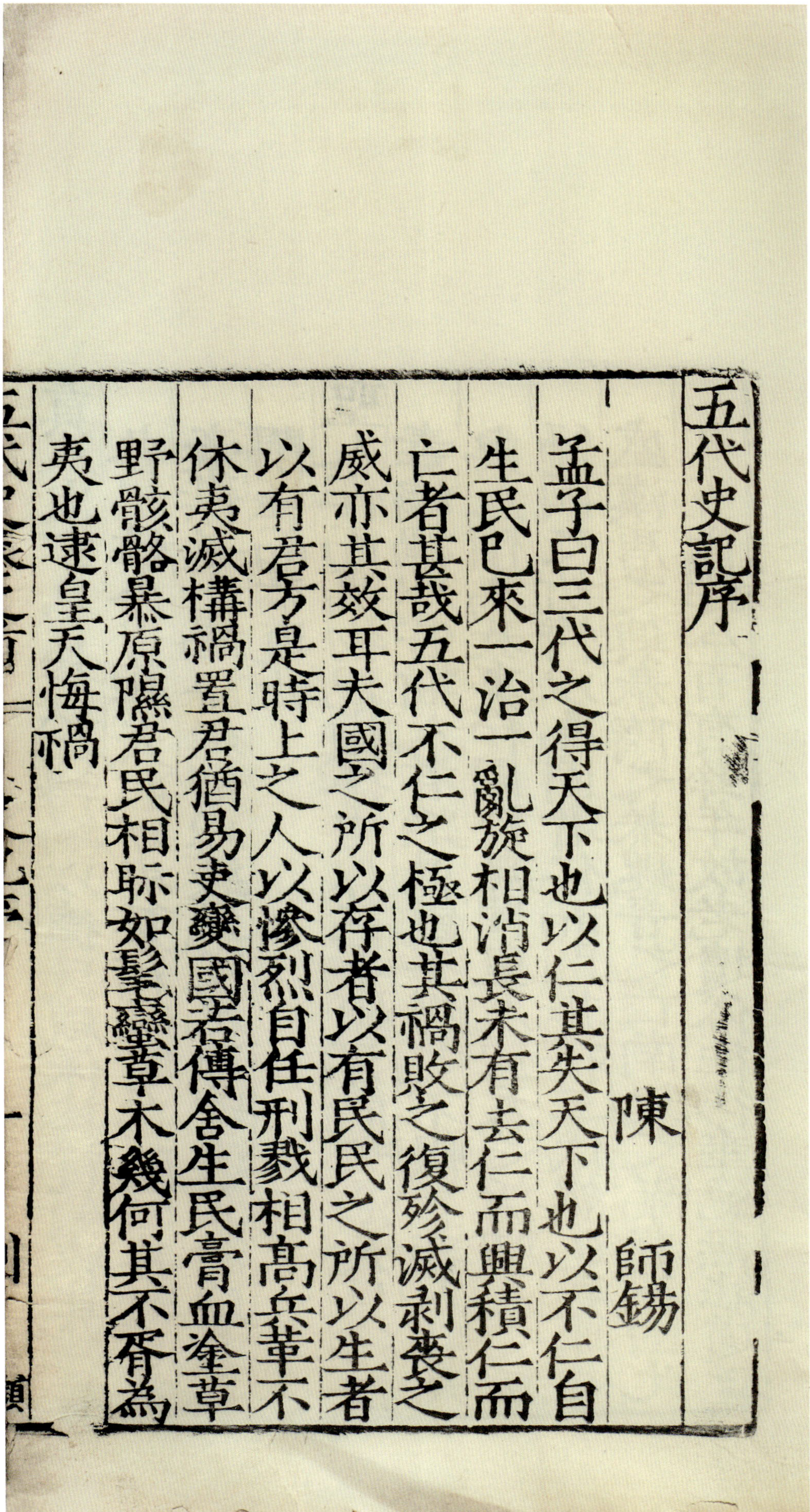

五代史記序

陳　師錫

孟子曰三代之得天下也以仁其失天下也以不仁自生民已來一治一亂旋相消長未有去仁而興積仁而亡者甚哉五代不仁之極也其禍敗之復殄滅剥喪之威亦其效耳夫國之所以存者以有民民之所以生者以有君方是時上之人以慘烈自任刑戮相高兵革不休夷滅構禍置君猶易吏變國若傳舍生民膏血塗草野骸骼暴原隰君民相視如髮蠻草木幾何其不胥為夷也逮皇天悔禍

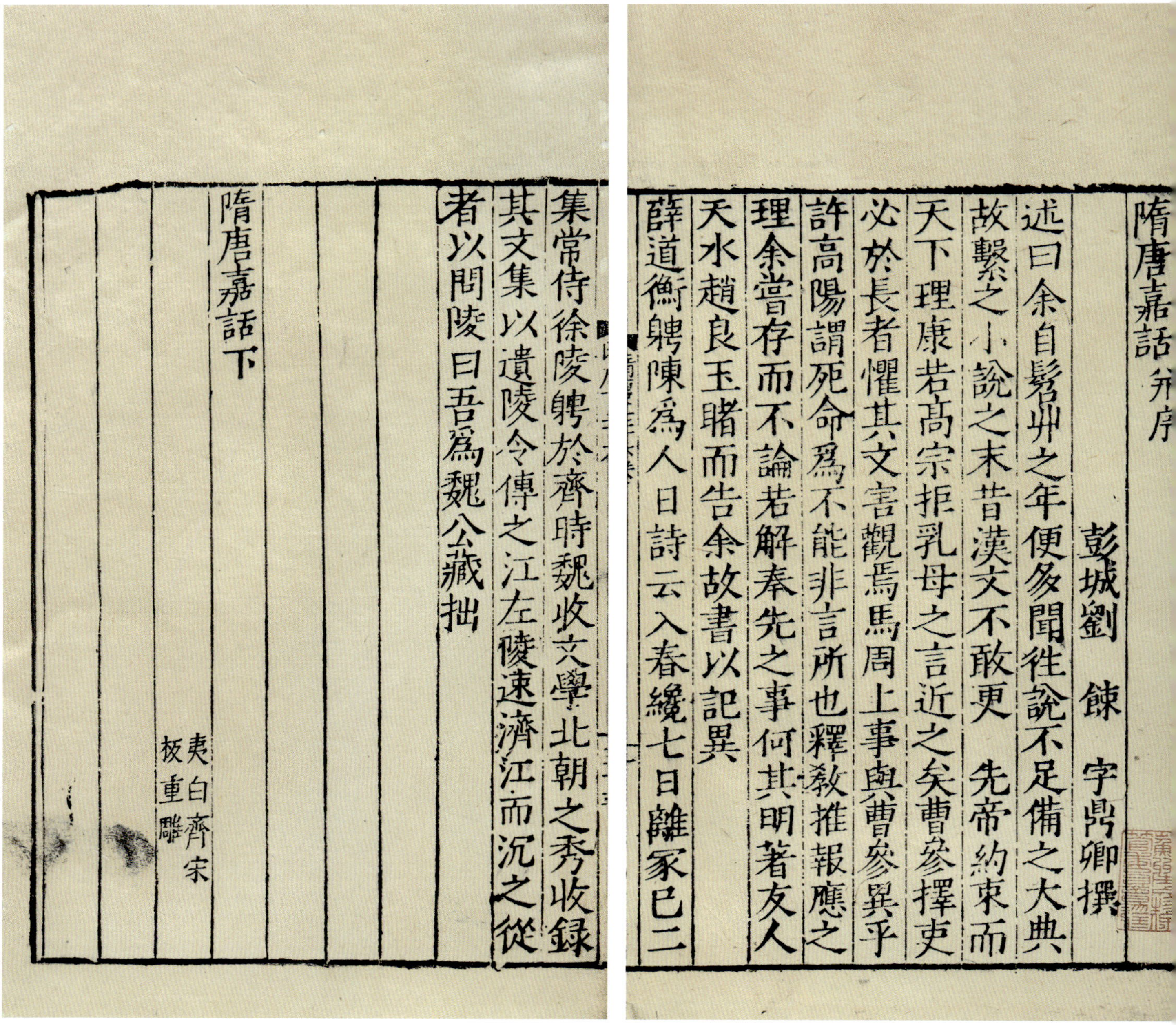
隋唐嘉話并序

彭城劉 餗 字鼎卿撰

述曰余自髫丱之年便多聞往說不足備之大典故繫之小說之末昔漢文不敢更 先帝約束而天下理康若高宗拒乳母之言近之矣曹參擇吏必於長者懼其文害觀焉馬周上事與曹參異乎許高陽謂死命爲不能非言所也釋敎推報應之理余嘗存而不論若解奉先之事何其明著友人天水趙良玉睹而告余故書以記異

薜道衡聘陳爲人日詩云入春纔七日離家已二

集常侍徐陵聘於齊時魏收文學北朝之秀收録其文集以遺陵令傳之江左陵還濟江而沉之從者以問陵曰吾爲魏公藏拙

隋唐嘉話下

夷白齋宋板重雕

42 阳山顾氏文房小说四十种五十八卷

（明）顾元庆编　明正德嘉靖间顾元庆夷白斋刻本　存三十二种（一至二十、二十五至二十八、三十三至四十）

The forty novels compiled in the Gu's study (Yang shan), fifty-eight volumes

Compiled by Gu Yuanqing from the Ming Dynasty

Block-printed Edition of the Zhengde and Jiajing era of the Ming Dynasty (1506-1566)

Thirty-two volumes collection (No. 1-20, 25-28, 33-40)

线装，版框尺寸17.9×12.8cm，半叶十行，行十八至十九字，白口，左右双边，单黑鱼尾。每叶版心有字数，有书耳。《芥隐笔记》卷后镌有“正德庚辰阳山顾氏宋本翻刻”。

古今注上

崔豹 字正熊

輿服第一

大駕指南車起黄帝與蚩尤戰於涿鹿之野蚩尤作大霧兵士皆迷於是作指南車以示四方遂擒蚩尤而即帝位故後常建焉舊說周公所作也周公治致太平越裳氏重譯來貢白雉一黑雉二象牙一使者迷其歸路周公錫以文錦二疋軿車五乘皆為司南之制使越裳氏載之以南緣扶南林邑海際朞年而至其國使大夫

生而有識者鬼神也

牛亨問曰蟻名玄駒者何也答曰河内人並河而見人馬數千萬皆如黍米遊動往來從旦至暮家人以火燒之人皆是蚊蚋馬皆是大蟻故今人呼蚊蚋曰黍民名蟻曰玄駒也

牛亨問曰蟬名齊女者何答曰齊王后忿而死尸變為蟬登庭樹嘒唳而鳴王悔恨故世名蟬曰齊女也

長洲顧氏家藏宋本校行

古今注下

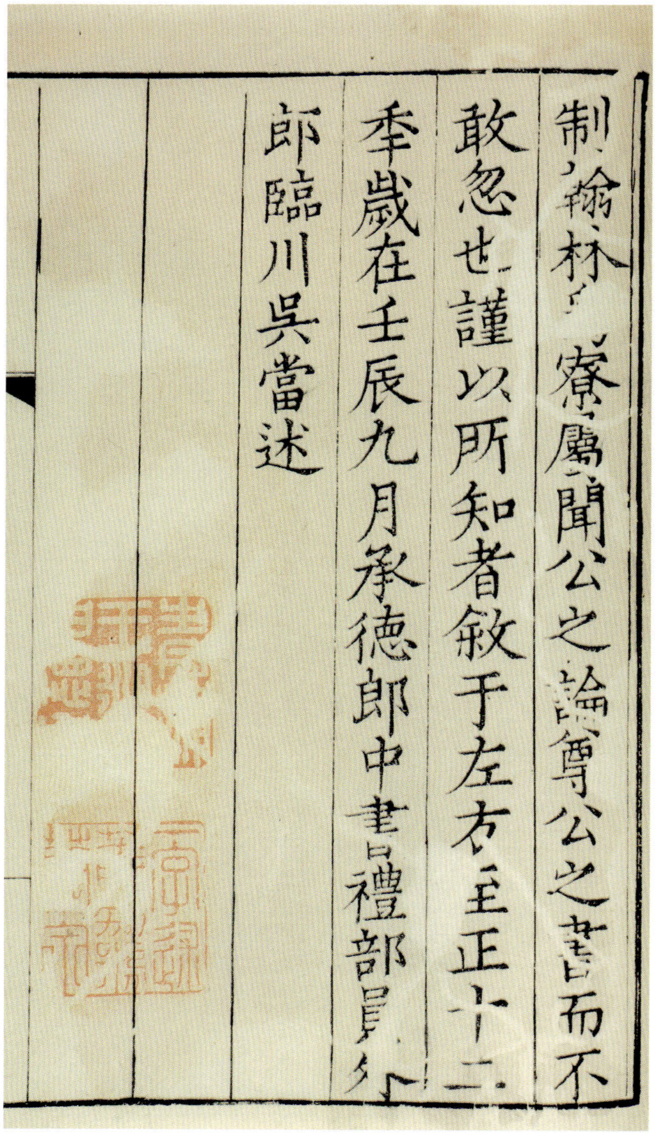

制翰林[illegible]寮屬聞公之論尊公之書而不
敢忽也謹以所知者敘于左右至正十二
季歲在壬辰九月承德郎中書禮部員外
郎臨川吳當述

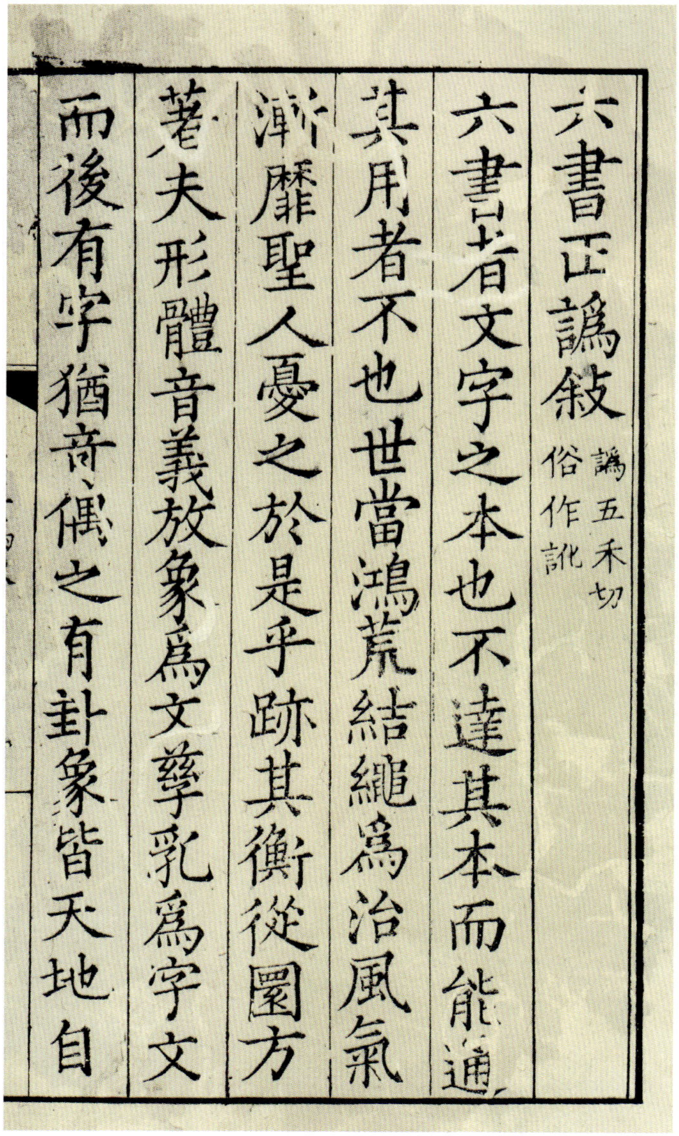

六書正譌敘 譌五禾切 俗作訛
六書者文字之本也不達其本而能通
其用者不也世世當鴻荒結繩為治風氣
漸靡聖人憂之於是乎跡其衡從圜方
著夫形體音義放象為文孳乳為字文
而後有字猶奇偶之有卦象皆天地自

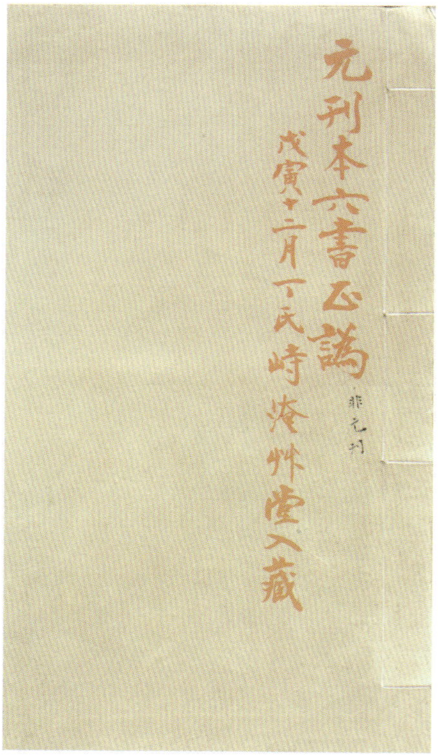
元刊本六書正譌
戊寅十二月丁氏
峙淹艸堂入藏
非元刊

43 六书正讹五卷

（元）周伯琦撰　明嘉靖元年（1522）于鏊刻本

Analysis of the book of Liu shu, five volumes

Written by Zhou Boqi from the Yuan Dynasty

Block-printed Edition of the 1st year of the Jiajing era of the Ming Dynasty (1522)

线装，版框尺寸24.4×15.2cm，半叶五行，篆文一字当三小字，小字双行二十字，白口，左右双边，单黑鱼尾。

书中钤“白斋”朱文竖长印、“峙淹草堂”朱文方印（小）、“峙淹草堂”朱文方印（大）、“青浦王昶（字）曰德（父）”白文方印、“一字述菴（别）号（兰）泉”朱文方印。

六書正譌平聲上

鄱陽周伯琦編注

一東

公 公沽紅切背厶為公从八从厶八猶背也厶即私字會意漢呂紀㠯訟音公別作㕣非㕣音兗

空 空枯公切竅也从穴工聲又空同山名空侯漢樂器名又上聲義同去聲窮也並假借別作崆箜並非

恫 恫它東切痛也从心同聲又呻吟也別作痌恿並非

東

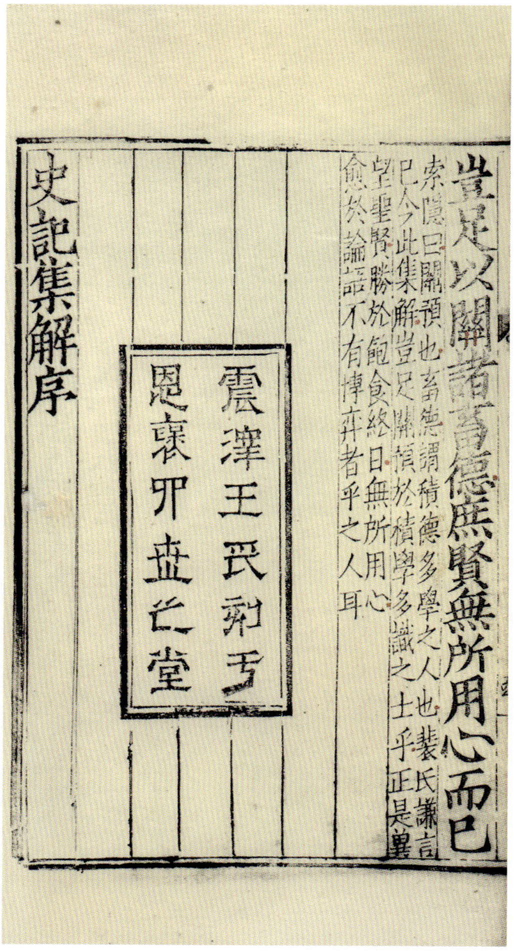

史記集解序

豈足以關諸畜德庶賢無所用心而已

震澤王氏刻于恩褒四世之堂

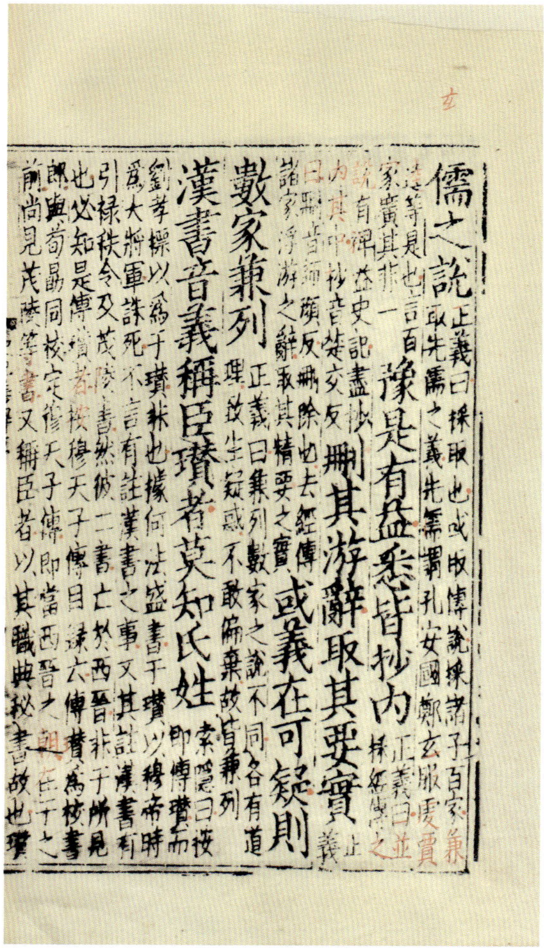

儒之說……豫是有益悉皆抄內……刪其游辭取其要實……或義在可疑則數家兼列……漢書音義稱臣瓚者莫知氏姓

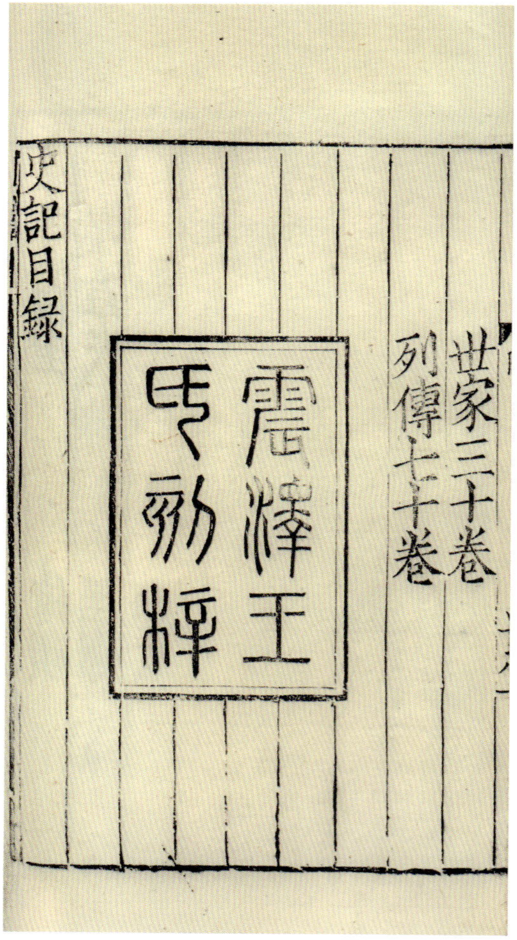

史記目録

世家三十卷

列傳七十卷

震澤王氏刻梓

44 史记一百三十卷

（汉）司马迁撰　（刘宋）裴骃集解　（唐）司马贞索隐　（唐）张守节正义　明嘉靖四年至六年（1525−1527）王延喆刻本

Historical Records, one hundred and thirty volumes
Written by Si Maqian from the Han Dynasty
Block-printed Edition of the 4th-6th year of the Jiajing era of the Ming Dynasty (1525-1527)

线装，版框尺寸20.4×13.3cm，半叶十行，行十八字，小字双行二十三字，白口，左右双边，单黑鱼尾。

版心下有刻工姓名，如李安、王智、王良智、章祥、六宗华、李受、陆华、张敖等。书中钤“蒋维基印”白文方印、“子垕”朱文方印、“江森”朱文方印、“阳山清白世家”白文方印、“小绿天藏书”朱文竖长印“孙毓修”白文方印。

国家珍贵古籍名录号03489。

史記索隱序

朝散大夫國子博士弘文館
學士河内司馬　貞

史記者漢太史司馬遷父子之所述也遷自以承五百之運繼春秋而纂是史其襃貶覈實頗亞於丘明之書於是上始軒轅下訖天漢作十二本紀十表八書三十系家七十列傳凡一百三十篇始變左氏之體而年載悠邈簡冊闕遺

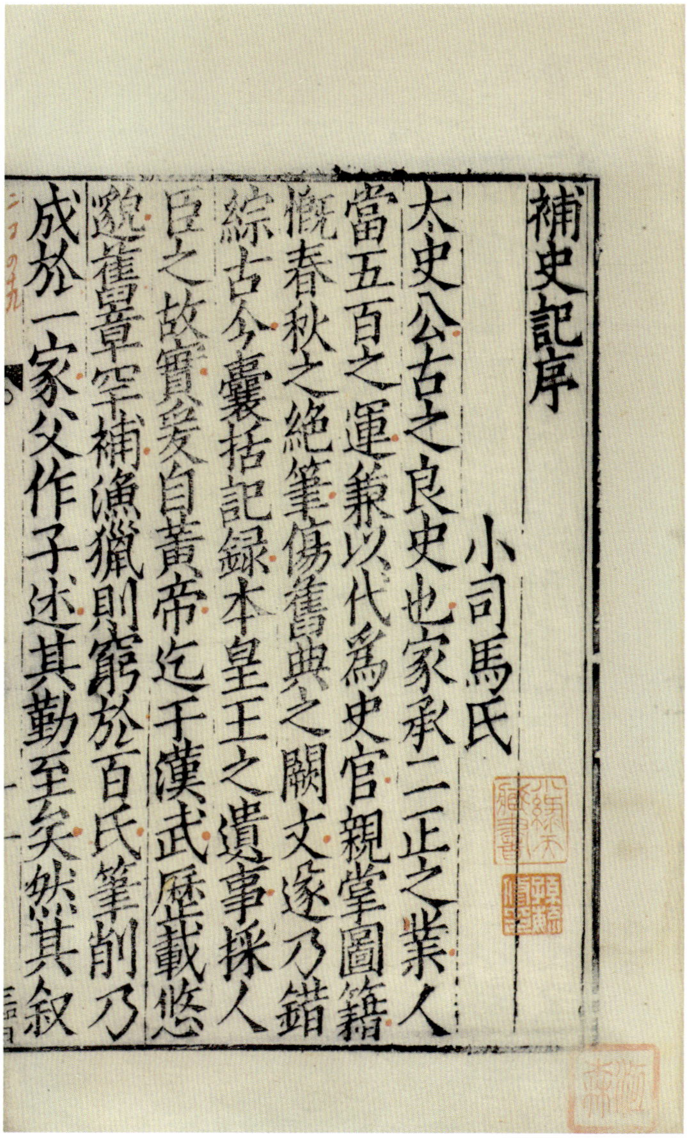

補史記序

小司馬氏

太史公古之良史也家承二正之業人當五百之運兼以代為史官親掌圖籍概春秋之絶筆傷舊典之闕文遂乃錯綜古今囊括記録本皇王之遺事採人臣之故實爰自黄帝迄于漢武歷載悠邈舊章罕補漁獵則窮於百氏筆削乃成於一家父作子述其勤至矣然其叙

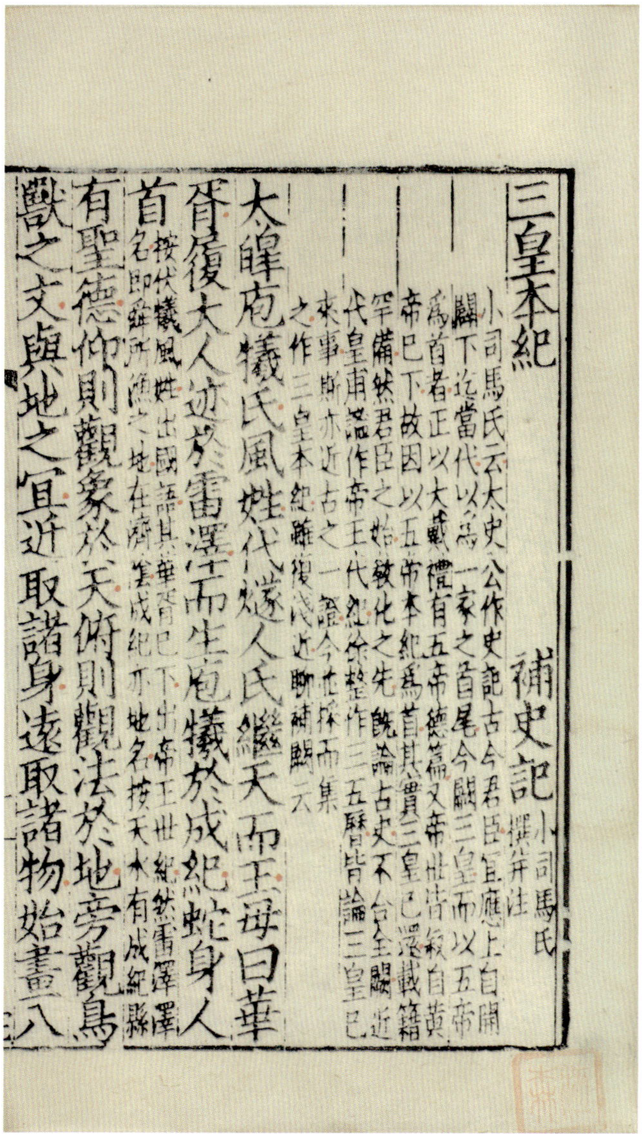

三皇本紀

補史記 小司馬氏撰并注

小司馬氏云太史公作史記古今君臣宜應上自開闢下迄當代以為一家之首尾今闕三皇而以五帝為首者正以大戴禮有五帝德篇又帝世皆叙自黄帝已下故因以五帝本紀為首其實三皇已還載籍罕備然君臣之始教化之先既論古史不合全闕近代皇甫謐作帝王代紀徐整作三五歷皆論三皇已來事斯亦近古之一證今並採而集之作三皇本紀雖復淺近聊補闕云

太皥庖犧氏風姓代燧人氏繼天而王母曰華胥履大人迹於雷澤而生庖犧於成紀蛇身人首按伏犧風姓出國語其華胥已下出帝王世紀然雷澤澤名即舜所漁之地在濟陰成紀亦地名按天水有成紀縣有聖德仰則觀象於天俯則觀法於地旁觀鳥獸之文與地之宜近取諸身遠取諸物始畫八

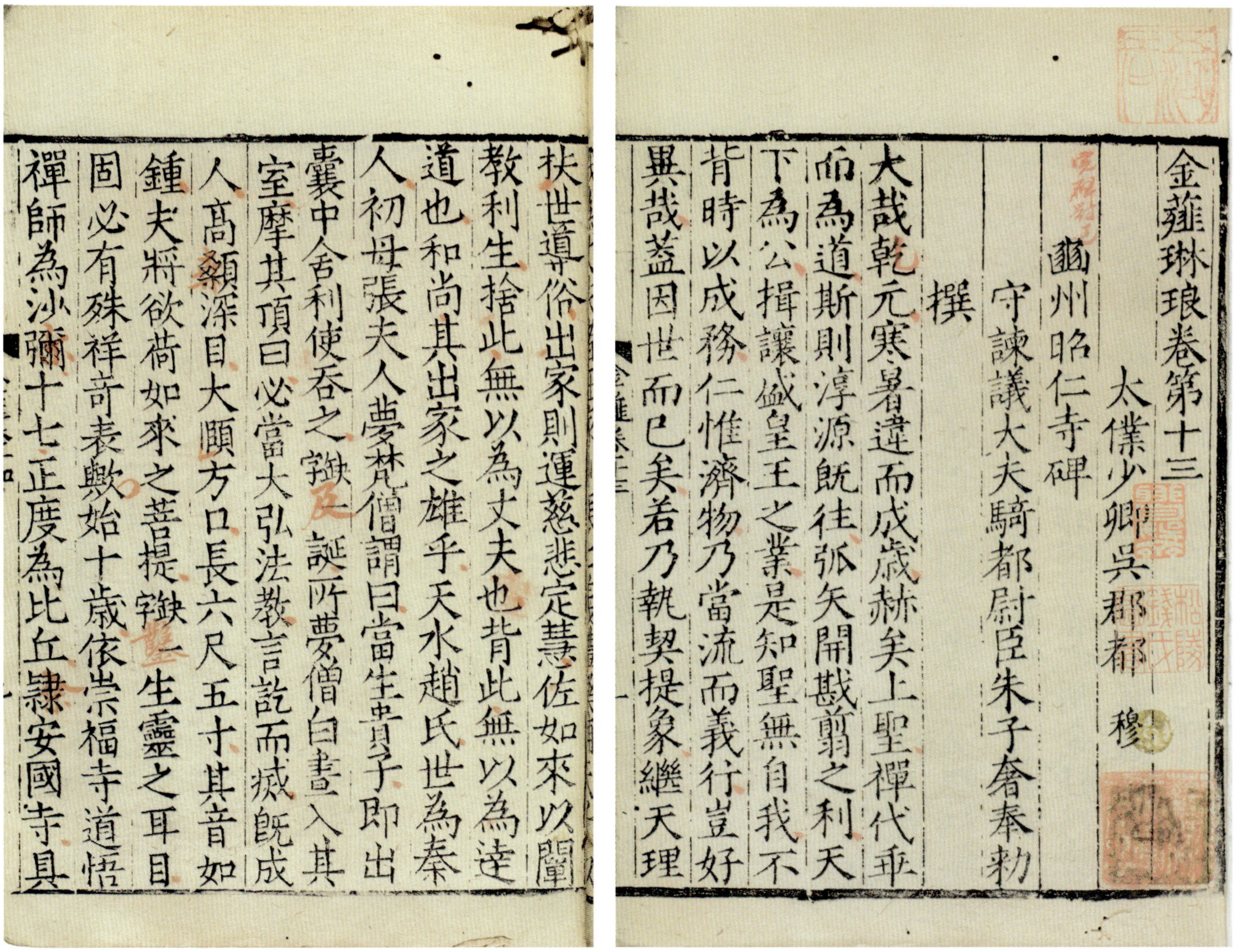

金薤琳琅卷第十三　太僕少卿吳郡都穆
豳州昭仁寺碑
守諫議大夫騎都尉臣朱子奢奉勅
撰
大哉乾元寒暑遞而成歲赫矣上聖禪代乖
而為道斯則淳源既往弧矢開戡翦之利天
下為公揖讓感皇王之業是知聖無自我不
背時以成務仁惟濟物乃當流而義行豈好
異哉蓋因世而已矣若乃執契提象繼天理

扶世導俗出家則運慈悲定慧佐如來以闡
教利生捨此無以為丈夫也背此無以為達
道也和尚其出家之雄乎天水趙氏世為秦
人初母張夫人夢梵僧謂曰當生貴子即出
囊中舍利使吞之字缺誕所夢僧白晝入其
室摩其頂曰必當大弘法教言訖而瘞既成
人高顙深目大頤方口長六尺五寸其音如
鍾夫將欲荷如來之菩提字缺生靈之耳目
固必有殊祥奇表歟始十歲依崇福寺道悟
禪師為沙彌十七正度為比丘隸安國寺具

45 金薤琳琅二十卷

（明）都穆撰　明嘉靖刻本　佚名校　存四卷（十三至十六）

The category of the selected bronzes and steles (Jin Xie Lin Lang), twenty volumes

Written by Du Mu from the Ming Dynasty

Block-printed Edition of the Jiajing era of the Ming Dynasty (1522-1566)

Four volumes collection (No.13-16)

线装，版框尺寸19.4×15.5cm，半叶十行，行十七字，白口，左右双边，单黑鱼尾。

书中钤“五湖侯”朱文方印、“聊自娱斋”白文竖长印、“松陵钱氏图书”朱文方印。

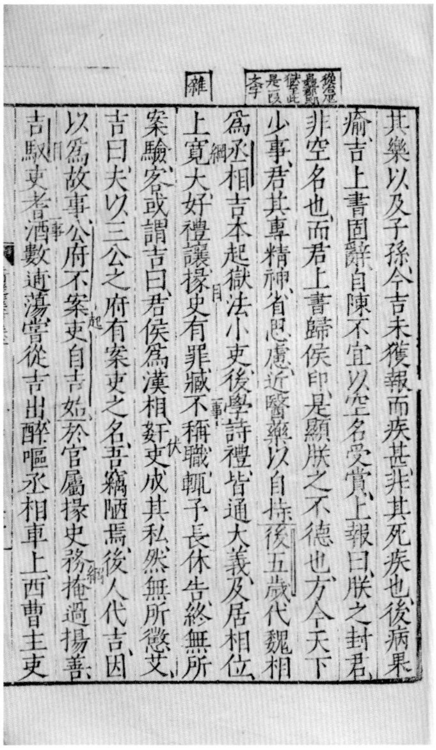
其樂以及子孫今吉未獲報而疾甚非其死疾也後病果
瘉吉上書固辭自陳不宜以空名受賞上報曰朕之封君
非空名也而君上書歸侯印是顯朕之不德也方今天下
少事君其專精神省思慮近醫藥以自持後五歲代魏相
爲丞相吉本起獄法小吏後學詩禮皆通大義及居相位
上寬大好禮讓掾史有罪臧不稱職輒予長休告終無所
案驗客或謂吉曰君侯爲漢相姦吏成其私然無所懲艾
吉曰夫以三公之府有案吏之名吾竊陋焉後人代吉因
以爲故事公府不案吏自吉始於官屬掾史務掩過揚善
吉馭吏耆酒數逋蕩嘗從吉出醉嘔丞相車上西曹主吏

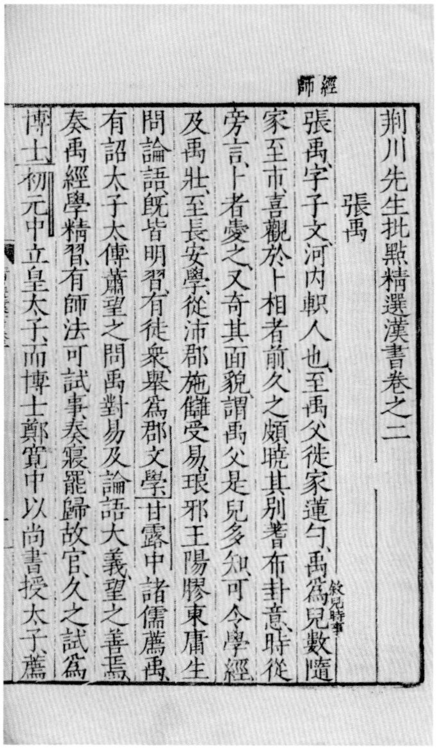
荆川先生批點精選漢書卷之二
張禹
張禹字子文河内軹人也至禹父徙家蓮勺禹爲兒數隨
家至市喜觀於卜相者前久之頗曉其別著布卦意時從
旁言卜者愛之又奇其面貌謂禹父是兒多知可令學經
及禹壯至長安學從沛郡施讎受易琅邪王陽膠東庸生
問論語既皆明習有徒衆舉爲郡文學甘露中諸儒薦禹
有詔太子太傅蕭望之問禹對易及論語大義望之善焉
奏禹經學精習有師法可試事奏寢罷歸故官久之試爲
博士初元中立皇太子而博士鄭寬中以尚書授太子薦

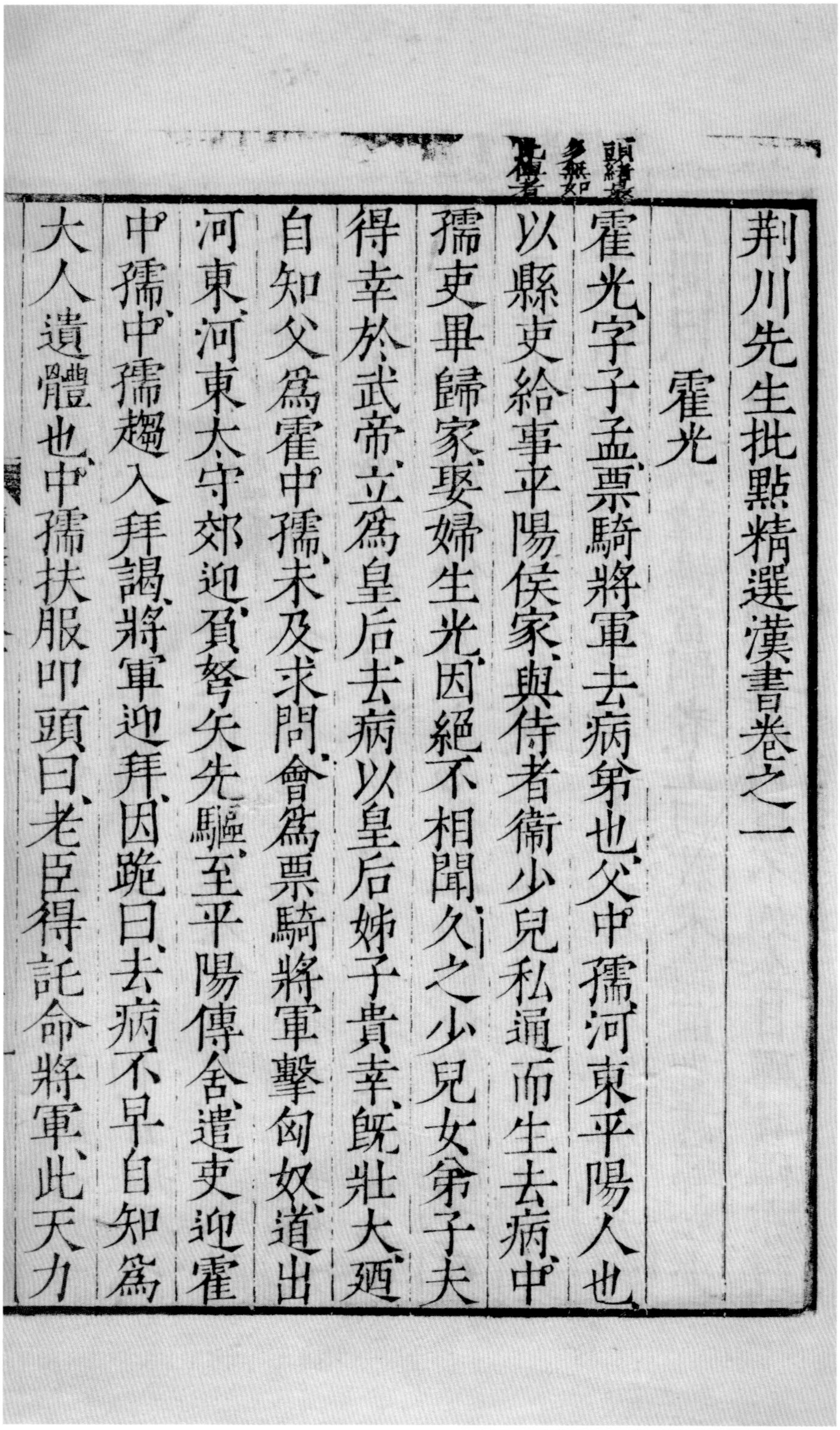
荆川先生批點精選漢書卷之一
霍光
霍光字子孟票騎將軍去病弟也父中孺河東平陽人也
以縣吏給事平陽侯家與侍者衛少兒私通而生去病中
孺吏畢歸家娶婦生光因絶不相聞久之少兒女弟子夫
得幸於武帝立爲皇后去病以皇后姊子貴幸既壯大廼
自知父爲霍中孺未及求問會爲票騎將軍擊匈奴道出
河東河東太守郊迎負弩矢先驅至平陽傳舍遣吏迎霍
中孺中孺趨入拜謁將軍迎拜因跪曰去病不早自知爲
大人遺體也中孺扶服叩頭曰老臣得託命將軍此天力

46 荆川先生批点精选汉书六卷

（明）唐顺之辑　明嘉靖刻本

Mr. Jingchuan annotating the book of the History of the Han Dynasty, six volumes

Compiled by Tang Shunzhi from the Ming Dynasty

Block-printed Edition of the Jiajing era of the Ming Dyansty (1522-1566)

线装，版框尺寸18.8×13.8cm，半叶十行，行二十二字，白口，四周单边，单黑鱼尾。

明代刻书，早期常见用白、黄绵纸，嘉靖、隆庆间用白绵纸多，也有少量竹纸印本，晚明则多用竹纸。一般来说，嘉靖之前的绵纸质佳，纸质莹洁，有如玉版，韧性亦佳；隆庆之后，所制则较为粗厚。又明中叶后，私家刻书之风大炽，尤以嘉靖、正德、万历间为盛。刻书风气亦为之一变，自元代继承下来的黑口赵字样式日少，盛行翻刻，仿刻宋版，字体仿宋，版心亦变为白口。此种即为典型明嘉靖风格刻本。

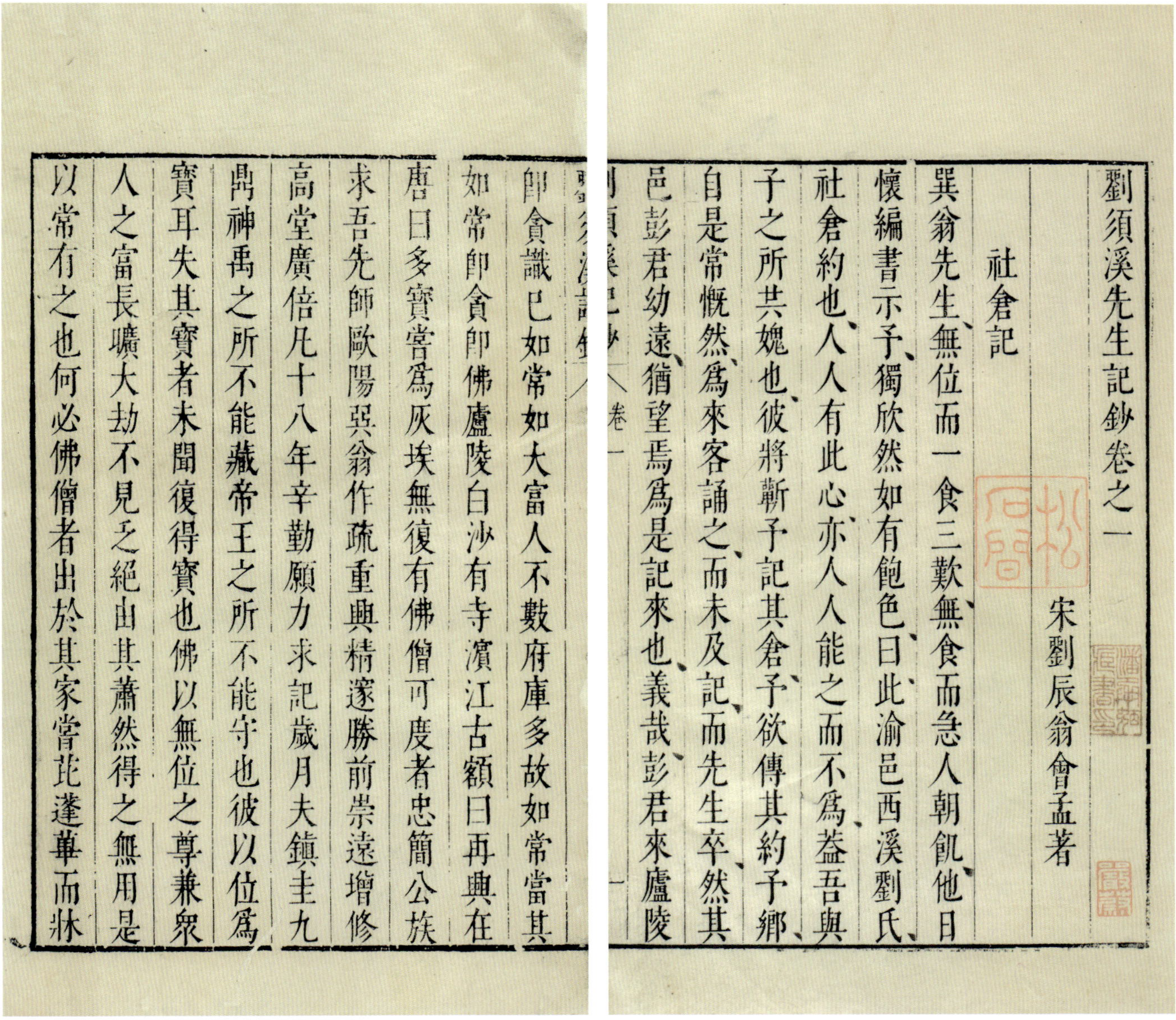

劉須溪先生記鈔卷之一
宋劉辰翁會孟著
社倉記
巽翁先生無位而一食三歎無食而急人朝飢他日
懷編書示予獨欣然如有飽色曰此渝邑西溪劉氏
社倉約也人人有此心亦人人能之而不爲蓋吾與
子之所共媿也彼將蘄予記其倉予欲傳其約予鄉
自是常慨然爲來客誦之而未及記而先生卒然其
邑彭君幼遠猶望焉爲是記來也義哉彭君來廬陵
劉須溪記鈔 卷一
即貪識已如常如大富人不數府庫多故如常當其
如常即貪即佛廬陵白沙有寺濵江古額曰再興在
唐曰多寶嘗爲灰埃無復有佛僧可度者忠簡公族
求吾先師歐陽巽翁作疏重興精遂勝前崇遠增修
高堂廣倍凡十八年辛勤願力求記歲月夫鎮圭九
禹神禹之所不能藏帝王之所不能守也彼以位爲
寶耳失其寶者未聞復得寶也佛以無位之尊兼衆
人之富長曠大劫不見乏絕由其蕭然得之無用是
以常有之也何必佛僧者出於其家嘗芘蓬蓽而狀

47 刘须溪先生记钞八卷

（宋）刘辰翁撰　明嘉靖五年（1526）王朝用刻本

Works of Mr. Liu Xuxi, eight volumes

Written by Liu Chenweng from the Song Dynasty

Block-printed Edition of the 5th year of the Jiajing era of the Ming Dynasty (1526)

线装，版框尺寸20.8×14.4cm，半叶九行，行二十字，白口，四周单边，单白鱼尾。

无刊刻者牌记，行款版式为明晚期风格，卷前有明嘉靖五年（1526）张寰撰《叙刻须溪记抄》，知为翻刻明嘉靖五年（1526）王朝用刻本。卷八叶十二A面抄配，版心上有“刘须溪记抄”，书中钤“严蔚”白文竖长印、“潘承弼藏书印”朱文竖长印、“松石间”朱文方印。

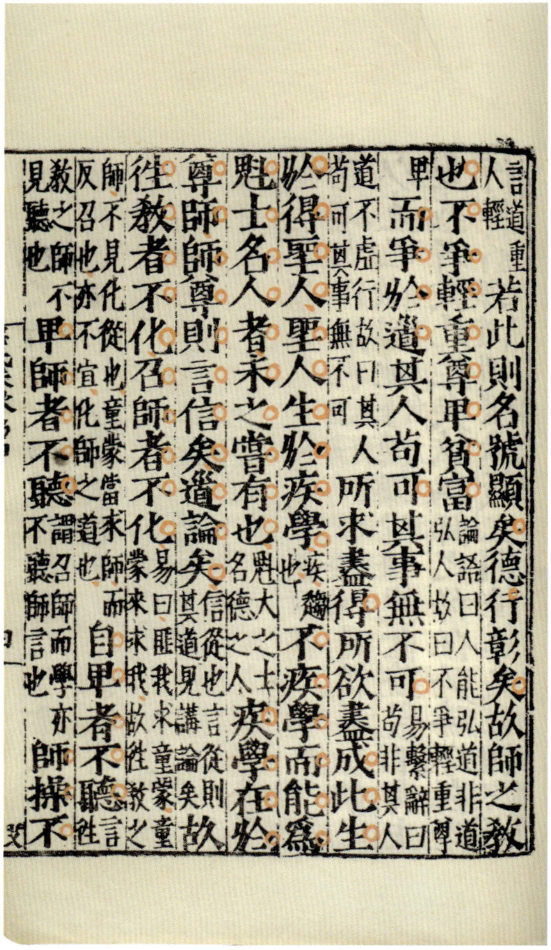
……言道重人輕。若此則名號顯矣，德行彰矣。故師之教也，不爭輕重尊卑貧富，而爭於道。其人苟可，其事無不可，所求盡得，所欲盡成，此生於得聖人，聖人生於疾學。不疾學而能為魁士名人者，未之嘗有也。……尊師，師尊則言信矣，道論矣。故往教者不化，召師者不化；自卑者不聽，卑師者不聽。師操不……

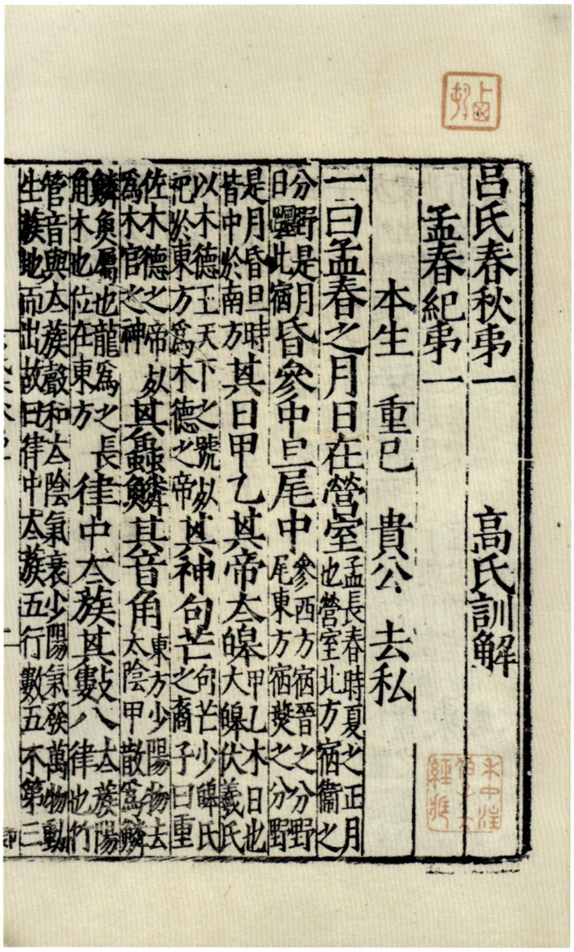
呂氏春秋第一　高氏訓解

孟春紀第一

本生　重己　貴公　去私

一曰孟春之月，日在營室，昏參中，旦尾中。其日甲乙，其帝太皞，其神句芒，其蟲鱗，其音角，律中太蔟，其數八……

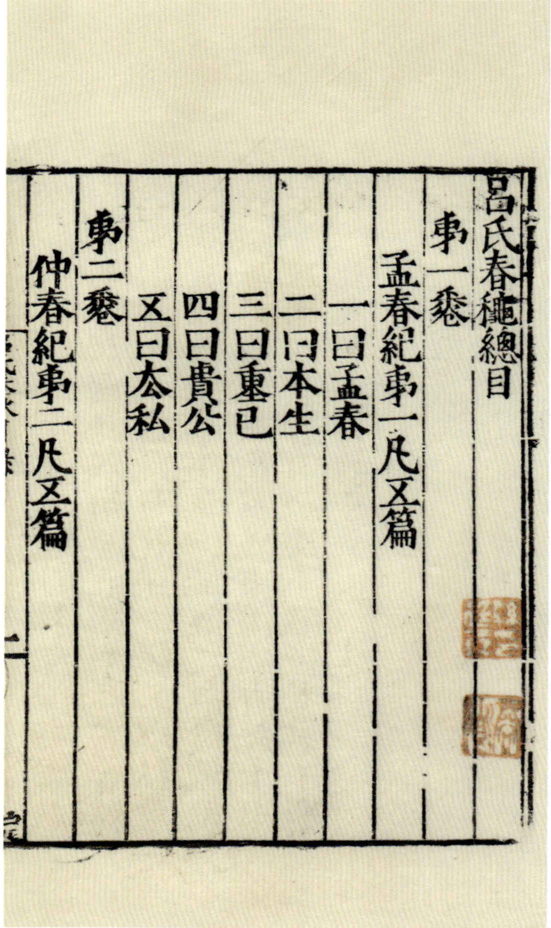
呂氏春秋總目

第一卷

孟春紀第一　凡五篇

一曰孟春

二曰本生

三曰重己

四曰貴公

五曰去私

第二卷

仲春紀第二　凡五篇

48 呂氏春秋二十六卷

（汉）高诱注　明嘉靖七年（1528）许宗鲁刻本　存四卷（一至四）

Lv's Spring and Autumn Annuals, twenty-six volumes

Noted by Gao You from the Han Dynasty

Block-printed Edition of the 7th year of the Jiajing era of the Ming Dynasty (1528)

Four volumes collection (No.1-4)

线装，版框尺寸17.9×13.6cm，半叶十行，行十八字，小字双行同，白口，左右双边。

版心下有刻工姓氏，如郑、汪、李、札、仁、定等。书中钤“臣大经印”白文方印、“西郜”朱文方印、“孙廷镜印”白文方印、“蓉衡”朱文方印、“禾中汪伯子大经藏”朱文方印。

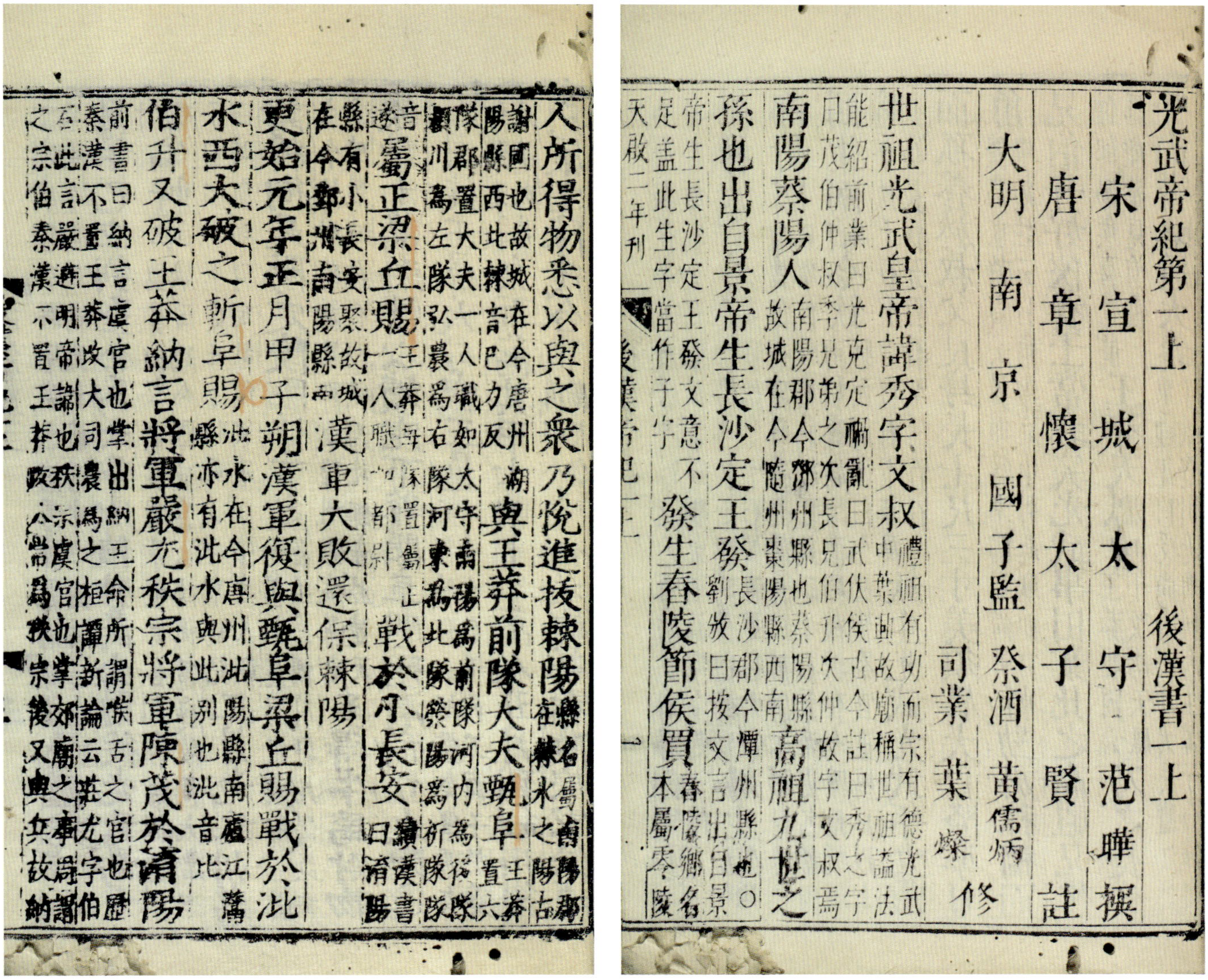
光武帝紀第一上　後漢書一上
宋　宣城太守　范曄　撰
唐　章懷太子賢　註
大明南京國子監祭酒黄儒炳　司業葉燦　修
世祖光武皇帝諱秀字文叔
南陽蔡陽人　高祖九世之
孫也出自景帝生長沙定王發
發生舂陵節侯買
入所得物悉以與之衆乃悅進拔棘陽
與王莽前隊大夫甄阜
屬正梁丘賜戰於小長安
漢軍大敗還保棘陽
更始元年正月甲子朔漢軍復與甄阜梁丘賜戰於沘
水西大破之斬阜賜
伯升又破王莽納言將軍嚴尤秩宗將軍陳茂於淯陽

49 后汉书九十卷志三十卷

（刘宋）范晔撰　（唐）李贤注　《志》（晋）司马彪撰　（梁）刘昭注　明嘉靖七年（1528）至九年（1530）南京国子监刻，明万历、天启、崇祯、弘光、清顺治、康熙递修刻本　存二卷【一至二（卷一分上、下）】

History of the Eastern Han Dynasty, ninety volumes; The records, thirty volumes
Written by Fan Ye from the Southern and Northern Dynasties
Block-printed Edition from the Nanjing imperial College of the 7th-9th year of the Jiajing era of the Ming Dynasty (1528-1530), and revised in Wangli, Tianqi, Chongzhen eras of the Ming Dynasty and Shunzhi, Kangxi eras of the Qing Dynasty
Two volumes collection (No.1-2)

线装，版框尺寸22.3×15.6cm，半叶十行，行二十一字，小字双行同，白口，四周双边，单黑鱼尾。

刻印补修前后跨越二朝七帝。书口上有“嘉靖九年刊”、“万历二十六年刊”、“天启二年刊”、“天启三年刊”、“崇祯三年刊两厢侯谢补修”、“顺治十五年刊”、“顺治十六年刊”、“顺治十七年刊”等。

資治通鑑綱目卷之第三

起己亥漢高帝五年盡甲申漢文帝後七年　凡四十六年

紀

漢太祖高皇帝五年冬十月王追項籍至固陵齊王信魏相國越不至劉賈誘楚周殷迎黥布皆會十二月圍籍垓下籍走自殺楚地悉定

考異　黥亦當作英

十月漢王追項羽至固陵齊王信魏相國越期會不至楚擊漢軍大破之漢王復堅壁自守謂張良曰諸侯不從柰何對曰楚兵且破二人未有分地其不至固宜君王能與共天下可立致也信之立非君王意不自堅且其家在楚欲得故邑越本定梁地亦望王而君王不早定今能出捐此地以許兩人使各自爲戰則楚易破也王從之於是信越皆引兵來十一月劉賈圍壽春誘楚大司馬周殷殷畔楚舉九江兵迎黥布皆會十二月羽至垓下兵少食盡信等以大軍乘之羽敗入壁漢及諸侯兵圍之數重羽夜聞漢軍四面皆楚歌乃大驚曰漢

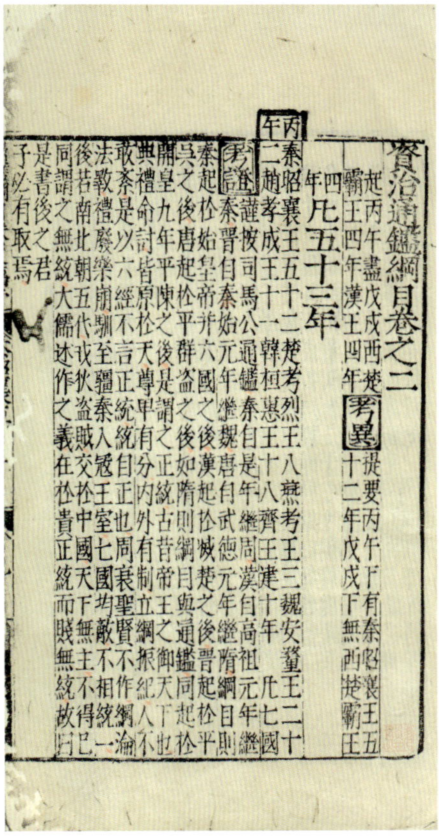
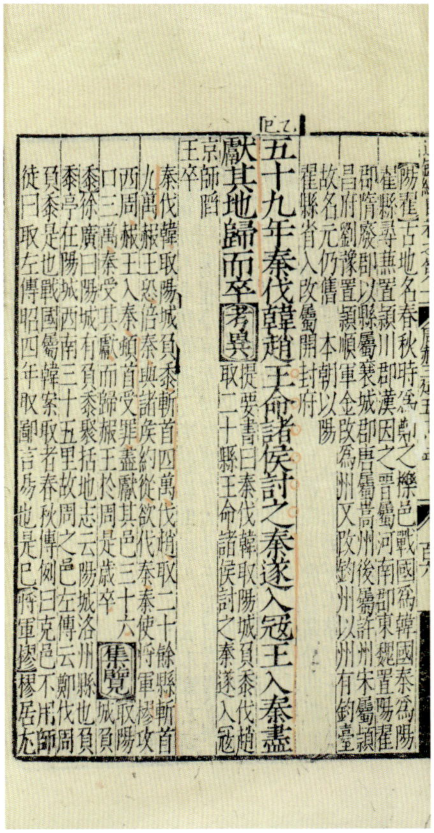
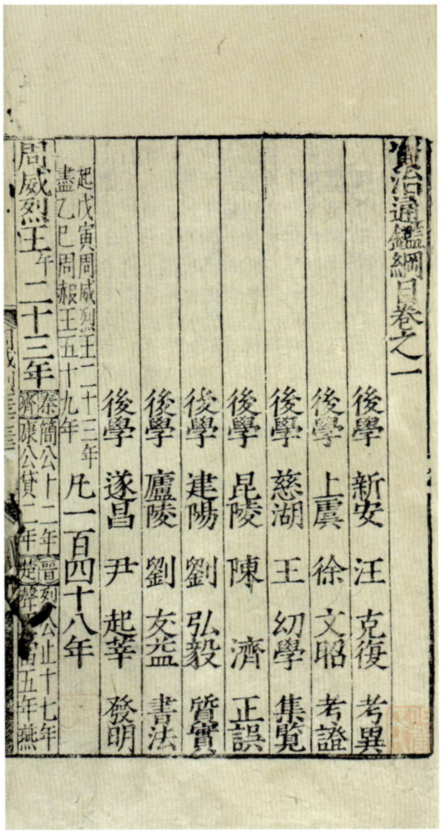

50 资治通鉴纲目五十九卷首一卷

（宋）朱熹撰 （宋）尹起莘发明 （元）刘友益书法 （元）汪克宽考异 （元）徐昭考证 （元）王幼学集览 （明）陈济正误 （明）冯智舒质实 明嘉靖八年（1529）慎独斋刻本 佚名批点 存五十九卷（一至五十九）

Condensation of the book of Comprehensive Mirror for Aid the Governance
Written by Zhu Xi from the Song Dynasty (960-1279)
Block-printed Edition of the 8th year of the Jiajing era of the Ming Dynasty (1529)
Fifty-nine volumes collection (No. 1-59)

线装，版框尺寸19.2×13.6cm，半叶十行，行二十二字，小字双行二十一字，黑口，四周单边，双顺黑鱼尾。

卷二叶九十五至九十六、卷十九叶五十五至五十六、卷三十四叶五十九至六十二、卷四十叶四十五、卷四十五叶一、卷五十九叶四十九、叶七十一至七十二抄配，书口上有“通鉴纲目卷之第某”。书中钤“伯营氏”白文方印、“徐定基印”白文方印、“斗鳞”朱文方印、“定甫一字树堂”朱文方印。

国家珍贵古籍名录号03672。

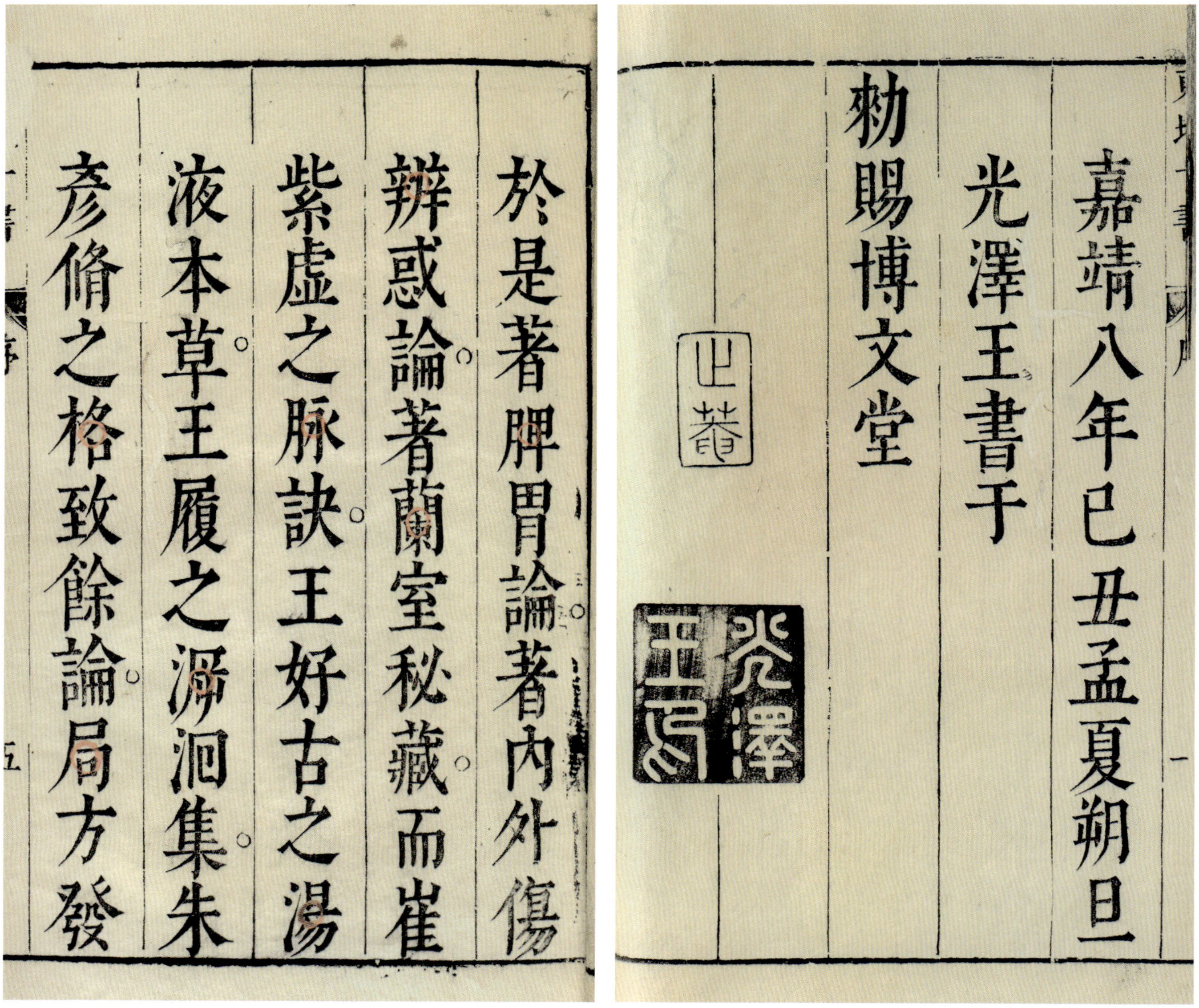
嘉靖八年己丑孟夏朔旦
光澤王書于
勅賜博文堂

於是著脾胃論著內外傷
辨惑論著蘭室秘藏而崔
紫虛之脉訣王好古之湯
液本草王履之溯洄集朱
彥脩之格致餘論局方發

51 东垣十书十九卷

明嘉靖八年（1529）辽藩朱宠瀼梅南书屋刻本

Collections of Chinese Medicine works (Dong Yuan Shi Shu), nineteen volumes

Block-printed Edition of the 8th year of the Jiajing era of the Ming Dynasty (1529)

线装，版框尺寸21.4×14.2cm，半叶九行，行二十字，白口，四周单边，单黑鱼尾。

此种不著编辑者名氏。其中《内外伤辨惑论》、《脾胃论》、《兰室秘藏》，实李杲之书。崔嘉彦《脉诀》一卷，称杲批评。其余六书，惟《汤液本草》、《东垣先生此事难知集》为王好古所撰，其学犹出于东垣。至朱震亨《局方发挥》、《格致余论》，王履《医经溯洄集》，齐德之《外科精义》二卷，皆与李氏之学渊源各别。概名为东垣之书，殊无所取。盖书肆刊本，取盈卷帙，不计其名实乖舛耳。

辯惑論卷之一

元　鎭州　東垣李　杲明之甫撰

明　金壇　宇泰王肯堂損菴甫校

○辯陰證陽證

曰甚哉陰陽之證不可不詳也徧觀內經中所說變化百病其源皆由喜怒過度飲食失節寒溫不適勞役所傷而然夫元氣穀氣榮氣清氣衛氣生發諸陽上升之氣此六者皆飲食入胃穀氣上行胃氣之異名其實一也既脾胃有傷則中氣不足中氣不足則

新纂門目五臣音註揚子法言卷
李軌　柳宗元註
宋咸　吳祕　司馬光重添註
雄見諸子各以其知舛馳舛相背師古曰大氐詆
訾聖人即爲怪迂析辯詭辭以撓世事頗曰大氐
大歸也詆訾毀也迂遠也析分也詭異也言
諸子之書大歸皆非毀周孔之教爲巧辯異
辭以攪亂時政也訾音紫迂音于撓火高
反其字從手○光曰光謂氏下脫不字　雖
小辯終破大道而惑衆使溺於所聞而不自

之復其井刑勉人役唐矣夫言若盡此諸美以濟勉人者無
莫唐虞之世也○咸曰勉當爲免字之誤也
言後之中興者能修漢之辟廱學校禮樂輿
服之未修者能復井田之未復者能措刑辟
之未措者以是道而化天下復免人事逸之
役則唐堯如矣○祕曰漢之中天推是盛德
之符設使行辟廱校學禮樂輿服之事復其
井田象刑勉勵其人役於百執事者則唐堯
之治矣夫孔子刪書始于唐堯而子雲法言
以是終之蓋百王之表則也○光曰容爲
之容飾表表其尊卑役用也用唐堯故事
監本五臣音註揚子法言卷十

詳音義多引天復本未知天復何謂也諸公
校法言者皆據以爲正宋著作吳司封亦據
李本而其文多異同音義皆非之以爲俗本
今獨以國子監所行者爲李本宋著作吳司
封本各以其姓別之或參以漢書從其通者
以爲定本先審其音乃解其義然此特愚心
所安未必皆是與來者擇焉元豐四年十一
月己丑涑水司馬光序

此係人瞻義門何氏校宋本頗完善然處日精廬所著錄
嘗未果也惟下方所記有數處可疑如卷四首葉下云瀾
字蔣校作以不知蔣爲何人卷六第十七葉下四國是王之
勇注匡而下又記云宋本是王二十六葉上天下之正也正上
添中字而下又記云宋本無中字卷七第十五葉下注中
輒取於井幹輒取改殺聚而下又記云取疑聚二十三葉
下注中到改至而下又記云至宋本到此類殆不可曉係
今手錄既畢屬校一過因記所疑於此以俟再攷壬子
首夏文郁居士書

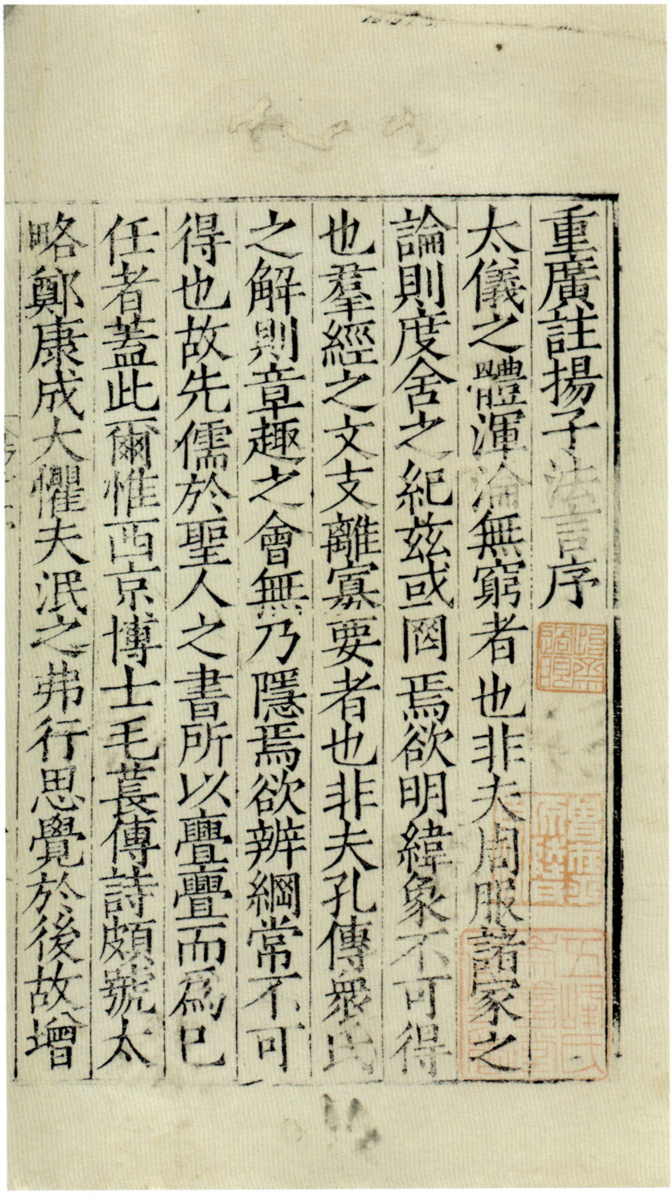

重廣註揚子法言序
太儀之體渾淪無窮者也非夫周服諸家之
論則度舍之紀茲或罔焉欲明緯象不可得
也羣經之文支離寡要者也非夫孔傳衆氏
之解則章趣之會無乃隱焉欲辨綱常不可
得也故先儒於聖人之書所以亹亹而爲已
任者蓋此爾惟西京博士毛萇傳詩頗號太
略鄭康成大懼夫泯之弗行思覺於後故增

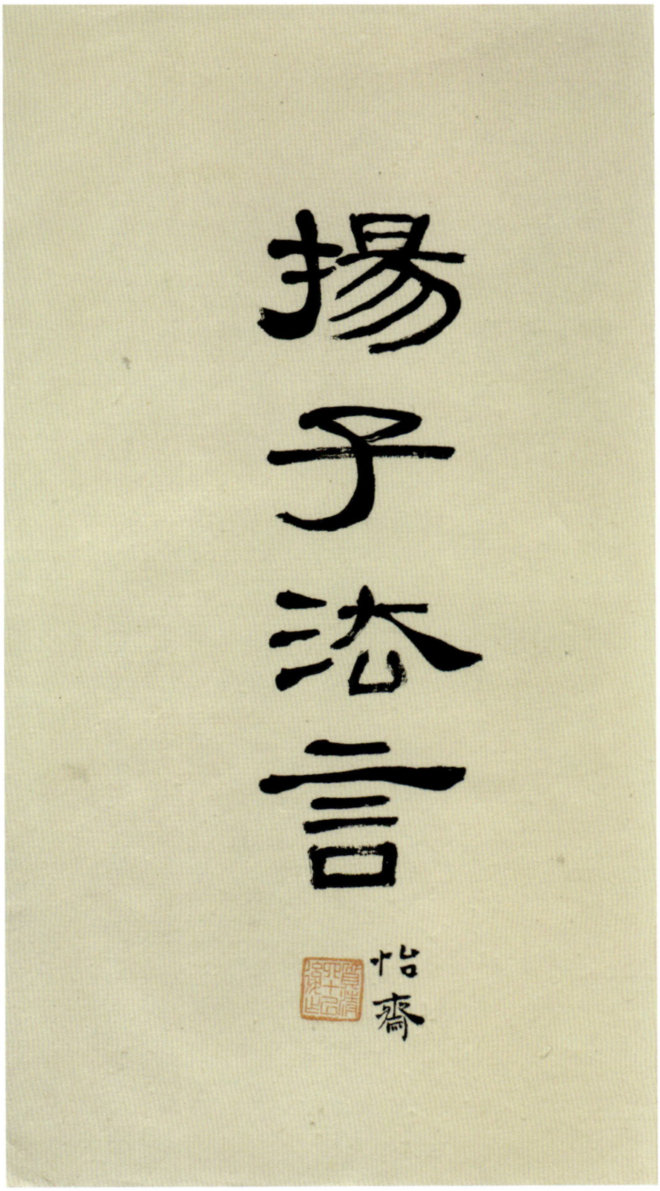

52 **新纂门目五臣音注扬子法言十卷**

（汉）扬雄撰　（晋）李轨、（唐）柳宗元、（宋）宋咸、吴祕、司马光注　明嘉靖十二年（1533）顾春世德堂刻六子书本　王振声批校并跋

Yang-zi Sayings, ten volumes

Written by Yang Xiong from the Han Dynasty

Block-printed Edition of the 12th year of the Jiajing era of the Ming Dynasty (1533)

线装，版框尺寸20.3×14.1cm，半叶八行，行十七字，小字双行同，白口，左右双边，单白鱼尾。

卷前有程质清隶署书名“扬子法言”。书中钤“质清六十以后作”朱文方印、“怡斋过眼”朱文方印、“曾在平原陆氏家”白文方印、“五峰氏崇善堂藏书”朱文方印、“怡斋所遇文献古籍记”朱文方印、“新安程氏”白文方印、“二俊草堂”朱文方印、“振声”白文方印、“宝之”朱文方印。王振声（1799—1865），字宝之，学者称文村先生，常熟人。三试礼部归，勤于讲习，经史百家、小学语录无不涉猎，尤以校雠著称邑中。晚年主讲游文书院。

国家珍贵古籍名录号08239。

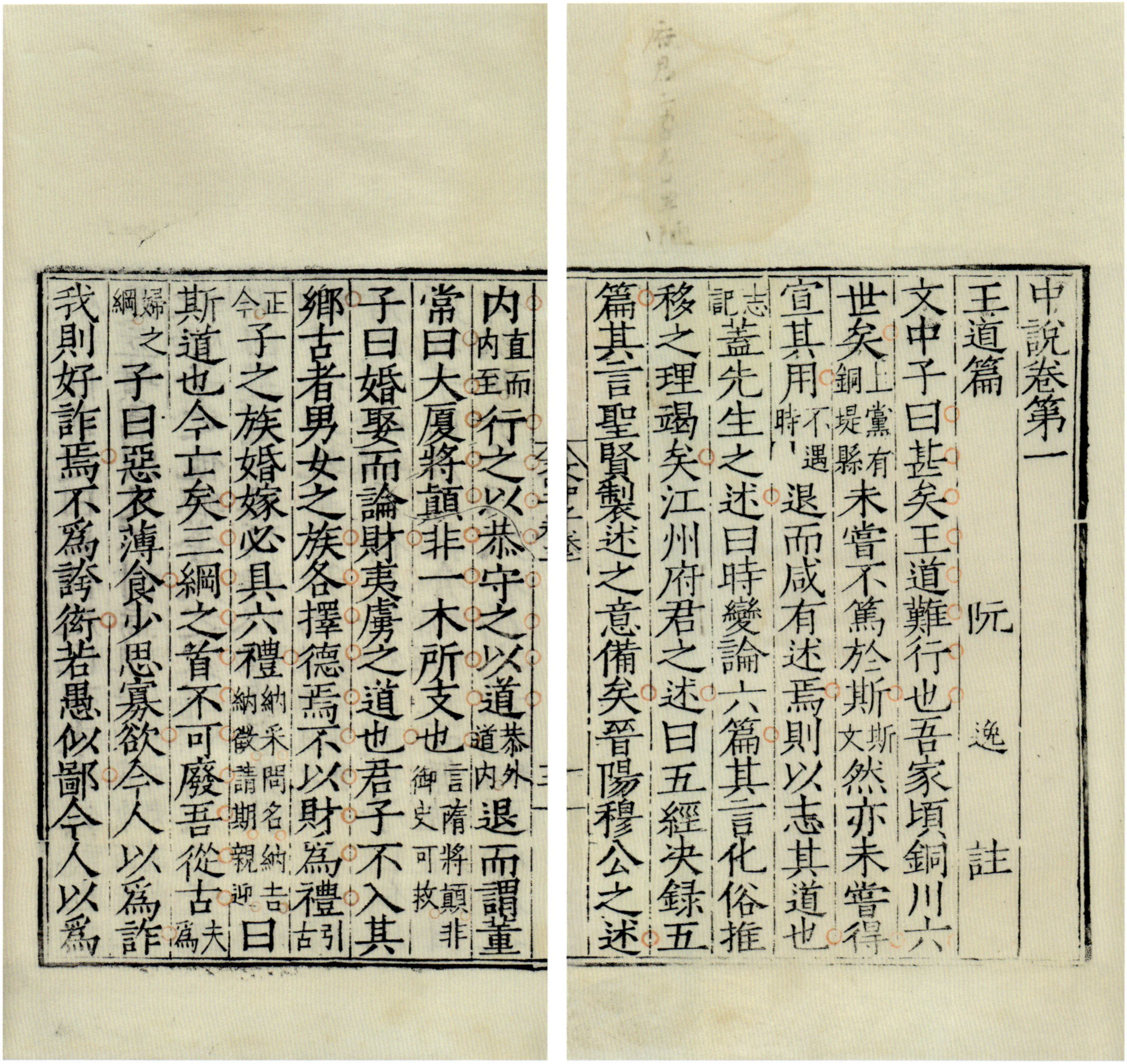

中說卷第一

王道篇　阮逸註

文中子曰甚矣王道難行也吾家頃銅川六世矣（上黨有銅堤縣）未嘗不篤於斯（斯文）然亦未嘗得宣其用（不遇時）退而咸有述焉則以志其道也（志記）蓋先生之述曰時變論六篇其言化俗推移之理竭矣江州府君之述曰五經決録五篇其言聖賢製述之意備矣晉陽穆公之述

……內（直而內王）行之以恭守之以道（恭外道內）退而謂董常曰大厦將顛非一木所支也（言隋將顛非御史可救）子曰婚娶而論財夷虜之道也君子不入其鄉古者男女之族各擇德焉不以財為禮（引古）（正令）子之族婚嫁必具六禮（納采問名納吉納徵請期親迎）曰斯道也今亡矣三綱之首不可廢吾從古（夫為婦綱之）子曰惡衣薄食少思寡欲今人以為詐我則好詐焉不為誇衒若愚似鄙今人以為

53 **中说十卷**

题（隋）王通撰　（宋）阮逸注　明嘉靖十二年（1533）顾春世德堂刻六子书本

Zhong Sayings, ten volumes

Written by Wang Tong from the Sui Dynasty

Block-printed Edition of the 12th year of the Jiajing era of the Ming Dynasty (1533)

线装，版框尺寸19.4×14.3cm，半叶八行，行十七字，小字双行同，白口，四周双边，单白鱼尾。

此种典型明嘉靖风格刻本，所用为白棉纸，纸墨俱佳，另有佚名氏朱笔圈点。

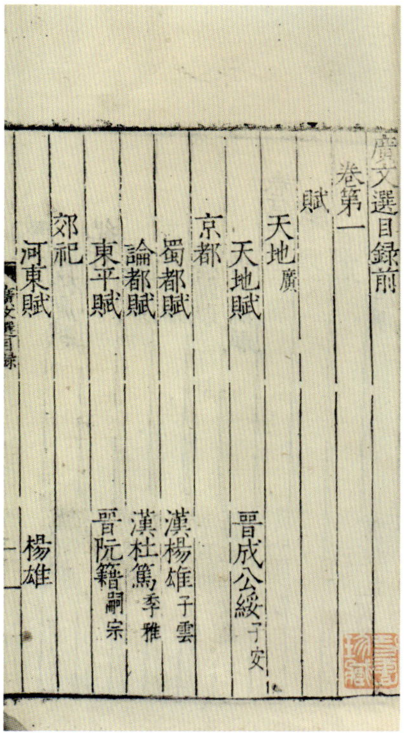

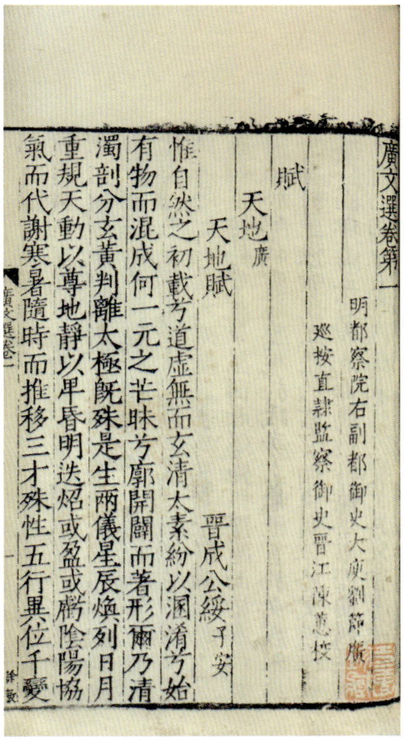

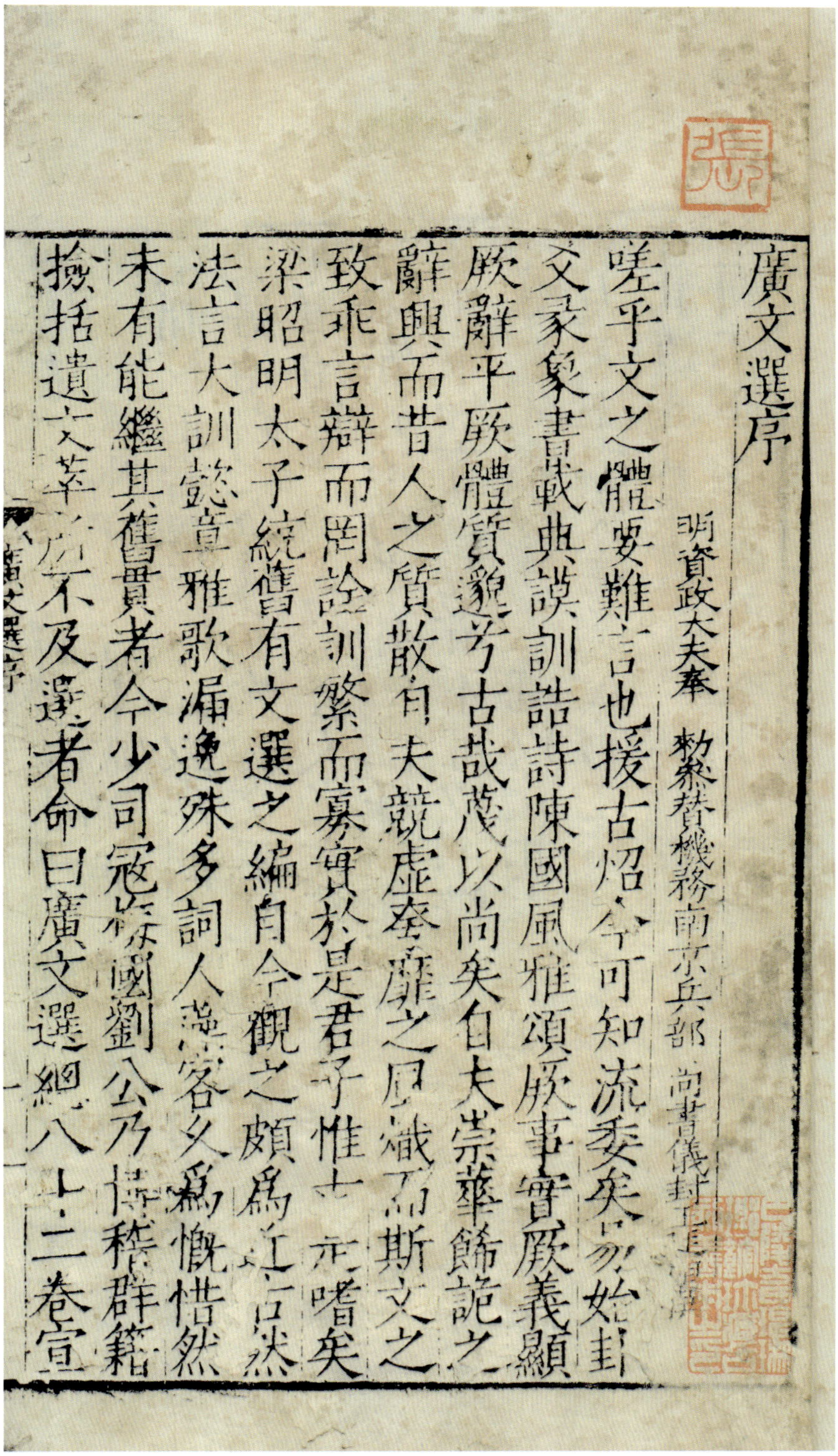

54 广文选六十卷

（明）刘节辑　明嘉靖十六年（1537）陈蕙刻本　存三十二卷（一至三十二）

Supplement of the collection of the poems, sixty volumes
Compiled by Liu Jie from the Ming Dynasty
Block-printed Edition of the 16th year of the Jiajing era of the Ming Dynasty (1537)
Thirty two volumes collection (No. 1-32)

线装，版框尺寸21.0×14.6cm，半叶十一行，行二十一字，白口，四周单边，单黑鱼尾。

版心下有刻工姓名，如雇文华、张朝、何免、徐敖、刘卞、王文等。书中钤“张”朱文方印、“巴陵方氏碧琳琅馆珍藏古刻善本之印”白文竖长印、“功惠珍藏”白文方印。此种最早成书于明嘉靖十一年（1532），次年扬州太守侯君为付梓，命葛涧校正，其为八十二卷本。后陈蕙节刻复梓，仅六十卷。四库存目著录所据亦为陈本。

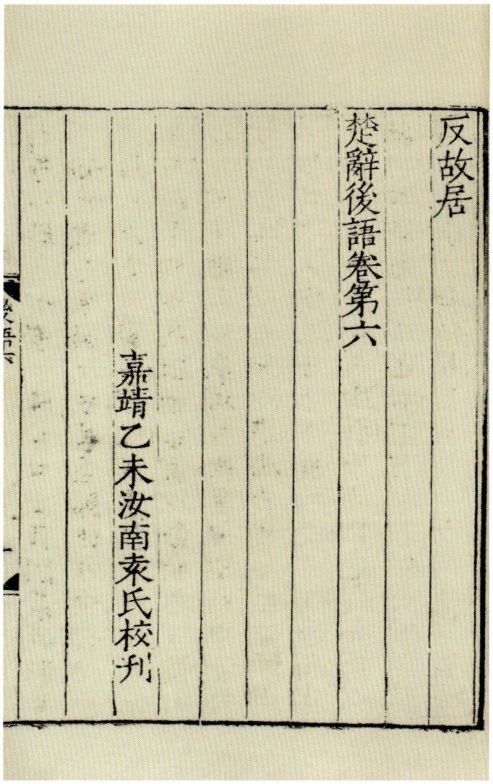
反故居

楚辭後語卷第六

嘉靖乙未汝南袁氏校刊

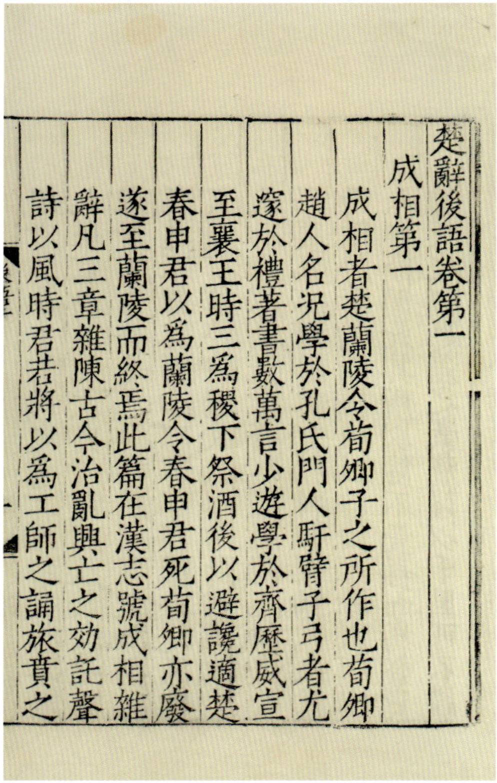
楚辭後語卷第一

成相第一

成相者楚蘭陵令荀卿子之所作也荀卿趙人名况學於孔氏門人馯臂子弓者尤邃於禮著書數萬言少遊學於齊歷威宣至襄王時三爲稷下祭酒後以避讒適楚春申君以爲蘭陵令春申君死荀卿亦廢遂至蘭陵而終焉此篇在漢志號成相雜辭凡三章雜陳古今治亂興亡之效託聲詩以風時君若將以爲工師之誦旅賁之

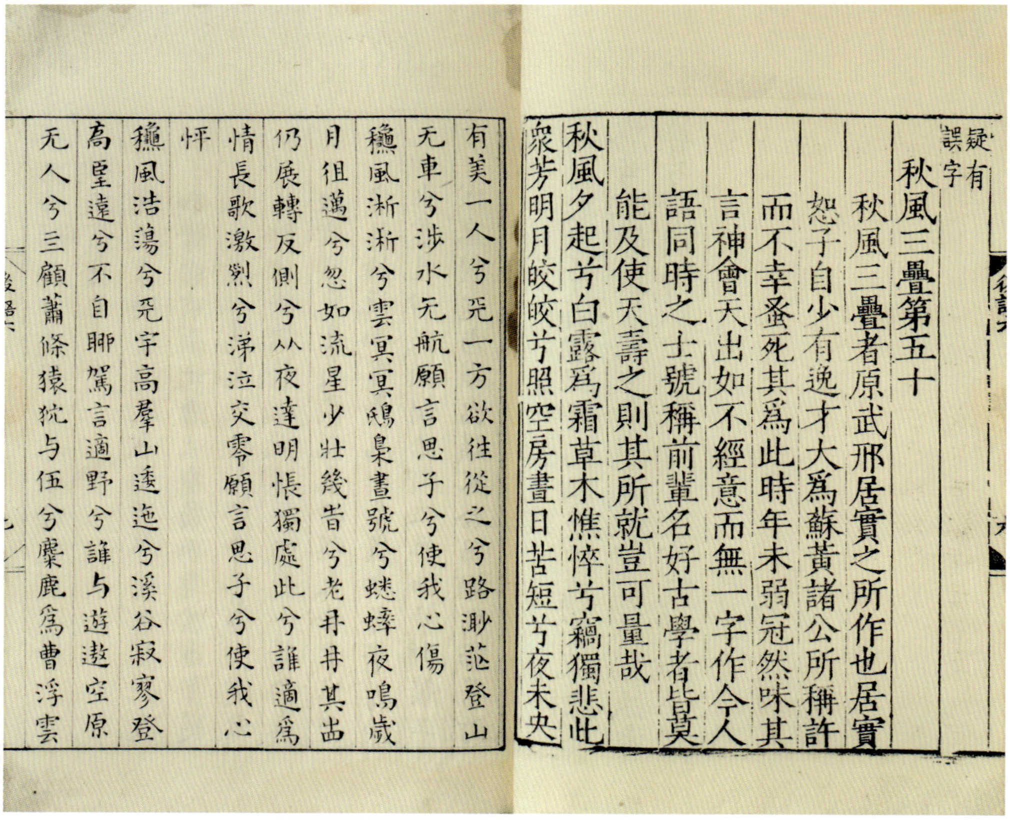
疑有誤字

秋風三疊第五十

秋風三疊者原武邢居實之所作也居實恕子自少有逸才大爲蘇黃諸公所稱許而不幸蚤死其爲此時年未弱冠然味其言神會天出如不經意而無一字作今人語同時之士號稱前輩名好古學者皆莫能及使天壽之則其所就豈可量哉

秋風夕起兮白露爲霜草木憔悴兮竊獨悲此衆芳明月皎皎兮照空房晝日苦短兮夜未央

有美一人兮死一方欲往從之兮路渺茫登山无車兮涉水无航願言思子兮使我心傷

飄風淅淅兮雲冥冥鴟梟晝號兮蟋蟀夜鳴歲月徂邁兮忽如流星少壯幾昔兮老冉冉其出仍展轉反側兮从夜達明悵獨處此兮誰適爲情長歌激烈兮涕泣交零願言思子兮使我心怦

飄風浩蕩兮死宇高羣山逶迤兮溪谷寂寥登高望遠兮不自聊駕言適野兮誰与遨空原无人兮三顧蕭條猿狖与伍兮麋鹿爲曹浮雲

55 楚辞集注八卷辩证二卷后语六卷

（宋）朱熹撰　明嘉靖十四年（1535）袁褧刻本　存八卷（辩证、后语全）

Variorum of the Elegies of Chu

Written by Zhu Xi from the Song Dynasty

Block-printed Edition of the 14th year of the Jiajing era of the Ming Dynasty

线装，版框尺寸19.6×15.4cm，半叶十行，行十八字，小字双行同，白口，左右双边，双对黑鱼尾。

《辩证》卷下叶十八、《后语》卷一叶十六、卷六叶七至八抄配。《后语》卷六末叶有“嘉靖乙未汝南袁氏校刊”。

楚辭辯證上

余既集王洪騷注顧其訓故文義之外猶有不可不知者然慮文字之太繁覽者或没溺而失其要也别記于後以俻參考慶元己未三月戊辰

目録

洪氏目録九歌下注云一本此下皆有傳字晁氏本則自九辯以下乃有之吕伯恭讀詩記引鄭氏詩譜曰小雅十六篇大雅十八篇爲正經孔頴達曰凡書非正經者謂之傳未知

白氏文集後序

白氏前著長慶集五十卷元微之爲序後集二十卷自爲序今又續後集五卷自爲記前後七十五卷詩筆大小凡三千八百四十首集有五本一本在廬山東林寺經藏院一本在蘇州南禪寺經藏内一本在東都勝善寺鉢塔院律庫樓一本付姪龜郎一本付外孫談閣童各藏於家傳於後其日本暹羅諸國及兩京人家傳寫者不在此記又有元白唱和因繼集共十七卷劉白唱和集五卷洛下遊賞宴集十卷其文盡在大集内録出別行於時若集内無而假名流傳者皆謬爲耳會昌五秊夏五月一日

封奉政大夫吏部考功郎中姑蘇錢應龍仿宋本刊

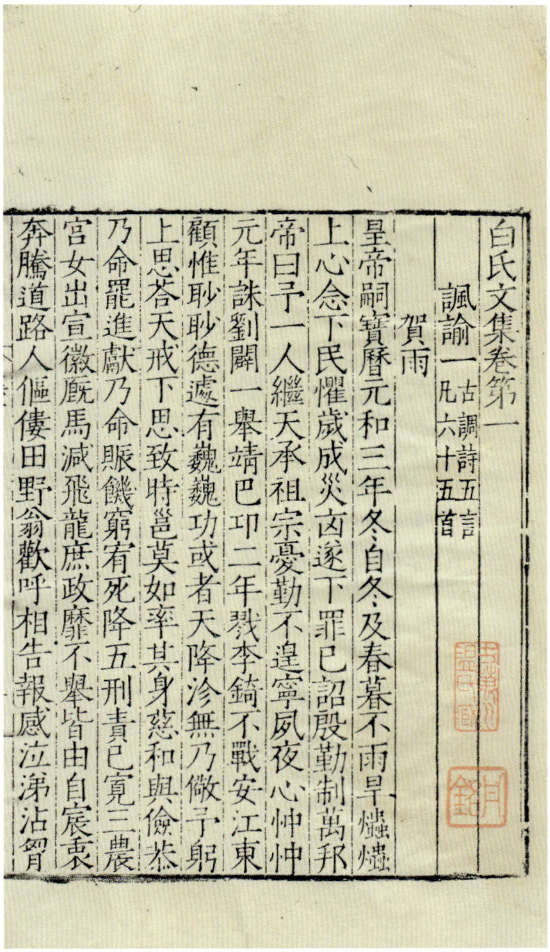
白氏文集卷第一
諷諭一 古調詩五言 凡六十五首
賀雨
皇帝嗣寶曆元和三年冬自冬及春暮不雨旱爞爞
上心念下民懼歲成災凶遂下罪己詔殷勤制萬邦
帝曰予一人繼天承祖宗憂勤不遑寧夙夜心忡忡
元年誅劉闢一舉靖巴邛二年戮李錡不戰安江東
顧惟眇眇德遽有巍巍功或者天降沴無乃儆予躬
上思荅天戒下思致時邕莫如率其身慈和與儉恭
乃命罷進獻乃命賑饑窮有死降五刑責已寬三農
宮女出宣徽廄馬減飛龍庶政靡不舉皆由自宸衷
奔騰道路人傴僂田野翁歡呼相告報感泣涕沾胷

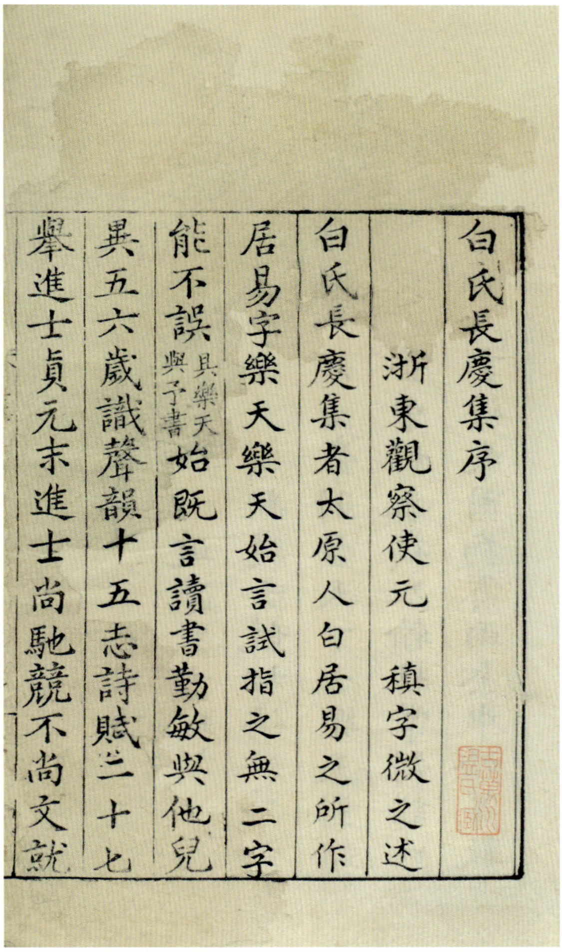
白氏長慶集序
浙東觀察使元稹字微之述
白氏長慶集者太原人白居易之所作
居易字樂天樂天始言試指之無二字
能不誤 具樂天與予書 始既言讀書勤敏與他兒
異五六歲識聲韻十五志詩賦二十七
舉進士貞元末進士尚馳競不尚文就

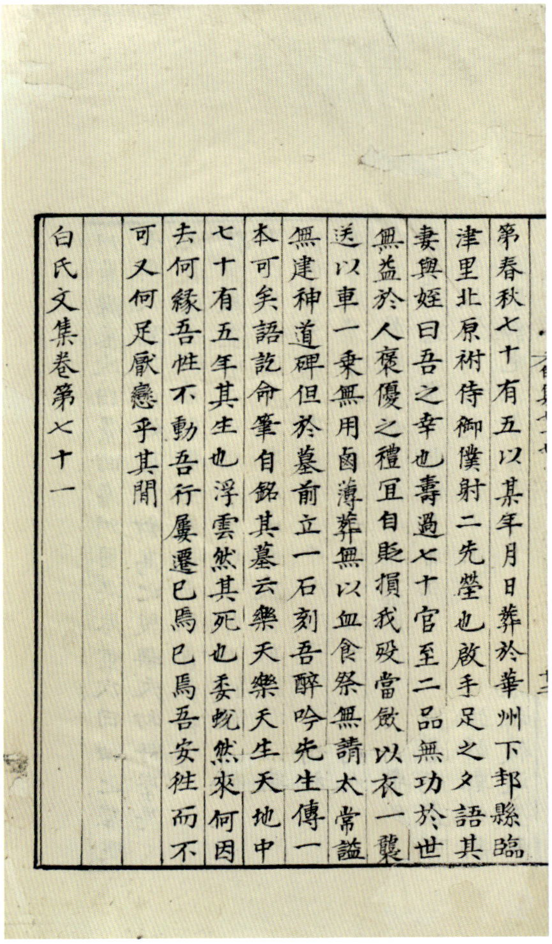
第春秋七十有五以某年月日葬於華州下邽縣臨
津里北原祔侍御僕射二先塋也啟手足之夕語其
妻與姪曰吾之幸也壽過七十官至二品無功於世
無益於人褒優之禮宜自貶損我歿當斂以衣一襲
送以車一乘無用鹵簿葬無以血食祭無請太常謚
無建神道碑但於墓前立一石刻吾醉吟先生傳一
本可矣語訖命筆自銘其墓云樂天樂天生天地中
七十有五年其生也浮雲然其死也委蛻然來何因
去何緣吾性不動吾行屢遷已焉已焉吾安往而不
可又何足厭戀乎其間
白氏文集卷第七十一

56 白氏文集七十一卷

（唐）白居易撰　明嘉靖十七年（1538）伍忠光龙池草堂刻本

Collected Works of Mr. Bai Juyi

Written by Bai Juyi from the Tang Dynasty

Block-printed Edition of the 17th year of the Jiajing era of the Ming Dynasty (1538)

线装，版框尺寸19.1×15.4cm，半叶十二行，行二十字，白口，左右双边，单白鱼尾。

原装蓝布夹板函套分装二函，每函八册，其中（唐）元稹撰《白氏长庆集序》叶一至四、卷六十七叶十七、卷七十叶十九至二十、卷七十一叶一至十二、后序部分抄配。版心下有刻工姓名，如启明、秀、宿、元、宗等。书中钤“古万川温氏藏”朱文竖长印、“丹铭”朱文方印。

国家珍贵古籍名录号05433。

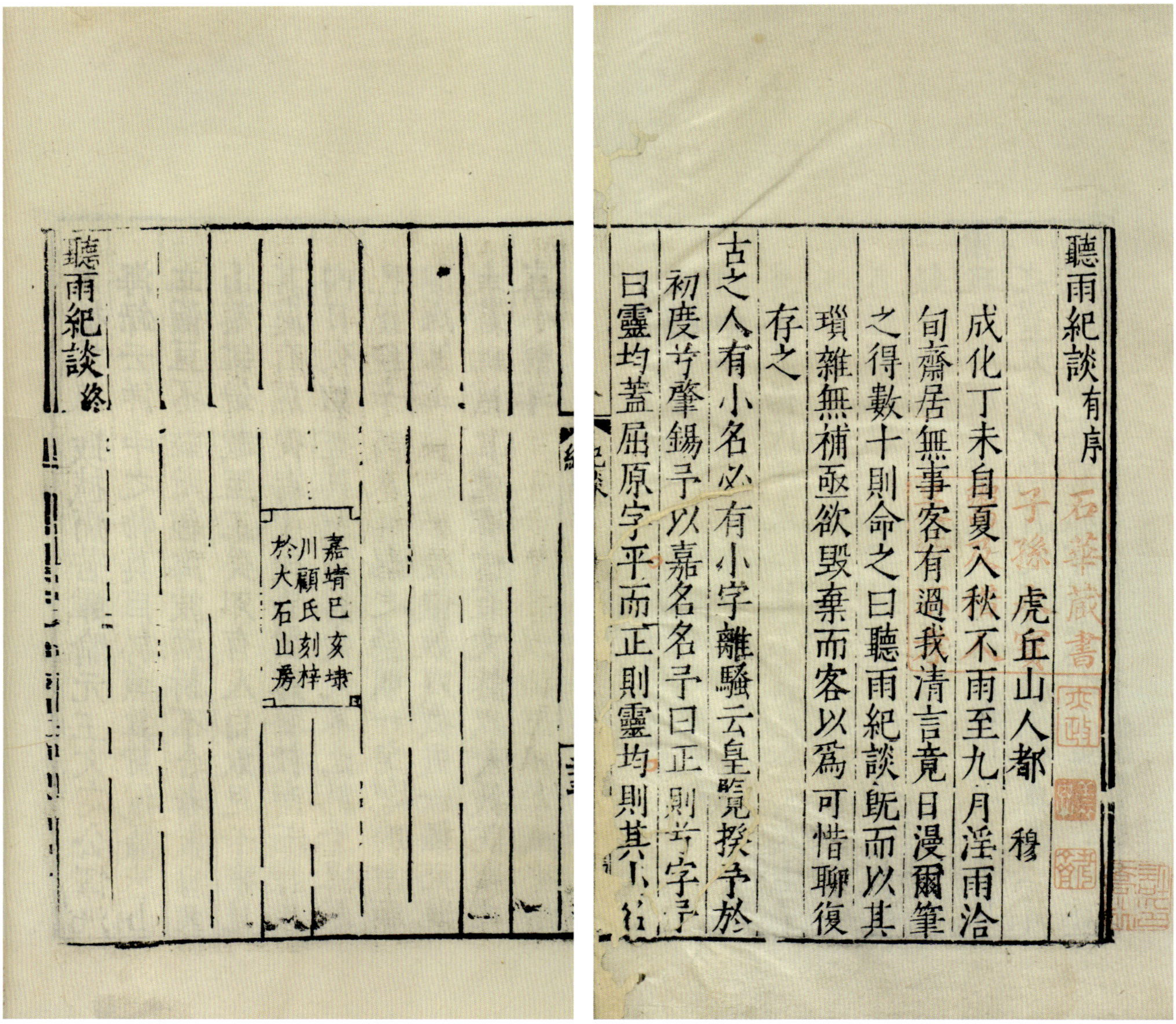

57 **顾氏明朝四十家小说四十种四十三卷**

（明）顾元庆编　明嘉靖十八年至二十年（1539—1541）顾氏大石山房刻本　存四种四卷（皇明天全先生遗事一卷，清夜录一卷，听雨纪谈一卷，谈艺录一卷）

Forty novels from the Ming Dynasty collected of Mr. Gu

Compiled by Gu Yuanqing from the Ming Dynasty

Block-printed Edition of the 18th-20th year of the Jiajing era of the Ming Dynasty (1539-1541)

线装，版框尺寸17.5×13.0cm，半叶十行，行十八字，小字双行同，白口，左右双边，单黑鱼尾。

书中钤“石华藏书子孙永宝鬻及借人是皆不孝”朱文方印、“宁静致远”朱文方印、“亦政”朱文竖长印、“恙恩”白文方印、“考斋”朱文方印、“许乔林印”朱文方印、“亦政堂图书记”白文方印。

天全先生遺事序

鄉先達天全先生徐公夙負高才譚鋒文氣並英邁莫敵治水張秋載免泛溺之患景泰末歲贊決鉅策忠重捐軀寰寓再朗晝日三接遂爲儒臣之極遇一時廊廟大謨畫悉預參裁朝野聳望不幸讒搆中作幾墮於死賴　天子明聖得末減爲金齒之謫隨旋桑梓能以憂患自外放情絃管泉石之間若忘其先貴賓侶乞文崇朝畢集援毫數行輒重收去用是亦不落寞閱世六十餘薨議者謂公人物殆是四海物望不

皇明天全先生遺事

後學宗人子陽纂

公姓徐諱有貞字元玉初名珵登第後始更今名蘇之吳邑集祥里人也公之先出伯翳爲嬴姓國於夏殷周世周穆王時偃王誕當國以仁義得諸侯心後死彭城傳徐子章禹章禹被執于吳子孫散處徐揚間歷秦漢三國晉唐而下代有聞人曾大父文貞大父子復皆樹德遭時沈晦連世不仕至皇考孟聲甫生三子以其仲有異質始教從名師學即公也公年十二三入

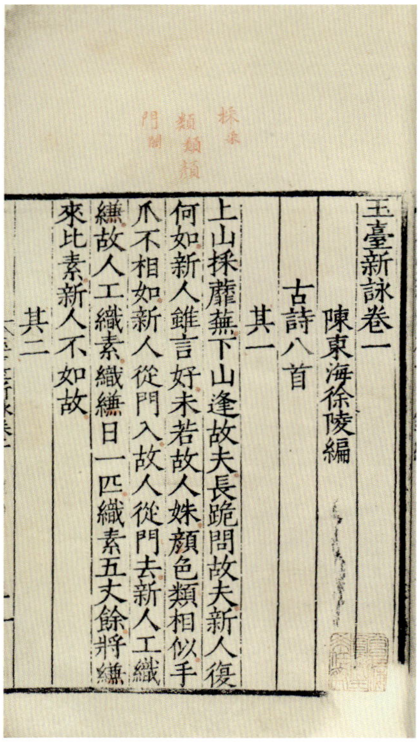
玉臺新詠卷一
陳東海徐陵編
古詩八首
其一
上山採蘼蕪下山逢故夫長跪問故夫新人復
何如新人雖言好未若故人姝顏色類相似手
爪不相如新人從門入故人從門去新人工織
縑故人工織素織縑日一匹織素五丈餘將縑
來比素新人不如故
其二

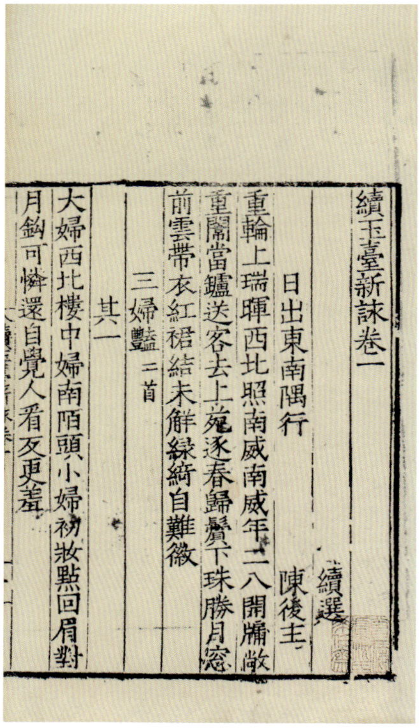
續玉臺新詠卷一
續選
陳後主
日出東南隅行
重輪上瑞暉西北照南威南威年二八開牖敞
重闈當鑪送客去上苑逐春歸鬟下珠勝月窗
前雲帶衣紅裙結未解綠綺自難徽
三婦豔 二首
其一
大婦西北樓中婦南陌頭小婦初妝點回眉對
月鈎可憐還自覺人看反更羞

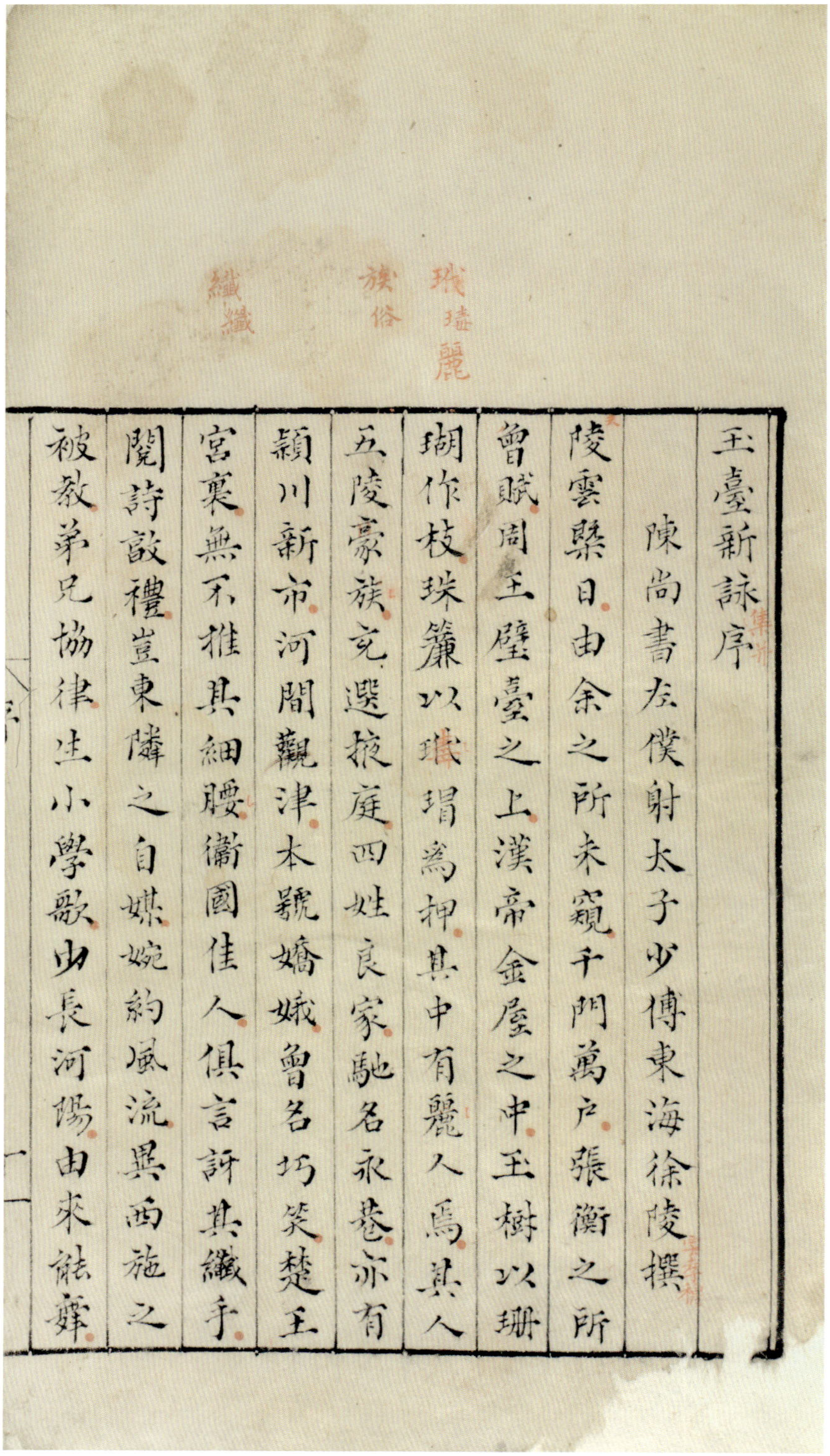
玉臺新詠序
陳尚書左僕射太子少傅東海徐陵撰
陵雲槩日由余之所未窺千門萬户張衡之所
曾賦周王璧臺之上漢帝金屋之中玉樹以珊
瑚作枝珠簾以玳瑁為柙其中有麗人焉其人
五陵豪族充選掖庭四姓良家馳名永巷亦有
潁川新市河間觀津本號嬌娥曾名巧笑楚王
宮裏無不推其細腰衛國佳人俱言訝其纖手
閱詩敦禮豈東鄰之自媒婉約風流異西施之
被教弟兄協律生小學歌少長河陽由來能舞

58 玉台新咏十卷续玉台新咏五卷

（陈）徐陵辑 （明）郑玄抚辑 明嘉靖二十二年（1543）杨士开刻本 佚名批校

Collection of poems (Yu Tai Xin Yong), ten volumes
Compiled by Xu Ling from the Southern and Northern Dynasties;
Sequels, Five volumes
Compiled by Zhen Xuanfu from the Ming Dynasty
Block-printed Edition of the 22nd year of the Jiajing era of the Ming Dynasty (1543)

线装，版框尺寸16.7×13.5cm，半叶十行，行十八字，白口，左右双边，单白鱼尾。

首册《玉台新咏集并序》、卷一叶十七、卷三叶十七、卷六叶一、卷七叶十一至十二、卷十《目录》叶四至五抄配。全书朱笔批校。书中钤“曾在海虞沈氏希任斋”朱文方印、“缘一寿命长勤行一切善照一福怀虚普救一切人”朱文方印。

国家珍贵古籍名录号06315。

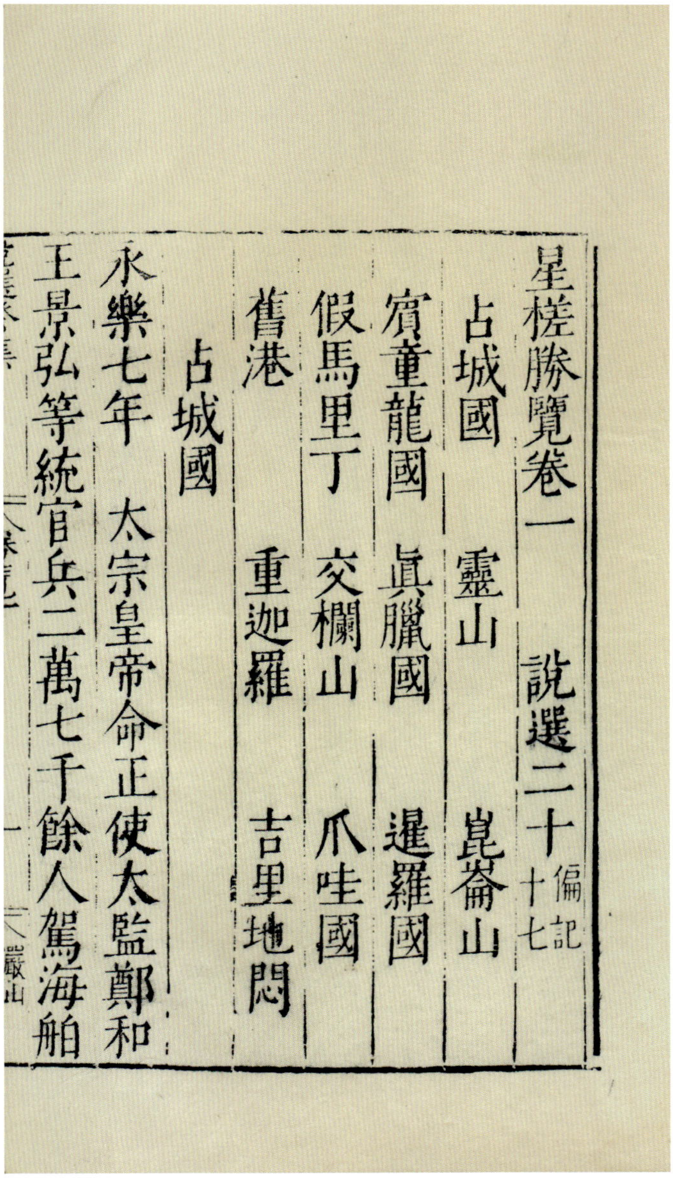
星槎勝覽卷一　說選二十 偏記十七

占城國　靈山　崑崙山

賓童龍國　眞臘國　暹羅國

假馬里丁　交欄山　爪哇國

舊港　重迦羅　吉里地悶

占城國

永樂七年　太宗皇帝命正使太監鄭和
王景弘等統官兵二萬七千餘人駕海船

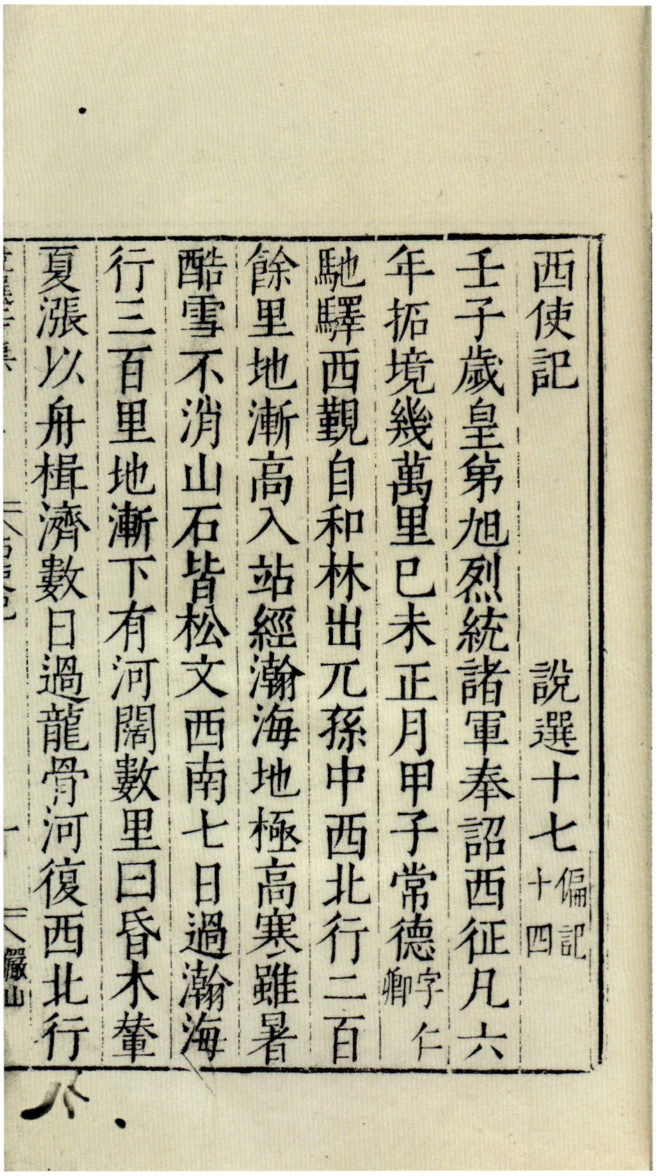
西使記　說選十七 偏記十四

壬子歲皇弟旭烈統諸軍奉詔西征凡六
年拓境幾萬里巳未正月甲子常德字仁卿
馳驛西覲自和林出兀孫中西北行二百
餘里地漸高入站經瀚海地極高寒雖暑
酷雪不消山石皆松文西南七日過瀚海
行三百里地漸下有河闊數里曰昏木輦
夏漲以舟楫濟數日過龍骨河復西北行

59 古今说海一百三十五种一百四十二卷

（明）陆楫等编　明嘉靖二十三年（1544）陆楫俨山书院刻本　存八十八卷（《说选部·偏记家》第十至第十二种、第十五种；《说渊部·别传家》第一至第三种、第十一至第五十九种；《说略部·杂记家》第二十一至第二十四种、第二十八至第三十二种；《说纂部·逸事家》第一至第六种；《说纂部·散录家》第一至第六种；《说纂部·杂纂家》第一至第六种）

Collection of one hundred thirty-five novels（Gu Jin Shuo Hai）, one hundred forty-two volumes
Written by Lu Ji from the Ming Dynasty
Block-printed Edition of the 23rd year of the Jiajing era of the Ming Dynasty（1544）
Eighty-eight volumes collection

线装，版框尺寸17.0×12.2cm，半叶八行，行十六字，白口，左右双边，双顺白鱼尾。

陆楫（1515—1552），字思豫，号小山。主持纂辑《古今说海》，辑录历代野史、杂记、传奇凡135种，142卷。另著有《蒹葭堂稿》八卷。

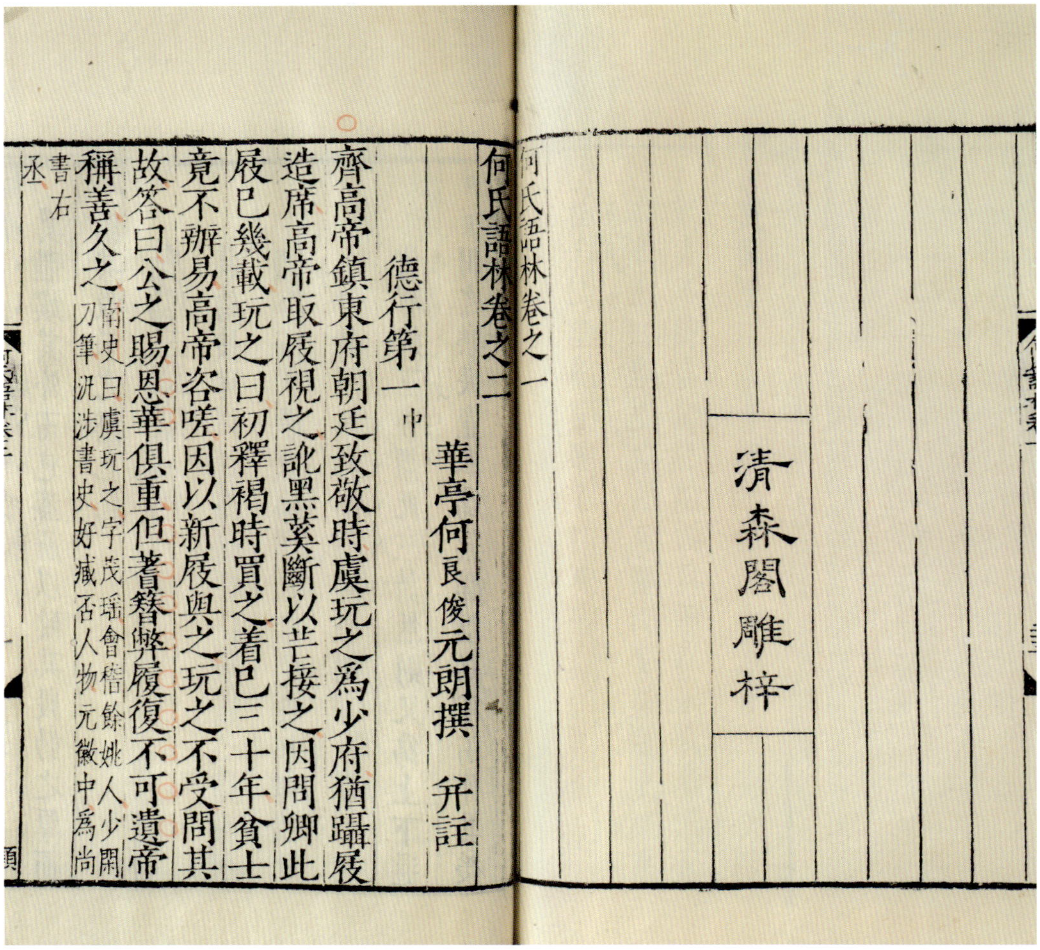

清森閣雕梓

何氏語林卷之一

何氏語林卷之二

華亭何良俊元朗撰 并註

德行第一 中

齊高帝鎮東府朝廷致敬時虞玩之爲少府猶躡屐造席高帝取屐視之訛黑斄斷以芒接之因問卿此屐已幾載玩之曰初釋褐時買之着已三十年貧士竟不辦易高帝咨嗟因以新屐與之玩之不受問其故答曰公之賜恩華俱重但著簪弊履復不可遺帝稱善久之 南史曰虞玩之字茂瑤會稽餘姚人少閑刀筆汎涉書史好臧否人物元徽中爲尚書右丞

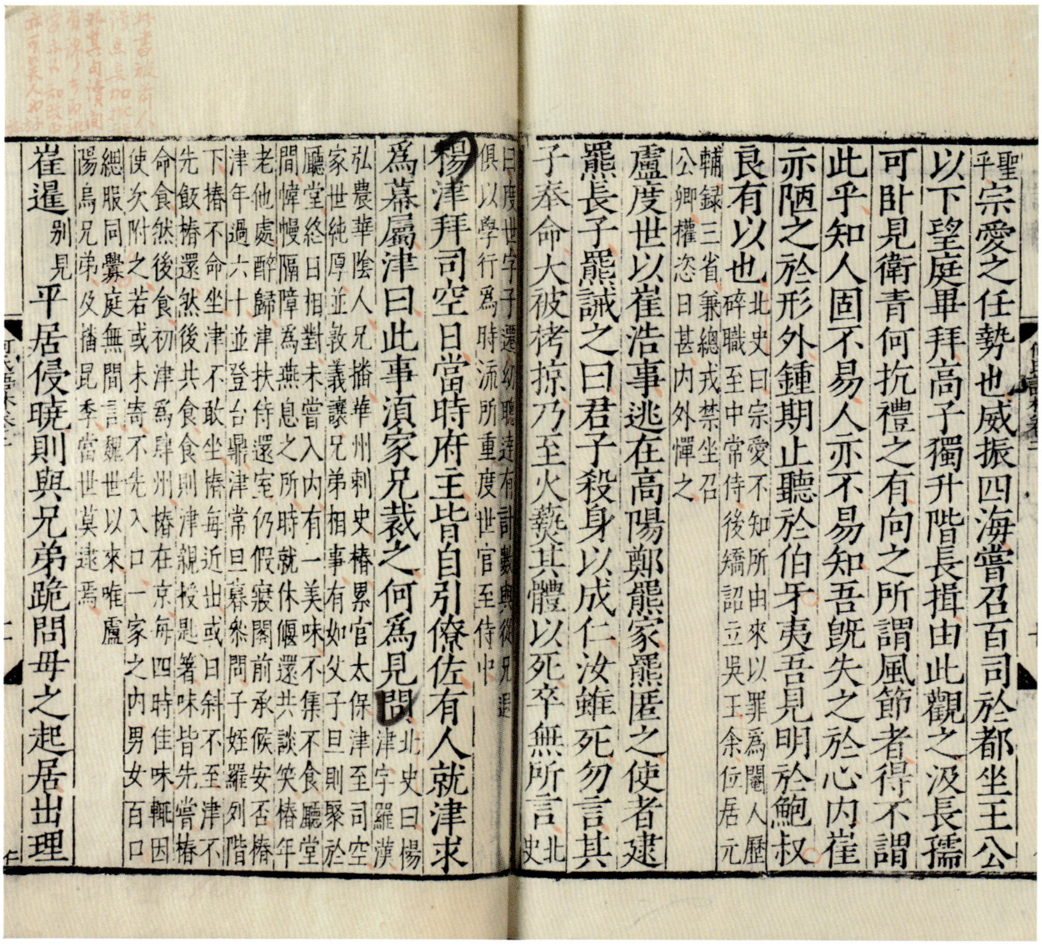

平 聖宗愛之任勢也威振四海嘗召百司於都坐王公以下望庭畢拜高子獨升階長揖由此觀之汲長孺可卧見衛青何抗禮之有向之所謂風節者得不謂此乎知人固不易人亦不易知吾既失之於心內崔亦陋之於形外鍾期止聽於伯牙夷吾見明於鮑叔良有以也 北史曰宗愛不知所由來以罪爲閹人歷碎職至中常侍後矯詔立吳王余位居元輔錄三省兼總戎禁坐召公卿權恣日甚內外憚之

盧度世以崔浩事逃在高陽鄭羆家羆匿之使者建羆長子羆誡之曰君子殺身以成仁汝雖死勿言其子奉命大被栲掠乃至火爇其體以死卒無所言 北史曰度世字子遷幼聰達有計數與從兄遐俱以學行爲時流所重度世官至侍中

楊津拜司空日當時府主皆自引僚佐有人就津求爲幕屬津曰此事須家兄裁之何爲見問 北史曰楊津字羅漢弘農華陰人兄播華州刺史椿累官太保津至司空家世純厚並敦義讓兄弟相事有如父子旦則聚於廳堂終日相對未嘗入內有一美味不集不食廳堂間幃幔隔障爲燕息之所時就休偃還共談笑椿年老他處醉歸津扶侍還室仍假寢閣前承候安否椿津年過六十並登台鼎津常旦暮參問子姪羅列階下椿不命坐津不敢坐椿每近出或日斜不至津不先飯椿還然後共食食則津親授匙箸味皆先嘗椿命食然後食初津爲肆州椿在京每四時佳味輒因使次附之若或未寄不先入口一家之內男女百口緦服同爨庭無間言魏世以來唯盧陽烏兄弟及播昆季當世莫逮焉

崔暹 別見 平居侵曉則與兄弟跪問母之起居出理

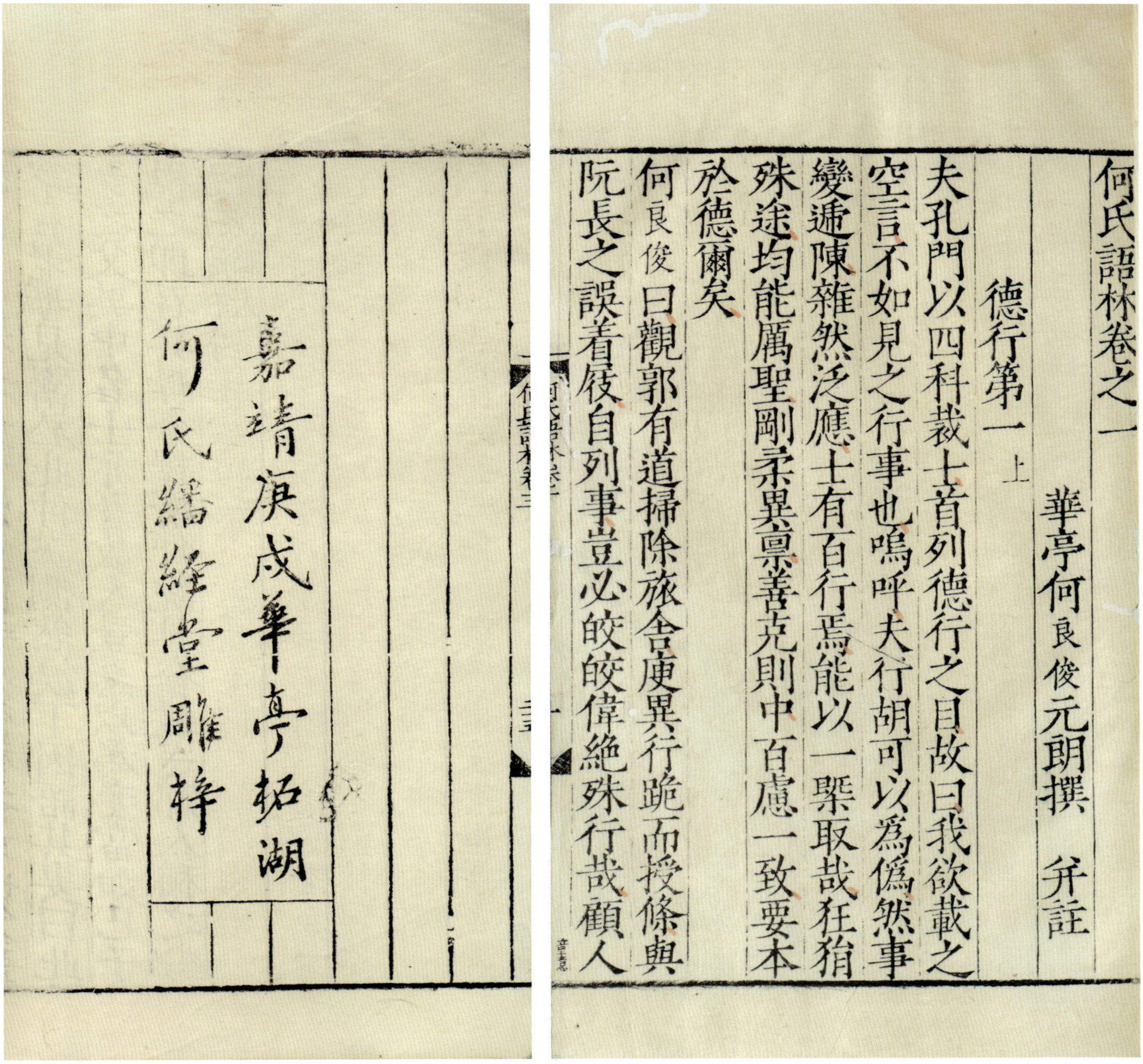
何氏語林卷之一
華亭何良俊元朗撰　幷註
德行第一上
夫孔門以四科裁士首列德行之目故曰我欲載之
空言不如見之行事也嗚呼夫行胡可以爲僞然事
變遞陳雜然泛應士有百行焉能以一槩取哉狂狷
殊途均能厲聖剛柔異禀善克則中百慮一致要本
於德爾矣
何良俊曰觀郭有道掃除旅舍庾異行跪而授條與
阮長之誤着屐自列事豈必皎皎偉絶殊行哉顧人

嘉靖庚戌華亭柘湖
何氏繙經堂雕梓

60　何氏语林三十卷

（明）何良俊撰并注　明嘉靖二十九年（1550）何氏清森阁刻本

Mr. He's works (He Shi Yu Lin), thirty volumes

Written and noted by He Liangjun from the Ming Dynasty

Block-printed Edition of the 29th year of the Jiajing era of the Ming Dynasty (1550)

线装，版框尺寸20.8×15.3cm，半叶十行，行二十字，小字双行同，白口，左右双边，双对黑鱼尾。

序首A面缺失，卷一后有“清森阁雕梓”，卷三后有“嘉靖庚戌华亭柘湖何氏繙经堂雕梓”，卷六后有“嘉靖庚戌冬柘湖何氏清森阁雕梓”，卷十八后有“何氏清森阁雕梓”牌记。版心下有刻工姓名，如陆宗华、杨淳、章意、张仲等。

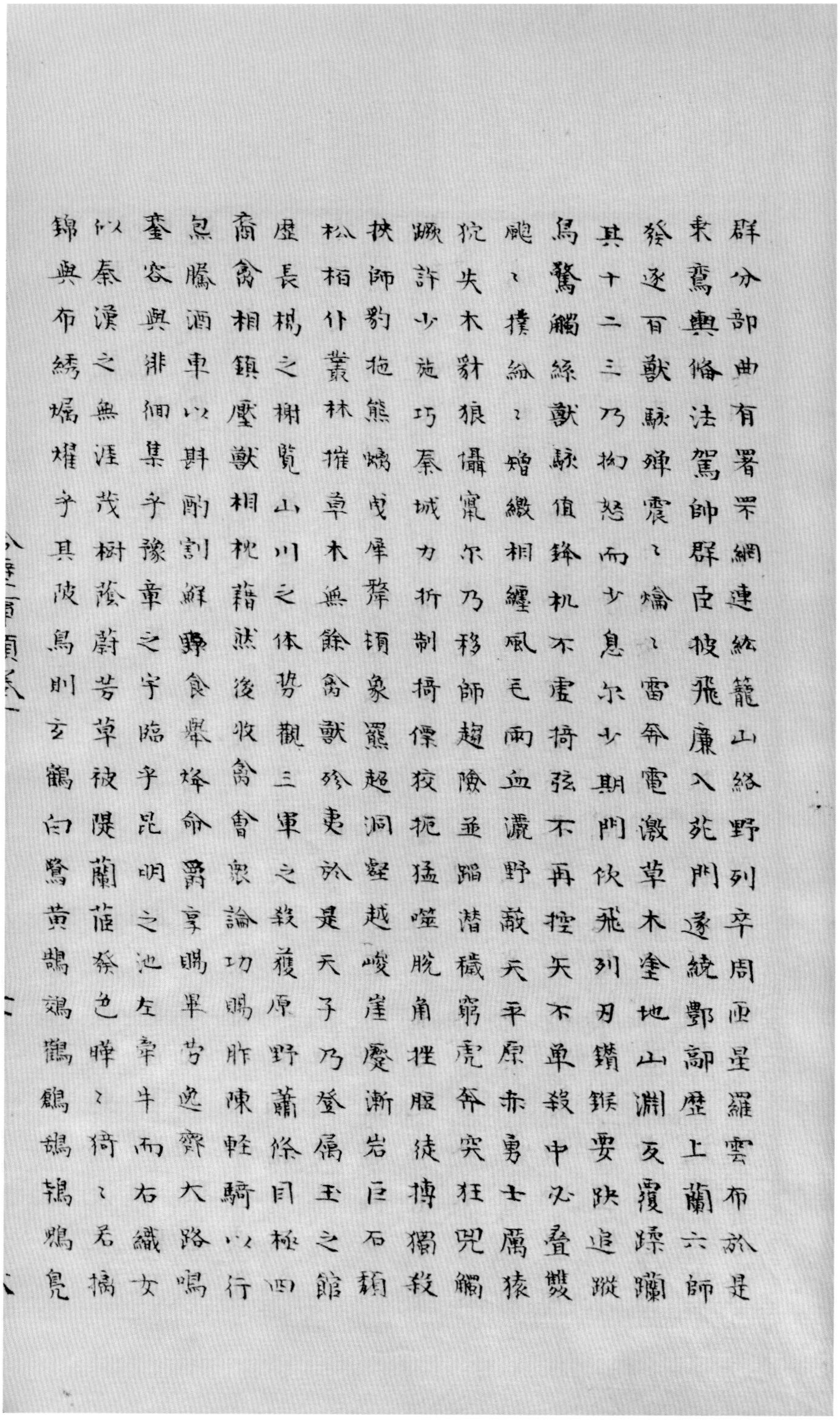
群分部曲有署罘網連紘籠山絡野列卒周匝星羅雲布於是
乘鸞輿備法駕帥群臣披飛廉入苑門遂繞酆鄗歷上蘭六師
發逐百獸駭殫震〻爚〻雷奔電激草木塗地山淵反覆蹂躪
其十二三乃拗怒而少息尔少期門佽飛列刃鑽鍭要趹追蹤
鳥驚觸絲獸駭值鋒机不虛掎弦不再控矢不單殺中必疊雙
飑〻撲紛〻矰繳相纏風毛雨血灑野蔽天平原赤勇士厲猿
狖失木豺狼懾竄尔乃移師趨險並蹈潛穢窮虎奔突狂兕觸
蹶許少施巧秦城力折制掎僄狡扼猛噬脫角挫脰徒搏獨殺
挾師豹拖熊螭曳犀犛頓象羆超洞壑越峻崖蹷嶄岩巨石頹
松柏仆叢林摧草木無餘禽獸殄夷於是天子乃登屬玉之館
歷長楊之榭覽山川之体勢觀三軍之殺獲原野蕭條目極四
裔禽相鎮壓獸相枕藉然後收禽會衆論功賜胙陳輕騎以行
炰騰酒車以斟酌割鮮野食舉烽命爵享賜畢勞逸齊大路鳴
鑾容與徘徊集乎豫章之宇臨乎昆明之池左牽牛而右織女
似秦漢之無涯茂樹蔭蔚芳草被隄蘭茝發色曄〻猗〻若摛
錦與布繡爥燿乎其陂鳥則玄鶴白鷺黃鵠鵁鸛鶬鴰鴇鶂鳧

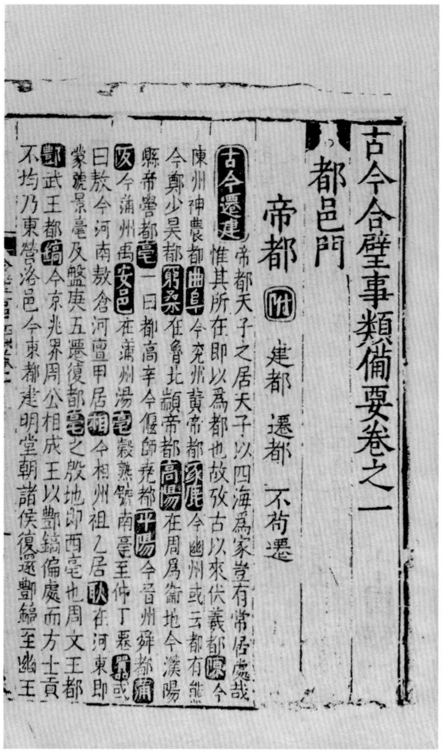
古今合璧事類備要卷之一
都邑門
帝都　附　建都　遷都　不苟遷
古今遷建　帝都天子之居天子以四海爲家豈有常居處哉
惟其所在即以爲都也故攷古以來伏羲都陳今
陳州神農都曲阜今兖州黃帝都涿鹿今幽州或云都有熊
今鄭少昊都窮桑在魯北顓帝都高陽在周爲衞地今漢陽
縣帝嚳都亳一曰都高辛今偃師堯都平陽今晉州舜都蒲
坂今蒲州禹安邑在蒲州湯亳穀熟號南亳至仲丁遷囂或
曰敖今河南敖倉河亶甲居相今相州祖乙居耿在河東即
蒙號景亳及盤庚五遷復都亳之殷地即西亳也周文王都
酆武王都鎬今京兆界周公相成王以酆鎬偏處而方士貢
不均乃東營洛邑今東都建明堂朝諸侯復還酆鎬至幽王

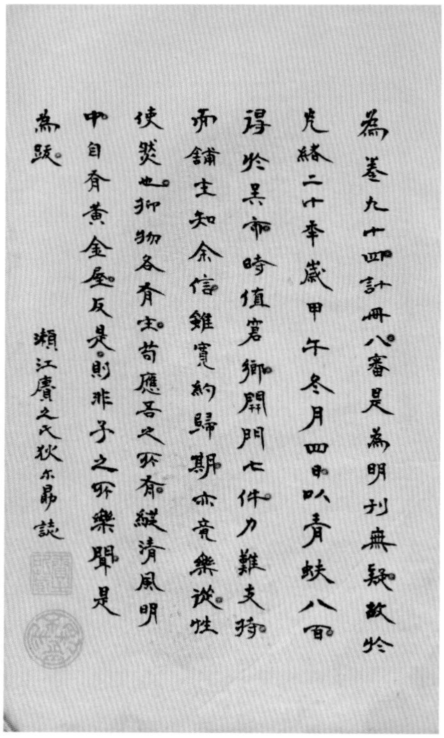
爲卷九十四。計冊八。審是爲明刊無疑。款於
光緒二十年歲甲午冬月四日。以青蚨八百。
得於吳市。時值宮卿。開門七件。力難支持。
而舖主知余信。雖寬約歸期。亦竟樂從。性
使然也。抑物各有主。苟應吾之所有。縱清風明
中自有黃金屋。反是。則非予之所樂聞。是
爲跋。
瀨江賡之氏秋水鼎誌

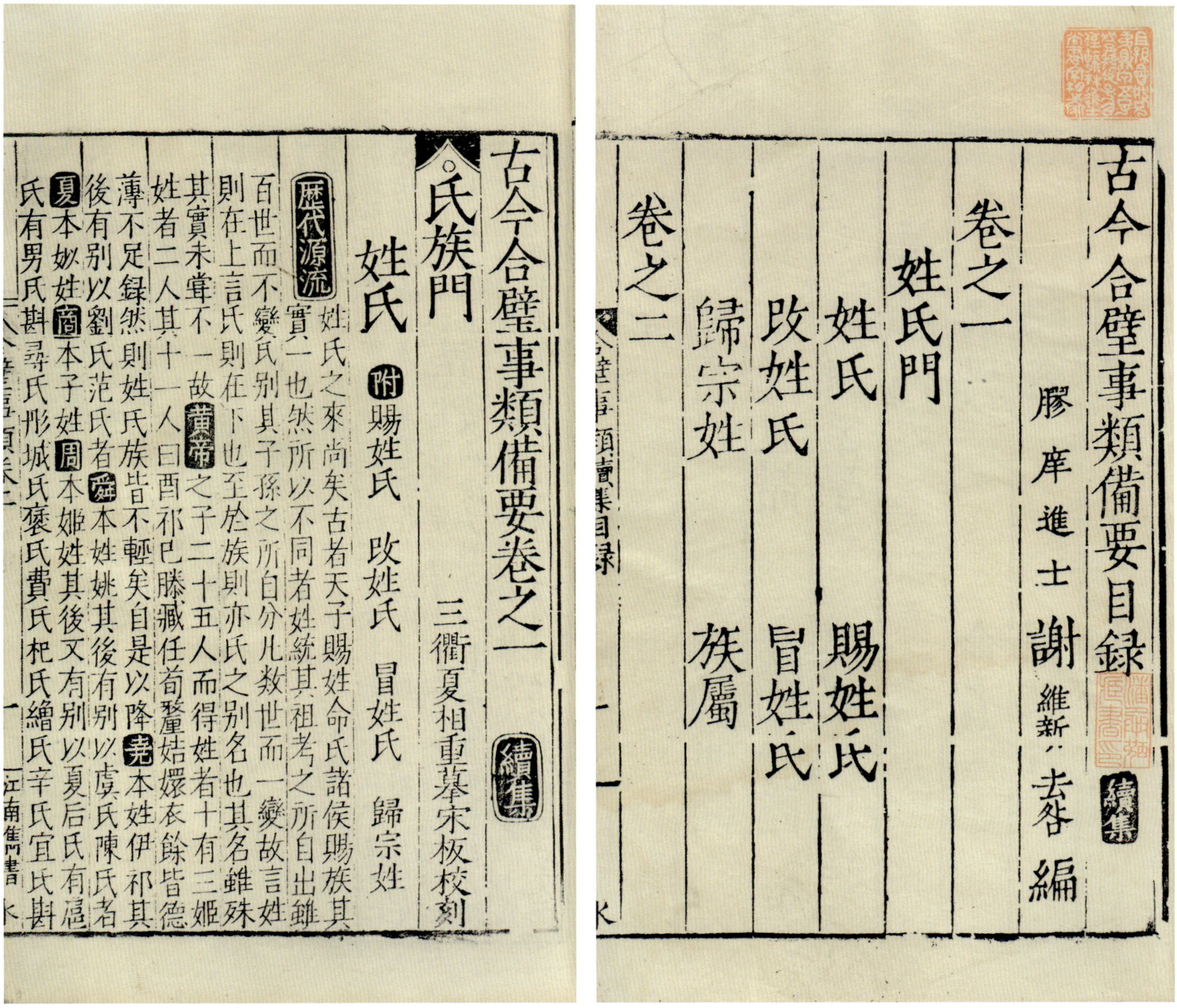

61 古今合璧事类备要前集六十九卷后集八十一卷续集五十六卷别集九十四卷外集六十六卷

（宋）谢维新辑　（宋）虞载辑　明嘉靖三十一年至三十五年（1552–1556）夏相刻本　（清）狄尔昂跋　存一百七卷（续集一至十三，别集全）

The encyclopedia (Gu Jin He Bi Shi Lei Bei Yao)
Compiled by Xie Weixin from the Song Dynasty
Compiled by Yu Zai from the Song Dynasty
Block-printed Edition of the 31st -35th year of the Jiajing era of the Ming Dynasty (1552-1556)

线装，版框尺寸20.0×14.0cm，注小字双行二十四字，白口，左右双边，单黑鱼尾。

《别集》卷一叶十一抄配，《续集》卷一首A面题名下有“三衢夏相重摹宋板校刻”，版心下有“江南隽书”。书中钤“祖孙会状兄弟鼎甲五子登科父子伯侄翰林进士尚书宰相之家”界边白文方印、“潘承弼藏书印”朱文竖长印、“戾之所藏”朱文方印、“不求甚解”朱文圆印。《别集》卷后有清狄尔昂墨笔跋。《续集》二册原为潘承弼藏书，《别集》八册原为狄尔昂藏书。

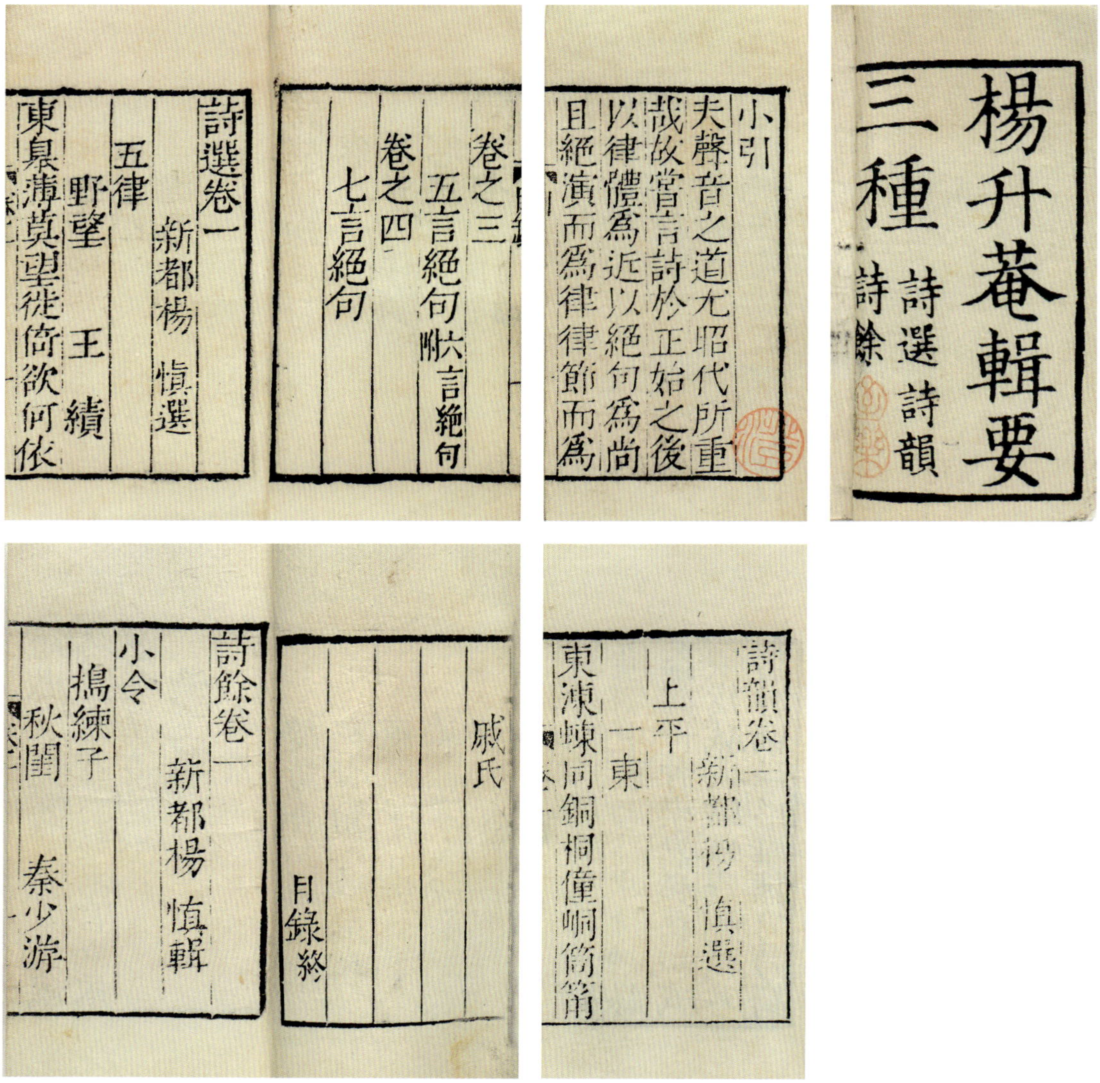

62 杨升庵辑要三种十二卷

（明）杨慎辑　明刻本　（民国）吴湖帆跋

Three summaries of Yang Shengan, twelve volumes

Compiled by Yang Shen from the Ming Dynasty

Block-printed Edition of the Ming Dynasty (1368-1644) with Wu Hufan's postscript

线装，版框尺寸5.2×3.2cm，半叶五行，行十字，白口，四周单边，单黑鱼尾。

蓝布夹板四合套一函。原书衣有吴湖帆用极小字工书瘦金体题识。书中钤“至乐”朱文匏形印、“澄”朱文圆印。

国家珍贵古籍名录号06332。

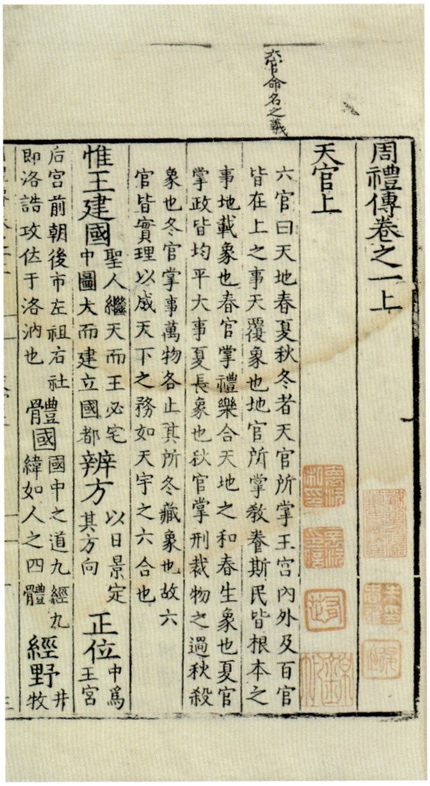

叙命名之義

周禮傳卷之一上

天官上

六官曰天地春夏秋冬者天官所掌王宮內外及百官皆在上之事天覆象也地官所掌教養斯民皆根本之事地載象也春官掌禮樂合天地之和春生象也夏官掌政皆均平大事夏長象也秋官掌刑裁物之過秋殺象也冬官掌事萬物各止其所冬藏象也故六官皆實理以成天下之務如天宇之六合也

惟王建國 聖人繼天而王必宅中圖大而建立國都 辨方 以日景定其方向 正位 中爲王宮 后宮前朝後市左祖右社即洛誥攻位于洛汭也 體國 國中之道九經九緯如人之四體 經野 井牧

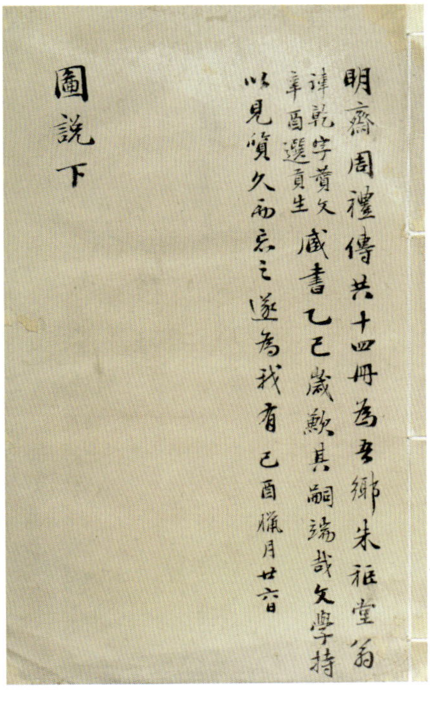

圖說 下

明齋周禮傳共十四冊爲吾鄉朱祗堂翁 諱乾字黃文辛酉選貢生 藏書乙巳歲歙其嗣端哉文學持以見贈久而忘之遂爲我有 乙酉臘月廿一日

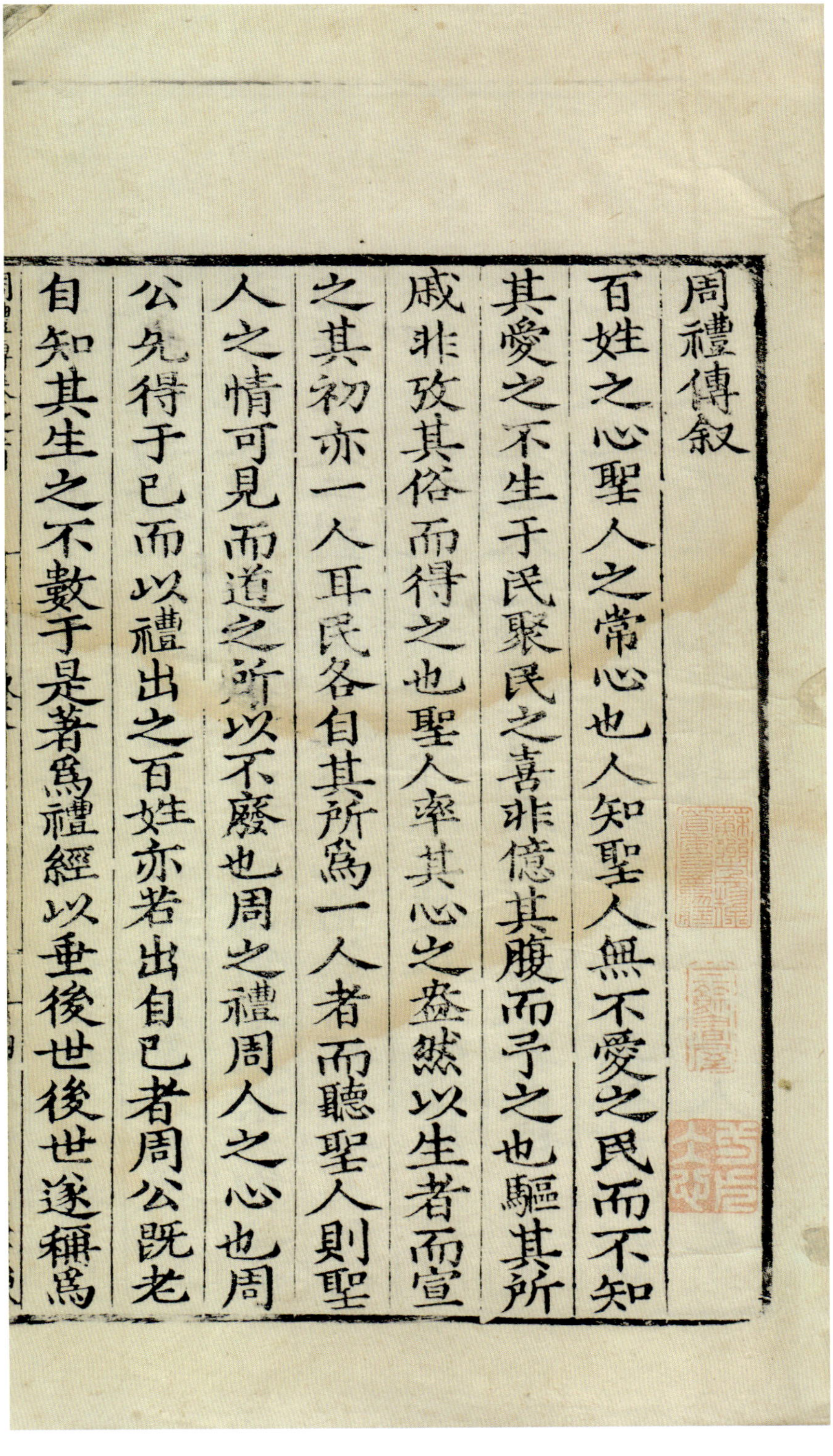

周禮傳敘

百姓之心聖人之常心也人知聖人無不愛之民而不知其愛之不生于民聚民之喜非億其腹而子之也驅其所戚非攻其俗而得之也聖人率其心之盎然以生者而宣之其初亦一人耳民各自其所爲一人者而聽聖人則聖人之情可見而道之所以不廢也周之禮周人之心也周公先得于已而以禮出之百姓亦若出自已者周公既老自知其生之不數于是著爲禮經以垂後世後世遂稱爲

63 周礼传五卷翼传二卷图说二卷

（明）王应电撰　明嘉靖四十二年（1563）吴凤瑞刻本

The Explanation of the Rites of Zhou

Written by Wang Yingdian from the Ming Dynasty

Block-printed Edition of the 42nd year of the Jiajing era of the Ming Dynasty (1563)

线装，版框尺寸20.6×14.4cm，《传》半叶七行，行二十二字，小字双行同，《翼传》、《图说》半叶十行，行二十五字，白口，四周单边。

书中钤“三余书屋”朱文竖长印、“一片冰心”白文方印、“文公二十世孙”白文方印、“朱忠进印”白文方印、“得之”朱文方印、“襄沅私印”白文方印、“襄沅印信”白文方印、“有芷”朱文方印、“锦帆”朱文方印。

国家珍贵古籍名录号03290。

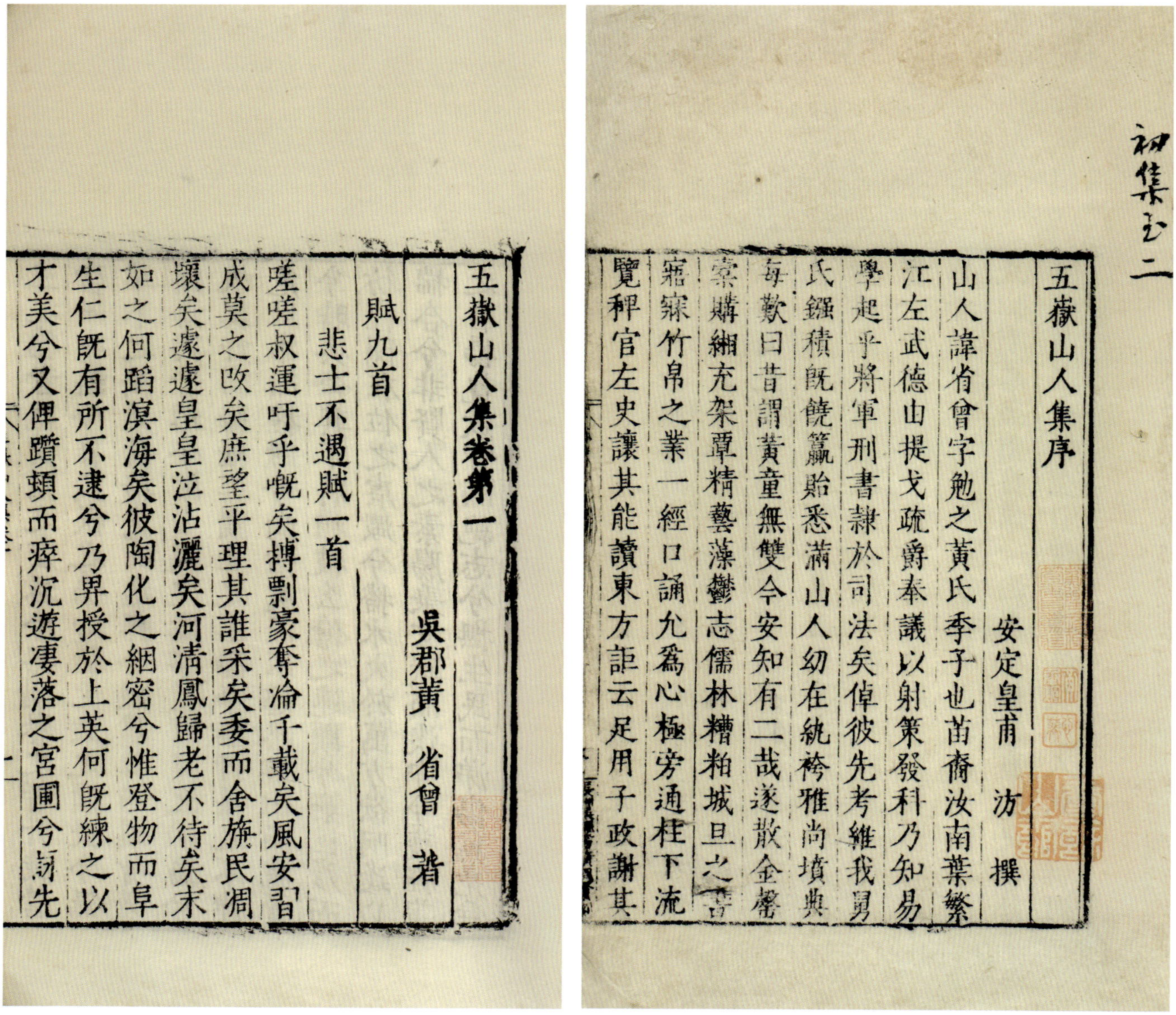
五嶽山人集序
安定皇甫　汸　撰
山人諱省曾字勉之黃氏季子也苗裔汝南葉繁
江左武德由提戈疏爵奉議以射策發科乃知易
學起乎將軍刑書隸於司法矣俾彼先考維我男
氏鏹積既饒籯貽悉滿山人幼在紈袴雅尚墳典
每歎曰昔謂黃童無雙今安知有二哉遂散金罄
橐購緗充架覃精藝藻鬱志儒林糟粕城旦之書
寤寐竹帛之業一經口誦允爲心極旁通柱下流
覽稗官左史讓其能讀東方詎云足用子政謝其
五嶽山人集卷第一
吳郡黃　省曾　著
賦九首
悲士不遇賦一首
嗟嗟叔運吁乎嘅矣搏剽豪奪淪千載矣風安習
成莫之改矣庶望平理其誰采矣委而舍旃民凋
壞矣遽遽皇皇泣沾灑矣河清鳳歸老不待矣末
如之何蹈溟海矣彼陶化之絪窈兮惟登物而阜
生仁既有所不逮兮乃畀授於上英何既練之以
才美兮又俾躓頓而瘁沉遊淒落之宮圃兮矧先

64　五岳山人集三十八卷

（明）黄省曾撰　明嘉靖黄姬水刻本　存三十卷（一至三十）

Collected works of Wu Yue Shan Ren

Written by Huang Shengceng from the Ming Dynasty

Block-printed Edition of the Jiajing era of the Ming Dynasty (1522-1566)

Thirty volumes collection (No. 1-30)

线装，版框尺寸18.7×14.2cm，半叶十行，行十九字，白口，左右双边，单白鱼尾。

书中钤“黄承煊”白文方印、“心葵”朱文方印、“养余山馆”白文方印。

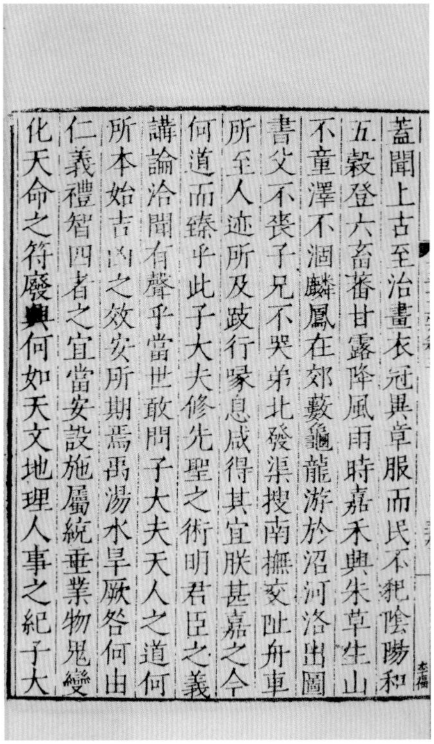
蓋聞上古至治畫衣冠異章服而民不犯陰陽和五穀登六畜蕃甘露降風雨時嘉禾興朱草生山不童澤不涸麟鳳在郊藪龜龍游於沼河洛出圖書父不喪子兄不哭弟北發渠搜南撫交阯舟車所至人迹所及跂行喙息咸得其宜朕甚嘉之今何道而臻乎此子大夫修先聖之術明君臣之義講論洽聞有聲乎當世敢問子大夫天人之道何所本始吉凶之效安所期焉禹湯水旱厥咎何由仁義禮智四者之宜當安設施屬統垂業物鬼變化天命之符廢興何如天文地理人事之紀子大

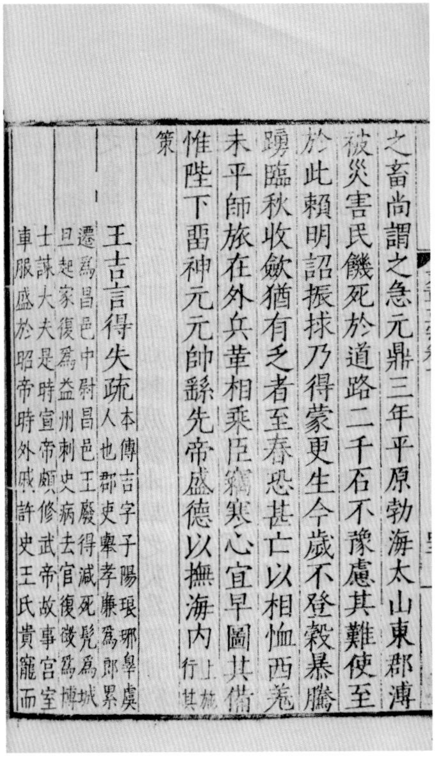
之畜尚謂之急元鼎三年平原勃海太山東郡溥被災害民饑死於道路二千石不豫慮其難使至於此賴明詔振捄乃得蒙更生今歲不登穀暴騰踴臨秋收斂猶有乏者至春恐甚亡以相恤西羌未平師旅在外兵革相乘臣竊寒心宜早圖其備惟陛下留神元元帥繇先帝盛德以撫海内

策

王吉言得失疏 本傳吉字子陽琅邪皋虞人也郡吏舉孝廉爲郎累遷爲昌邑中尉昌邑王廢得減死髡爲城旦起家復爲益州刺史病去官復徵爲博士諫大夫是時宣帝頗修武帝故事宮室車服盛於昭帝時外戚許史王氏貴寵而

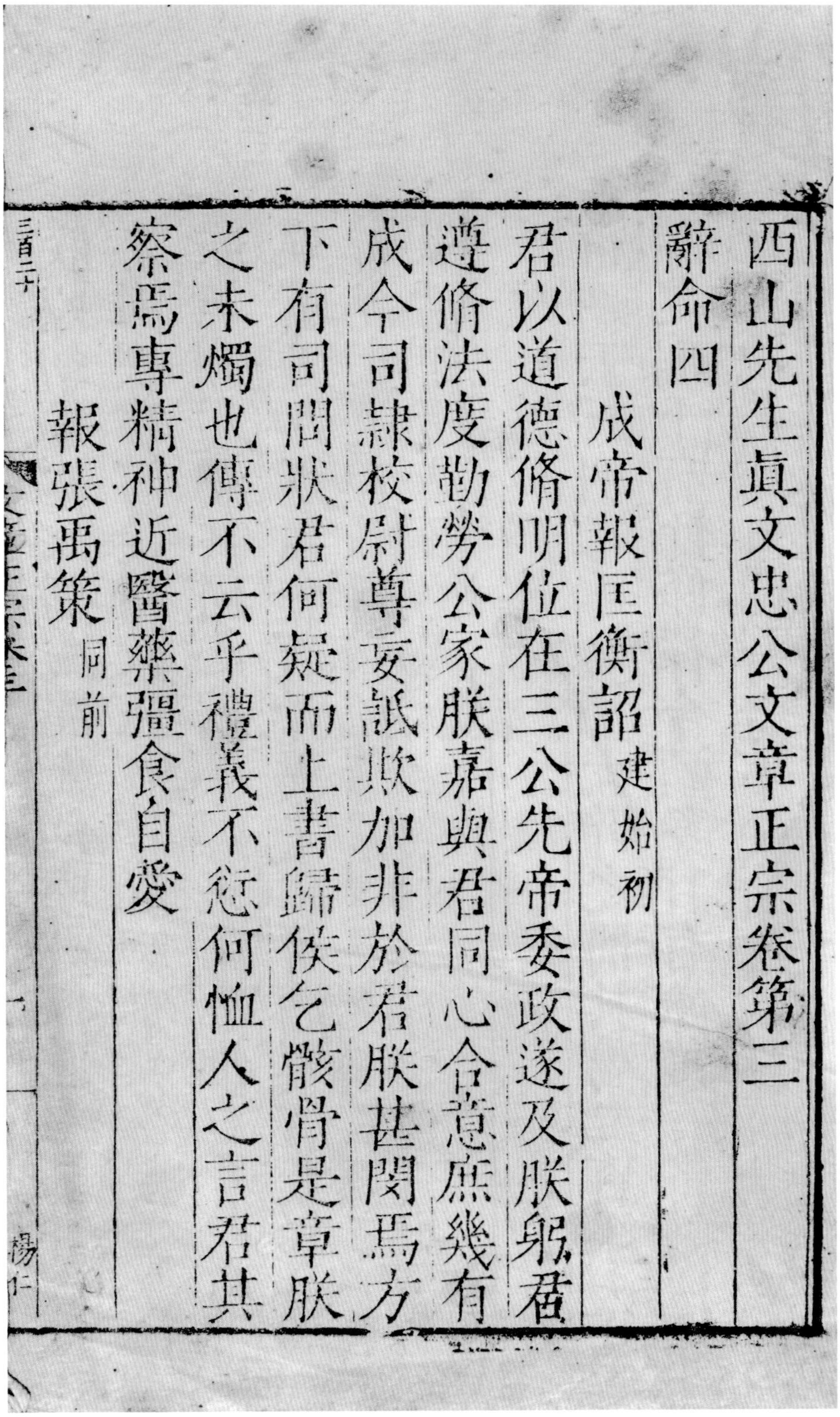
西山先生眞文忠公文章正宗卷第三

辭命四

成帝報匡衡詔 建始初

君以道德脩明位在三公先帝委政遂及朕躬君遵脩法度勤勞公家朕嘉與君同心合意庶幾有成今司隷校尉尊妄詆欺加非於君朕甚閔焉方下有司問狀君何疑而上書歸侯乞骸骨是章朕之未燭也傳不云乎禮義不愆何恤人之言君其察焉專精神近醫藥彊食自愛

報張禹策 同前

三百二十 楊仁

65 西山先生真文忠公文章正宗二十四卷

（宋）真德秀辑　明嘉靖刻本　存八卷（二至三、七、十、十八至二十、二十二）

Collected Works of Mr. Xi Shan, twenty-four volumes

Compiled by Zhen Dexiu from the Song Dynasty

Block-printed Edition of the Jiajing ear of the Ming Dynasty (1522-1566)

Eight volumes collection (No. 2-3, 7, 10, 18-20, 22)

线装，版框尺寸22.0×15.8cm，半叶十行，行十九字，小字双行同，白口，左右双边，单黑鱼尾。

版心镌有字数，版心下有刻工姓名，如李炤、章彬、杨仁、李孙等，计有十数人。卷二末叶有无名氏墨跋。

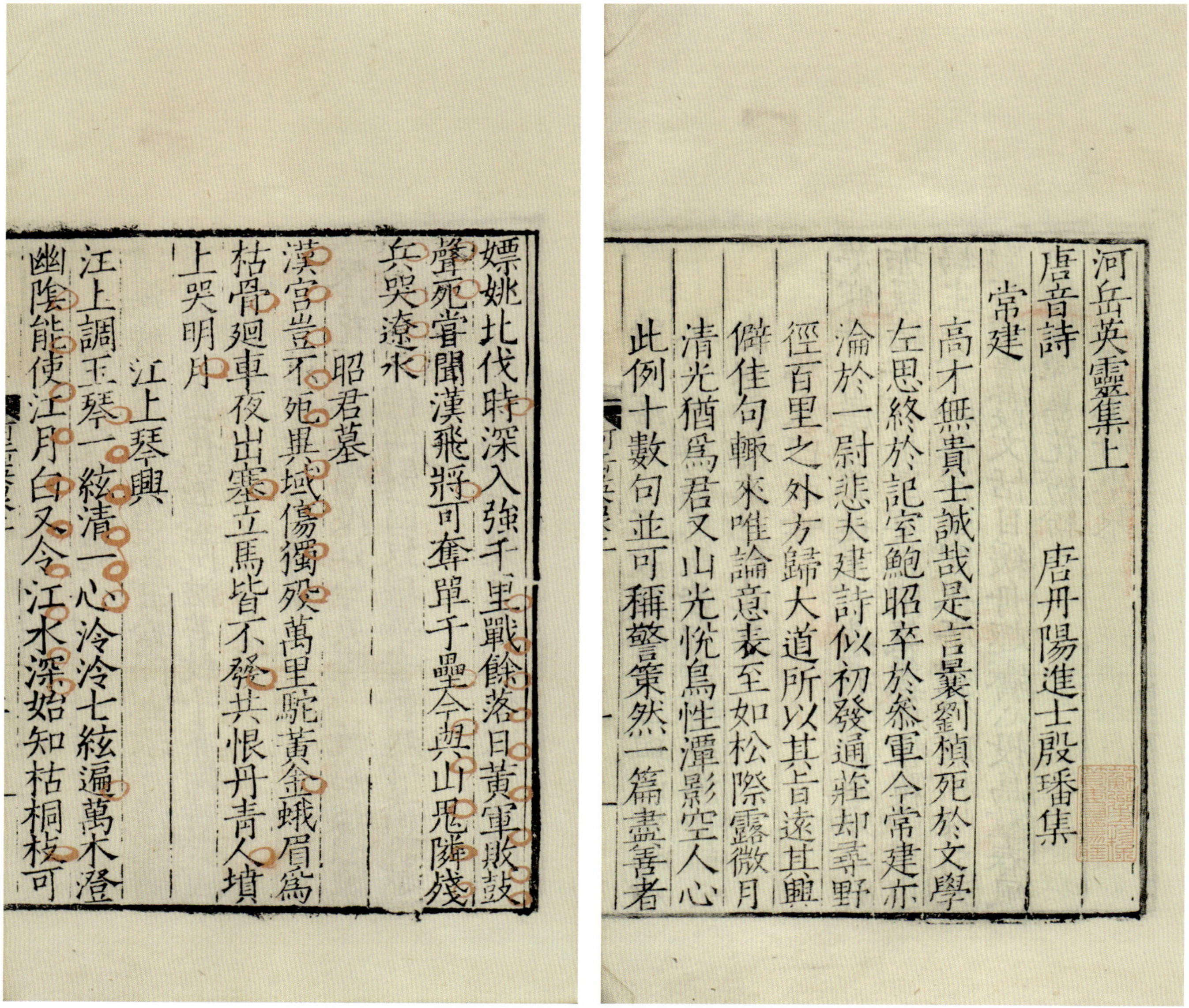
河岳英靈集上

唐音詩　唐丹陽進士殷璠集

常建

高才無貴士誠哉是言曩劉楨死於文學
左思終於記室鮑昭卒於參軍今常建亦
淪於一尉悲夫建詩似初發通莊却尋野
徑百里之外方歸大道所以其旨遠其興
僻佳句輙來唯論意表至如松際露微月
清光猶為君又山光悅鳥性潭影空人心
此例十數句並可稱警策然一篇盡善者

嫖姚北伐時深入強千里戰餘落日黃軍敗鼓
聲死嘗聞漢飛將可奪單于壘今與山鬼隣殘
兵哭遼水

昭君墓

漢宮豈不死異域傷獨歿萬里駝黃金蛾眉為
枯骨迴車夜出塞立馬皆不發共恨丹青人墳
上哭明月

江上琴興

江上調玉琴一絃清一心泠泠七絃遍萬木澄
幽陰能使江月白又令江水深始知枯桐枝可

66 河岳英灵集三卷

（唐）殷璠辑　明嘉靖刻公文纸印本

Collections of the pomes (He Yue Ying Ling), three volumes

Compiled by Yin Pan from the Tang Dynasty

Block-printed Edition of the Jiajing era of the Ming Dynasty (1522-1566)

线装，版框尺寸17.0×13.3cm，半叶十行，行十八字，小字双行同，白口，左右双边，单黑鱼尾。

公文纸背面刷印而成，原纸多有钤盖官印。所用公文用纸系明嘉靖十六年（1537）二月至四月所起草之公文。

国家珍贵古籍名录号06430。

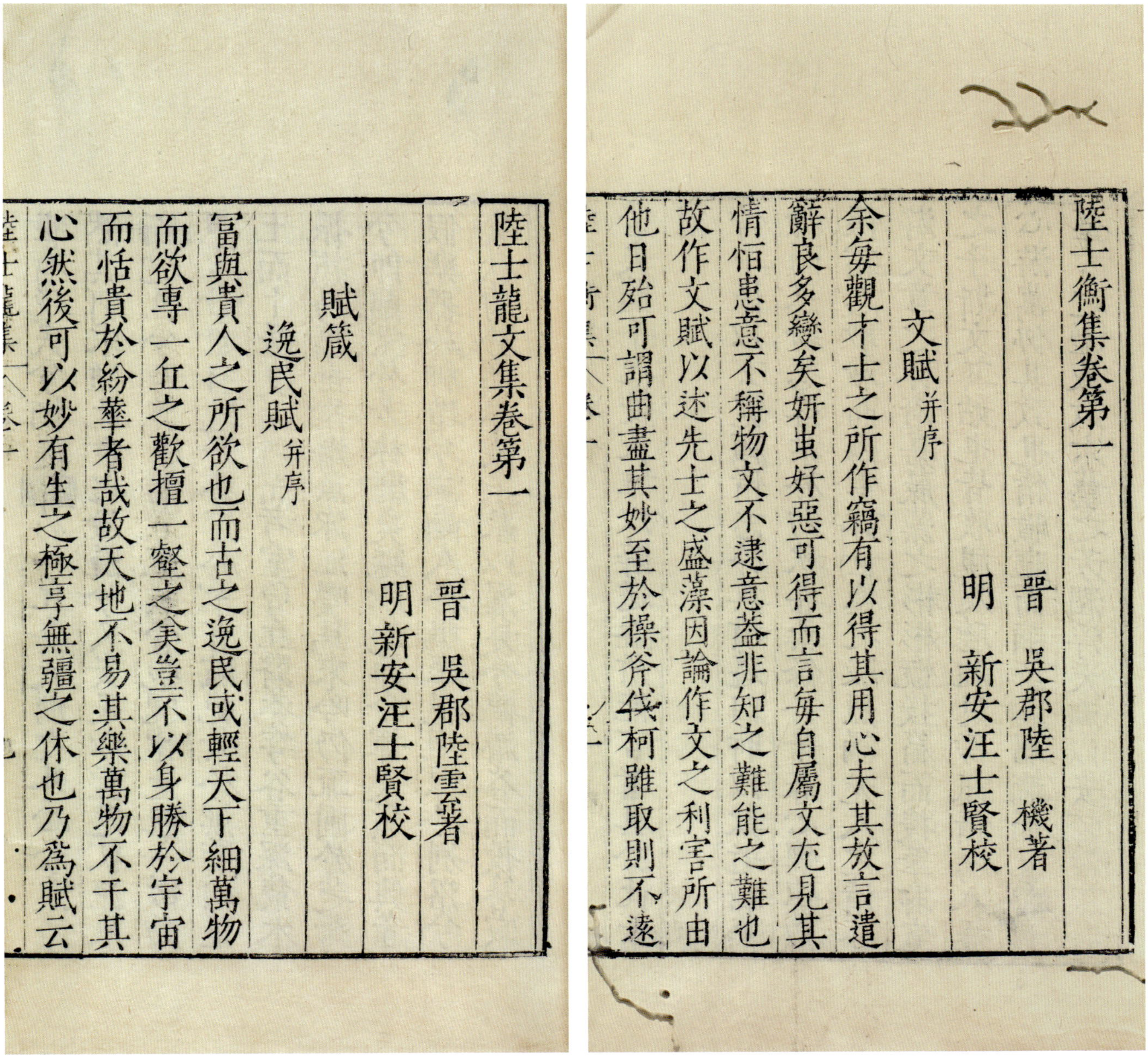
陸士龍文集卷第一
晉　吳郡陸雲著
明　新安汪士賢校
賦箴
逸民賦并序
富與貴人之所欲也而古之逸民或輕天下細萬物
而欲專一丘之歡擅一壑之美豈不以身勝於宇宙
而恬貴於紛華者哉故天地不易其樂萬物不干其
心然後可以妙有生之極享無疆之休也乃為賦云

陸士衡集卷第一
晉　吳郡陸　機著
明　新安汪士賢校
文賦并序
余每觀才士之所作竊有以得其用心夫其放言遣
辭良多變矣妍蚩好惡可得而言每自屬文尤見其
情恒患意不稱物文不逮意蓋非知之難能之難也
故作文賦以述先士之盛藻因論作文之利害所由
他日殆可謂曲盡其妙至於操斧伐柯雖取則不遠

67 晋二俊文集二种二十卷

（晋）陆机、陆云撰　明嘉靖新安汪（士贤）氏校刊钱塘郭志学刻本

Collected Works of Lu ji and Lu Yun from the Jin Dynasty, twenty volumes

Written by Lu Ji and Lu Yun from the Jin Dynasty

Block-printed Edition of the Jiajing era of the Ming Dynasty (1522-1566)

线装，版框尺寸20.0×14.1cm，半叶九行，行二十字，白口，左右双边，单白鱼尾。

陆机（261—303），字士衡，吴郡吴县（今江苏苏州）人，西晋文学家、书法家。祖父陆逊为三国名将，父陆抗曾任东吴大司马。陆机曾历任平原内史、祭酒、著作郎等职，故世称“陆平原”。陆云（ 262—303），字士龙，吴郡吴县（今江苏苏州）人，文学家，陆机的胞弟。好学，有才思，5岁能读《论语》、《诗经》，6岁能文章，与兄陆机齐名，合称“二陆”。

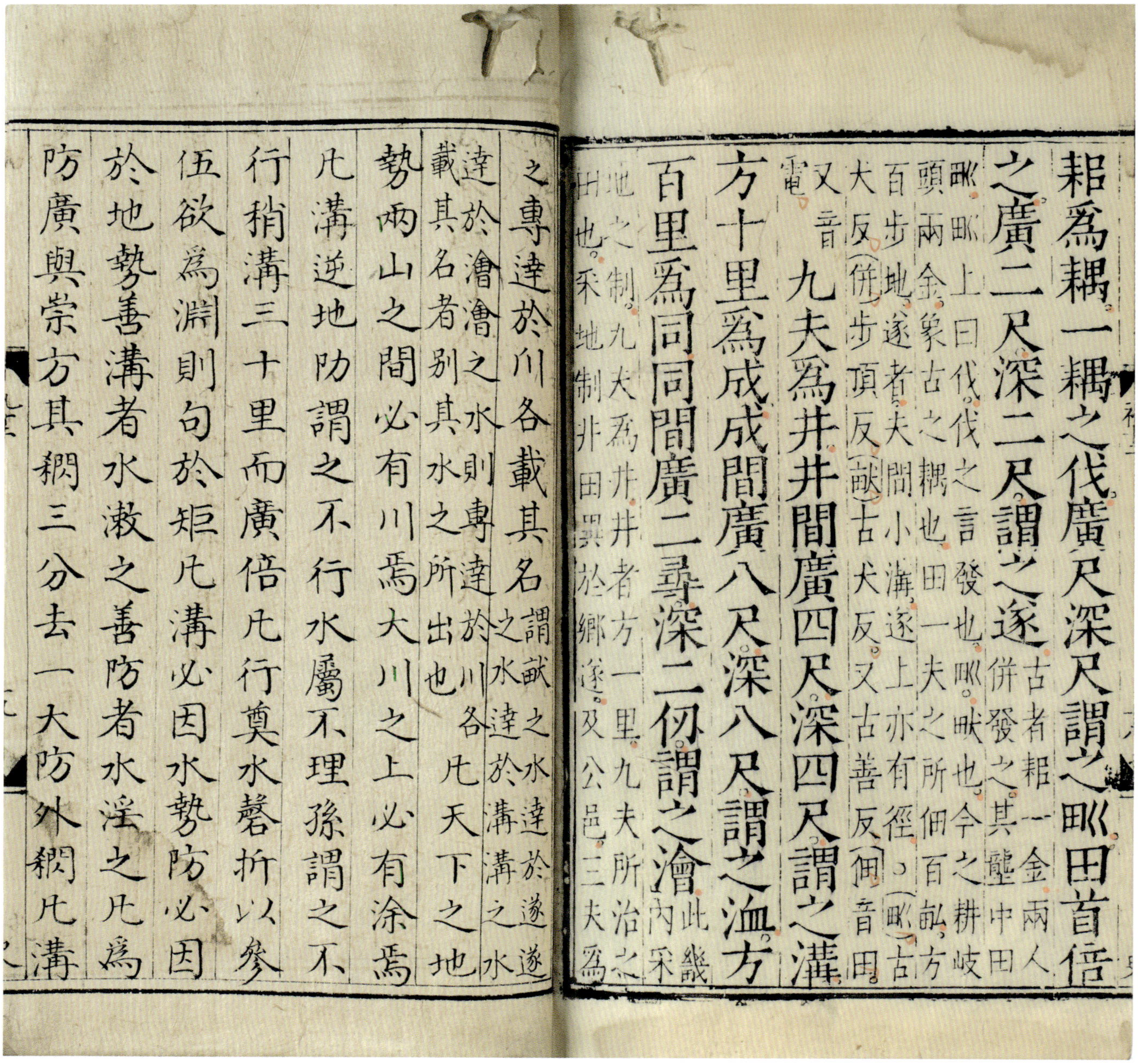
耜為耦一耦之伐廣尺深尺謂之甽田首倍
之廣二尺深二尺謂之遂古者耜一金兩人併發之其壟中田
甽甽上曰伐伐之言發也甽畎也今之耕岐頭兩金象古之耦也田一夫之所佃百畝方
百步地遂者夫間小溝遂上亦有徑(甽)古犬反(併)步頂反(畝)古犬反又古善反(佃)音田
又音電九夫為井井間廣四尺深四尺謂之溝
方十里為成成間廣八尺深八尺謂之洫方
百里為同同間廣二尋深二仞謂之澮此畿內采
地之制九夫為井井者方一里九夫所治之田也采地制井田異於鄉遂及公邑三夫為

之專達於川各載其名謂畝之水達於遂遂之水達於溝溝之水
達於澮澮之水則專達於川各載其名者别其水之所出也凡天下之地
勢兩山之間必有川焉大川之上必有涂焉
凡溝逆地防謂之不行水屬不理孫謂之不
行稍溝三十里而廣倍凡行奠水磬折以參
伍欲為淵則句於矩凡溝必因水勢防必因
於地勢善溝者水漱之善防者水淫之凡為
防廣與崇方其閷三分去一大防外閷凡溝

68 周礼十二卷

（汉）郑玄注　明嘉靖徐氏刻三礼本　陈祖节批校　存十卷（三至十二）

Rites of Zhou, twelve volumes

Noted by Zheng Xuan from the Han Dynasty

Block-printed Edition of the Jiajing era of the Ming Dynasty (1522-1566)

Ten volumes collection (No. 3-12)

线装，版框尺寸20.8×13.8cm，半叶八行，行十七字，小字双行同，白口，四周双边，双对黑鱼尾。

卷十二叶十九至二十九抄配，版心下有刻工姓名，如允中、伯恭、永言、王圭、守中、一何等。书中钤“陈祖节印”四字界边朱文方印、“不可以其越而绝之”白文竖长印。

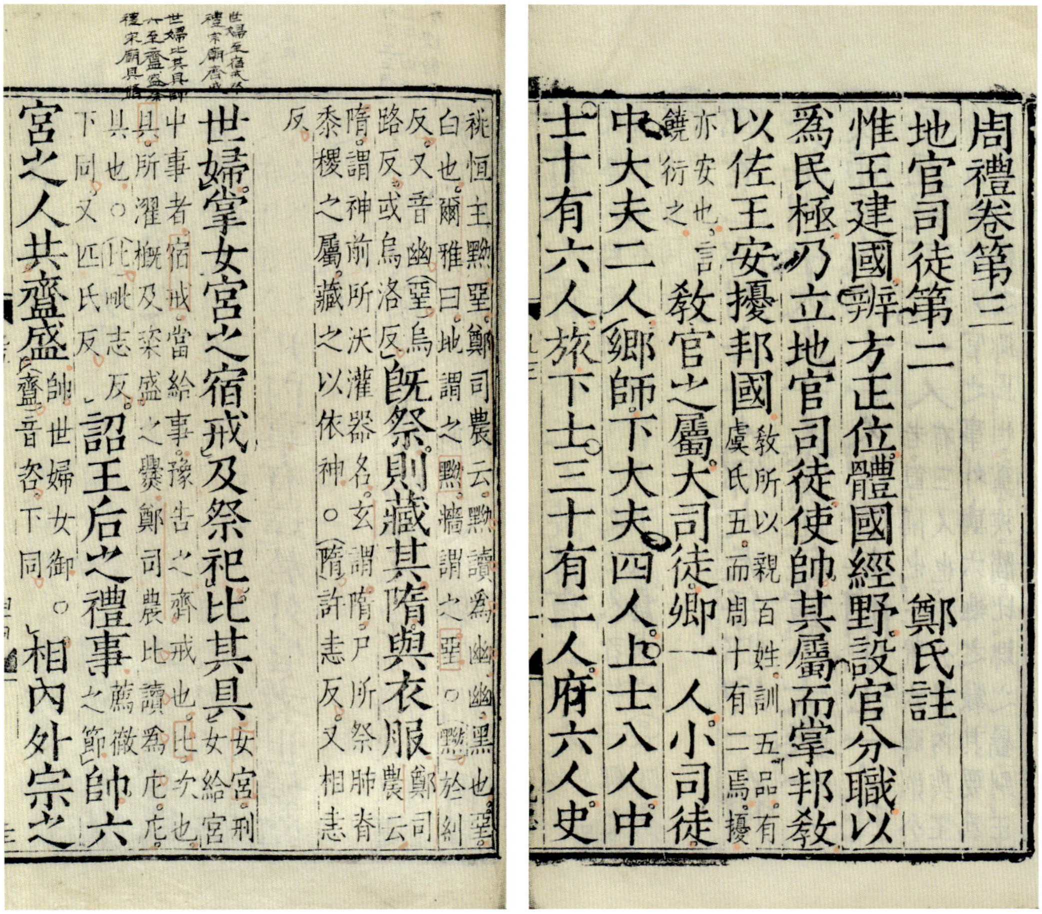

周禮卷第三

地官司徒第二　鄭氏註

惟王建國辨方正位體國經野設官分職以爲民極乃立地官司徒使帥其屬而掌邦教以佐王安擾邦國 敎所以親百姓訓五品有虞氏五而周十有二焉擾亦安也言饒衍之 教官之屬大司徒卿一人小司徒中大夫二人鄉師下大夫四人上士八人中士十有六人旅下士三十有二人府六人史

祧恒主黝堊鄭司農云黝讀爲幽幽黑也堊白也爾雅曰地謂之黝牆謂之堊○黝於糾反又音幽堊烏路反或烏洛反 既祭則藏其隋與衣服 鄭司農云隋謂神前所沃灌器名玄謂隋尸所祭肺脊黍稷之屬藏之以依神○隋許恚反又相恚反

世婦掌女宮之宿戒及祭祀比其具 女宮刑女給宮中事者宿戒當給事豫告之齊戒也比次也具所濯概及粢盛之爨鄭司農比讀爲庀庀具也○比毗志反下同又匹氏反 詔王后之禮事 薦徹之節 帥六宮之人共齍盛 帥世婦女御○齍音咨下同 相內外宗之

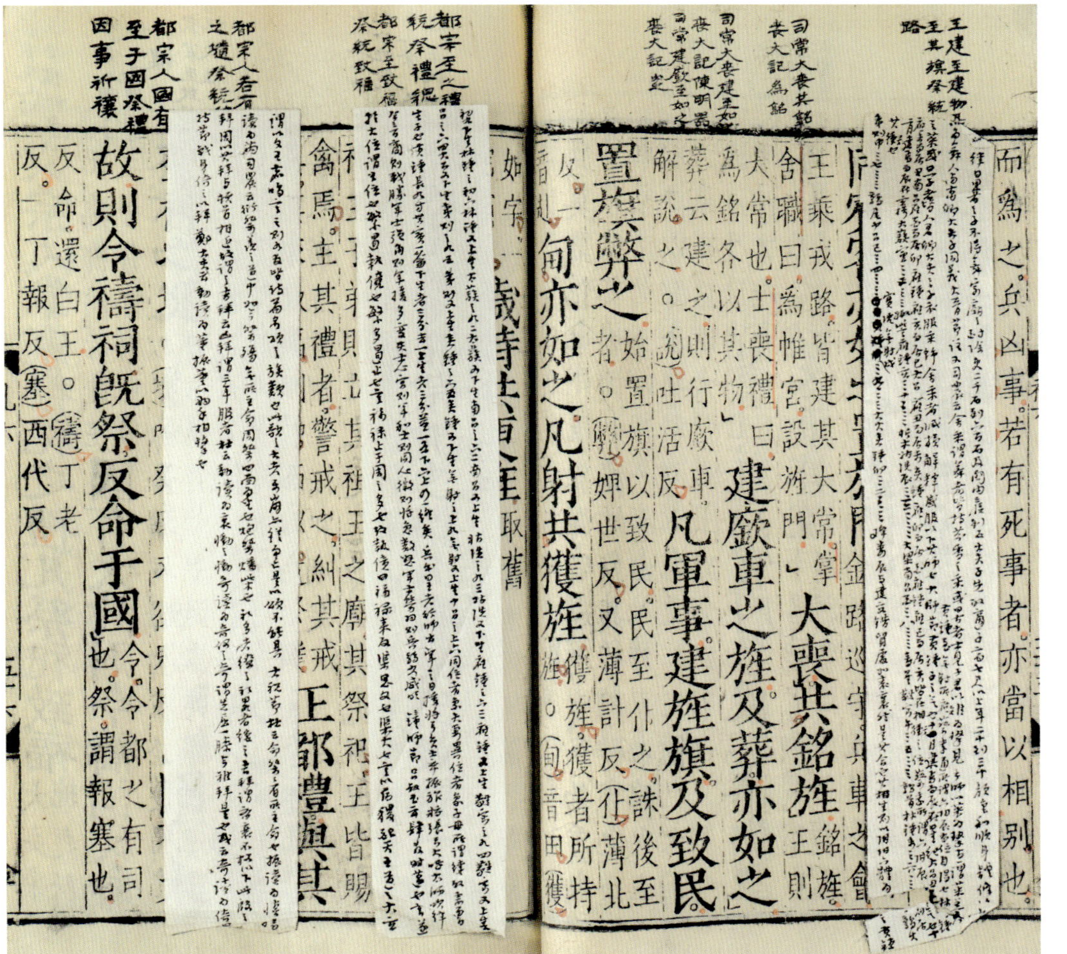

而爲之兵凶事若有死事者亦當以相別也

大喪共銘旌 銘旌王則

建廞車之旌及葬亦如之

凡軍事建旌旗及致民

置旗弊之

甸亦如之凡射共獲旌

故則令禱祠既祭反命于國

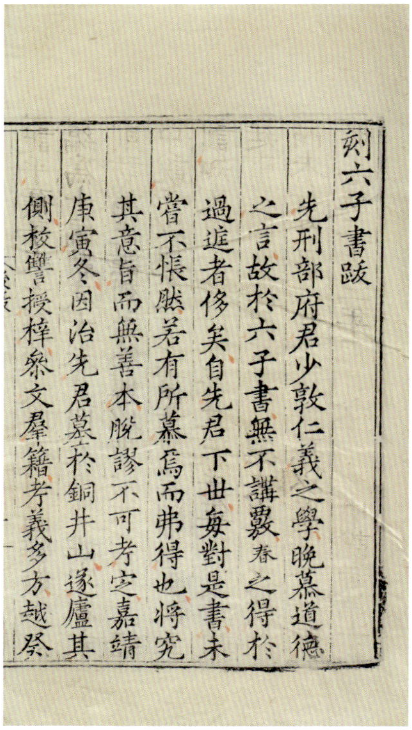

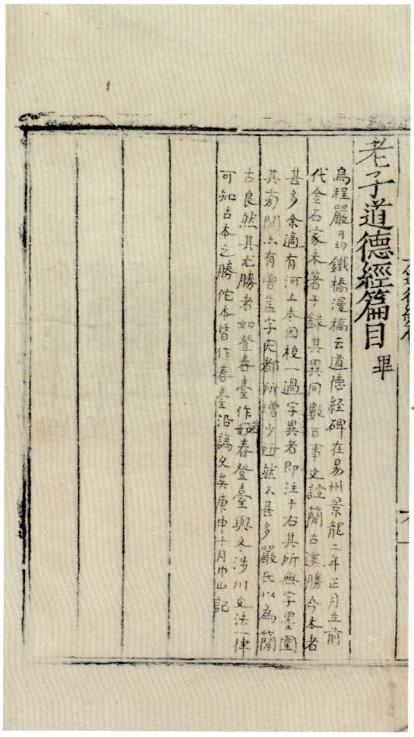

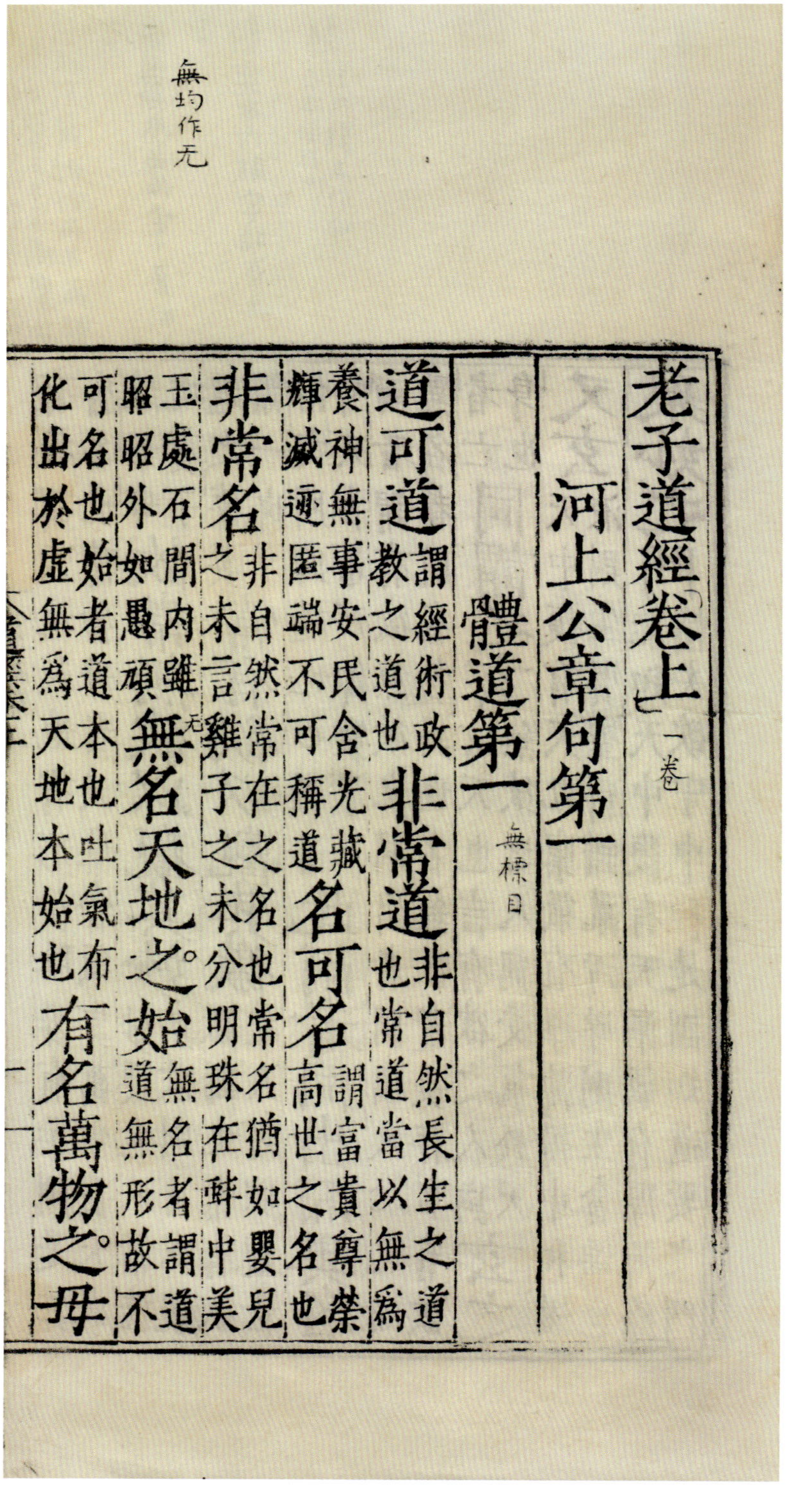

69 六子书六十卷

（明）顾春编　明桐荫书屋刻本　佚名批校

The collection of six un–Confucianism theorists’ works

Compiled by Gu Chun from the Ming Dynasty

Block–printed Edition of the Ming Dynasty （1368–1644）

线装，版框尺寸20.2×14.3cm，半叶八行，行十七字，小字双行同，白口，四周双边，单白鱼尾。

书口上有“桐荫书屋校”，书中有朱、墨双笔批校。《六子书》有嘉靖六年（1527）许宗鲁编，樊川别业刻本；嘉靖十二年（1533）周洞耶山精舍刻本；嘉靖十二年（1533）吴郡顾春世德堂刻本。顾氏原刻本书口上有“世德堂刊”。

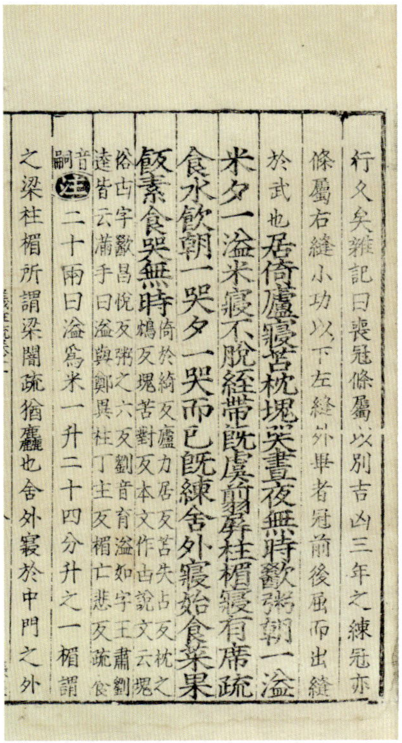

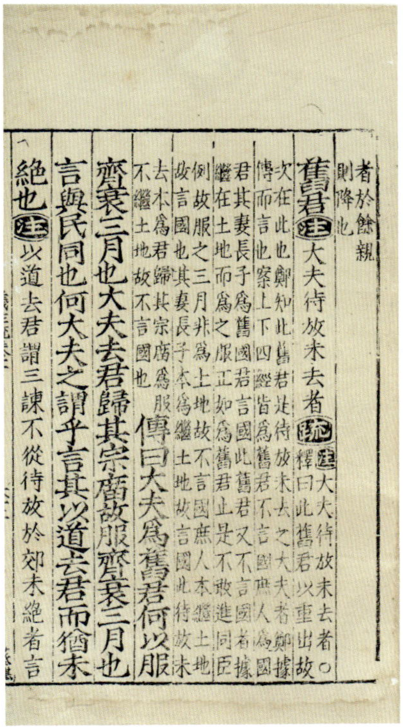

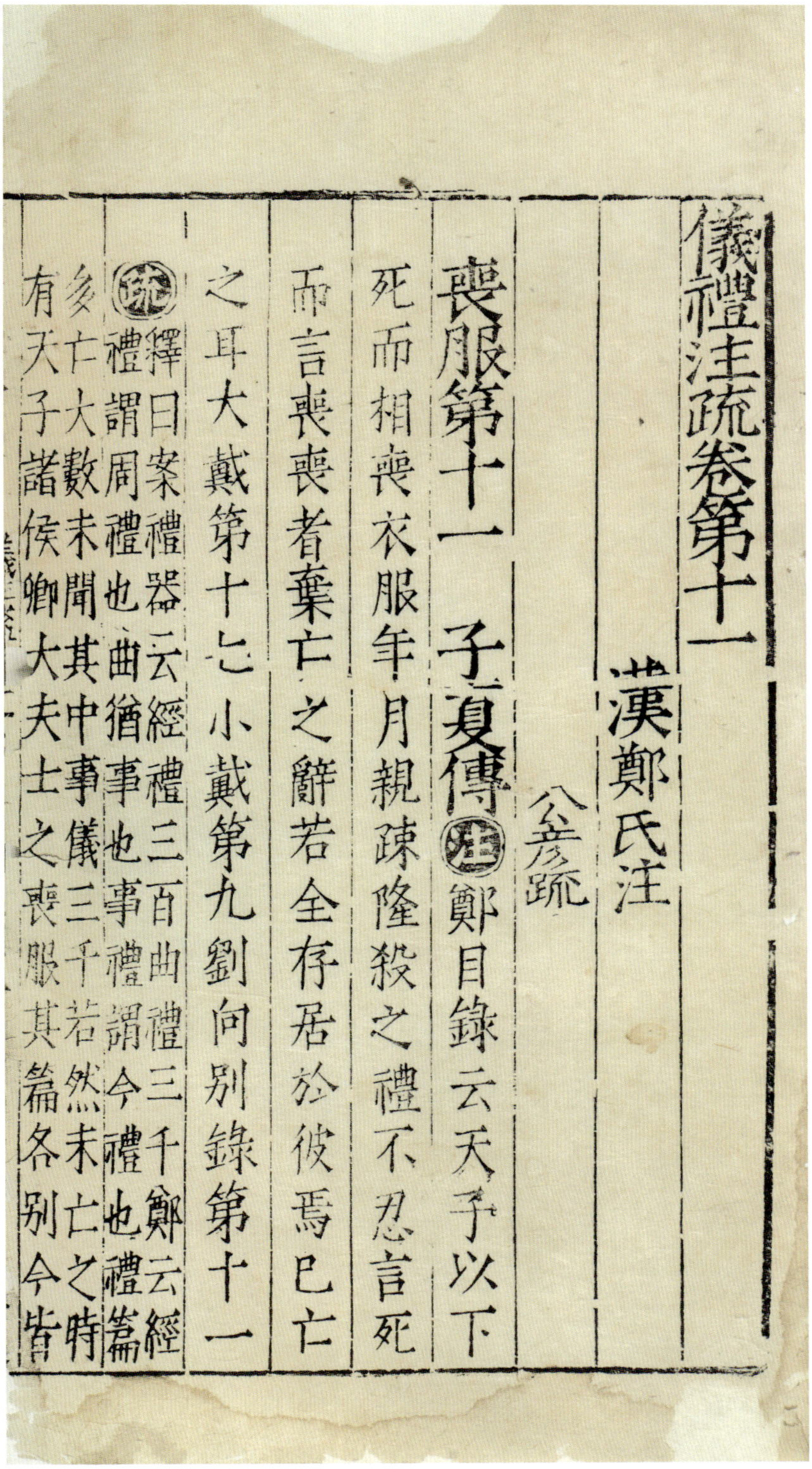
儀禮注疏卷第十一

漢鄭氏注

公彥疏

喪服第十一 子夏傳 注 鄭目錄云天子以下死而相喪衣服年月親疏隆殺之禮不忍言死而言喪喪者棄亡之辭若全存居於彼焉已亡之耳大戴第十七小戴第九劉向別錄第十一

疏 釋曰案禮器云經禮三百曲禮三千鄭云經禮謂周禮也曲猶事也事禮謂今禮也禮篇多亡大數未聞其中事儀三千若然未亡之時有天子諸侯卿大夫士之喪服其篇各別今皆

70 仪礼注疏十七卷

（汉）郑玄注（唐）贾公彦等疏（唐）陆德明释文　明黄永应刻本　存一卷（十一）

Variorum of the Rites, seventeen volumes

Noted by Zheng Xuan from the Han Dynasty

Block-printed Edition of the Ming Dynasty (1368-1644)

One volume collection (No. 11)

线装，版框尺寸20.3×13.4cm，半叶行数九行，行二十字，小字双行十八字，白口，四周单边。

版心下有刻工姓名，如陈兴、张隆、王文、施肥、叶毛、葵福应、黄太富、王仲郎、余伯环、张元兴等。叶四版心下有“兰校黄刊”。无刊印者牌记、序跋，然依其行款版式等风貌，系明嘉靖以前刊本。

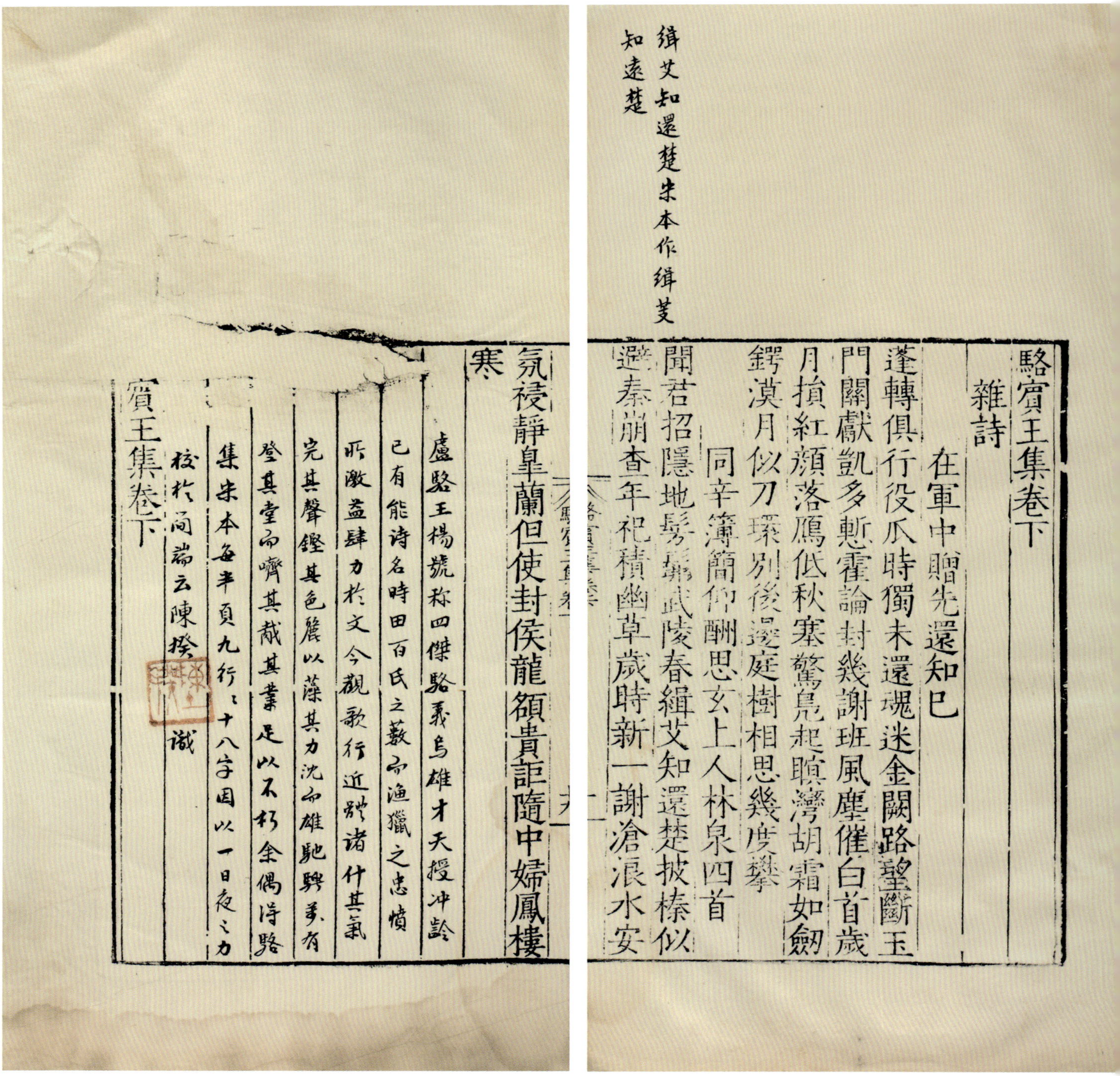
駱賓王集卷下
雜詩
在軍中贈先還知巳
蓬轉俱行役瓜時獨未還䰟迷金闕路望斷玉
門關獻凱多慙霍論封幾謝班風塵催白首歲
月損紅顔落鴈低秋塞驚鳬起瞑灣胡霜如劒
鍔漠月似刀環別後邊庭樹相思幾度攀
同辛簿簡仰酬思玄上人林泉四首
聞君招隱地髣髴武陵春緝艾知還楚披榛似
避秦崩査年祀積幽草歲時新一謝滄浪水安

緝艾知還楚朱本作緝芰知遠楚

氛祲靜臯蘭但使封侯龍頟貴詎隨中婦鳳樓
寒

盧駱王楊號稱四傑駱義烏雄才天授沖齡
已有能詩名時田百氏之藪而漁獵之忠憤
所激益肆力於文今觀歌行近體諸什其氣
完其聲鏗其色麗以藻其力沈而雄馳騁夷有
登其堂而嚌其胾其業足以不朽余偶得駱
集朱本每半頁九行行十八字因以一日夜之力
校於岡端云陳撰識

賓王集卷下

71 骆宾王集二卷

（唐）骆宾王撰　明嘉靖隆庆间刻本　（清）陈撰批校并跋

Collected works of Luo Bingwang, two volumes

Written by Luo Binwang from the Tang Dynasty

Block-printed Edition of the Jiajing and Longqing eras of the Ming Dynasty (1522-1572)

线装，版框尺寸17.4×13.1cm，半叶十行，行十八字，白口，左右双边，单白鱼尾。

书中钤“陈撰”朱文方印、“杭州曹氏文寿堂珍藏”白文竖长印、“燕士”朱文方印、“云轮阁”朱文竖长印、“荃孙”朱文界格竖长印。

為心宋本作乃心

駱賓王集卷上

賦

螢火賦

余猥以明時久遭幽縶見一葉之已落知四運之將終悽然客之爲心乎悲哉秋之爲氣也光陰無幾時事如何大塊是勞生之機小智非周身之務嗟乎緼袍匪舊白首如新誰明公冶之非孰辨臧倉之愬是用中宵而作達旦不瞑覩茲流螢之自明哀此覆盆之難照夫類同而心異者龍蹲歸而宋樹伐質殊而聲合者魚形出

駱賓王義烏人七歲能賦詩初為道王府屬嘗使自言所能賓王不答歷武功主簿裴行儉從管洮州表掌書記不應調長安主簿武后時數上疏言事下除臨海丞鞅鞅不得志棄官去徐敬業舉義署為府屬為敬業傳檄天下斥武后罪狀后讀但嬉笑至一抔之土未乾六尺之孤安在矍然曰誰為之或以賓王對后曰為

春霽早行

年華開早律霽色蕩芳晨城闕千門曉山河四望春御溝通太液戚里對平津寶瑟調中婦金罍引上賓劇談推曼倩驚坐揖陳遵意氣一言合風期萬里親自惟安直道守拙忌因人談器非先木圖榮異後薪揶揄慙路鬼憔悴切波臣玄草終疲漢烏裘幾滞秦生涯無歲月歧路有風塵還嗟太行道處處白頭新

秋日山行簡梁大官

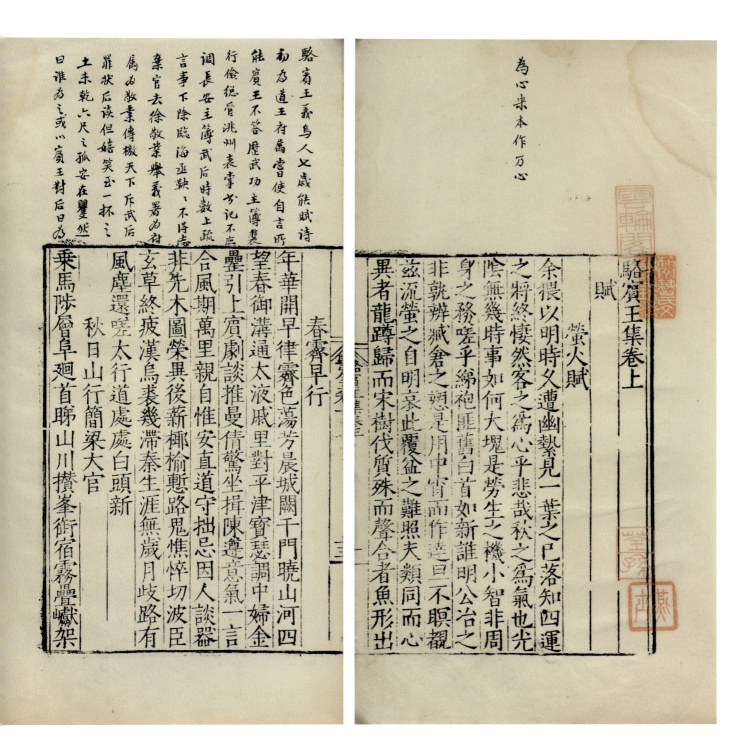

乘馬陟層阜迴首睇山川攢峯銜宿霧疊巘架

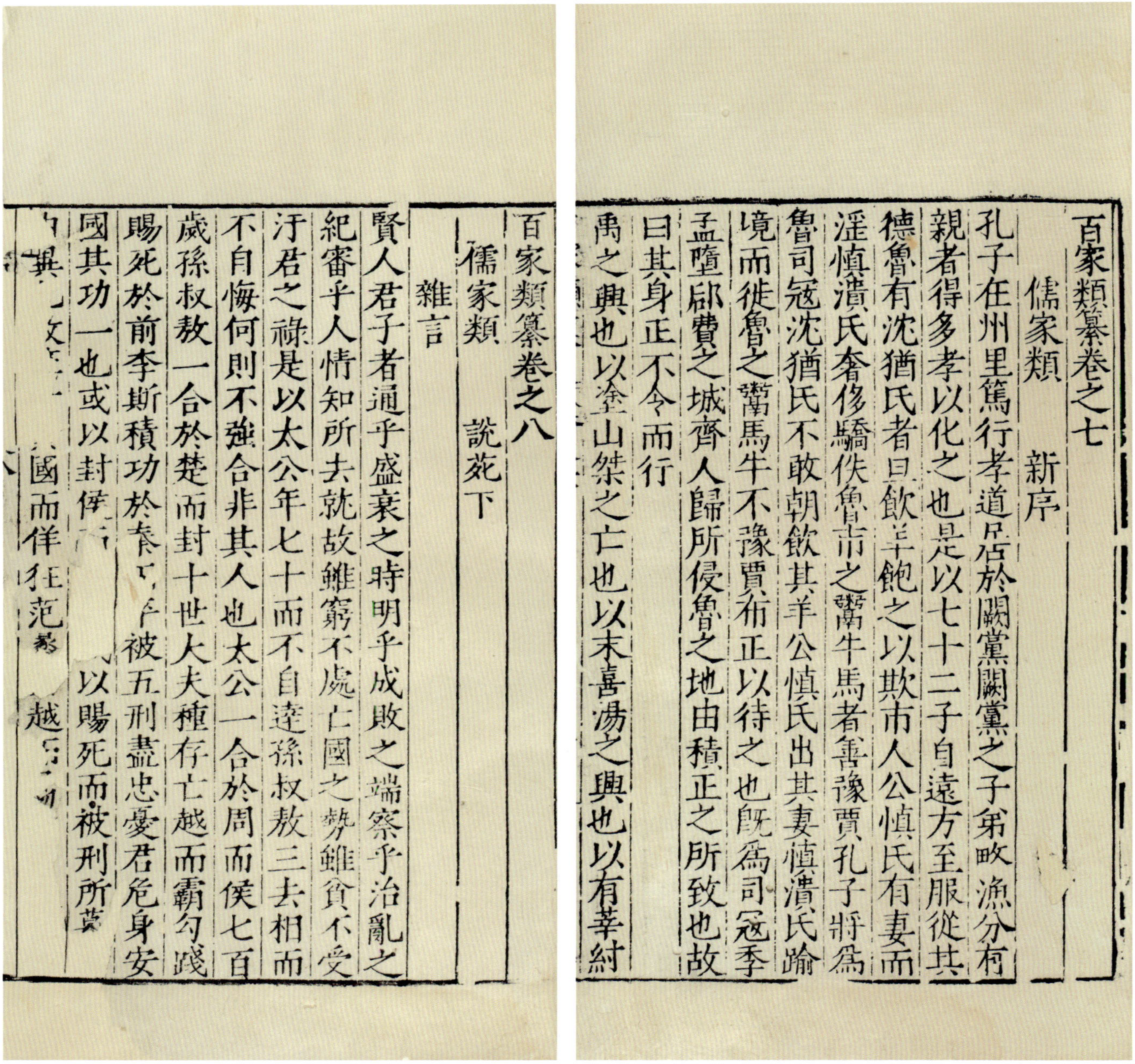

百家類纂卷之七
儒家類　新序
孔子在州里篤行孝道居於闕黨闕黨之子弟畋漁分有
親者得多孝以化之也是以七十二子自遠方至服從其
德魯有沈猶氏者旦飲羊飽之以欺市人公慎氏有妻而
淫慎潰氏奢侈驕佚魯市之鬻牛馬者善豫賈孔子將爲
魯司寇沈猶氏不敢朝飲其羊公慎氏出其妻慎潰氏踰
境而徙魯之鬻馬牛不豫賈布正以待之也既爲司寇季
孟墮郈費之城齊人歸所侵魯之地由積正之所致也故
曰其身正不令而行
禹之興也以塗山桀之亡也以末喜湯之興也以有莘紂

百家類纂卷之八
儒家類　說苑下
雜言
賢人君子者通乎盛衰之時明乎成敗之端察乎治亂之
紀審乎人情知所去就故雖窮不處亡國之勢雖貧不受
汙君之祿是以太公年七十而不自達孫叔敖三去相而
不自悔何則不強合非其人也太公一合於周而侯七百
歲孫叔敖一合於楚而封十世大夫種存亡越而霸句踐
賜死於前李斯積功於秦而卒被五刑盡忠憂君危身安
國其功一也或以封侯而[illegible]以賜死而被刑所莫
[illegible]異[illegible]國而佯狂范蠡[illegible]越[illegible]

72 **百家类纂四十卷**

（明）沈津辑　明隆庆元年（1567）含山县儒学刻本　存二卷（七至八）

The collection of hundreds schools (Bai Jia Lei Zuan), forty volumes

Compiled by Shen Jin from the Ming Dynasty

Block-printed Edition of the 1st year of the Longqing era of the Ming Dynasty (1567)

Two volumes collection (No. 7-8)

线装，版框尺寸19.2×13.5cm，半叶十一行，行二十二字，白口，左右双边，单白鱼尾。

明有两沈津，正德中作《邓尉山志》及《欣赏编》者乃苏州人，此沈津慈溪人，嘉靖中官含山县教谕。是书为明隆庆刻本，刻风尚存嘉靖遗风，隆庆年份极短，其刻书少见。

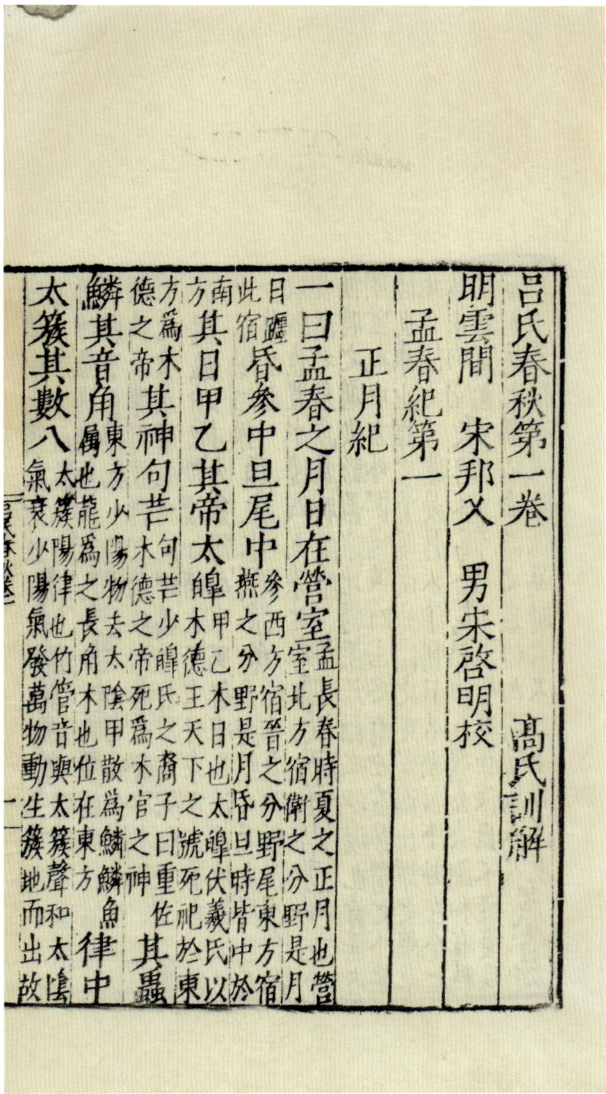

呂氏春秋第一卷　高氏訓解

明雲間　宋邦乂　男宋啓明校

孟春紀第一

正月紀

一曰孟春之月日在營室孟春夏之正月也營室北方宿衛之分野是月日躔此宿昏參中旦尾中參西方宿晉之分野尾東方宿燕之分野是月昏旦時皆中於南方其日甲乙甲乙木日也太皞伏羲氏以木德王天下之號死祀於東方爲木德之帝其帝太皞其神句芒句芒少皞氏之裔子曰重佐木德之帝死爲木官之神其蟲鱗其音角東方少陽物去太陰甲散爲鱗鱗魚屬也龍爲之長角木也位在東方律中太蔟其數八太蔟陽律也竹管音與太蔟聲和太陰氣衰少陽氣發萬物動生蔟地而出故

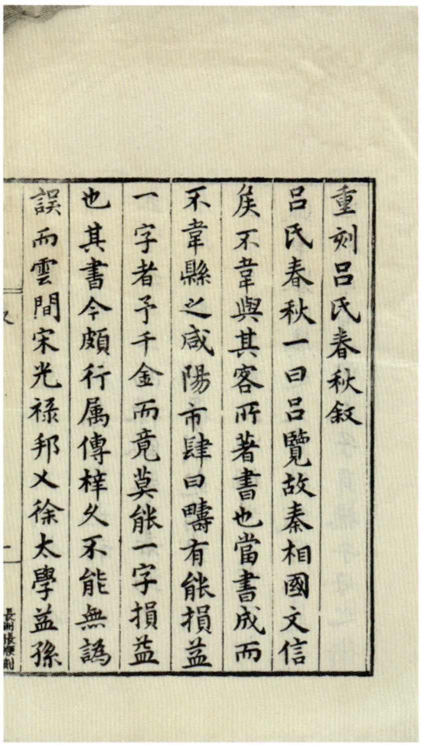

重刻呂氏春秋叙

呂氏春秋一曰呂覽故秦相國文信侯不韋與其客所著書也當書成而不韋縣之咸陽市肆曰讎有能損益一字者予千金而竟莫能一字損益也其書今頗行屬傳梓久不能無譌誤而雲間宋光祿邦乂徐太學益孫

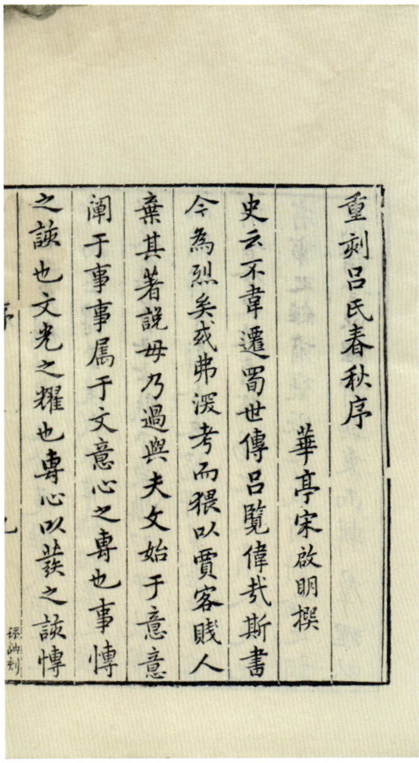

重刻呂氏春秋序

華亭宋啟明譔

史云不韋遷蜀世傳呂覽偉哉斯書令為烈矣或弗深考而猥以賈客賤人棄其著說毋乃過與夫文始于意意闡于事事屬于文意心之專也事博之該也文光之耀也專心以獎之該博

73 吕氏春秋二十六卷

（汉）高诱训解　明隆庆云间宋邦乂、徐益孙等校刊刻本

Lv's Spring and Autumn Annuals, twenty-six volumes

Noted by Gao You from the Han Dynasty

Block-printed Edition of the Longqing era of the Ming Dynasty (1567-1572)

线装，版框尺寸19.2×14.6cm，半叶十行，行二十字，小字双行同，白口，左右双边。

原书衣所用系金粟山藏经纸，上有“金粟山藏经纸”卵圆形朱文戳记。版心下有“长洲张梗刻”，又有“孙讷”，似为刻工姓名。

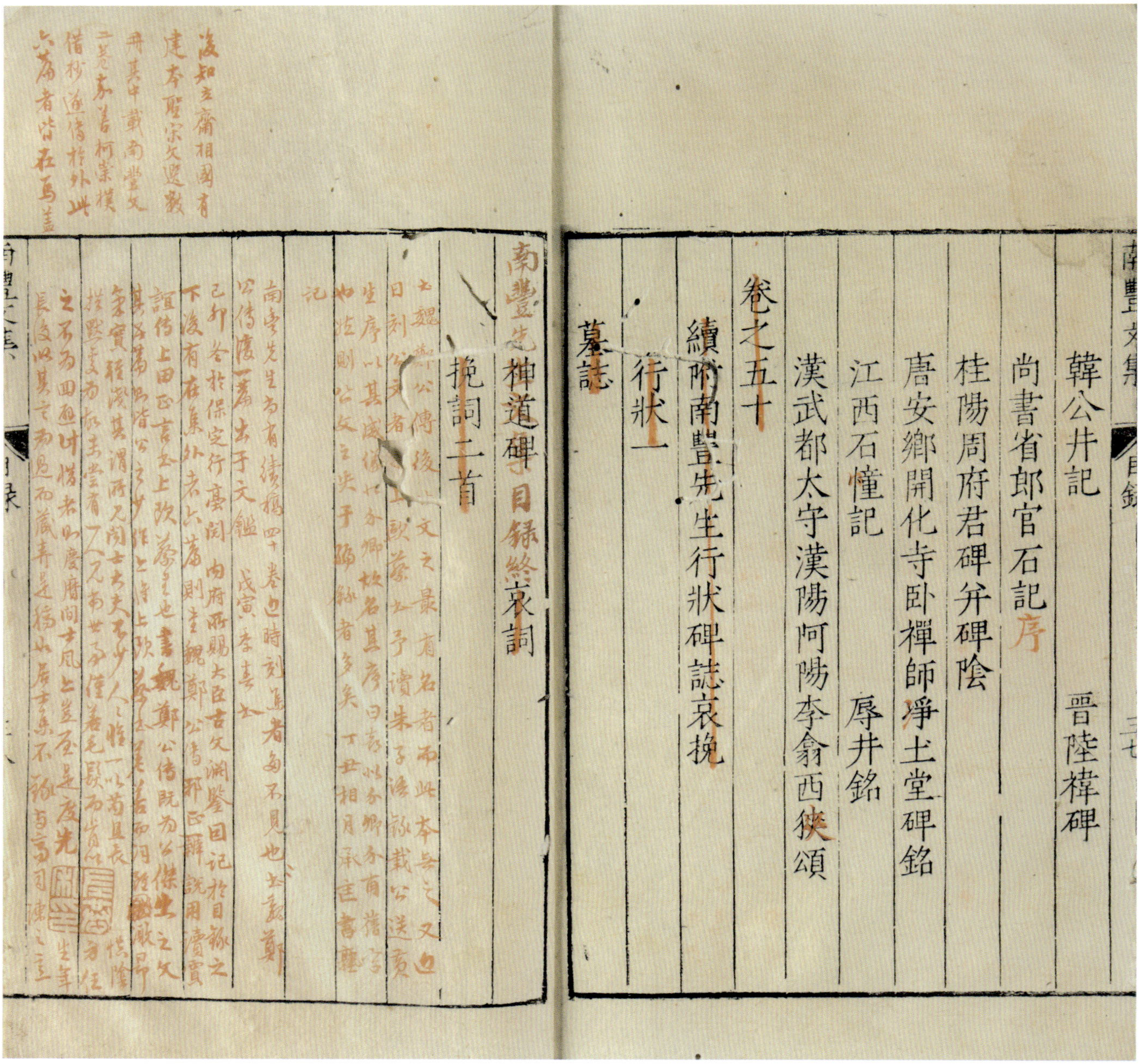

74 南丰先生元丰类稿五十卷续附一卷

（宋）曾巩撰　明隆庆五年（1571）邵廉刻本　（清）何焯批校并跋　存二十一卷（一至二十一）

Collected Works of Mr. Nanfeng from era of nanfeng, fifty volumes; The sequels, one volume
Written by Zeng Gong from the Song Dynasty
Block-printed Edition of the 5th year of the Longqing era of the Ming Dynasty (1571)
Twenty one volumes collection (No. 1-21)

线装，版框尺寸19.2×14.1cm，半叶十行，行二十字，白口，四周单边，单黑鱼尾。

何焯二校之本，初于康熙三十四年（1695）校过，复于康熙四十九年（1710）借昆山徐乾学传是楼藏宋本再校。通篇均以行草书就。眉头行间，朱墨烂然，虽蝇头小字，然风神挺秀，章法谨严。书中钤“润千”朱文方印、“何焯”白文方印、“晦斋”朱文方印、“洛阳才子姑苏客”朱文竖长印、“小汀鉴赏”朱文方印、“郭寿私印”白文方印、“尉淳”朱文方印、“云中白雀”朱文竖长印、“彭铣”白文方印、“耿北山之印”白文方印、“飞云阁”朱文方印等钤印三十方。

国家珍贵古籍名录号05484。

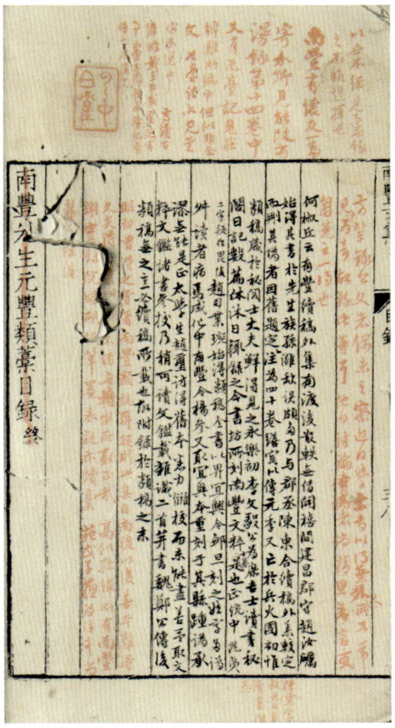
南豐先生元豐類藁目録終

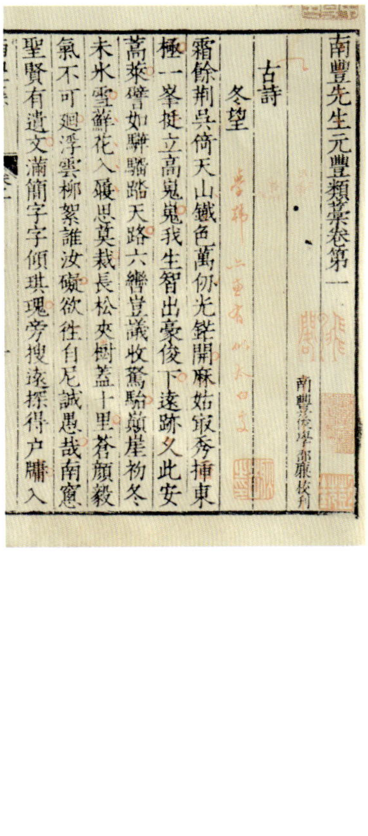
南豐先生元豐類藁卷第一
南豐後學鄒䢵校刊
古詩
冬望
霜餘荆吳倚天山鐵色萬仞光铓開麻姑最秀插東
極一峯挺立高嵬嵬我生智出豪俊下遠跡久此安
蒿萊嘗如驊騮路天路六轡豈識收駑駘顛崖初冬
未氷雪蘚花入曬思莫栽長松夾樹蓋十里蒼顏穀
氣不可迴浮雲柳絮誰汝礙欲往自尼誠愚哉南窻
聖賢有遺文滿簡字字傾琪瑰旁搜遠探得户牖入

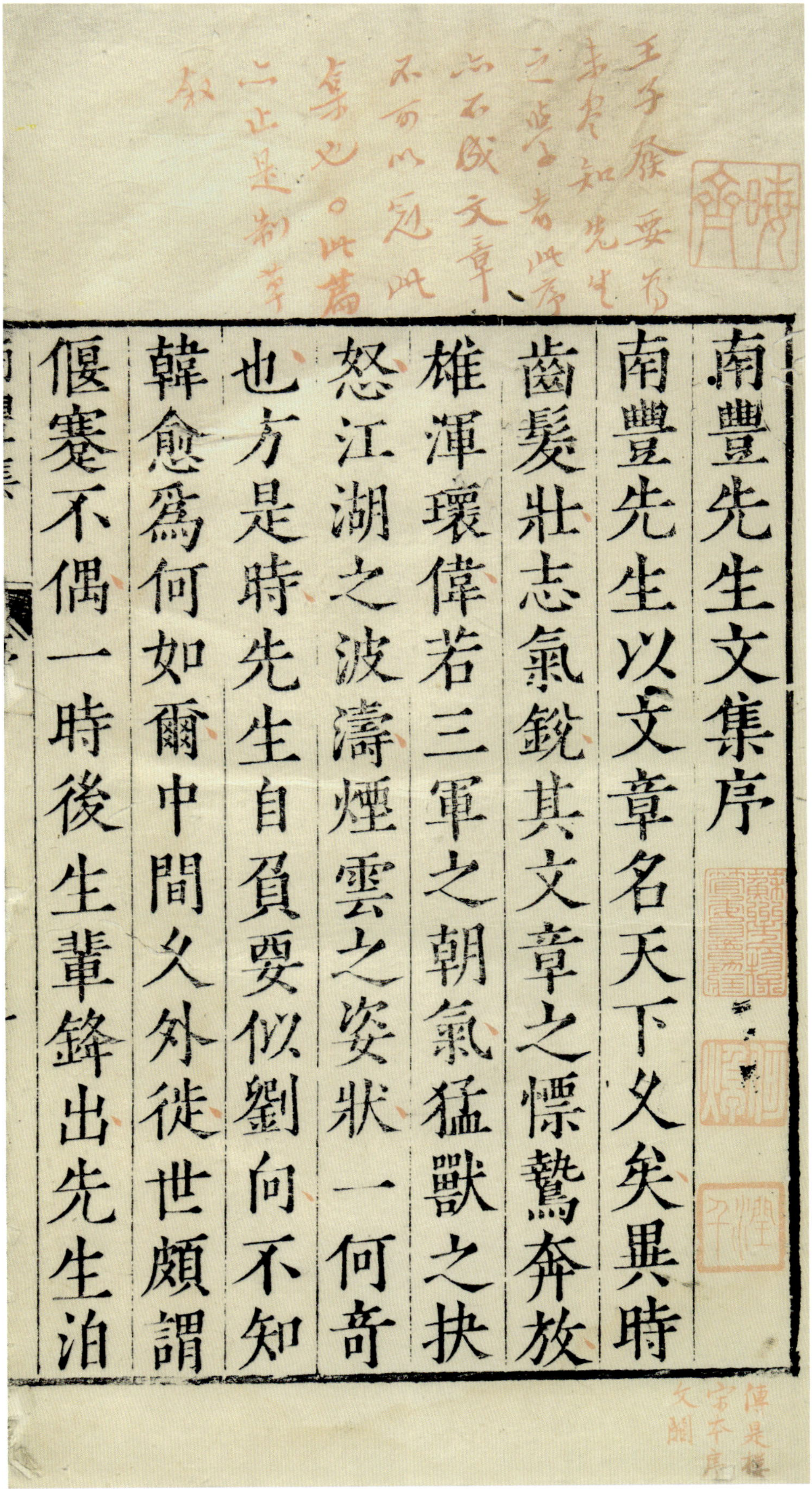
王子發要前未見知先生之學者此序亦不成文章不可以冠此集也。此篇亦止是刪草叙
南豐先生文集序
南豐先生以文章名天下久矣異時
齒髮壯志氣銳其文章之慓鷙奔放
雄渾瓌偉若三軍之朝氣猛獸之抉
怒江湖之波濤煙雲之姿狀一何奇
也方是時先生自負要似劉向不知
韓愈爲何如爾中間久外徙世頗謂
偃蹇不偶一時後生輩鋒出先生泊
傳是樓宋本序文闕

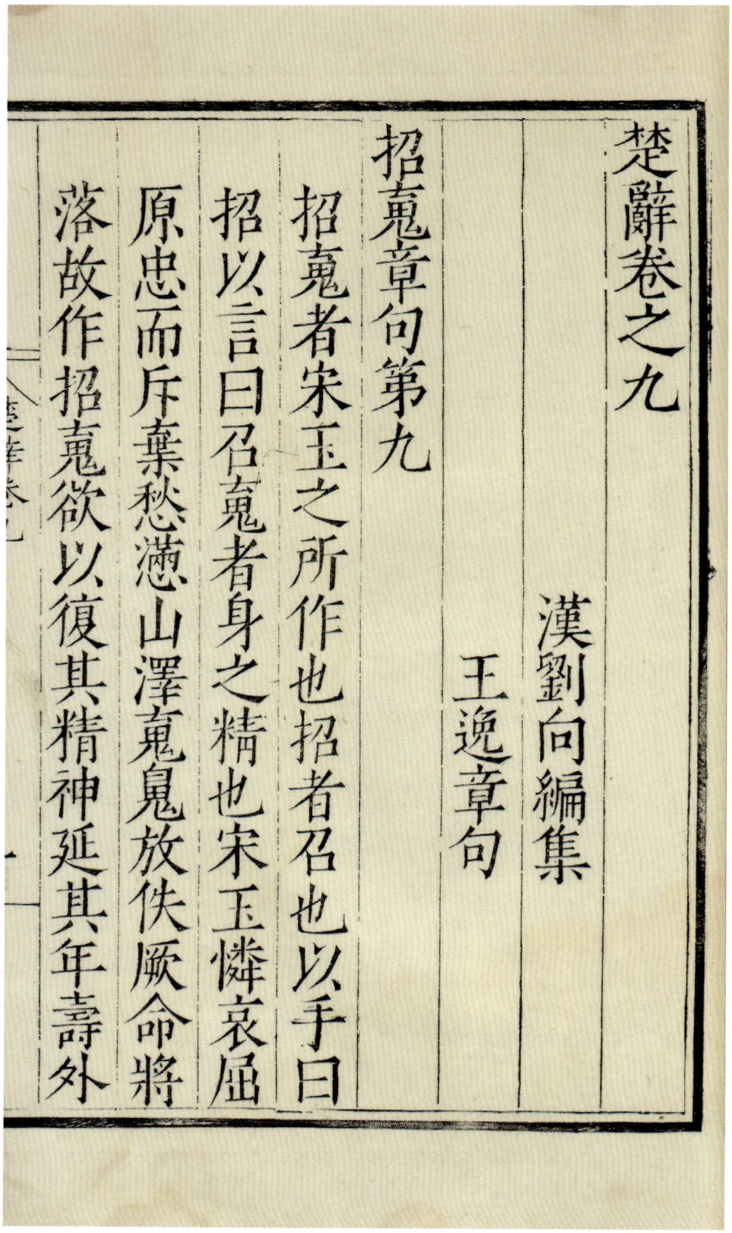

楚辭卷之九

漢劉向編集

王逸章句

招䰟章句第九

招䰟者宋玉之所作也招者召也以手曰招以言曰召䰟者身之精也宋玉憐哀屈原忠而斥棄愁懣山澤䰟魄放佚厥命將落故作招䰟欲以復其精神延其年壽外

楚辭卷九　一

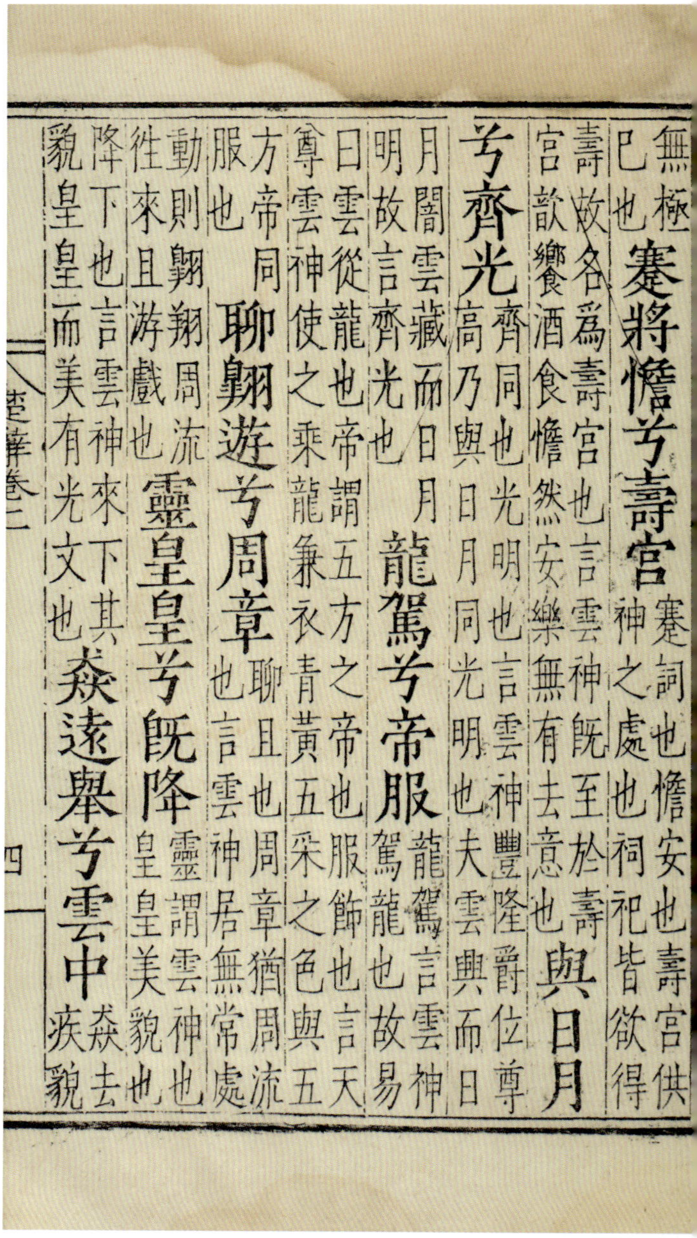

無極已也蹇將憺兮壽宮蹇詞也憺安也壽宮供神之處也祠祀皆欲得壽故名爲壽宮也言雲神既至於壽宮歆饗酒食憺然安樂無有去意也與日月兮齊光齊同也光明也言雲神豐隆爵位尊高乃與日月同光明也夫雲興而日月闇雲藏而日月明故言齊光也龍駕兮帝服龍駕言雲神駕龍也故易曰雲從龍也帝謂五方之帝也服飾也言天尊雲神使之乘龍兼衣青黃五采之色與五方帝同服也聊翺遊兮周章聊且也周章猶周流也言雲神居無常處動則翺翔周流往來且游戲也靈皇皇兮既降靈謂雲神也皇皇美貌也降下也言雲神來下其貌皇皇而美有光文也猋遠舉兮雲中猋去疾貌

楚辭卷二　四

75 **楚辞十七卷疑字直音补一卷**

（汉）王逸章句　明隆庆五年（1571）豫章夫容馆刻本　存十六卷（二至十七）

The Elegies of Chu, seventeen volumes

Syntactic and semantic analyzed by Wang Yi from the Han Dynasty

Block-printed Edition of the 5th year of the Longqing era of the Ming Dynasty (1571)

Sixteen volumes collection (No. 2-17)

线装，版框尺寸20.8×14.3cm，半叶八行，行十七字，小字双行同，白口，四周双边，单白鱼尾。

此种为明隆庆五年豫章夫容馆重雕宋本，所用为白棉纸，乃明刻本中的善本，字体疏朗，是研究楚辞的重要版本之一。

楚辭卷之二

漢劉向編集

王逸章句

九歌章句第二

樂則身蒙慶祐家受多福也屈原以爲神無形聲難事易失然人竭心盡禮則歆其祀而惠以福自傷履行忠誠以事於君不見信用而身放逐以危殆也

東皇太一

浴蘭湯兮沐芳華采衣兮若英 華采五色采也若杜若也 言已將脩饗祭以事雲神乃使靈巫先浴蘭湯沐香芷衣五采華衣飾以杜若之英以自潔清也

靈連蜷兮既留 靈巫也楚人名巫爲靈子連蜷巫迎神導引貌也既已也留止也

爛昭昭兮未央 爛光貌也昭昭明也未央未巳也言巫執事肅敬奉迎導引顏貌矜莊形體連蜷神則歡喜必留而止見其光容爛然昭明長

重訂五運六氣年月

浙江　姑蔑　來峯　何旭明　校正

新安　原泉　汪惟貞　重訂

五運六氣論

夫知其曆象者必識天文氣運之体知其氣運者必識陰陽氣運之由茍知氣運之由則知陰陽吉凶之源若不知陰陽吉凶之源又焉知卜擇成敗之端哉且夫乾坤生於太極太極斯判是曰兩儀兩儀者即天地也不曰天地而曰乾坤者貴其用而不貴其体也乾坤既立天地而不能以獨用由是求其奇偶交媾而三男三女生焉乾下交坤而生震故震一索而成男謂之長男坤下交

和授人時之曆姬旦定指南之針仲尼垂卜兆之言以推乎陰陽之曆吉凶之應其來尚矣凡人生天地間受陰陽寒暑之變是以推剛柔之義必由乎氣運使之然也天地之氣運有五有六有太過不及之論有主客相勝之分周流于四時而無窮施行于萬古而不息人物盛衰消長之道陰陽吉凶禍福之機何莫而非氣運

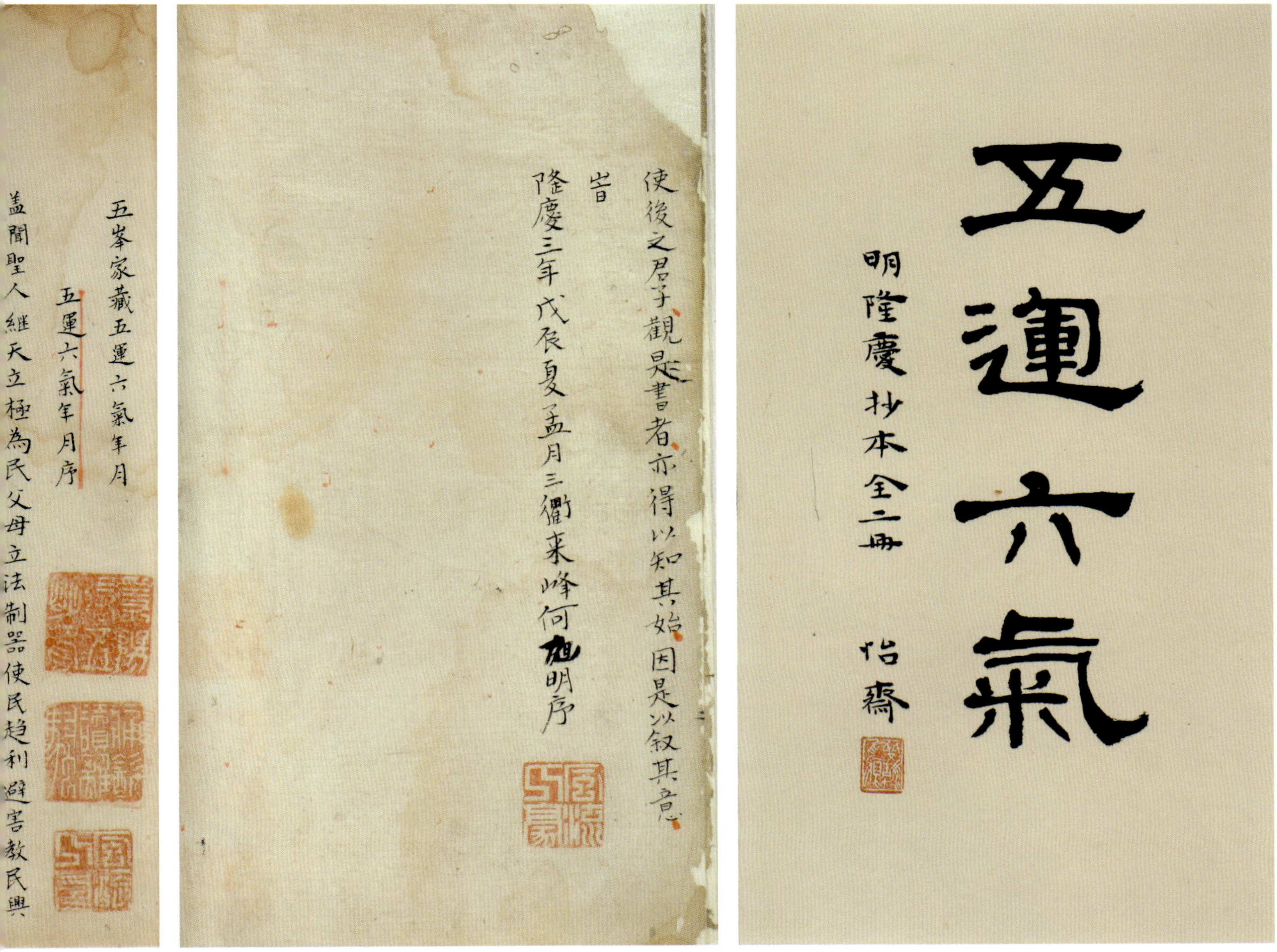

五運六氣
明隆慶抄本全二冊
怡齋
使後之君子觀是書者亦得以知其始因是以叙其意
旹
隆慶三年戊辰夏孟月三衢来峰何旭明序
五峯家藏五運六氣年月
五運六氣年月序
蓋聞聖人繼天立極為民父母立法制器使民趨利避害教民興

76 五运六气不分卷

（明）何旭明校正　（明）汪惟贞重订　明隆庆抄本

Five movements and six climates of traditional Chinese Medicine (Wu Yun Liu Qi)

Revised by He Xuming from the Tang Dynasty

Transcription, the Longqing era of the Ming Dynasty (1567-1572)

线装，开本27.7×17.1cm，半叶十行，行二十五字，小字双行同。

素面抄纸，卷首程质清隶署书名“五运六气”。书中钤“怡斋所遇善本重加整理之记”朱文方印、“风流人豪”白文方印、“隐阳张五明眉”白文方印、“眉轴”朱文长圆印、“怡斋过眼”朱文方印、“质清所遇善本暂为护持”朱文方印等钤印。

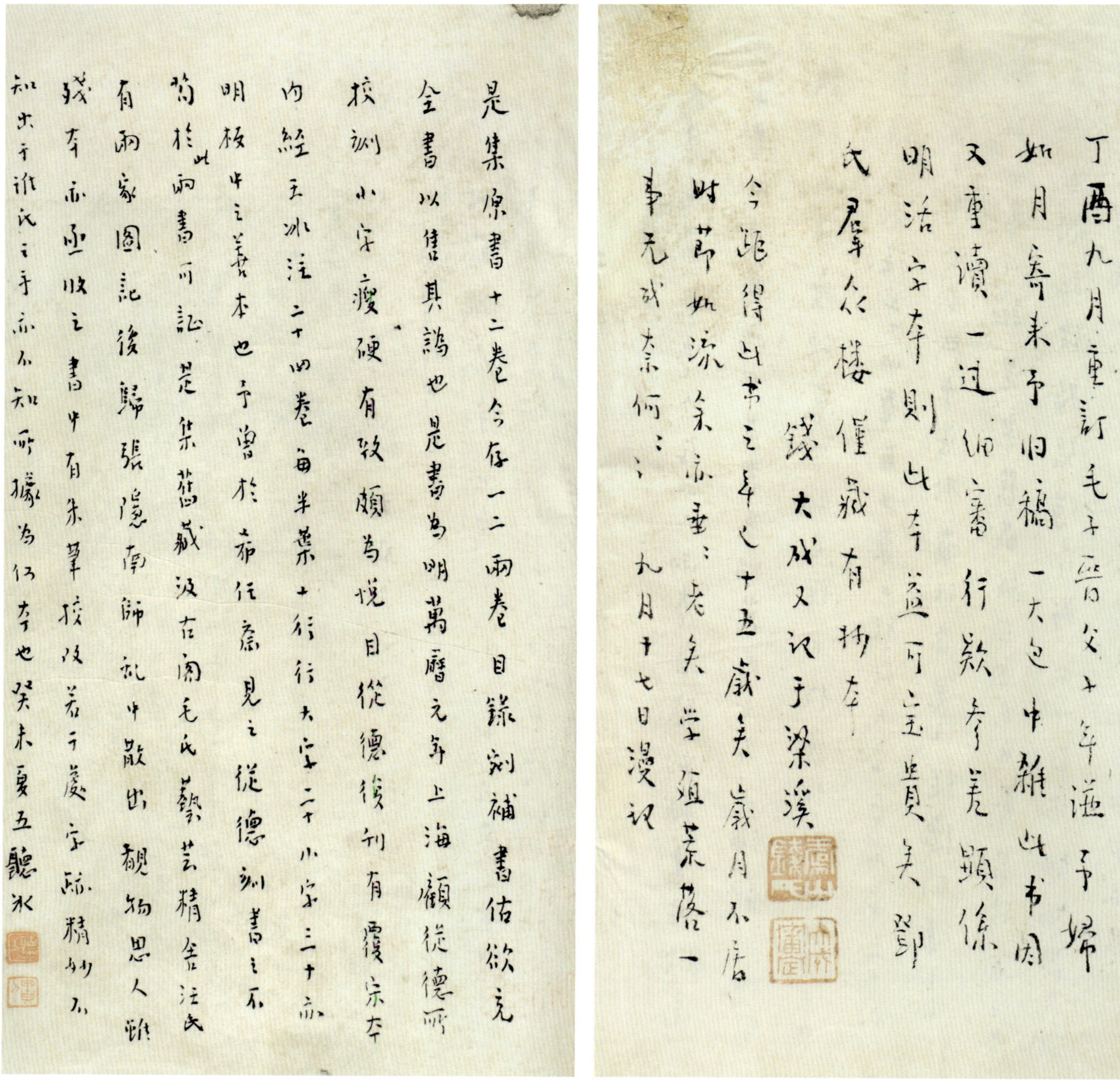
丁酉九月重訂毛子晉父子遺事婦
如月寄來予旧稿一大包中雜此书因
又重讀一過細審行欵参差顯係
明活字本則此本益可宝貴矣鄧
氏羣碧樓僅藏有抄本
錢大成又記于梁溪
今距得此书之年已十五歲矣歲月不居
時節如流余亦垂垂老矣學殖荒落一
事无成奈何奈何
九月十七日漫记

是集原書十二卷今存一二兩卷目錄剜補書估欲充
全書以售其詭也是書為明萬曆元年上海顧從德所
校刊小字瘦硬有致頗為悅目從德後刻有覆宋本
内經王冰注二十四卷每半葉十行行大字二十小字三十亦
明板中之善本也予曾於市估處見之從德刻書之不
苟於此兩書可証是集舊藏汲古閣毛氏藝芸精舍汪氏
有兩家圖記後歸張隱南師亂中散出覩物思人雖
殘本亦亟收之書中有朱筆校改若干處字跡精妙不
知出于誰氏之手亦不知所據為何本也癸未夏五聽冰

77 **松筹堂集十二卷**

（明）杨循吉撰　明万历元年（1573）顾氏芸阁活字印本　（民国）钱大成跋　存二卷（一至二）

Collected Works of the Shou Chou Tang, twelve volumes

Written by Yang Xunji from the Ming Dynasty

Typography Edition of the 1st year of the Wanli era of the Ming Dynasty (1573)

Two volumes collection (No.1-2)

线装，版框尺寸19.2×13.0cm，半叶十一行，行二十四字，白口，四周单边，单白鱼尾。

书中钤“汪士钟藏”白文竖长印、“毛氏收藏子孙永保”朱文竖长印、“非闻图记”朱文方印、“弦风沐雅”朱文长圆印、“陇头梅”朱文竖长印、“董其昌”朱文方印、“松风”白文方印、“蕉雨”朱文方印、“听冰”白文界边方印、甲寅人”朱文方印、“虞山钱氏”白文方印、“大成审定”朱文方印。此种曾经董其昌、毛晋、汪士钟递藏。

松籌堂集卷之一

吳郡楊　循吉　著
上海顧　從德　校

賦

竹溝泉賦

時雨晝零至夜不休集我屋上仰瓦承流乃所積之既多遂衝奔於竹溝爰有筠管立於其下中節既去洞乎空者溝唇來接其水倒瀉鏜鞳奇響相擊而鳴應空答韻如谷中之聲觀其洶瀝傾注九止一作譬銅盆之在地而置淙之投落楊子讀書既困安就床簀目合神定泉聲時得若雅樂之作自有奏節忽竊而知又寐而失以為彈絲品竹敲金擊石千呂萬律皆出人力

遠還登樓粲粲新篇詠逈若風馬牛良會誠亦難餘歡渺滄洲

詠陽山大石和李少卿作

巍乎此陽山有石恠可頌形將水埋截勢與蓮花共仰觀一何高登陟不可輊鳥飛必徊翔雲出自騰滃抵圓外成嶇空朗中含洞深思殆天設作至令人恐濃蘿垂作幔寒泉滴為凍耳聽或斫攢勒拳時獨送荒崖始誰開倒樹諒非種在茲三吳間當以九鼎重曲躬方得門側身還入街拂苔劣容眠狀乳燕資用志猶記秦餘材曷遺禹貢立久氣濕袍蕭高聲答響一為佛者舌求作游人奉鬼鑿手須胼鯨負背應痛懸磬風發鳴香爐煙結供偷餘殿容壞就啖亭閑棟枯藤蔓穿竅長蛇古條繞輕清受指彈玲瓏脫泥埋炎伏凉自生清秋月堪弄林深必須燭嵐

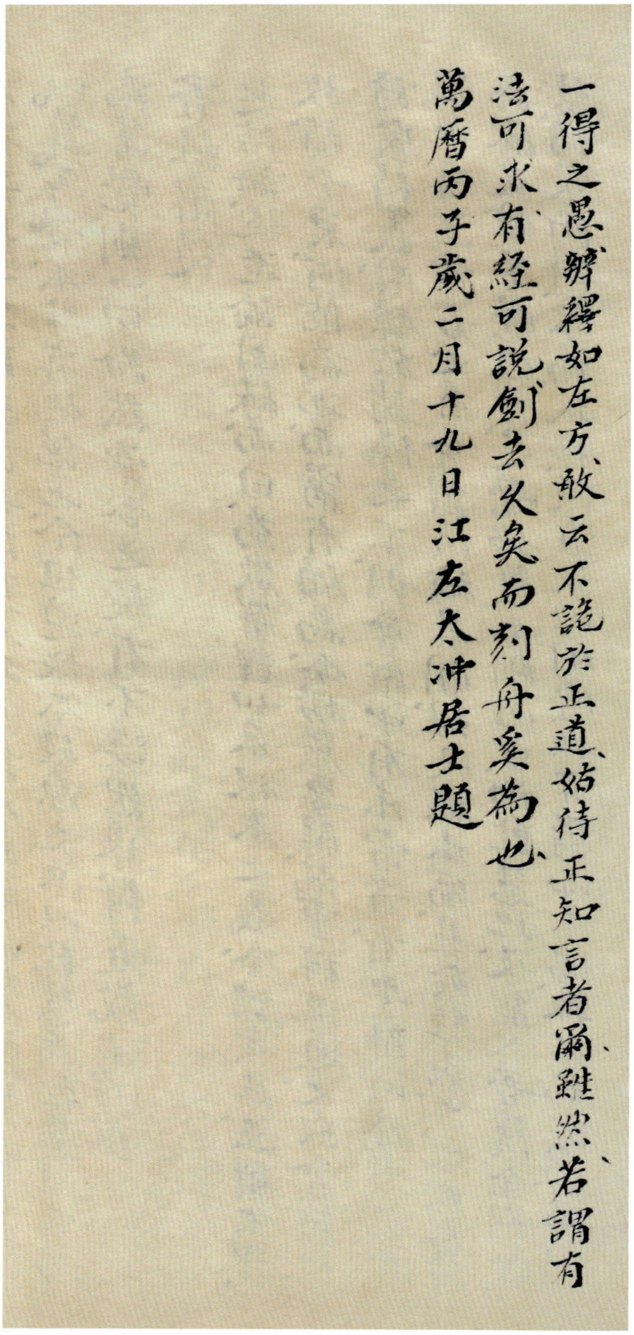

一得之愚解釋如左方敢云不詭於正道姑待正知言者爾雖然若謂有
法可求有經可說劍去久矣而刻舟奚為也
萬曆丙子歲二月十九日江左太沖居士題

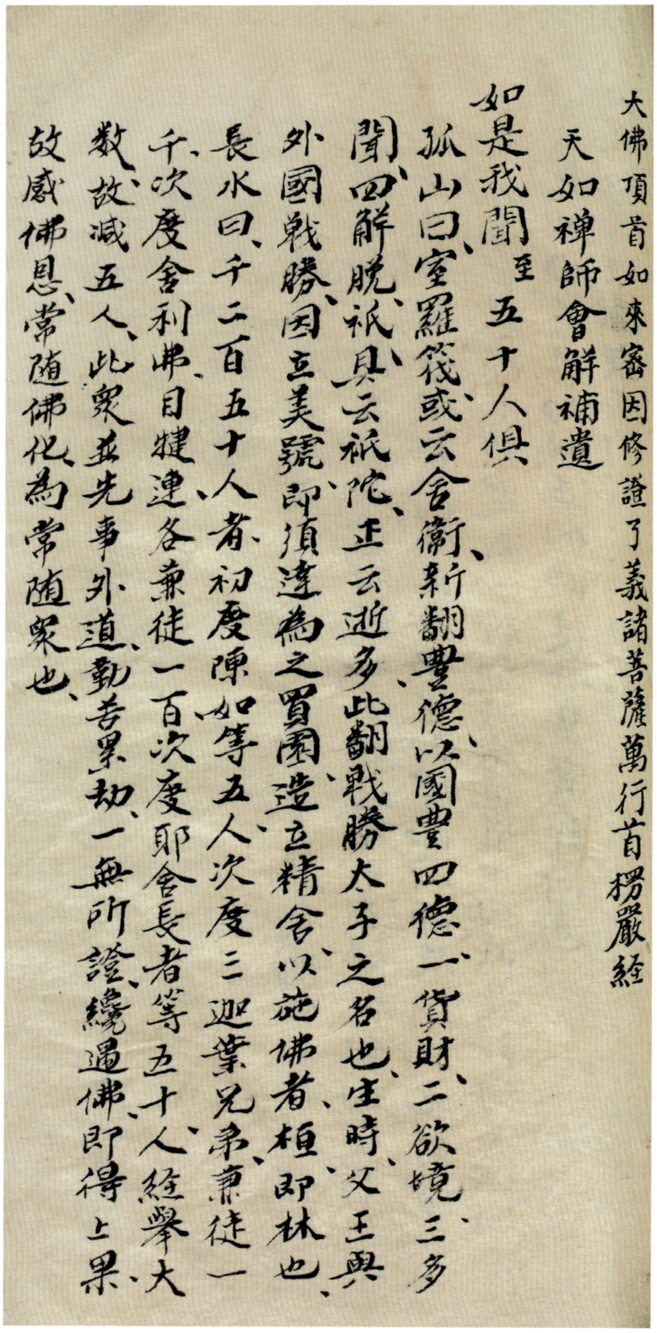

大佛頂首如來密因修證了義諸菩薩萬行首楞嚴經
天如禪師會解補遺
如是我聞至五十人俱
孤山曰室羅筏或云舍衛新翻豐德以國豐四德一貨財二欲境三多
聞四解脫祇具云祇陀正云逝多此翻戰勝太子之名也生時父王與
外國戰勝因立美號即須達為之買園造立精舍以施佛者桓即林也
長水曰千二百五十人者初度陳如等五人次度三迦葉兄弟兼徒一
千次度舍利弗目揵連各兼徒一百次度耶舍長者等五十人經舉大
數故減五人此衆並先事外道勤苦累劫一無所證纔遇佛即得上果
故感佛恩常隨佛化為常隨衆也

78 大佛顶如来密因修证了义诸菩萨万行首愣严经十卷会解补遗一卷

题（唐）释般刺密帝、释弥伽释迦译　（宋）释思坦注　（元）释惟则会解　（元）释天如撰　明万历四年（1576）江左太冲居士抄本

Sutra, ten volumes

Transcription, the 4th year of the Wanli era of the Ming Dynasty (1576)

线装，开本21.5×12.5cm，半叶十行，行二十七、八字不等。

是书汇集众解，详加阐释，同时融会贯通，揭橥教义，颇便于初学。

大佛頂首楞嚴經會解叙　　師子林沙門惟則撰

首楞嚴經者、諸佛之慧命、衆生之達道、教網之宏綱、禪門之要關也、世尊成道以來、五時設化、無非為一大事因緣、求其總攝化機、直指心體、發宣真勝義性、圓定真實圓通、使人轉物同如來、彈指超無學者、無尚楞嚴矣、釋其名、則一切事究竟堅固、即所謂徹法底源、無動無壞、而如來密因、菩薩萬行、靡不資始乎此、而歸極乎此耳、考其所詮、則談圓理以明真性。開圓行以示真修。真性也、體用湛彰。真修也、果因一契。原始要終、了義之說也、良由諸修行人、背真向妄、不成無上菩提、或愛念小乘、得少為足、或欲漏不除、畜聞成過、故阿難以多聞邪染為緣、浚發大教、而世尊首告之曰、一切衆生。生死相續。皆由不知常住真心性淨明體。用諸妄想。此想不真。

大佛頂如來密因修證了義諸菩薩萬行首楞嚴經卷第一

溫陵開元蓮寺比丘戒環解

天竺沙門般剌密帝譯

開釋科三　初通釋經題

如來果體、其體本然、何假密因、菩薩道用、其用無作、孰為萬行、無因無行、無修無證、無了不了、大小名相、一切不立、此真首楞嚴畢竟堅固者也、特以衆生、如來隱於藏心、非密因不顯、衆生菩薩淪於七趣、非萬行不修、覺皇於是示之以大法、使不迷於小道、而默得乎無外之體、喻之以佛頂、使不滯於相見、而妙極乎無上之致、指如來密因、使明本妙心、知三世諸佛、皆依此為初因、明修證了義、使悟究竟法、知一切聖人、皆依此而證果、乃至具足菩薩清淨萬行、一切事法、無不究竟、至於實相、

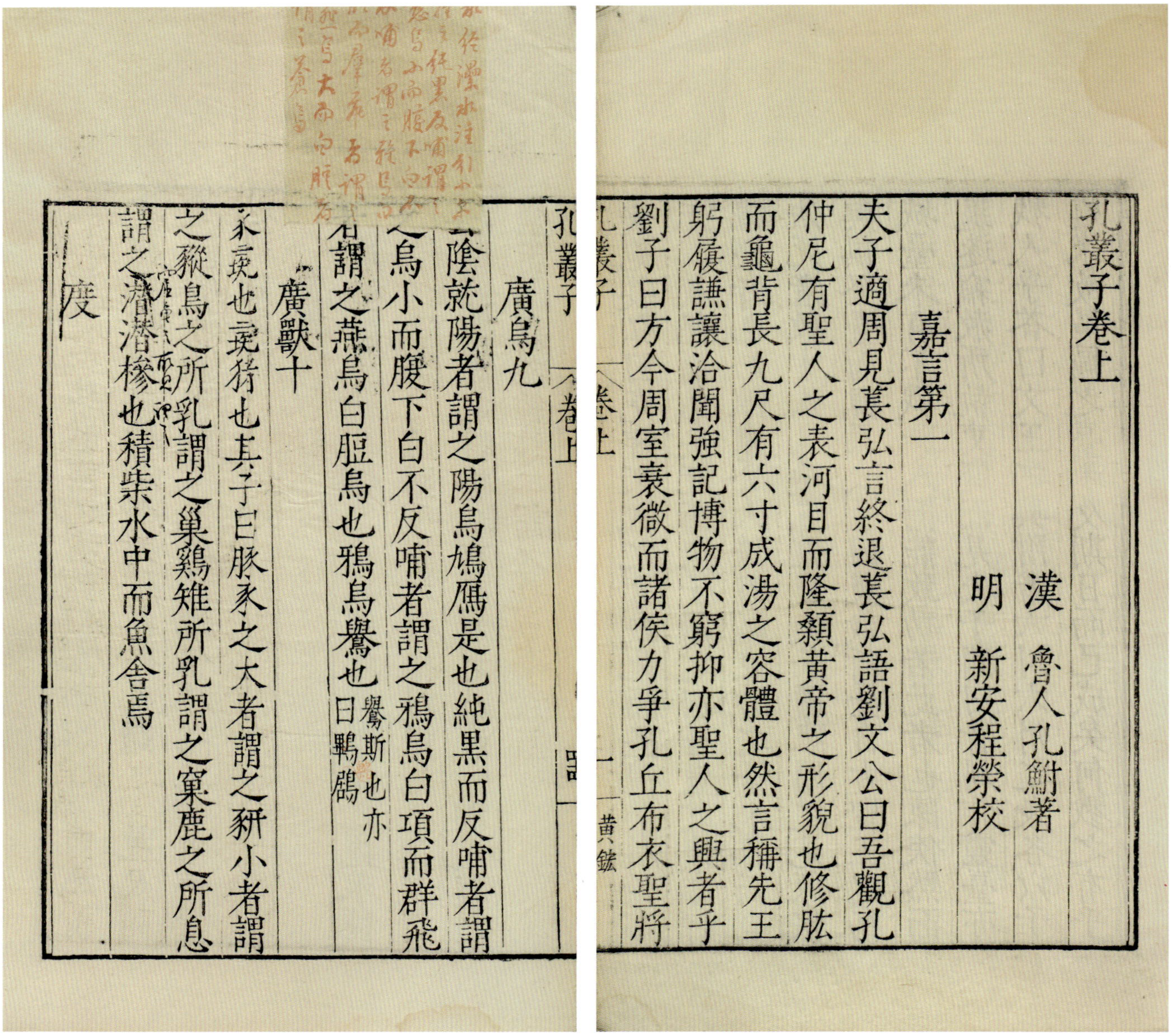

孔叢子卷上

漢　魯人孔鮒著

明　新安程榮校

嘉言第一

夫子適周見萇弘言終退萇弘語劉文公曰吾觀孔仲尼有聖人之表河目而隆顙黃帝之形貌也修肱而龜背長九尺有六寸成湯之容體也然言稱先王躬履謙讓洽聞強記博物不窮抑亦聖人之興者乎劉子曰方今周室衰微而諸侯力爭孔丘布衣聖將

孔叢子　卷上　一　黄鉉

孔叢子　卷上

廣鳥九

陰就陽者謂之陽鳥鴻鴈是也純黑而反哺者謂烏小而腹下白不反哺者謂之鴉烏白項而群飛者謂之燕烏白脰烏也鴉烏鸒也鸒斯也亦曰鵯鶋

廣獸十

豕彘也彘豬也其子曰豚豕之大者謂之豣小者謂之豵鳥之所乳謂之巢鷄雉所乳謂之窠鹿之所息謂之潛潛槮也積柴水中而魚舍焉

度

79 **孔丛子三卷**

题（汉）孔鲋撰　明万历五年（1577）新安程（荣）氏刻本

Collected works of Kongzi's School, three volumes

Written by Kong Fu from the Han Dynasty

Block-printed Edition of the 5th year of the Wanli era of the Ming Dynasty (1577)

线装，版框尺寸19.9×14.4cm，半叶九行，行二十字，小字双行十九字，白口，左右双边，单白鱼尾。

版心下有刻工姓名“黄鉉”，书中钤“淮海世家”朱文圆印、“高邮王氏藏书印”白文方印，知为高邮王氏（王念孙，王引之）箧中旧藏。清代经述，独绝千古，高邮王氏一家之学，三世相承，自长洲惠氏祖孙外，盖鲜其匹。

孔叢子

大梁李濂氏曰孔叢子七卷爲篇二十有三世傳漢孔鮒撰鮒字子魚一名甲魏相子順之子也秦并六國召鮒爲魯國文通君拜少傅始皇三十四年丞相斯議令燔書鮒懼遺典之滅亡也方來之無徵也違令之禍烈也乃與其弟子襄歸藏書壁中隱居嵩山之陽無何陳涉起爲楚王聘鮒爲博士鮒以目疾辭退而著是書乃蒐輯仲尼而下子思伋子上帛子高穿子順愼之言行列爲六卷至漢孝武朝太常孔臧

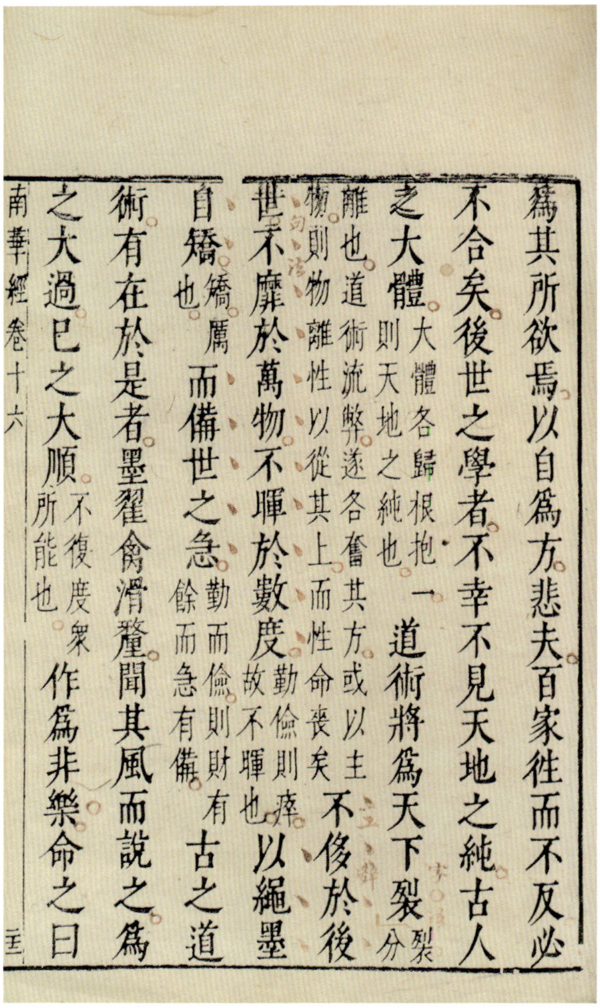

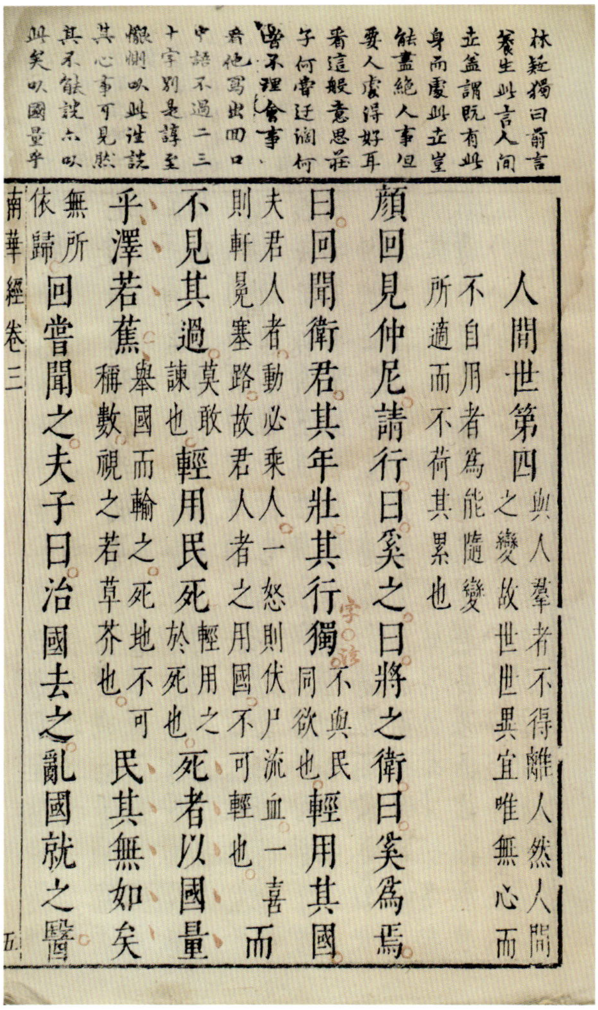

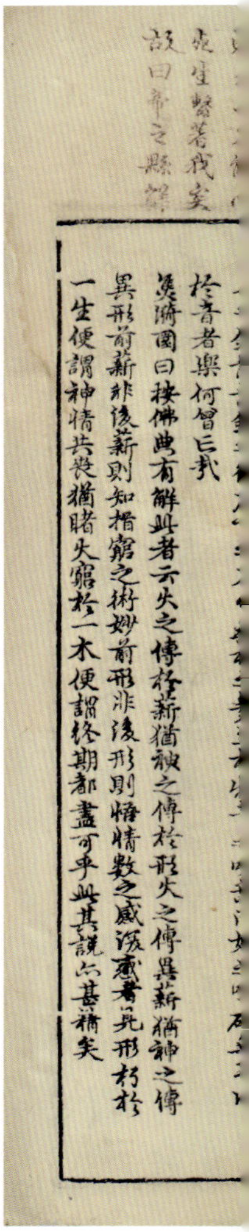

80 **南华经十六卷**

（晋）郭象注 （宋）林希逸口义 （宋）刘辰翁点校 （明）王世贞评点 （明）陈仁锡批注 明刻四色套印本 存十四卷（三至十六）

Taoist works of Zhangzi's School (Nan Hua Jing), sixteen volumes

Noted by Guo Xiang from the Jin Dynasty

Block-printed Edition (Four colors overprinting) of the Ming Dynasty (1368-1644)

Fourteen volumes collection (No. 3-16)

线装，版框尺寸20.7×14.7cm，半叶八行，行十八字，小字双行同，白口，四周单边。

所收诸家评释为明沈汝绅（字荐卿，吴兴人）所辑。是书凡用四色套印，以分别林希逸、刘辰翁、王世贞（陈仁锡附）及诸名家。其中林希逸用粉红，刘辰翁用黛绿，王世贞用硃红，诸名家用深墨。湖州吴兴刻书，素负美名。明谢肇淛称“金陵、吴兴、新安三地，剞劂之精，不下宋版”。

莊子言養生主第一義主於知人生惟多知求勝最大患如火銷膏他外物之好不及此惟莊子能言之三十二篇屢致此意焉後學其憂爲之反覆三四語常恐負之
楊用脩曰陸龜山云逍遙一篇

南華經卷三

養生主第三

夫生以養存則養生者理之極也若乃養過其極以養傷生非養生之主也

吾生也有涯 所稟之分各有極也 而知也無涯 夫舉重攜輕而神氣自若此力之所限也而尚名好勝者雖復絕膂猶未足以慊其願此知之無涯也故知之爲名生於失當而滅於冥極冥極者任其至分而無豪銖之加是故雖負萬鈞苟當其所能則忽然不知重之在身雖應萬機泯然不覺事之在已此養生之主也 以有涯隨無涯 殆已 以有限之性尋無極之知安得而不困哉 已而爲知者殆而已

薪有盡而火窮火無形而不滅自古及今只是此火不知從何來非從薪來也是則可知也此篇之結於此妙哉

謂是帝之縣解 以有係者爲縣則無係者縣解也縣解而性命之情得矣此養生之要也 指窮於爲薪火傳也 窮盡也爲薪猶前薪也前薪以指指盡前薪之理故火傳而不滅心得納養之中故命續而不絕明夫養生乃生之所以生也 不知其盡也 夫時不再來今不一停故人之生也一息一得耳向息非今息故納養而命續

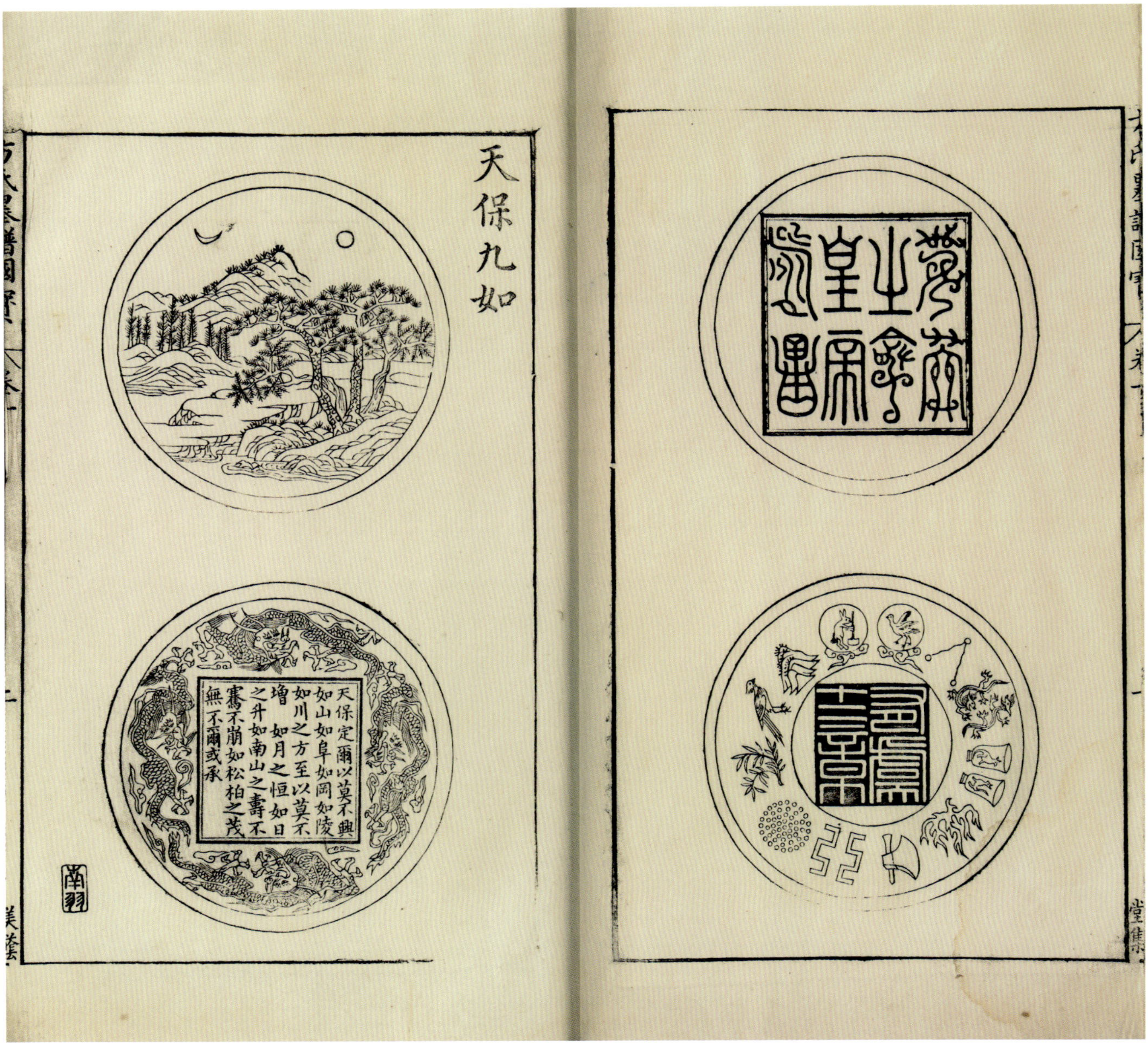

81 **方氏墨谱六卷**

（明）方于鲁撰　明万历十七年（1589）刻本

Album of the ink-blocks by Mr. Fang, six volumes

Written by Fang Yulu from the Ming Dynasty

Block-printed Edition of the 17th year of the Ming Dynasty (1589)

线装，版框尺寸24.5×14.5cm，半叶五至七行，行字数不等，白口，四周单边，单白鱼尾。

方于鲁（？－1608），初名大激，后名建元，字于鲁，室名佳日楼、如如室、美荫堂，安徽歙县人。善制墨，所制墨质地坚实，神采夺目，又极富装饰性。方氏在刊刻此书时，延请当时镂版圣手黄氏刻工。锋颖所至，既能发画家所发之意，又能传笔墨难传之神。

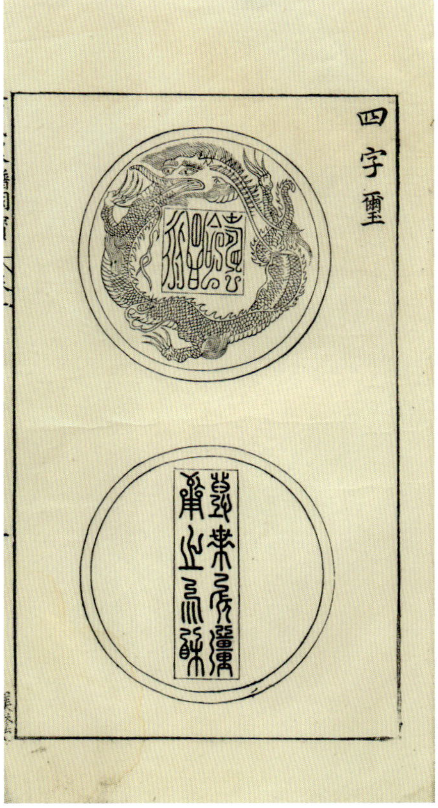
四字璽

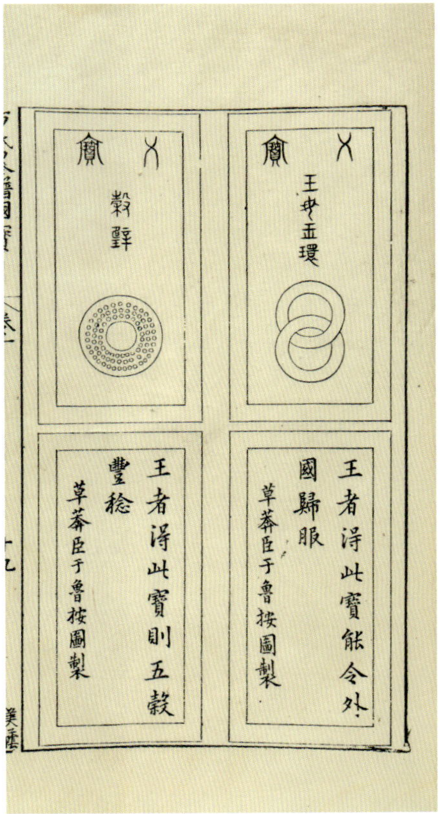
王母玉環
王者得此寶能令外國歸服
草莽臣于魯按圖製
穀璧
王者得此寶則五穀豐稔
草莽臣于魯按圖製

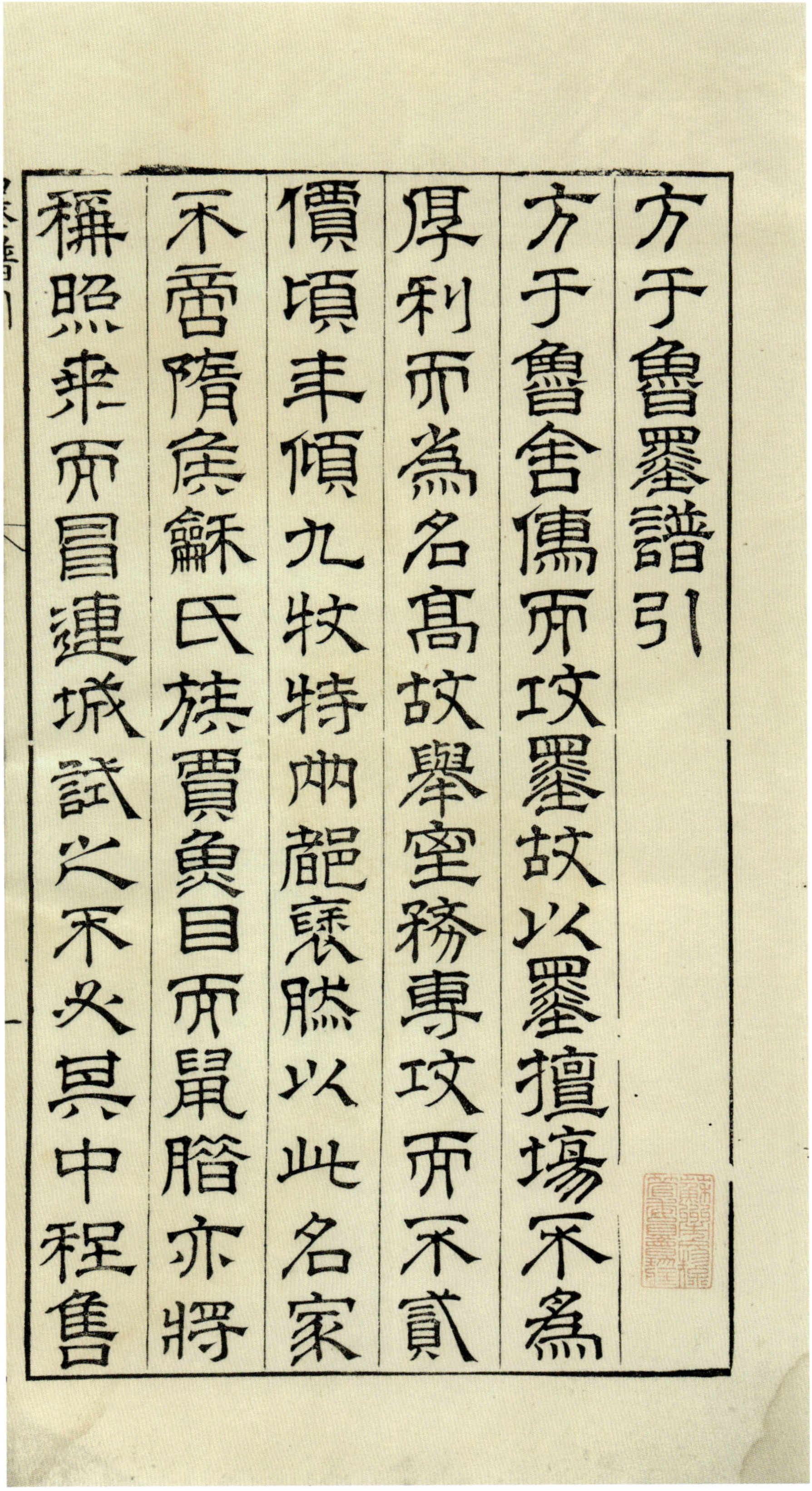

方于魯墨譜引

方于魯舍儁而攻墨故以墨擅場不為厚利而為名高故舉室務專攻而不貳價頃年傾九牧特兩龍褒然以此名家不啻隋侯龢氏族買負目而鼠腊亦將稱照乘而冒連城試之不必其中程售

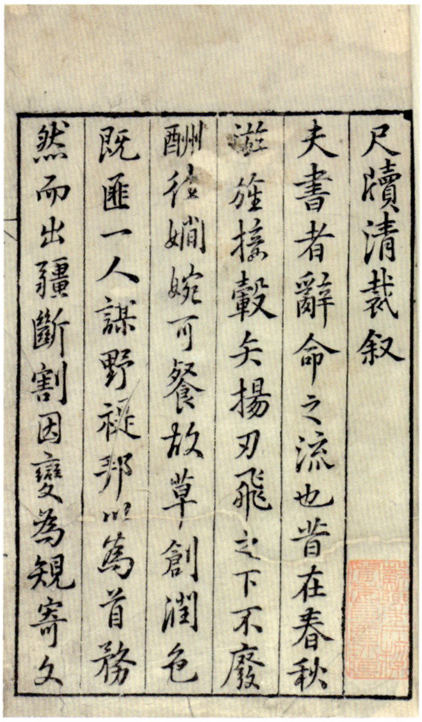

尺牘清裁叙

夫書者辭命之流也昔在春秋
游旌接轂矢揚刃飛之下不廢
酬往媚婉可餐故草創潤色
既匪一人謀野禔邦以為首務
然而出疆斷割因變為覘寄文

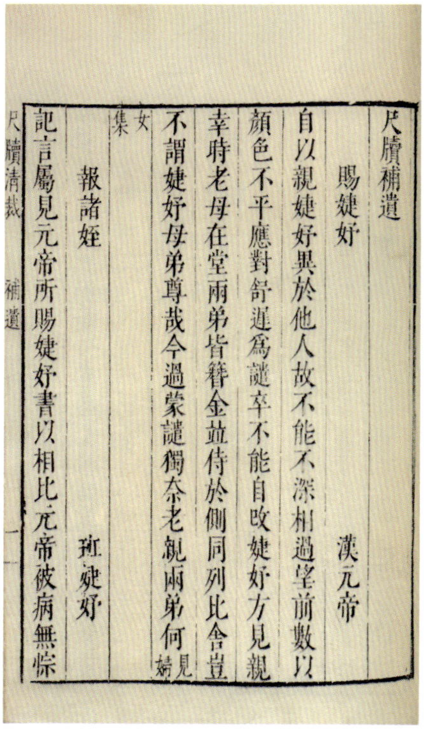

尺牘補遺

賜婕妤　漢元帝
自以親婕妤異於他人故不能不深相過望前數以
顏色不平應對舒遲爲讒卒不能自改婕妤方見親
幸痔老母在堂兩弟皆釋金並侍於側同列比舍豈
不謂婕妤母弟尊哉今過蒙讒獨奈老親兩弟何婦見

女集
報諸姪　班婕妤
記言屬見元帝所賜婕妤書以相比元帝被病無悰

尺牘清裁　補遺

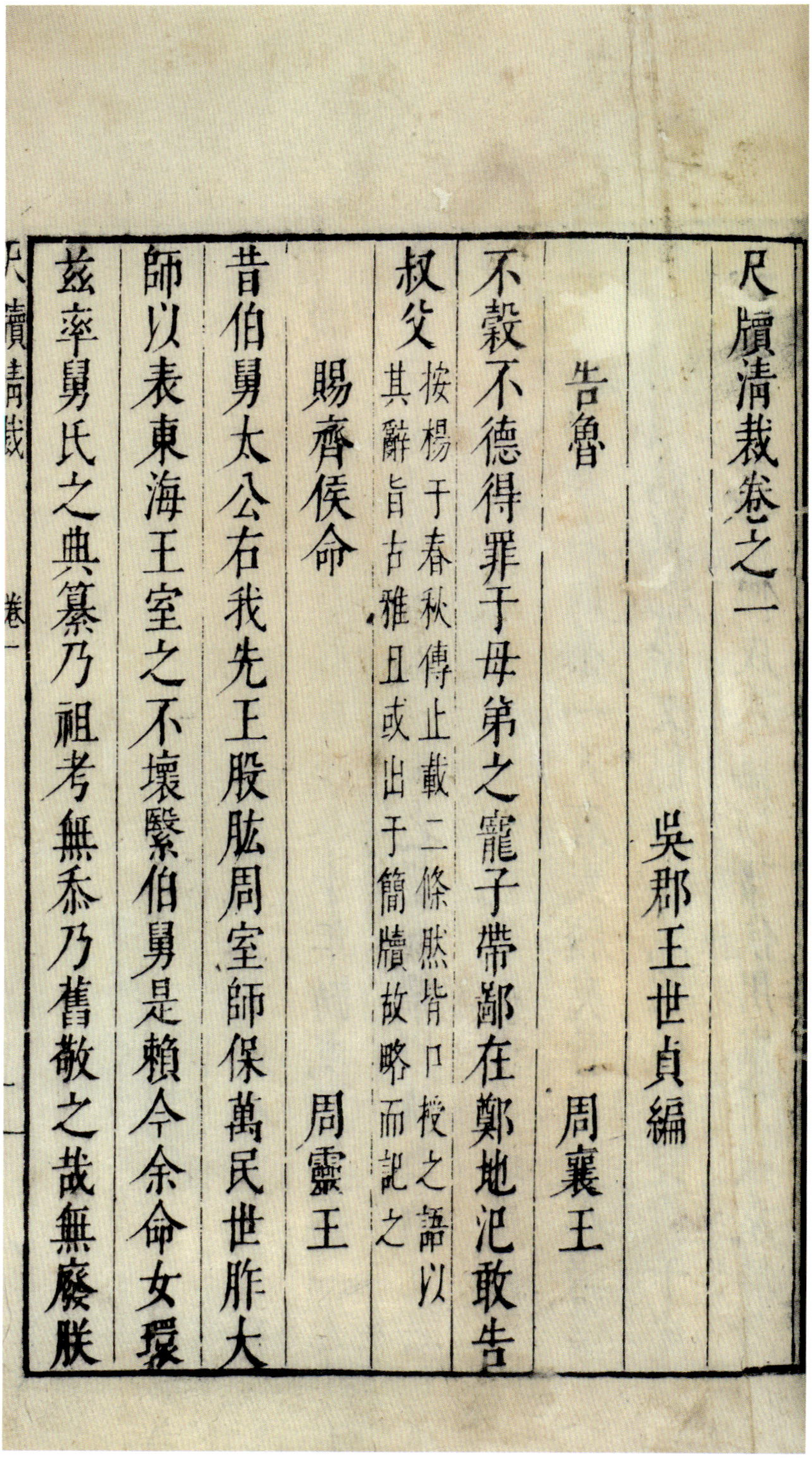

尺牘清裁卷之一

吳郡王世貞編

周襄王
告魯
不穀不德得罪于母弟之寵子帶鄙在鄭地氾敢告
叔父　按楊于春秋傳止載二條朕皆卩授之語以其辭旨古雅且或出于簡牘故畧而記之

周靈王
賜齊侯命
昔伯舅太公右我先王股肱周室師保萬民世胙大
師以表東海王室之不壞繄伯舅是賴今余命女環
茲率舅氏之典纂乃祖考無忝乃舊敬之哉無廢朕

尺牘清裁　卷一

82 尺牍清裁六十卷补遗一卷

（明）王世贞辑　明刻本

Analysis of the historical letters (Chi Du Qing Cai), sixty volumes; The supplement, one volume

Compiled by Wang Shizhen from the Ming Dynasty

Block-printed Edition of the Ming Dynasty (1368-1644)

线装，版框尺寸19.9×13.9cm，半叶九行，行二十字，小字双行同，白口，左右双边。

王世贞（1526—1590），字元美，号凤洲，又号弇州山人，太仓人。嘉靖二十六年（1547）进士。王世贞乃明代文坛盟主、史学巨匠，与李攀龙同为“后七子”首领。善诗，尤擅律、绝，倡导文学复古运动，主张“文必秦汉，诗必盛唐”，贮书达三万余卷。

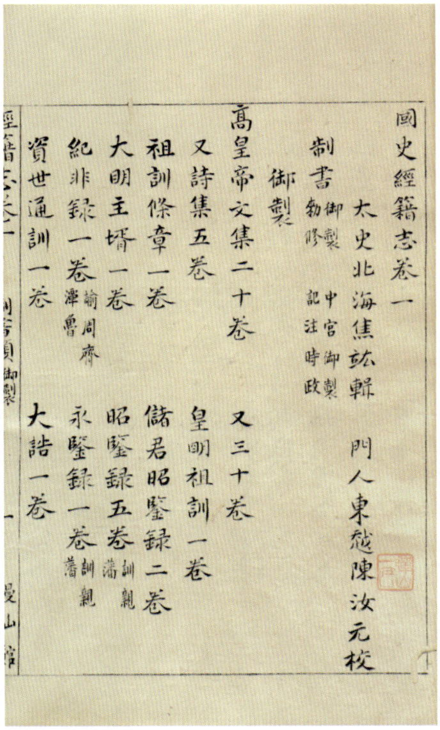

國史經籍志卷一

太史北海焦竑輯　門人東越陳汝元校

制書 御製 勑修 中宮御製 記注時政

御製

高皇帝文集二十卷　又三十卷

又詩集五卷　皇明祖訓一卷

祖訓條章一卷　儲君昭鑒録二卷

大明主壻一卷　昭鑒録五卷 訓藩 親

紀非録一卷 諭周齊潭魯　永鑒録一卷 訓藩 親

資世通訓一卷　大誥一卷

經籍志卷一　制書類 御製　一　曼山館

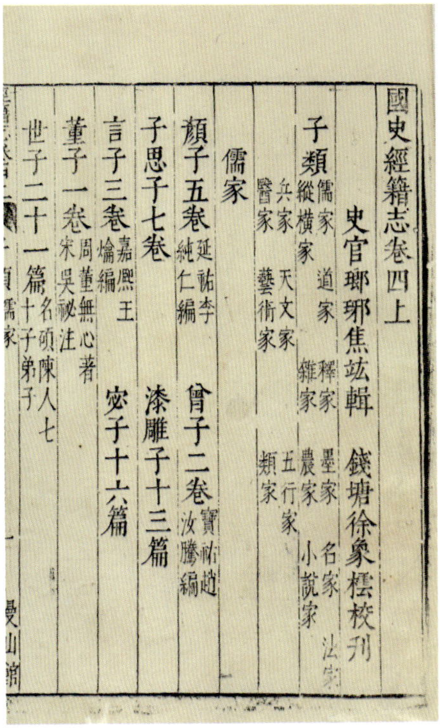

國史經籍志卷四上

史官瑯琊焦竑輯　錢塘徐象橒校刊

子類 儒家 道家 釋家 墨家 名家 法家 縱橫家 雜家 農家 小說家 兵家 天文家 五行家 醫家 藝術家 類家

儒家

顏子五卷 延祐李純仁編　曾子二卷 寶祐趙汝騰編

子思子七卷　漆雕子十三篇

言子三卷 嘉熙王爚編　宓子十六篇

董子一卷 周董無心著 宋吳祕注

世子二十一篇 名碩陳人七十子弟子

經籍志卷四上　子類 儒家　一　曼山館

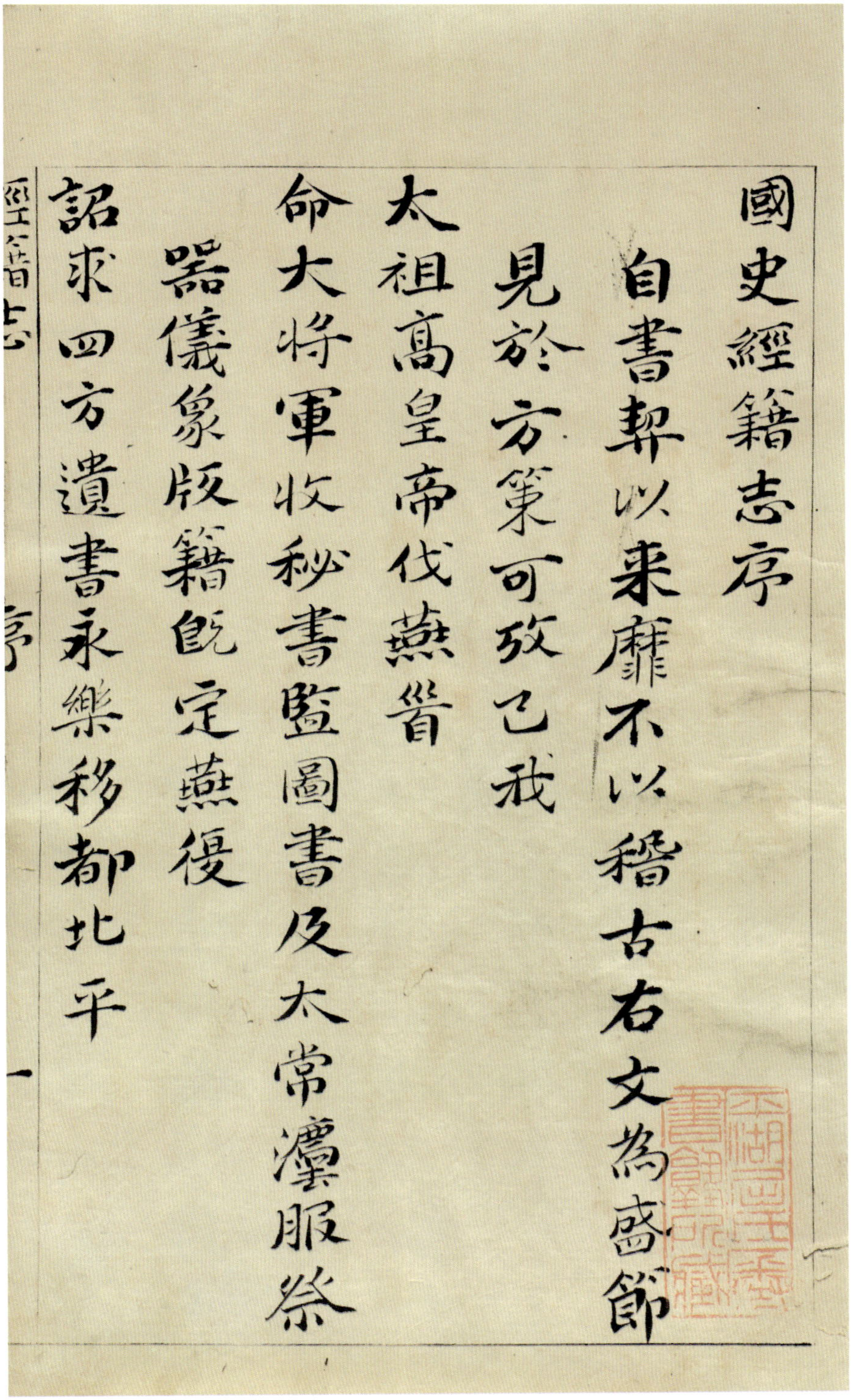

國史經籍志序

自書契以來靡不以稽古右文為盛節

見於方策可攷已我

太祖高皇帝伐燕晉

命大將軍收秘書監圖書及太常灋服祭

器儀象版籍旣定燕優

詔求四方遺書永樂移都北平

經籍志序　一

83 国史经籍志六卷

（明）焦竑撰　明徐象橒曼山馆刻本

The catalogue of the existing books of the nation history (Guo Shi Jing Ji Zhi), six volumes

Written by Jiao Hong from the Ming Dynasty

Block-printed Edition of the Ming Dynasty (1368-1644)

线装，版框尺寸20.4×14.5cm，半叶十行，行十九字，小字双行同，白口，左右双边，单黑鱼尾。

书口上有“经籍志卷某”，下有“曼山馆”。书中有焦竑序，陈汝元序并附刻焦先生来书二通。卷一叶一至叶九，卷二叶一至叶十二、叶十九、叶七十一，卷三叶一，卷五叶六十二、叶七十六至叶七十七、叶九十七至一零八，卷六叶一至叶十二抄配。书中钤“平湖屈氏一卷书塾所藏”朱文竖长印、“弹山一屈”朱文方印。

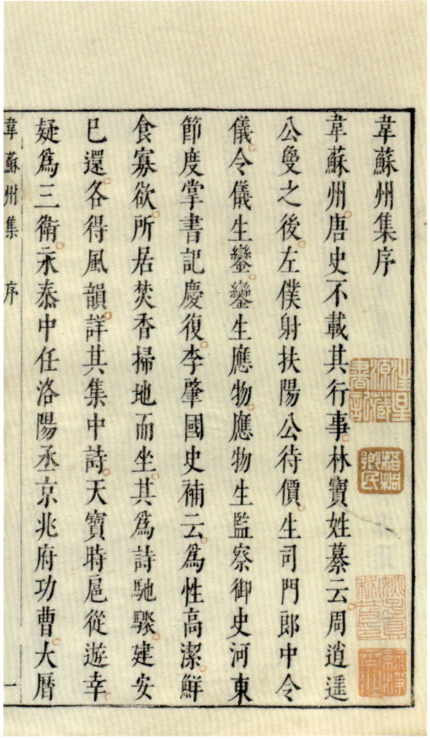

韋蘇州集序

韋蘇州唐史不載其行事林寶姓纂云周逍遥公夐之後左僕射扶陽公待價生司門郎中令儀令儀生鑾鑾生應物應物生監察御史河東節度掌書記慶復李肇國史補云爲性高潔鮮食寡欲所居焚香掃地而坐其爲詩馳驟建安已還各得風韻詳其集中詩天寶時扈從遊幸疑爲三衛永泰中任洛陽丞京兆府功曹大曆

韋蘇州集 序 一

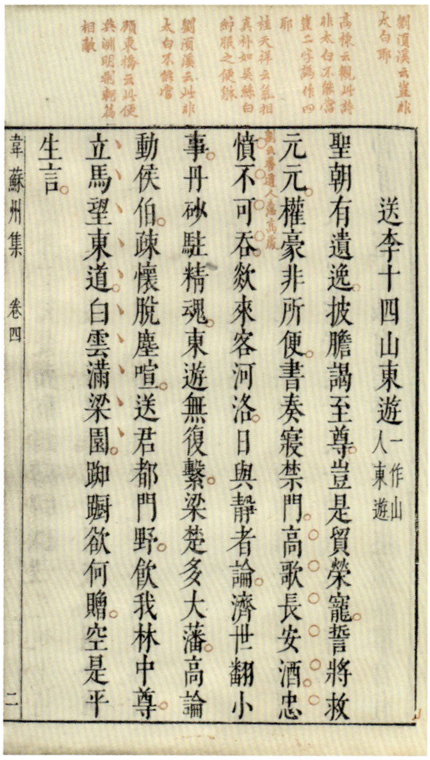

送李十四山東遊 一作山人東遊

聖朝有遺逸披膽謁至尊豈是貿榮寵誓將救元元權豪非所便書奏寢禁門高歌長安酒忠憤不可吞欻來客河洛日與静者論濟世翻小事丹砂駐精魂東遊無復繫梁楚多大藩高論動侯伯疎懷脫塵喧送君都門野飲我林中尊立馬望東道白雲滿梁園踟躕欲何贈空是平生言

韋蘇州集 卷四 二

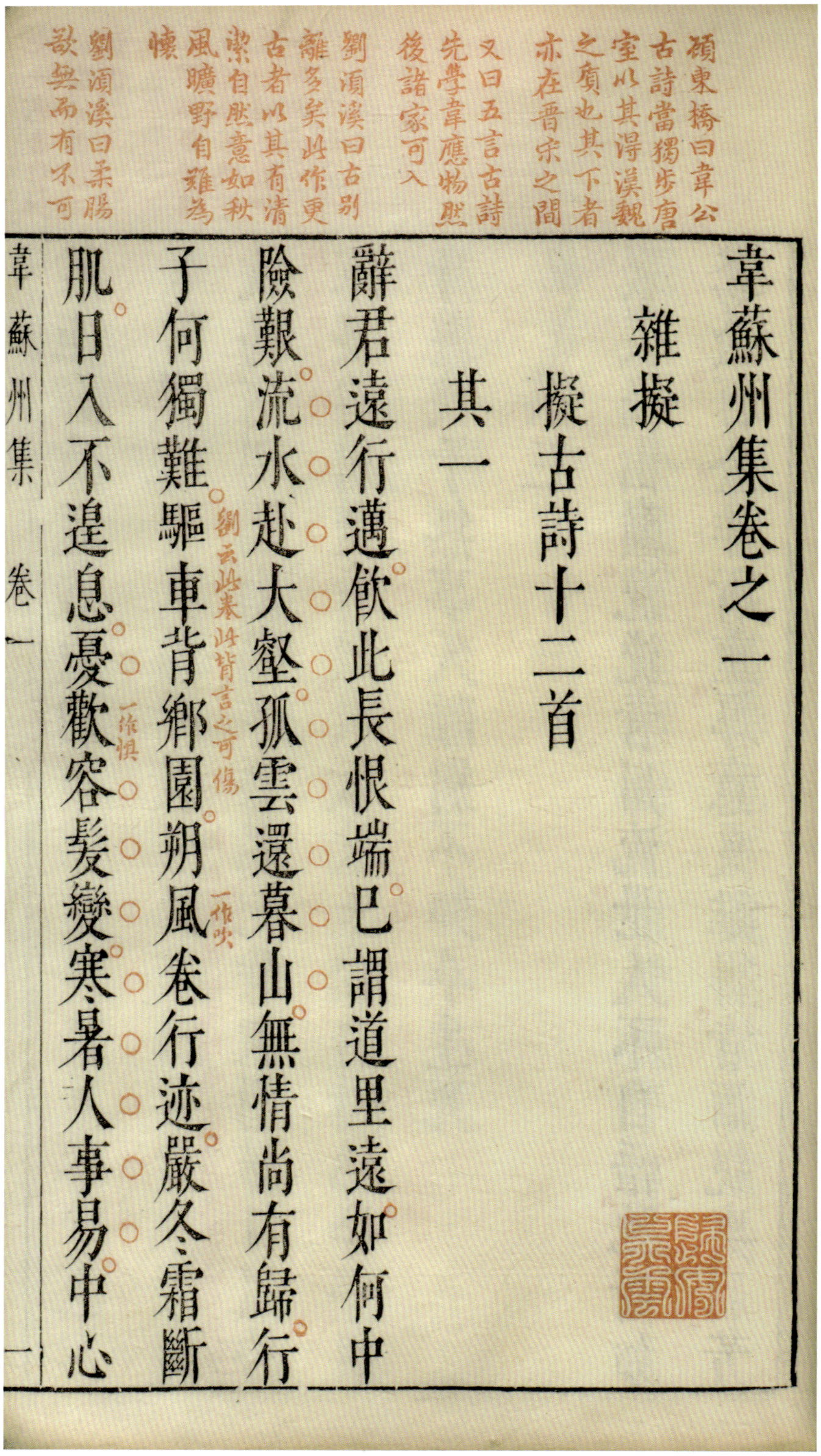

顧東橋曰韋公古詩當獨步唐室以其得漢魏之質也其下者亦在晉宋之間

又曰五言古詩先學韋應物然後諸家可入

劉須溪曰古别離多矣此作更古者以其有清潔自然意如秋風曠野自難為懷

劉須溪曰柔腸欲無而有不可

韋蘇州集卷之一

雜擬

擬古詩十二首

其一

辭君遠行邁飲此長恨端已謂道里遠如何中險艱流水赴大壑孤雲還暮山無情尚有歸行子何獨難驅車背鄉園朔風卷行迹嚴冬霜斷肌日入不遑息憂歡容髮變寒暑人事易中心

劉云此來以背言之可傷

一作吹

一作惧

韋蘇州集 卷一 一

84 **韦苏州集十卷拾遗一卷**

（唐）韦应物撰 （宋）刘辰翁注 明凌氏刻陶韦合集朱墨套印本

Collected works of Wei Suzhou, ten volumes; The supplement, one volume

Written by Wei Yingwu from the Tang Dynasty

Block-printed Edition (Red and Black overprinting) of the Ming Dynasty (1368-1644)

线装，版框尺寸21.4×14.8cm，半叶八行，行十八字，白口，四周单边。

书中钤“绿净斋□”白文方印、“姚子真秘笈印”朱文竖长印、“梧桐乡民”白文方印、“汪星源藏书记”白文方印、“归安吴云”白文方印、“秋隐庵庋藏书画之印”朱文方印。

国家珍贵古籍名录号05215。

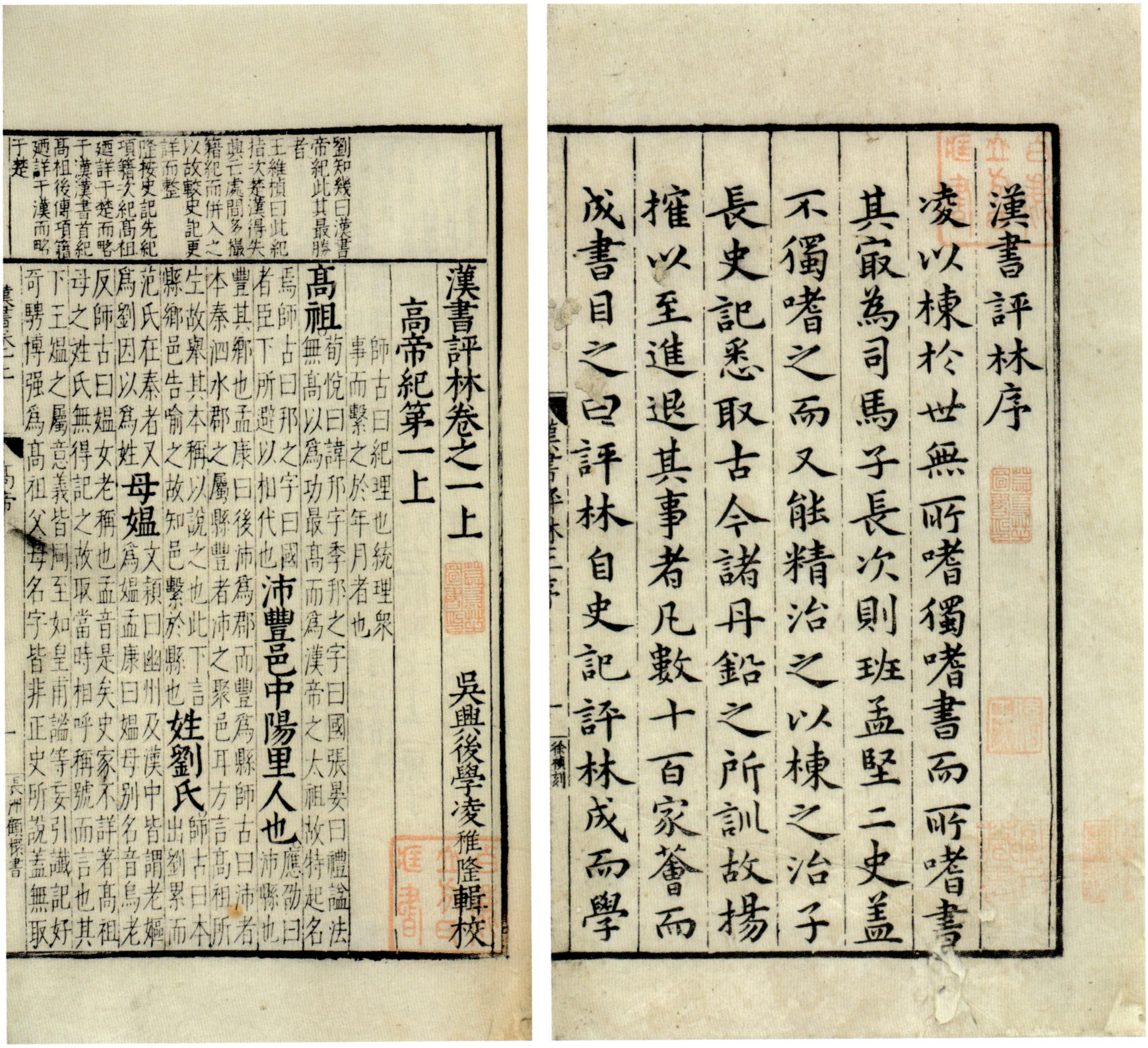

85 **汉书评林一百卷**

（明）凌稚隆辑校　明万历九年（1581）吴兴凌稚隆刊《史汉评林》本　汉书评林一百卷

Comments of the History of the Han Dynasty, one hundred volumes

Compiled by Lin ZhiLong from the Ming Dynasty

Block-printed Edition of the 9th year of the Wanli era of the Ming Dynasty (1581)

线装，版框尺寸（4.0+20.4）×14.8cm，上栏镌评，下栏正文半叶十行，行二十字，小字双行同，白口，左右双边，单黑鱼尾。

书中钤“白鹿斋方氏藏书”朱文方印、“莫友芝图书印”朱文竖长印、“伟伯氏”白文方印、“顾氏藏书”朱文方印。

黄山谷題跋書後卷四

跋自臨東坡和陶淵明

此書既以遺荆州李翹叟既而亡其本復從翹叟借來未謄本輙為後夫田清盜去賣與龍安寺千部院僧盜事覺追取得之復歸翹叟翹叟屢索此卷恐為人盜去余殊謂不然乃果見盜夫不疑於物物亦誠焉翹叟一動其心遂果被盜昔季康子患盜孔子曰苟子之不欲雖賞之不竊誠然哉

跋自所書與宗室景道

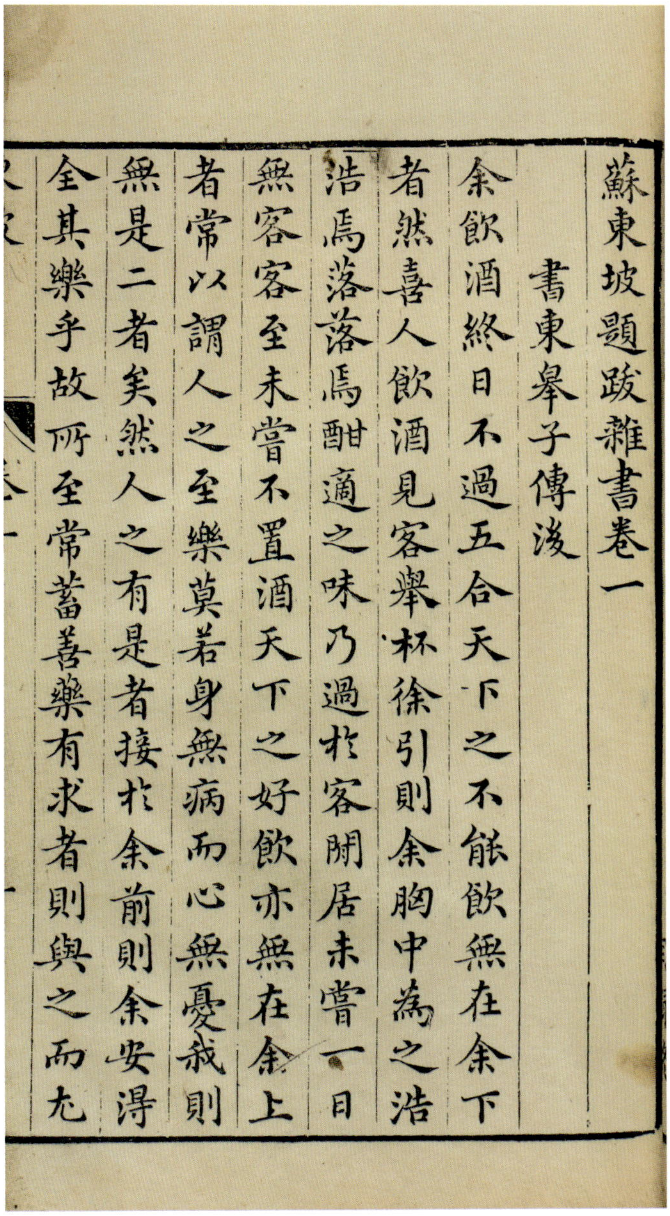

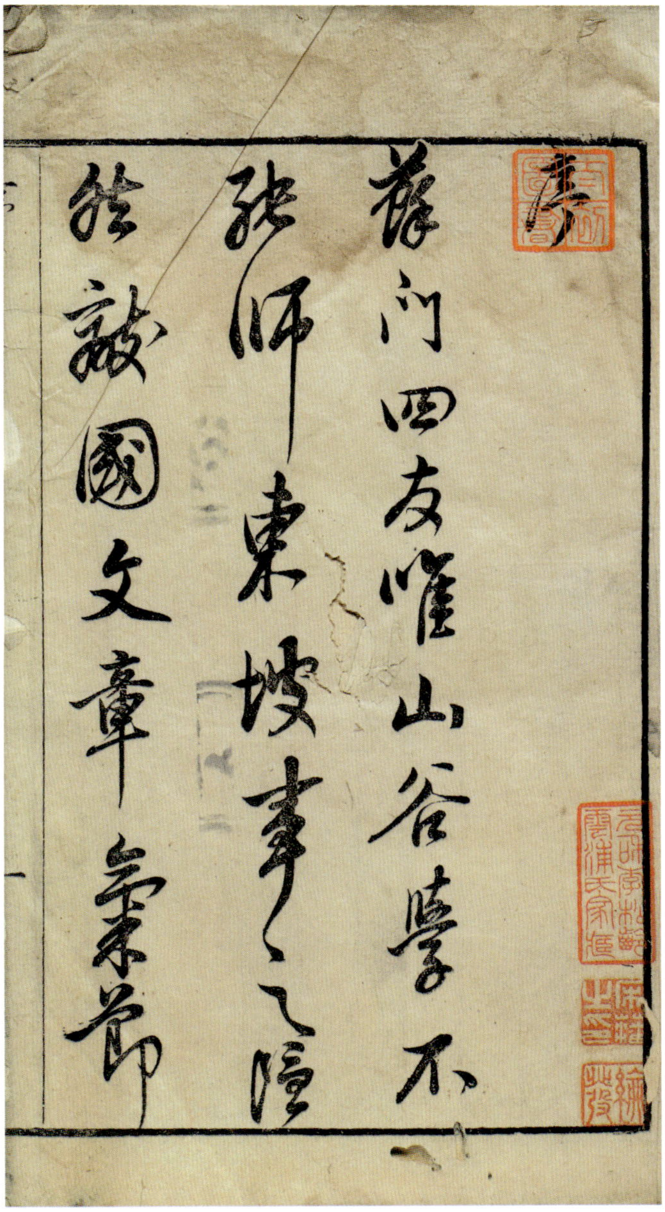

86 **苏黄题跋二种十二卷**

（宋）苏轼撰　（宋）黄庭坚撰　（明）杨鹤编　明武陵杨（鹤）氏刻本　存六卷（《苏东坡题跋杂书》卷一、卷四至五，《黄山谷题跋书后》卷四至六）

Two Remarks of Su Shi and Huang Tingjian, twelve volumes
Written by Su Shi and Huang Tingjian from the Song Dynasty
Block-printed Edition of the Ming Dynasty (1368-1644)
Six volumes collection

线装，版框尺寸21.0×14.0cm，半叶九行，行十九字，白口，四周单边，单黑鱼尾。

书中钤“熊光”白文方印、“怀江”朱文方印、“太初图书”朱文界格方印，“元和李松龄云浦氏家藏”朱文竖长印、“宋藩之印”白文方印、“纶发”朱文方印。

崔鴻本傳

北齊　中書令兼著作郎魏　收　奉　詔撰

崔鴻字彦鸞東清河鄃人也曾祖曠從慕容德南渡河居青州慕容氏滅事宋文帝爲樂陵太守祖靈延仕宋武帝龍驤將軍長廣太守宋太宗時魏平三齊靈延與長子光竝徙代光以高祖太和中拜中書博士遷中書黃門侍郎兼侍中勅與李彪撰魏國書世宗卽位正除侍中加撫軍將軍爲太子傅世宗崩與受遺迎立太子

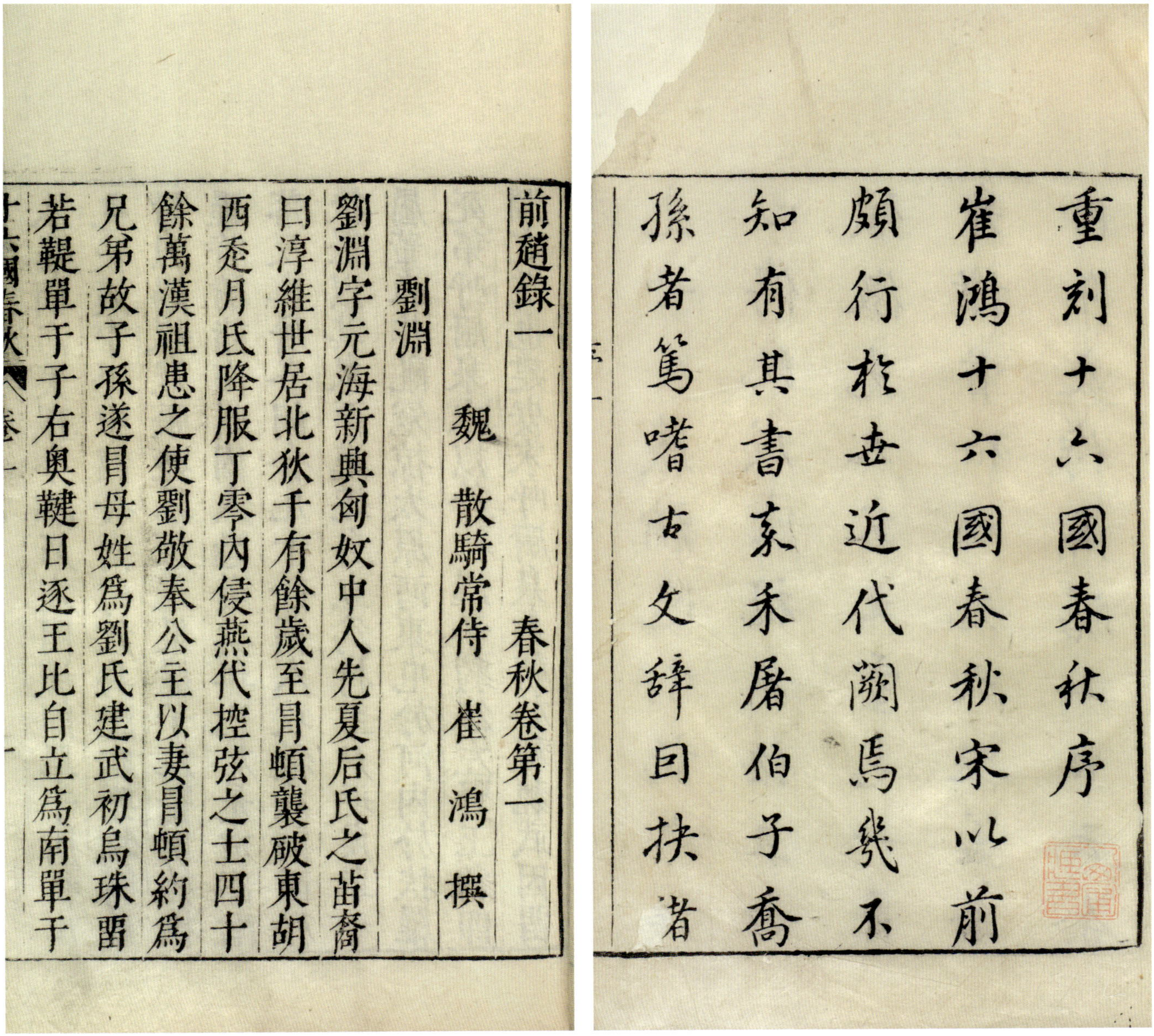
重刻十六國春秋序
崔鴻十六國春秋宋以前
頗行於世近代闕焉幾不
知有其書秦禾屠伯子喬
孫者篤嗜古文辭曰扶著

前趙錄一　春秋卷第一
魏　散騎常侍　崔　鴻　撰
劉淵
劉淵字元海新興匈奴中人先夏后氏之苗裔
曰淳維世居北狄千有餘歲至冒頓襲破東胡
西逐月氏降服丁零內侵燕代控弦之士四十
餘萬漢祖患之使劉敬奉公主以妻冒頓約爲
兄弟故子孫遂冒母姓爲劉氏建武初烏珠留
若鞮單于子右奧鞬日逐王比自立爲南單于

87　十六国春秋一百卷

题（后魏）崔鸿撰　明万历三十七年（1609）屠氏兰晖堂刻本

History of Sixteen Kingdoms, one hundred volumes

Written by Cui Hong from the Southern and Northern Dynasties

Block-printed Edition of the 37th year of the Wanli era of the Ming Dynasty (1609)

线装，版框尺寸20.6×15.0cm，半叶九行，行十八字，小字双行同，白口，左右双边，单黑鱼尾。

此种版心上镌有“十六国春秋”，书中钤“西圃藏书”朱文方印、“潘承弼藏书记”朱文竖长印。

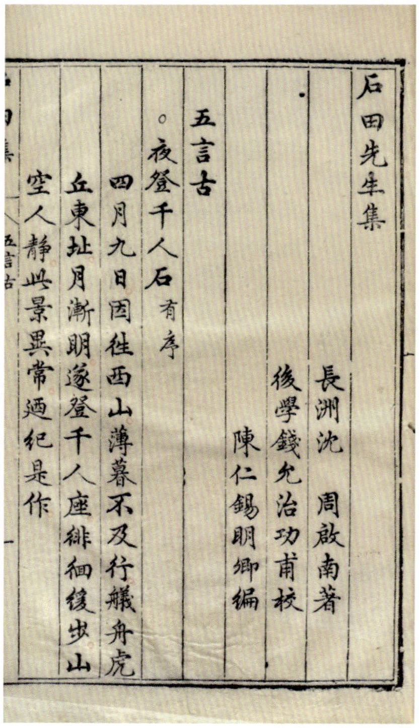

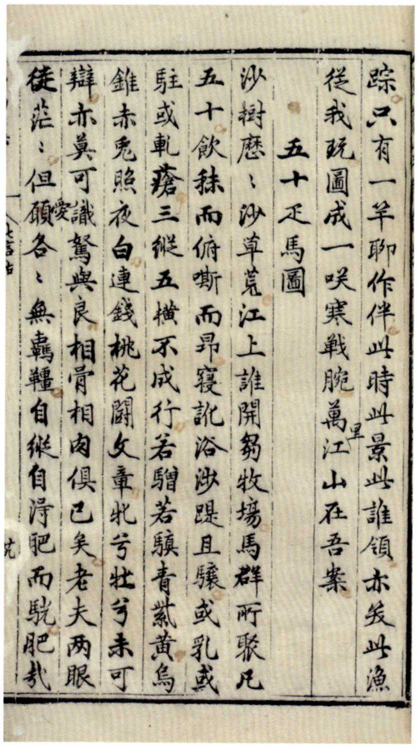

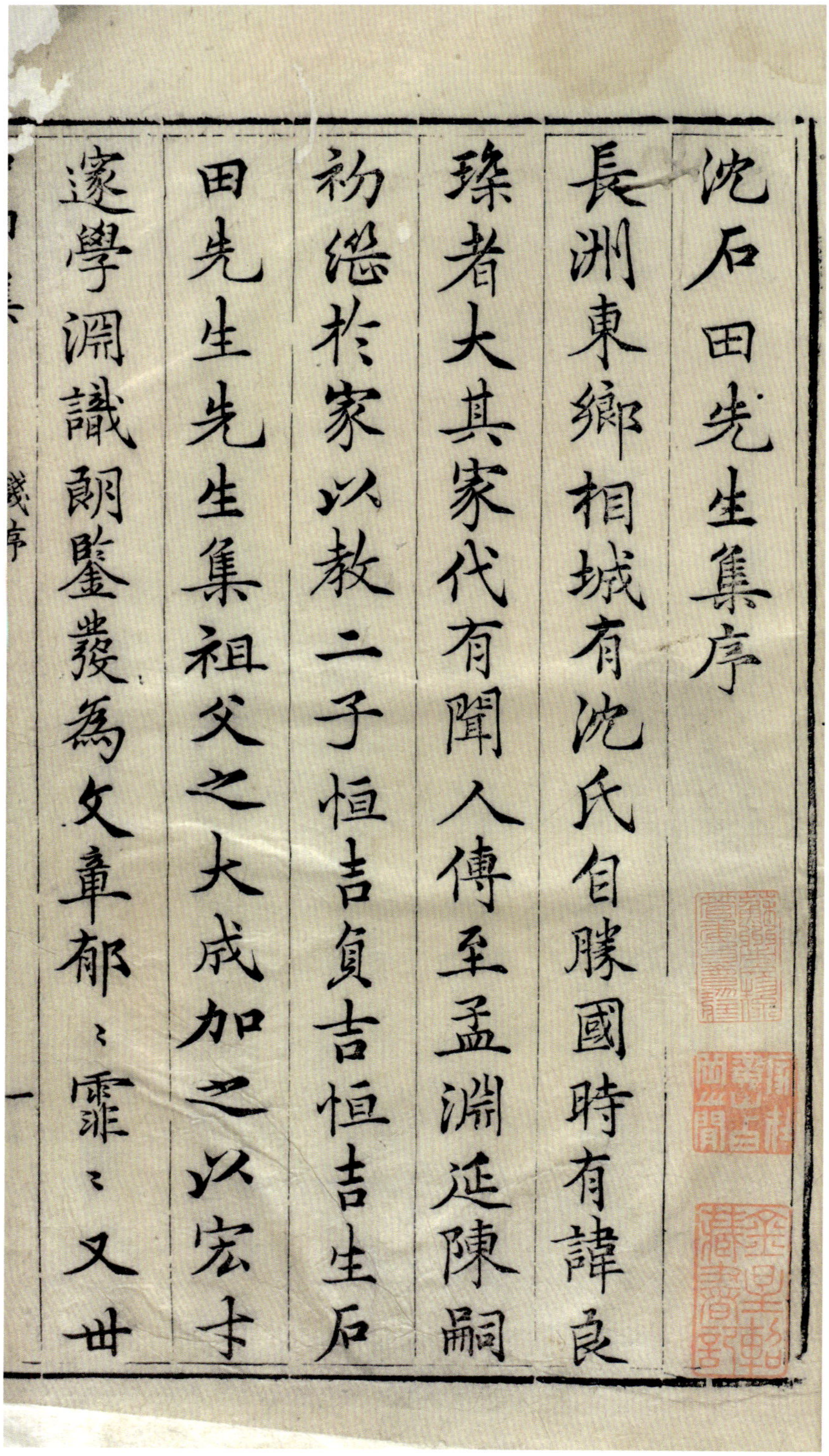

88 石田先生集十一卷

（明）沈周撰　明万历四十三年（1615）陈仁锡刻本

Collected works of Mr. Shi Tian, eleven volumes

Written by Shen Zhou from the Ming Dynasty

Block-printed Edition of the 43rd year of the Wanli era of the Ming Dynasty (1615)

线装，版框尺寸22.4×14.1cm，半叶九行，行十九字，小字双行同，白口，四周单边，单白鱼尾。

书中钤“家在黄山白冈之间”白文方印、“金星轺藏书记”朱文竖长印。沈周（1427－1509），字启南，号石田、白石翁，苏州人。博及群书，文学左氏，字仿黄山谷，尤工于画，以水墨山水为艺林绝品。与唐寅、文征明、仇英并称为明四家。

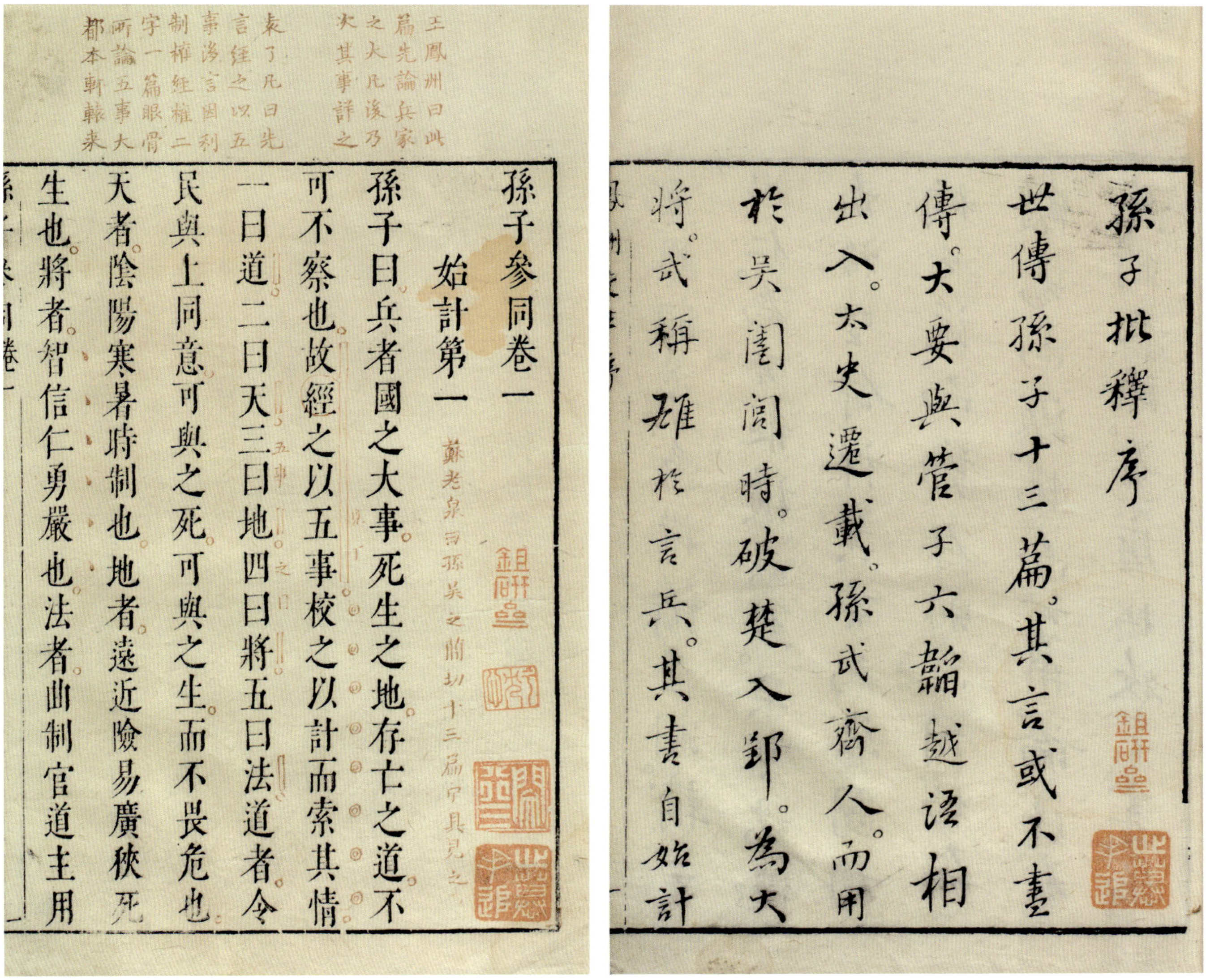
孫子批釋序

世傳孫子十三篇。其言或不盡傳。大要與管子六韜越語相出入。太史遷載。孫武齊人。而用於吳闔閭時。破楚入郢。為大將。武稱雄於言兵。其書自始計

王鳳洲曰此篇先論兵家之大凡後乃次其事詳之

袁了凡曰先言經之以五事後言因利制權經權二字一篇眼骨所論五事大都本軒轅來

孫子參同卷一

始計第一　蘇老泉曰孫吳之簡切十三篇宇具見之

孫子曰兵者國之大事死生之地存亡之道不可不察也故經之以五事校之以計而索其情一曰道二曰天三曰地四曰將五曰法道者令民與上同意可與之死可與之生而不畏危也天者陰陽寒暑時制也地者遠近險易廣狹死生也將者智信仁勇嚴也法者曲制官道主用

89 孙子参同五卷

（明）闵于忱辑　明万历四十八年（1620）闵于忱松筠馆刻朱墨套印本

Compiling of the Art of War, five volumes

Compiled by Min Yuchen from the Ming Dynasty

Block-printed Edition (Red and Black overprinting) of the 48th year of the Wanli era of the Ming Dynasty (1620)

线装，版框尺寸20.4×14.7cm，半叶八行，行十八字，白口，四周单边。

书中钤“钼研斋”朱文竖长印、“心慕手追”白文方印、“于忱”朱文扁方印、“闵行三”白文界方格印。明代版画技艺突飞猛进，技法日精，尤以徽派版画为个中楚翘。明万历时，程大约运用一版多印之法套印出彩色版，开彩色套版印刷之先河，其后浙江吴兴（乌程）凌、闵二家，在此基础上发展出多版分色套印技法。此二家均为当地望族，倾其家产套印群书，约有百余种，时至今日，亦不可多得。

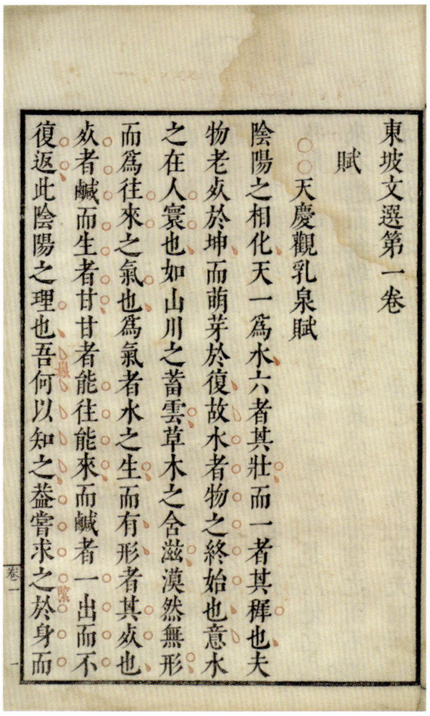
東坡文選第一卷
賦
天慶觀乳泉賦
陰陽之相化天一爲水六者其壯而一者其穉也夫
物老死於坤而萌芽於復故水者物之終始也意水
之在人寰也如山川之蓄雲草木之含滋漠然無形
而爲往來之氣也爲氣者水之生而有形者其死也
死者鹹而生者甘甘者能往能來而鹹者一出而不
復返此陰陽之理也吾何以知之葢嘗求之於身而

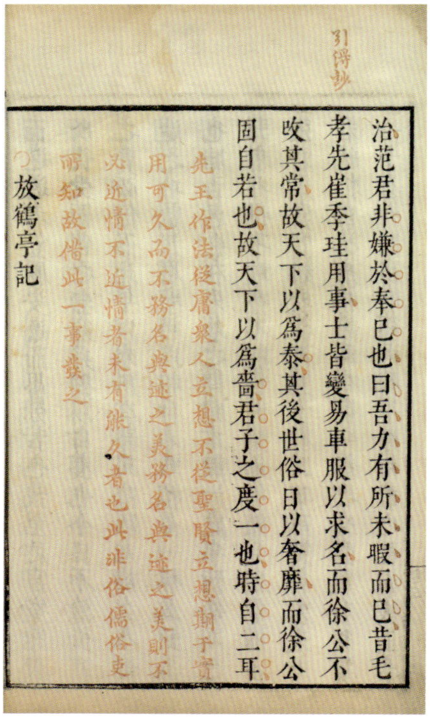
放鶴亭記
治范君非嫌於奉巳也曰吾力有所未暇而巳昔毛
孝先崔季珪用事士皆變易車服以求名而徐公不
改其常故天下以爲泰其後世俗日以奢靡而徐公
固自若也故天下以爲嗇君子之度一也時自二耳
先王作法從庸衆人立想不從聖賢立想期于實
用可久而不務名與迹之美務名與迹之美則不
必近情不近情者未有能久者也此非俗儒俗吏
所知故借此一事發之

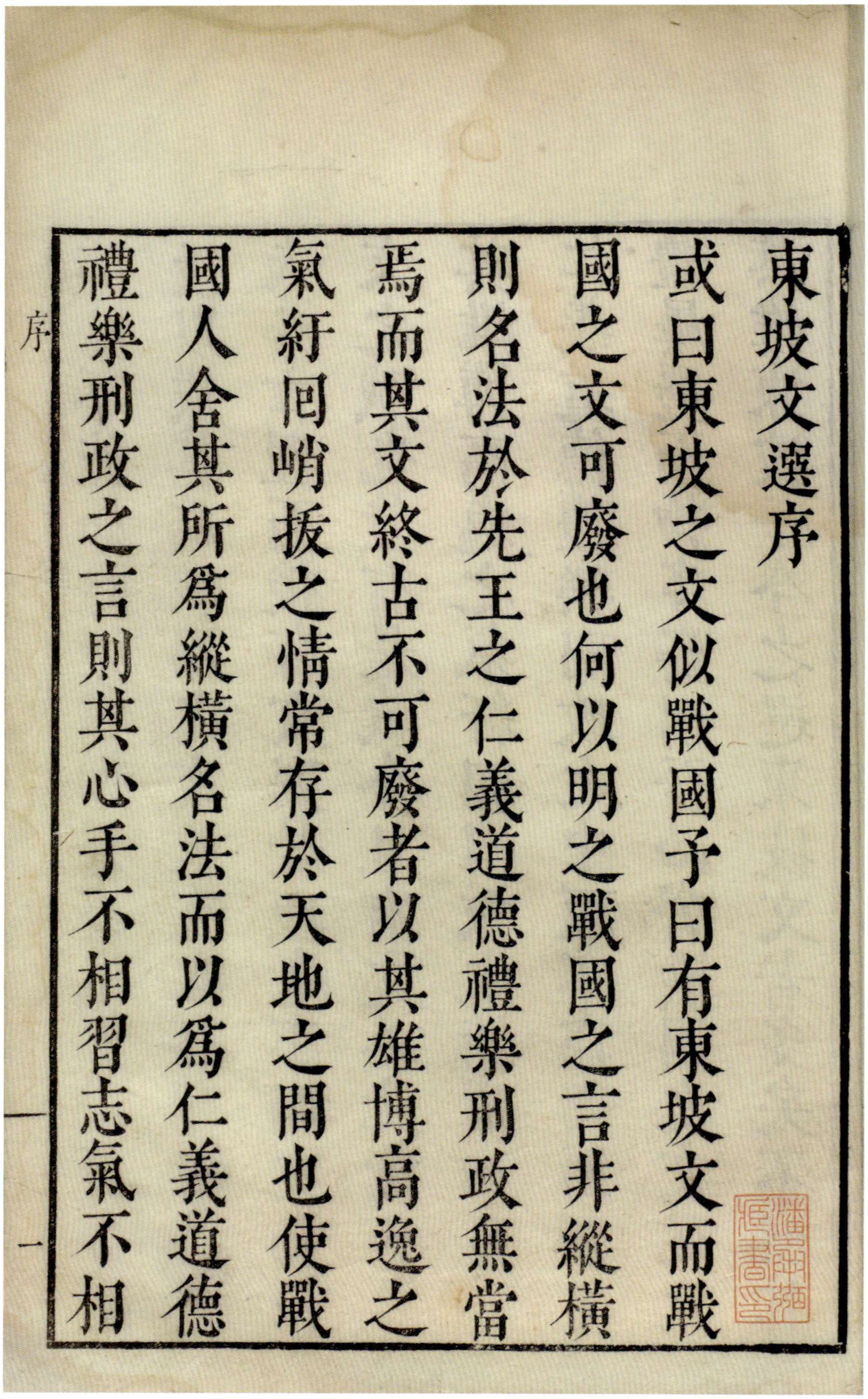
東坡文選序
或曰東坡之文似戰國予曰有東坡文而戰
國之文可廢也何以明之戰國之言非縱橫
則名法於先王之仁義道德禮樂刑政無當
焉而其文終古不可廢者以其雄博高逸之
氣紆回峭拔之情常存於天地之間也使戰
國人舍其所爲縱橫名法而以爲仁義道德
禮樂刑政之言則其心手不相習志氣不相
序

90 东坡文选二十卷

（宋）苏轼撰　（明）钟惺评选　明万历四十八年（1620）闵氏刻朱墨套印本　存五卷（一至三、七至八）

Selected Works of Mr. Dongpo, twelve volumes
Written by Su Shi from the Song Dynasty
Block-printed Edition (Red and Black overprinting) of the 48th year of the Wanli era of the Ming Dynasty (1620)
Five volume collection (No. 1-3, 7-8)

线装，版框尺寸21.1×14.7cm，半叶九行，行二十字，白口，四周单边。

书中钤“钟惺之印”朱文方印、“伯敬氏”白文方印、“潘承弼藏书印”朱文竖长印、“祖孙会状兄弟鼎甲五子登科父子伯侄翰林进士尚书宰相之家”界边白文方印。

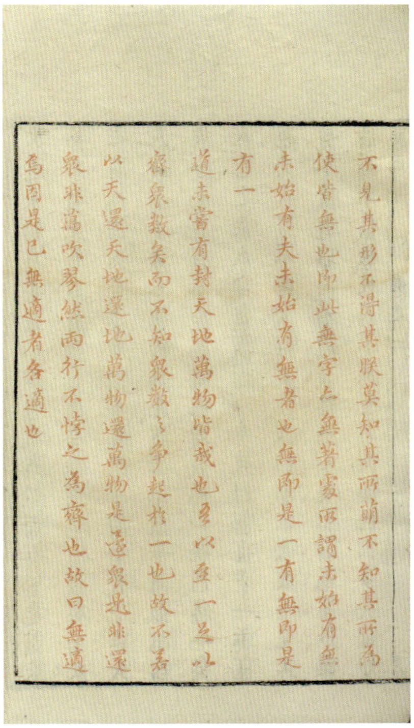
不見其形不得其朕莫知其所萌不知其所為
使皆無也而此無字亦無著處所謂未始有無
未始有夫未始有無者也無而是一有無即是
有一
道未嘗有封天地萬物皆我也多以至一是以
齊衆數矣而不知衆數之爭起於一也故不若
以天還天地還地萬物還萬物是造衆非還
衆非萬吹萬然而行不悖之為齊也故曰無適
為因是已無適者各適也

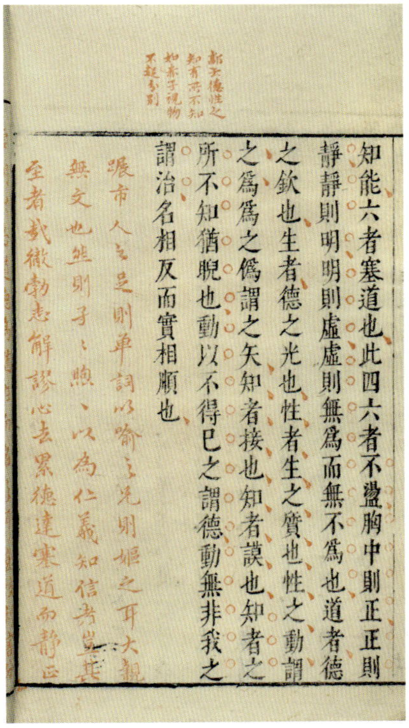
知能六者塞道也此四六者不盪胸中則正正則
靜靜則明明則虛虛則無爲而無不爲也道者德
之欽也生者德之光也性者生之質也性之動謂
之爲爲之僞謂之失知者接也知者謨也知者之
所不知猶睨也動以不得已之謂德動無非我之
謂治名相反而實相順也

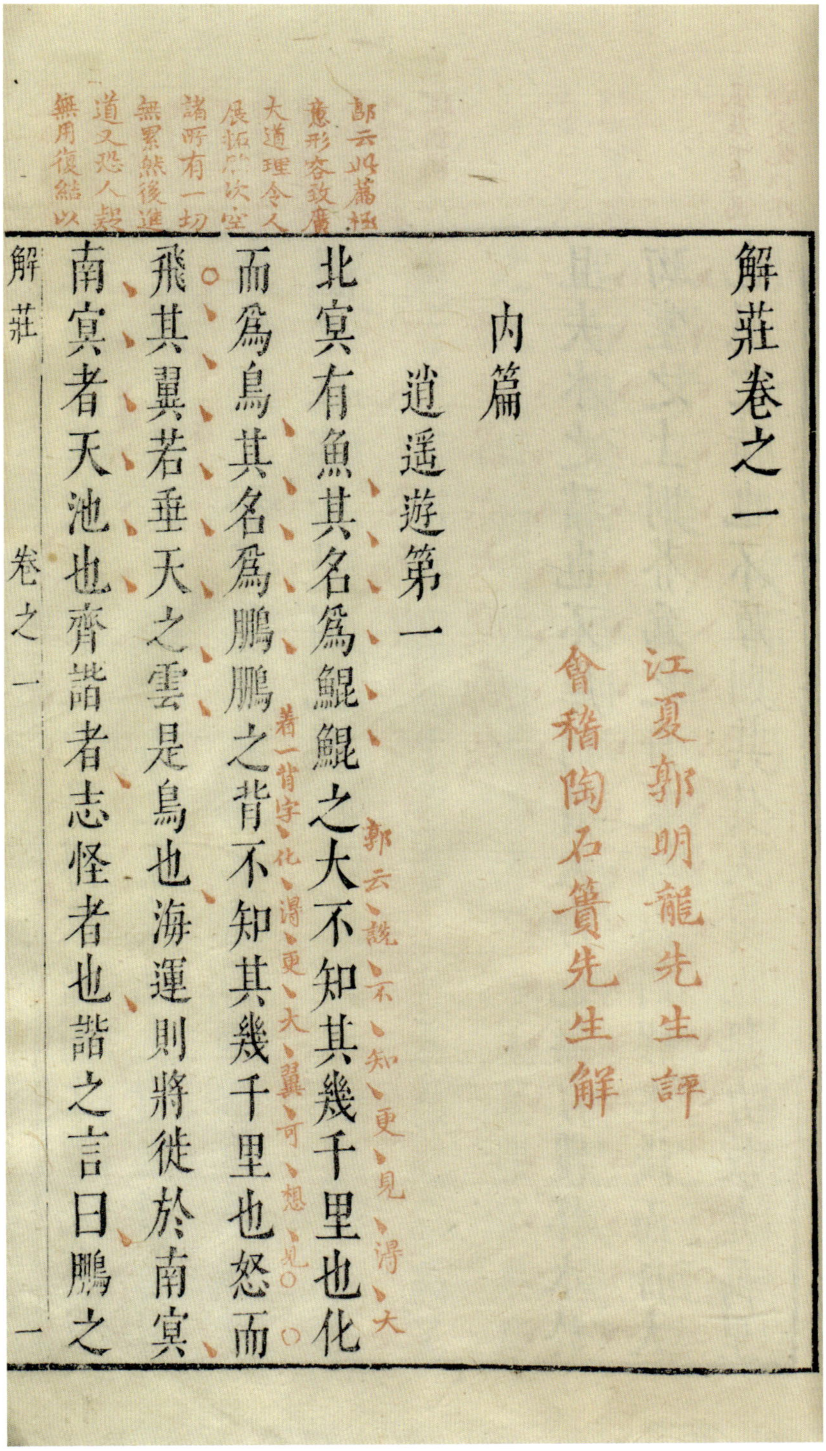
解莊卷之一
江夏郭明龍先生評
會稽陶石簣先生解
內篇
逍遥遊第一
北冥有魚其名爲鯤鯤之大不知其幾千里也化
而爲鳥其名爲鵬鵬之背不知其幾千里也怒而
飛其翼若垂天之雲是鳥也海運則將徙於南冥
南冥者天池也齊諧者志怪者也諧之言曰鵬之
解莊　卷之一　一

91 解庄十二卷

（明）陶望龄撰　（明）郭正域评　明天启元年（1621）茅兆河刻朱墨套印本　存十卷（一至五、八至十二）

Explanation of Zhuang-zi Sayings, twelve volumes

Written by Tao Wangling from the Ming Dynasty

Block-printed Edition (Red and Black overprinting) of the 1st year of the Tianqi era of the Ming Dynasty (1621)

Ten volumes collection (No. 1-5, 8-12)

线装，版框尺寸20.7×14.7cm，半叶九行，行十九字，白口，四周单边。

茅兆河，字巨源，号梁渠，明吴兴士族，能步闵、凌二家之后，以朱墨版印书。

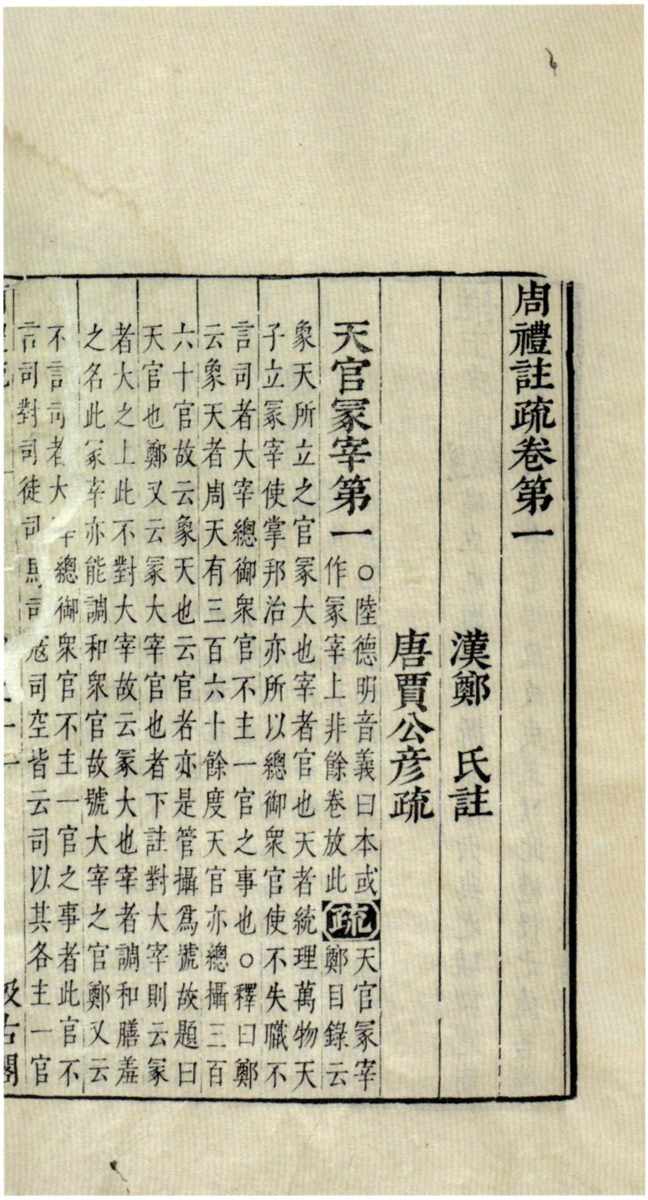

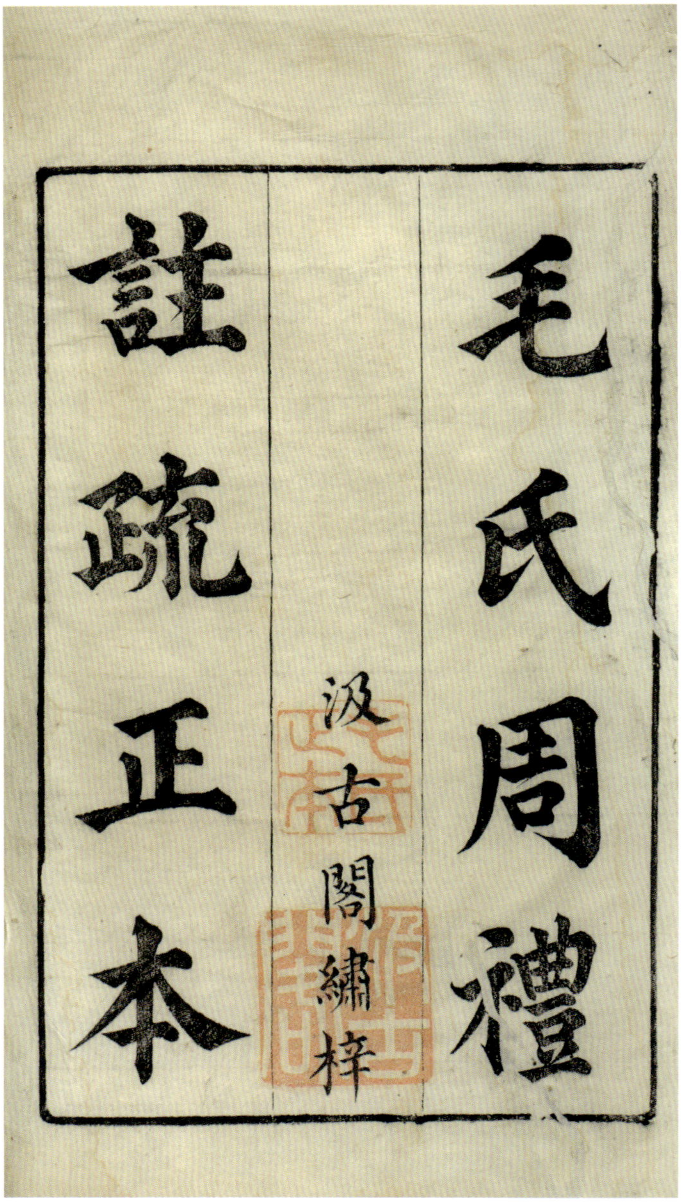

92 周礼注疏四十二卷

（汉）郑玄注（唐）贾公彦等疏（唐）陆德明释文　明崇祯元年（1628）古虞毛氏汲古阁刻《十三经注疏》本

Variorum of the Rites of Zhou, forty-two volumes
Noted by Zheng Xuan from the Han Dynasty
Block-printed Edition of the 1st year of the Chongzhen era of the Ming Dynasty (1628)

线装，版框尺寸18.2×12.5cm，半叶九行，行二十一字，小字双行二十字，白口，左右双边。

书名页下有“汲古阁绣梓”牌记，版心下有“汲古阁”，书中钤“毛氏正本”朱文方印、“汲古阁”白文方印。

93 群芳清玩十二种十六卷

（明）李玙编　明崇祯虞山毛氏汲古阁刻本

The collectibles (Qun Fang Qing Wan)
Compiled by the Li Yu from the Ming Dynasty
Block-printed Edition of the Chongzhen era of the Ming Dynasty (1368-1644)

线装，版框尺寸19.9×12.1cm，半叶八行，每行十八字，白口，左右双边。

首册书名页有楷署“群芳清玩”，左下有“汲古阁藏板”。书中钤“乾惕堂许氏藏书”白文方印、“许氏藏本”朱文方印、“□阳廷录□□字振庵父”白文方印。

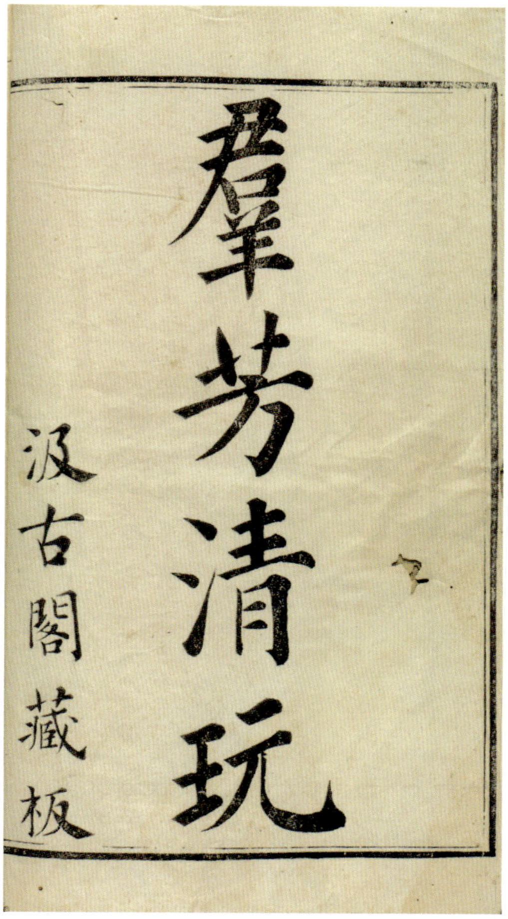
羣芳清玩

汲古閣藏板

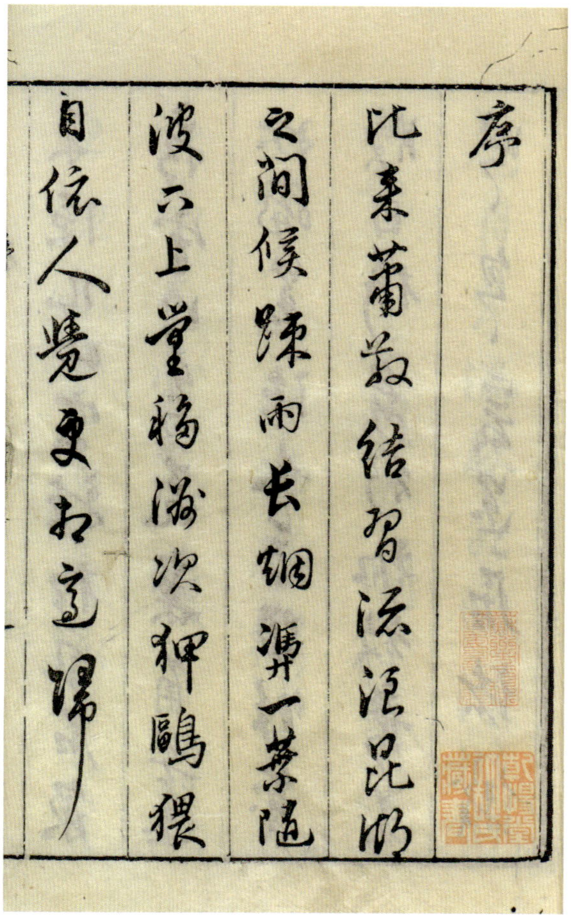
序

比來蕭散結習漸泯昆明之間候踪雨長烟漲一葉隨波六上豈獨淵次狎鷗猥自信人覺更知道歸

鼎錄

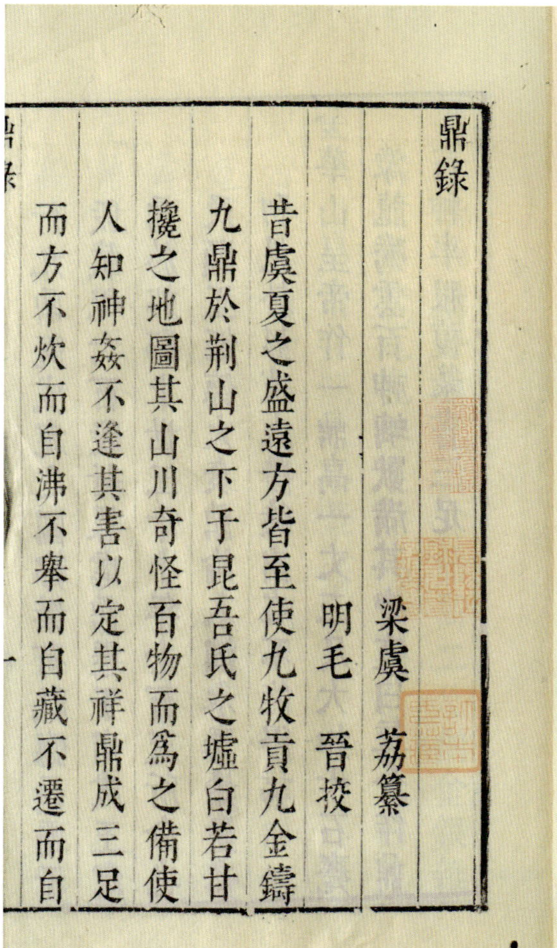
鼎錄

梁虞　荔纂

明毛　晉校

昔虞夏之盛遠方皆至使九牧貢九金鑄九鼎於荊山之下于昆吾氏之墟白若甘𩰫之地圖其山川奇怪百物而爲之備使人知神姦不逢其害以定其祥鼎成三足而方不炊而自沸不舉而自藏不遷而自

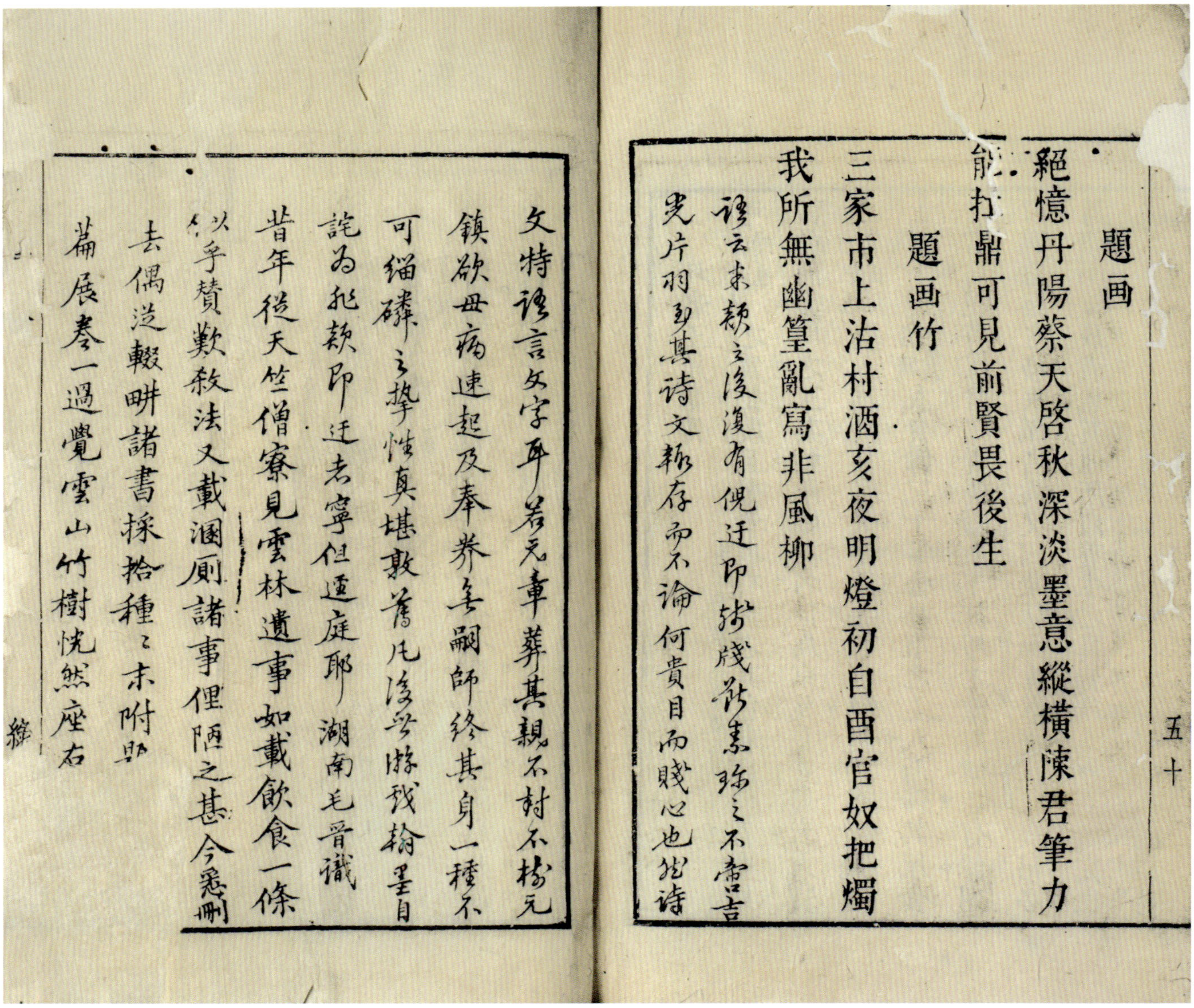
題画
絕憶丹陽蔡天啓秋深淡墨意縱横陳君筆力
能扛鼎可見前賢畏後生
題画竹
三家市上沽村酒亥夜明燈初自酉官奴把燭
我所無幽篁亂寫非風柳
語云米顛之後復有倪迂即其殘縑素珍之不啻吉
光片羽至其詩文殆存而不論何貴目而賤心也然詩
五十

文特語言文字耳若元章葬其親不封不樹元
鎮欲毋病速起及奉券無嗣師終其身一種不
可緇磷之摯性真堪敦薄凡後學勿漫我揄墨自
詫為托款即迂者寧但逕庭耶　湖南毛晋識
昔年從天竺僧寮見雲林遺事如載飲食一條
似乎贊歎敘法又載溷廁諸事俚陋之甚今悉删
去偶從輟畊諸書採拾種種末附出
篇展卷一過覺雲山竹樹恍然座右
綠

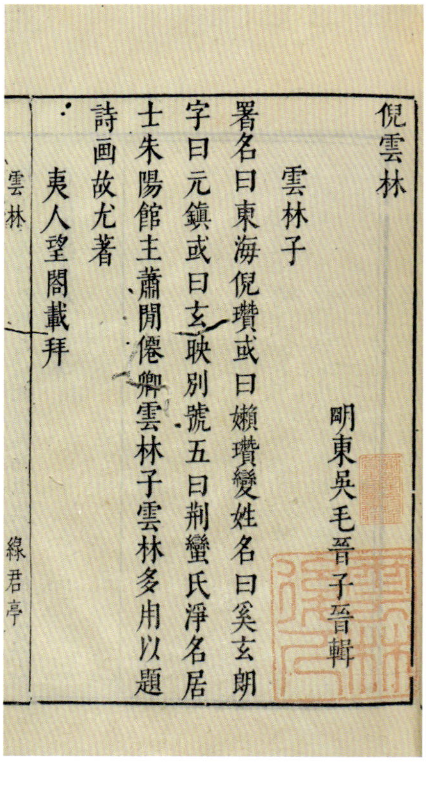
倪雲林
明東吳毛晉子晋輯
雲林子
署名曰東海倪瓚或曰嬾瓚變姓名曰奚玄朗
字曰元鎮或曰玄瑛別號五曰荊蠻氏淨名居
士朱陽館主蕭閒僊卿雲林子雲林多用以題
詩画故尤著
夷人望閣載拜
雲林
綠君亭

94 倪云林一卷附题画诗一卷

（明）毛晋辑　（元）倪瓒撰　明崇祯虞山毛氏绿君亭刻本

Anthology of Ni Yunlin

Written by Ni Zan from the Yuan Dynasty

Compiled by Mao Jin from the Ming Dynasty

Block-printed Edition of the Chongzhen era of the Ming Dynasty

线装，版框尺寸20.4×14.3cm，半叶八行，行十八字，白口，四周单边。

版心下镌“绿君亭”，书中钤“云林后人”朱文方印。

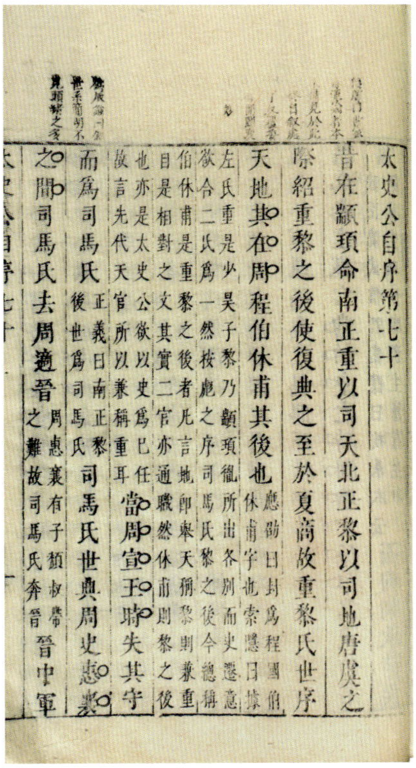

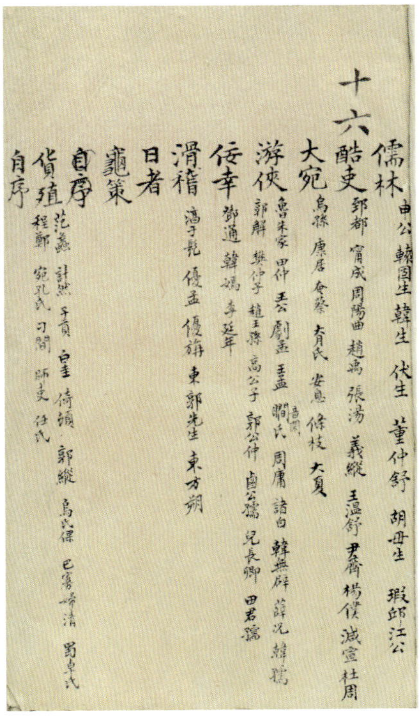

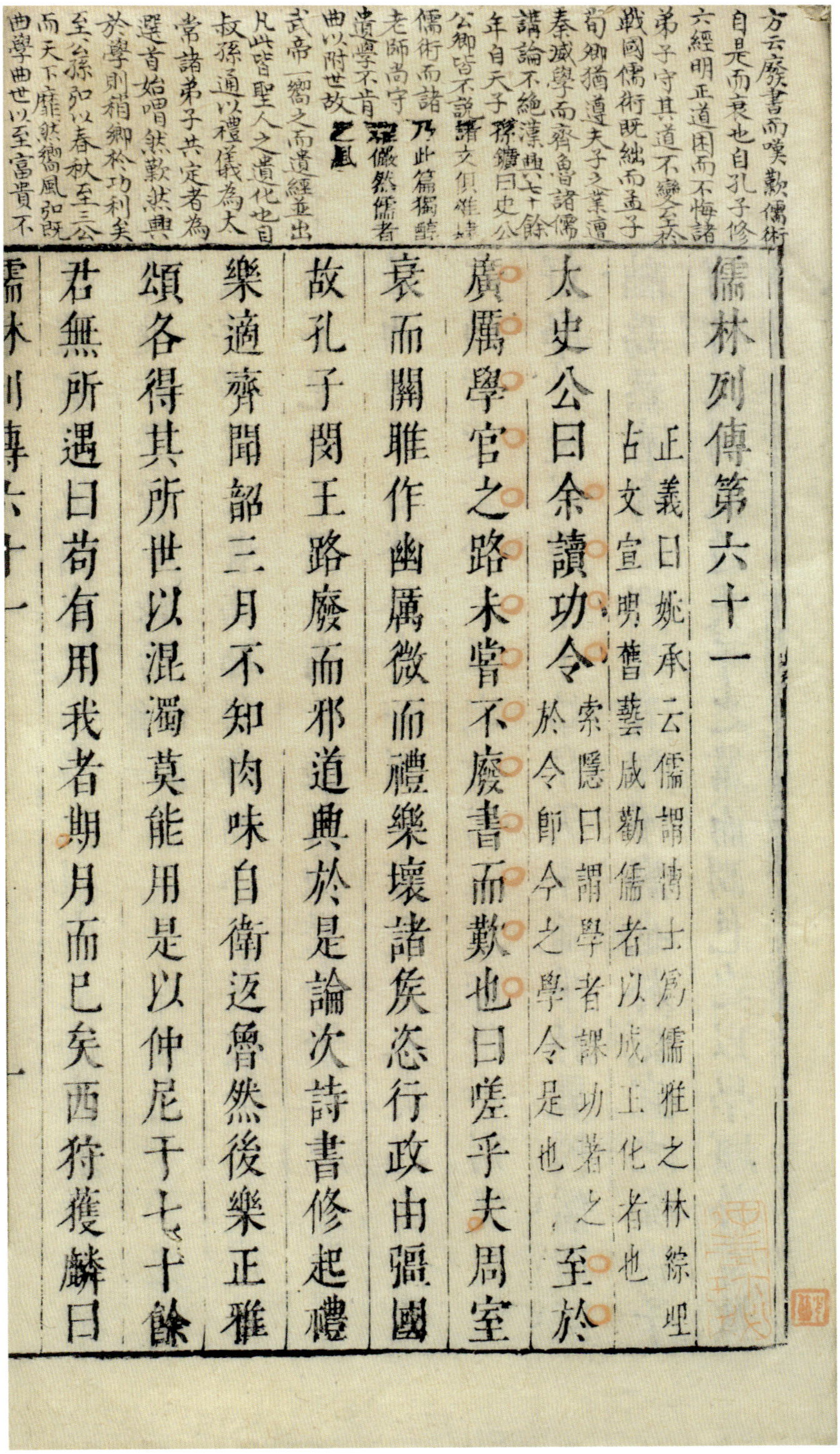

95 史记一百三十卷

（汉）司马迁撰　（刘宋）裴骃集解　（唐）司马贞索隐　（唐）张守节正义　明崇祯九年（1636）琴川毛氏汲古阁刻《汲古毛氏新刻十七史》本　存十卷（一百二十一至一百三十）

Historical Records, one hundred and thirty volumes

Written by Si Maqian from the Han Dynasty

Block-printed Edition of the 9th year of the Chongzhen era of the Ming Dynasty (1636)

Ten volumes collection (No. 121-130)

线装，版框尺寸20.4×14.5cm，半叶九行，行二十字，小字双行同，白口，左右双边。

天头印有宋刘辰翁，明孙鑛、茅坤、杨植、吴宽、钟惺、唐顺之等诸家评语。书中有柯亭氏墨笔过录清方苞批校，并钤“仲青珍秘”朱文竖长印、“少艺”朱文方印。

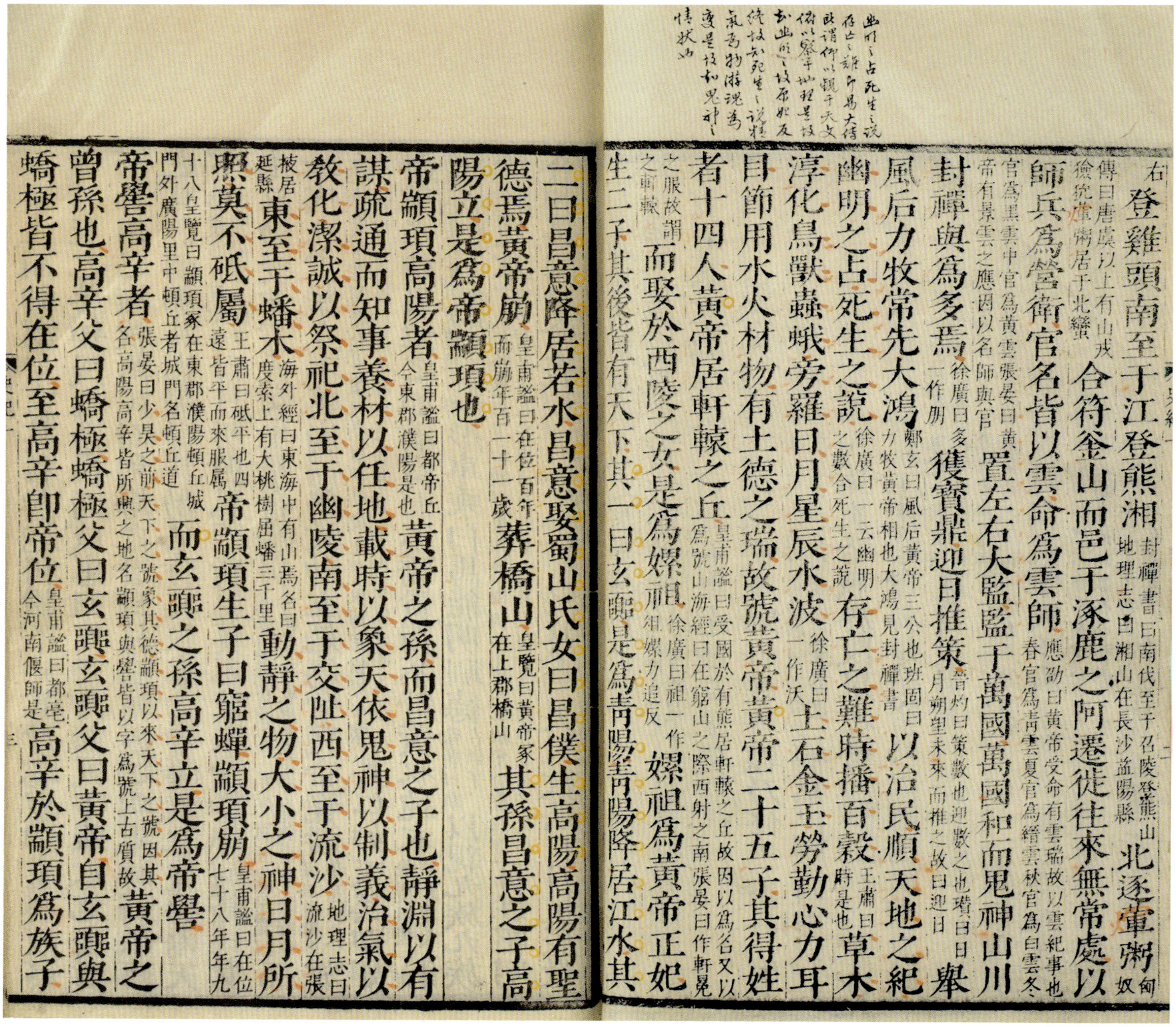

右

登雞頭南至于江登熊湘封禪書曰南伐至于召陵登熊山地理志曰湘山在長沙益陽縣北逐葷粥匈奴傳曰唐虞以上有山戎獫狁葷粥居于北蠻合符釜山而邑于涿鹿之阿遷徙往來無常處以師兵爲營衛官名皆以雲命爲雲師應劭曰黃帝受命有雲瑞故以雲紀事也春官爲青雲夏官爲縉雲秋官爲白雲冬官爲黑雲中官爲黃雲張晏曰黃帝有景雲之應因以名師與官置左右大監監于萬國萬國和而鬼神山川封禪與爲多焉徐廣曰多一作朋獲寶鼎迎日推策晉灼曰策數也迎數之也瓚曰日月朔望未來而推之故曰迎日舉風后力牧常先大鴻鄭玄曰風后黃帝三公也班固曰力牧黃帝相也大鴻見封禪書以治民順天地之紀幽明之占死生之說徐廣曰一云幽明之數合死生之說存亡之難時播百穀王肅曰時是也草木淳化鳥獸蟲蛾旁羅日月星辰水波徐廣曰一作沃土石金玉勞勤心力耳目節用水火材物有土德之瑞故號黃帝黃帝二十五子其得姓者十四人黃帝居軒轅之丘皇甫謐曰受國於有熊居軒轅之丘故因以爲名又以爲號山海經曰在窮山之際西射之南張晏曰作軒冕之服故謂之軒轅而娶於西陵之女是爲嫘祖徐廣曰祖一作俎嫘力追反嫘祖爲黃帝正妃生二子其後皆有天下其一曰玄囂是爲青陽青陽降居江水其二曰昌意降居若水昌意娶蜀山氏女曰昌僕生高陽高陽有聖德焉黃帝崩皇甫謐曰在位百年而崩年百一十一歲葬橋山皇覽曰黃帝冢在上郡橋山其孫昌意之子高陽立是爲帝顓頊也

帝顓頊高陽者皇甫謐曰都帝丘今東郡濮陽是也黃帝之孫而昌意之子也靜淵以有謀疏通而知事養材以任地載時以象天依鬼神以制義治氣以教化絜誠以祭祀北至于幽陵南至于交阯西至于流沙地理志曰流沙在張掖居延縣東至于蟠木海外經曰東海中有山焉名曰度索上有大桃樹屈蟠三千里動靜之物大小之神日月所照莫不砥屬王肅曰砥平也四遠皆平而來服屬帝顓頊生子曰窮蟬顓頊崩皇甫謐曰在位七十八年年九十八皇覽曰顓頊冢在東郡濮陽頓丘城門外廣陽里中頓丘者城門名頓丘道而玄囂之孫高辛立是爲帝嚳

帝嚳高辛者張晏曰少昊之前天下之號象其德顓頊以來天下之號因其名高陽高辛皆所興之地名顓頊與嚳皆以字爲號上古質故黃帝之曾孫也高辛父曰蟜極蟜極父曰玄囂玄囂父曰黃帝自玄囂與蟜極皆不得在位至高辛即帝位皇甫謐曰都亳今河南偃師是高辛於顓頊爲族子

96 史记一百三十卷

（汉）司马迁撰 （刘宋）裴骃集解 （唐）司马贞索隐 （唐）张守节正义 明崇祯十四年（1641）琴川毛氏汲古阁刻《汲古毛氏新刻十七史》本 存三十一卷（一至十四，七十三至八十九）

Historical Records, one hundred and thirty volumes

Written by Si Maqian from the Han Dynasty

Block-printed Edition of the 14th year of the Chongzhen era of the Ming Dynasty (1641)

Thirty one volumes collection (No. 1-14, 73-89)

线装，版框尺寸21.9×15.5cm，半叶十二行，行二十五字，小字双行三十七字，白口，左右双边，单黑鱼尾。

清吴翌凤朱、墨双笔批校，书中钤“翌凤私印”白文方印、“枚庵”朱文方印、“吴伊仲藏书”朱文方印、“吴翌凤家藏文苑”白文竖长印。

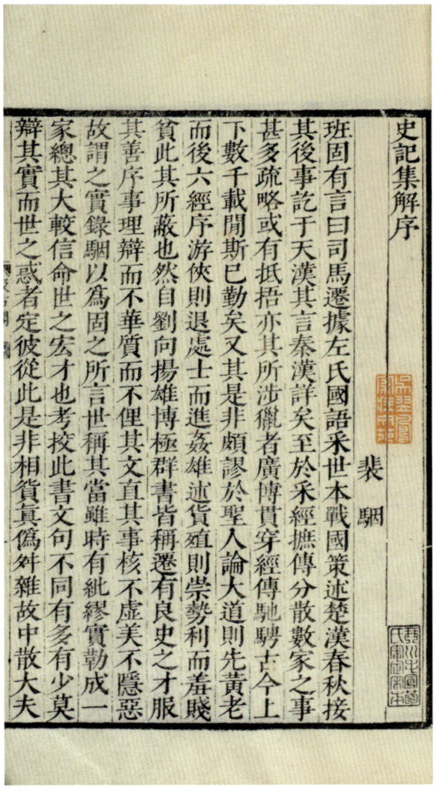
史記集解序　裴駰

班固有言曰司馬遷據左氏國語采世本戰國策述楚漢春秋接其後事訖于天漢其言秦漢詳矣至於采經摭傳分散數家之事甚多疏略或有抵梧亦其所涉獵者廣博貫穿經傳馳騁古今上下數千載間斯已勤矣又其是非頗謬於聖人論大道則先黄老而後六經序游俠則退處士而進姦雄述貨殖則崇勢利而羞賤貧此其所蔽也然自劉向揚雄博極群書皆稱遷有良史之才服其善序事理辯而不華質而不俚其文直其事核不虚美不隱惡故謂之實錄駰以爲固之所言世稱其當雖時有紕繆實勒成一家總其大較信命世之宏才也考校此書文句不同有多有少莫辯其實而世之惑者定彼從此是非相貿眞僞舛雜故中散大夫

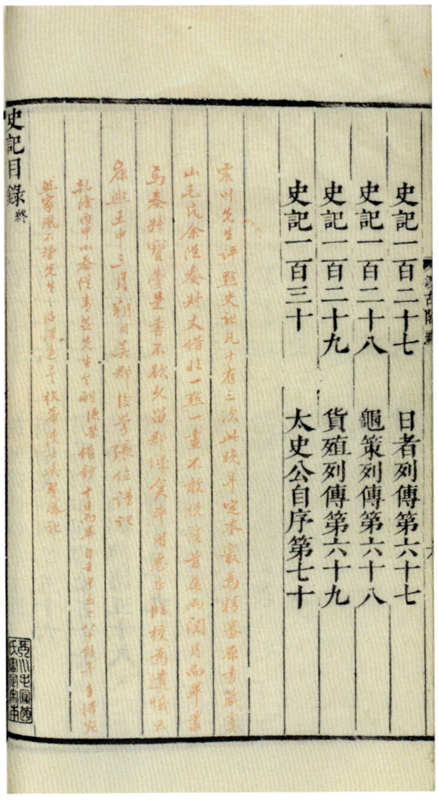
史記一百二十七　日者列傳第六十七
史記一百二十八　龜策列傳第六十八
史記一百二十九　貨殖列傳第六十九
史記一百三十　太史公自序第七十

史記目錄終

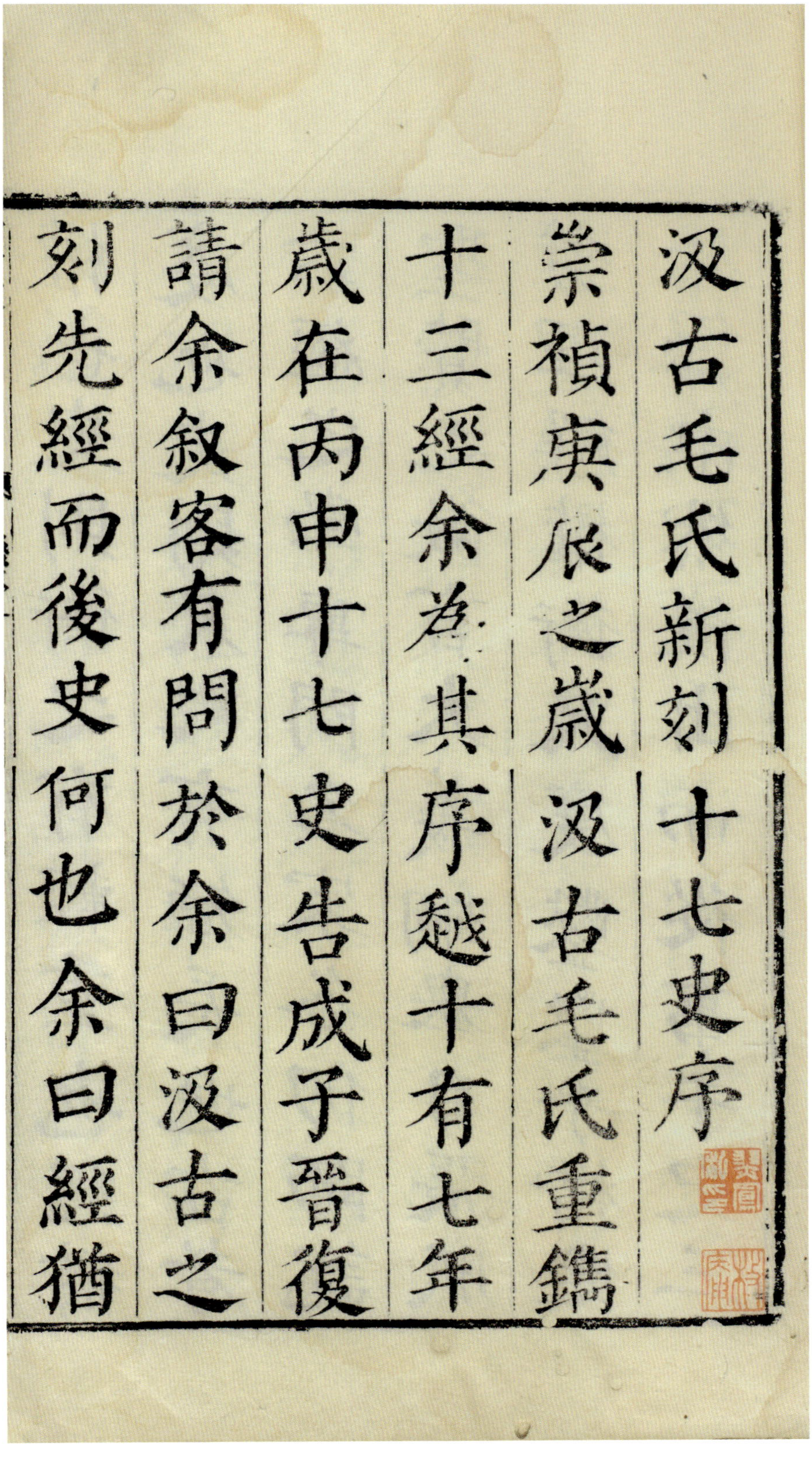
汲古毛氏新刻十七史序

崇禎庚辰之歲汲古毛氏重鐫十三經余為其序越十有七年歲在丙申十七史告成子晉復請余叙客有問於余曰汲古之刻先經而後史何也余曰經猶

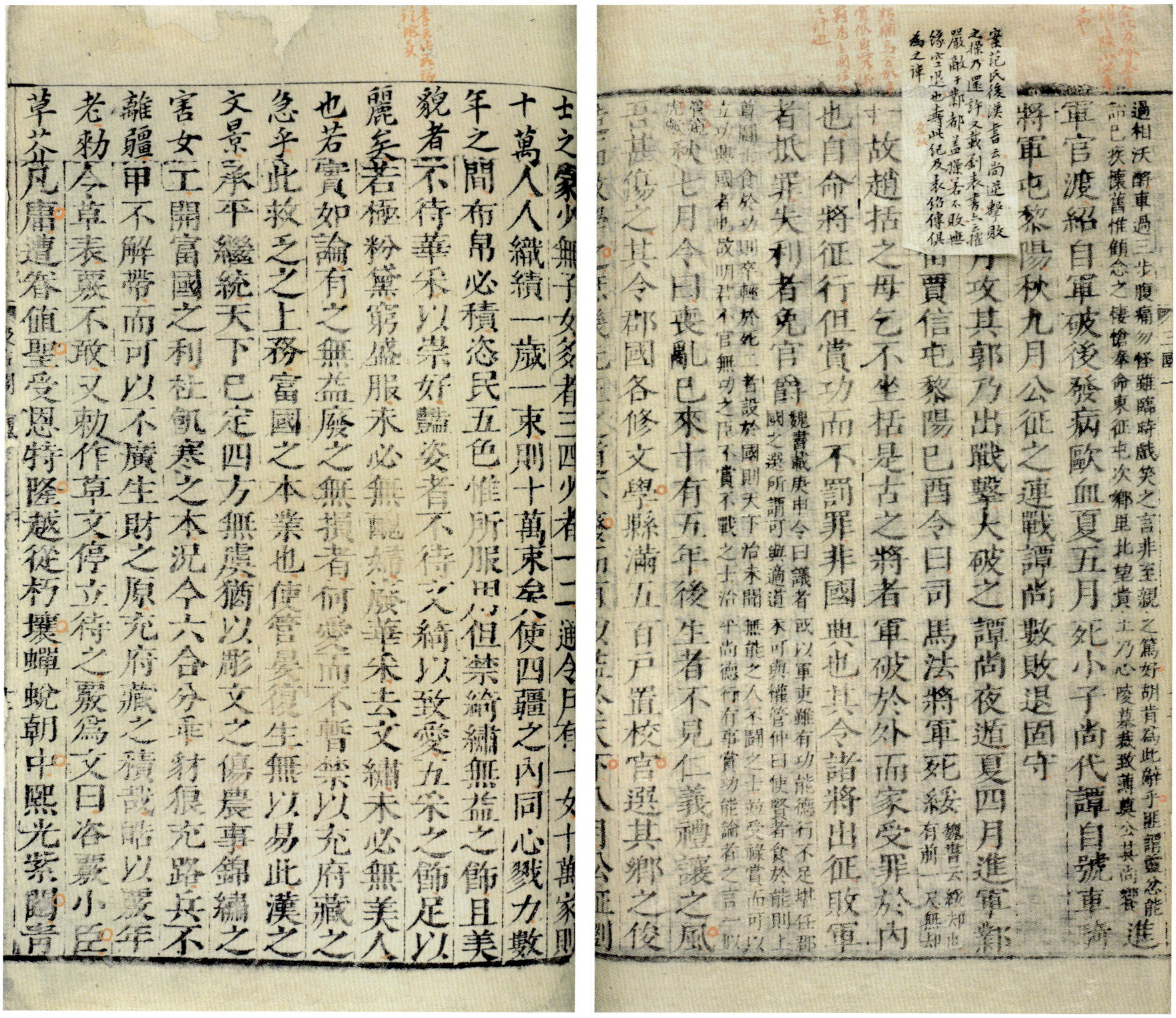

過相沃酹車過三步腹痛勿怪雖臨時戲笑之言非至親之篤好胡肯為此辭乎匪謂靈忿能詒己疾懷舊惟顧念之悽愴奉命東征屯次鄉里北望貴土乃心陵墓裁致薄奠公其尚饗
軍官渡紹自軍破後發病歐血夏五月死小子尚代譚自號車騎
將軍屯黎陽秋九月公征之連戰譚尚數敗退固守
月攻其郭乃出戰擊大破之譚尚夜遁夏四月進軍鄴
留賈信屯黎陽己酉令曰司馬法將軍死綏魏書云綏却也有前一尺無却
寸故趙括之母乞不坐括是古之將者軍破於外而家受罪於內
也自命將征行但賞功而不罰罪非國典也其令諸將出征敗軍
者抵罪失利者免官爵魏書載庚申令曰議者或以軍吏雖有功能德行不足堪任郡國之選所謂可與適道未可與權管仲曰使賢者食於能則上
尊闘士食於功則卒輕於死二者設於國則天下治未聞無能之人不闘之士並受祿賞而可以立功興國者也故明君不官無功之臣不賞不戰之士治平尚德行有事賞功能論者之言一似
管窺虎歟秋七月令曰喪亂已來十有五年後生者不見仁義禮讓之風
吾甚傷之其令郡國各修文學縣滿五百戶置校官選其鄉之俊

案范氏後漢書云尚逆擊敗之操乃還許又載劉表書亦擁嚴敵于鄴都蓋據若不敗無緣空退也壽此紀及袁紹傳俱為之諱

士之家少無子女多者三四少者一二通令戶有一女十萬家則
十萬人人織績一歲一束則十萬束矣使四疆之內同心戮力數
年之間布帛必積恣民五色惟所服用但禁綺繡無益之飾且美
貌者不待華采以崇好豔姿者不待文綺以致愛五采之飾足以
麗矣若極粉黛窮盛服未必無醜婦廢華采去文繡未必無美人
也若實如論有之無益廢之無損者何愛而不暫禁以充府藏之
急乎此救乏之上務富國之本業也使管晏復生無以易此漢之
文景承平繼統天下已定四方無虞猶以彫文之傷農事錦繡之
害女工開富國之利杜飢寒之本況今六合分乖豺狼充路兵不
離疆甲不解帶而可以不廣生財之原充府藏之積哉昔以叢年
老勅今草表叢不敢又勅作草文停立待之叢為文曰咨叢小臣
草莽凡庸遭眷值聖受恩特隆越從朽壤蟬蛻朝中熙光紫闥青

97 三国志六十五卷

（晋）陈寿撰　明崇祯十七年（1644）毛氏汲古阁刻本

History of the Three Kingdoms, sixty-five volumes

Written by Chen Shou from the Jin Dynasty

Block-printed Edition of the 17th year of the Chongzhen era of the Ming Dynasty (1644)

线装，版框尺寸21.8×15.1cm，半叶十二行，行二十五字，小字双行三十七字，白口，左右双边，单黑鱼尾。

清何焯朱墨双笔校，另有佚名氏朱笔复校。书中钤“须弥室主人印”白文竖长印、“吉祥善事”白文方印、“涧鸥校读”朱文方印。

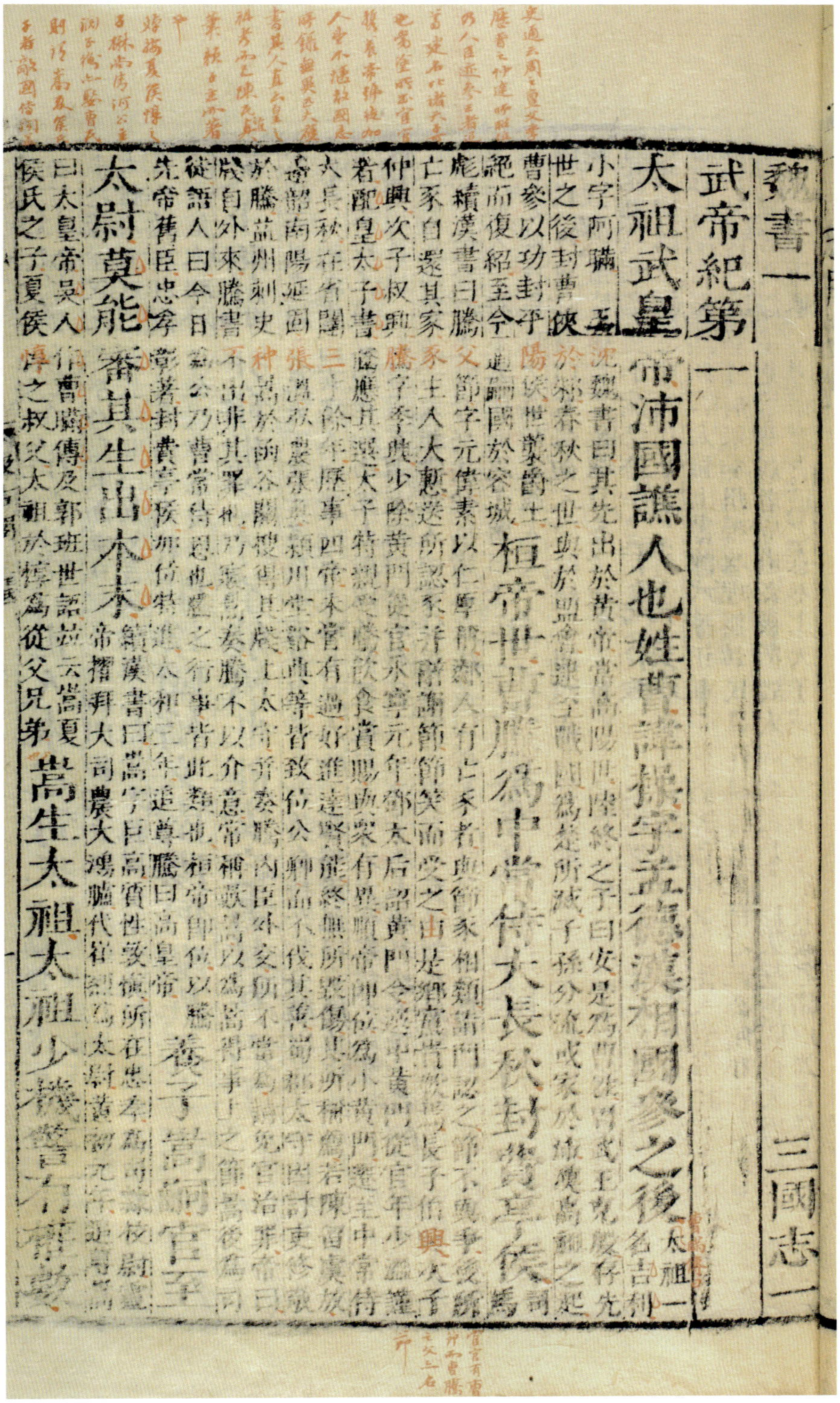
三國志一

魏書一

武帝紀第一

太祖武皇帝沛國譙人也姓曹諱操字孟德漢相國參之後曹瞞傳曰太祖一名吉利小字阿瞞王沈魏書曰其先出於黃帝當高陽世陸終之子曰安是為曹姓周武王克殷存先世之後封曹俠於邾春秋之世與於盟會逮至戰國為楚所滅子孫分流或家於沛漢高祖之起曹參以功封平陽侯世襲爵土絕而復紹至今適嗣國於容城桓帝世曹騰為中常侍大長秋封費亭侯司馬彪續漢書曰騰父節字元偉素以仁厚稱鄰人有亡豕者與節豕相類詣門認之節不與爭後所亡豕自還其家豕主人大慙送所認豕并辭謝節節笑而受之由是鄉黨貴歎焉長子伯興次子仲興次子叔興騰字季興少除黃門從官永寧元年鄧太后詔黃門令選中黃門從官年少溫謹者配皇太子書騰應其選太子特親愛騰飲食賞賜與眾有異順帝即位為小黃門遷至中常侍大長秋在省闥三十餘年歷事四帝未嘗有過好進達賢能終無所毀傷其所稱薦若陳留虞放邊韶南陽延固張溫弘農張奐潁川堂谿典等皆致位公卿而不伐其善蜀郡太守因計吏修敬於騰益州刺史种暠於函谷關搜得其箋上太守并奏騰內臣外交所不當為請免官治罪帝曰箋自外來騰書不出非其罪也乃寢暠奏騰不以介意常稱歎暠以為暠得事上之節暠後為司徒語人曰今日為公乃曹常侍恩也騰之行事皆此類也桓帝即位以騰先帝舊臣忠孝彰著封費亭侯加位特進太和三年追尊騰曰高皇帝養子嵩嗣官至太尉莫能審其生出本末續漢書曰嵩字巨高質性敦慎所在忠孝為司隸校尉靈帝擢拜大司農大鴻臚代崔烈為太尉黃初元年追尊嵩曰太皇帝吳人作曹瞞傳及郭頒世語並云嵩夏侯氏之子夏侯惇之叔父太祖於惇為從父兄弟嵩生太祖太祖少機警有權數

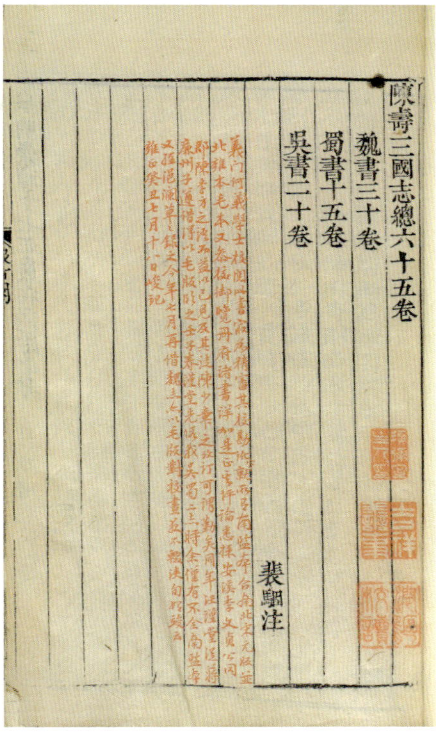
陳壽三國志總六十五卷

魏書三十卷

蜀書十五卷

吳書二十卷

裴駰注

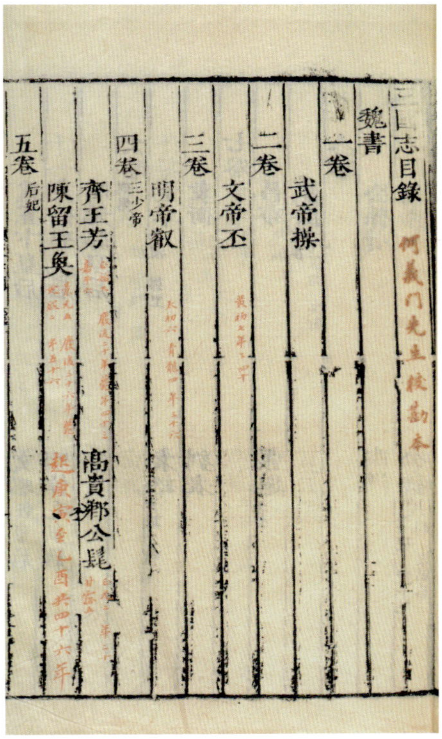
三國志目錄

何義门先生校勘本

魏書

一卷 武帝操

二卷 文帝丕

三卷 明帝叡

四卷 三少帝 齊王芳 高貴鄉公髦 陳留王奐

五卷 后妃

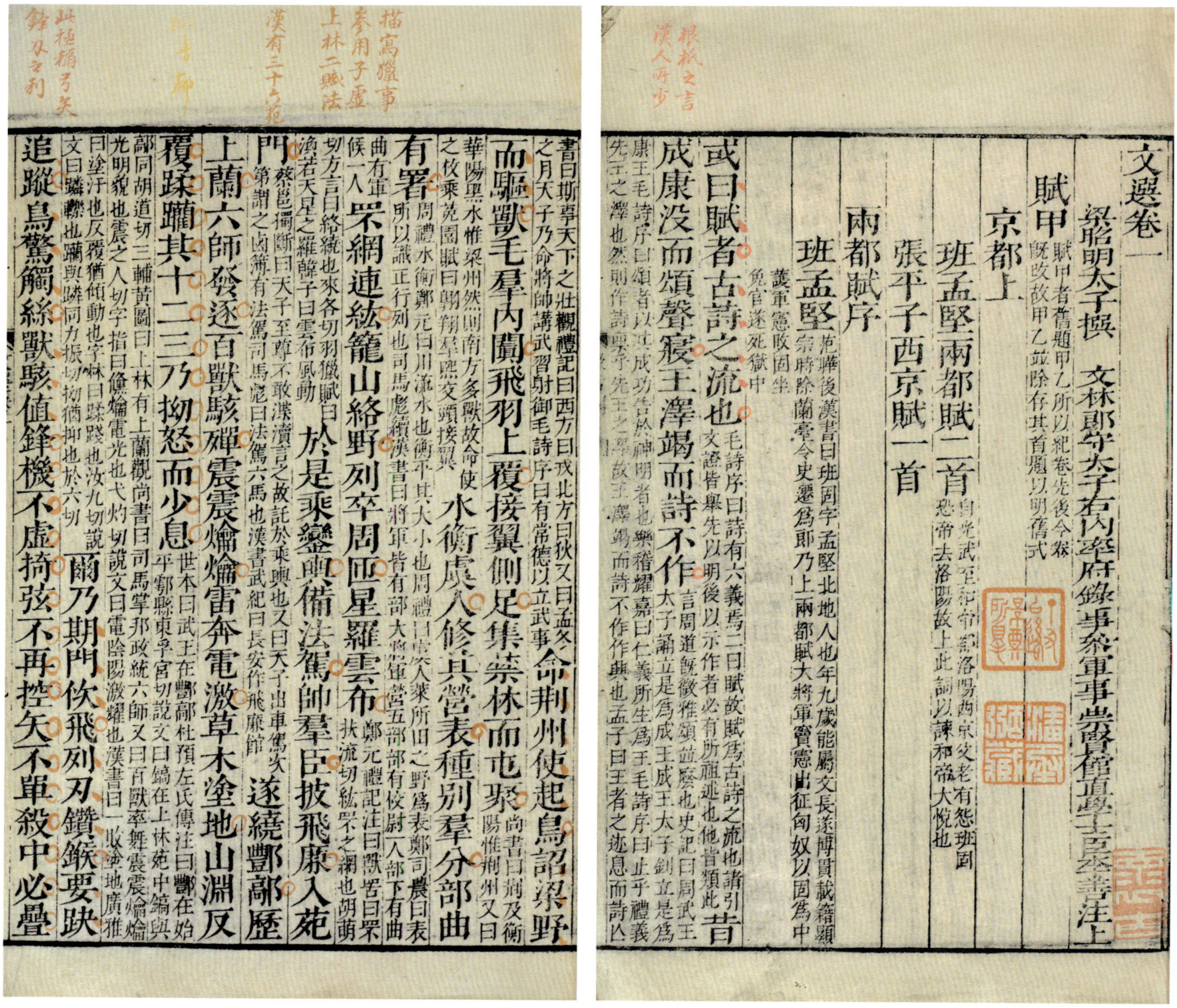

98 **文选六十卷**

（梁）萧统辑　（唐）李善注　明末虞山毛氏汲古阁刻本

The collection of the poems, sixty volumes

Compiled by Xiao Tong from the Southern and Northern Dynasty

Block-printed Edition of the late Ming Dynasty

线装，版框尺寸21.3×15.1cm，半叶十二行，行二十五字，小字双行三十七字，白口，左右双边，单黑鱼尾。

首册书衣右下角有“丙辰年□选”（一字漫漶不清）朱文长方戳记。全书有朱、墨、黄三色笔眉批、圈点。书中钤“愚斋图书馆藏”朱文方印、“红椒山馆”朱文方印、“潘承弼藏书印”朱文竖长印、“塔射园”朱文卵圆形印、“廉让居珍藏”朱文竖长印、“丁丑以后景郑所得”朱文方印、“潘承弼藏”白文方印、“怀古”白文竖长印、“张简庭氏”朱文方印。

文選序

梁昭明太子撰

式觀元始眇覿玄風冬穴夏巢之時茹毛飲血之世世質民淳斯文未作逮乎伏羲氏之王天下也始畫八卦造書契以代結繩之政由是文籍生焉易曰觀乎天文以察時變觀乎人文以化成天下文之時義遠矣哉若夫椎輪為大輅之始大輅寧有椎輪之質增冰為積水所成積水曾微增冰之凜何哉蓋踵其事而增華變其本而加厲物既有之文亦宜然隨時變改難可詳悉嘗試論之曰詩序云詩有六義焉一曰風二曰賦三曰比四曰興五曰雅六曰頌至於今之作者異乎古昔古詩之體今則全取賦名荀宋表之於前賈馬繼之於末自茲以降源流寔繁述邑居則有憑虛亾是之作戒畋遊則有長楊羽獵之制若其紀一事詠一物風雲草

唐李崇賢上文選注表

文林郎守太子右內率府錄事參軍崇賢館直學士臣李善

臣善言竊以道光九野縟景緯以照臨德載八埏麗山川以錯峙垂象之文斯著含章之義聿宣協人靈以取則基化成而自遠故羲繩之前飛葛天之浩唱媯汭之後掞叢雲之奥詞步驟分途星躔殊建球鍾愈暢舞詠方滋楚國詞人御蘭芬於絕代漢朝才子綜鞶帨於遙年虛玄流正始之音氣質馳建安之體長離北度騰雅詠於圭陰化龍東騖煽風流於江左爰逮有梁宏材彌劭昭明太子業膺守器譽貞問寢居肅成而講藝開博望以招賢搴中葉之詞林酌前修之筆海周巡綿嶠品盈尺之珍楚望長瀾搜徑寸之寶故撰斯一集名曰文選後進英髦咸資準的伏惟陛下經緯成德文思垂風則大居尊耀三辰之珠璧希聲應物宣六代之雲

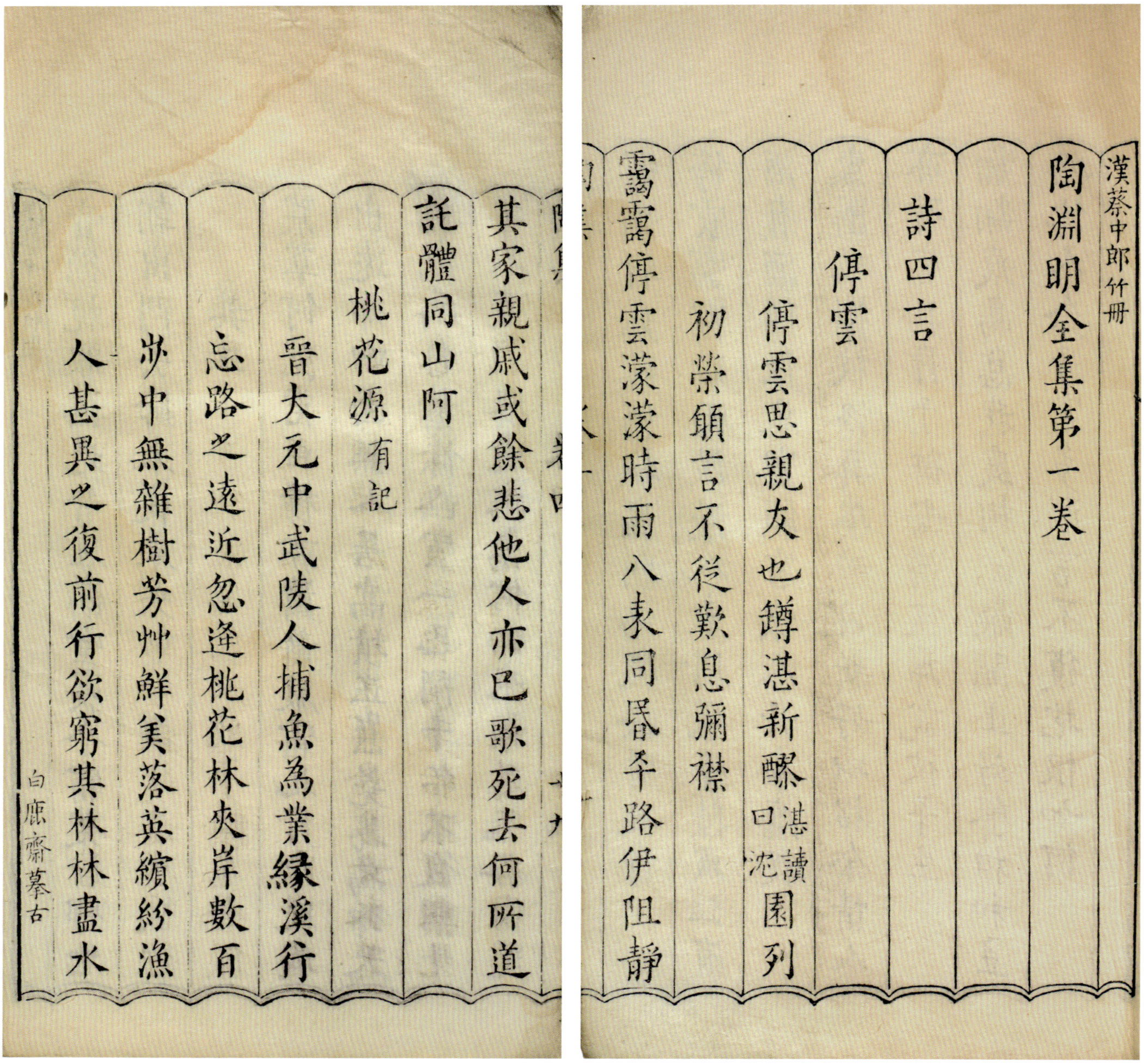
漢蔡中郎竹冊

陶淵明全集第一卷

詩四言

停雲

停雲思親友也罇湛新醪湛讀曰沈園列

初榮願言不從歎息彌襟

靄靄停雲濛濛時雨八表同昏平路伊阻靜

陶集 卷四 十九

其家親戚或餘悲他人亦已歌死去何所道

託體同山阿

桃花源有記

晉太元中武陵人捕魚為業緣溪行

忘路之遠近忽逢桃花林夾岸數百

步中無雜樹芳草鮮美落英繽紛漁

人甚異之復前行欲窮其林林盡水

白鹿齋摹古

99 **陶渊明全集四卷**

（晋）陶潜撰　明白鹿斋刻《陶李合刻》本

Complete works of Tao Yuanming, four volumes

Written by Tao Qian from the Jin Dynasty

Block-printed Edition of the Ming Dynasty (1368-1644)

线装，版框尺寸20.7×13.5cm，半叶七行，行十七字，白口，仿“汉蔡中郎竹册”式界栏。

书口上有“陶集”。卷四叶十九左下镌有“白鹿斋摹古”，叶二十右上镌有“汉蔡中郎竹册”。

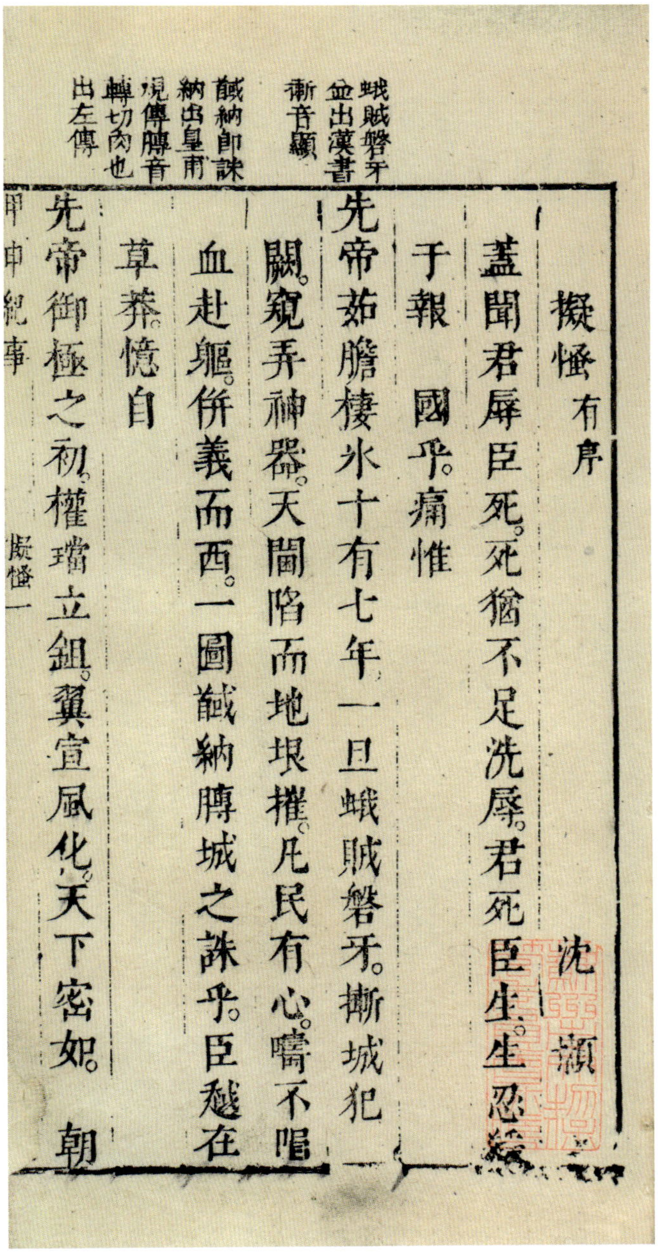

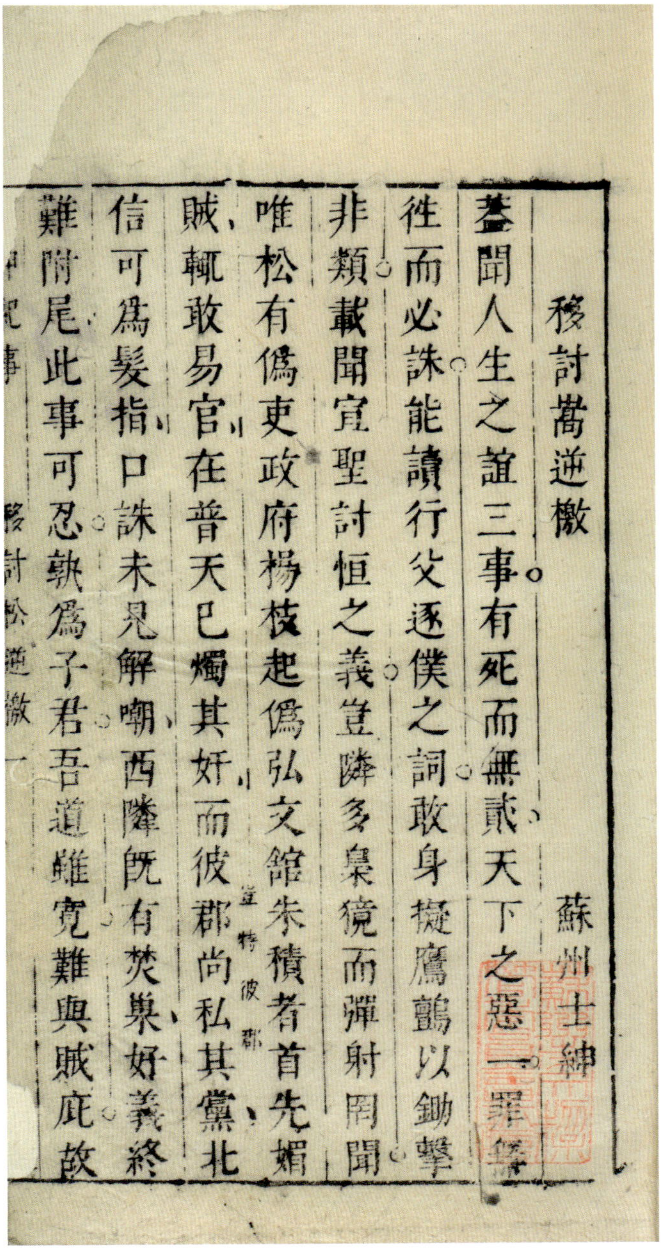

100 甲申纪事十三卷

（明）冯梦龙辑　明弘光元年（1645）自刻本　存一卷

The Sketch Book of the Jia Shen year, thirteen volumes

Compiled by Feng Menglong from the Ming Dynasty

Block-printed Edition of the 1st year of the Hongguang era of the Ming Dynasty (1645)

One volume collection

线装，版框尺寸20.0×11.8cm，半叶八行，行二十字，白口，四周单边，双顺黑鱼尾。

版心上有“甲申纪事”。1644年李自成农民军攻入北京，明朝灭亡。远在南京的福王被臣子们拥立为帝，年号为弘光。冯梦龙在清兵入关后，便著文立说，宣传抗清。明唐王立于闽，冯氏亦誓从抗清。此年春作《辞世诗》，含恨而卒。弘光年间刊印图书至为少见。

国家珍贵古籍名录号03853。

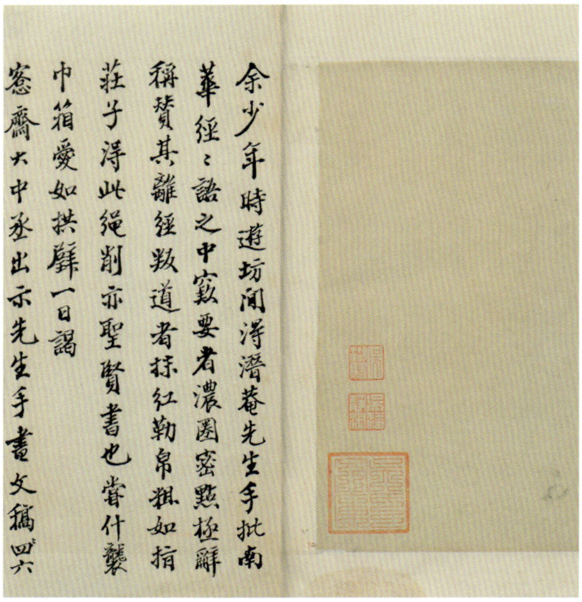
余少年時遊坊間得潛菴先生手批南
華經之語之中窾要者濃圈密點極辭
稱贊其離經叛道者抹紅勒帛粗如指
莊子得此繩削亦聖賢書也嘗什襲
巾箱愛如拱璧一日謁
崧齋大中丞出示先生手書文稿四六

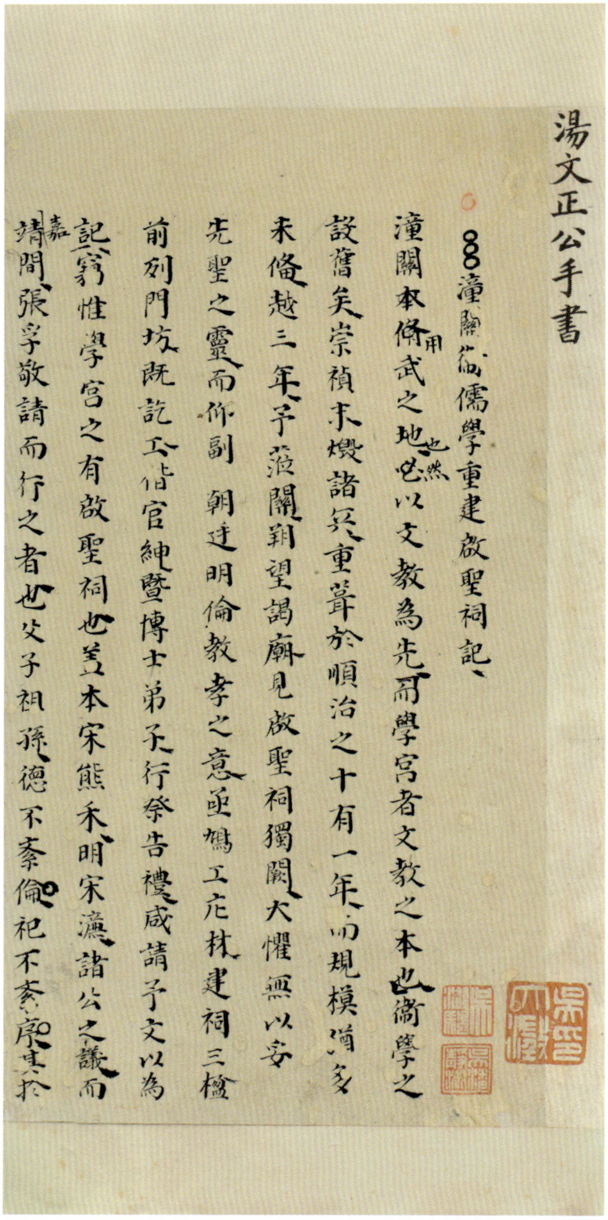
湯文正公手書
潼關衛儒學重建啟聖祠記
潼關本衛用武之地也然以文教為先而學宮者文教之本也衛學之
設舊矣崇禎末燬諸兵重葺於順治之十有一年而規模猶多
未備越三年予莅關鞘望謁廟見啟聖祠獨闕大懼無以妥
先聖之靈而作副 朝廷明倫教孝之意亟鳩工庀材建祠三楹
前列門坊既訖工偕官紳暨博士弟子行祭告禮咸請予文以為
記竊惟學宮之有啟聖祠也蓋本宋熊禾明宋濂諸公之議而
嘉靖間張孚敬請而行之者也父子祖孫德不秦倫祀不泰序生於

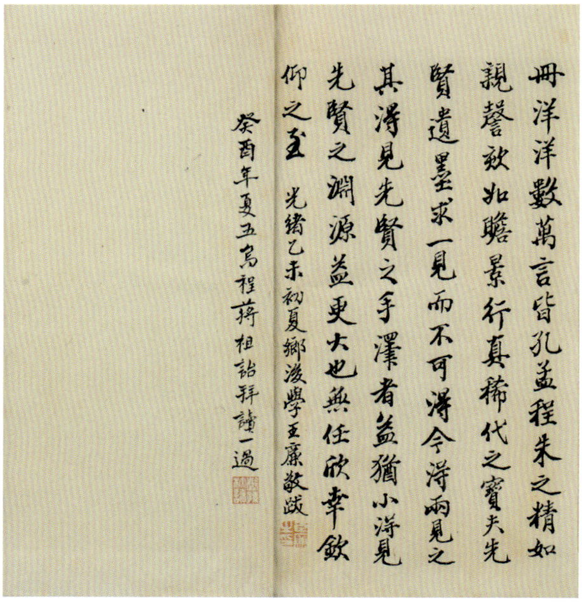
冊洋洋數萬言皆孔孟程朱之精如
親謦欬如瞻景行真稀代之寶夫先
賢遺墨求一見而不可得今得兩見之
其得見先賢之手澤者益猶小得見
先賢之淵源益更大也無任欣幸欽
仰之至 光緒乙未初夏鄉後學王廉敬跋
癸酉年夏五烏程蔣祖詒拜讀一過

101 汤文正公文稿不分卷

（清）汤斌撰　手稿本　（清）田兰芳、吴大澂批　（清）王廉跋

Collected works of Tang Wenzheng
Written by Tang Bin from the Qing Dynasty
Manuscript

线装，版框尺寸23.7×12.9cm，半叶八行至九行，行字数不等。

此种原为吴湖帆梅景书屋所藏。书中钤“吴潘静淑”白文方印、“吴湖帆印”白文方印、“梅景书屋”白文方印、“吴湖帆”朱白文方印、“吴大澂印”白文方印、“吴湖帆潘静淑珍藏印”朱文方印、“吴大澂印”白文方印（又一种）、“吴湖帆”白文方印、“吴潘静淑”白文界边方印、“吴湖帆”朱白文方印、“吴氏文库”朱文方印、“臣廉之印”白文方印、“谷孙校读”白文方印。

汤斌（1627–1687），字孔伯，别号荆岘，晚号潜庵，河南睢州人。顺治九年（1652）进士，著有《汤子遗书》。

国家珍贵古籍名录号06159。

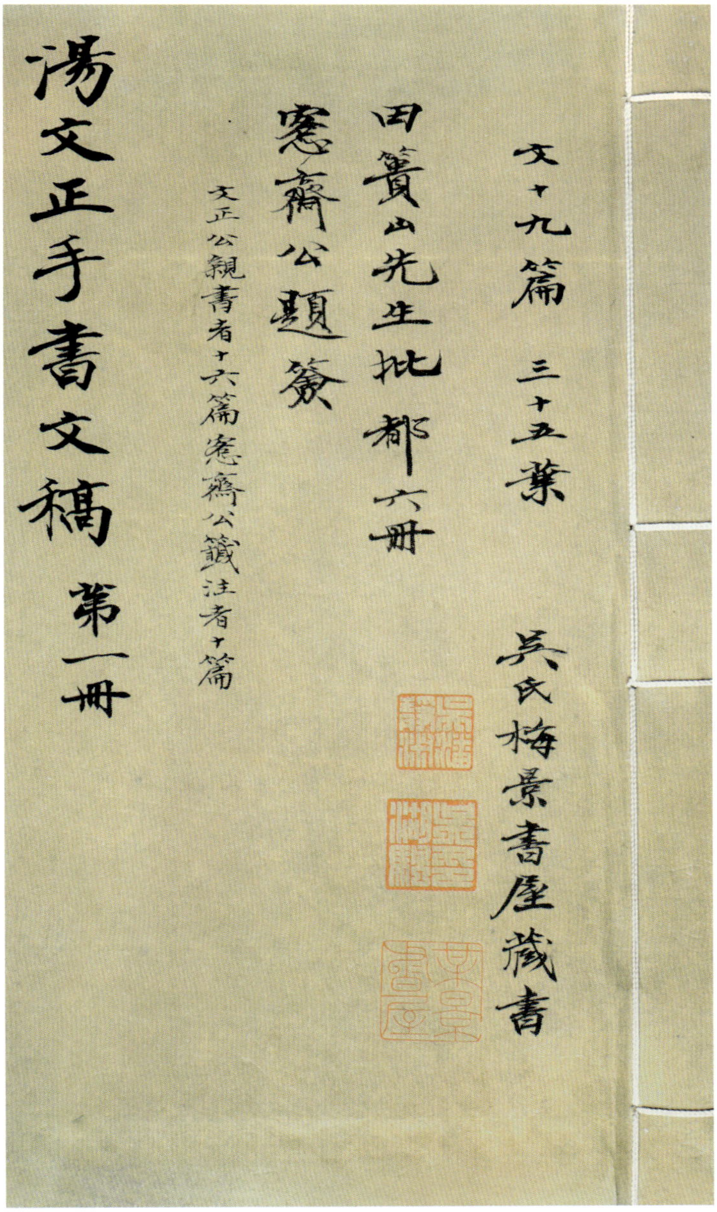

文十九篇　三十五葉

田簣山先生批都六冊

憲齋公題簽

文正公親書者十六篇憲齋公籤注者十篇

湯文正手書文稿　第一冊

吳氏梅景書屋藏書

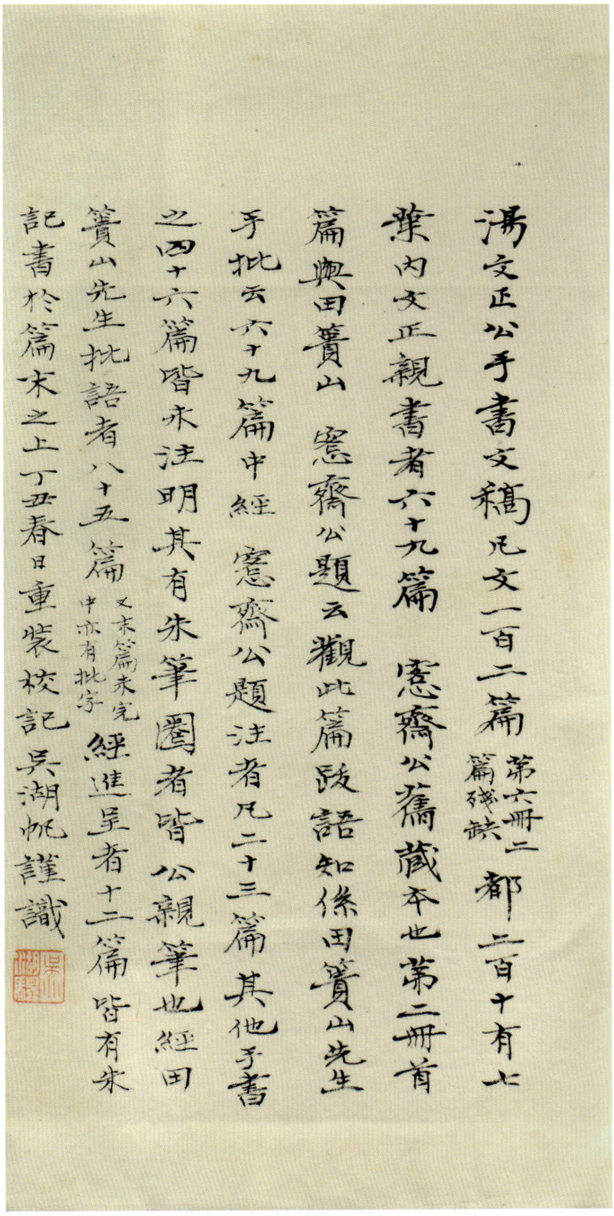

湯文正公手書文稿凡文一百二篇第六冊二篇殘缺都二百十有七葉內文正親書者六十九篇　憲齋公舊藏本也第二冊首篇與田簣山　憲齋公題云觀此篇跋語知係田簣山先生手批云六十九篇中經　憲齋公題注者凡二十三篇其他手書之四十六篇皆朱注明其有朱筆圈者皆公親筆也經田簣山先生批語者八十五篇又末篇未完中亦有批字經進呈者十二篇皆有朱記書於篇末之上丁丑春日重裝校記吳湖帆謹識

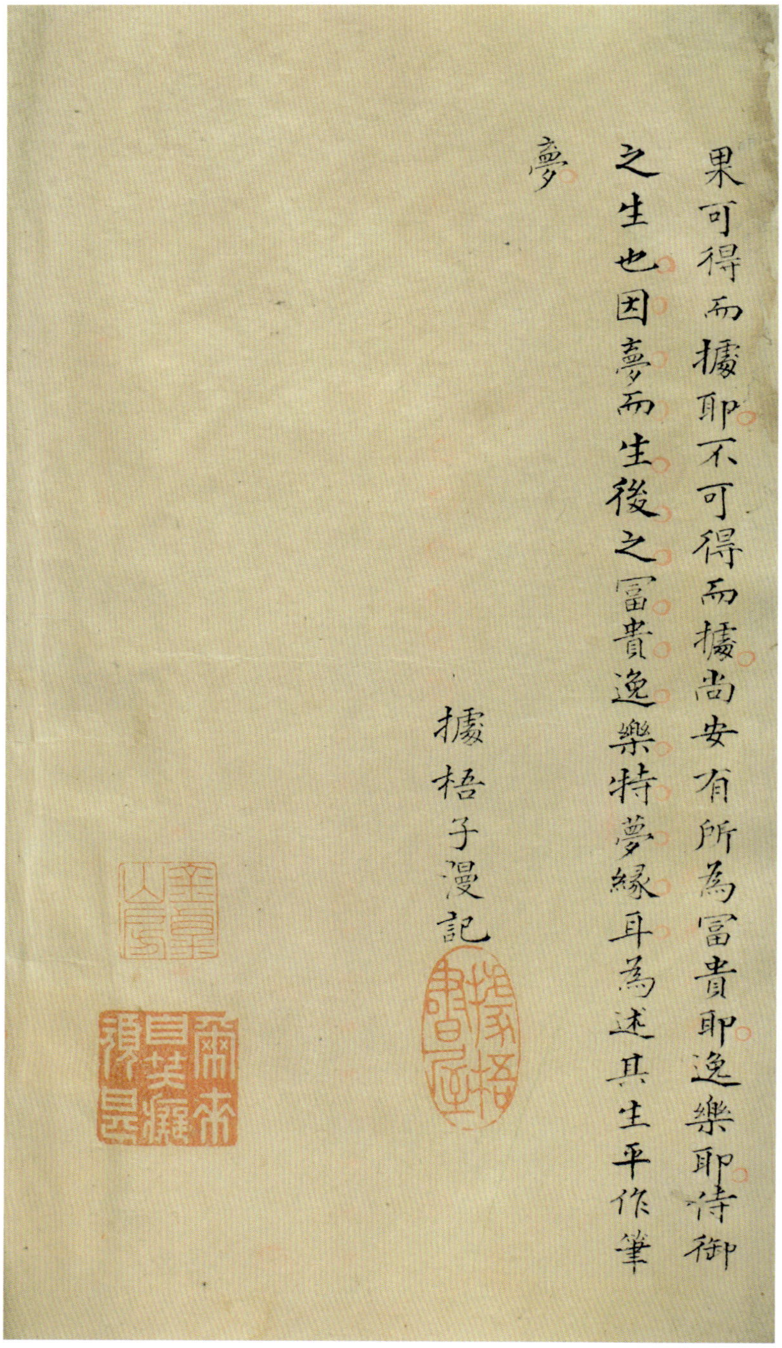

果可得而攄耶不可得而攄尚安有所為富貴耶逸樂耶侍御之生也因夢而生後之富貴逸樂特夢緣耳為述其生平作筆夢

攄梧子漫記

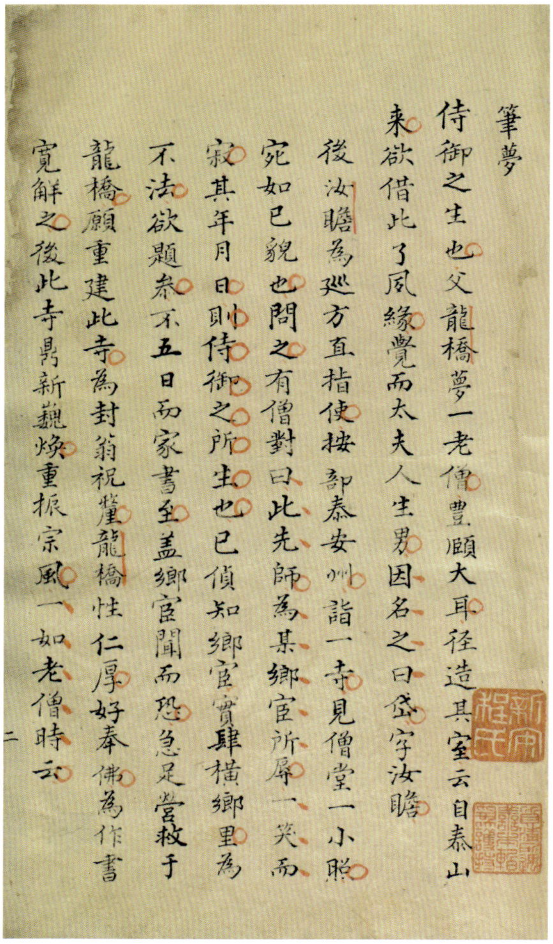

筆夢

侍御之生也父龍橋夢一老僧豐頤大耳徑造其室云自泰山來欲借此了夙緣覺而太夫人生男因名之曰岱字汝瞻後汝瞻為巡方直指使按部泰安州詣一寺見僧堂一小照宛如己貌也問之有僧對曰此先師為某鄉宦所辱一笑而寂其年月日即侍御之所生也已偵知鄉宦實肆橫鄉里為不法欲題參不五日而家書至蓋鄉宦聞而恐急足嘗救于龍橋願重建此寺為封翁祝釐龍橋性仁厚好奉佛為作書寬解之後此寺鼎新巍煥重振宗風一如老僧時云

二

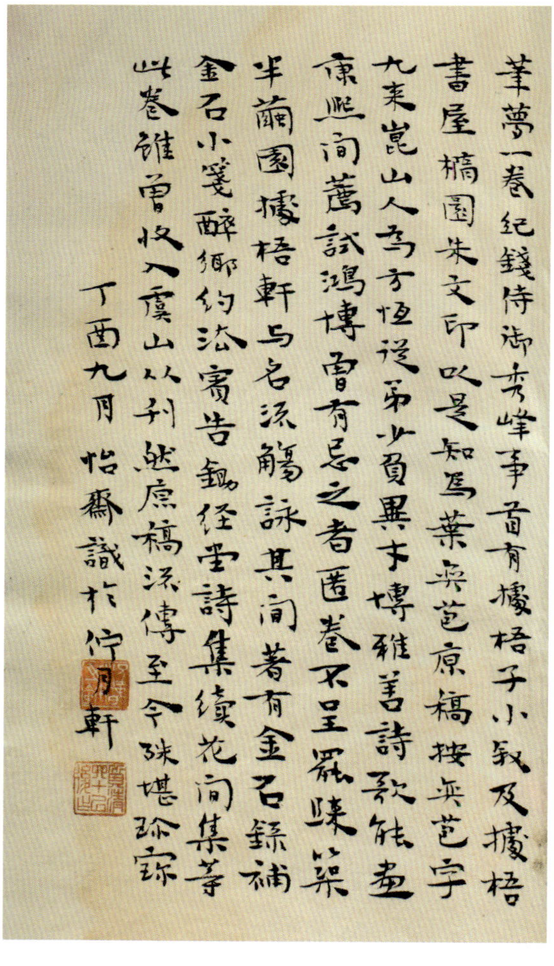

筆夢一卷紀錢侍御岱峰事首有攄梧子小敘及攄梧書屋槁園朱文印以是知為葉奕苞原稿按奕苞字九來崑山人為方恒從弟少負異才博雅善詩歌能畫康熙間薦試鴻博曾有忌之者匿卷不呈罷歸築半繭園攄梧軒與名流觴詠其間著有金石錄補金石小箋醉鄉約法賓告錄經鉏堂詩集續花間集等此卷雖曾收入虞山叢刊然原稿流傳至今殊堪珍琮

丁酉九月 怡齋識於佇月軒

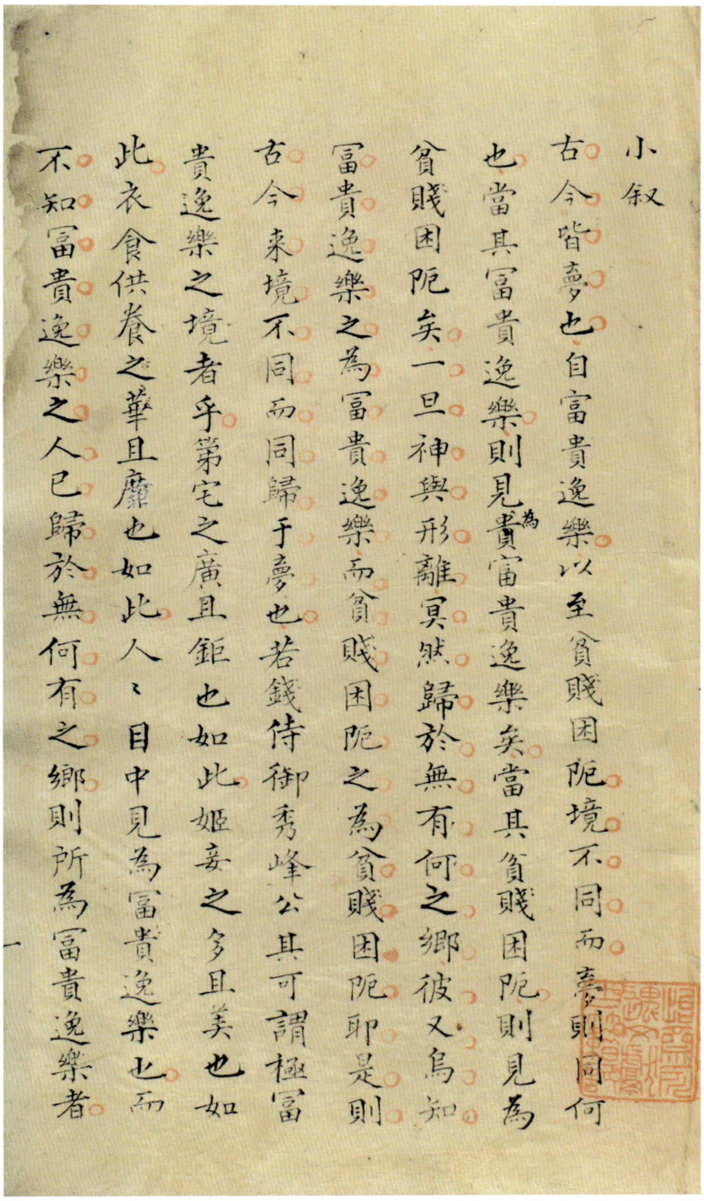

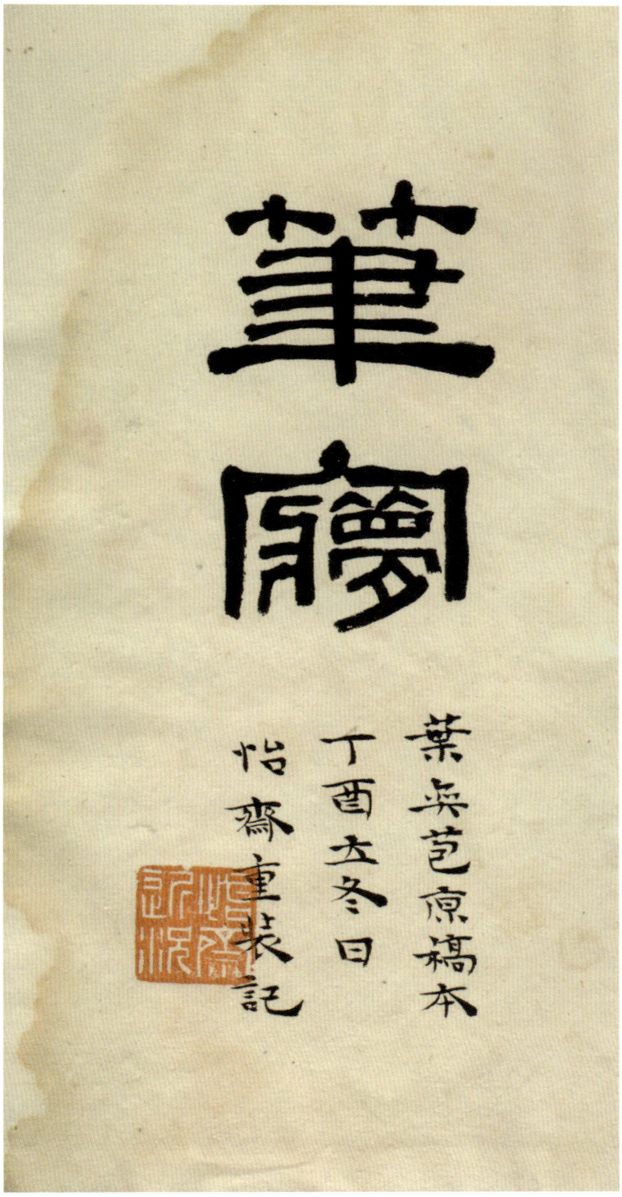

102 笔梦不分卷

（清）叶奕苞撰　稿本　程质清跋

Brush Dream (Bi Meng)

Written by Ye Yibao from the Qing Dynasty

Manuscript

线装，开本26.7×16.7cm，半叶九行，行二十四字。

素面抄纸，书名页程质清隶书墨笔题“笔梦　叶奕苞原稿本　丁酉立冬日　怡斋重装记”。此卷记钱侍御秀峰事，首有“据梧子小叙”及“据梧书屋”椭圆朱文印，曾收入《虞山丛刊》。书中另有“怡斋近况”白文方印、“怡斋所遇文献古籍记”朱文方印、“金粟山房”朱文方印、“尔来自笑痴顽甚”白文方印、“新安程氏”白文方印、“质清所遇善本暂为护持”朱文方印、“质清六十后得之”朱文方印。

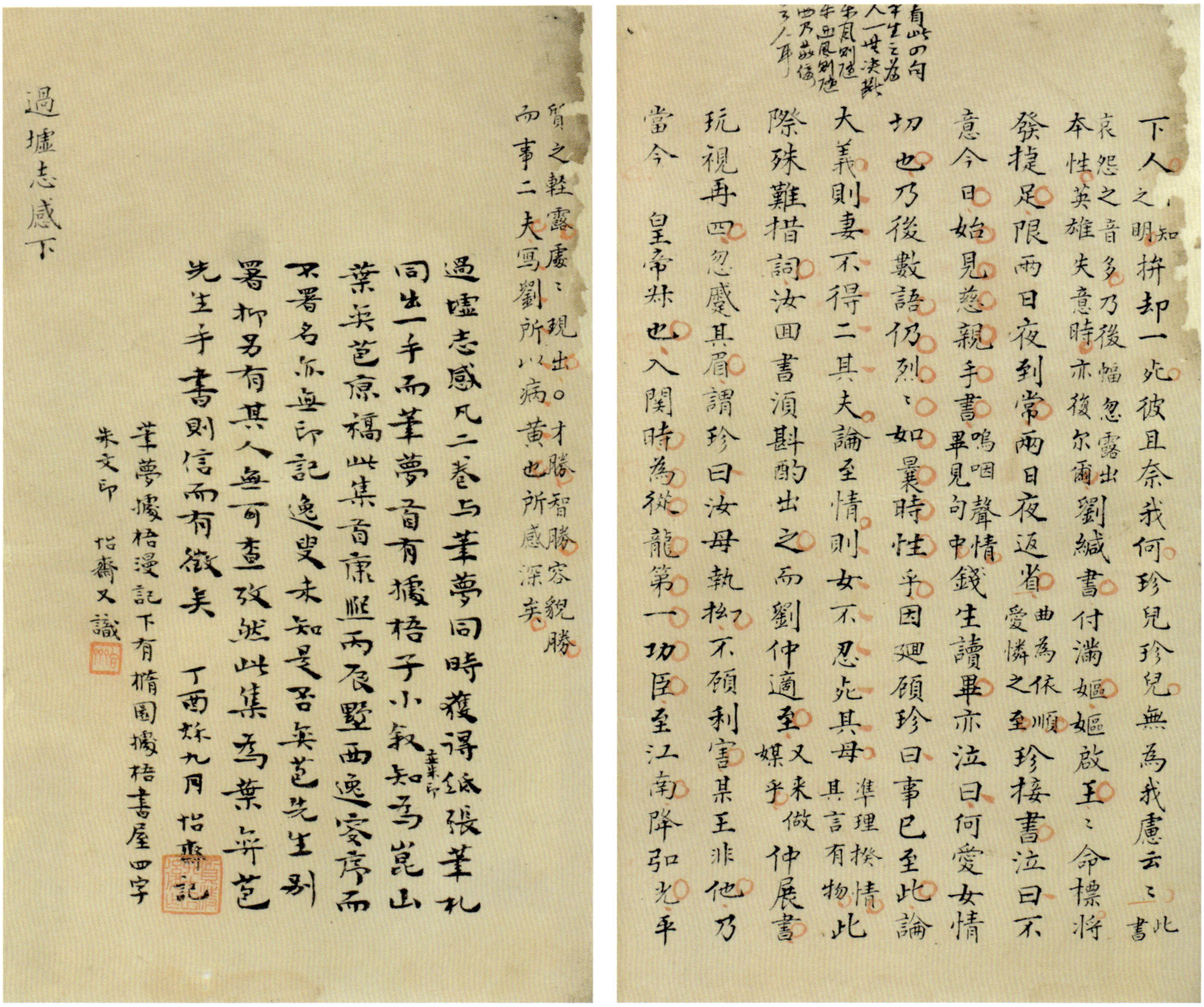

103 过墟志感二卷

（清）叶奕苞撰　稿本

Novel (Guo Xu Zhi Gan)

Written by Ye Yibao from the Qing Dynasty

Manuscript

线装，开本26.7×16.8cm，半叶九行，行二十四字。

素面抄纸，卷前有程质清隶署书名“过墟志感”。书中钤“怡斋所遇文献古籍记”朱文方印、“新安程氏”白文方印、“质清所遇善本暂为护持”朱文方印、“质清六十后得之”朱文方印、“清”朱文方印。

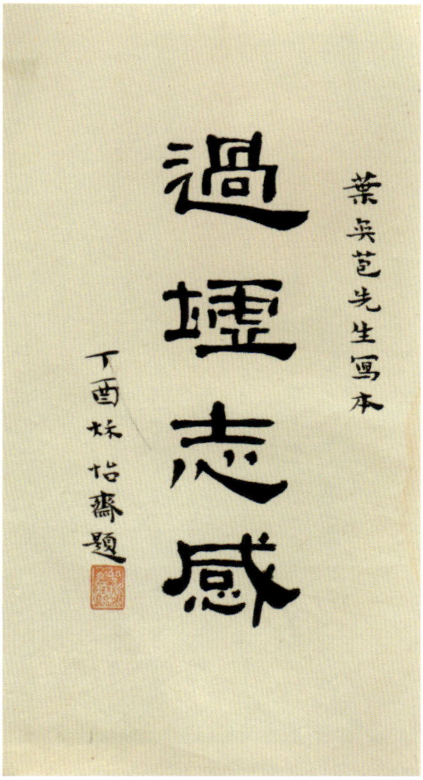
葉奕苞先生寫本

過墟志感

丁酉秋怡齋題

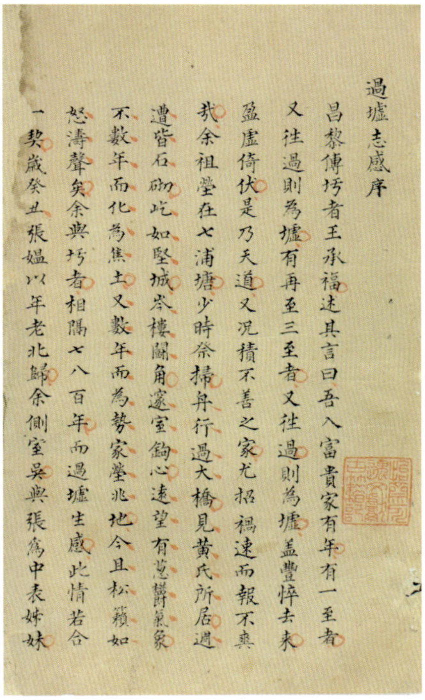
過墟志感序

昌黎傳圬者王承福述其言曰吾入富貴家有年有一至者又往過則為墟有再至三至者又往過則為墟盖豐悴去來盈虛倚伏是乃天道又況積不善之家尤招禍速而報不爽哉余祖塋在七浦塘少時祭掃舟行過大橋見黃氏所居週遭皆石砌屹如堅城岑樓闠角邃室鉤心遠望有葱欝氣象不數年而化為焦土又數年而為勢家塋兆地今且松籟如怒濤聲矣余與圬者相隔七八百年而過墟生感此情若合一契歲癸丑張媪以年老北歸余側室吳與張為中表姊妹

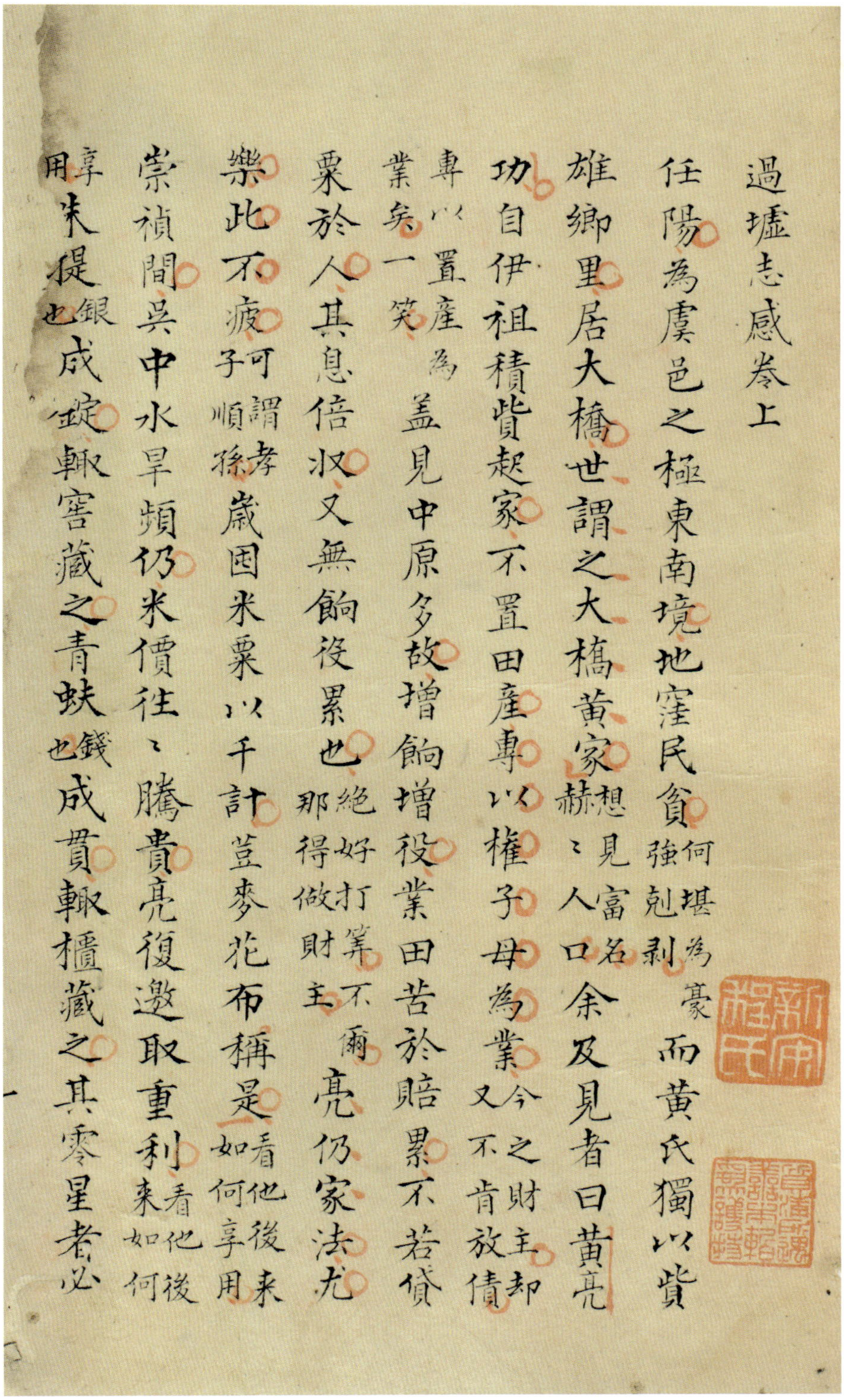
過墟志感卷上

任陽為虞邑之極東南境地窪民貧（何堪為豪強剋剝）而黃氏獨以貲雄鄉里居大橋世謂之大橋黃家（想見富名赫赫人口）余及見者曰黃亮功自伊祖積貲起家不置田產專以權子母為業（今之財主却又不肯放債專以置產為業矣一笑）盖見中原多故增餉增役業田苦於賠累不若貸粟於人其息倍収又無餉役累也（絕好打筭不爾那得做財主）亮仍家法尤樂此不疲（可謂孝子順孫）歲囷米粟以千計荳麥花布稱是（看他後來如何享用）崇禎間吳中水旱頻仍米價往往騰貴亮復邀取重利（看他後來如何享用）朱提（銀也）成錠輒窖藏之青蚨（錢也）成貫輒櫝藏之其零星者必

黃龍

帝乃命禹卒布土以定九州鯀績用不成故復命禹終其功也

癸亥秋七月假吳門黃氏士禮居校宋本傳錄

丁丑仲夏禮闈被放歸索居斷墟檢舊篋得山海經校本乃嘉靖從宋山瞿氏所得者老年校本以出邵闓仙氏處以朱筆校臨一過惟原校用吳琯刻本而余此本出天啟黃氏行款與吳字句亦間有異同茲凡與吳異者小注校旁復加吳字以別之余

山海經第十八

東吳處恩依原書錄于眉端凡三日而畢將以原本歸瞿氏爲綴數語于此 呂熾校訖記

吳本不提行

宋本璧

宋本反

又東三百五十里曰箕尾之山其尾踆于東海多沙石踆古蹲字言臨海上音存汸水出焉音芳而南流注于淯音育其中多白玉

凡䧿山之首自𠱾搖之山以至箕尾之山凡十山二千九百五十里其神狀皆鳥身而龍首其祠之禮毛言擇牲取其毛色也周官曰陽祀用騂牲之毛用一璋玉瘞半珪為璋瘞薶也（埋吳）糈用稌米糈祀神之米名先呂反今江東音所一音壻稌稌稻也他覩反糈或作疏非也一璧（壁吳）稻米白菅為席菅茅屬也音間

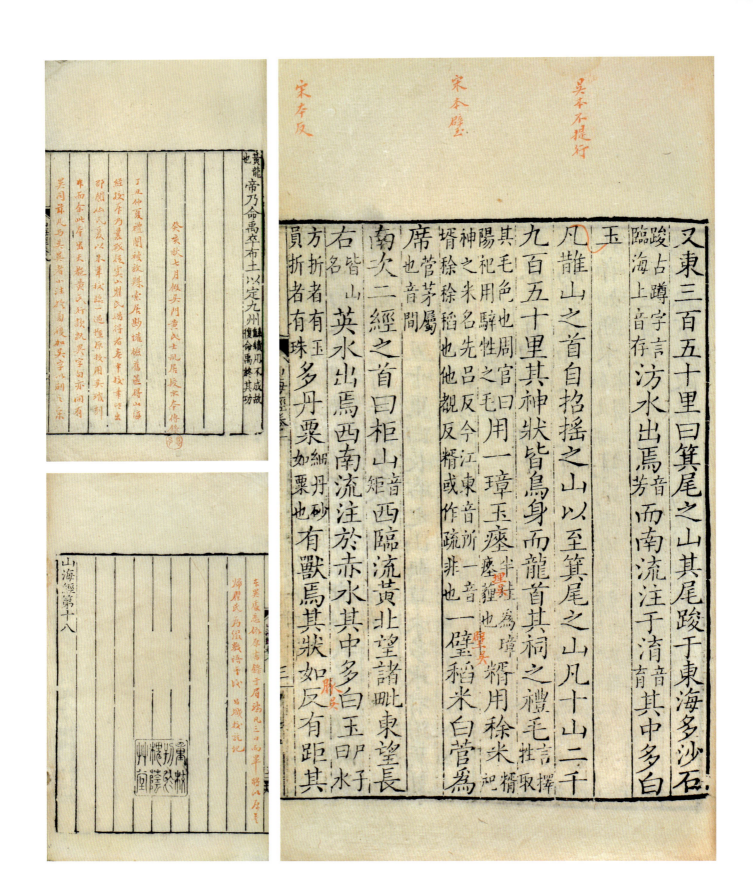

南次二經之首曰柜山音矩西臨流黃北望諸毗東望長右皆山名英水出焉西南流注於赤水其中多白玉尸子曰水方折者有玉員折者有珠多丹粟細丹砂如粟也有獸焉其狀如反（豚吳）有距其

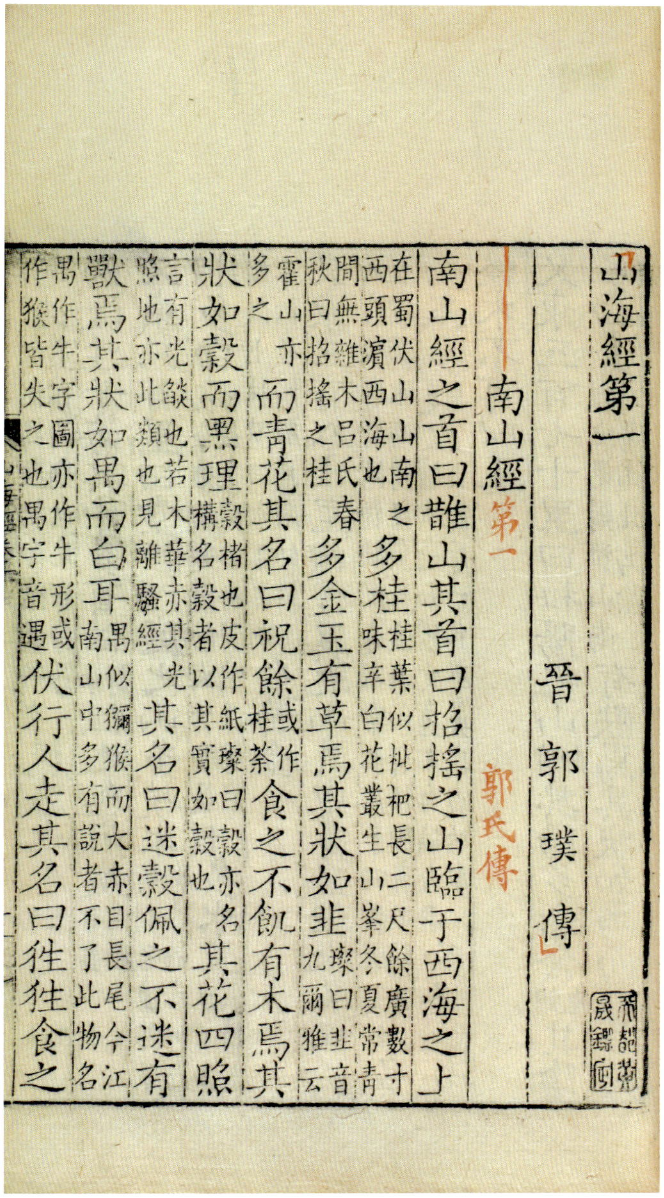

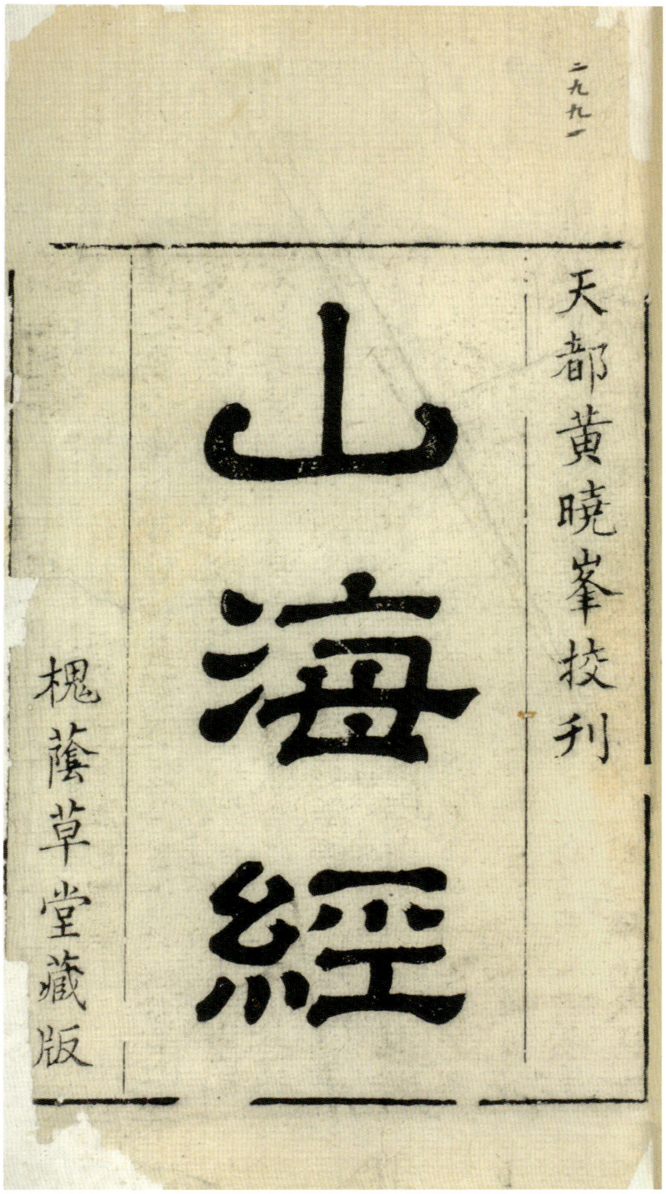

104 山海经十八卷

（晋）郭璞撰 清康熙天都黄氏槐荫草堂刻本 （清）叶昌炽校并跋

Classic of Mountains and Rivers, eighteen volumes

Written by Guo Pu from the Jin Dynasty

Block-printed Edition of the Kangxi era of the Qing Dynasty (1662-1722)

线装，版框尺寸18.3×13.7cm，半叶十一行，行二十一字，小字双行同，黑口，四周单边，单黑鱼尾。

书中有叶昌炽朱笔批校，卷后有叶氏朱跋。此乃光绪三年（1877）叶昌炽借铁琴铜剑楼瞿氏藏明万历吴琯刻《古今逸史》本《山海经》（有邵阆仙校），校于自藏黄晟槐荫草堂本《山海经》上。

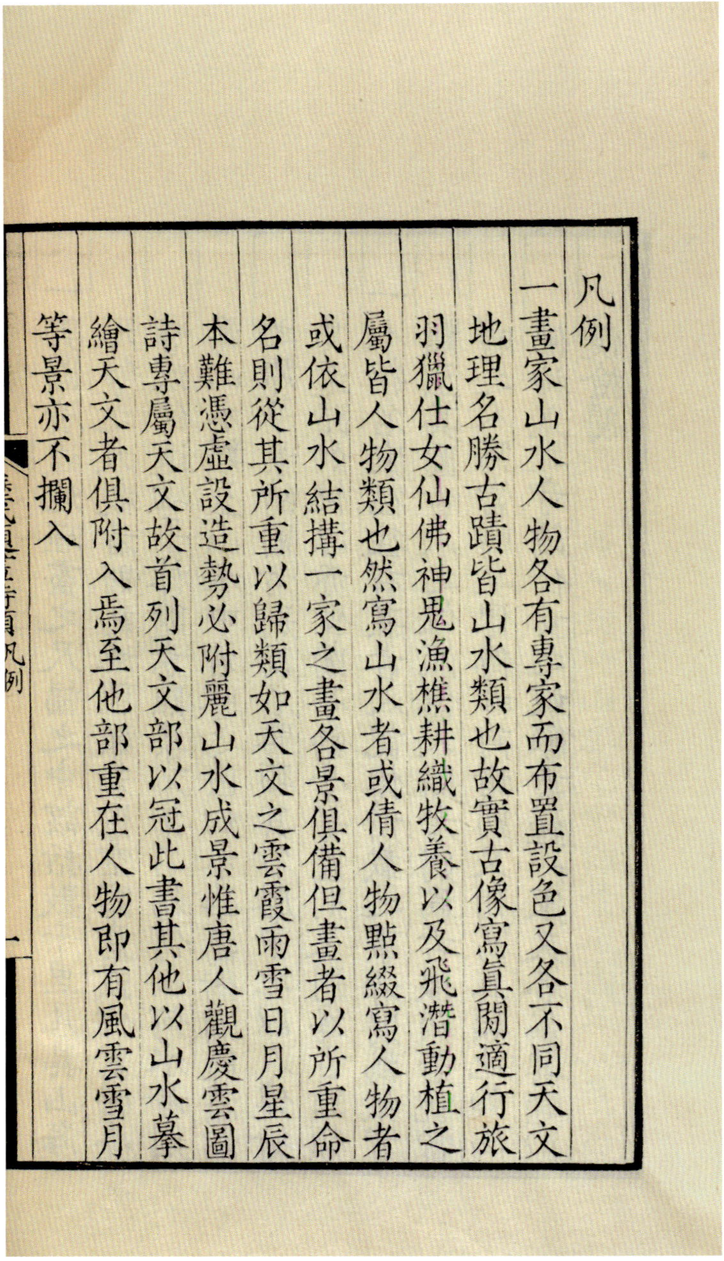

凡例

一畫家山水人物各有專家而布置設色又各不同天文地理名勝古蹟皆山水類也故實古像寫眞閑適行旅羽獵仕女仙佛神鬼漁樵耕織牧養以及飛潛動植之屬皆人物類也然寫山水者或倩人物點綴寫人物者或依山水結搆一家之畫各景俱備但畫者以所重命名則從其所重以歸類如天文之雲霞雨雪日月星辰本難憑虛設造勢必附麗山水成景惟唐人觀慶雲圖詩專屬天文故首列天文部以冠此書其他以山水摹繪天文者俱附入焉至他部重在人物即有風雲雪月等景亦不攔入

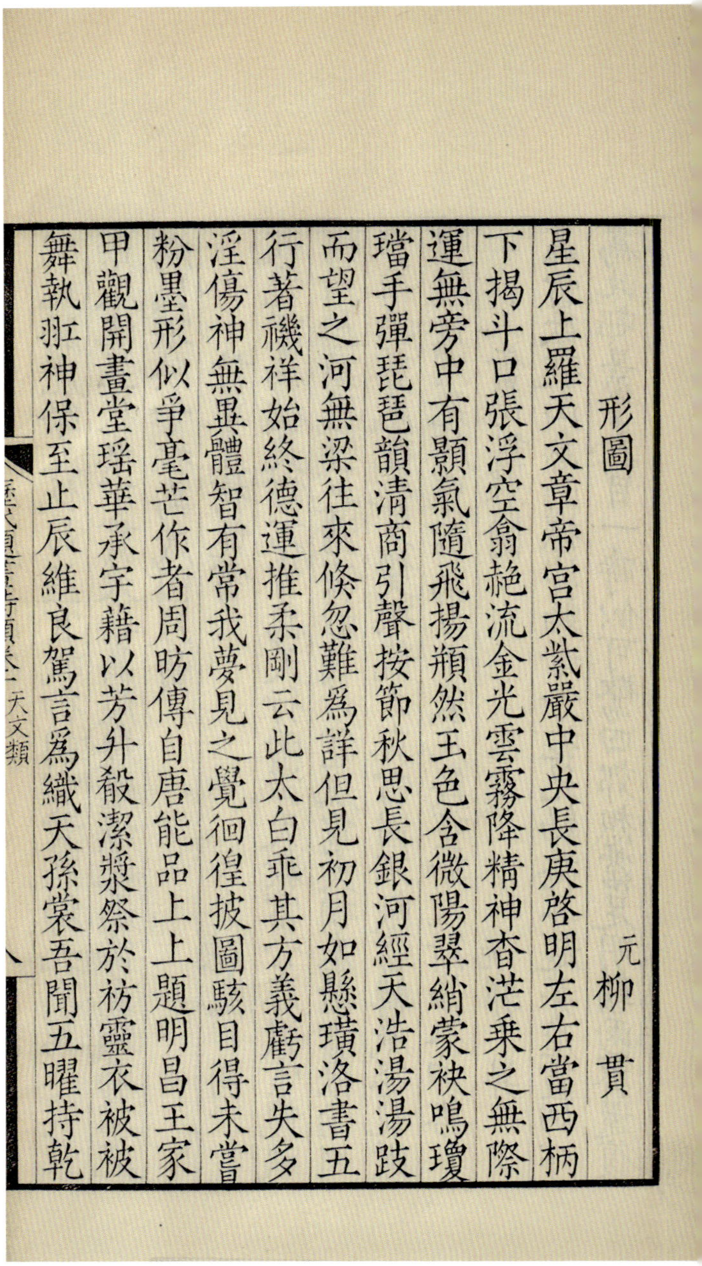

形圖　　元　柳貫

星辰上羅天文章帝宮太紫嚴中央長庚啓明左右當西柄下揭斗口張浮空翕艴流金光雲霧降精神杳茫乘之無際運無旁中有顥氣隨飛揚瓶然玉色含微陽翠綃蒙袂鳴瓊璫手彈琵琶韻清商引聲按節秋思長銀河經天浩湯湯跂而望之河無梁往來倏忽難爲詳但見初月如懸璜洛書五行著機祥始終德運推柔剛云此太白乖其方羲虧言失多淫傷神無異體智有常我夢見之覺徊徨披圖駭目得未嘗粉墨形似爭毫芒作者周昉傳自唐能品上上題明昌王家甲觀開畫堂瑤華承宇籍以芳升殺潔漿祭於祊靈衣被被舞執爼神保至止辰維良駕言爲織天孫裳吾聞五曜持乾

105 御定历代题画诗类一百二十卷

（清）陈邦彦辑　清康熙四十六年（1707）内府刻本

Painting Poetry of all time appraised by empire, one hundred twenty volumes

Compiled by Chen Bangyan from the Qing Dynasty

Block-printed official Edition of the 46th year of the Kangxi era of the Qing Dynasty (1707)

线装，版框尺寸18.8×12.8cm，半叶十一行，行二十一字，黑口，左右双边，单黑鱼尾。

分装四函，每函六册。卷端下题："翰林院编修臣陈邦彦奉旨校刊"，书中钤"嘉兴太守善化许公雪门藏书"朱文方印、"嘉兴图书馆藏"白文方印。

国家珍贵古籍名录号09407。

御定歷代題畫詩類卷第一

翰林院編脩臣陳邦彥奉

旨校刊

天文類

觀慶雲圖　唐李行敏

縑素傳休祉丹青狀慶雲非煙凝漠漠似蓋乍紛紛尚駐從龍意全舒捧日文光因五色起影向九霄分裂素覩嘉瑞披圖賀聖君寧同窺汗漫方此覩氛氳

觀慶雲圖　唐柳宗元

設色初成象卿雲示國都九天開祕祉百辟贊嘉謨抱日依龍衮非煙近御爐高標連汗漫向望接虛無裂素榮光發舒

聲五行所經緯甘石知性情上界足官府神人居穆清韡赫逞幻怪顤顟振鏗轟跳踉鬼脚捷[illegible]睒獸面頳裳衣互裸襲角鬣紛披鬡豈其太白變嬉戲類踁躩或者熒惑動威怒流欃槍照臨多芒角纏次在縮贏揣摩過人料綵繪匪世程伊誰駕一氣得以導九坑想像陵倒景觀遊撫層城虛空何宮宇蒼莽孰節旌毋寧乘筆際溘此埃風征凡夫本狹見四顧惟褱瀛夜乂冰瀅呀羅刹炎徼瞠鮫女買綃出狗夫銜筋爭衹疑列宿質却混殊方氓山神對我博刻石華山陘海神靳我畫浪卷滄海鯨天神詎可識萬古欺聾盲星占世有職畫史吾奚評

敬題皇姑魯國長公主所藏唐周昉畫金德星君眞

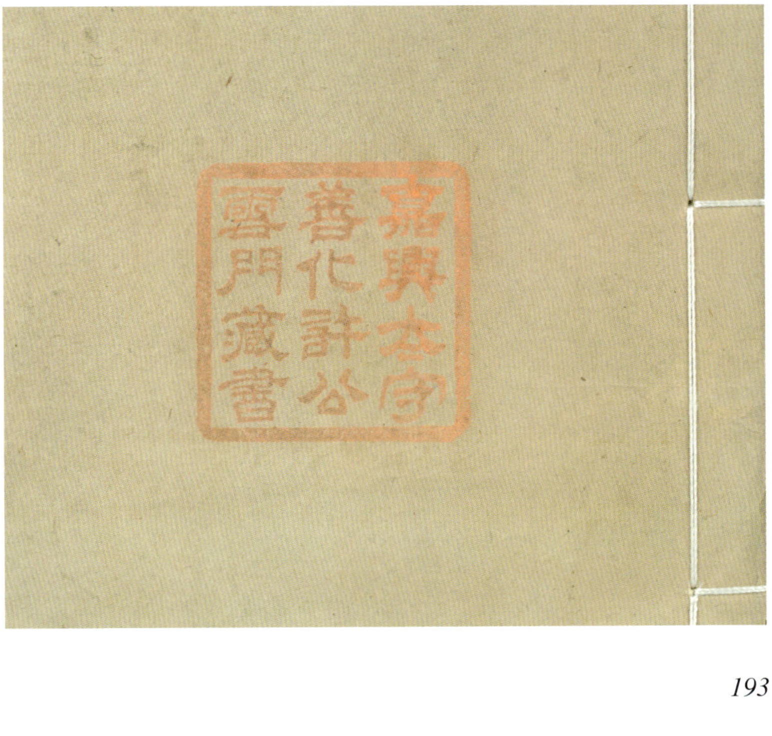

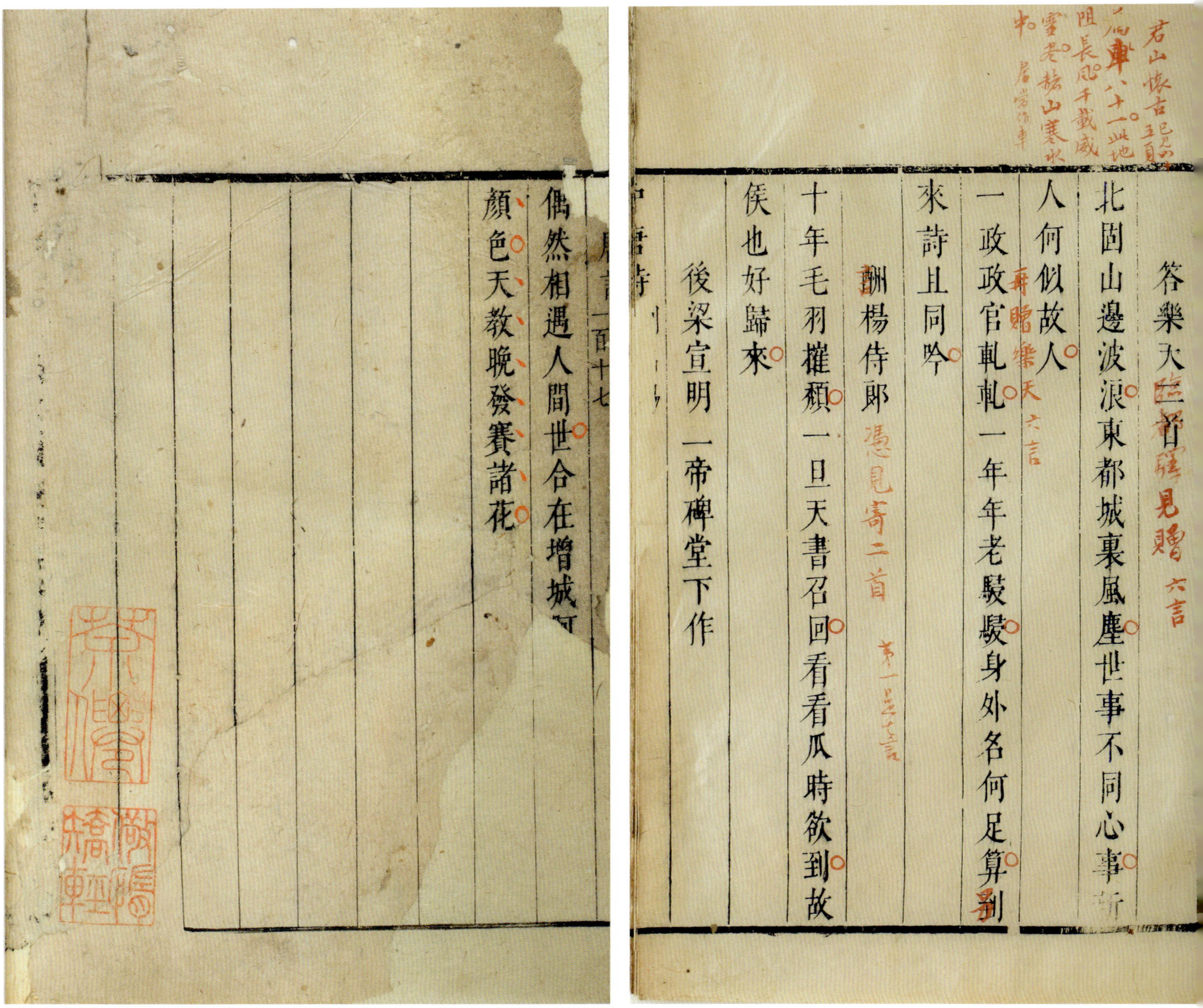

106 刘禹锡中唐诗不分卷

（唐）刘禹锡撰　清康熙何焯批校《中唐十二家诗集》刻本　存残卷

Poems of Liu Yuxi from the middle Tang Dynasty

Written by Liu Yuxi from the Tang Dynasty

Block-printed Edition of the Kangxi era of the Qing Dynasty (1662-1722)

线装，版框尺寸18.5×14.5cm，半叶九行，行十九字，白口，左右双边。

何焯（1661—1722），字屺瞻，号茶仙，学者称义门先生。清长洲人。康熙二十四年（1685）拔贡入都。康熙四十二年（1703）赐举人，又赐进士。选庶吉士，侍读皇八子，兼武英殿纂修。何氏蓄书数万卷，长于考订，评校之书，名重一时。书得晋唐法。书中钤“和气”朱文圆印、“结心寄青松”朱文竖长印、“茶仙”朱文竖长印、“傲惰娇轻”朱文方印。

早秋集賢院即事 時爲學士

金數已三伏火星正西流樹含秋露曉閣倚碧天
秋灰琯應新律銅壺添夜籌商飆從朔塞爽氣入
神州蕙草香書殿槐花點御溝山明真色見水靜
濁煙收早歲忝華省再來成白頭幸依群玉府末
路尚瀛洲

奉和吏部楊尚書太常李卿二相公策免後
即事述懷贈答十韻

文雅關西族衣冠趙北都大章真漢相無頗[illegible]

唐詩 劉禹錫

唐詩

曉發柳林戍遙城聞五鼓憶與故人眠此時猶晤
語

出鄂州界懷表臣二首

離席一揮杯別愁今尚醉遲遲有情處却恨江帆
駛
夢覺疑連榻舟行忽千里不見黃鶴樓寒沙雪相
似

和游房公舊竹亭聞琴

尚有竹間路永無綦下塵一聞流水曲重憶餐霞

彩偎鋒而行也折壁路筆鋒陷於紙中深險而淬利也
白石原云筆正則鋒藏筆在畫中則左右皆無病心正
則筆正意在筆前字居心後亦約數法為言而皆不必
則未免語過急促也至云無鋒又云無鋒以全其氣味
則亂道矣無鋒則筆不正無書法可言矣
遲以取妍速以取勁先必能速然後為遲白石此語殊
欠分明既言三折則初學時便須遲揮運熟而始能速
也如一點與畫相應兩點自相應三點一起一帶一應
四點一起二帶一應之類如何可速若執筆欲緊運筆

欲活不指運而腕運手不主運腕不知執皆古人定法
不可易者

許書數則極有法度皆以黄庭蘭亭
為主顏柳為初學入門猶未不甚許可
蓋學書尚圓勁李少溫謙卦倍雲城隍廟
碑但屬楷本微嫌呆滯不若般若心經
銘之為失蹤也字學至 國朝至美近今尤
講究蓋學楷字益有狗植子古之妙
光緒戊子九月 芍庚偶識於盛厂 初寒料峭

書學自史籀秦斯以後至漢變而
為隸西京東京氣息已異至晉始為楷書
其時變隸為楷體多方正鍾王其真跡傳世
者黄庭樂毅曹娥等乃唐人臨本歐虞以為
南北朝南北宣銘北之張猛龍形體迴殊筆情
以一至唐楷書大盛歐虞褚多挑筆猶有古
意顏柳之用圓勁法門宋之四大家皆祖顏柳
元趙吳興書超妍嫵媚文董亦為圓和然趣
愈下時代為之非諸君之過也 芍庚偶筆

圭美堂集卷二十
字學劄記下
閱古帖
禊帖余私持論當以潁上石刻為第一第定武名尊未
嘗見不敢自信後於何義門王蒻林處見之漫漶全無
鋒勢不見佳妙義門書宗極唐賢考校碑刻有端緒亦
不肯輕妄下語後見其駁董華亭謂思古齋禊帖近年
出自井中為弔詭不實楊東里集便有思古齋帖跋云
潁上令鈉二本矣又云定武率更摹嚴重有餘風趣或

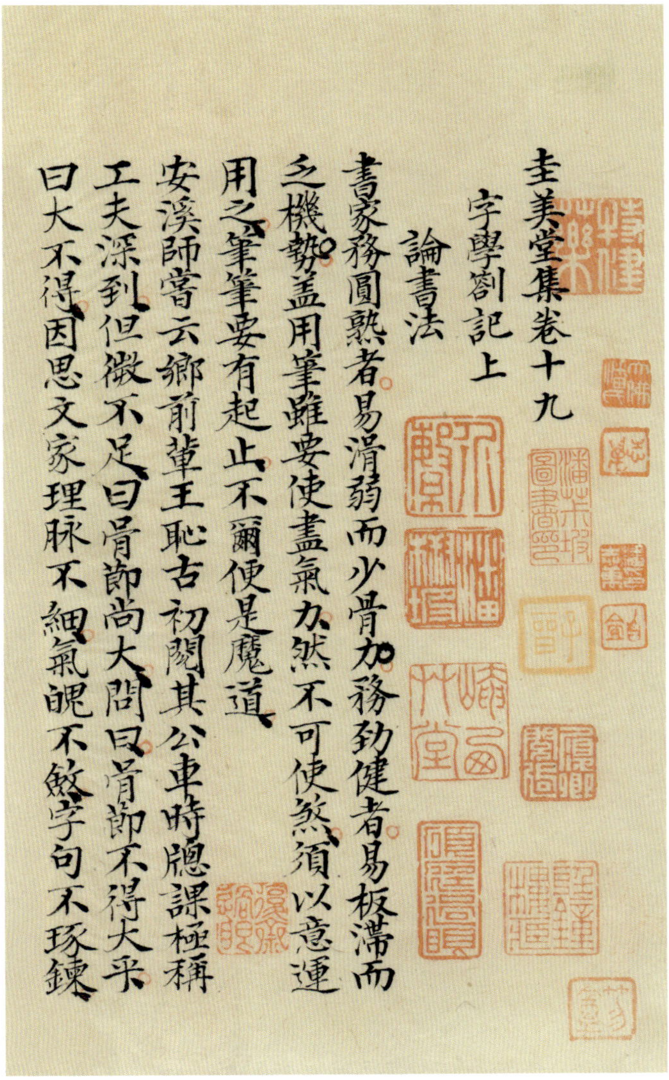
圭美堂集卷十九
字學劄記上
論書法
書家務圓熟者易滑弱而少骨力務勁健者易板滯而
乏機勢蓋用筆雖要使盡氣力然不可使煞須以意運
用之筆筆要有起止不爾便是魔道
安溪師嘗云鄉前輩王耻古初閱其公車時應課極稱
工夫深到但微不足曰骨節尚大開曰骨節不得大采
曰大不得因思文家理脉不細氣脈不斂字句不琢鍊

圭美堂雜著
留芬書

107 圭美堂集二十六卷

（清）徐用锡撰　清抄本　潘志万、徐康批校　存五卷（十九至二十三）

Anthology of the Gui Mei Tang, twenty-six volumes
Written by Xu Yongxi from the Qing Dynasty
Transcription, the Qing Dynasty (1644-1911)
Annotated by Pan Zhiwan and Xu Kang
Five volumes collection (No. 19-23)

线装，开本23.3×16.6cm，半叶九行，行二十一字，小字双行同。

此种卷前扉页潘志万隶署书名“圭美堂杂著”，卷十九至卷二十三末叶均有潘志万墨笔题跋。书中钤“硕庭过眼”朱文方印、“志万之印”白文方印、“特健药”白文方印、“大佛潘氏”白文方印、“志万”朱文方印、“潘志万印”白文方印、“匆盦”朱文方印、“潘茮坡图书印”朱文竖长印、“子晋”朱文方印、“履卿阅过”白文方印、“听钟楼藏”朱文方印、“荕盦”朱文方印、“介繁”朱文方印、“潘椒坡”白文方印、“崦西草堂”朱文方印、“硕庭过眼”朱文竖长印、“复斋过眼”朱文方印等。

徐用锡（1657–1737），字坛长，一字画堂，号鲁南，清宿迁人。康熙四十八年（1709年）进士，选庶吉士，授翰林院编修，历官侍讲。治学以李光地为宗，究心乐律、音韵、历数、书法。潘志万，字硕廷，号笏庵，清吴县人。喜藏书，字学颜、柳，多藏碑版，著有《金石补编》。徐康，字子晋，号窳叟，清长洲人，一作吴县人。工诗、画、篆、隶、刻印，尤精鉴别书画和金石，著有《前尘梦影录》。

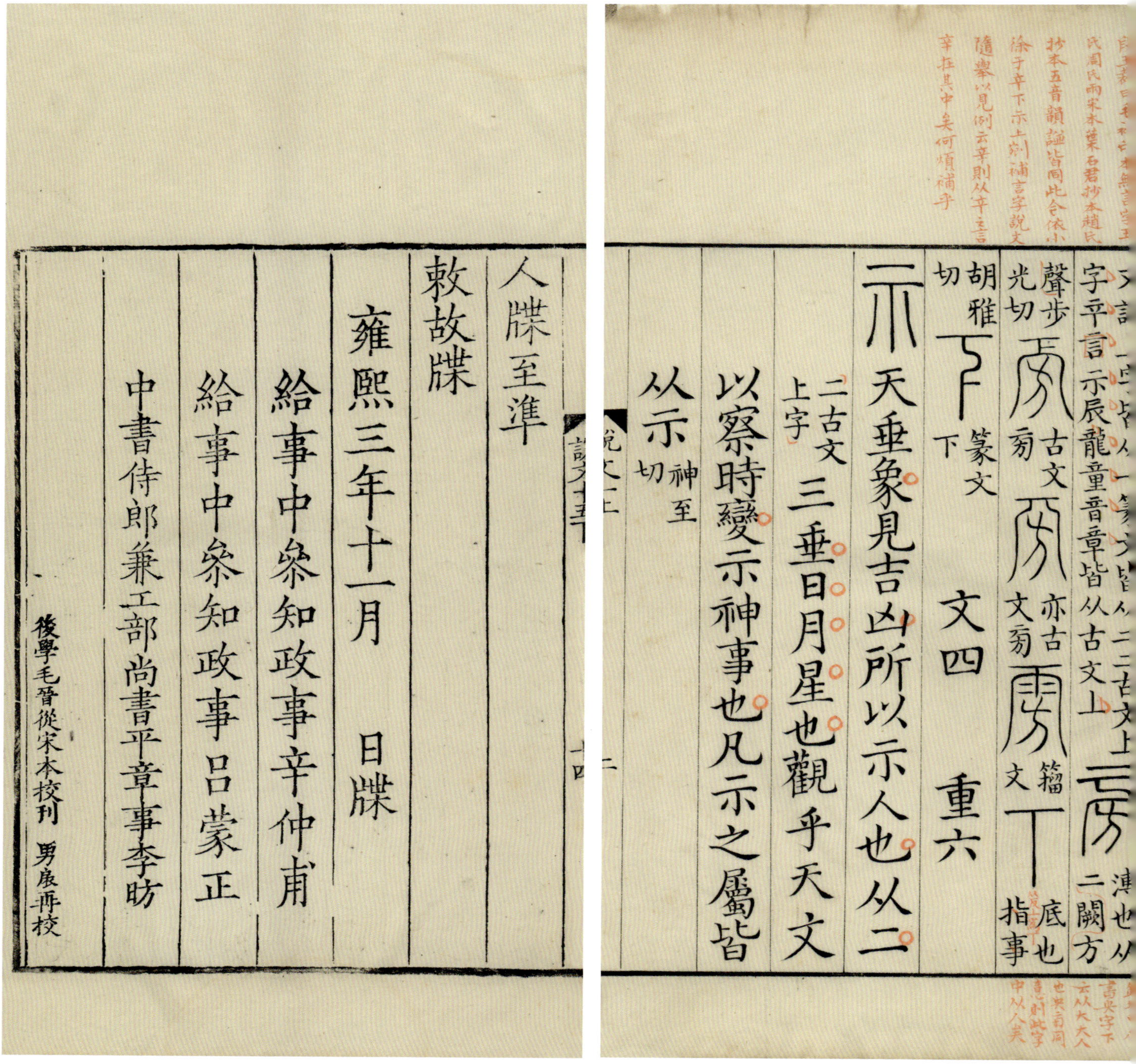

108 说文解字十五卷

（汉）许慎撰　清初毛氏汲古阁刻本　清顾广圻批校并录　清段玉裁、钱坫批校

Analytical Dictionary of Characters, fifteen volumes

Written by Xu Shen from the Han Dynasty

Annotated by Gu Guangqi, Duan Yucai and Qian Dian from the Qing Dynasty

Block-printed Edition of the early Qing Dynasty (1644-1911)

线装，版框尺寸20.7×16.0cm，半叶七行，行十六字，小字双行二十六字，白口，左右双边，单黑鱼尾。

书中钤“小浮山人”朱文方印、“顾广圻印”白文方印。顾广圻（1766—1835），字千里，后以字行，自号思适居士，一云散人，（清）元和（今苏州）人，颖敏博洽，时称“万卷书生”。尤精校雠，孙星衍、黄丕烈、胡克家辈先后延主校书，被誉为“清代校勘第一人”。

說文解字標目

銀青光祿大夫守右散騎常侍上柱國東海縣開國子食邑五百戶徐鉉等奉

敕校定

說文解字弟一

一 於悉切　丄 時掌切　示 神至切　三 穌甘切

王 雨方切　玉 魚欲切　玨 古岳切　气 去既切

士 鉏里切　丨 古本切　屮 丑列切　艸 倉老切

說文解字弟一上　漢太尉祭酒許慎記

銀青光祿大夫守右散騎常侍上柱國東海縣開國子食邑五百戶徐鉉等奉

敕校定

十四部　六百七十二文　重八十

凡萬六百三十九字

文三十一　新附

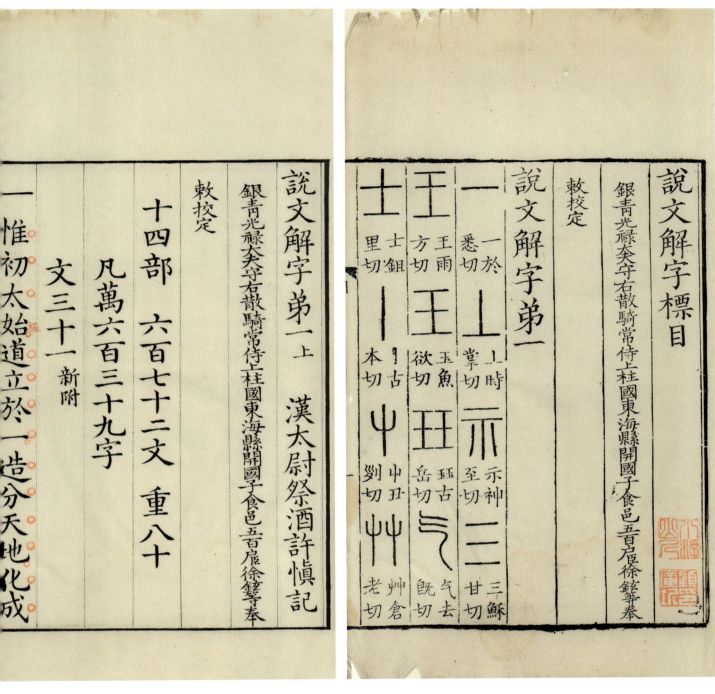

一　惟初太始道立於一造分天地化成

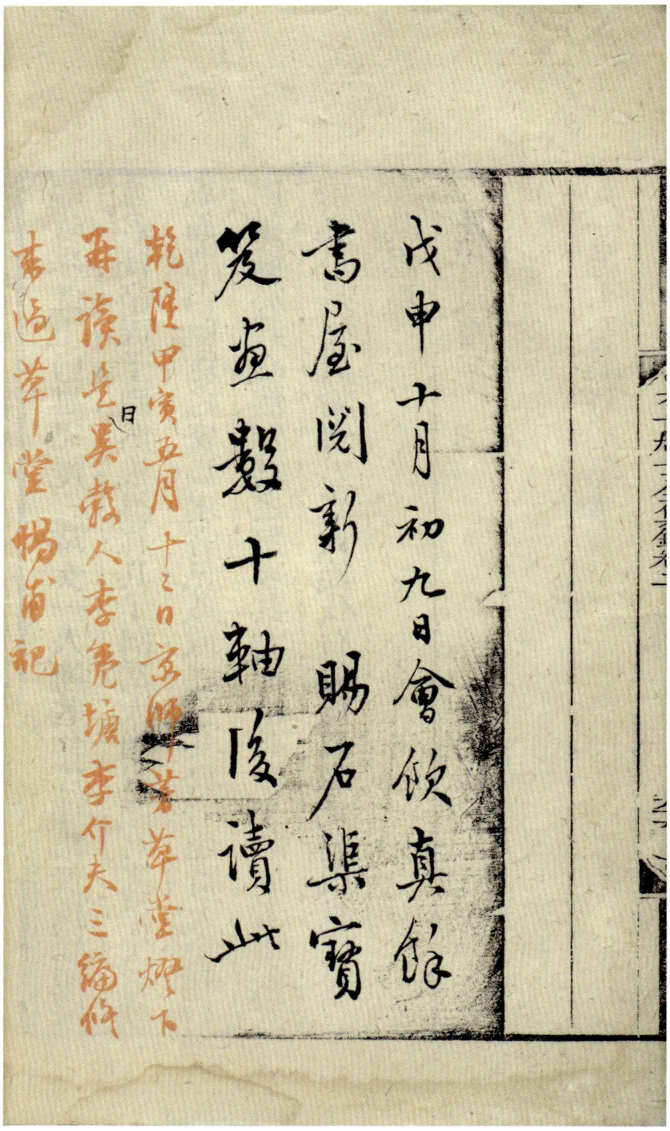

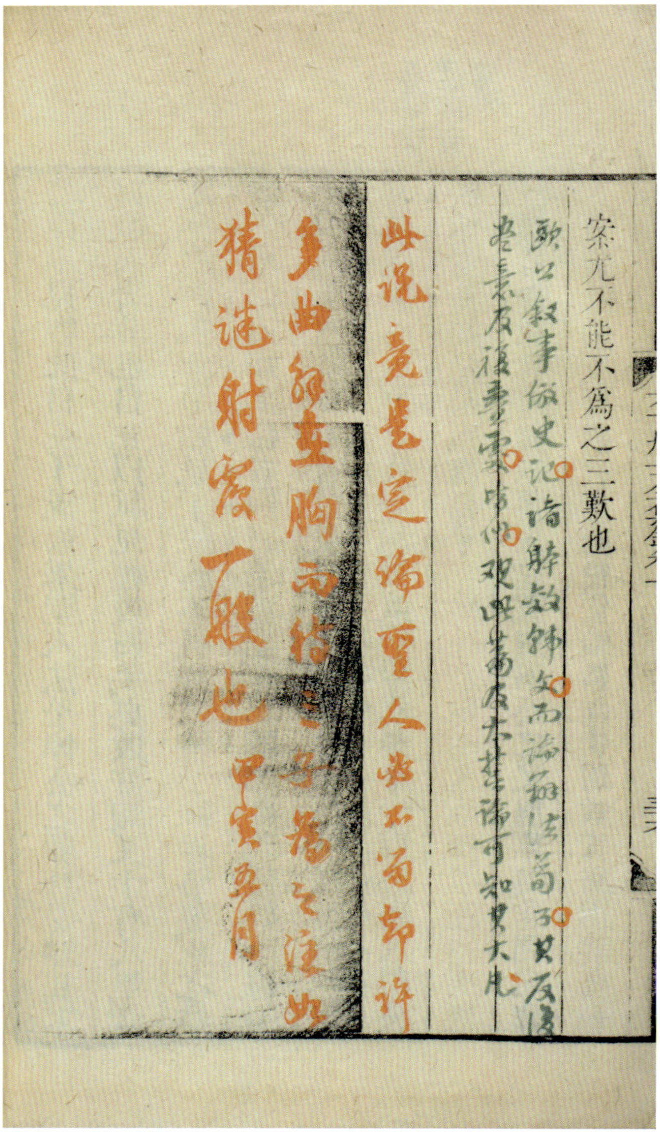

109 六一居士全集录二卷

（宋）欧阳修撰 （清）储欣辑 清初遗清堂刻本 清王芑孙批校

Complete works of Ouyang Xiu, two volumes

Written by Ouyang Xiu from the Song Dynasty

Annotated by Wang Qisun from the Qing Dynasty

Block-printed Edition of the early Qing Dynasty (1644-1911)

线装，版框尺寸19.7×14.4cm，半叶九行，行二十五字，黑口，左右双边，双对黑花鱼尾。

有清王芑孙朱、墨、绿三笔批校，书中钤“渊雅堂藏书记”朱文方印、“惕甫经眼”朱文方印。

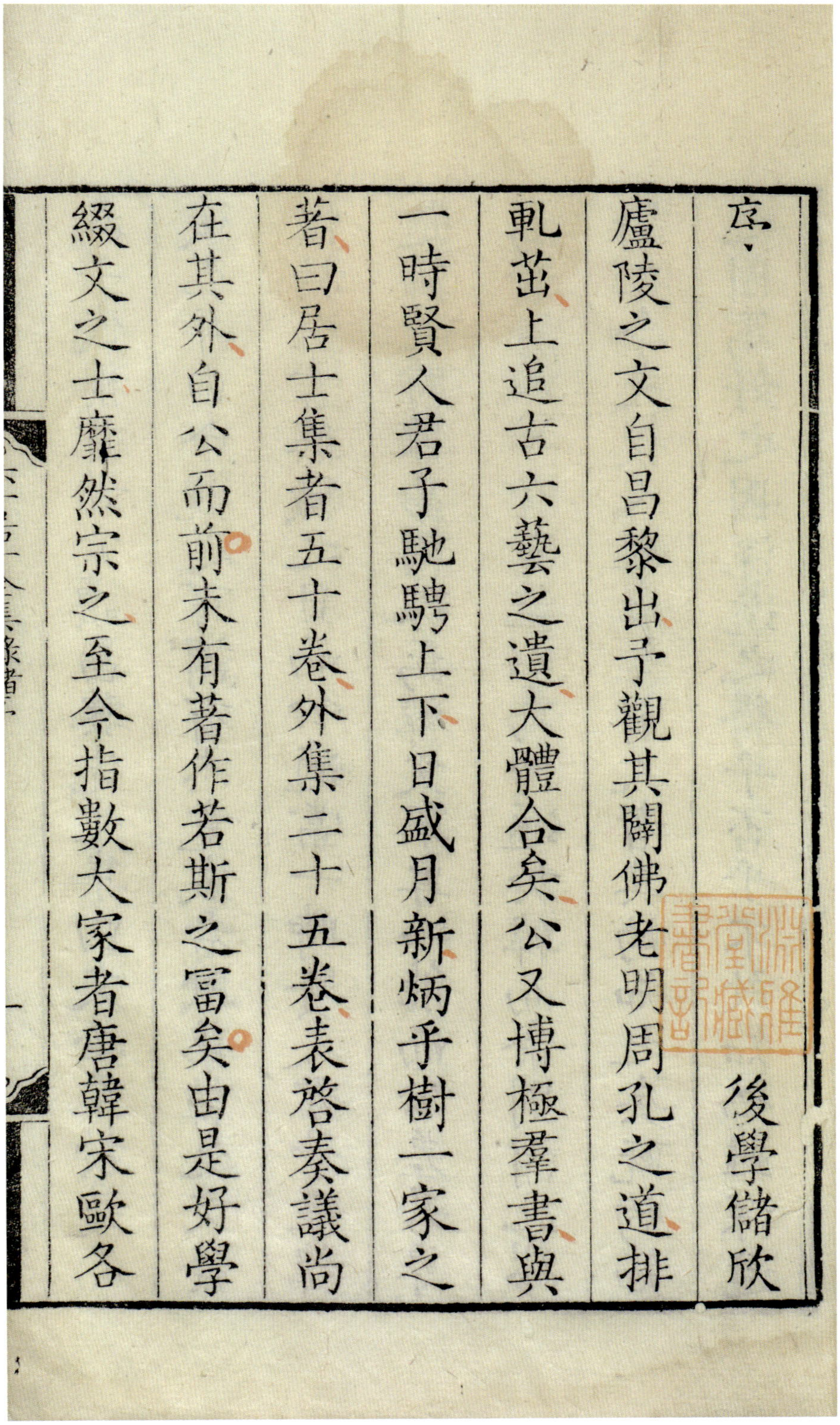
序

後學儲欣

廬陵之文自昌黎出予觀其闢佛老明周孔之道排軋茁上追古六藝之遺大體合矣公又博極羣書與一時賢人君子馳騁上下日盛月新炳乎樹一家之著曰居士集者五十卷外集二十五卷表啓奏議尚在其外自公而前未有著作若斯之富矣由是好學綴文之士靡然宗之至今指數大家者唐韓宋歐各

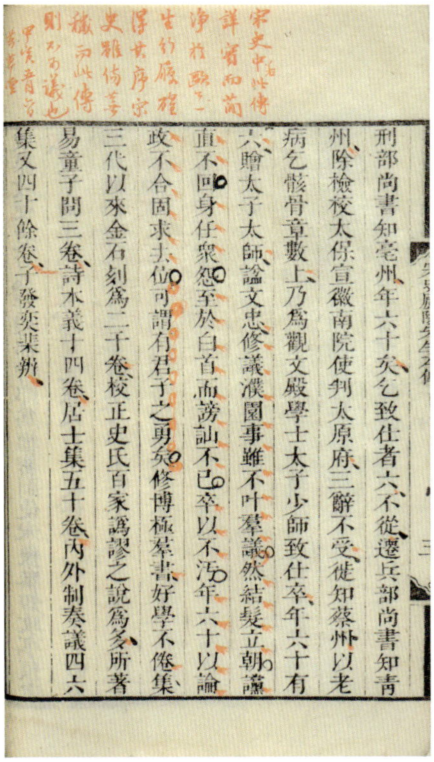
刑部尚書知亳州年六十矣乞致仕者六不從遷兵部尚書知青州除檢校太保宣徽南院使判太原府三辭不受徙知蔡州以老病乞骸骨章數上乃爲觀文殿學士太子少師致仕卒年六十有六贈太子太師謚文忠修議濮園事雖不叶羣議然結髮立朝讜直不回身任衆怨至於白首而謗訕不已卒以不汚年六十以論政不合固求去位可謂有君子之勇矣修博極羣書好學不倦集三代以來金石刻爲二千卷校正史氏百家譌謬之說爲多所著易童子問三卷詩本義十四卷居士集五十卷內外制奏議四六集又四十餘卷子發奕棐辨

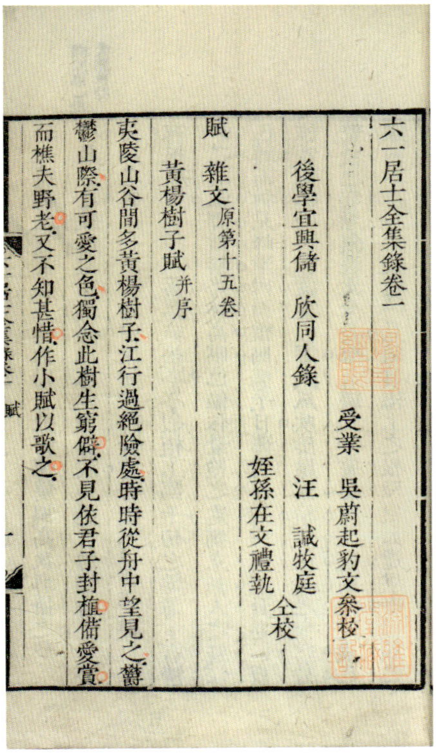
六一居士全集錄卷一

受業　吳蔚起豹文參校

後學宜興儲　欣同人錄

汪　誠牧庭

姪孫在文禮執　仝校

賦　雜文原第十五卷

黃楊樹子賦并序

夷陵山谷間多黃楊樹子江行過絕險處時時從舟中望見之鬱鬱山際有可愛之色獨念此樹生窮僻不見依君子封植備愛賞而樵夫野老又不知甚惜作小賦以歌之

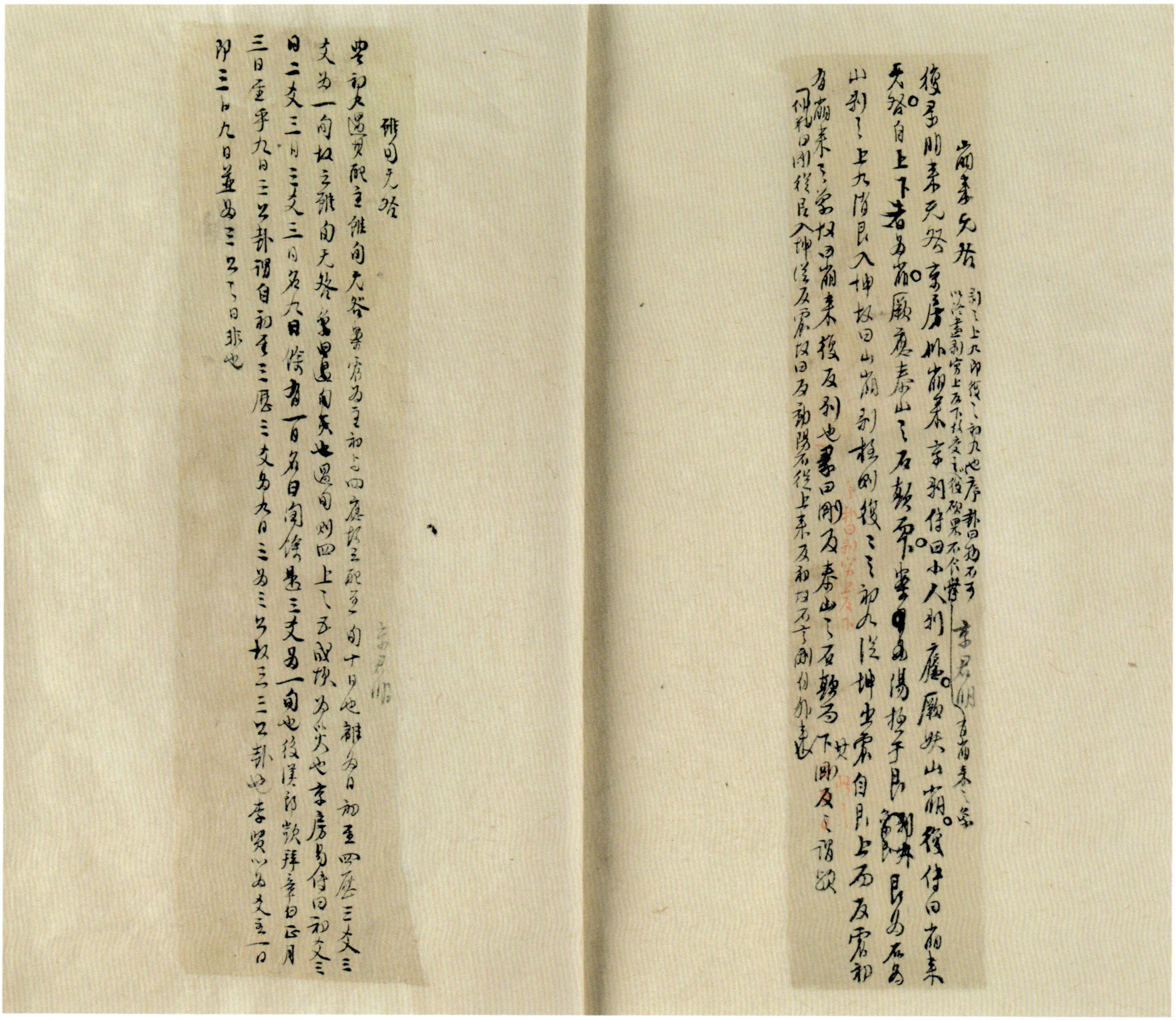

110 周易古义不分卷

（清）惠栋撰　稿本　惠栋批校

Original explanation of Zhou Yi

Written and annotated (Red Ink) by Hui Dong from the Qing Dynasty

Manuscript

线装，开本33.8×20.1cm，半叶九行，行二十六字，小字双行同。

书中钤“昌煦”白文方印、“尚友书画记”朱文竖长印、“庆善字叔美印”白文方印、“癸酉生”朱文竖长印、“潘昌煦印”白文方印、“字白由笙”朱文方印。卷后有潘昌煦1948年手书跋文。此种曾收入《贷园丛书》、《昭代丛书》（道光），刻印行世。我馆所藏乃其稿本，并有惠栋朱、墨双笔校改。

惠栋（1697–1758），字定宇，号松崖，人称小红豆先生，幼承家学，笃志经史诸子，其学以博闻强记见长，于诸经熟洽贯通，主张尊古训、守家法、宗汉学，尤邃于《易》。一生著述累累。其门生有毕沅、江声等人。

国家珍贵古籍名录号01299。

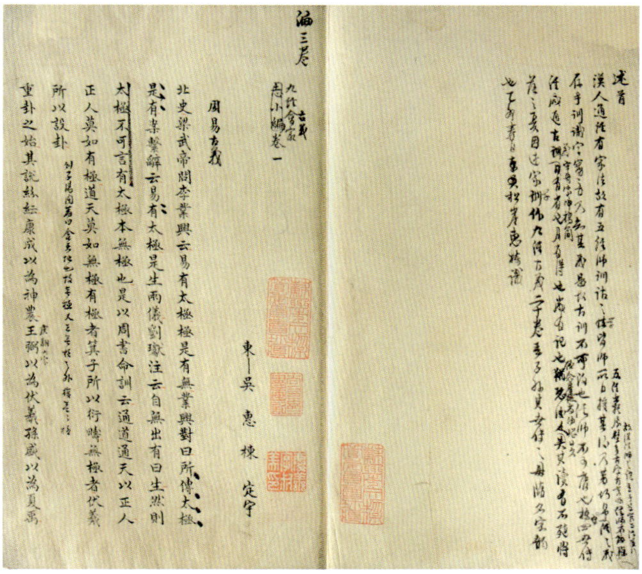

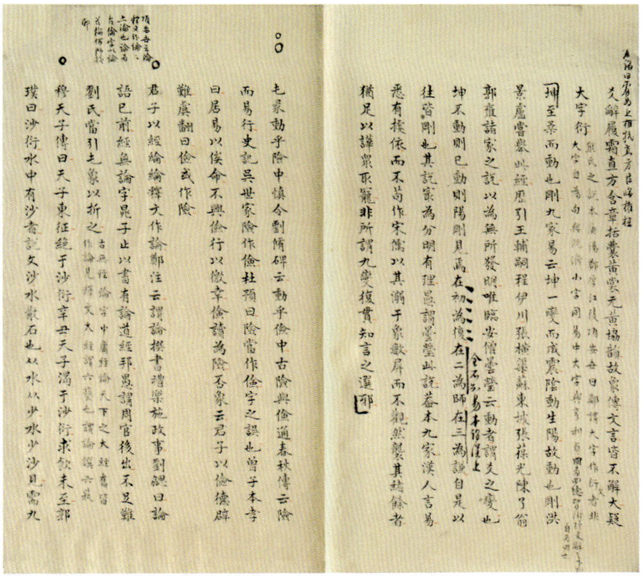

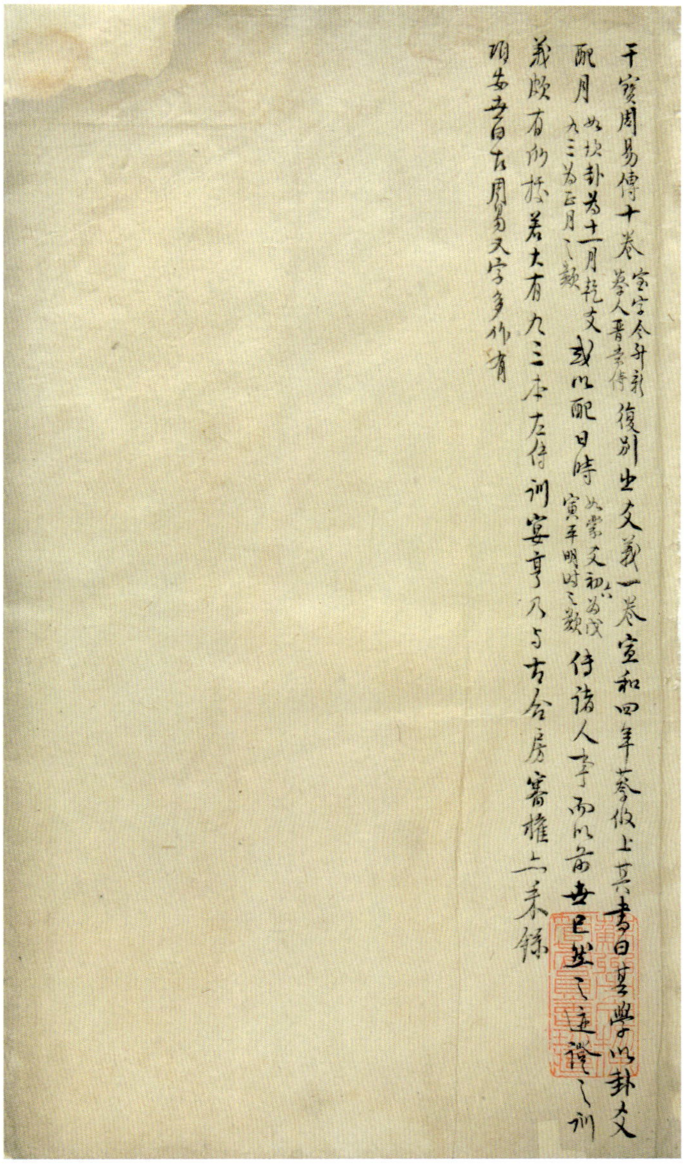

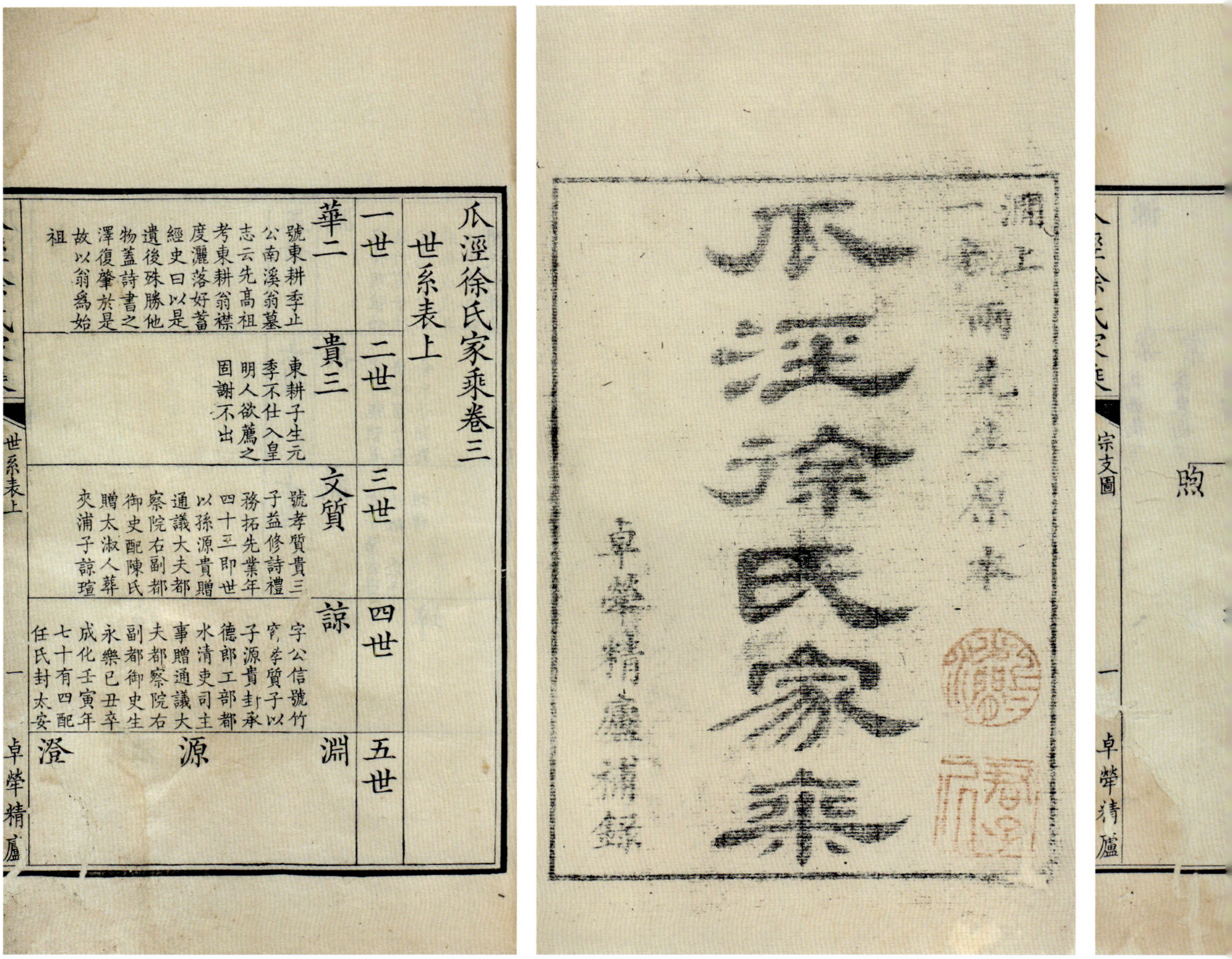

瓜涇徐氏家乘卷三
世系表上
一世 華二 號東耕季止公南溪翁墓志云先高祖考東耕翁襟度灑落好蓄經史曰以是遺後殊勝他物蓋詩書之澤復肇於是故以翁為始祖
二世 貴三 東耕子生元季不仕入皇明人欲薦之固謝不出
三世 文質 號孝質貴三子益修詩禮務拓先業年四十三卽世以孫源貴贈通議大夫都察院右副都御史配陳氏贈太淑人葬夾浦子諒瑄
四世 諒 字公信號竹窗孝質子以子源貴封承德郎工部都水清吏司主事贈通議大夫都察院右副都御史生永樂己丑卒成化壬寅年七十有四配任氏封太安
五世 淵 源 澄
世系表上
一
卓犖精廬
澗上
一翁兩先生原本
瓜涇徐氏家乘
卓犖精廬精錄
宗支圖
一
卓犖精廬

111 瓜泾徐氏家乘十卷

（清）徐埙纂辑　清乾隆六年（1741）卓荦精庐刻本

Family Xu's genealogy in Guajing, ten volumes

Compiled by Xu Xun from the Qing Dynasty

Block-printed Edition of the 6th year of the Kangxi era of the Qing Dynasty (1741)

线装，版框尺寸19.3×14.1cm，半叶十行，行二十字，小字双行二十八字，白口，四周双边，单黑鱼尾。

书中钤“上下少间水”朱文圆印、“君子居”朱文方印。此种软体字秀丽多姿，典型康雍乾三世刻书风貌。

瓜涇徐氏家乘卷一

誥敕

明成弘嘉崇四朝録得八軸

皇朝誥敕續録嗣刻

奉

天承運

皇帝制曰人臣能盡夫事君之忠朝廷必遂其顯親之孝故羣臣盡心於職務則推恩以及其親所以示褒嘉而勸忠孝也爾徐諒乃工部都水淸吏司

瓜涇徐氏家乘卷二

宗支圖一

華二—貴三—文質—諒—淵

源

澄

淸

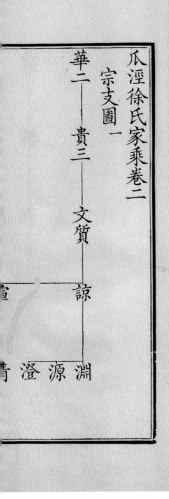

宣

徵刻啟

長吟閣詩集八卷礳村黃山人野鴻先生之作也先生才雄二陸名動三吳久湮大雅正宗獨紹杜陵墜緒胸羅區勝筆挾海濤行萬里以搜奇貫百家而成律人家卷裏時時見其一斑小奚囊中片片織成碎錦雖蘭芳幽谷本不爲人而匣有太阿終當耀世苟非公諸剞劂何以廣其流傳嗟乎共成江夏之編事需衆力增價洛陽之紙何啻千金

雍正乙卯春日二友老人徐葆光譔

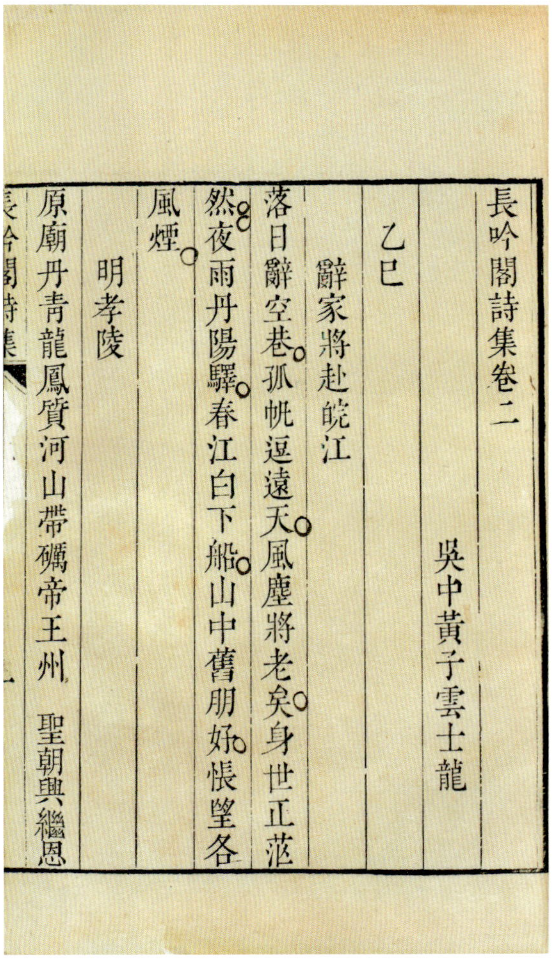
長吟閣詩集卷二
吳中黃子雲士龍
乙巳
辭家將赴皖江
落日辭空巷孤帆逗遠天風塵將老矣身世正茫
然夜雨丹陽驛春江白下船山中舊朋好悵望各
風煙
明孝陵
原廟丹青龍鳳質河山帶礪帝王州 聖朝興繼恩

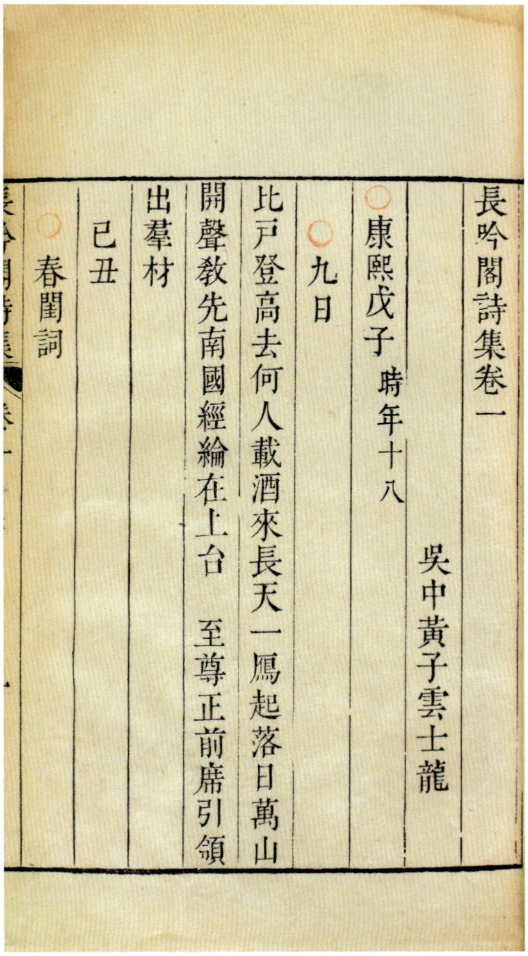
長吟閣詩集卷一
吳中黃子雲士龍
康熙戊子 時年十八
九日
比戶登高去何人載酒來長天一鴈起落日萬山
開聲教先南國經綸在上台 至尊正前席引領
出羣材
己丑
春閨詞

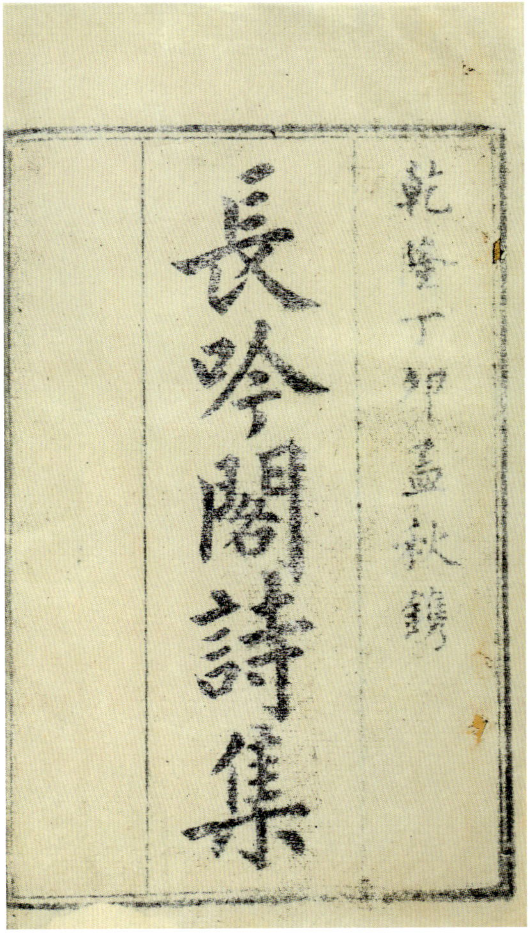
乾隆丁卯孟秋鐫
長吟閣詩集

112 长吟阁诗集八卷

（清）黄子云撰　清乾隆十二年（1747）刻本

Poetry anthology of the Chang Yin Ge, eight volumes
Written by Huang Ziyun from the Qing Dynasty
Block-printed Edition of the 12th year of the Qianlong era of the Qing Dynasty (1747)

线装，版框尺寸18.1×14.1cm，半叶九行，行十九字，白口，左右双边，单黑鱼尾。

首叶钤有一太平天国双龙纹竖长朱文官印，然模糊不清，约略为“天朝大□王忠三年”，极为少见。

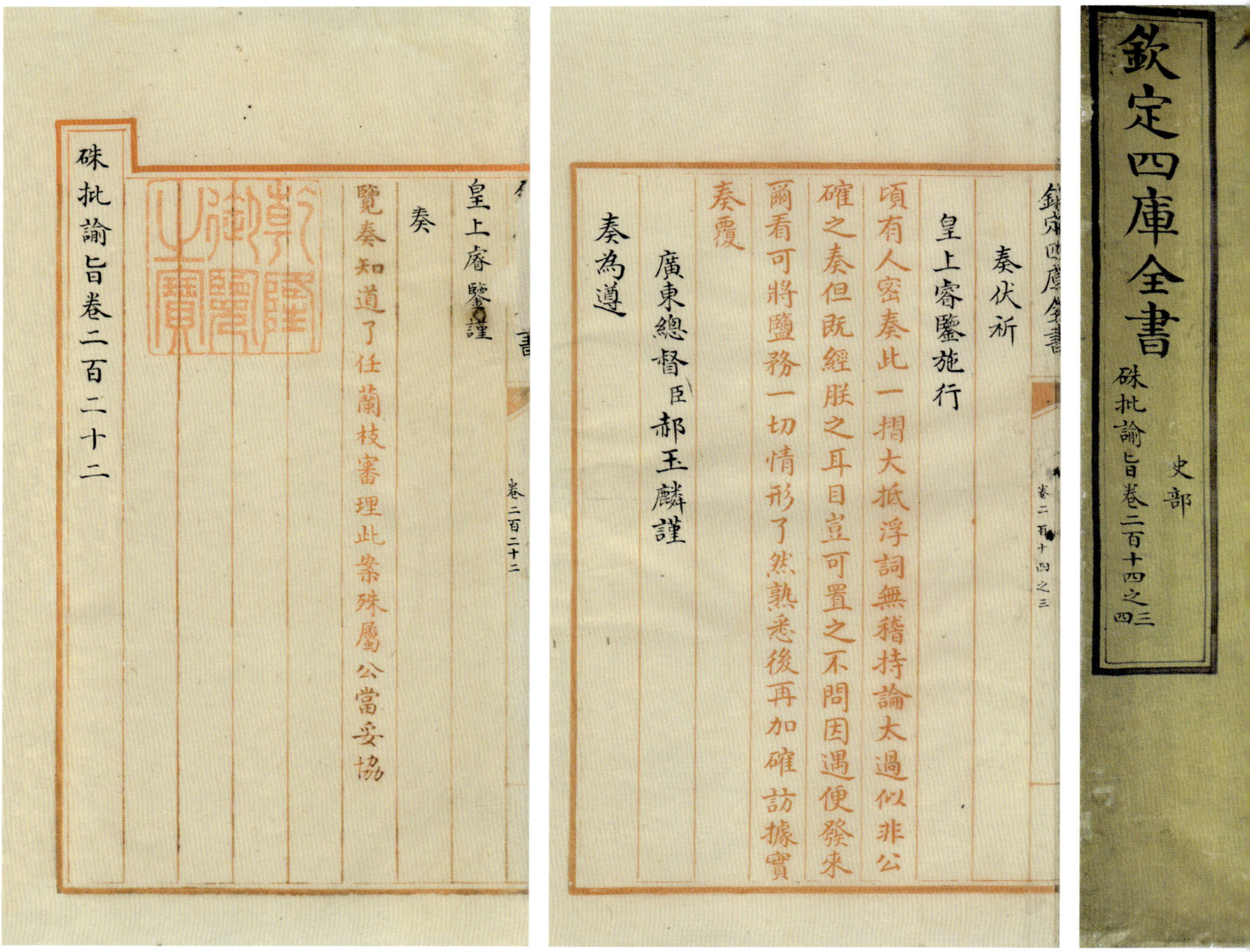

113 硃批谕旨三百六十卷

（清）世宗胤禛撰　清乾隆内府写四库全书本　存六卷（二百十四、二百十八至二百二十二）

Imperial edicts in red ink, three hundred sixty volumes

Written by emperor Yin Zhen of the Qing Dynasty

Official transcription by the Qianlong government of the Qing Dynasty (1736-1795)

Six volume collection (No. 214, 218-222)

包背装，版框尺寸20.8×14.1cm，半叶八行，行二十一字，白口，四周双边，单红鱼尾。

绢制包面，书衣有墨书“钦定四库全书　史部　硃批谕旨卷二百十四之三、四”“钦定四库全书　史部　硃批谕旨卷二百十八下至二百二十二”。所用抄纸系手绘朱丝栏开化榜纸，版心上有墨笔手书“钦定四库全书”，全书朱、墨双笔工写。每册首叶有“古稀天子之宝”白文方印，末叶有“乾隆御览之宝”朱文方印，卷后护叶下有墨书“总校官编修臣吴裕德、侍读学士臣玉保、校对监生臣郑槐”。清乾隆三十年（一说三十八年），清高宗下谕开馆修撰《四库全书》，至四十七年（1782），第一部书基本告成。后又陆续分抄数部，并检查全书，撤毁、补充了一些书籍，直至五十八年（1793）才全部完成。《四库全书》编纂告成后，共抄录七部，分贮于文渊阁等七阁。历经劫乱，七部全书中之文源、文宗、文汇本藏书，已全部毁于战火。我馆所藏二册，虽为零本，且不知为何阁所出，然片笺只字，亦足珍贵。

欽定四庫全書

硃批諭旨卷二百十四之三

硃批郝玉麟奏摺

雍正七年十二月二十七日廣東總督臣郝玉麟

署巡撫臣傅泰謹

奏為遵

旨查奏事竊臣等蒙

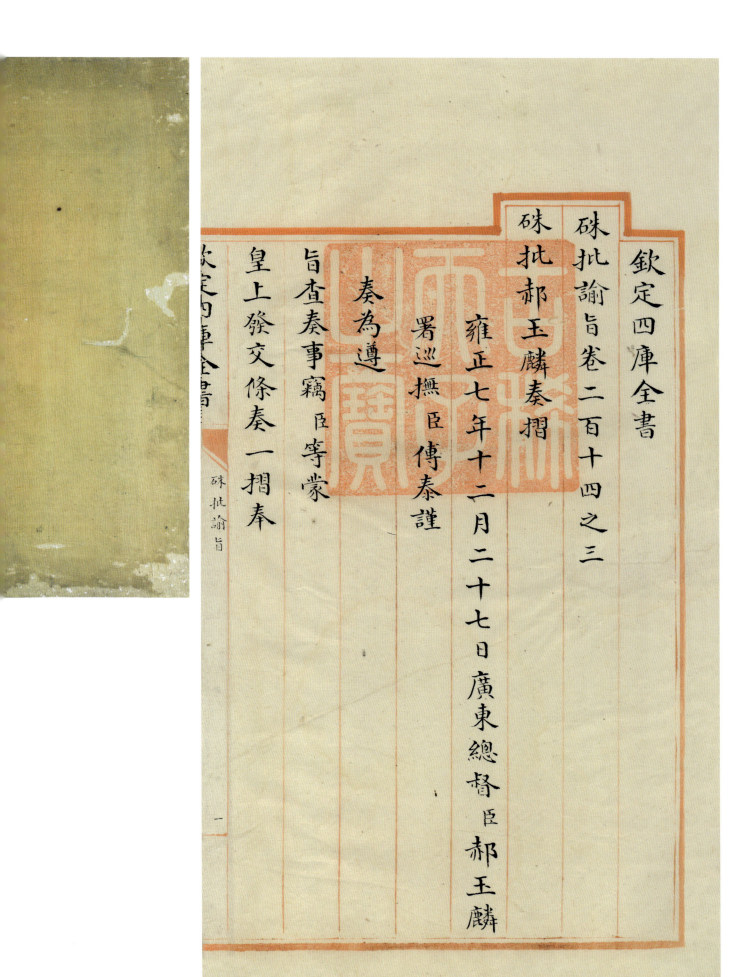

皇上發交條奏一摺奉

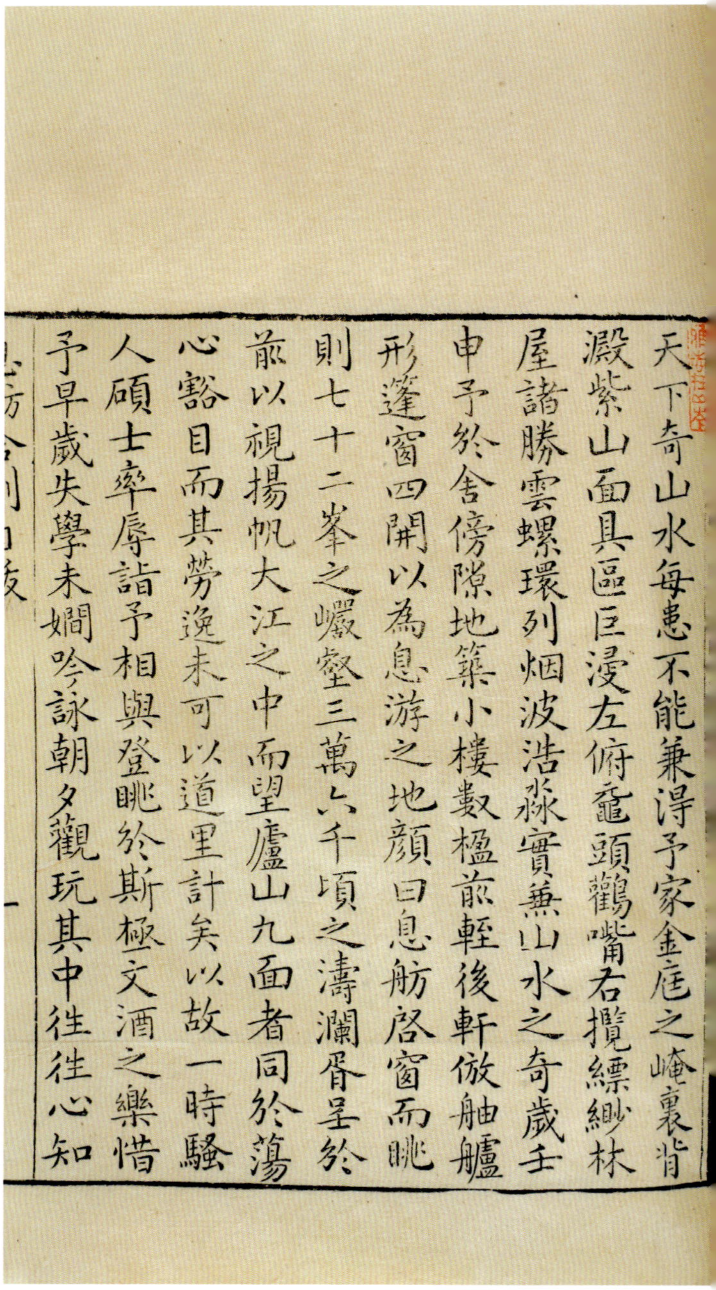
天下奇山水每患不能兼得予家金庭之崦裏背
澱紫山面具區巨浸左俯黿頭鸛嘴右攬縹緲林
屋諸勝雲螺環列烟波浩淼實兼山水之奇歲壬
申予於舍傍隙地築小樓數楹前輕後軒倣舳艫
形蓬窗四開以為息游之地顏曰息舫啟窗而眺
則七十二峯之巉壑三萬六千頃之濤瀾胥呈於
前以視揚帆大江之中而望廬山九面者同於蕩
心豁目而其勞逸未可以道里計矣以故一時騷
人碩士率辱詣予相與登眺於斯極文酒之樂惜
予早歲失學未嫺吟詠朝夕觀玩其中往往心知

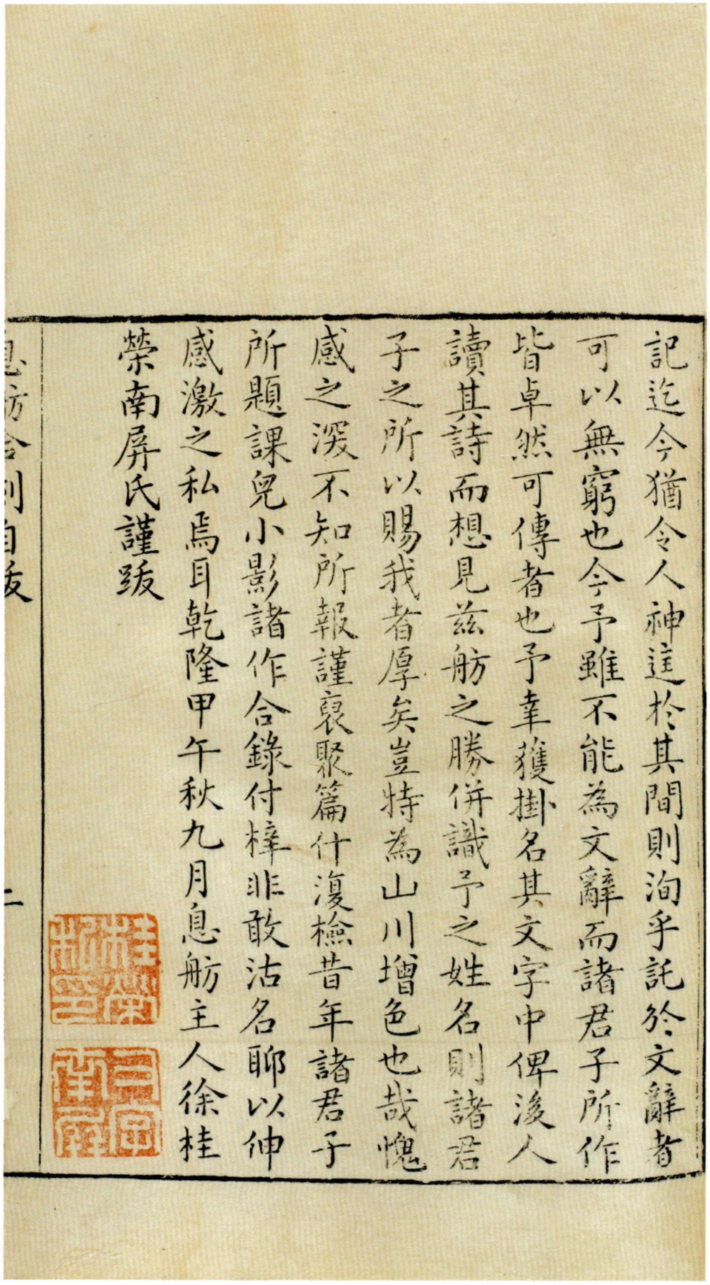
記迄今猶令人神往於其間則洵乎託於文辭者
可以無窮也今予雖不能為文辭而諸君子所作
皆卓然可傳者也予幸獲掛名其文字中俾後人
讀其詩而想見茲舫之勝併識予之姓名則諸君
子之所以賜我者厚矣豈特為山川增色也哉愧
感之深不知所報謹裒聚篇什復檢昔年諸君子
所題課兒小影諸作合錄付梓非敢沽名聊以伸
感激之私焉耳乾隆甲午秋九月息舫主人徐桂
榮南屏氏謹䟦

114 息舫合刻不分卷

（清）张士俊、叶苞选　清乾隆三十九年（1774）西山徐桂荣刻本

Poetry anthology (Xi Fang He Ke)

Compiled by Zhang Shijun and Ye Bao from the Qing Dynasty

Block-printed Edition of the 39th year of the Qianlong era of the Qing Dynasty (1774)

线装，版框尺寸18.2×14.3cm，半叶十行，行十九字，白口，左右双边，单黑鱼尾。

书中钤“桂荣私印”白文方印、“又字南屏”白文方印。

息舫園題詠

王西莊先生鑒定　林屋張士俊鏡曜氏同選

硯耕徐　柱良史氏校録

金　輅

息舫記

包山之景為江南絶勝其幽隱朗暢險峻奇突不可方物崦西徐氏南屏主人世居澱紫山之麓于其宅之南傍滁山構別墅中建一閣收東面湖山之勝濵以邃于南北迺作舟之形頭向南鑿池壘石植雜艸為消遣具升其閣林屋龜山瞭然可指

息舫課讀圖題咏

王西莊先生鑒定　楓洲葉　苞　選

硯耕徐　柱良史校録

序

沈德潛　歸愚

徐君息舫繪課讀圖介予又求序發函披圖恍如晤對予固未識其人而知其有得於心大遠乎流俗之士也君居洞庭之西山有林泉之樂家故饒裕喜蓄書搆小園一區為郎君輩讀書遊息之地繪圖志所樂也憶予辛未夏訪同年生少詹蔡公

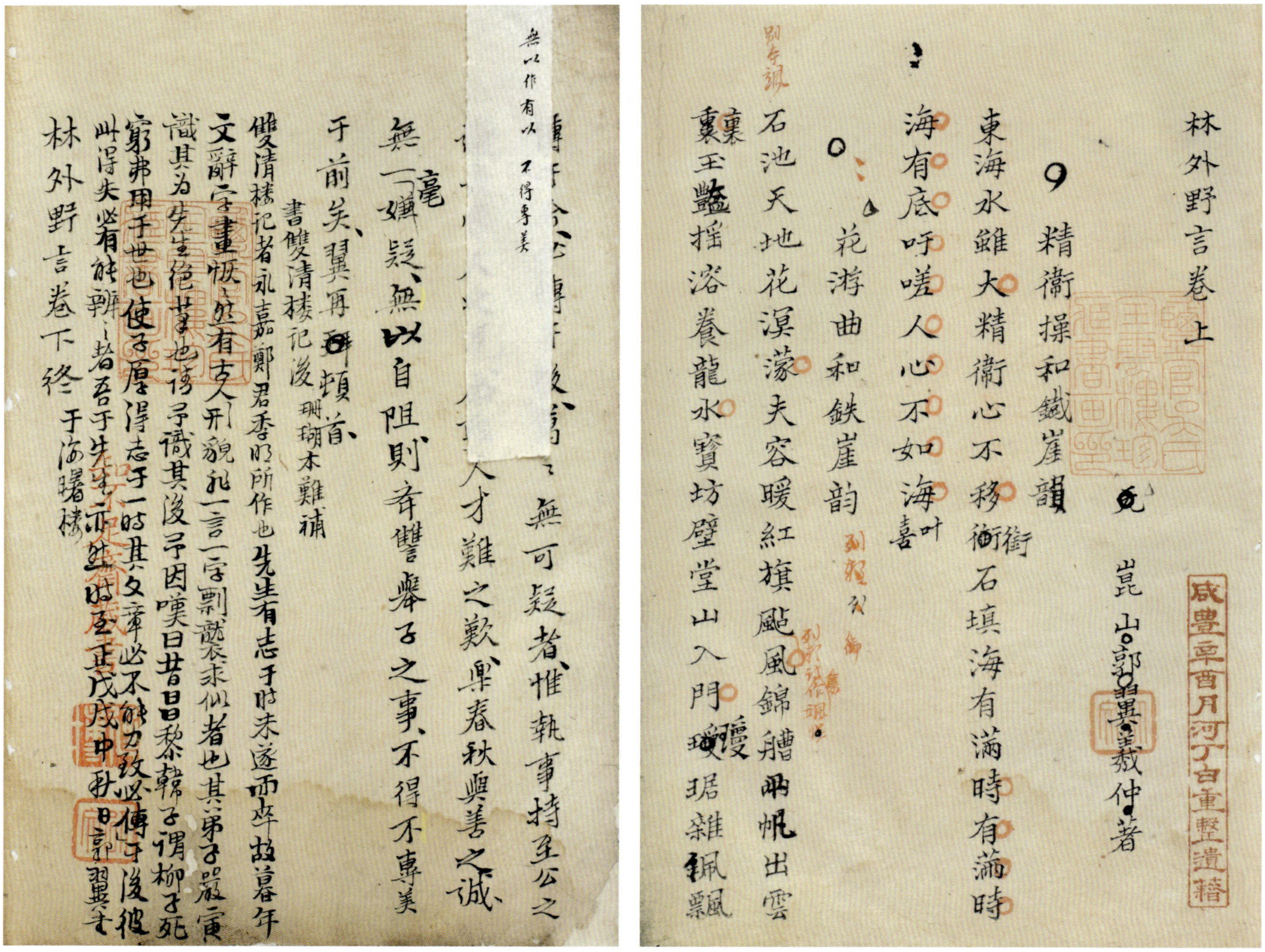

115 林外野言二卷

（元）郭翼撰　清乾隆抄本　清鲍廷博、劳格批校　丁祖荫批

Poetry anthology (Lin Wai Ye Yan), two volumes

Written by Guo Yi from the Yuan Dynasty

Transcription, the Qianlong era of the Qing Dynasty (1736-1795)

Annotated by Bao Tingbo, Lao Ge and Ding Zuyin from the Qing Dynasty

线装，开本26.9×17.3cm，半叶八行，行二十字，小字双行不等。

此为鲍廷博朱、墨、黄三笔批校本，又有清劳格墨笔批校，清丁祖荫纸条夹批。卷前抄录元至正十一年（1351）冬十二月杨维祯序。序后有劳格蝇头小楷墨识，卷上末叶有乾隆三十二年（1767）鲍廷博墨识，卷后护叶有丁祖荫墨跋。书中钤“善封”朱文方印、“知不足斋藏书”朱文竖长印、“鲍氏收藏”朱文方印、“手抄积万卷数世之苦心流落不知处壁出丝竹音”朱文方印、“盐官吴氏宝云楼珍藏书画印”朱文竖长印、“咸丰辛酉月河丁白重整遗籍”朱文竖长印、“以文”朱文方印、“廷博”白文方印。

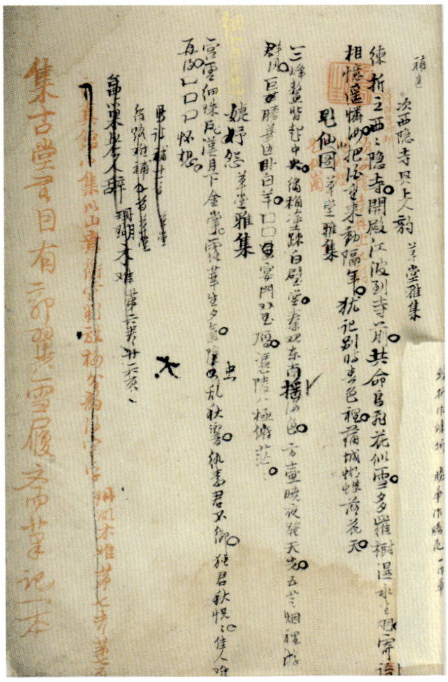

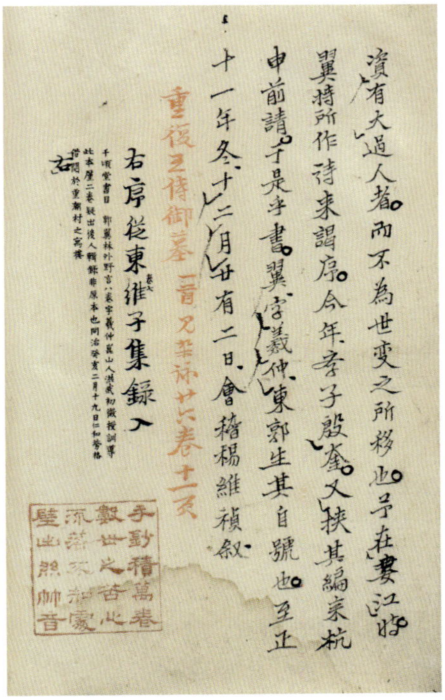
資有大過人者，而不為世變之所移也。予在婁江時，翼持所作詩來謁序。今年李子殷奎文挾其編來杭，申前請。予是乎書。翼字羲仲，東郭生其自號也。至正十一年冬十二月有二日，會稽楊維禎敘

右序從東維子集錄入

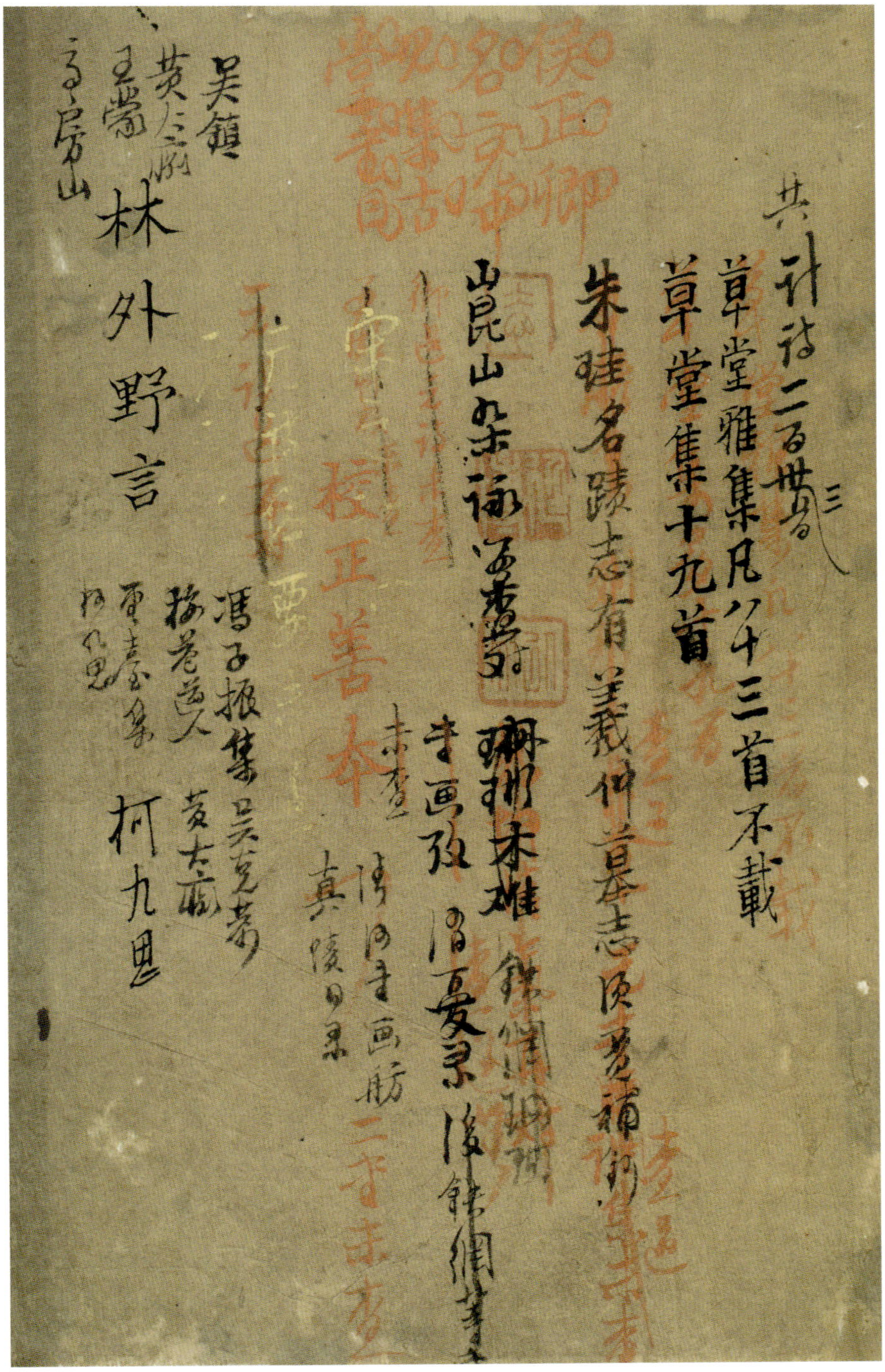

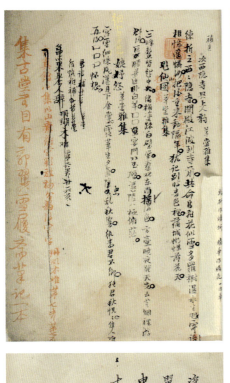

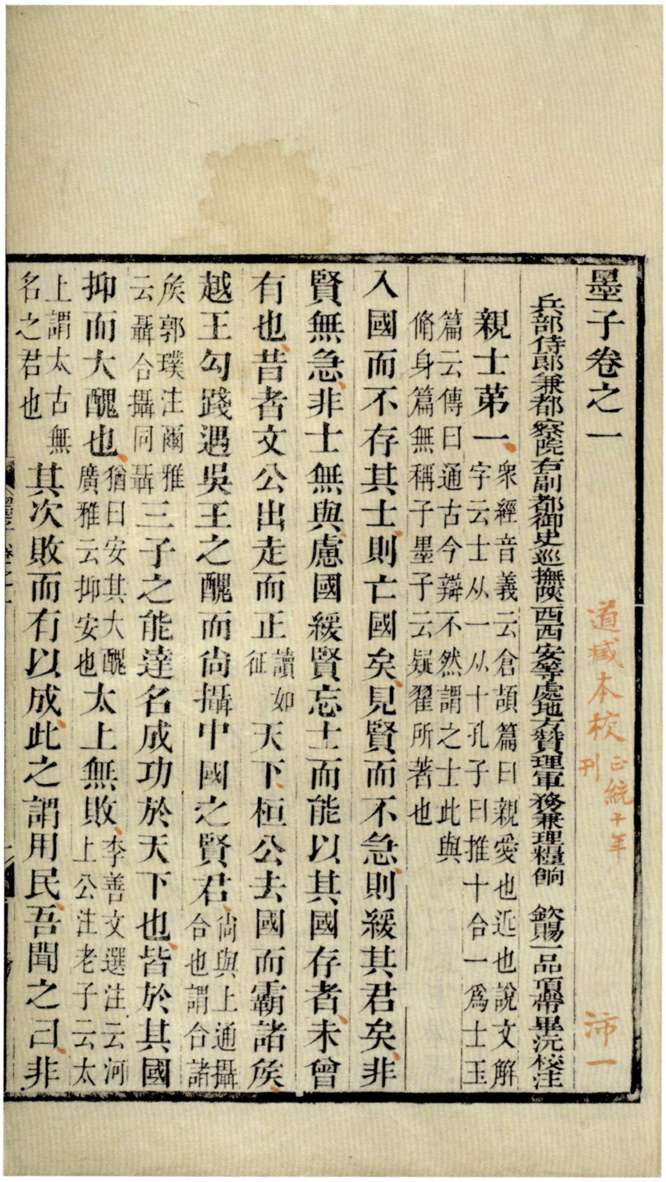

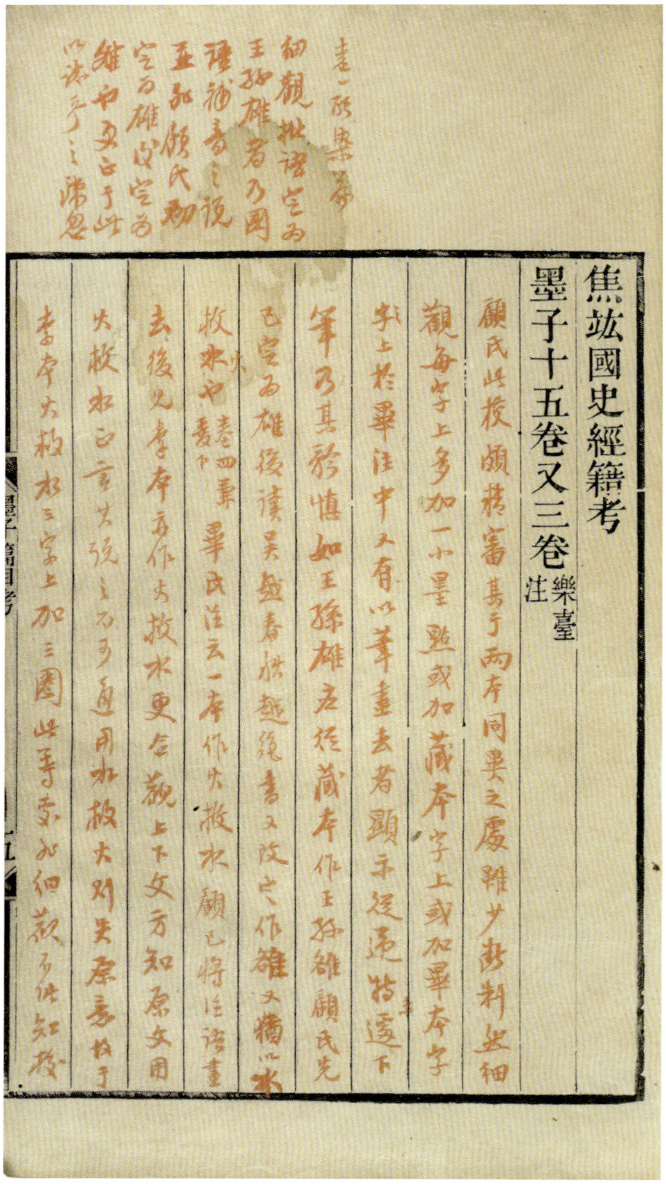

116 墨子十六卷

（清）毕沅校注　清乾隆四十九年（1784）毕氏灵岩山馆刻经训堂丛书本　顾广圻校　罗振常题跋并录许宗彦校

Mo-zi Sayings, sixteen volumes

Annotated by Bi Yuan from the Qing Dynasty

Block-printed Edition of the 49th year of the Qianlong era of the Qing Dynasty (1784)

Collated by Gu Guangqi

线装，版框尺寸19.1×14.4cm，半叶十一行，行二十二字，小字双行同，黑口，四周单边，单黑鱼尾。

此本为顾广圻所校，弥足珍贵。书中钤“邈园”白文方印、“罗振常读书记”朱文竖长印、“顽夫”白文方印。

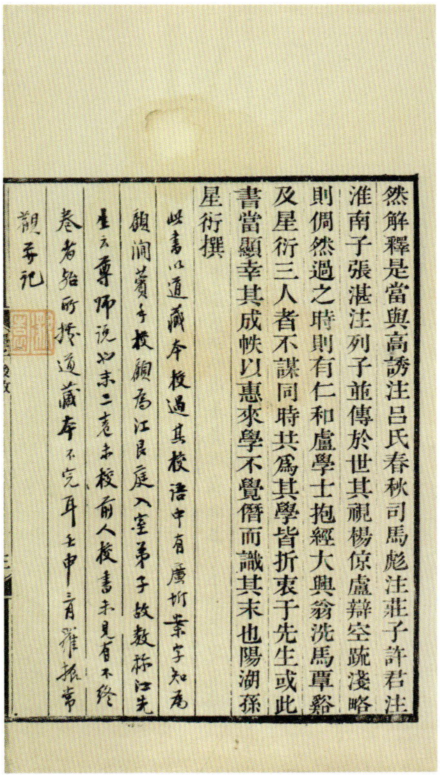
然解釋是當與高誘注吕氏春秋司馬彪注莊子許君注
淮南子張湛注列子並傳於世其視楊倞盧辯空疏淺略
則倜然過之時則有仁和盧學士抱經大興翁洗馬覃谿
及星衍三人者不謀同時共爲其學皆折衷于先生或此
書當顯幸其成帙以惠來學不覺僭而識其末也陽湖孫
星衍撰
此書以道藏本校過其校語中有廣圻案字知爲
顧澗薲手校顧爲江艮庭入室弟子故數稱江先
生之尊師說也末二卷未校前人校書未見有不終
卷者殆所據道藏本不完耳壬申二月羅振常
觀并記

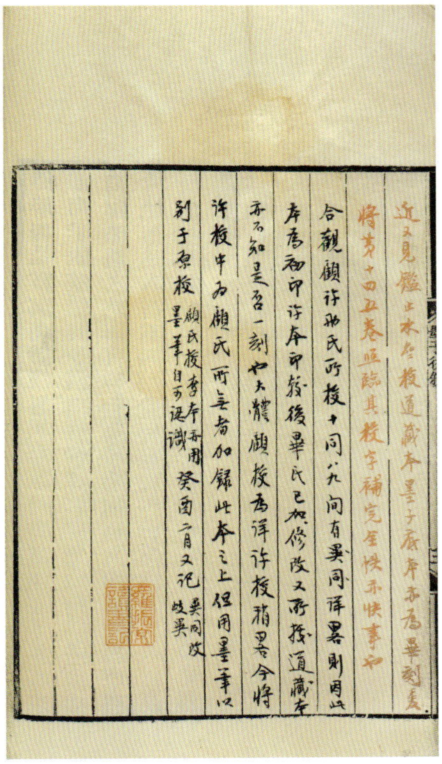
近又見鑑止水齋校道藏本墨子底本亦爲畢刻表
將第十四五卷照臨其校字補完甚快亦快事也
合觀顧許兩氏所校十同八九間有異同詳略則因此
本爲初印許本印於後畢氏已加修改又所據道藏本
亦不知是否一刻也大體顧校爲詳許校稍略今將
許校中爲顧氏所無者加録此本之上但用墨筆以
别于原校 顧氏校本亦用墨筆自易混識 癸酉二月又記 異同改歧異

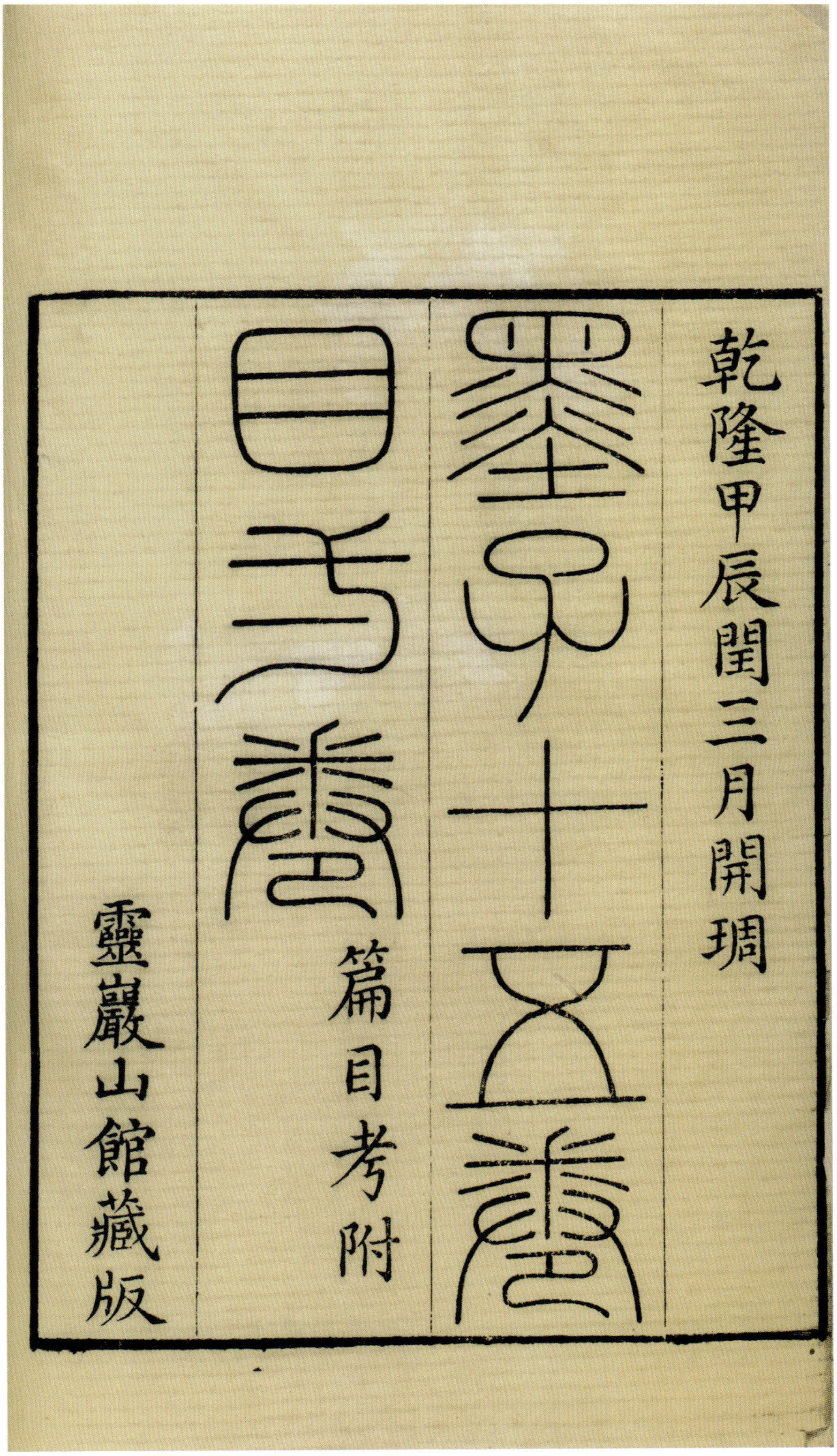
乾隆甲辰閏三月開雕
墨子十五卷
目一卷
篇目考附
靈巖山館藏版

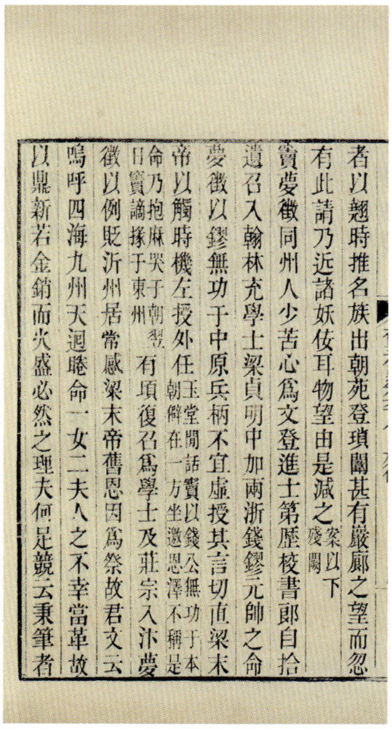

者以翹時推名族出朝苑登瑣闥甚有巖廊之望而忽
有此請乃近諸妖佞耳物望由是減之 案以下殘闕
竇夢徵同州人少苦心爲文登進士第歷校書郎自拾
遺召入翰林充學士梁貞明中加兩浙錢鏐元帥之命
夢徵以鏐無功于中原兵柄不宜虛授其言切直梁末
帝以觸時機左授外任 玉堂閒話竇以錢公無功于本朝僻在一方坐邀恩澤不稱是命乃抱麻哭于朝堂日竇謫掾于東州
有頃復召爲學士及莊宗入汴夢
徵以例貶沂州居常感梁末帝舊恩因爲祭故君文云
嗚呼四海九州天迴睠命一女二夫人之不幸當革故
以鼎新若金銷而火盛必然之理夫何足競云秉筆者

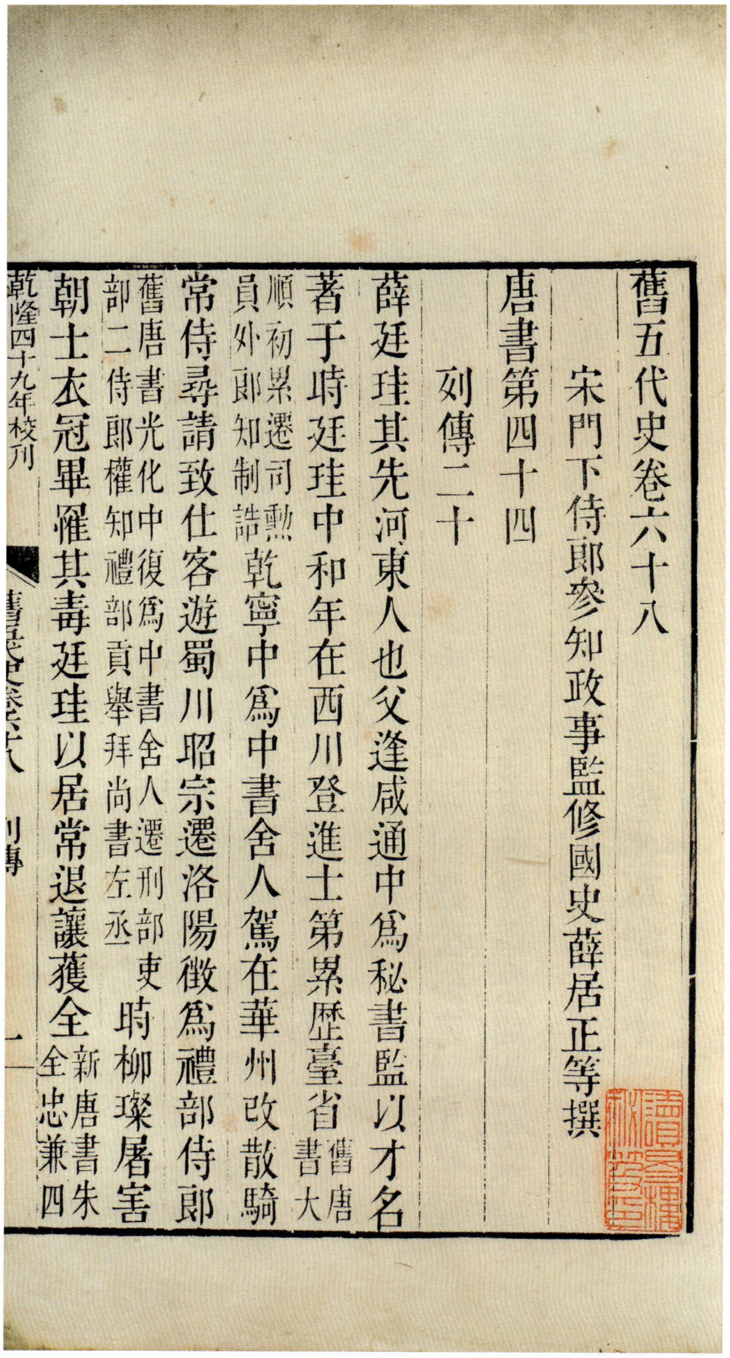

舊五代史卷六十八
宋門下侍郎參知政事監修國史薛居正等撰
唐書第四十四
列傳二十
薛廷珪其先河東人也父逢咸通中爲秘書監以才名
著于時廷珪中和年在西川登進士第累歷臺省 舊唐書大順初累遷司勳員外郎知制誥
乾寧中爲中書舍人駕在華州改散騎
常侍尋請致仕客遊蜀川昭宗遷洛陽徵爲禮部侍郎
舊唐書光化中復爲中書舍人遷刑部吏部二侍郎權知禮部貢舉拜尚書左丞 時柳璨陷害
朝士衣冠畢罹其毒廷珪以居常退讓獲全 新唐書朱全忠兼四

乾隆四十九年校刊

舊五代史卷六十八 列傳 一

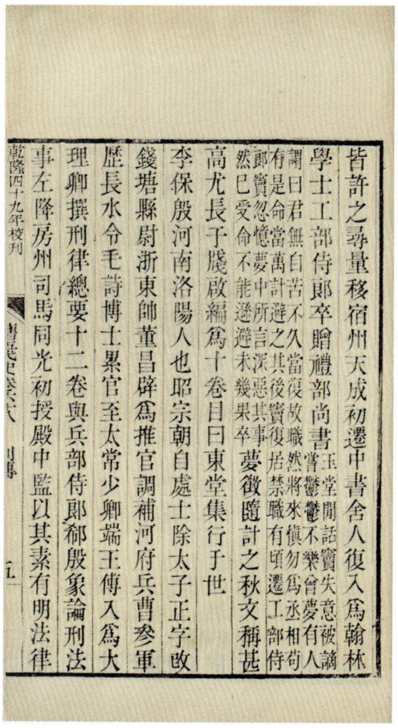

皆許之尋量移宿州天成初遷中書舍人復入爲翰林
學士工部侍郎卒贈禮部尚書 玉堂閒話竇失意被譴嘗鬱鬱不樂曾夢有人謂曰君無自苦不久當復故職然將來愼勿爲丞相苟有是命當萬計避之其後竇復居禁職有頃遷工部侍郎竇忽憶夢中所言深惡其事然已受命不能避避未幾果卒 夢徵隨計之秋文稱甚
高尤長于牋啟編爲十卷目曰東堂集行于世
李保殷河南洛陽人也昭宗朝自處士除太子正字改
錢塘縣尉浙東帥董昌辟爲推官調補河府兵曹參軍
歷長水令毛詩博士累官至太常少卿端王傅入爲大
理卿撰刑律總要十二卷與兵部侍郎郗殷象論刑法
事左降房州司馬同光初授殿中監以其素有明法律

乾隆四十九年校刊

舊五代史卷六十八 列傳 五

117 旧五代史一百五十卷目录二卷

（宋）薛居正等撰　（清）晋涵等辑　清乾隆四十九年（1784）武英殿校刊聚珍木活字本　存八十三卷（六十八至一百五十）

History of Five Dynasties by Xue, one hundred fifty volumes; The catalogue, two volumes
Written by Xue Juzheng from the Song Dynasty
Compiled by Shao Jinhan from the Qing Dynasty
Typography imperial Edition of the 49th year of the Qianlong era of the Qing Dynasty (1784)
Eighty three volumes collection (No. 68-150)

线装，版框尺寸21.6×15.3cm，半叶十行，行二十一字，小字双行同，白口，左右双边，单黑鱼尾。

首册原书衣近书脑处有“殿板旧五代史卷…”，书口上有“乾隆四十九年校刊”，每卷后均附《考证》。书中有“读易楼秘笈印”朱文竖长印。清乾隆开馆纂修《四库全书》，命馆臣从辑录《永乐大典》及各省进呈书中，择其罕见之书校正刊行。由户部侍郎金简负责。简以枣木制活字二十五万余，用以排印，力省功多。乾隆因活字之名不雅，改名“聚珍版”。凡排印之书，首页首行之下有“武英殿聚珍版”六字，世称武英殿聚珍版书。此种系木活字排印本，亦即武英殿聚珍版，与民间所刊活字版本相比，殿版书刻印更为精美严谨。

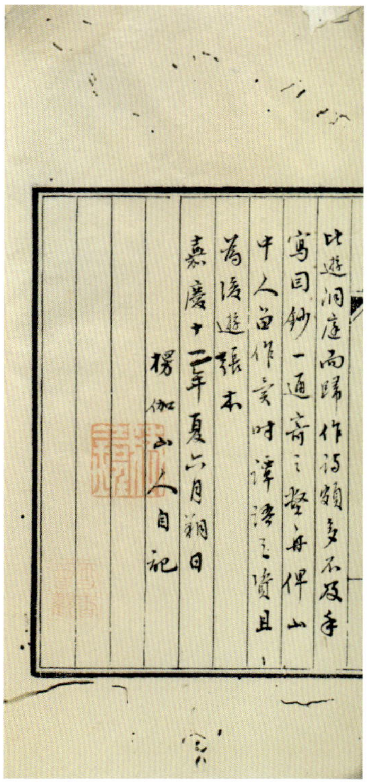

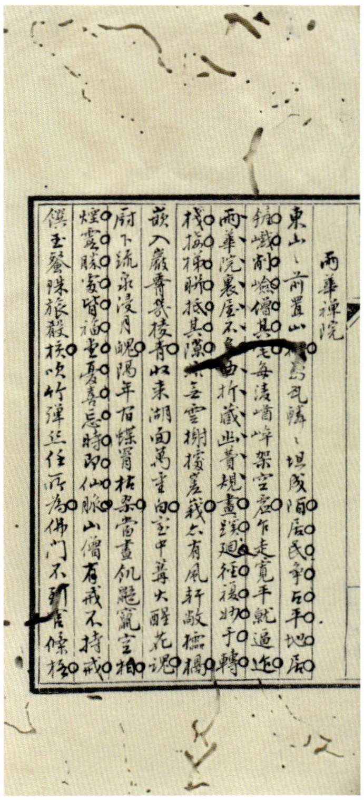

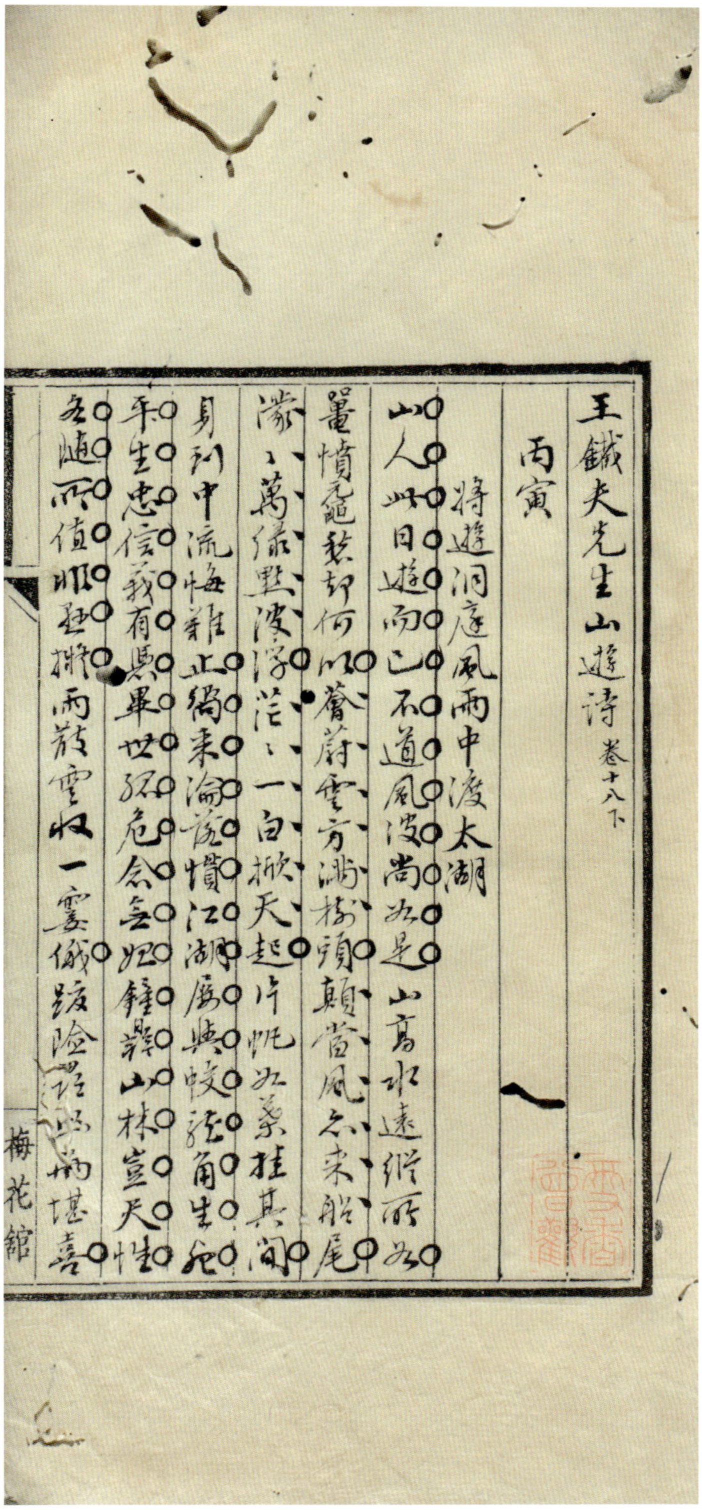

118 王铁夫先生山游诗□□卷

（清）王芑孙撰　稿本　存一卷（十八下）

Travelling poems of Mr. Wang Tiefu

Written by Wang Qisun from the Qing Dynasty

Manuscript

线装，版框尺寸15.7×10.9cm，半叶九行，行二十一字，小字双行同，黑口，四周双边，单黑鱼尾。

书中钤“老铁”白文方印、“雪香曾观”朱文方印。

王芑孙（1755–1817），字念丰，号德甫，一号惕甫、铁夫、楞伽山人，长洲人。乾隆三十五年（1788）召试举人。肆力于古诗文，诗最工五古，尤以书名世，仿于刘墉。

国家珍贵古籍名录号09329。

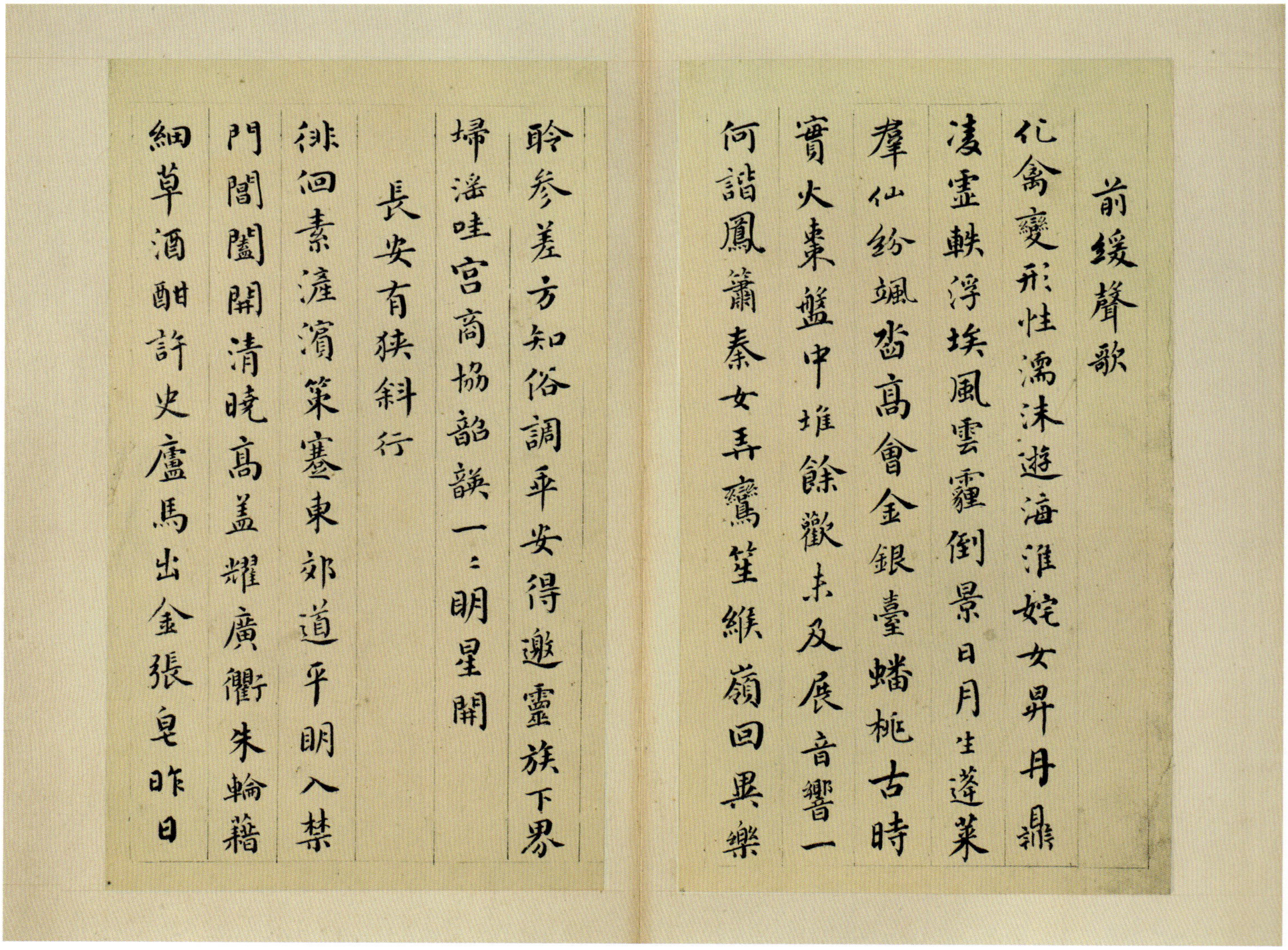

前緩聲歌

化禽變形性濡沫遊海淮姹女昇丹鼎凌霊軼浮埃風雲霾倒景日月生蓬萊羣仙紛颯沓高會金銀臺蟠桃古時實火棗盤中堆餘歡未及展音響一何諧鳳簫秦女弄鸞笙緱嶺回異樂聆參差方知俗調乎安得邀靈旗下界埽滛哇宮商協韶韺一一明星開

長安有狹斜行

徘徊素滻濱策蹇東郊道平明入禁門閶闔開清曉高蓋耀廣衢朱輪藉細草酒酣許史盧馬出金張皂昨日

119 诗册不分卷

（清）陆燿撰　稿本

Poem Album

Written by Lu Yao from the Qing Dynasty

Manuscript

经折装，版框尺寸23.2×14.6cm，半叶六行，行字数不等，小字双行不等。

陆燿（1723—1785），字青来，一字郎甫，吴江芦墟人，乾隆十七年（1752）举人，工诗文兼长书画，精分隶书。水墨山水落落有大家风，冯金伯、王学浩皆极称之。

陸燿字青來號朗甫吳縣籍居吳江之蘆區乾隆壬申舉
順天孝廉旋中明通榜得官中書仕至河南巡撫水墨山水
落落大方善書工詩文歎至行毋病六年不釋衣律身嚴
正居官廉能有守門無私謁曾爲山東運河道濬兗泰
二府泉渠得泉四百七十有八得以灌田又閘月河脩
河渠志壽張王倫煽亂河督姚立德統兵往勦城内空虛
或議閉城門燿曰不可示之以弱且鄉民入城者衆何忍
拒之乃自坐城堙彈壓稽查又募鄉勇守禦賊偵有備
不敢南向其惠愛桑梓如創建江震會館爲有體用之
學自經術及星緯輿地名物靡不研究乾隆時卒年六
十有三崇祀名宦鄉賢著切問齋集朗甫詩編大學合
鈔運河備覽濟南信讞
體字下落有字

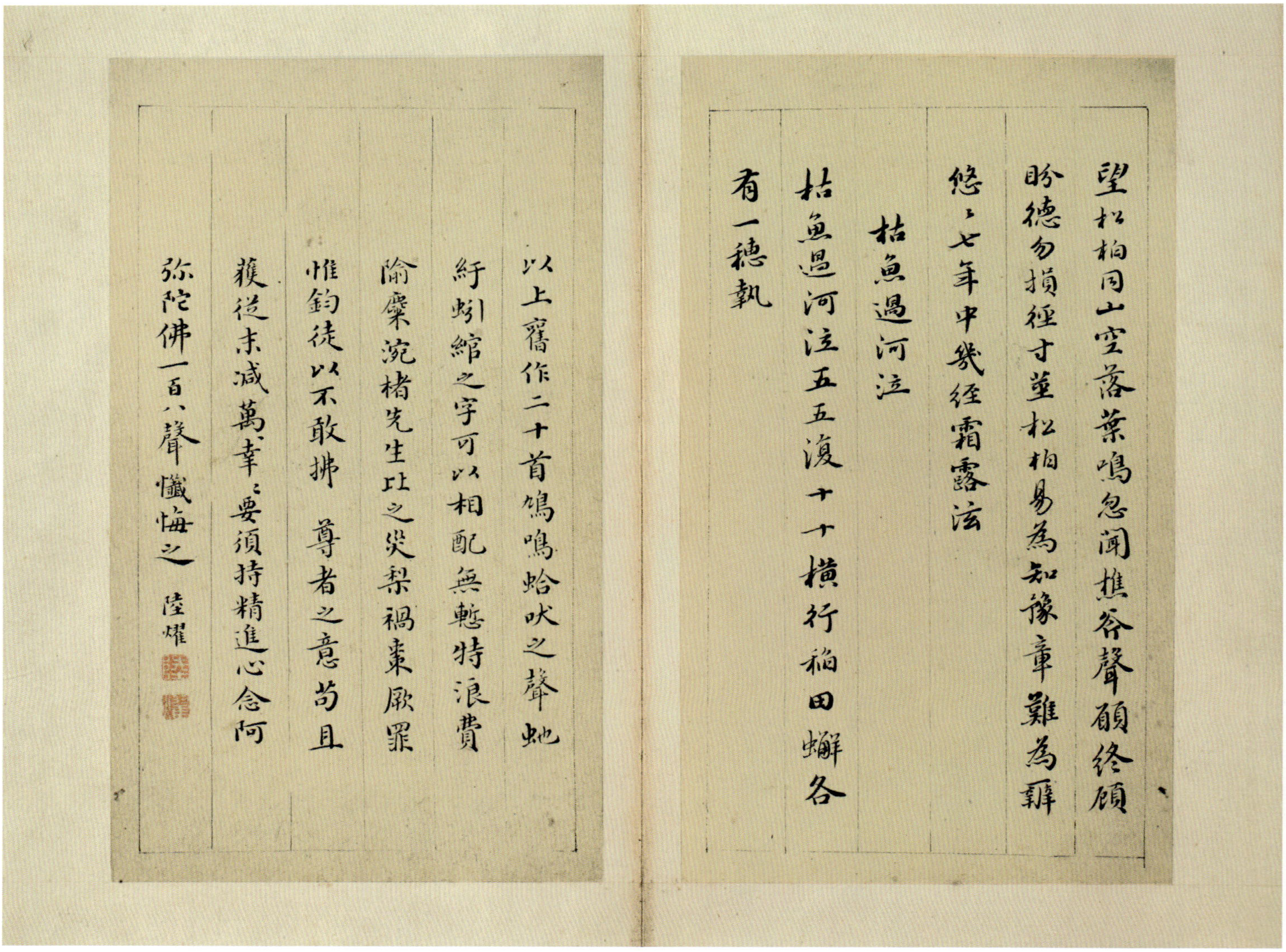
望松柏同山空落葉鳴忽聞樵斧聲頓終傾
盼德勿損徑寸莖松柏易為知豫章難為鞞
悠悠七年中幾經霜露泫
枯魚過河泣
枯魚過河泣五五復十十橫行稻田蟹各
有一穗執
以上舊作二十首鳩鳴蛤吠之聲虵
紆蚓綰之字可以相配無甚特浪費
隃麋涴楮先生比之災梨禍棗厥罪
惟鈞徒以不敢拂　尊者之意苟且
獲從未減萬萬幸幸要須持精進心念阿
弥陀佛一百八聲懺悔之
陸燿

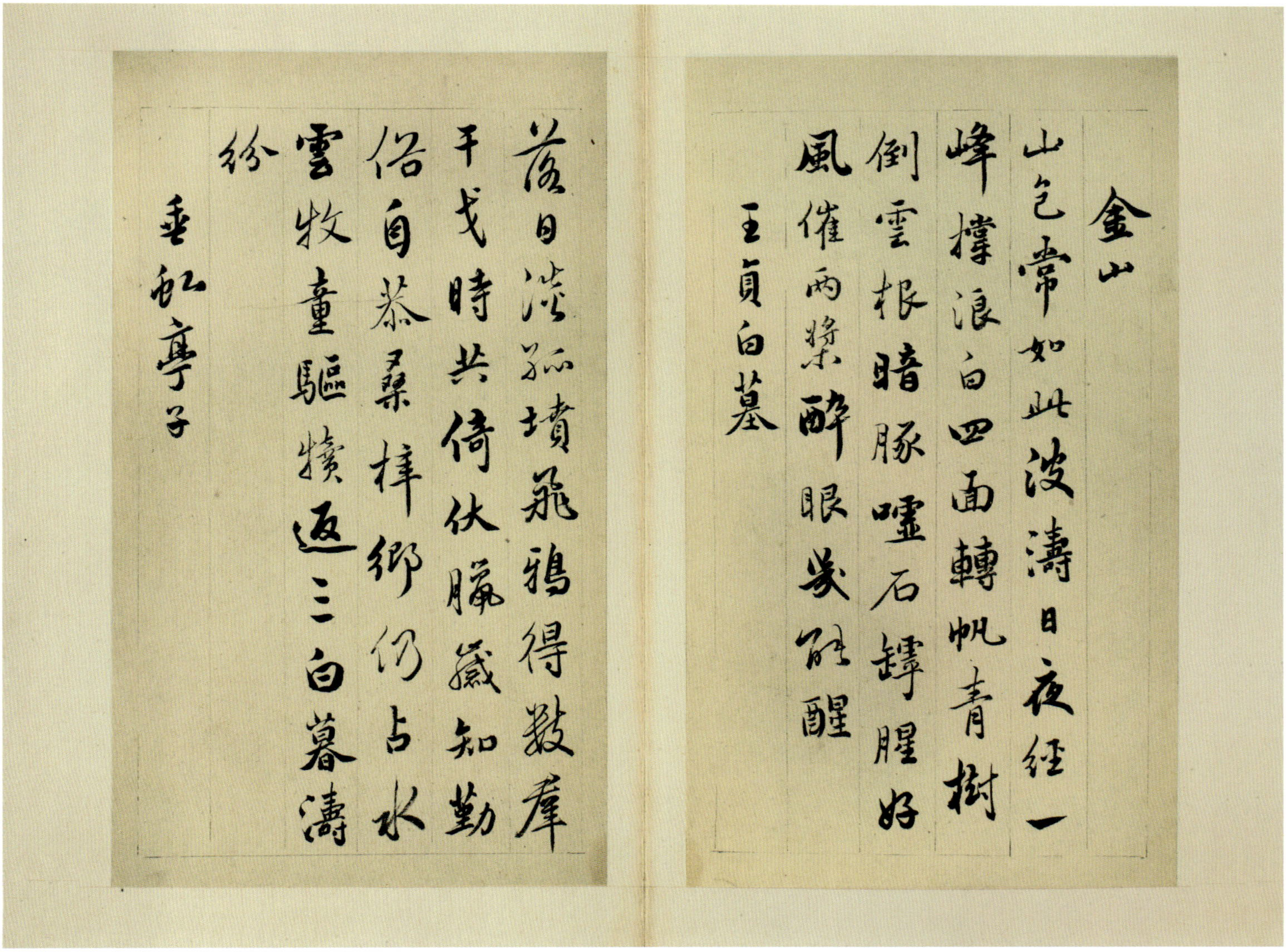

金山

山色常如此，波濤日夜經。一峰撐浪白，四面轉帆青。樹倒雲根暗，豚噓石鐔腥。好風催兩槳，醉眼幾時醒。

王貞白摹

落日淡孤墳，飛鴉得數羣。干戈時共倚，伏臘識知勤。俗自茶桑樸，鄉仍占水雲。牧童驅犢返，三白暮濤紛。

垂虹亭子

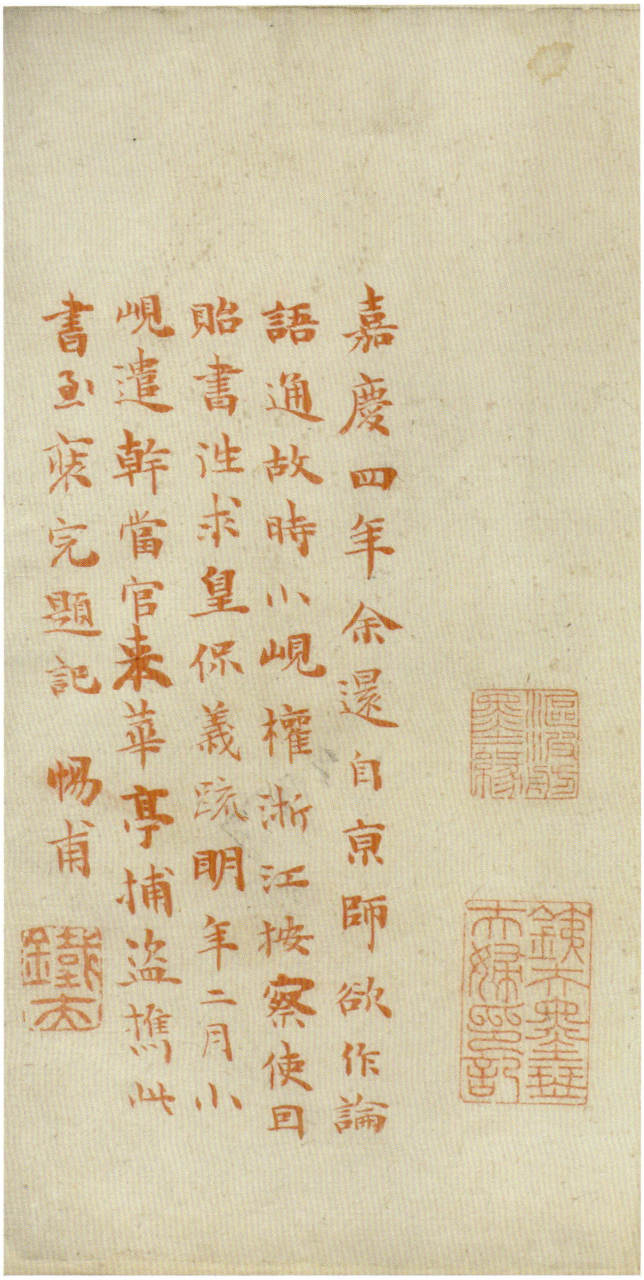
嘉慶四年余還自京師欲作論語通故時以峴權浙江按察使回貽書浼求皇侃義疏明年二月以峴遷幹當官來華亭捕盜攜此書至遂完題記　惕甫

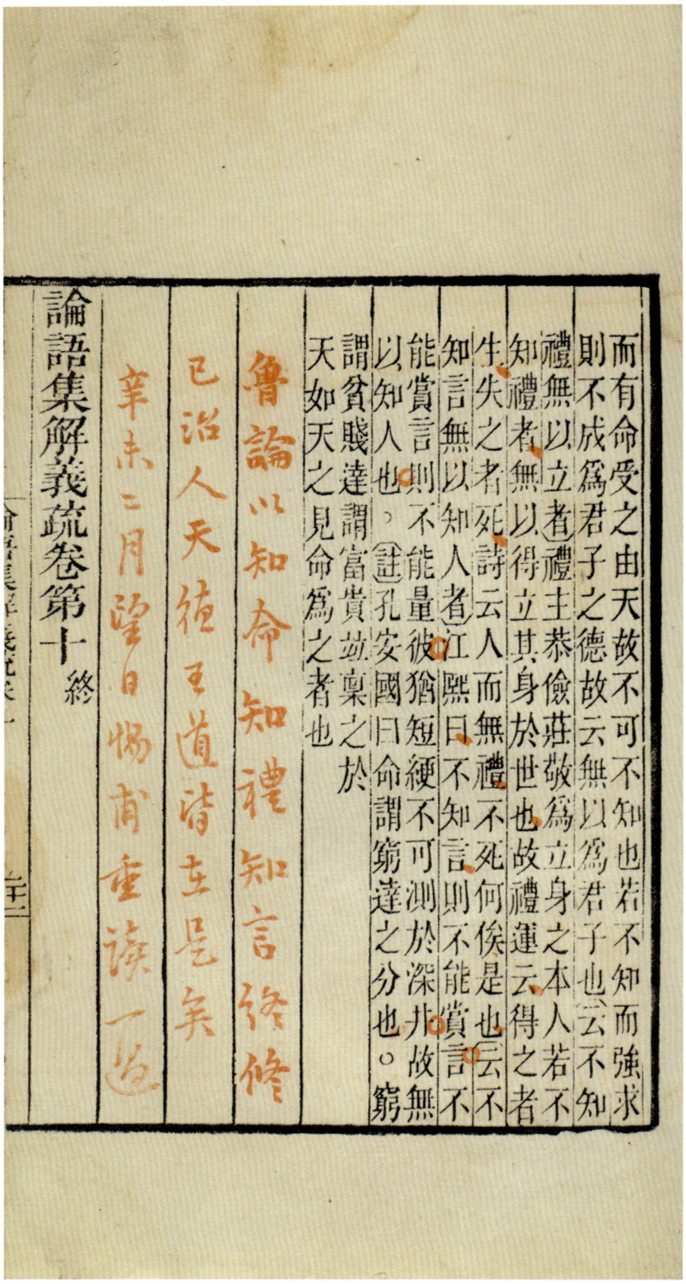
而有命受之由天故不可不知也若不知而強求則不成爲君子之德故云無以爲君子也云不知禮無以立者禮主恭儉莊敬爲立身之本人若不知禮者無以得立其身於世也故禮運云得之者生失之者死詩云人而無禮不死何俟是也云不知言無以知人者江熙曰不知言則不能賞言不能賞言則不能量彼猶短綆不可測於深井故無以知人也　註孔安國曰命謂窮達之分也。窮謂貧賤達謂富貴並稟之於天如天之見命爲之者也

魯論以知命知禮知言終篇
已治人天德王道諸在是矣
辛未二月望日惕甫重讀一過

論語集解義疏卷第十　終

120 论语集解义疏十卷

（魏）何晏集解　（梁）皇侃义疏　清乾隆嘉庆鲍廷博刻知不足斋丛书本　清王芑孙批校并跋　存八卷（一至四、七至十）

Variorum of the Analects of Confucius, ten volumes

Block-printed Edition of the Qianlong and Jiaqing eras of the Qing Dynasty (1736-1820)

Annotated by Wang Qisun from the Qing Dynasty

Eight volumes collection (No. 1-4, 7-10)

线装，版框尺寸13.0×10.0cm，半叶九行，行二十字，小字双行十九字，白口，左右双边。

书中钤“青学斋”朱文竖长印、“铁夫墨琴夫妇印记”朱文竖长印、“沤波舫墨缘”朱文方印、“铁夫”朱文竖长印、“芑孙读”朱文方印、“晋孙”白文方印、“渊雅堂藏书记”朱文方印、“苏州渊雅堂王氏图书”朱文方印、“长洲王芑孙惕甫审定”朱文竖长印、“惕甫经眼”朱文方印、“王铁夫阅过”白文竖长印、“惕甫经眼”朱文竖长印、“惕甫晚岁补读”白文方印、“沤波舫”朱文方印。

国家珍贵古籍名录号03375。

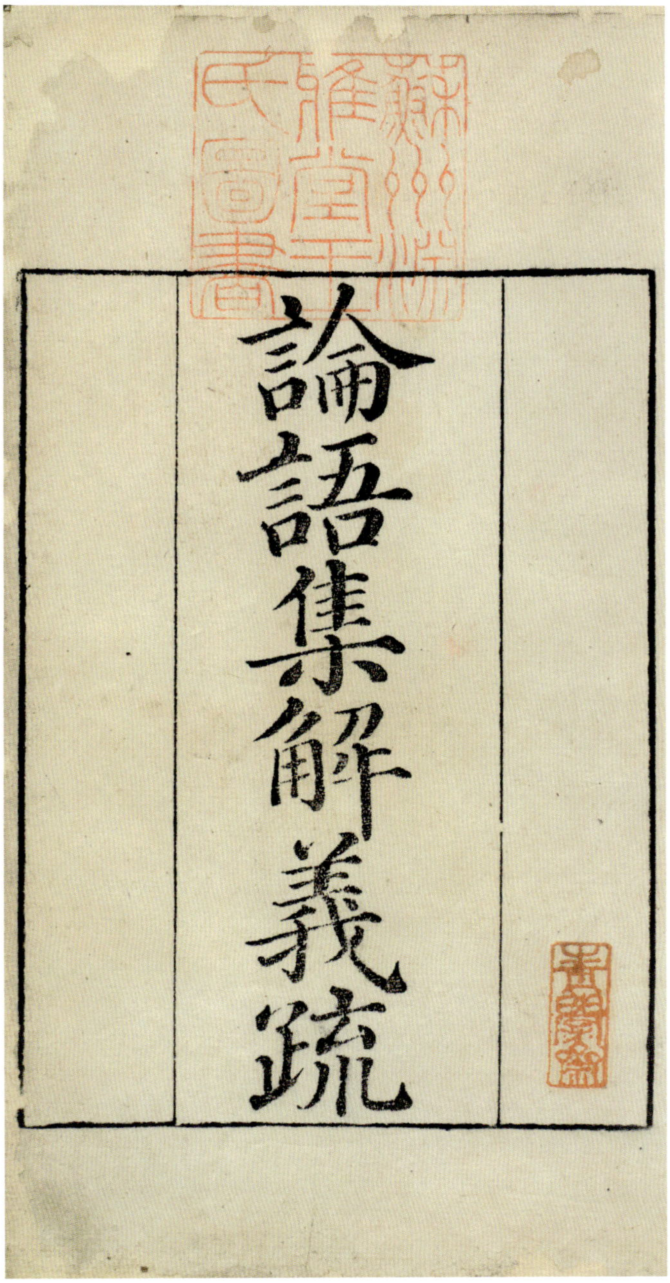

論語集解義疏

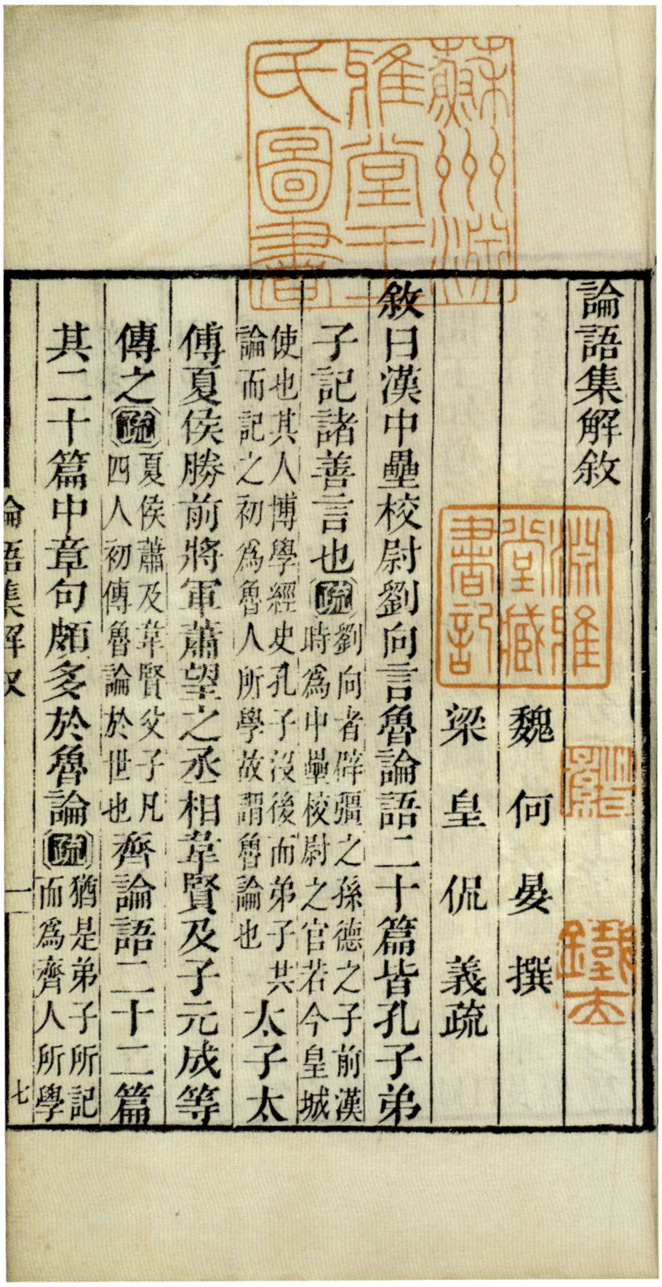

論語集解敘

魏　何晏　撰

梁　皇侃　義疏

敘曰漢中壘校尉劉向言魯論語二十篇皆孔子弟子記諸善言也【疏】劉向者辟彊之孫德之子前漢時爲中壘校尉之官若今皇城使也其人博學經史孔子沒後而弟子共論而記之初爲魯人所學故謂魯論也太子太傅夏侯勝前將軍蕭望之丞相韋賢及子元成等傳之【疏】夏侯蕭及韋賢父子凡四人初傳魯論於世也齊論語二十二篇其二十篇中章句頗多於魯論【疏】猶是弟子所記而爲齊人所學

論語集解敘　一

七

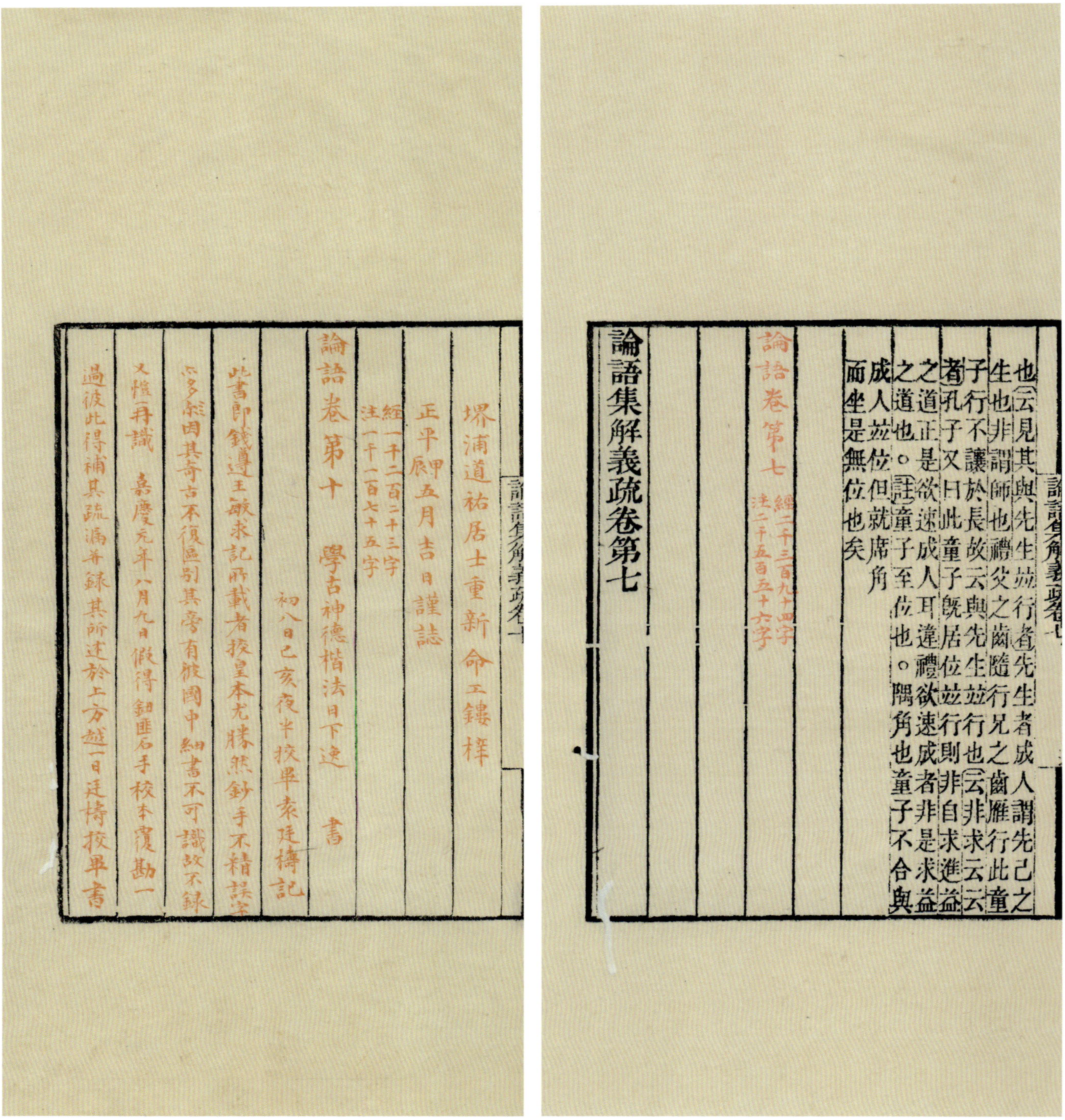

121 论语集解义疏十卷

（魏）何晏集解　（梁）皇侃义疏　清乾隆嘉庆鲍廷博刻知不足斋丛书本　清袁廷梼校跋并录清钮树玉批校　存五卷（六至十）

Variorum of the Analects of Confucius, ten volumes

Annotated by Huang Kan from the Southern and Northern Dynasties

Block-printed Edition of the Qianlong and Jiaqing eras of the Qing Dynasty (1736-1820)

Annotated by Yuan Tingtao from the Qing Dynasty

Eight volumes collection (No. 6-10)

毛装，版框尺寸13.0×10.0cm，半叶九行，行二十字，小字双行十九字，白口，左右双边。

袁廷梼（1763–1809），后更名廷寿，字又恺，又字寿阶、绶阶，吴县人。家饶于赀，藏书万卷，孜孜勘校。与钱大昕、王昶、王鸣盛、江声、段玉裁等硕儒上下议论，订忘年交，与周锡瓒、顾之逵、黄丕烈并号“藏书四友”。

国家珍贵古籍名录号03376。

論語集解義疏卷第六

魏　何晏　集解

梁　皇侃　義疏

何晏集解　凡廿四章

論語先進第十一（疏）先進者此篇明弟子進受業者先後也所以次前者既還教鄉黨則進受業者宜有先後故先進次鄉黨也

子曰先進於禮樂野人也後進於禮樂君子也（註）先進後進謂士先後輩也禮樂因世損益後進與禮樂俱得時之中斯君子矣先進有古風斯野人也

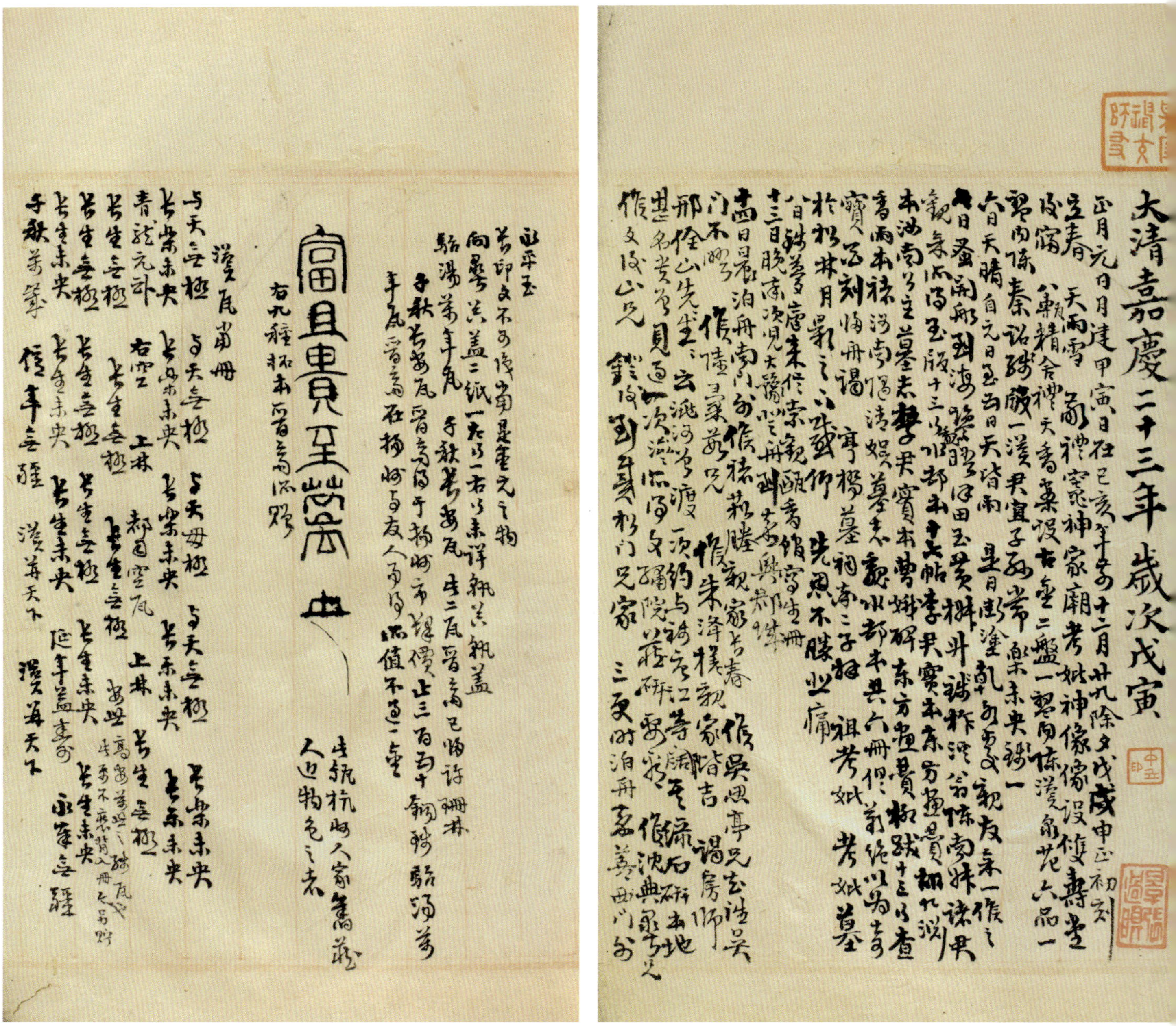

122 张廷济日记不分卷

（清）张廷济撰 稿本　存清嘉庆十三年　二十三年

Diary of Zhang Tingji

Written by Zhang Tingji from the Qing Dynasty (1644-1911)

Manuscript

线装，版框尺寸19.3×14.0cm，半叶十行，行字数不等，小字双行不等，白口，四周双边，单红鱼尾。

书中钤“梅厓神交师友”朱文方印、“复堂审定”白文方印、“景张寓目”朱文竖长印、“景张过眼”朱文竖长印。

张廷济（1768－1848），字叔未，号眉寿老人，浙江嘉兴人，阮元弟子。嘉庆三年（1798）解元，精于金石考古，搜藏甚富。

廿九 除夕

接吳兔床先生信 又寄次文存一部 又查莘耕陳受笙兩信 吳丈有詩

又接兔床先生以第二信

父親廿二大書字 廷肩發出一大書字 作查梅史烏程

作旧河南烏程 作王墻東烏程 作顧春塘 作王野原

作太王子安 公來以前已赴魏宗沈西席矣

方丈[illegible]丈已已元旦[illegible] 湛若太和尚書

意樹心蓮叢沸雲

筆牀書卷賸停雲

湛宗和尚將重建沸雲於先移禪堂于東 以其舊地為割[illegible]之所歸 嘉慶已巳元旦 陳[illegible]

鄭先 收虞趙[illegible]僧

[illegible]

吳兔床先生作

[illegible]

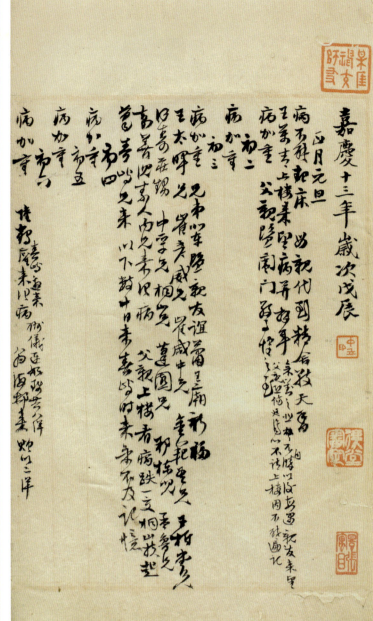

嘉慶十三年歲次戊辰

正月元旦

病不能起床 出拜代到精舍 放天[illegible]

王[illegible]上樓來望病并拜年 [illegible]

病加重 父親隨南門[illegible] 父親[illegible]不讓上樓 因不能遍記

初二

病加重

初三

病加重 [illegible]兄[illegible]親友誼[illegible]

王太[illegible]兄 [illegible]兄 [illegible]成中兄 [illegible]

[illegible] 中字兄 桐[illegible]兄 蔓園兄 [illegible]

[illegible]人兄來視病 父親上樓看病 [illegible]

[illegible]兄來 以下數廿日來[illegible]來客不及記憶

初四

病加重

初五

病加重

初六

病加重

[illegible]來視病 [illegible]

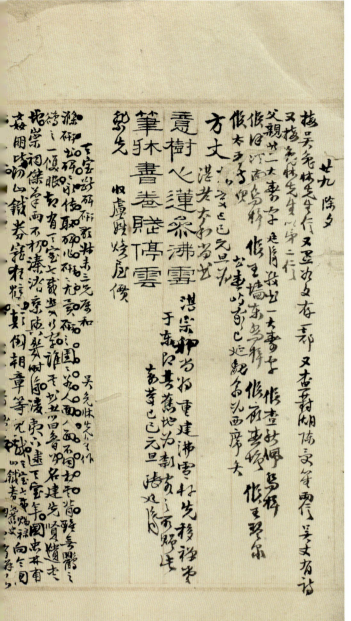

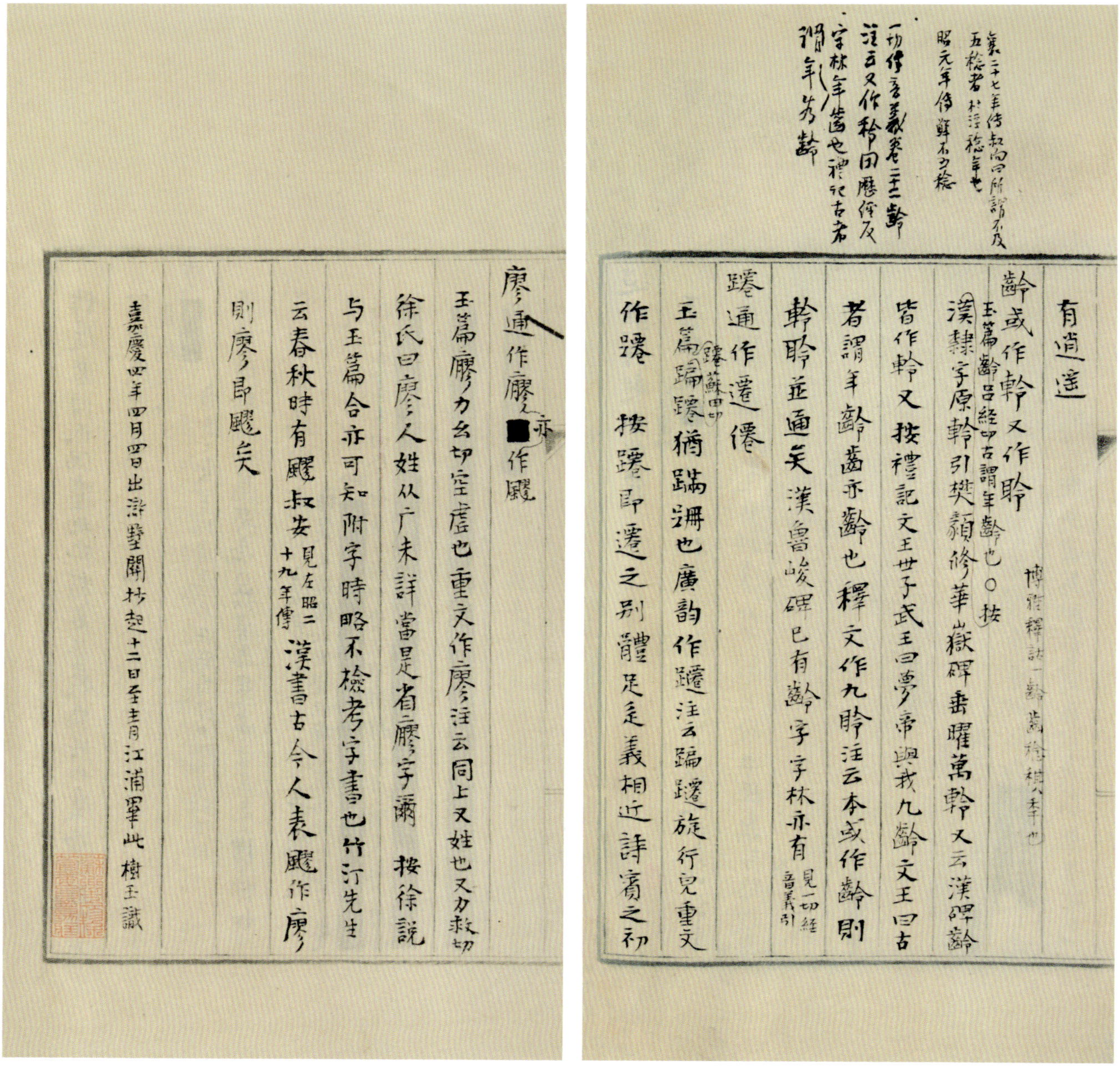

有逍遙
齡或作軨又作聆 玉篇齡呂經切古謂年齡也○按
漢隸字原軨引樊毅修華嶽碑壽曜萬軨又云漢碑齡
皆作軨又按禮記文王世子武王曰夢帝與我九齡文王曰古
者謂年齡齒亦齡也釋文作九聆注云本或作齡則
軨聆並通矣 漢魯峻碑已有齡字字林亦有 見一切經音義引
躚通作遷僊
玉篇蹁躚 躚蘇田切 猶蹁跚也廣韵作蹮注云蹁蹮旋行皃重文
作躚 按躚即遷之別體足辵義相近詩賓之初

寥通作廫亦[redacted]作飂
玉篇廫力幺切空虛也重文作廫注云同上又姓也又力救切
徐氏曰廫人姓从广未詳當是省廫字爾 按徐說
与玉篇合亦可知附字時略不檢考字書也竹汀先生
云春秋時有飂叔安 見左昭二十九年傳 漢書古今人表飂作廫
則廫即飂矣

嘉慶四年四月四日出滸墅關抄起十二日至清江浦畢此 樹玉識

123 说文新附考不分卷

（清）钮树玉撰　稿本　钮树玉批校题识

Research of Analytical Dictionary of Characters
Written by Niu Shuyu from the Qing Dynasty (1644-1911)
Manuscript

线装，版框尺寸19.8×14.4cm，半叶九行，行二十至二十三字不等，绿口，四周双边，单绿鱼尾。

钮树玉（1760–1827），字蓝田，晚称匪石先生，吴县东山人。入竹汀钱大昕门下，学益精进，博览群籍，尤精《说文》，兼及金石，精音律，善篆隶。此种系用绿丝栏稿纸撰就。卷末有钮氏墨题："嘉庆四年四月四日出浒墅关抄起十二日至青江浦毕此树玉识"。全书字迹结体工整，不疾不徐，谨严中又有舒缓之气，颇具八分书神韵。

国家珍贵古籍名录号01406。

說文新附攷　吳縣鈕樹玉[redacted]

禰[redacted]通作昵[redacted]文作𦺇

玉篇禰乃禮切父廟也

錢少詹竹汀先生云考於七廟爲最近故稱禰後人加示旁古讀禰如昵故或爲昵──樹玉按書高宗肜日典祀無豐于昵馬云昵考也謂禰廟也見釋文 据馬氏以禰釋昵知漢已有禰字又禮記王制歸格于祖禰即本舜典歸格于藝祖是[redacted]藝爲最古矣

藝當作𦺇[redacted]詳藝下

祧[redacted]通作濯

[redacted]

延屢舞僊僊毛傳遷徙屢數也僊僊然據此則[redacted]遷僊並通矣

蹭[redacted]疑增俗字

蹬或作隥[redacted]文登之俗字

博雅釋詁蹬訓履

[redacted]

文選木元虛海賦蹭蹬窮波李注蹭蹬失勢貌 按 廣韻去聲四十八嶝增訓剩也子鄧切与蹭音義並合故疑爲增之俗字

[redacted]玉篇隥或作蹬而隸辨顧氏[redacted]蹬[redacted]引蔡湛頌功蹬王府則又爲登之俗字矣 蓋𣥠本从北不必再加足旁也

蹉跎通作差池

玉篇[redacted]蹉采何切跎達何切

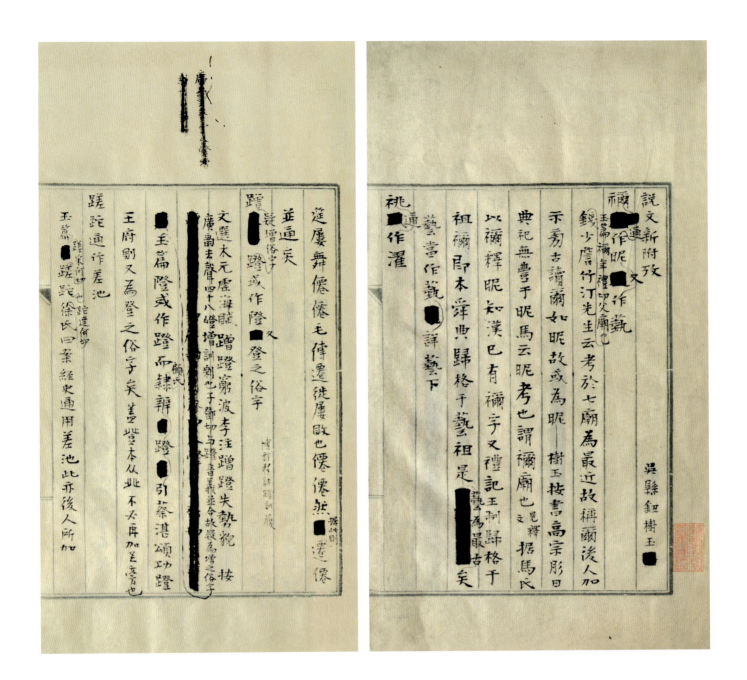

蹉跎徐氏曰案經史通用差池此亦後人所加

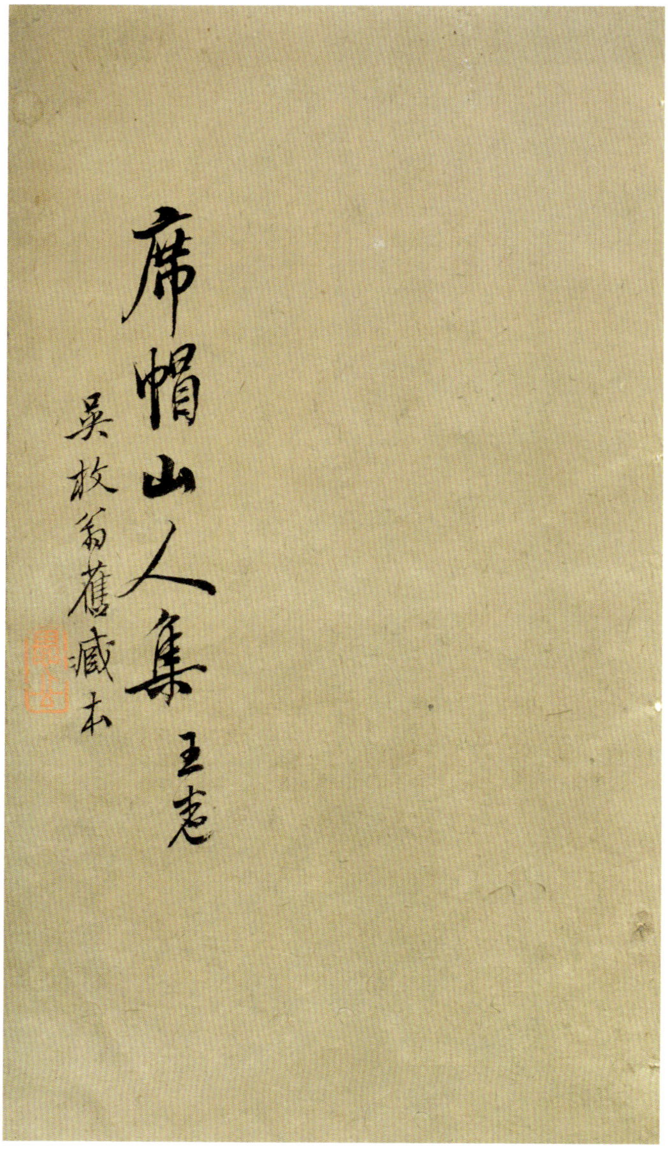

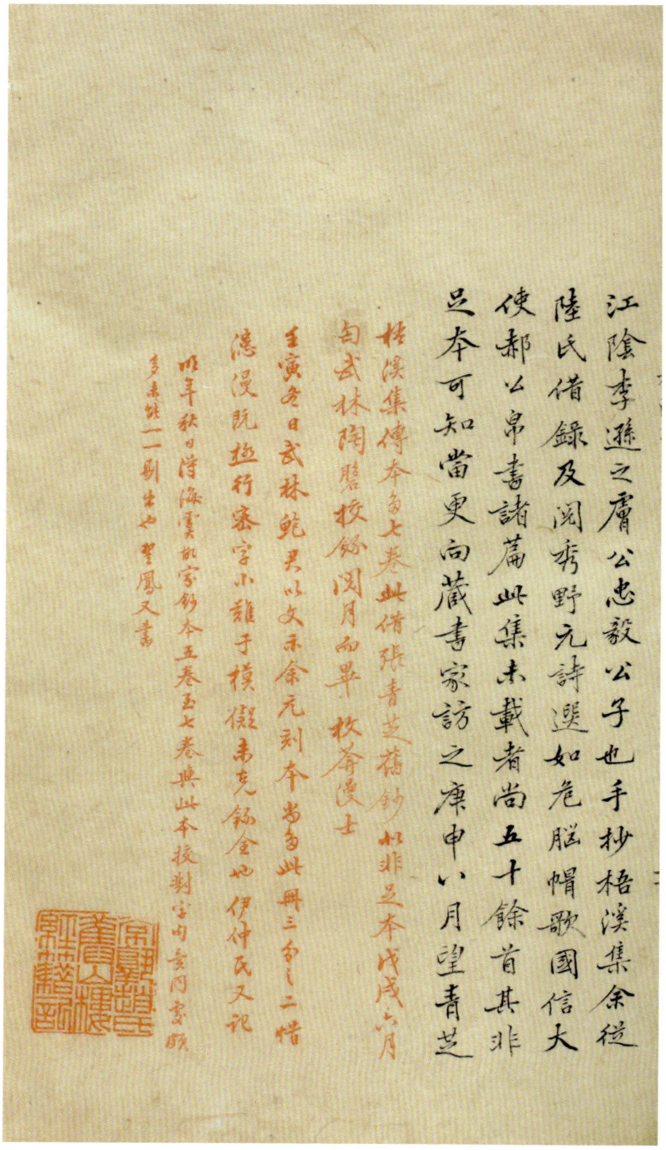

124 **梧溪集七卷**

（元）王逢撰　清抄本　清吴翌凤校并跋　存五卷（一至五）

Collected works of Wu Xi, seven volumes

Written by Wang Feng from the Yuan Dynasty

Transcription, the Qing Dynasty (1644-1911)

Collated by Wu Yifeng (Qing Dynasty) with postscript

Five volumes collection (No. 1-5)

线装，开本34.7×20.1cm，半叶十行，行二十一字，小字双行同。

此种书衣上墨书“席帽山人集五卷　吴枚翁旧藏本”，卷五末叶有吴翌凤朱笔跋。书中钤“祕本”朱文竖长印、“旧山楼”朱文竖长印、“长洲顾氏藏书”朱文竖长印、“湘舟鉴赏”白文方印、“非昔居士”白文方印、“古欢堂抄书”白文竖长印、“愚公”朱文竖长印、“子晋”朱文方印、“常熟赵氏旧山楼经籍记”朱文方印。

国家珍贵古籍名录号05779。

席帽山人序

序

江陰王逢原吉氣清而才茂學洽而行檢優談論富謀畫弱冠獲譽士林嘗稱疾牢辭臺臣之薦人咸高之遭時多虞以客為家大府交辟一不就迴翔州里能以一言活亂黨者數千人之命以一檄降惡少五千之眾又聚瘞無錫之殲於兵者千百人之骼力可致者不少恡嗇至於去就之辨三公不能易其介三軍不能奪其節故其吐而為詩也一則闡彝倫之大一則纍幽潛之光一物一事之詠未嘗不重致其憂思慨嘆焉其辭婉而風其旨微而貞蓋有得夫六藝之蘊植於事為者如

梧溪集卷第一

席帽山人王逢原吉

古詩

黃河一首贈胡璉師貢

黃河濁濁流其源自天四方交亂莫知誰從靡亂弗寧靡濁弗清小人之亨君子之貞君子之貞惟道是友小人之亨乃罹之首雖曰無家有琴有書朝誦暮弦何樂之如鸝黃其羽集於嘉林頡言似之永懷德音

詠蕨

彼美者蕨岐蒂而茁齊魯之人謂菜之鼈雷風發春競

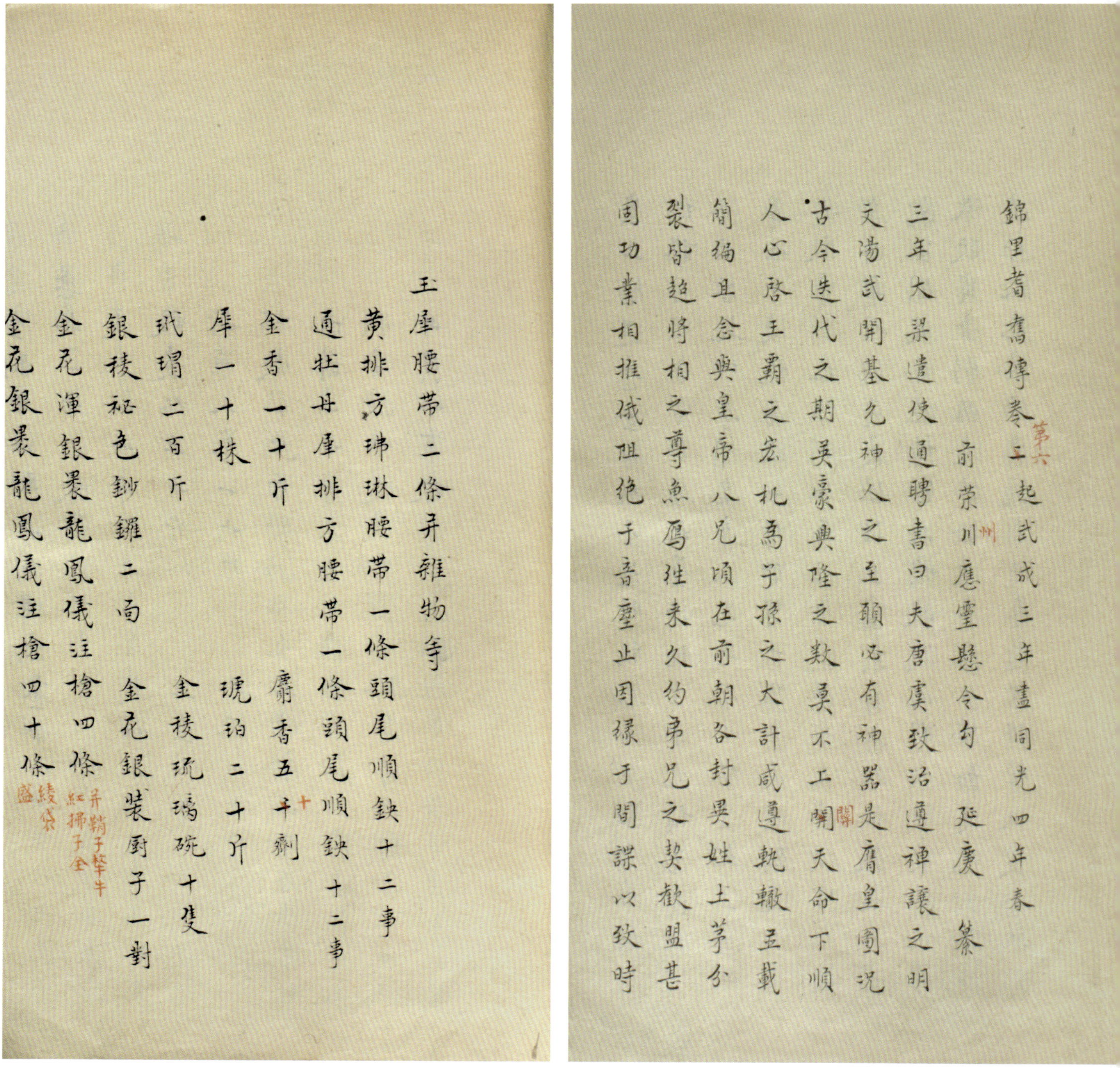

錦里耆舊傳卷二第六 起武成三年盡同光四年春
前榮川州應靈縣令句 延慶 纂
三年大梁遣使通聘書曰夫唐虞致治遵禪讓之明
文湯武開基允神人之至願必有神器是膺皇圖況
古今迭代之期英豪興隆之數莫不工開天命下順
人心啓王霸之宏机爲子孫之大計咸遵軌轍互載
簡編且念興皇帝八兄頃在前朝各封異姓土茅分
裂皆超將相之尊魚鳥往來久約弟兄之契歡盟甚
固功業相推俄阻絶于音塵止因緣于間諜以致時

玉犀腰帶二條并雜物等
黄排方㻮琳腰帶一條頭尾順鈌十二事
通犀母犀排方腰帶一條頭尾順鈌十二事
金香一十斤 麝香五千十劑
犀一十株 琥珀二十斤
玳瑁二百斤 金棱琉璃碗十隻
銀棱秘色鈔鑼二面 金花銀裝厨子一對
金花渾銀裹龍鳳儀注槍四條并鞘子犛牛紅拂子全
金花銀裹龍鳳儀注槍四十條盛綾袋

125 锦里耆旧传八卷

（宋）句延庆撰　清抄本　存四卷（五至八）

Chorography of Jing Li (Jin Li Chi Jiu Zhuan), eight volumes
Written by Gou Yanqing from the Song Dynasty
Transcription, the Qing Dynasty (1644-1911)
Four volumes collection (No. 5-8)

线装，开本27.3×17.2cm，半叶九行，行二十字，小字双行同。

素面抄纸，原题“前荣川应灵县令句延庆纂”，清佚名氏朱笔校改并跋。书中钤“竹泉珍秘图籍”白文界边方印、“谡闻斋”白文方印、“志忠手校”朱文竖长印。

錦里耆舊傳卷一第五 起中和五年正月至蜀武成元年

前榮州應靈縣令句延慶　纂

正月地動一月十餘度以七曜占之多兵飢饉　三

月改光啓元年　夏四月維州山崩石墜飛塵滿空

五月除授顧彥朗東川節度使

二年東川遣鄭君雄率衆侵畧至德陽縣殺破鄭

君雄又常厚自峽中率兵據左綿　僖宗皇帝到京後

天下十道共修京闕之次胡魯子反燒爇盡駕幸寶

雞又幸山南干戈淩起四海不寧

錦里耆舊傳八卷自洪武五年壬子歲秋七月十五日庚申寫起至廿八日癸酉録畢于華亭

集賢泗北村居之映雪樂且喫茶處在家道人誌七十有六

馬端臨文獻通考經籍考云陳直齋書録解題曰前應靈縣令平陽句延慶昌裔撰

開寶三年秘書丞劉知蕳榮州得此傳其詞蕪穢請延慶脩之改曰成都理亂記天成

之後別加編次起咸通九年迄乾德四年百餘年蜀事大畧具矣續傳蜀人張緒所撰

起乾德乙丑祥符己酉自平蜀之後朝廷命令官僚姓名及政事因革以至李順王均劉

旴作亂之迹皆畧載之知新繁縣太常博士張約為之序七月廿九日甲戌白露節記

是編得之門人秦汝操氏汝操又得之沈辨之氏惜乎祇後四卷闕前四卷

未得為全書大抵古書之存於世者多殘缺不全先達邵文莊公嘗云

麟角鳳毛寧以多為患於是編亦云

二年東川遣鄭君雄率衆侵畧至德陽縣殺破鄭
君雄又常厚自峽中率兵據左綿僖宗皇帝到京後
天下十道共修京闕之次胡魯子反燒爇盡駕幸寶

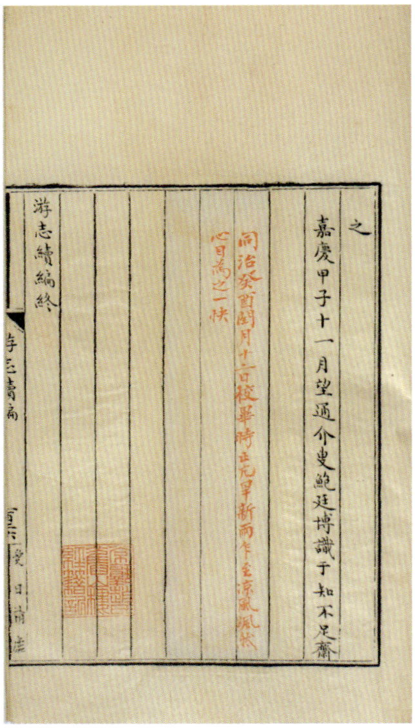

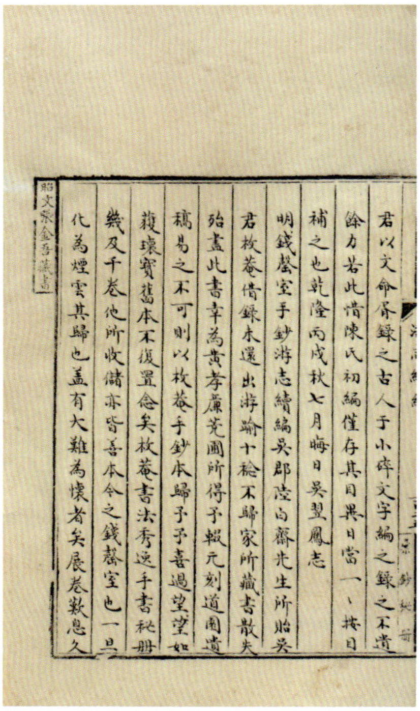

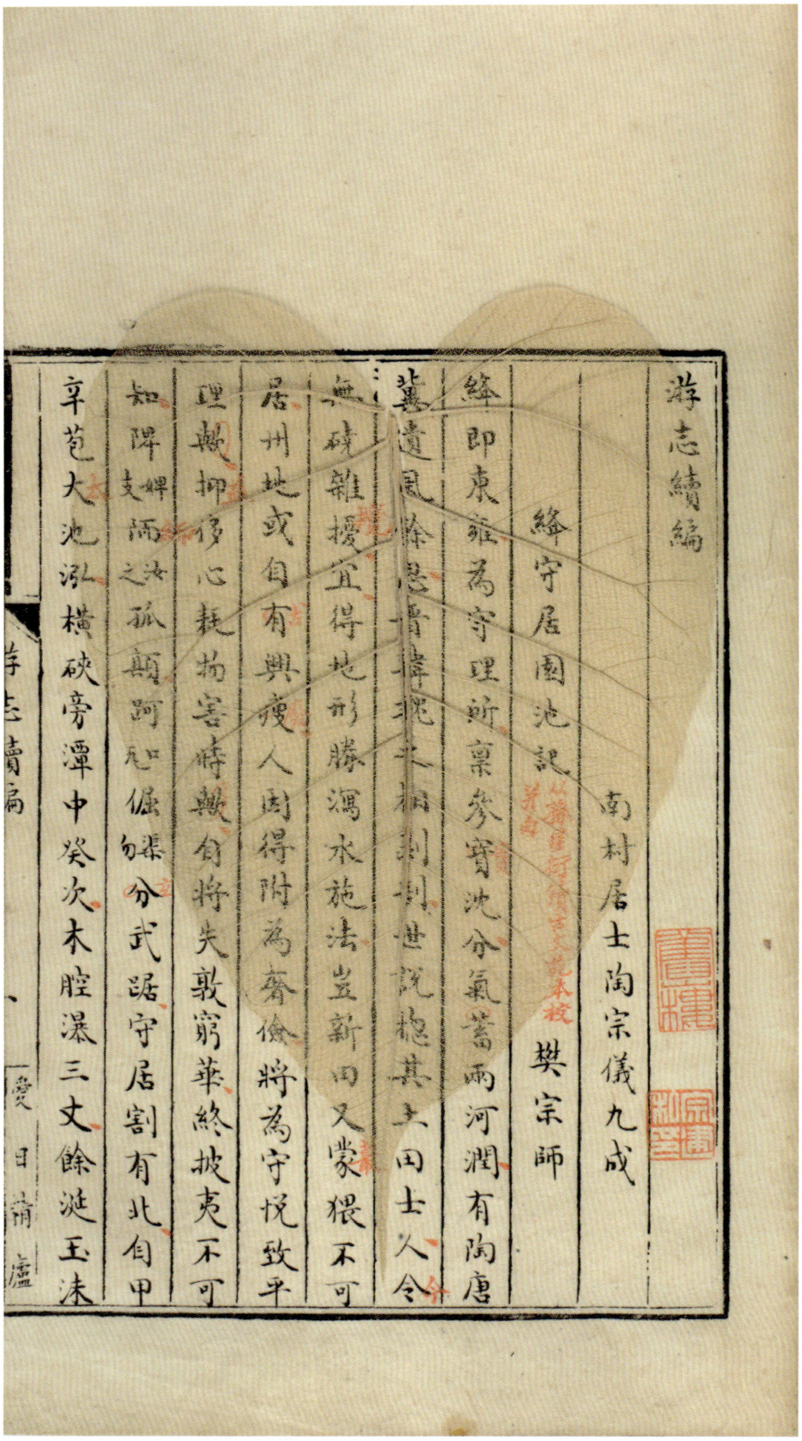

126 游志续编一卷

（明）陶宗仪辑　清张金吾爱日精庐抄本　赵宗建批校标点

The sequel of the Travelling records, one volume

Compiled by Tao Zongyi from the Ming Dynasty

Transcription by Zhang Jinwu from the Qing Dynasty (1644-1911)

Annotated and punctuated by Zhao Zongjian

线装，版框尺寸19.4×14.6cm，半叶十行，行二十一字，黑口，四周双边，单黑鱼尾。

爱日精庐专用抄纸，书口下有“爱日精庐汇抄秘册”。有书耳，书耳内有“昭文张金吾藏书”。书后抄录明钱穀跋、清乾隆三十一年（1766）六月吴翌凤跋、嘉庆九年（1804）十一月鲍廷博跋。书中钤“爱日精庐藏书”朱文方印、“祕册”朱文竖长印、“赵氏秘笈”朱文竖长印、“旧山楼”朱文方印、“宗建私印”白文方印、“旧山楼”朱文竖长印、“常熟赵氏旧山楼经籍记”朱文方印。

国家珍贵古籍名录号04223。

游志編序

淳祐癸卯置閏在秋景氣極高迴望屋角山光與天合碧左右矗矗獻狀似相招相延竚有不勝情者而余適病趾弗能遊焉時獨鵠首引酌誦遠遊招遊諸篇以自宣暢因懷自古山川之美人物之勝登覽遊從之適雖其有得於是有感於是者不能盡同而皆超然無有世俗垢氣物欲之累意謂古今樂事無過此者乃取自咏沂而下二千載間迄於近世張朱氏衡山之游高情遠韻聚見此編若身參其間而目與之接胥應和而俱翱翔也吁世亦有好遊若予者予旬有五日編成是為序

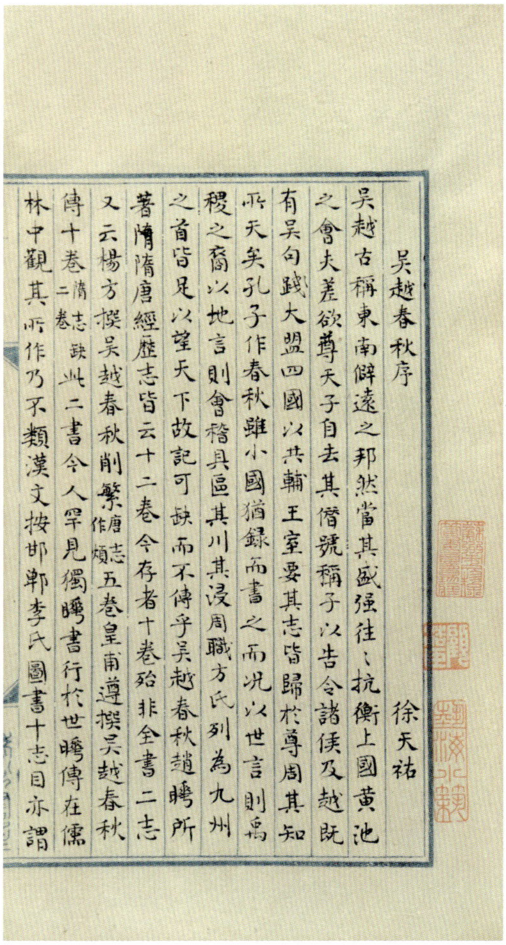

吳越春秋序　徐天祐

吳越古稱東南僻遠之邦然當其盛強往往抗衡上國黃池之會夫差欲尊天子自去其僭號稱子以告令諸侯及越既有吳句踐大盟四國以共輔王室要其志皆歸於尊周其知所天矣孔子作春秋雖小國猶録而書之而況以世言則禹稷之裔以地言則會稽具區其川其浸周職方氏列為九州之首皆足以望天下故記可缺而不傳乎吳越春秋趙曄所著隋唐經籍志皆云十二卷今存者十卷殆非全書二志又云楊方撰吳越春秋削繁唐志作煩五卷皇甫遵撰吳越春秋傳十卷隋志二卷此二書今人罕見獨曄書行於世曄傳在儒林中觀其所作乃不類漢文按邯鄲李氏圖書十志目亦謂

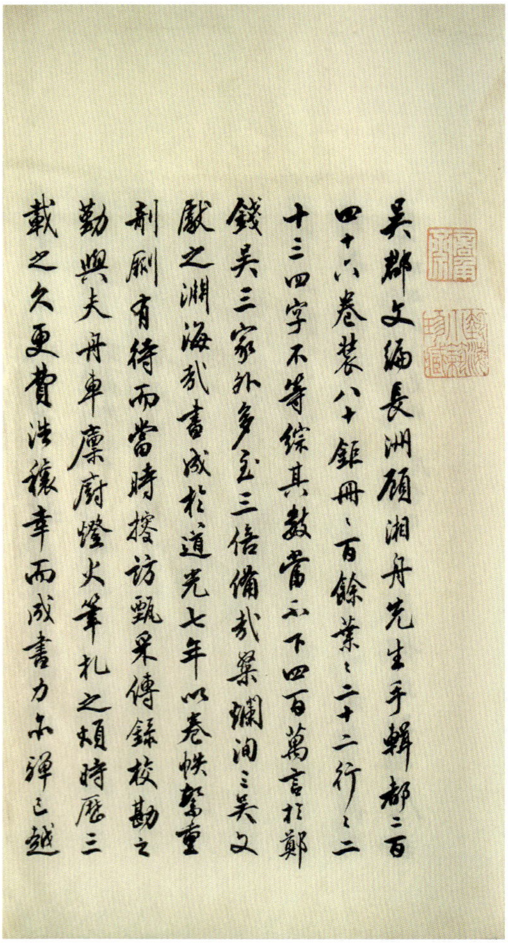

吳郡文編長洲顧湘舟先生手輯都二百四十六卷裝八十鉅冊冊百餘葉葉二十二行行二十三四字不等綜其數當不下四百萬言於鄭錢吳三家外多至三倍備哉粲爛洵洵吳文獻之淵海哉書成於道光七年以卷帙繁重剞劂有待而當時搜訪甄采傳錄校勘之勤與夫舟車廪廚燈火筆札之煩時歷三載之久更費浩穰幸而成書力不殫已越

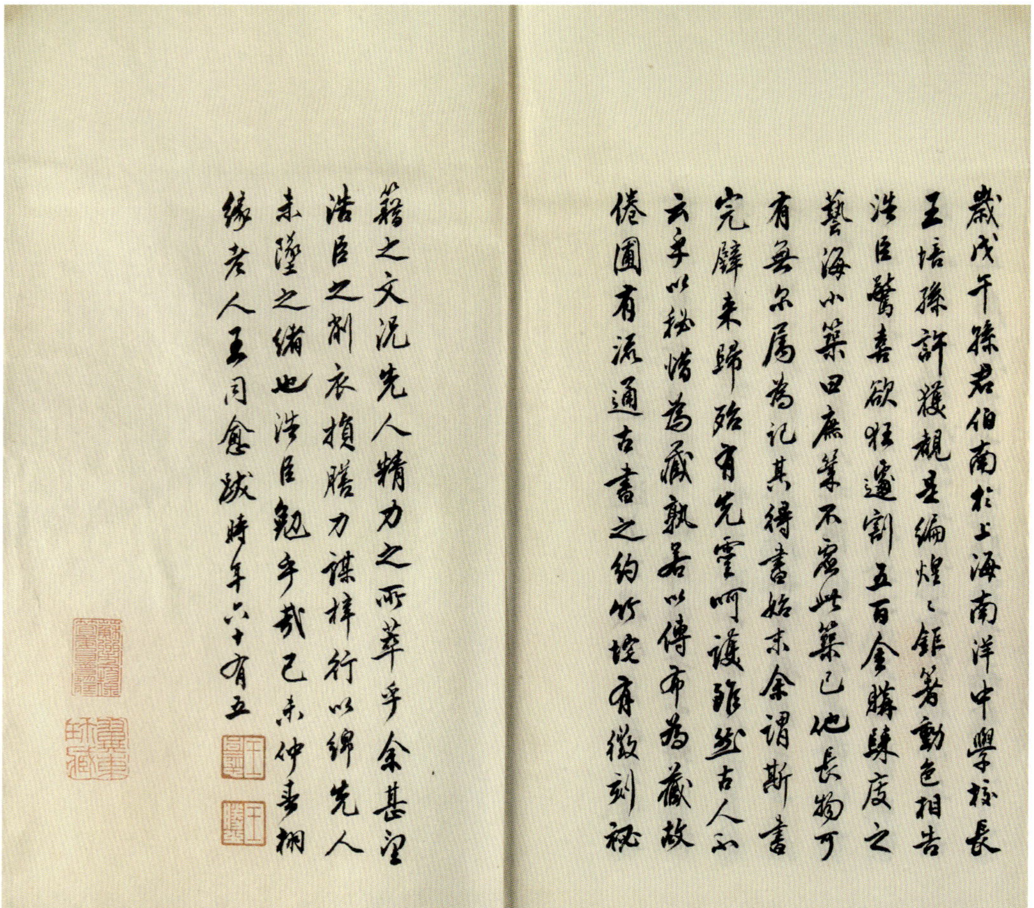

歲戊午孫君伯南於上海南洋中學校長王培孫許獲覩是編煌煌鉅箸動色相告浩臣鬻書欲狂遂割五百金購庋之藝海小築田庶幾不負此築已他長物可有無爾屬為記其得書始末余謂斯書完璧來歸殆有先靈呵護雖然古人亦云手以秘惜為藏孰若以傳布為藏故倦圃有流通古書之約竹垞有徵刻秘籍之文況先人精力之所萃乎余甚望浩臣之剞劂衣損膳力謀梓行以綿先人未墜之緒也浩臣勉乎哉己未仲春栩緣老人王同愈跋時年六十有五

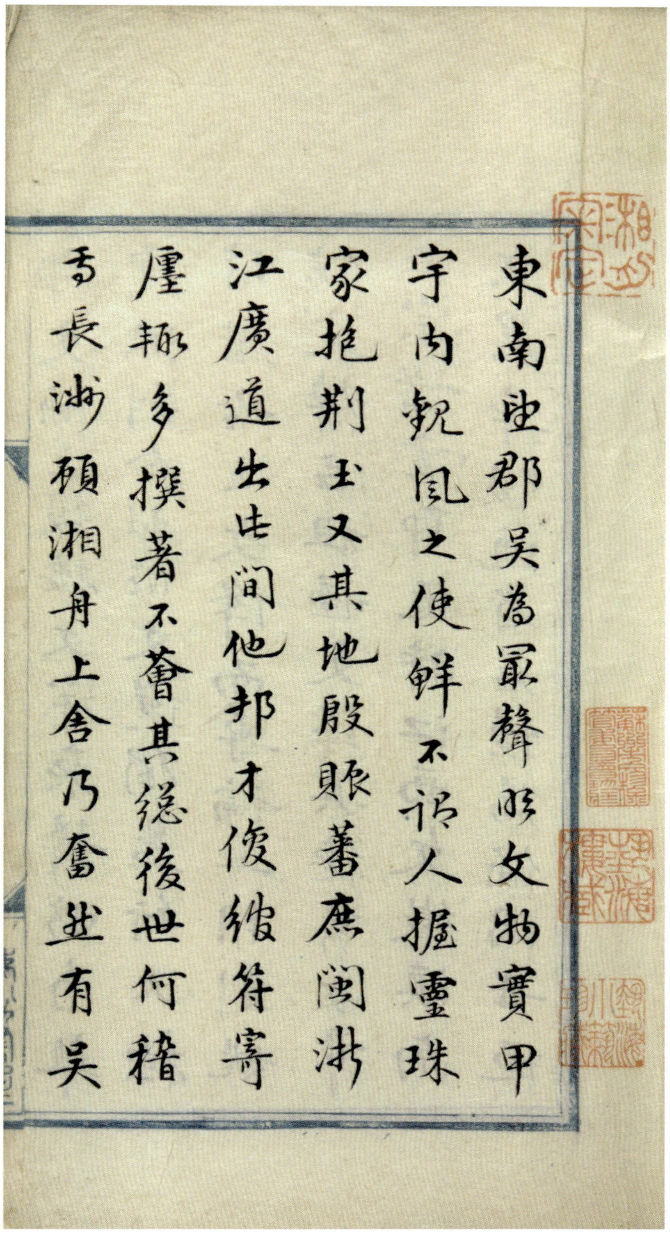

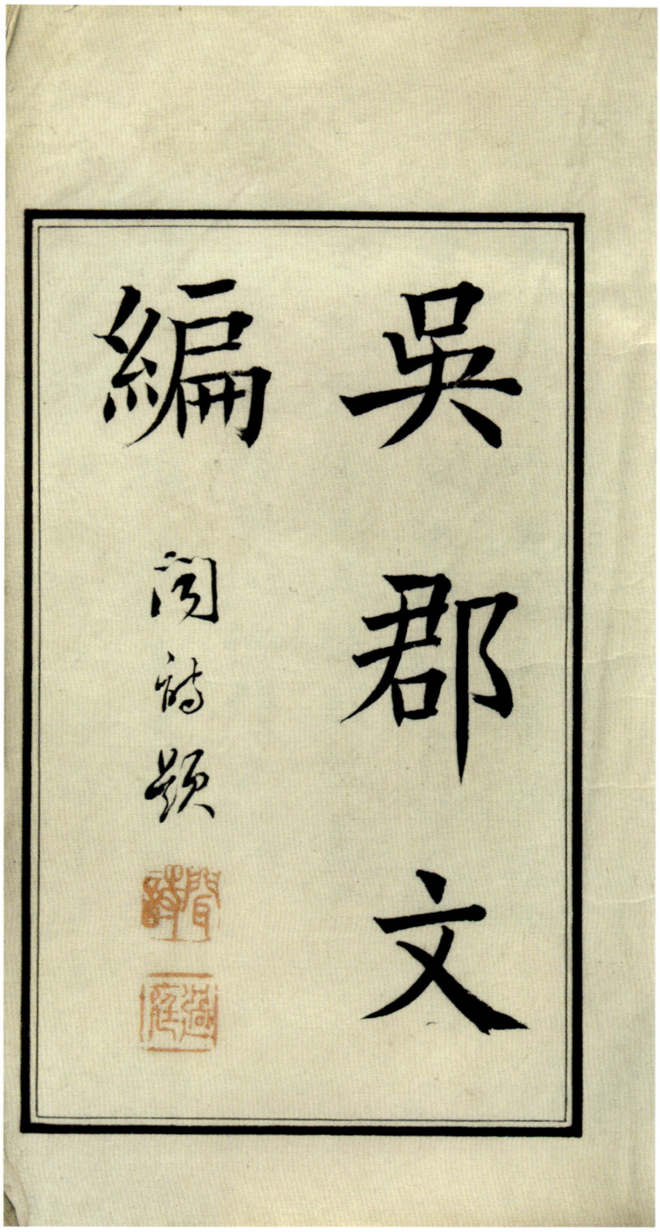

吳郡文編

聞詩題

127 吴郡文编二百四十六卷

（清）顾沅辑　稿本　王同愈跋

Collection of the Suzhou's works

Compiled by Gu Yuan from the Qing Dynasty (1644-1911)

Manuscript with Wang Tongyu's postscript

线装，版框尺寸21.4×13.5cm，半叶十一行，行字数不等，白口，四周双边，双对蓝鱼尾。

蓝丝栏抄纸，书口下有“然松书屋”。首册书名叶有江阴闻诗亲笔墨署“吴郡文编”，落款“闻诗题”。书中钤“闻诗”朱文方印、“过庭”朱文方印、“艺海小筑珍藏”朱文方印、“艺海楼藏”朱文方印、“湘舟审定”朱文方印、“朱琦印”白文方印、“兰坡”朱文方印、“韫玉”白文双灵纹方、“旧史氏”朱文方印、“梁章钜印”白文方印、“古瓦砚斋”朱文方印、“国华之印”朱、白双文方、“琴涵”朱文方印、“商角斋”白文方印、“浩臣所藏”白文方印、“赐砚传家”朱文双灵纹竖长印、“康如氏”白文方印、“翼东珍藏”朱文方印、“顾瀚昌印”白文方印、“浩臣”朱文方印、“顾浩臣”白文方印、“艺海小筑”朱文竖长印、“王同愈”朱、白双文方印、“王胜之”朱、白双文方印。此种为顾氏后人、复旦大学教授顾翼东先生捐赠。

国家珍贵古籍名录号06479。

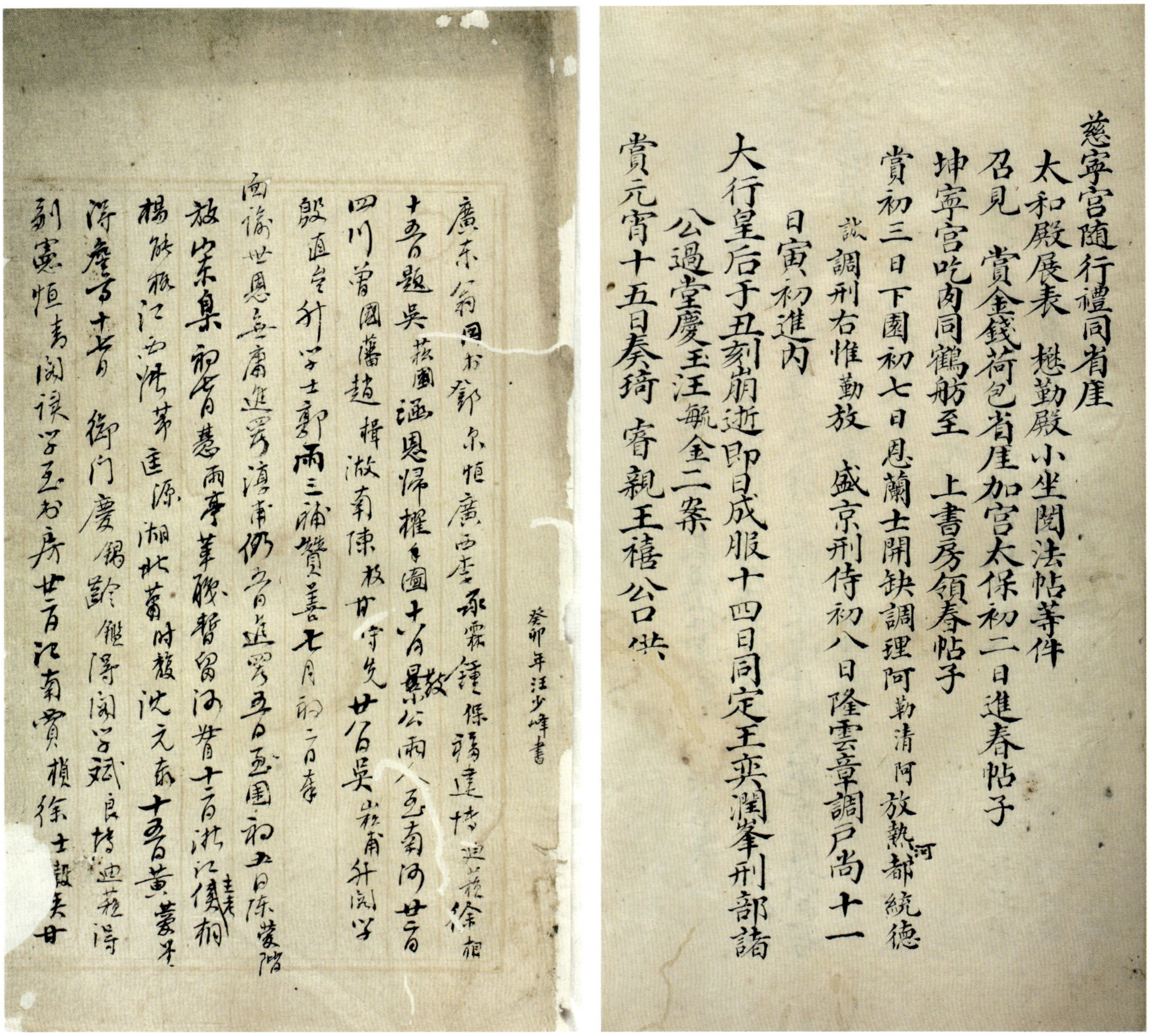
癸卯年汪少峰書

慈寧宮隨行禮同肖厓
太和殿展表 懋勤殿小坐閱法帖等件
召見 賞金錢荷包肖厓加宮太保初二日進春帖子
坤寧宮吃肉同鶴舫至 上書房領春帖子
賞初三日下園初七日恩蘭士開缺調理阿勒清阿放熱河都統德
誠調刑右惟勤放 盛京刑侍初八日隆雲章調戶尚十一
日寅初進内
大行皇后于丑刻崩逝即日成服十四日同定王奕潤峯刑部諸
公過堂慶玉汪毓金二案
賞元宵十五日奏琦 睿親王禧公口供

128 潘世恩日记不分卷

（清）潘世恩撰　　稿本

Diary of Pan Shien

Written by Pan Shien from the Qing Dynasty

Manuscript

线装，开本28.3×17.3cm，半叶十行，行二十三、四字不等。

书衣上墨书“潘世恩日记稿本”。书中另夹有清汪少峰致潘世恩信札一通。潘世恩（1769–1854）原名世辅，字槐堂，号芝轩，吴县人。清乾隆五十八年（1793）状元，官至太傅、武英殿大学士，谥文恭。潘世恩一生经历乾隆、嘉庆、道光、咸丰四朝，此种为其晚年为官北京日记。潘氏日记稿本存世者，仅此种及上海图书馆藏《亦吾庐随笔》（记道光五年至十年）二种。

国家珍贵古籍名录号03984。

上御經筵敬大空湯大農講四書裕公吳退旃講易經　文淵閣
賜茶初三日史望之請開鈌祁竹坡升大冦怡方伯良升廣
東撫程晴峯調蘇藩唐鏡海升浙藩李雙圃升貴臬裕魯山
署蘇臬初四日同奕大宗伯紀奎玉庭捒選分發貴州知縣
十一日琦侯得文淵閣廿三日順之補之姪到京廿五日招
芙香子鶴咏莪小敘廿六日同退旃玉庭鼎甫閱補覆試卷
題不藏怒焉二句舜舉十六相得功字廿九日唐鏡海調蘇
藩宋其沅升浙藩趙丙言補廣西臬三月初三日留京　派
惇肅二王芸臺潤峯初六日揔裁穆鶴舫朱咏齋吳正甫廖
玉夫同考門人單懋謙黃廷瀾季芝昌俱得與初七日和煦

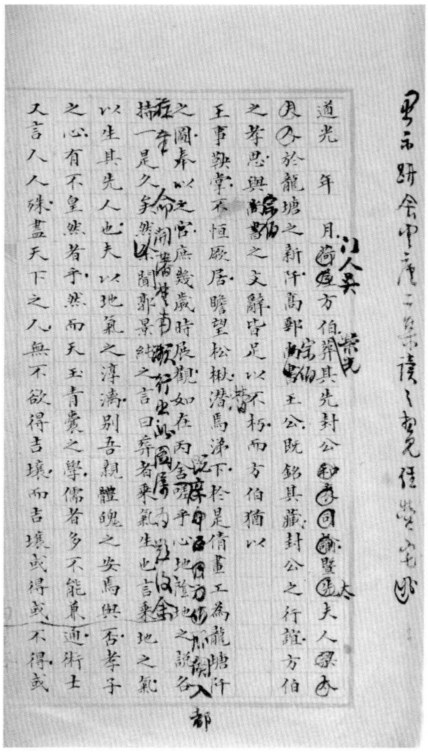

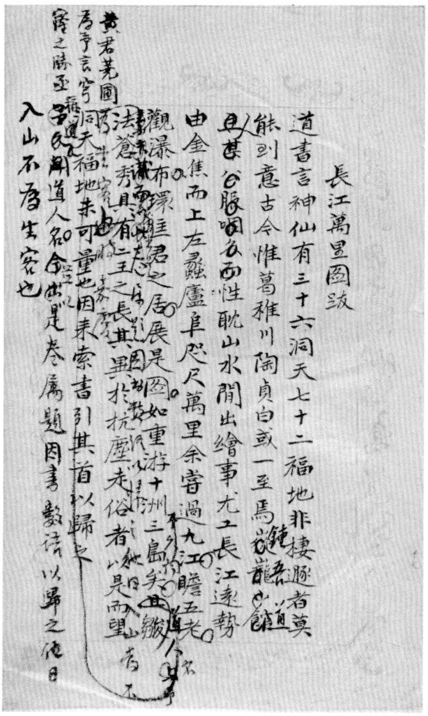

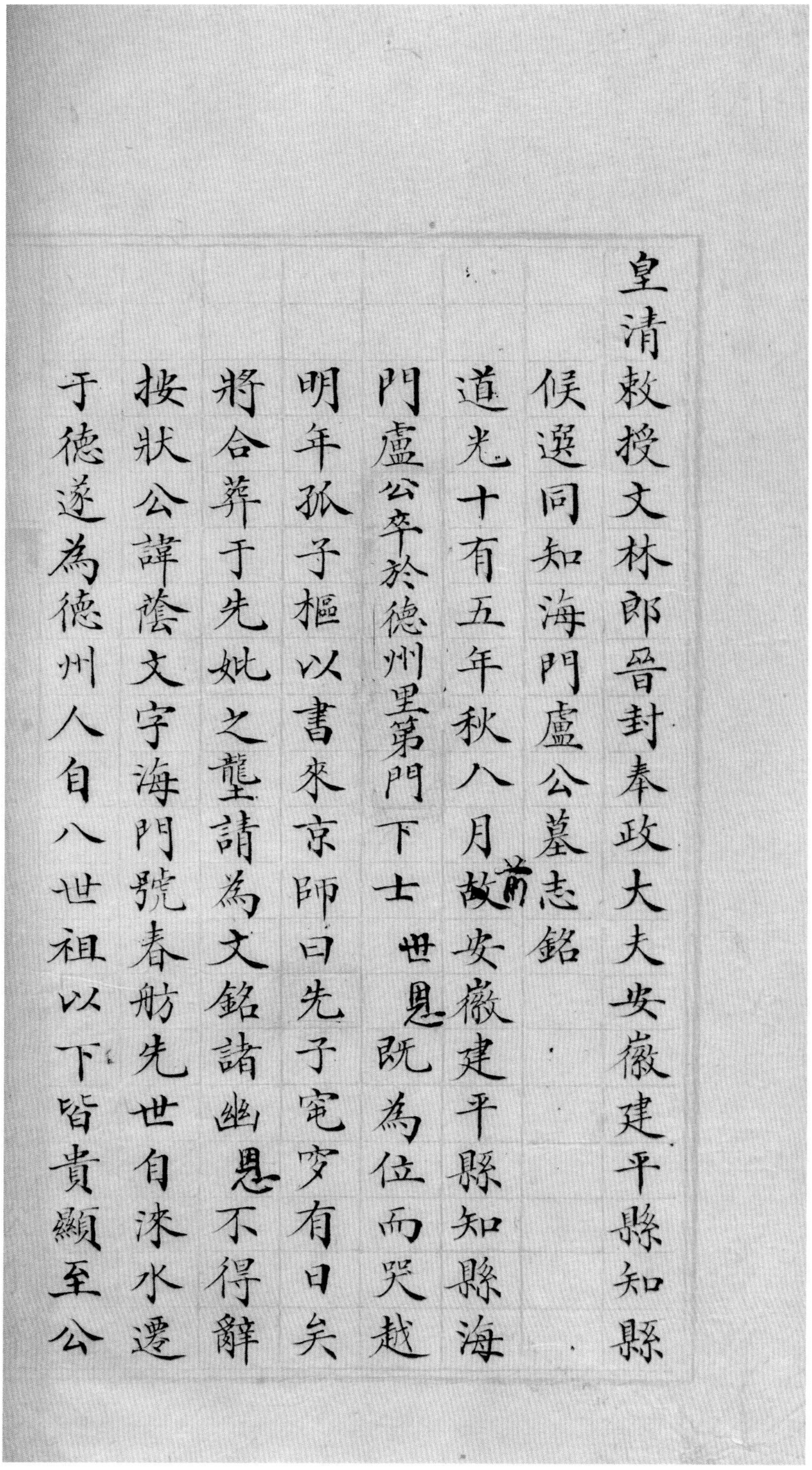

皇清敕授文林郎晉封奉政大夫安徽建平縣知縣
候選同知海門盧公墓志銘
道光十有五年秋八月故安徽建平縣知縣海
門盧公卒於德州里第門下士　世恩既為位而哭越
明年孤子樞以書來京師曰先子宅穸有日矣
將合葬于先妣之壟請為文銘諸幽恩不得辭
按狀公諱蔭文字海門號春舫先世自洓水遷
于德遂為德州人自八世祖以下皆貴顯至公

129 思补堂文钞一卷

（清）潘世恩撰　稿本

Collected works of the Si Bu Tang

Written by Pan Shien from the Qing Dynasty

Manuscript

线装，此种所用稿纸有四，一为朱丝栏，版心下有“四宝斋”，版框尺寸18.5×12.1cm，半叶九行，行字数不等，白口，四周双边，单红鱼尾；二为朱丝栏，版心下有“松竹斋”，版框尺寸20.4×12.4cm，半叶九行，行字数不等，白口，四周双边，单红鱼尾；三为朱格，版心下有“四宝斋”，版框尺寸20.4×11.5cm，半叶九行，行二十五字，白口，四周双边，单红鱼尾；四为朱格，版心下有“松竹斋”，版框尺寸19.2×11.7cm，半叶八行，行二十字，白口，四周双边，单红鱼尾。

疏通部曹議

議得各部主事補缺甚難。自應量為疏通。今將京升知府班通融遴補。以次遞升。自可不至壅滯。事屬可行。至報滿甄別。外用知縣一層。似欲仿照庶常散館之例。不知散館改縣。由聖明酌定。以其文字未優。或可試之政事。至部屬三年行走。原以考其政事。如果勤能諳練。方將倚為得力之員。若行走平常。自有改補小京官定例。豈可使之濫膺民社耶。更改舊章。于事

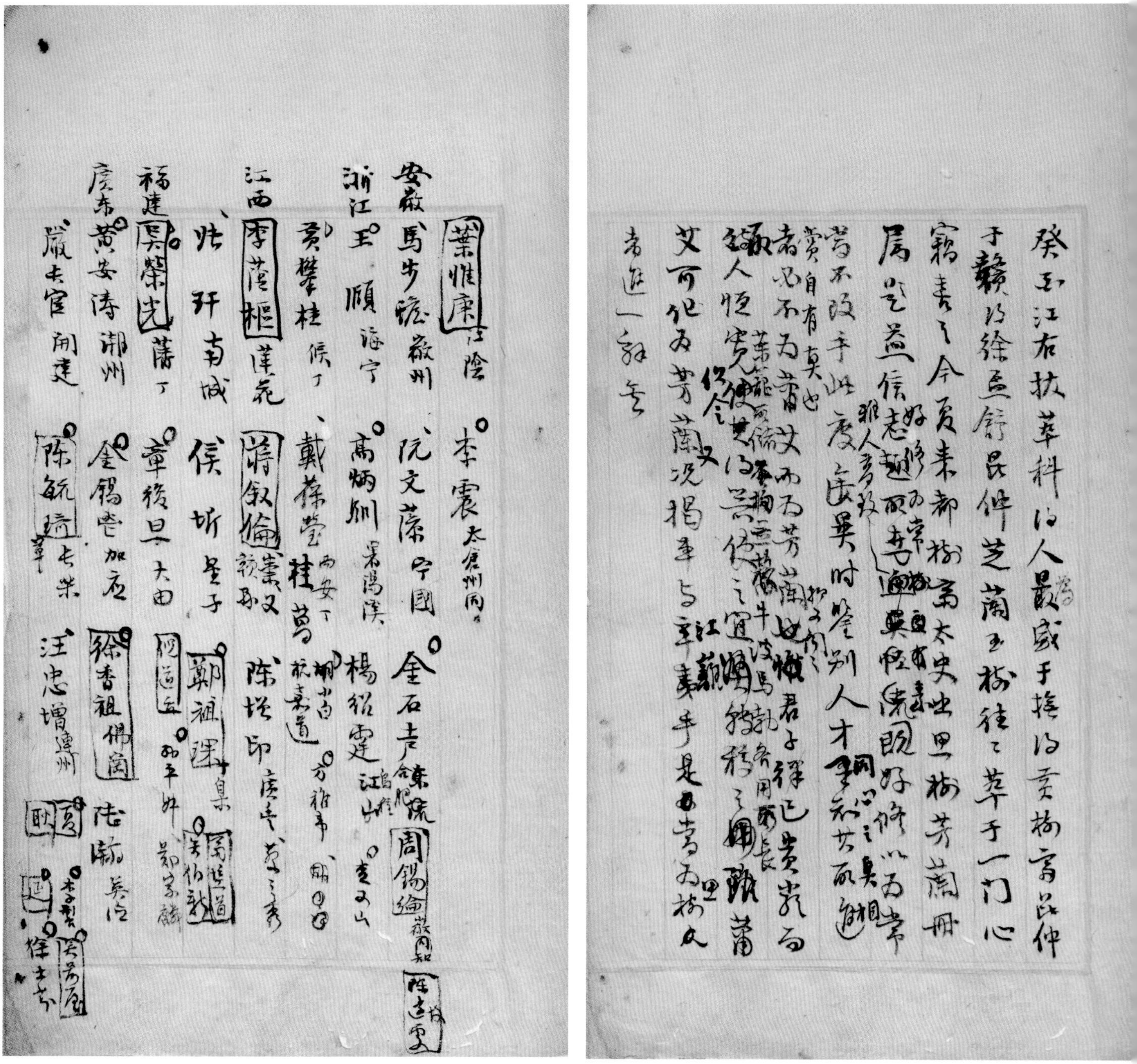

130 思补堂诗稿一卷杂录一卷

（清）潘世恩撰　稿本

Poems of the Si Bu Tang

Written by Pan Shien from the Qing Dynasty

Manuscript

线装，版框尺寸19.7×13.1cm，半叶九行，行字数不等，小字双行不等，白口，四周双边，单红鱼尾。

前附《杂录》皆为唐人小传，自唐高祖至薛仁贵；《诗稿》后附癸酉（1813）江右科举中试名册，其中加框者皆为芝轩门生。

唐高祖神堯大聖光孝皇帝祖諱虎後魏左僕射封
隴西郡公與周文帝及太保李弼大司馬獨孤信等
以功參佐命當時稱為八柱國。
貞觀八年三月高祖讌西突厥使者于兩儀殿顧謂
長孫无忌曰當今蠻夷率服古未嘗有无忌上千萬
歲壽高祖大悅以酒賜太宗太宗又奉觴上壽流涕
而言曰百姓獲安。四夷咸附。皆奉遵聖旨。豈臣之力。
于是太宗与文德皇后互進御膳。并上服御衣物。一
同家人常禮。是歲閱武于城西高祖親自臨視勞將

王月鋤自耡明月種梅花第二齣
天与仙姿迥絕塵故應照月是前身自逆鄉袂相逢後
艷李穠桃不當春
一枝斜映月昏黃吟出新詩字字香籬落水邊溪徑置
却教山谷費平章 黄魯直嘗於歐陽文忠但贵林和靖詠梅横斜二句不知此逆第一聯更勝也
顾本梅刺史振第大衢奉子次 梅皋世父韻
終孺班筆命前賢報國心期張仕年況是求才當今切春
風光著祖生鞭
二千石重欽民職錫到民心政自優農器一福徵相業五亡

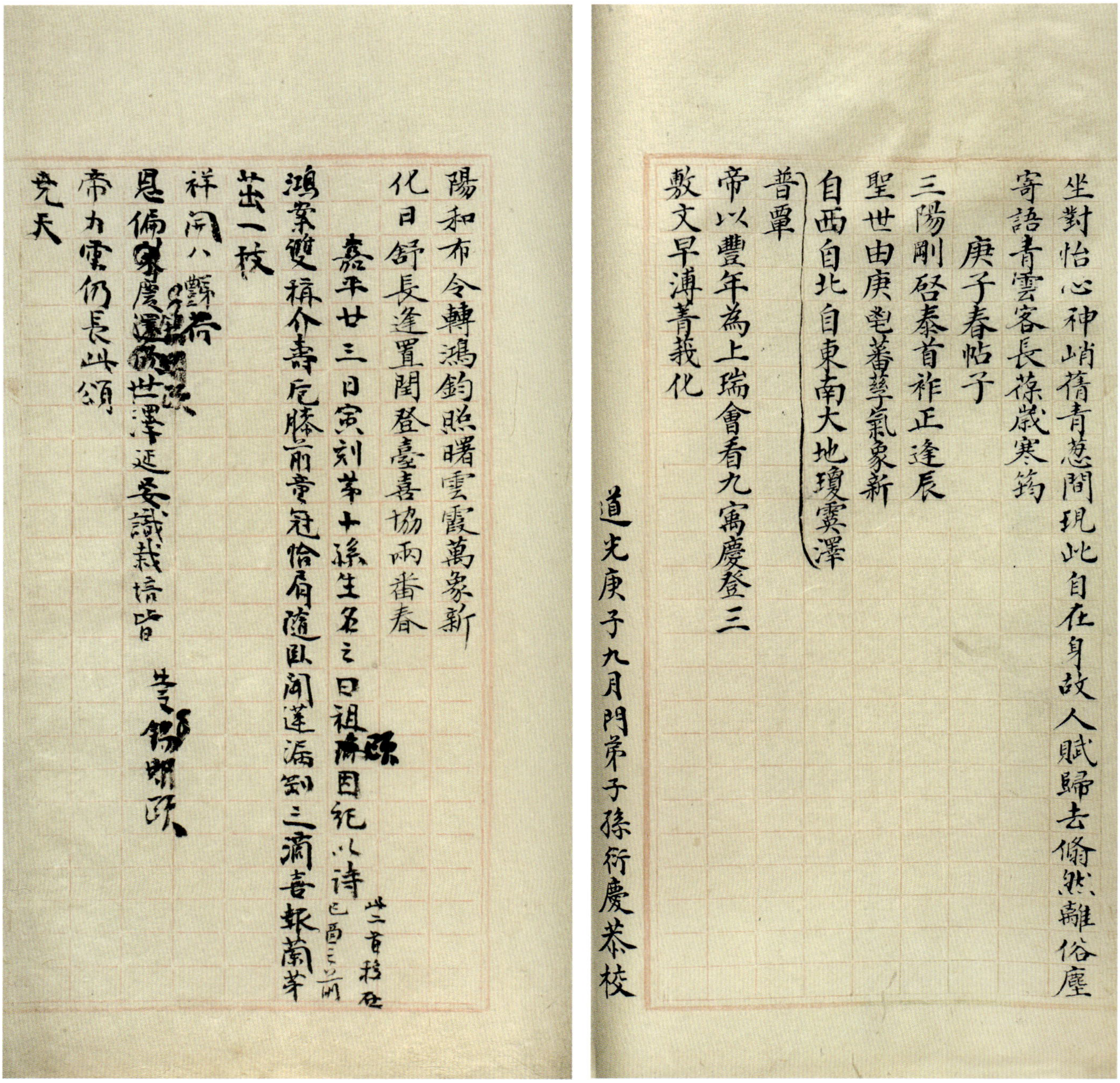

131 有真意斋诗集不分卷

（清）潘世恩撰　稿本　潘曾莹、潘曾绶、孙衍庆校　吴荣光跋

Poetry anthology of the You Zhen Yi Zhai

Written by Pan Shien from the Qing Dynasty

Manuscript with Wu Rongguang's postscript

Collated by Pan Cengying, Pan Cengshou and Sun Yanqing

线装，所用稿纸共有五种，均为套红刷印。一为朱丝栏，版心下有“松竹斋”，版框尺寸20.4×12.4cm，半叶九行，行字数不等，白口，四周双边，单红鱼尾；二为朱丝栏，版心下有“四宝斋”，版框尺寸18.5×12.0cm，半叶九行，行字数不等，白口，四周双边，单红鱼尾；三为朱格，版心下有“翰文斋”，版框尺寸20.1×11.4cm，半叶九行，行二十五字，白口，四周双边，单红鱼尾；四为朱格，版心下有“四宝斋”，版框尺寸19.3×11.2cm，半叶九行，行二十五字，白口，四周双边，单红鱼尾；五为朱格，版心下有“松竹斋”，版框尺寸18.6×11.8cm，半叶九行，行二十五字，白口，四周双边，单红鱼尾。

书中钤“临顿郊居”白文方印。

国家珍贵古籍名录号09331。

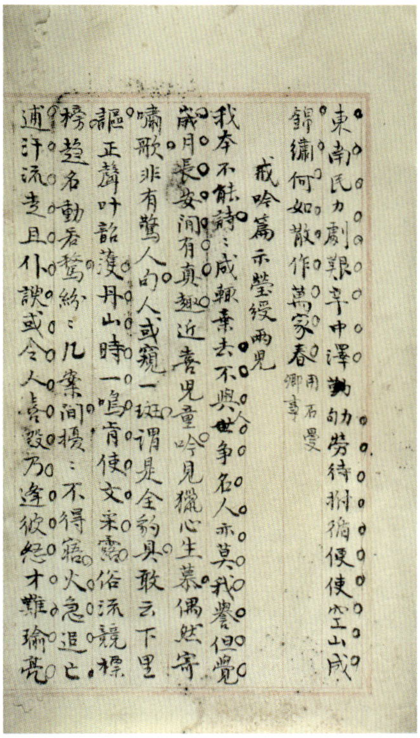
東南民力劇艱辛中澤勤劬勞待撫循便使空山成
錦繡何如散作萬家春 用石曼卿韻
戒吟篇示瑩綬兩兒
我本不能詩詩成輒棄去不與世爭名人亦莫我譽但覺
歲月長安閒有真趣近喜兒童吟見獵心生慕偶然寄
嘯歌非有驚人句人或窺一斑謂是全豹具敢云下里
謳正聲叶韶濩丹山時一鳴肯使文采露俗流競標
榜趋名動若鶩紛紛几案間擾擾不得寤火急退亡
通汗流走且仆談或令人喜殺乃逢彼怒才難瑜亮

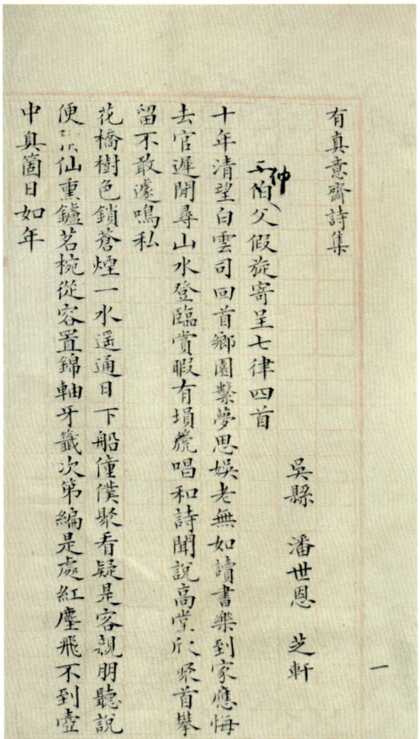
有真意齋詩集
吳縣 潘世恩 芝軒
仲伯父假旋寄呈七律四首
十年清望白雲司回首鄉園繫夢思娛老無如讀書樂到家應悔
去官遲閒尋山水登臨賞暇有塤篪唱和詩聞說高堂欣豎首舉
留不敢遽鳴私
花橋樹色鎖蒼煙一水遥通日下船僮僕聚看疑是客親朋聽說
便訪仙熏鑪茗椀從容置錦軸牙籤次第編是處紅塵飛不到壺
中真箇日如年
一

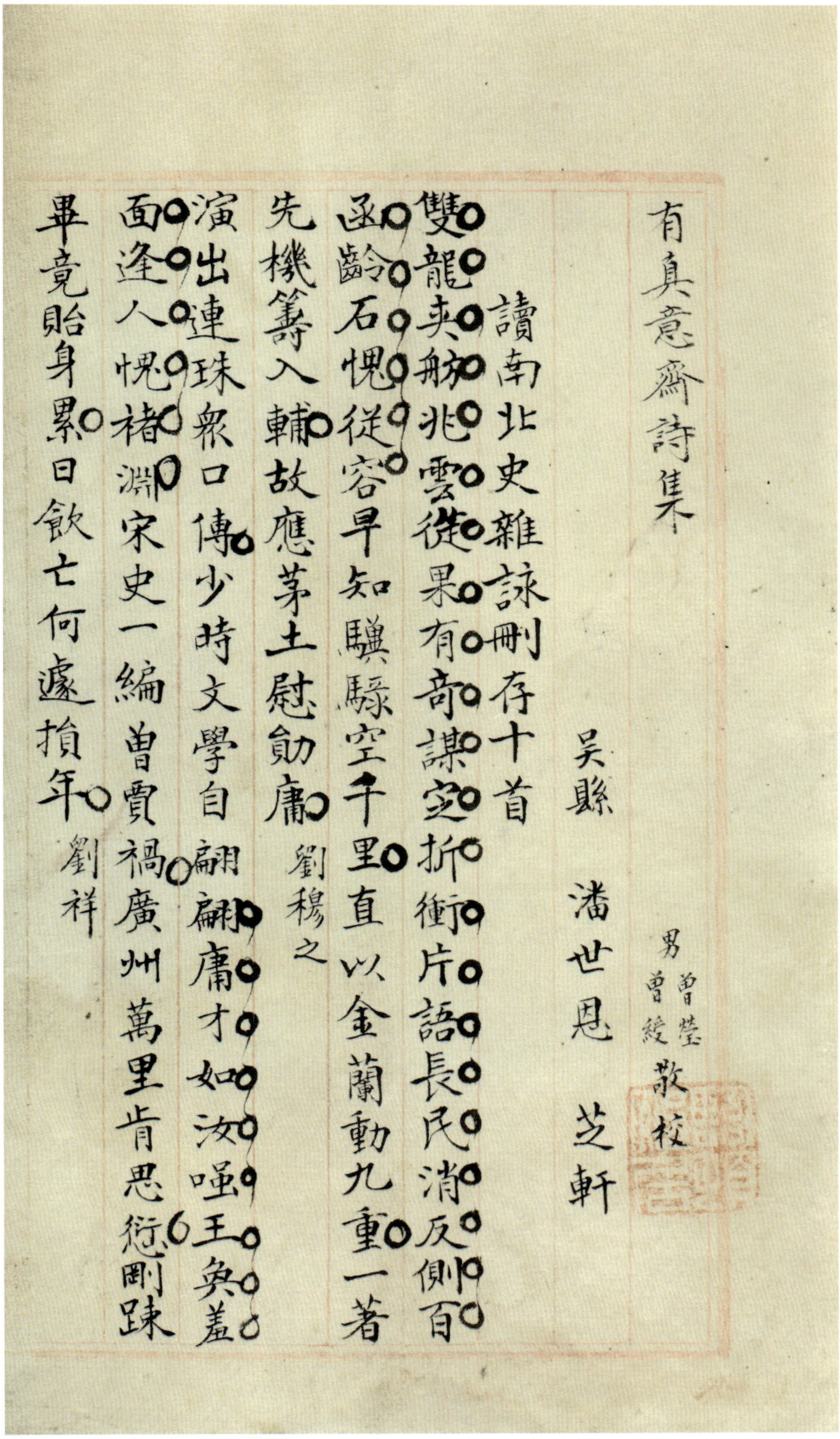
有真意齋詩集
男 曾瑩 曾綬 敬校
吳縣 潘世恩 芝軒
讀南北史雜詠刪存十首
雙龍夾舸兆雲從果有奇謀定折衝片語長民消反側百
函齡石愧從容早知驥騄空千里直以金蘭動九重一著
先機籌入輔故應茅土慰勛庸 劉穆之
演出連珠衆口傳少時文學自翩翩庸才如汝嗤王奐羞
面逢人愧褚淵宋史一編曾貫禍廣州萬里肯思愆剛躁
畢竟貽身累日飲亡何遽損年 劉祥

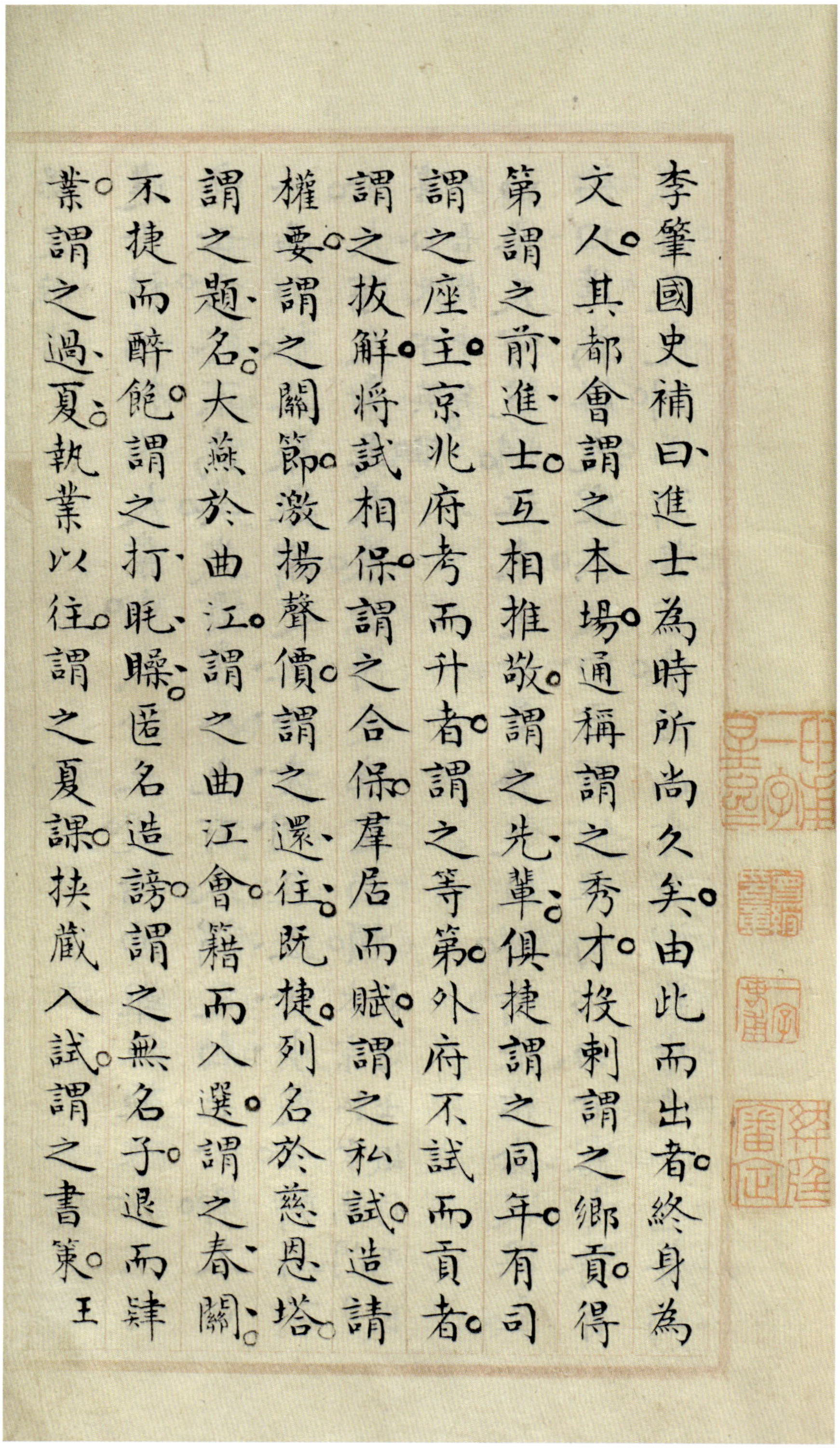
李肇國史補曰進士為時所尚久矣由此而出者終身為
文人其都會謂之本場通稱謂之秀才投刺謂之鄉貢得
第謂之前進士互相推敬謂之先輩俱捷謂之同年有司
謂之座主京兆府考而升者謂之等第外府不試而貢者
謂之拔解將試相保謂之合保羣居而賦謂之私試造請
權要謂之關節激揚聲價謂之還往既捷列名於慈恩塔
謂之題名大燕於曲江謂之曲江會籍而入選謂之春闈
不捷而醉飽謂之打眊矂匿名造謗謂之無名子退而肄
業謂之過夏執業以往謂之夏課挾藏入試謂之書策王

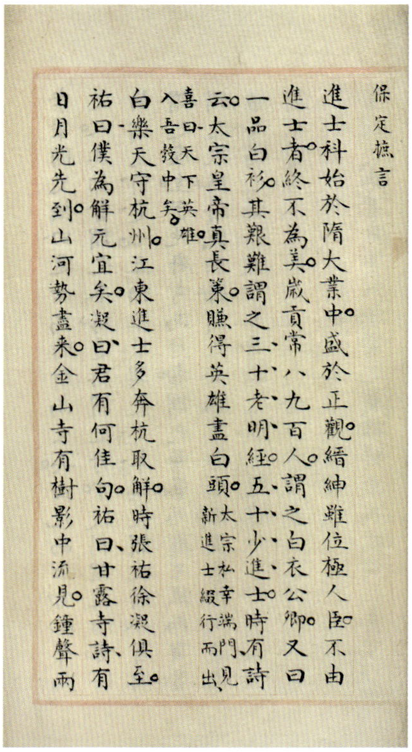
保定摭言
進士科始於隋大業中盛於正觀縉紳雖位極人臣不由
進士者終不為美歲貢常八九百人謂之白衣公卿又曰
一品白衫其艱難謂之三十老明經五十少進士時有詩
云太宗皇帝真長策賺得英雄盡白頭太宗私幸端門見新進士綴行而出喜曰天下英雄入吾彀中矣
白樂天守杭州江東進士多奔杭取解時張祜徐凝俱至
祜曰僕為解元宜矣凝曰君有何佳句祜曰甘露寺詩有
日月光先到山河勢盡來金山寺有樹影中流見鐘聲兩

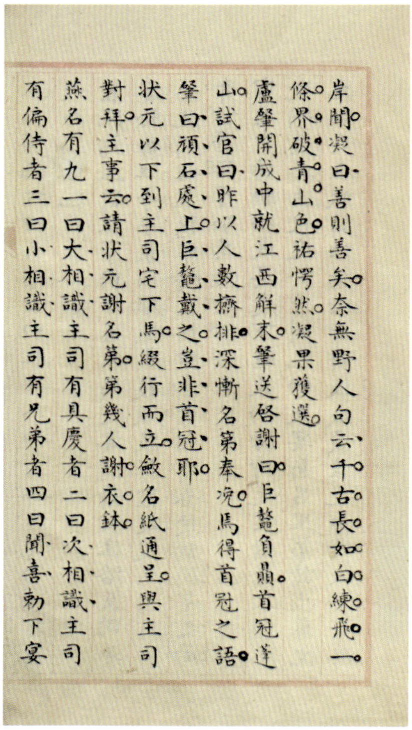
岸聞凝曰善則善矣奈無野人句云千古長如白練飛一
條界破青山色祜愕然凝果獲選
盧肇開成中就江西解末肇送啓謝曰巨鼇負鼎首冠蓬
山試官曰昨以人數擠排深慚名第奉浼馬得首冠之語
肇曰頑石處上巨鼇戴之豈非首冠耶
狀元以下到主司宅下馬綴行而立斂名紙通呈與主司
對拜主事云請狀元謝名第第幾人謝衣鉢
燕名有九一曰大相識主司有具慶者二曰次相識主司
有偏侍者三曰小相識主司有兄弟者四曰聞喜勅下宴

132 消暑随笔一卷

（清）潘世恩撰　清抄本

Essays for spending the summer, one volume

Written by Pan Shien from the Qing Dynasty

Transcription, the Qing Dynasty (1644-1911)

线装，版框尺寸20.4×12.1cm，半叶九行，行二十二字，小字双行同，白口，四周双边，单红鱼尾。

朱丝栏抄纸，版心下有“青云斋”。书中钤“绂庭审定”朱文方印、“映榆仙馆”白文方印、“申甫一字星斋”朱文方印、“曾绶印章”白文方印、“一字若甫”朱文方印。

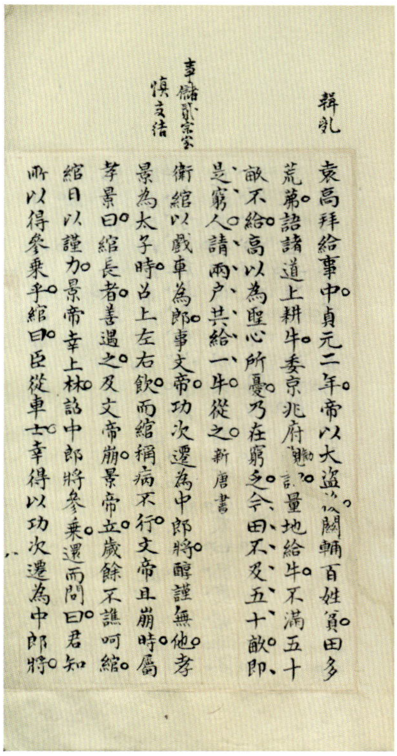

辯亂 事備貳宗室 慎交結

袁高拜給事中。貞元二年。帝以大盜之後。以關輔百姓貧。田多荒萊。詔諸道上耕牛。委京兆府勘。量地給牛。不滿五十畝不給。高以為聖心所憂。乃在窮乏。今田不及五十畝即是窮人。請兩戶共給一牛。從之。新唐書

衛綰以戲車為郎。事文帝。功次遷為中郎將。醇謹無他。孝景為太子時。召上左右飲。而綰稱病不行。文帝且崩時屬孝景曰。綰長者。善遇之。及文帝崩。景帝立。歲餘不譙呵綰。綰日以謹力。景帝幸上林。詔中郎將參乘。還而問曰。君知所以得參乘乎。綰曰。臣從車士。幸得以功次遷為中郎將。

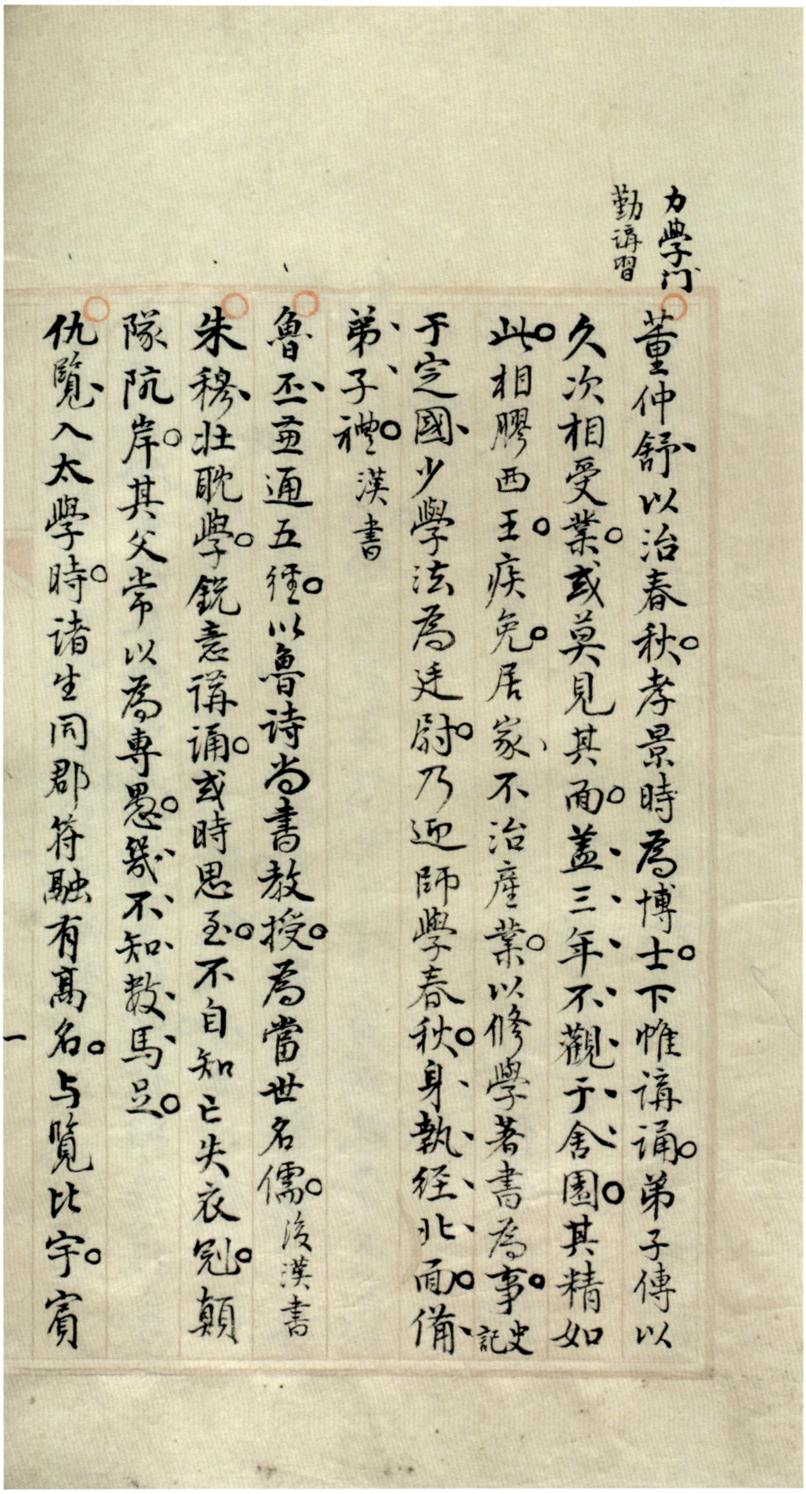

力學门 勤誦習

董仲舒以治春秋。孝景時為博士。下帷講誦。弟子傳以久次相受業。或莫見其面。蓋三年不窺于舍園。其精如此。相膠西王。疾免。居家不治産業。以修學著書為事。史記

于定國少學法為廷尉。乃迎師學春秋。身執經北面。備弟子禮。漢書

魯丕通五經。以魯詩尚書教授。為當世名儒。後漢書

朱穆壯耽學。鋭意講誦。或時思至。不自知亡失衣冠。顛隊阬岸。其父常以為專愚。幾不知數馬足。

仇覽入太學時。諸生同郡符融有高名。与覽比宇。賓

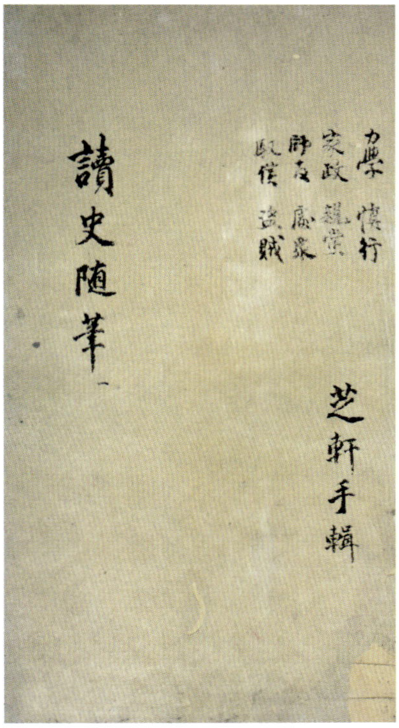

讀史隨筆

力學 懷行
家政 親賓
静存 處衆
馭僕 盜賊

芝軒手輯

133 读史随笔不分卷

（清）潘世恩撰　稿本

Essays of the history reading

Written by Pan Shien from the Qing Dynasty

Manuscript

线装，版框尺寸19.7×13.0cm，半叶九行，行字数不等，小字双行不等，白口，四周单边，单红鱼尾。

国家珍贵古籍名录号04393。

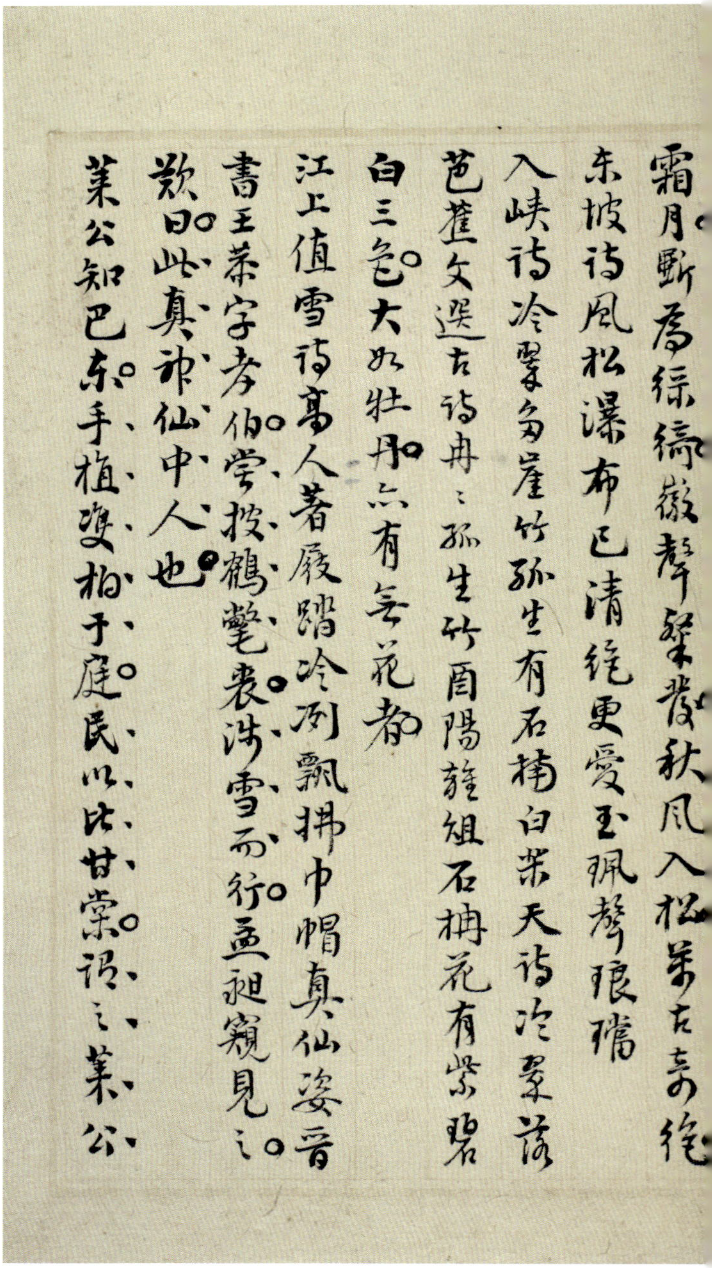

霜月斷雁孫綺巖聲瀑聲秋風入松第古奇絕
东坡詩風松瀑布已清絕更愛玉珮聲琅璫
入峡詩冷翠多崖竹孤生有石楠白樂天詩泠翠落
芭蕉文選古詩冉冉孤生竹酉陽雜俎石楠花有紫碧
白三色大如牡丹亦有無花者
江上值雪詩高人著屐踏冷冽飄拂巾帽真仙姿晉
書王恭字孝伯嘗披鶴氅裘涉雪而行孟昶窺見之
歎曰此真神仙中人也
萊公知巴東手植雙柏于庭民以比甘棠謂之萊公

134 东坡诗话不分卷

（清）潘世恩辑　稿本

Poetry comments by Mr. Dongpo

Compiled by Pan Shien from the Qing Dynasty

Manuscript

册页装，版框尺寸19.8×13.0cm，半叶九行，行十八至二十字不等，小字双行不等，四周双边。

灰丝栏抄纸，书中钤“杜龕”白文竖长印、“滂喜斋”朱文方印、“郑龕”朱文方印、“潘世恩印”白界边方印、“芝轩”朱界格方印、“祖颐”白界边方印、“祖”朱文方印、“荫”朱文方印、“翰林供奉”朱文方印。

東坡詩話

芝軒手録

東坡犍爲王氏書樓詩云是昔人藏書處磊落萬卷今生塵。按彭乘墨客揮犀杜學士鎬博聞強記。凡有檢閱。取視無差。士大夫有所撰著。多以古事詢之。無不知者。號爲杜萬卷。

郭璞記犍爲郡北百里有書樓山。先生在黃。如與王齊萬秀才詩云。君家稻田冠西蜀。搗玉揚珠三萬斛。塞江流柹起書樓。碧瓦朱欄照山谷。齊萬字文甫蜀人。時寓武昌郡。當即書樓主人也。

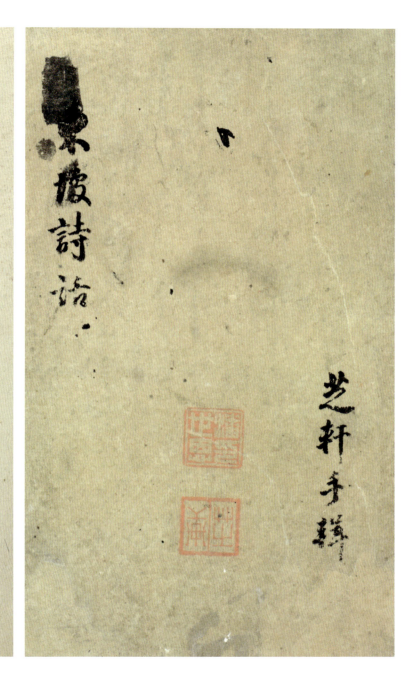

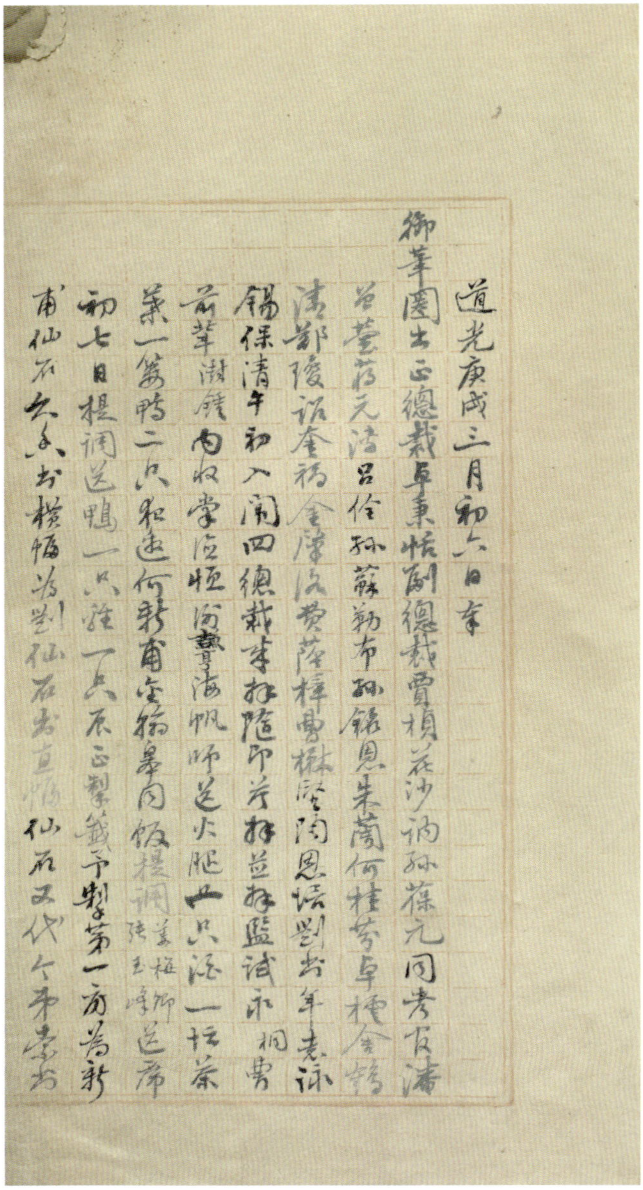

道光庚戌三月初六日

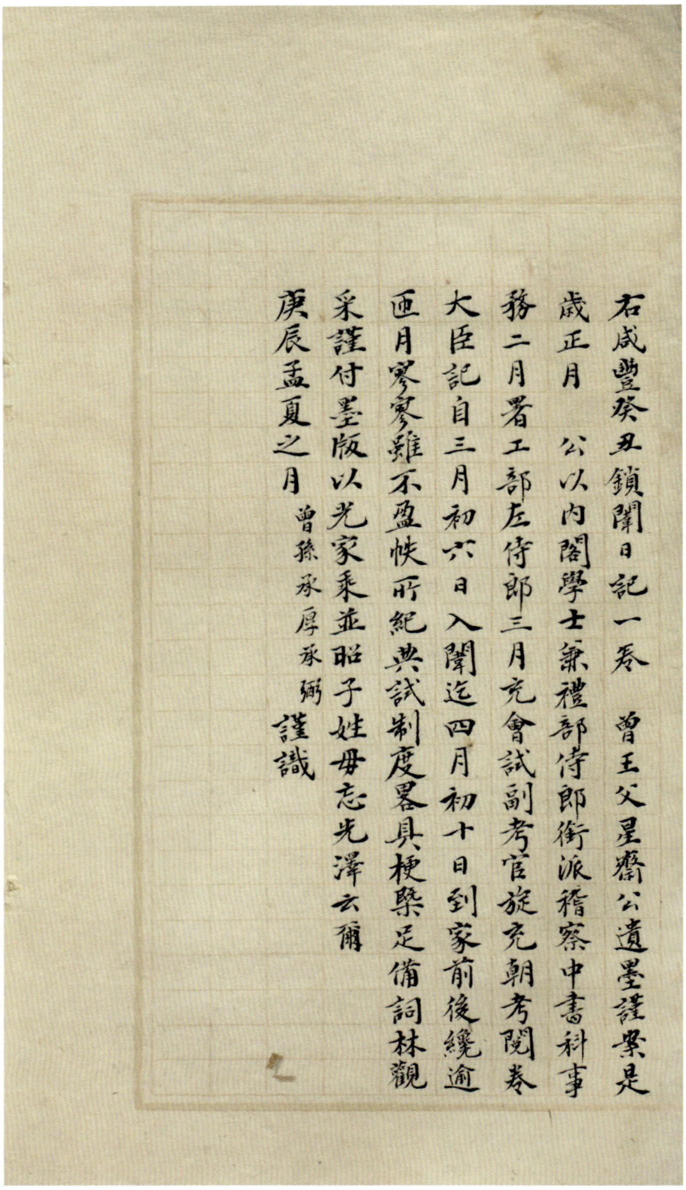

右咸豐癸丑鎖闈日記一卷 曾王父星齋公遺墨謹案是
歲正月 公以内閣學士兼禮部侍郎銜派稽察中書科事
務二月署工部左侍郎三月充會試副考官旋充朝考閱卷
大臣記自三月初六日入闈迄四月初十日到家前後纔逾
匝月寥寥雖不盈帙所紀典試制度畧具梗槩足備詞林觀
采謹付墨版以光家乘並貽子姓毋忘先澤云爾
庚辰孟夏之月 曾孫承厚承弼 謹識

135 丙午使滇日记一卷癸丑锁闱日记一卷锁闱偶记一卷

（清）潘曾莹撰　稿本　清潘承厚、潘承弼跋　（《丙午使滇日记》清道光二十六年闰五月十四日至九月初二日，《癸丑锁闱日记》清咸丰三年三月初六日至四月初十日，《锁闱偶记》清道光三十年三月初六日至四月初十日）

Dairy of Pan Cengying
Written by Pan Cengying from the Qing Dynasty
Manuscript with Pan Chenghou and Pan Chengbi's postscripts

线装，版框尺寸：《丙午使滇日记》17.1×10.2cm、《癸丑锁闱日记》19.1×11.6cm、《锁闱偶记》19.4×11.1cm，半叶九行，行二十五字，白口，四周双边，单红鱼尾。

《丙午使滇日记》、《锁闱偶记》书名均为潘曾莹手笔，《锁闱偶记》全篇皆用笔蘸靛蓝写就，第三种封面为夏孙桐署"癸丑琐闱日记"，并有"孙桐之印"白文方印。书后有潘承厚、潘承弼兄弟跋。潘曾莹（1808-1878），字申甫，号星斋、黼廷，吴县人，潘世恩次子。道光二十一年（1841）进士，官翰林院庶吉士、编修，学植深厚，尤长于史学，工诗古文词。收藏书画甚富，室名曰小鸥波馆。《丙午使滇日记》后收入《陟冈楼丛刊》石印出版，《癸丑锁闱日记》后有影印本行世（1940）。除此之外，潘氏日记稿本存世者尚有天津图书馆藏《潘黼廷先生日记》，上海图书馆藏《小鸥波馆日记》。

国家珍贵古籍名录号03989。

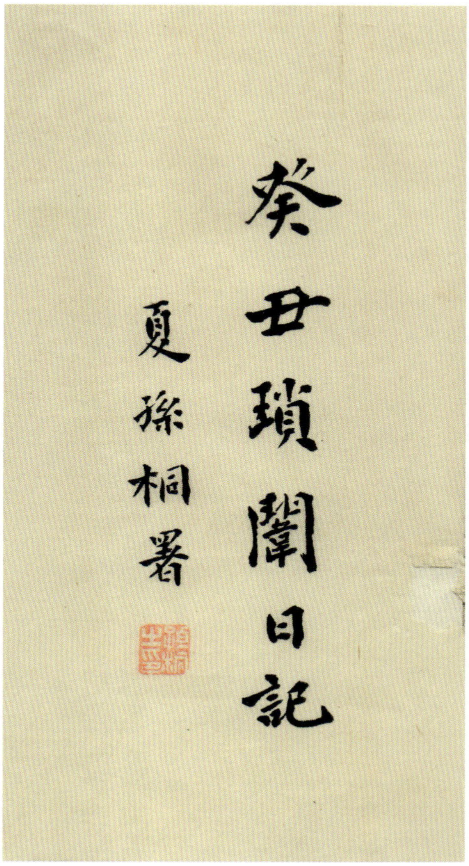

癸丑瑣闈日記
夏孫桐署

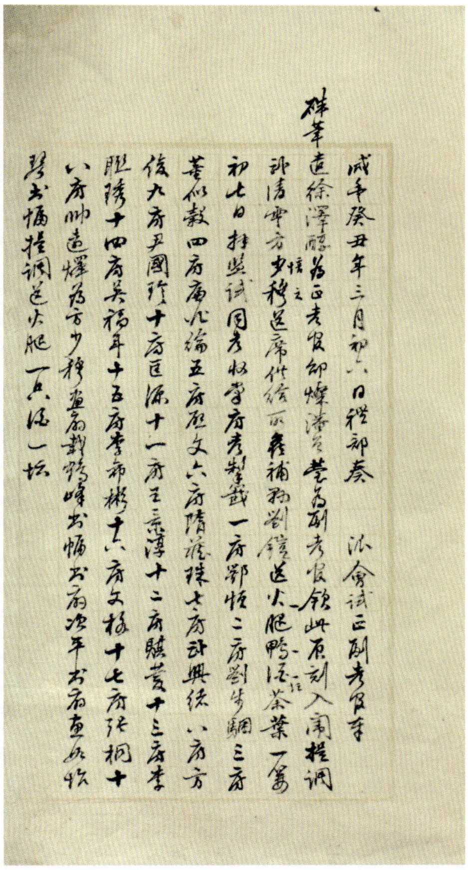

咸丰癸丑年三月初六日礼部奏

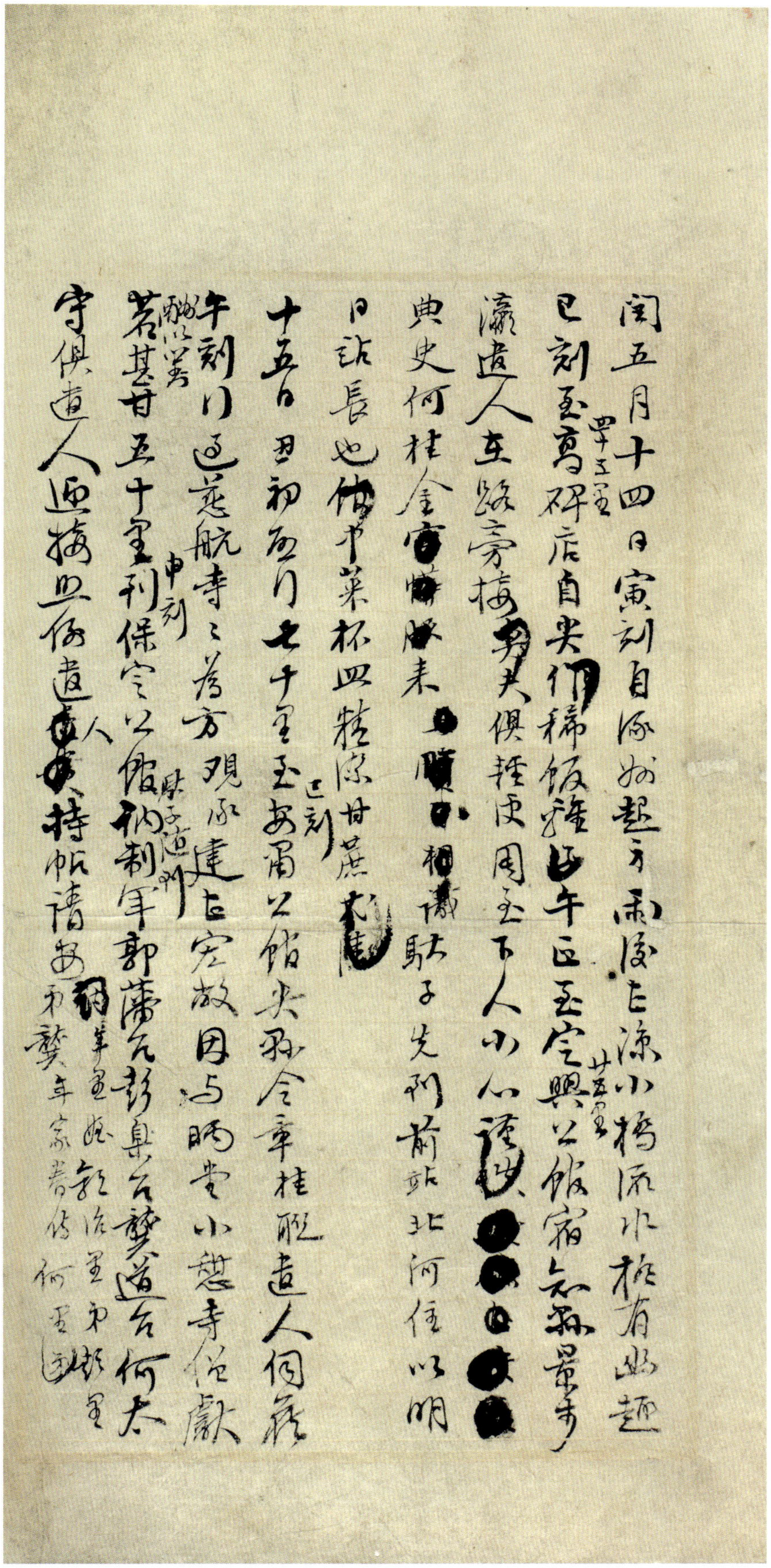

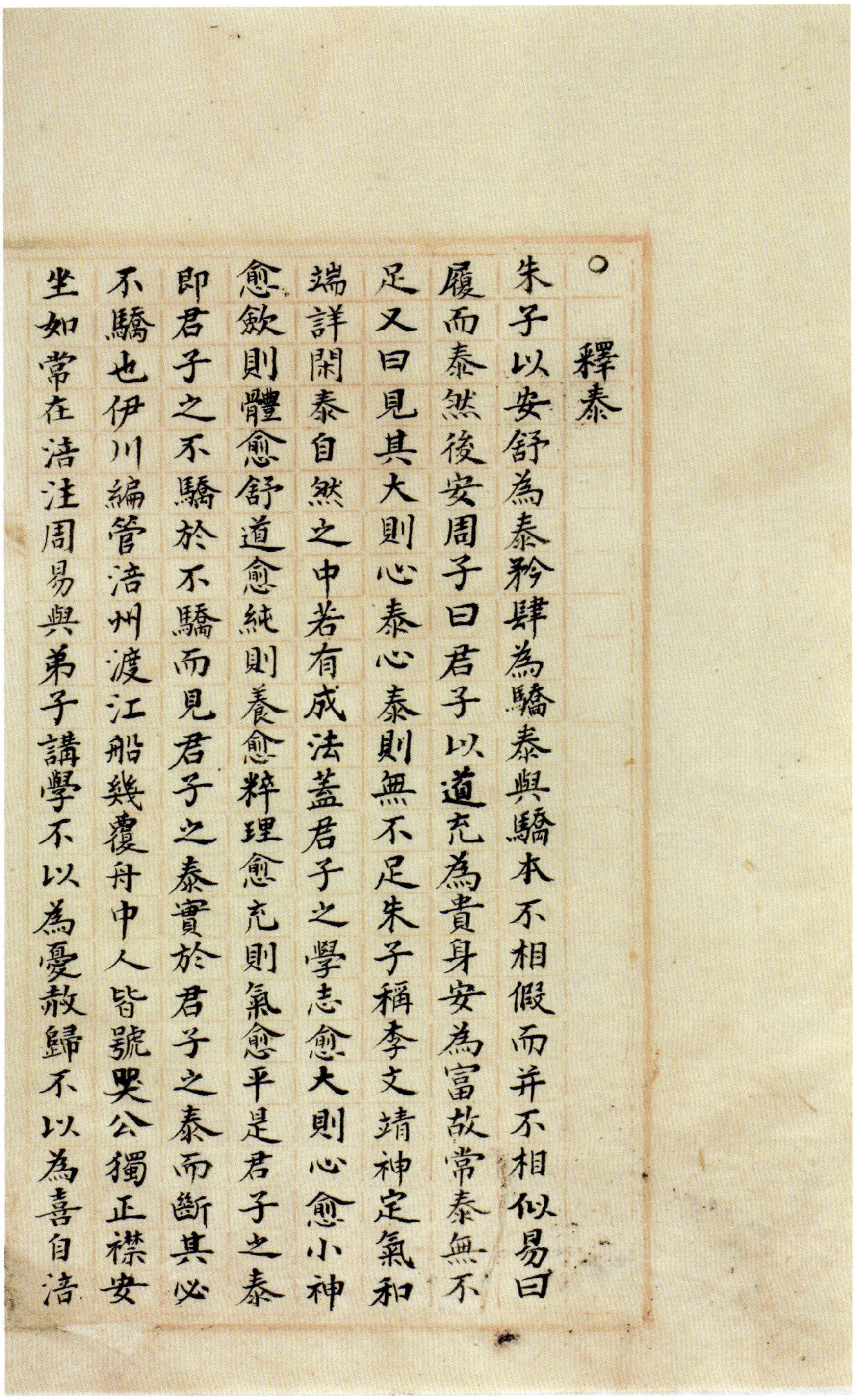

釋泰

朱子以安舒為泰矜肆為驕泰與驕本不相假而并不相似易曰履而泰然後安周子曰君子以道充為貴身安為富故常泰無不足又曰見其大則心泰心泰則無不足朱子稱李文靖神定氣和端詳閑泰自然之中若有成法蓋君子之學志愈大則心愈小神愈歛則體愈舒道愈純則養愈粹理愈充則氣愈平是君子之泰即君子之不驕於不驕而見君子之泰實於君子之泰而斷其必不驕也伊川編管涪州渡江船幾覆舟中人皆號哭公獨正襟安坐如常在涪注周易與弟子講學不以為憂赦歸不以為喜自涪

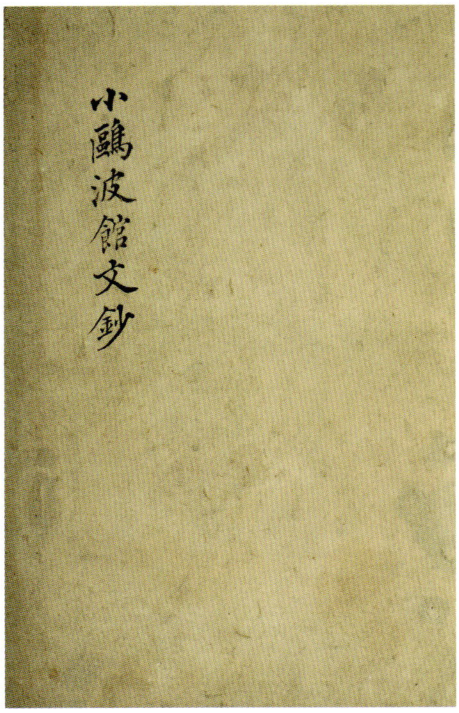

小鷗波館文鈔

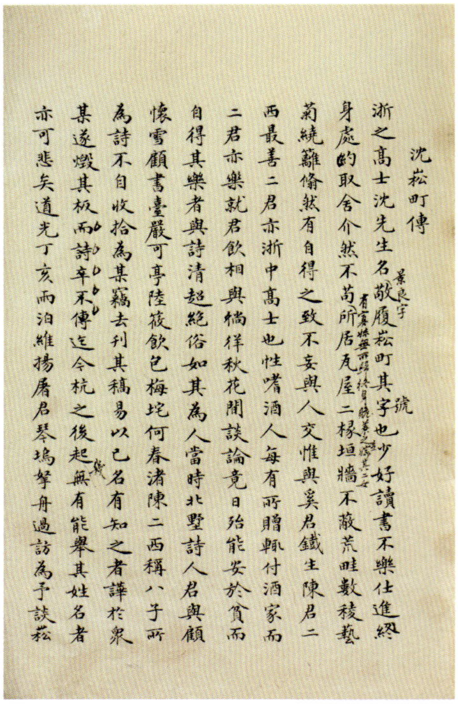

沈崧町傳

浙之高士沈先生名敬履崧町其字也少好讀書不樂仕進終身處约取舍介然不苟所居瓦屋二椽垣牆不蔽荒畦數稜藝菊繞籬脩然有自得之致不妄與人交惟與奚君鐵生陳君二西最善二君亦浙中高士也性嗜酒人每有所贈輒付酒家而二君亦樂就君飲相與徜徉秋花間談論竟日殆能安於貧而自得其樂者與詩清超絶俗如其為人當時北墅詩人君與顧懷雪顧書臺嚴可亭陸筱飲包梅垞何春渚陳二西稱八子所為詩不自收拾為某竊去刊其稿易以己名有知之者譁於衆某遂燬其板而詩卒不傳迄今杭之後起無有能舉其姓名者亦可悲矣道光丁亥雨泊維揚屠君琴塢挐舟過訪為予談崧

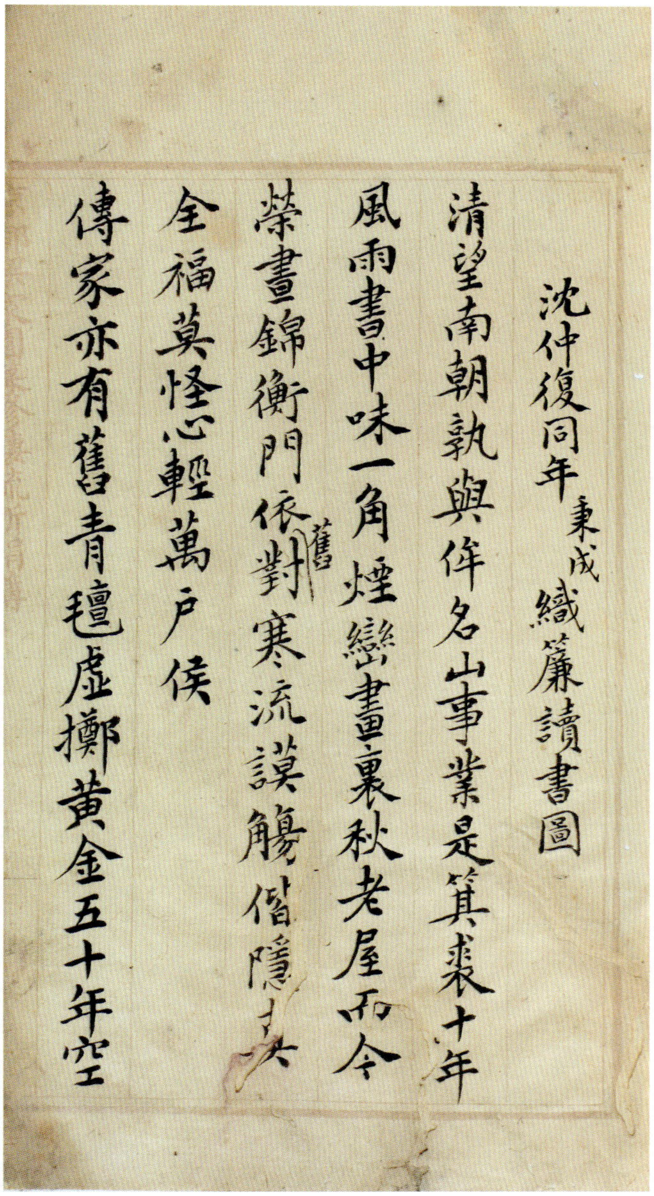

沈仲復同年庚戌織簾讀書圖
清望南朝孰與侔名山事業是箕裘十年
風雨書中味一角煙巒畫裏秋老屋而今
榮晝錦衡門依舊對寒流謨觴偕隱夫
全福莫怪心輕萬戶侯
傳家亦有舊青氈虛擲黃金五十年空

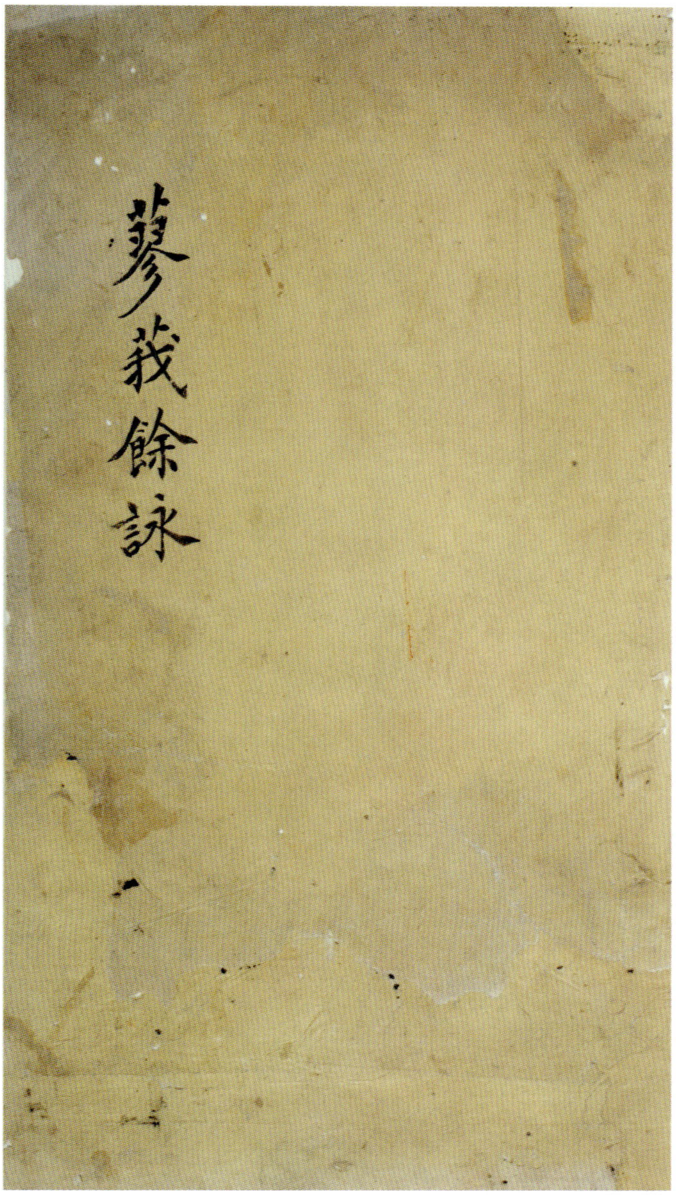

蓼莪餘詠

136 蓼莪余咏一卷小鸥波馆文钞不分卷小鸥波馆文集不分卷

（清）潘曾莹撰　稿本

Works of the Xiao Ou Bo Guan

Written by Pan Cengying from the Qing Dynasty

Manuscript

线装，《蓼莪余咏》所用为朱丝栏抄纸，版心上有“京都梁家园募修栖流所捐簿”，版框尺寸21.7×14.0cm，半叶6行，行字数不等，小字双行不等，白口，四周双边；《小鸥波馆文钞》所用稿纸有二，一为“翰文斋”朱格抄纸，版框尺寸20.2×11.2cm，半叶九行，行二十五字，小字双行同，白口，四周双边，单红鱼尾；一为素面抄纸，半叶十行，行二十四字。《小鸥波馆文集》所用为“四宝斋”朱格抄纸，版框尺寸19.0×11.0cm，半叶九行，行二十五字，白口，四周双边，单红鱼尾。

《小鸥波馆文集》中钤“承弼世守”朱文方印。

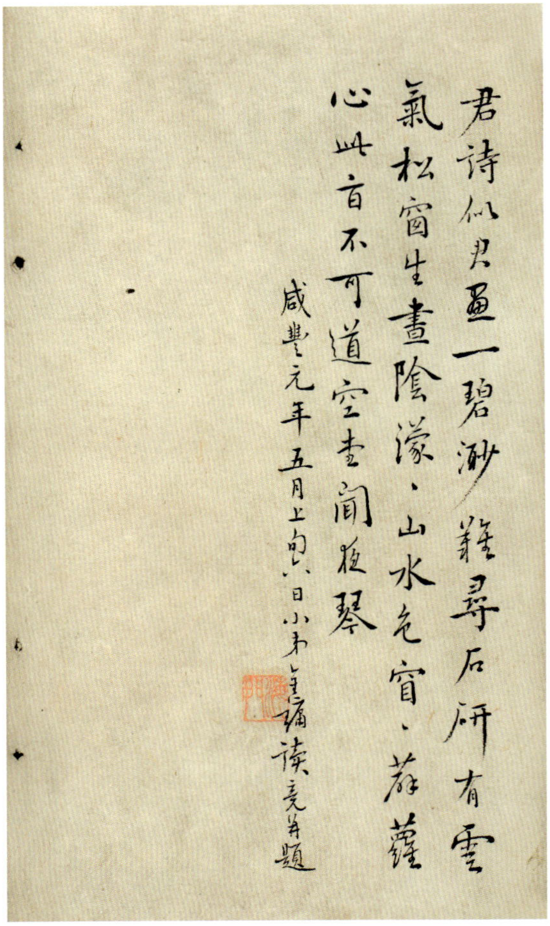
君詩似其畫一碧渺難尋石研有雲
氣松窗生畫陰濛濛山水色宵宵薜蘿
心此音不可道空齋聞夜琴
咸豐元年五月上旬六日小弟□□讀竟并題

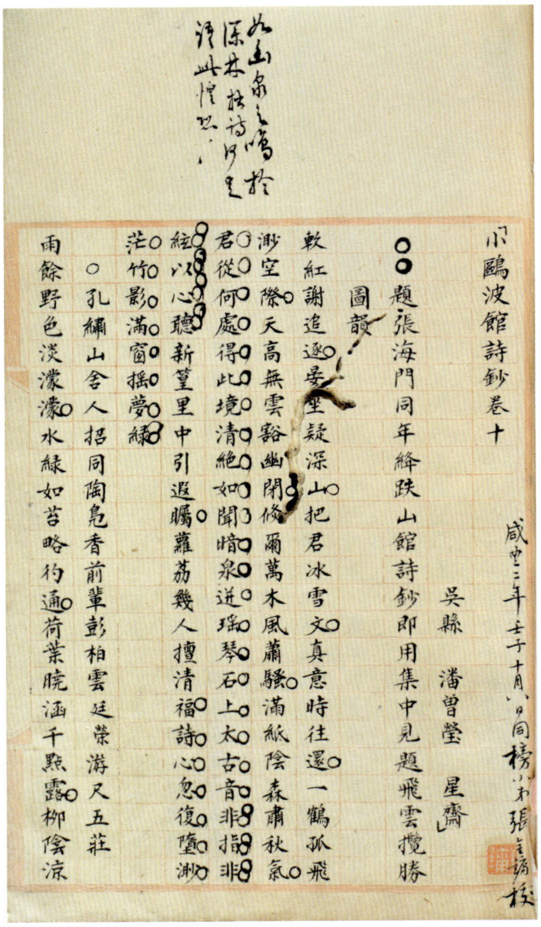
如山泉之鳴於
深林林詩似之
讀此悵然

小鷗波館詩鈔卷十
吴縣 潘曾瑩 星齋
咸豐二年壬子十月八日同榜小弟張□□校
題張海門同年絳趺山館詩鈔即用集中見題飛雲攬勝
圖韻
軟紅謝追逐晏坐疑深山把君冰雪文真意時往還一鶴孤飛
渺空際天高無雲豁幽閒修爾萬木風蕭騷滿紙陰森肅秋氣
君從何處得此境清絶如聞暗泉迸瑶琴石上太古音非指非
絃以心聽新篁里中引遐矚蘿荔幾人擅清福詩心忽復墮渺
茫竹影滿窗摇夢綠
孔繡山舍人招同陶鳬香前輩彭柏雲廷棠游尺五莊
雨餘野色淡濛濛水綠如苔略彴通荷葉曉涵千點露柳陰涼

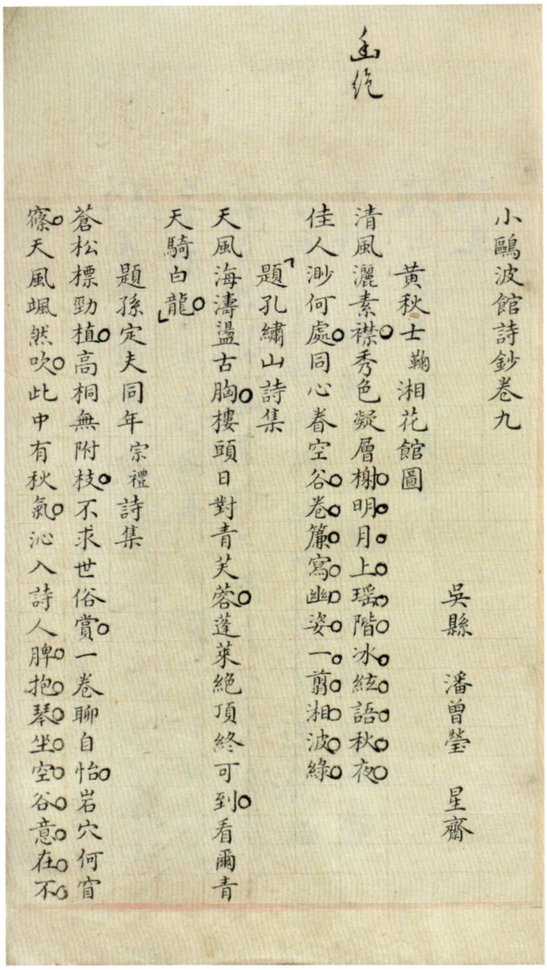
五絶
小鷗波館詩鈔卷九
吴縣 潘曾瑩 星齋
黄秋士鞠湘花館圖
清風灑素襟秀色凝層櫊明月上瑶階冰紈語秋夜
佳人渺何處同心春空谷卷簾寫幽姿一翦湘波綠
題孔繡山詩集
天風海濤盪古胸摟頭日對青芙蓉蓬萊絶頂終可到看爾青
天騎白龍
題孫定夫同年宗禮詩集
蒼松標勁植高桐無附枝不求世俗賞一卷聊自怡岩穴何宵
寥天風颯然吹此中有秋氣沁入詩人脾抱琴坐空谷意在不

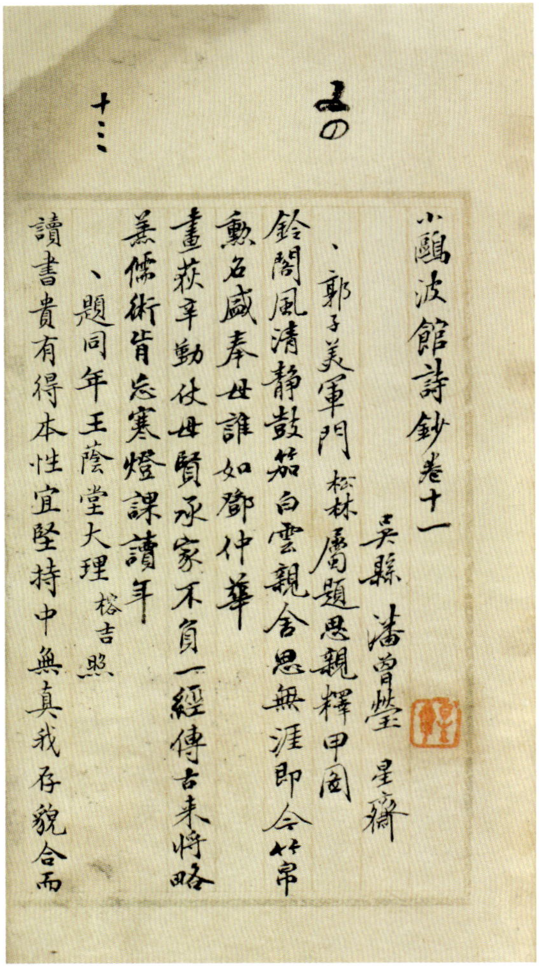
五の
十三
小鷗波館詩鈔卷十一
吴縣 潘曾瑩 星齋
郭子美軍門松林屬題思親釋甲圖
鈴閣風清靜鼓笳白雲親舍思無涯即今竹帛
勳名盛奉母誰如鄧仲華
畫荻辛勤仗母賢承家不負一經傳古來將略
兼儒術肯忘寒燈課讀年
題同年王蔭堂大理裕吉照
讀書貴有得本性宜堅持中無真我存貌合而

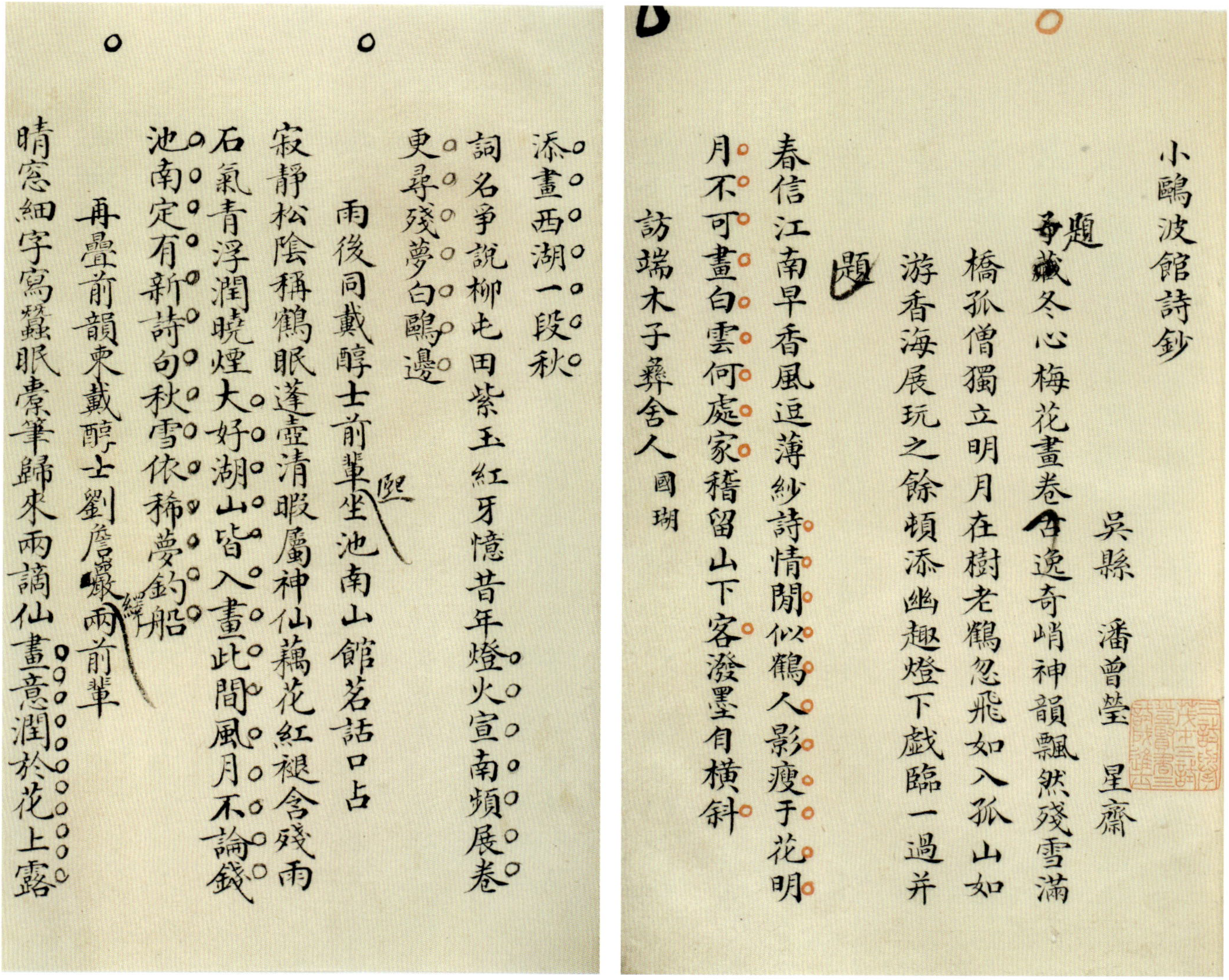

小鷗波館詩鈔

吳縣 潘曾瑩 星齋

題予藏冬心梅花畫卷古逸奇峭神韻飄然殘雪滿

橋孤僧獨立明月在樹老鶴忽飛如入孤山如

游香海展玩之餘頓添幽趣燈下戲臨一過并

題

春信江南早香風逗薄紗詩情閒似鶴人影瘦于花明

月不可畫白雲何處家稽留山下客潑墨有橫斜

訪端木子彝舍人國瑚

添畫西湖一段秋

詞名爭說柳屯田紫玉紅牙憶昔年燈火宣南頻展卷

更尋殘夢白鷗邊

雨後同戴醇士前輩熙坐池南山館茗話口占

寂靜松陰稱鶴眠蓬壺清暇屬神仙藕花紅褪含殘雨

石氣青浮潤曉煙大好湖山皆入畫此間風月不論錢

池南定有新詩句秋雪依稀夢釣船

再疊前韻柬戴醇士劉詹巖繹兩前輩

晴窗細字寫蠶眠橐筆歸來兩謫仙畫意潤於花上露

137 小鸥波馆诗钞十五卷

（清）潘曾莹撰　稿本　存六卷（九至十一、十三至十五）

Poetry anthology of the Xiao Ou Bo Guan, Fifteen volumes

Written by Pan Cengying from the Qing Dynasty

Manuscript

Six volumes collection (No.9-11, 13-15)

线装，所用稿纸有三，卷九至十所用为朱格抄纸，版框尺寸18.8×14.6cm，半叶十一行，行二十四字，小字双行同，红口，左右双边，双对红鱼尾；卷十一所用为“乾元纸店”朱丝栏抄纸，版框尺寸15.2×10.0cm，半叶九行，行字数不等，小字双行不等，白口，四周双边，单红鱼尾；卷十三至十五所用为“青莲室”朱格抄纸，版框尺寸17.8×10.1cm，半叶九行，行二十五字，小字双行同，白口，四周双边，单红鱼尾。

此种有张金镛圈评，并钤“星斋”朱文方印、“三试举茂才三试登贤书三试成进士”朱文方印、“海门”朱文方印、“金镛”白文方印、“香案吏”白文方印、“禧伯读过”白文方印、“嘉葆曾读”白文方印、“臣光宸印”白文方印。

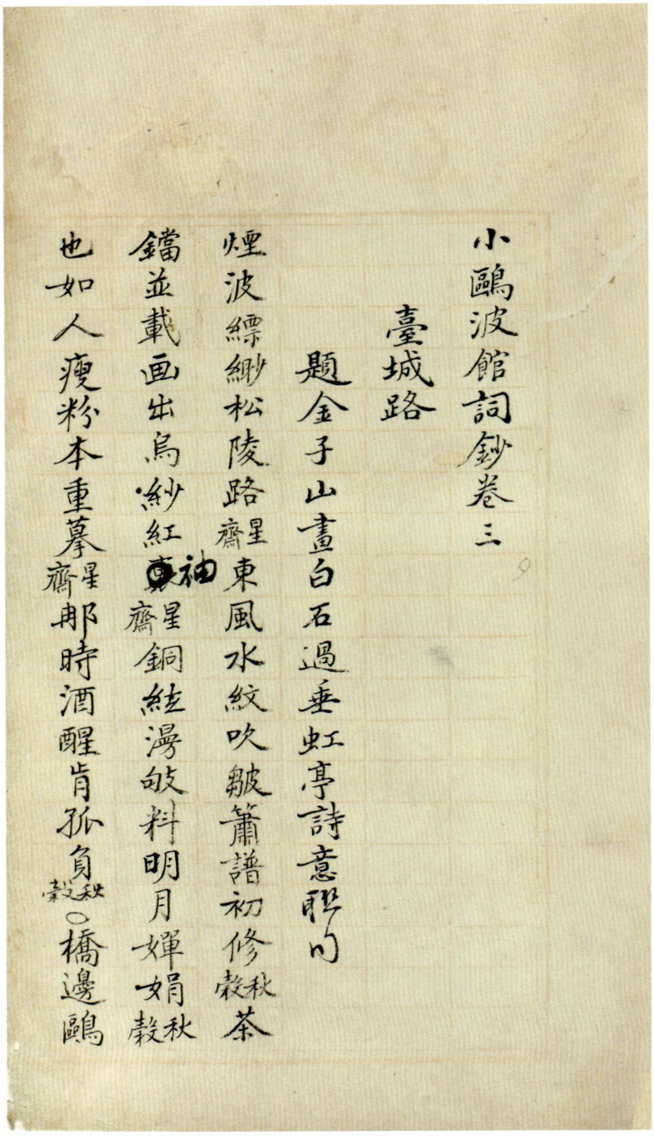

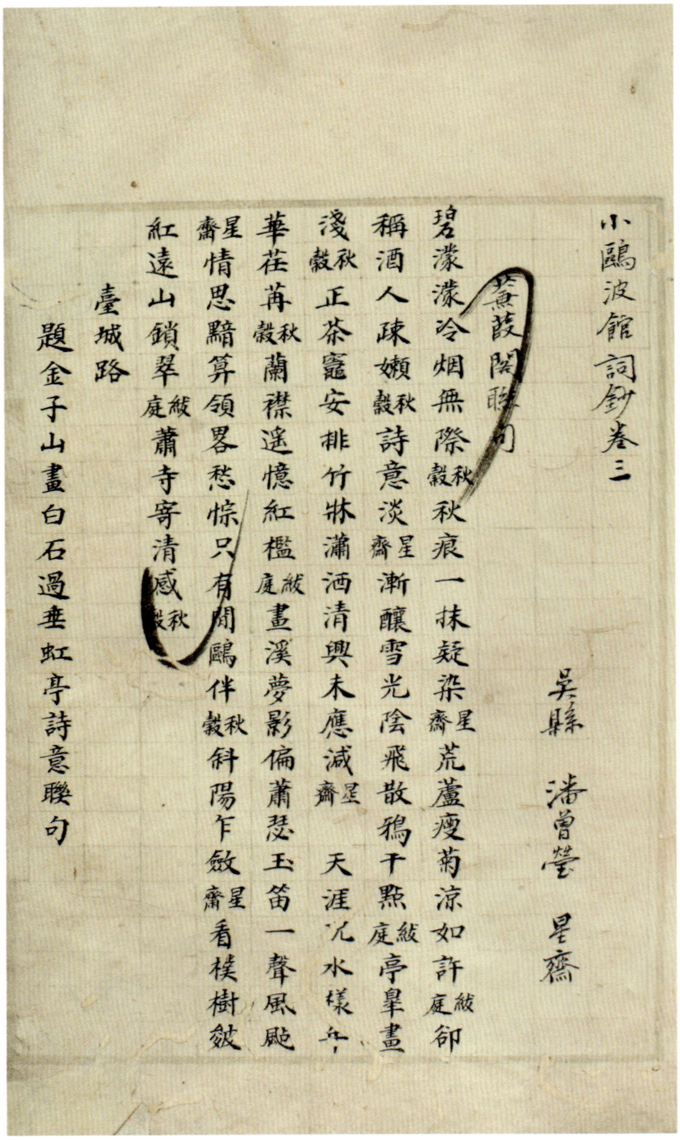

138 小鸥波馆词钞□卷岁可年谱不分卷花间笛谱一卷

（清）潘曾莹撰　稿本　存二卷（三，笛谱全）

Poetry anthology of the Xiao Ou Bo Guan; Chronological Biography (Sui Ke); Flute score (Hua Jian)

Written by Pan Cengying from the Qing Dynasty

Manuscript

线装，稿纸有三，一为“四宝斋”朱丝栏抄纸，版框尺寸14.3×11.4cm，半叶八行，行字数不等，白口，四周双边，单红鱼尾；一为“松竹斋”红格抄纸，版框尺寸19.0×12.3cm，半叶六行，行二十字，小字双行同，白口，四周双边，单红鱼尾；一为绿格抄纸，版框尺寸19.2×14.7cm，半叶十一行，行二十四字，小字双行同，绿口，左右双边，单绿鱼尾。

此种所收附录二种，一为《岁可年谱》，传主潘祖同，乃曾莹长子。《花间笛谱》亦词集也，《贩书偶记续编》称另有《鹦武帘栊词抄》，依此种书衣题名及卷端题名，实即同一种也。

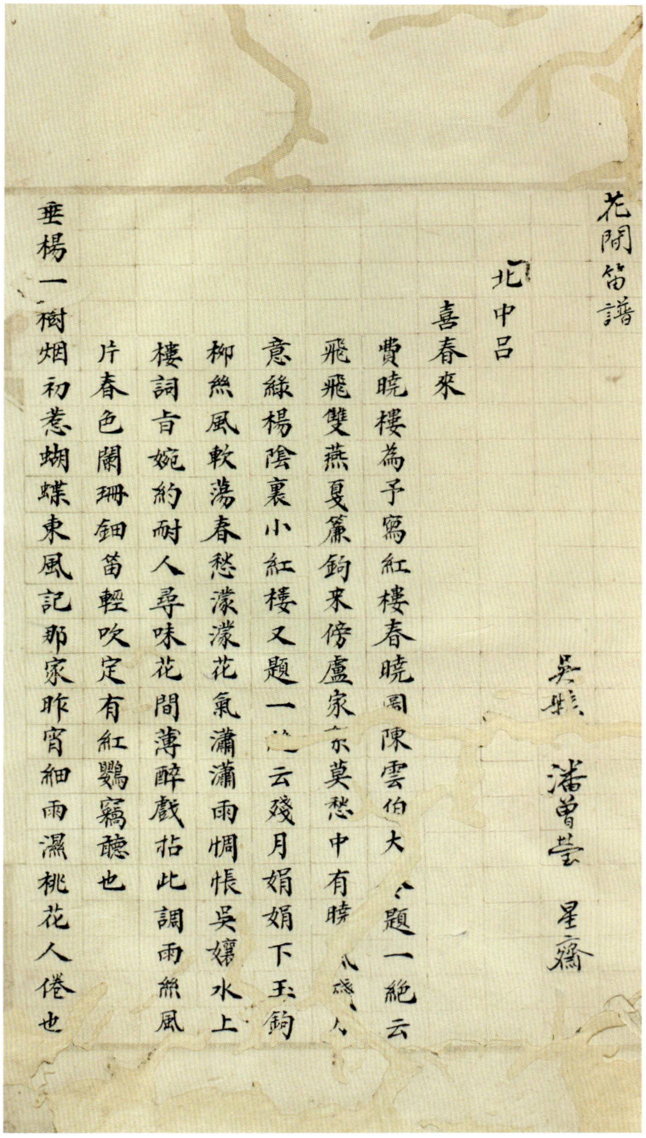

花間笛譜

吳縣 潘曾瑩 星齋

北中呂

喜春來

費曉樓爲予寫紅樓春曉圖陳雲伯大令題一絕云

飛飛雙燕夏簾鈎来傍盧家東莫愁中有曉風殘月

意綠楊陰裏小紅樓又題一絕云殘月娟娟下玉鈎

柳絲風軟蕩春愁濛濛花氣瀟瀟雨惆悵吳孃水上

樓詞旨婉約耐人尋味花間薄醉戲拈此調雨絲風

片春色闌珊鈿笛輕吹定有紅鸚竊聽也

垂楊一樹烟初惹蝴蝶東風記那家昨宵細雨濕桃花人倦也

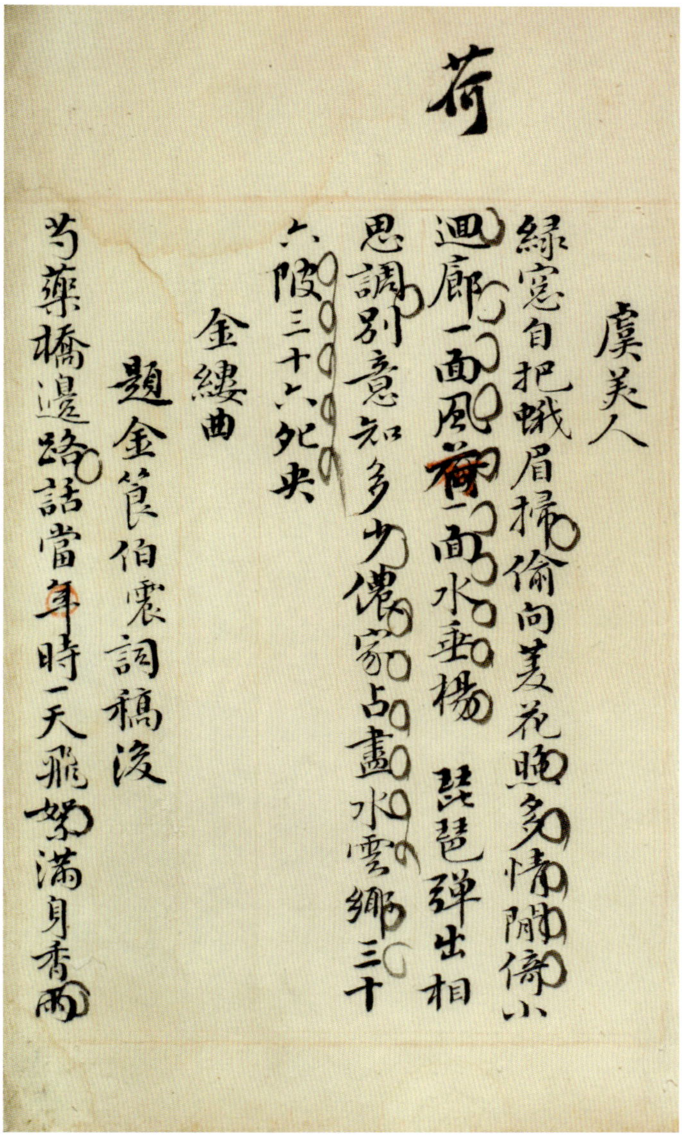

荷

虞美人

綠窗自把蛾眉掃偷向菱花照多情閒倚小

迴廊一面風荷一面水垂楊 琵琶彈出相

思調別意知多少儂家占盡水雲鄉三十

六陂三十六鴛鴦

金縷曲

題金篔伯震詞稿後

芍藥橋邊路話當年時一天飛絮滿身香雨

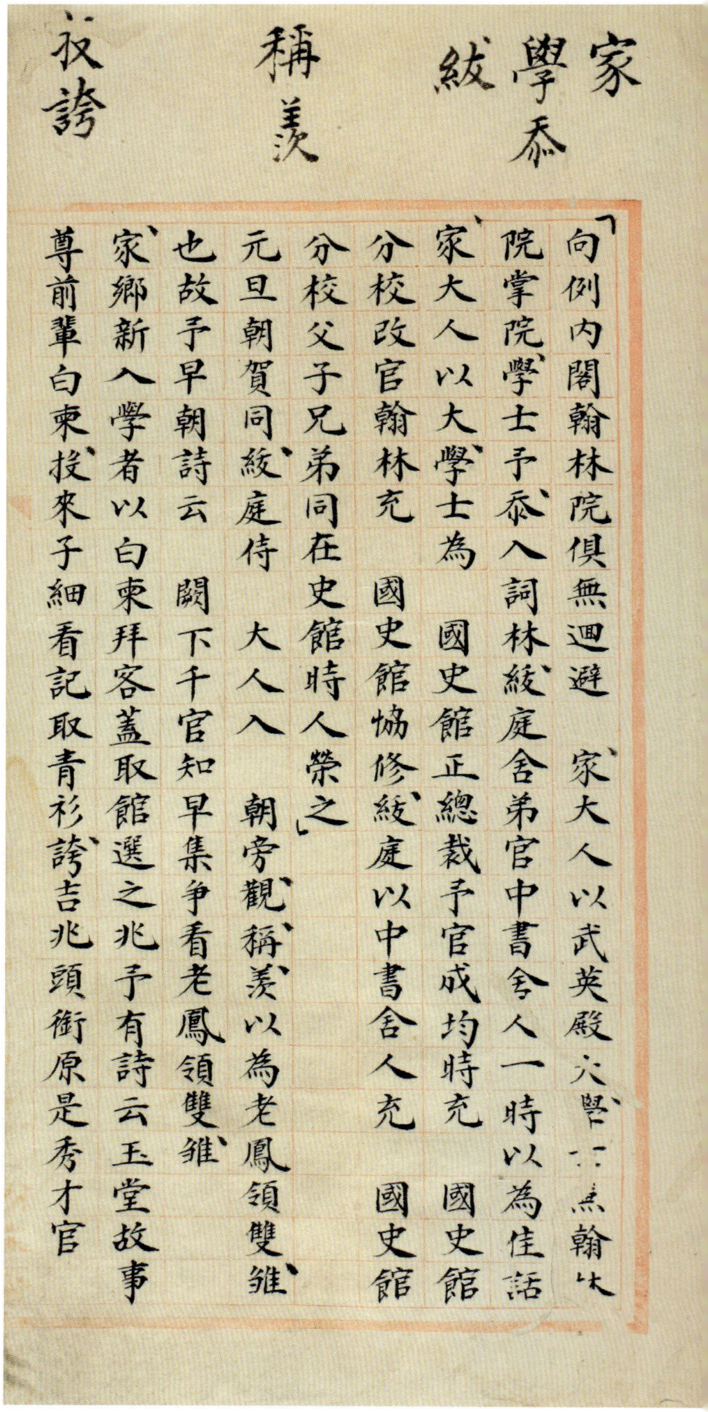

家
學忝
紱
稱羨
衩誇

向例内閣翰林院俱無迴避　家大人以武英殿大學士兼翰林
院掌院學士予忝入詞林紱庭舍弟官中書舍人一時以為佳話
家大人以大學士為　國史館正總裁予官成均時充　國史館
分校改官翰林充　國史館協修紱庭以中書舍人充　國史館
分校父子兄弟同在史館時人榮之
元旦朝賀同紱庭侍　大人入　朝旁觀稱羨以為老鳳領雙雛
也故予早朝詩云　闕下千官知早集爭看老鳳領雙雛
家鄉新入學者以白柬拜客蓋取館選之兆予有詩云玉堂故事
尊前輩白柬投來子細看記取青衫誇吉兆頭銜原是秀才官

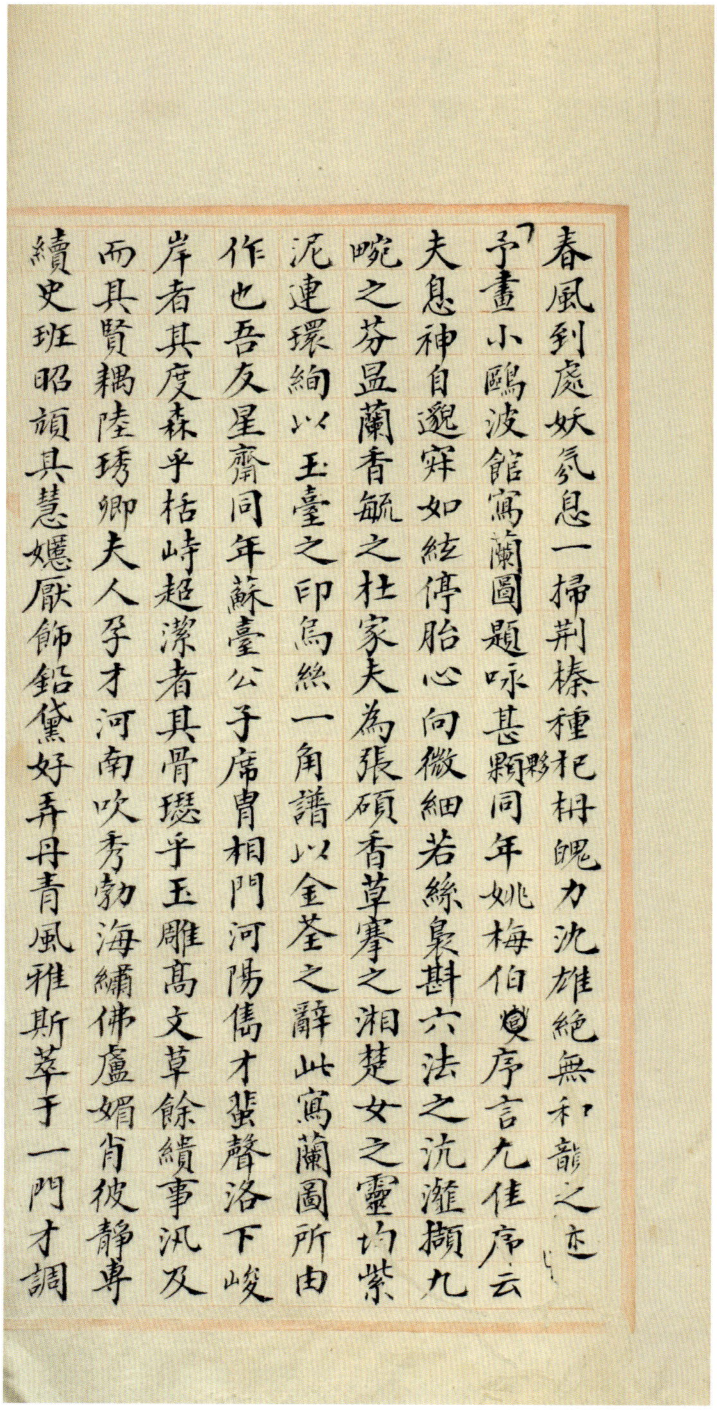

春風到處妖氛息一掃荊榛種杞枏魄力沈雄絕無和龤之迹
予畫小鷗波館寫蘭圖題咏甚夥同年姚梅伯燮序言九佳序云
夫息神自邈穿如絃停胎心向微細若絲梟斟六法之流灑擷九
畹之芬昷蘭香毓之杜家夫為張碩香草搴之湘楚女之靈均紫
泥連環絢以玉臺之印烏絲一角譜以金荃之辭此寫蘭圖所由
作也吾友星齋同年蘇臺公子席胄相門河陽儁才蜚聲洛下峻
岸者其度森乎梧峙超潔者其骨璱乎玉雕高文草餘續事汎及
而其賢耦陸琇卿夫人孕才河南吹秀勃海繡佛盧媚肖彼靜專
續史班昭頎其慧嬺厭飾鉛黛好弄丹青風雅斯萃于一門才調

139　小鸥波馆随笔一卷

（清）潘曾莹撰　清抄本

Essay of the Xiao Ou Bo Guan, one volume

Written by Pan Cengying from the Qing Dynasty

Transcription, the Qing Dynasty

线装，版框尺寸20.2×11.4cm，半叶九行，行二十五字，小字双行同，白口，四周双边，单红鱼尾。

朱格抄纸，版心下有“翰文斋”。

道光丙戌冬予與順之兄紱庭補之兩弟至崑山應童子試榜發順之兄名列第一予第五補之第七時　大人及理齋伯父同至寓所雨後登玉山白雲沾衣烟翠欲滴訪王椒畦先生學浩於易畫軒煮茗談詩翛然意遠予作玉山紀遊圖題者甚衆

王椒畦孝廉工山水詩與書法俱佳曾以所畫便面見贈筆力蒼古極得文凝法所居易畫軒梓人朱玉岡為營建以易所畫山水十幅者也椒畦自為文記之

丁亥夏予侍　大人北上舟泊廣陵屠琹塢太守倬攜酒見過談論甚樂酒酣為予寫折枝桂花於團扇上筆意秀逸蓋仿唐解元

渦釀花時節嫩寒多珠絡索邊敲蝶板玉闌干外擲鶯梭夕陽紅處最憐他蔡小石女史〔前輩宗岸〕和云流水三分月二分冰紈買得寫春痕露華吹夢鎖簾陰燕子樓臺琹語賦枇杷門巷酒燈昏江南何處不銷魂戴醇士宮贊〔前輩熙〕和云記得年時忽地逢粉牆西畔畫樓東一春無雨又無風印枕霞痕撩鬢角背燈酒暈上眉峰郎回曾覷可憐紅姚梅伯同年和云斜日疏花燕子還天涯今日此憑欄好留畫本駐容顏脂粉飄零人面遠韶華消遣客心難江南歸去怕春殘順之兄和云倩影些些露淺紅夕陽低映八房櫳有人無語笑春風記得花驄嘶歷歷怪他紫燕去匆匆黃昏閒煞分牆〃不

西清偶筆

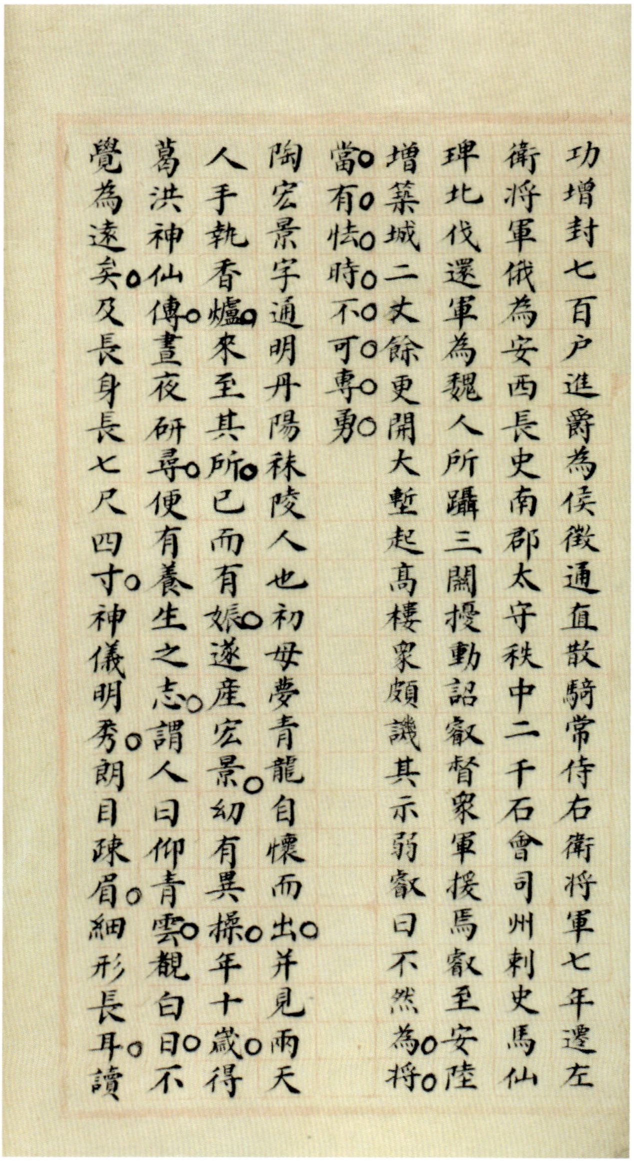
功增封七百户進爵為侯徵通直散騎常侍右衛将軍七年還左
衛将軍俄為安西長史南郡太守秩中二千石會司州刺史馬仙
琕北伐還軍為魏人所躡三關擾動詔叡督衆軍援馬叡至安陸
增築城二丈餘更開大塹起高樓衆頗譏其示弱叡曰不然為將。
當。有。怯。時。不。可。專。勇。
陶宏景字通明丹陽秣陵人也初母夢青龍自懷而出。并見兩天
人手執香爐。來至其所。已而有娠。遂產宏景。幼有異操。年十歲。得
葛洪神仙傳。晝夜研尋。便有養生之志。謂人曰仰青雲。覩白日。不
覺為遠矣。及長身長七尺四寸。神儀明秀。朗目疎眉。細形長耳。讀

140 西清偶笔一卷读史杂钞一卷

（清）潘曾莹撰　稿本

Essay of the Xi Qing study, one volume; Notes of the history reading, one volume

Written by Pan Cengying from the Qing Dynasty

Manuscript

线装，《西清偶笔》所用为红格抄纸，版框尺寸19.6×14.6cm，半叶十一行，行二十四字，红口，左右双边，单红鱼尾。《读史杂钞》所用为“四宝斋”红格抄纸，版框尺寸19.1×11.2cm，半叶九行，行二十五字，白口，四周双边，单红鱼尾。

唐張為與周朴齋名作詩人主客圖

晉戴逵總角時以雞卵汁溲白瓦屑作鄭康成碑又為文而自鐫之

夢神曰趾離呼而寢夢皆清吉

銅池承露也以銅為之

宋單父種藝牡丹變易千種人呼為花師

抱朴子月芝生于名山之陰崑崙之山

柳枝洛中里娘也誦義山燕臺詩乃折柳結帶贈義山以乞詩

龜蒙有漁具詩皮日休和之後作添漁具詩皮日休有五貺詩

五瀉舟華頂杖太湖硯烏龍養和訶陵樽也

柳惲侍帝使惲品定棊譜登格者二百七十八人惲居第二

周鐵虎傳徐嗣徽引齊兵渡江鐵虎於板橋浦破其水軍擒獲甲仗船艦　王琳引兵從將與之決戰鐵虎舉軍不屈見害高祖下詔有曰鐵虎陳楨牌之任投豈直溫序見之方其理揆威濟佐危致能洪目志貞如此惻愴無深

虞荔字山披幼聰敏有志操隨從伯闡候太常陸倕倕問五經凡有十事荔隨問輒應無有遺失倕甚異之

虞寄字次安少篤行造次必於仁厚雖僮豎未嘗加以聲色每臨居處未嘗至稱疾未期年如是便自求解退常曰知足不辱吾知足矣常居近寺閒居信於告誡造物推移常存道義或之於為

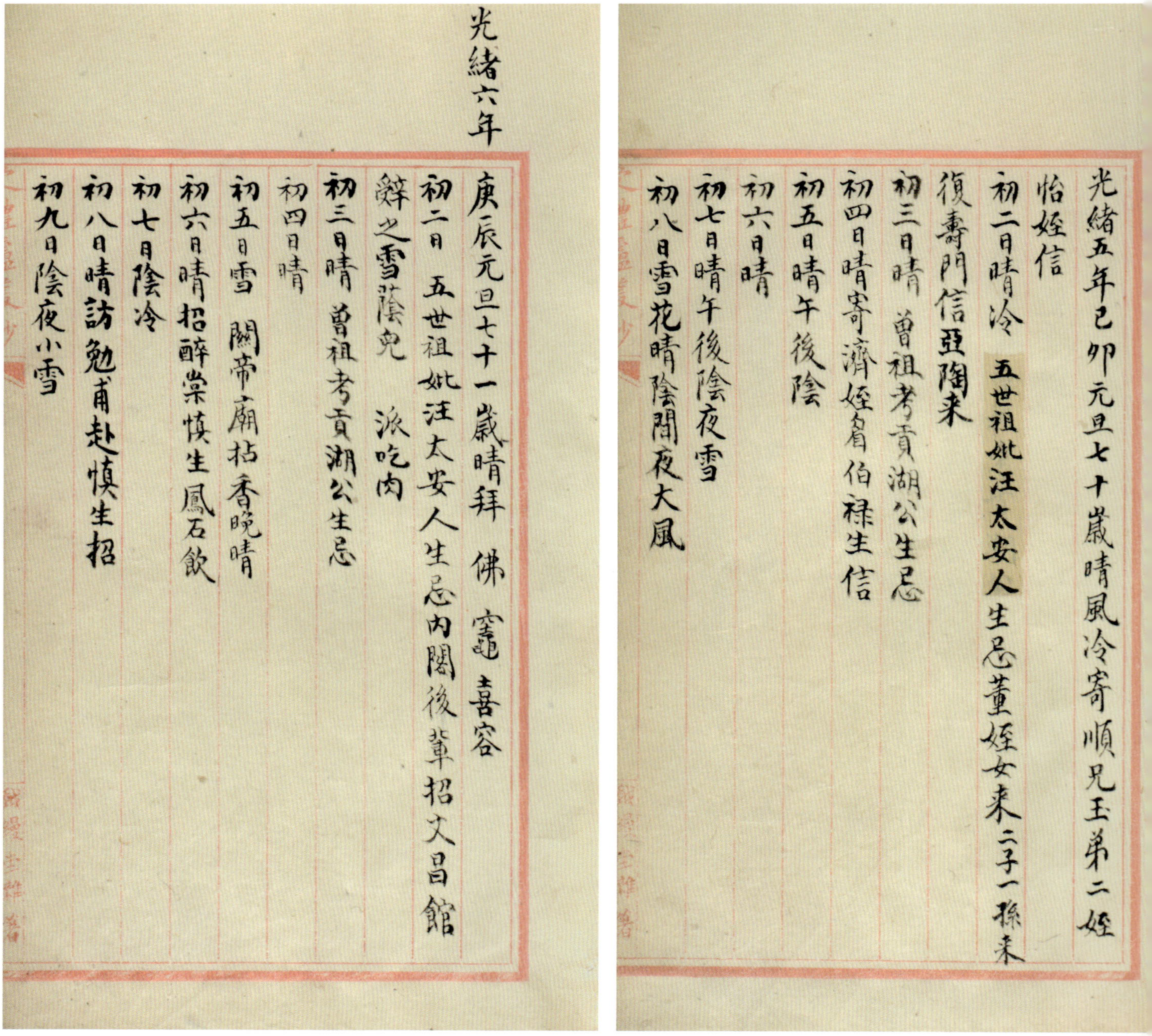
光緒五年己卯元旦七十歲晴風冷寄順兄玉弟二姪
怡姪信
初二日晴冷 五世祖妣汪太安人生忌董姪女來二子一孫來
復壽門信亞陶來
初三日晴 曾祖考貢湖公生忌
初四日晴寄濟姪眉伯祿生信
初五日晴午後陰
初六日晴
初七日晴午後陰夜雪
初八日雪花晴陰間夜大風

光緒六年
庚辰元旦七十一歲晴拜 佛 竈 喜容
初二日 五世祖妣汪太安人生忌內閣後輩招文昌館
餴之雪蔭兒 派吃肉
初三日晴 曾祖考貢湖公生忌
初四日晴
初五日雪 關帝廟拈香晚晴
初六日晴招醉棠慎生鳳石飲
初七日陰冷
初八日晴訪勉甫赴慎生招
初九日陰夜小雪

141 潘曾绶日记不分卷

（清）潘曾绶撰　稿本　清光绪四年（1878）元旦至七年（1881）十二月二十九日

Diary of Pan Cengshou

Written by Pan Cengshou from the Qing Dynasty (1644-1911)

Manuscript

线装，版框尺寸19.5×12.4cm，半叶十行，行字数不等，白口，四周双边，单红鱼尾。

朱丝栏稿纸，版心上有“受礼庐丛钞”，版心下有“越缦堂杂著”，天头偶有潘曾绶墨笔批注。

潘曾绶（1810—1883），原名曾鉴，字若甫，号绂庭，吴县人，潘世恩三子，潘祖荫父。道光二十年（1840）举人，工诗文和词，著有《陔兰书屋诗集》。其稿本日记存世者，尚有上海图书馆和天津图书馆藏《陔兰书屋日记》，上海图书馆藏《绂庭日记》及潘景郑藏《绂庭日记稿》。

国家珍贵古籍名录号03990。

一天和元年甲申作（周）
一大吉
一宋元嘉廿年（文帝）

光緒四年戊寅元旦六十九歲晴拜 佛 竈 喜容
初二日晴冷 五世祖妣汪太安人生忌
初三日晴 曾祖考貢湖公生忌立春風
初四日晴風 關帝廟 華祖祠拈香慧忌生處拜喜神
留飲又訪緝庭康民寉樵得順之信復之
初五日晴龍泉寺 城隍廟拈香赴柳門招得碩卿信
復之
初六日晴同二兄招李侯小帆茀君宴賓飲
初七日陰即晴晚雪
初八日陰即晴剃頭得酉山信復之

十八日陰小帆送酥糖十包羊毫大筆五支夜雪
十九日亞陶來得蓉史信復之晴得濟姪初四初八信復
之
二十日晴陳太孺人忌辰壽二姪信
二十一日晴得碩卿信復之夜大風洗足
二十二日晴冷風夜大風
二十三日晴冷
二十四日晴周鎣詒（蒼生）送硯考沅湘耆舊集磚四
二十五日晴 五曾尗祖忌辰沅湘耆 派驗放大臣同細貝勒

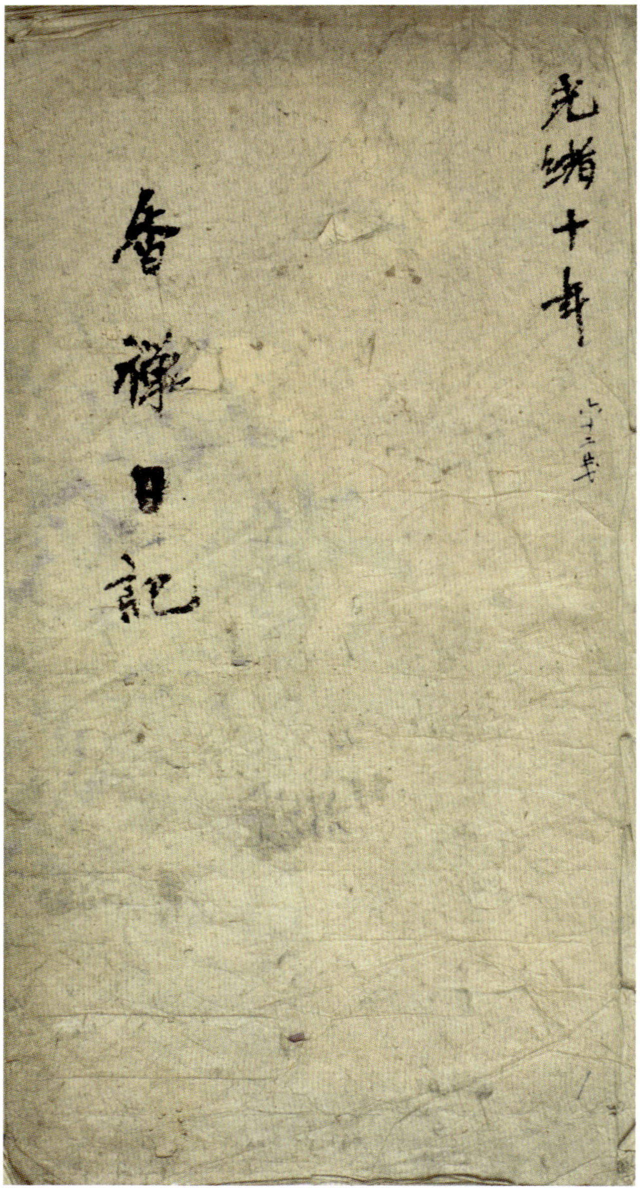

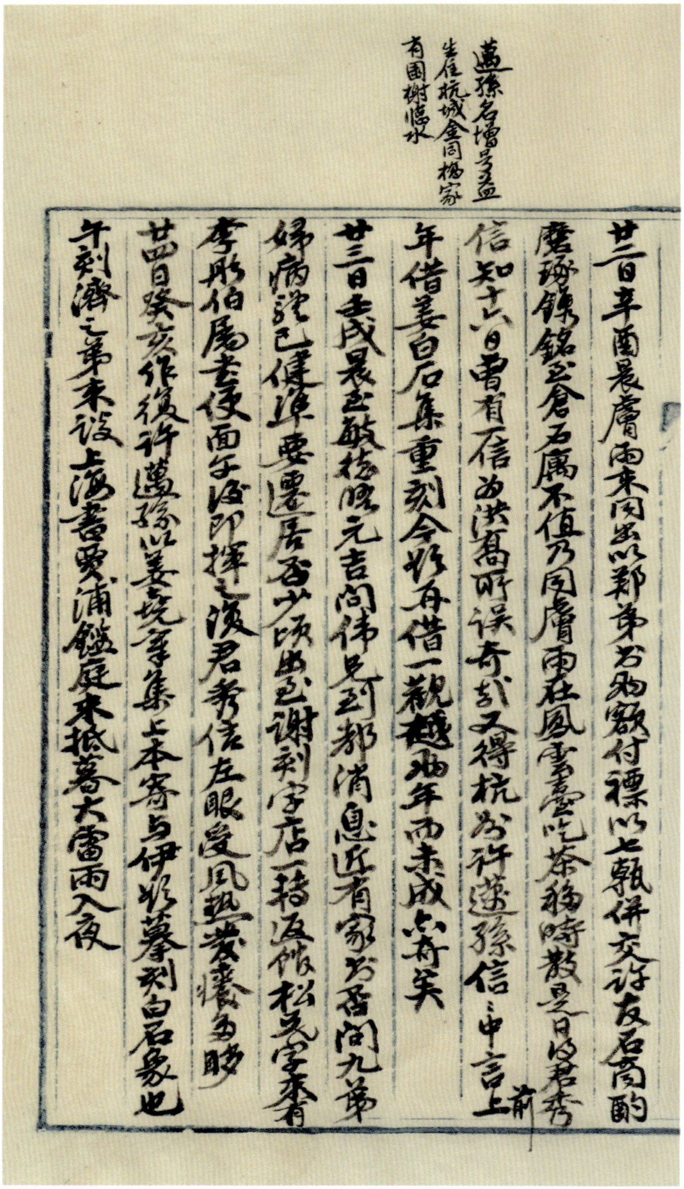

142 香禅日记不分卷

（清）潘钟瑞撰　稿本　清光绪十年（1884）正月初一日至十六年（1890）五月十九日

Diary of Pan Zhongrui (Xiang Chan)

Written by Pan Zhongrui from the Qing Dynasty

Manuscript

线装，版框尺寸18.7×12.7cm，半叶九行，行字数不等，白口，四周双边，单蓝鱼尾。

蓝丝栏稿纸，天头有潘钟瑞墨笔批注。

潘钟瑞（1822–1890），原名振生，字圜云，又字麟生，号瘦羊，晚号香禅居士，长洲人，诸生。少孤力学，精篆隶，工词章，长于金石考证，究心文献。其稿本日记存世者，另有上海图书馆藏《鄂行日记》一种。

国家珍贵古籍名录号03992。

光緒十年甲申日記

正月初一日丁丑晨雨一陣已而雲開日現瑞景曈曨旋復隱矣會齊諸兄弟姪
姪輩展拜神祇祖先畢並各房賀禧不出門早睡

初二日戊寅夜枕閱北窗風急向曉遂雪去臘無雪至是猶未交春為占佳兆
欲出賀歲因足不果午芝弟來見之談移時与尋常賀歲者數之一揖即
行過殊笑知殺開叔有歲朝詩用文恭公歲朝賞菊韵七律一首又微
和詩迴傍晚雪消盡夜見星寫書件如見江西信

初三日己卯未晴仍有雨意仍不出門賀歲客來一概不陪午刻内姪孫
子儀來余薦伊吳倉石少尉處教讀一席因其要言桐舟留子儀

光緒十一年乙酉日記

正月初一日辛丑爆竹聲中曙光漸啟已而晨旭滿窗起身盥沐已有
客到門俄而蓀卿姪婿濟之弟偕女兒子牧姪孫人來皆陪之晌午始會齊合宅
孫人展拜天神暨先祖喜容畢於各房賀年禧於是松生伯兄年七十歲
桐生九弟年六十歲

初二日壬寅夜來雪積瓦溝簷簷見白頓令輿夫備轎出門賀禧雨雪道
作竟日不停余自南而東而北乃往西行衙冒於途凡至親族好友家三
十餘處在敦德午飯歸時稍早而體殊疲矣

初三日癸卯開霽日出無風自南來小年朝拜祖一切如元旦儀飯後獨

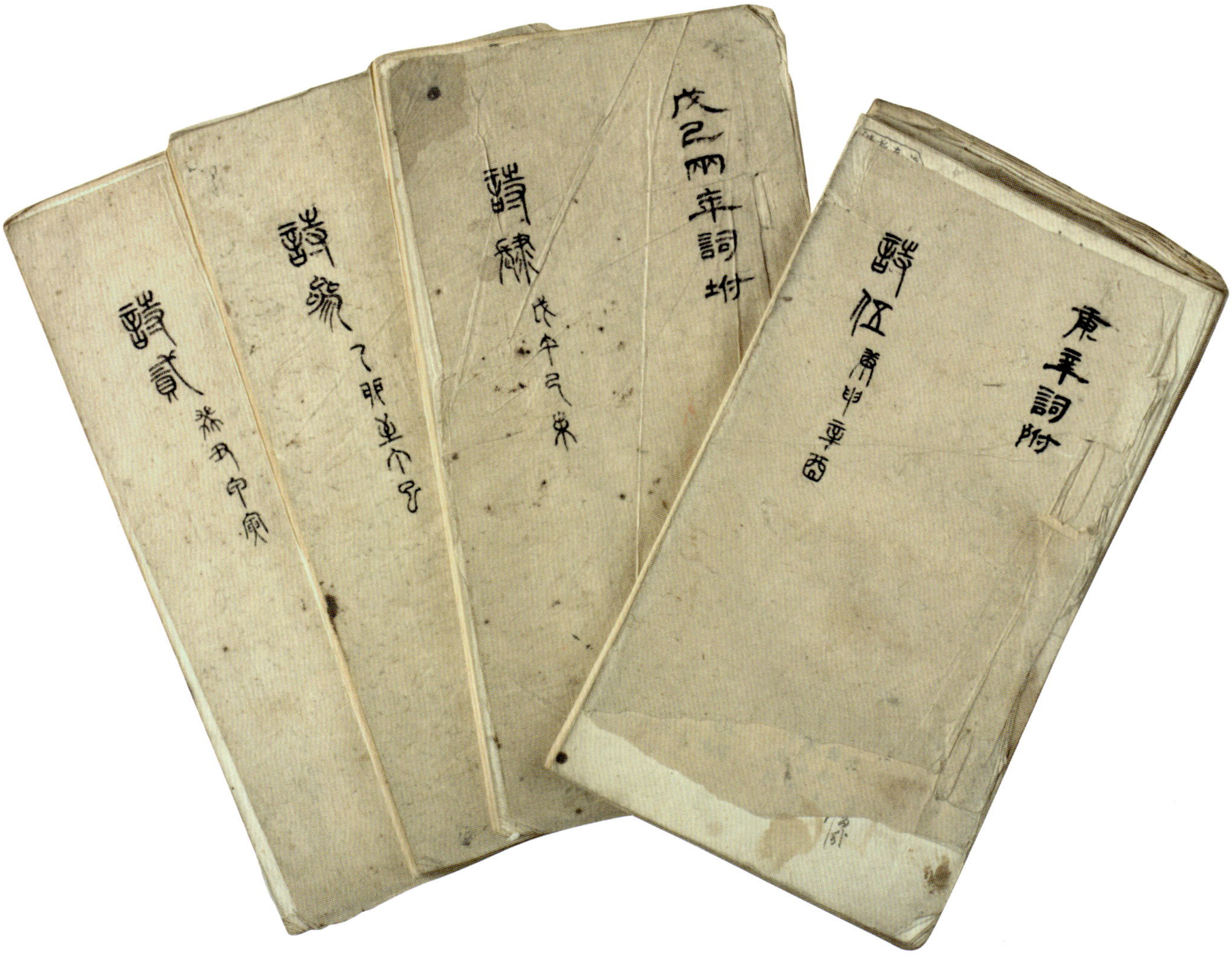

143 百不如人室诗草不分卷文草不分卷词草不分卷

（清）潘钟瑞撰　稿本

Works of the Bai Bu Ru Ren study

Written by Pan Zhongrui from the Qing Dynasty

Manuscript

线装，开本约25.0×13.5cm，半叶九行，行字数不等，小字双行不等。

素面抄纸，书衣上墨笔篆书册次及诗词创作时间，其中第二十九册书衣上附墨跋一篇。

攀龍附鳳四大字跋 己丑十二月

繆少初刺史自中州解組歸貽余碑版數種中有虞永興書攀龍附鳳四大字方廣各二尺餘按韓泰華無事爲福齋隨筆云此四字在西安貢院係明時所翻原刻在四川中江巖上余觀此本後有小字題款漫漶難辨惟略辨待罪伊陽箴中摘此四字摹刻置學宫等字則此又伊陽翻本矣少初宰伊陽久蓋命工拓出者惟中江巖上所刻韓已云訪之不得未知西安貢院刻石今尚存否

射虎斬蛟四大字跋

宜興周孝侯英烈廟壁間有石刻射虎斬蛟四大字高各二尺廣

红梅 乙未正月

问讯南隐下輊红色映霞一枚窥竹外疑是放桃花

燕翦 乙未

剪裁柳葉舞裁花快絕無（頻）將燕翦誇底事入簾忽凝睇拋來生（還）怕受風斜

詠暖鍋戲 乙未

○歎炉可消寒寒消飢療未老饕有別腸無羨不多費費中紅皺升（縈於）盤旋玉泉沸（鐵爲）十時附熱人探湯（共）喜嘗味

珍異入湯熱馨香逵芬馥雜以山野者調其沆瀣氣馨可互叔倍多或一品貴所脂箋誇冬烘摩胸嚨郁郁

四月二十四日觀新生入學 乙未

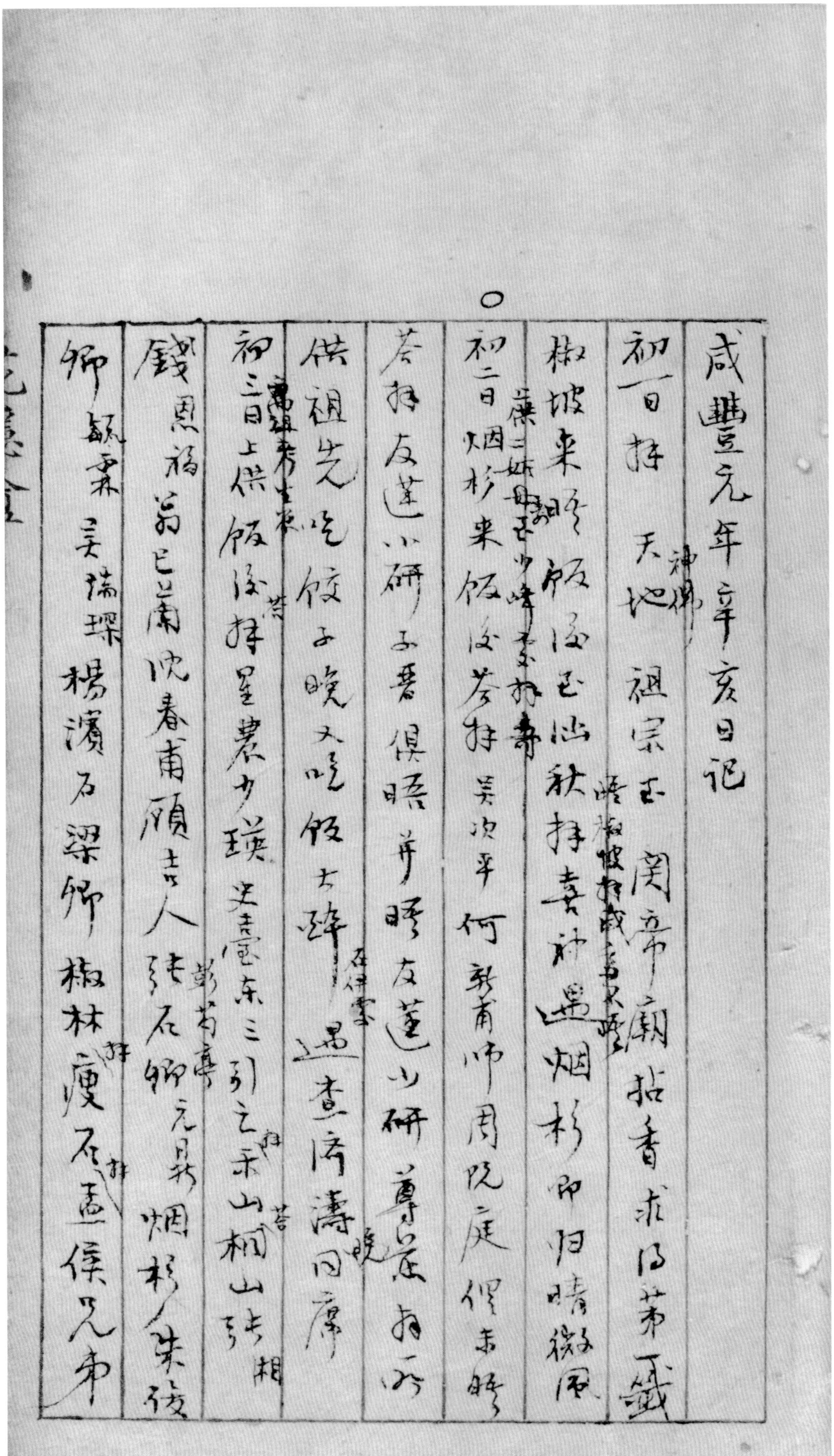

咸豐元年辛亥日記

初一日 拜 天地 神佛 祖宗 至 関帝廟 拈香 求得第一籤

椒坡來晤 飯後至岭 秋拜喜神 遇烟杉 即归 晴 微風

初二日 烟杉來 飯後 拜 吴次平 何新甫師 周晚庭 俱未晤 廉二姑母 孟少峰 拜壽

答拜 友蓮 小研 子晋 俱晤 并晤 友蓮 少研 尊人 庭 肩 以

供祖先 吃飯 子晚又吃飯 去晤 石伊雲 遇 查濤 同席 晚

初三日 上供 飯後 拜 星農 少瑛 史壹東 三別之 禾山 桐山 張相 高祖考生辰

錢恩福 翁已蘭 沈春甫 顧吉人 張石卿 元熙 烟杉 朱筱 彭菊亭

卿 毓霖 吴瑞琛 楊濱石 梁卿 椒林 虞不遇 侯兄弟

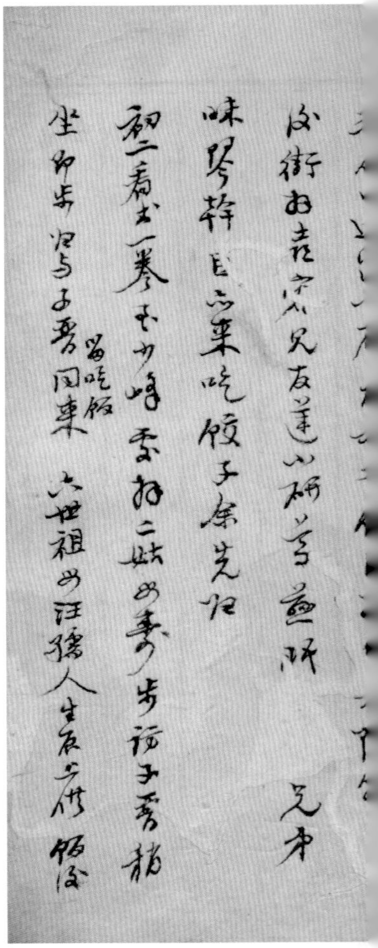

後街 至吉宗兄 友蓮 小研等 茶所 兄弟

味琴 拜 巨山 來 吃飯 子余先归

初二 看書一卷 子少峰 秀 至二姑母壽 步 孫子秀 拈

坐 即步 归 與子晋同來 留吃飯 六世祖母汪孺人生辰 上供 飯後

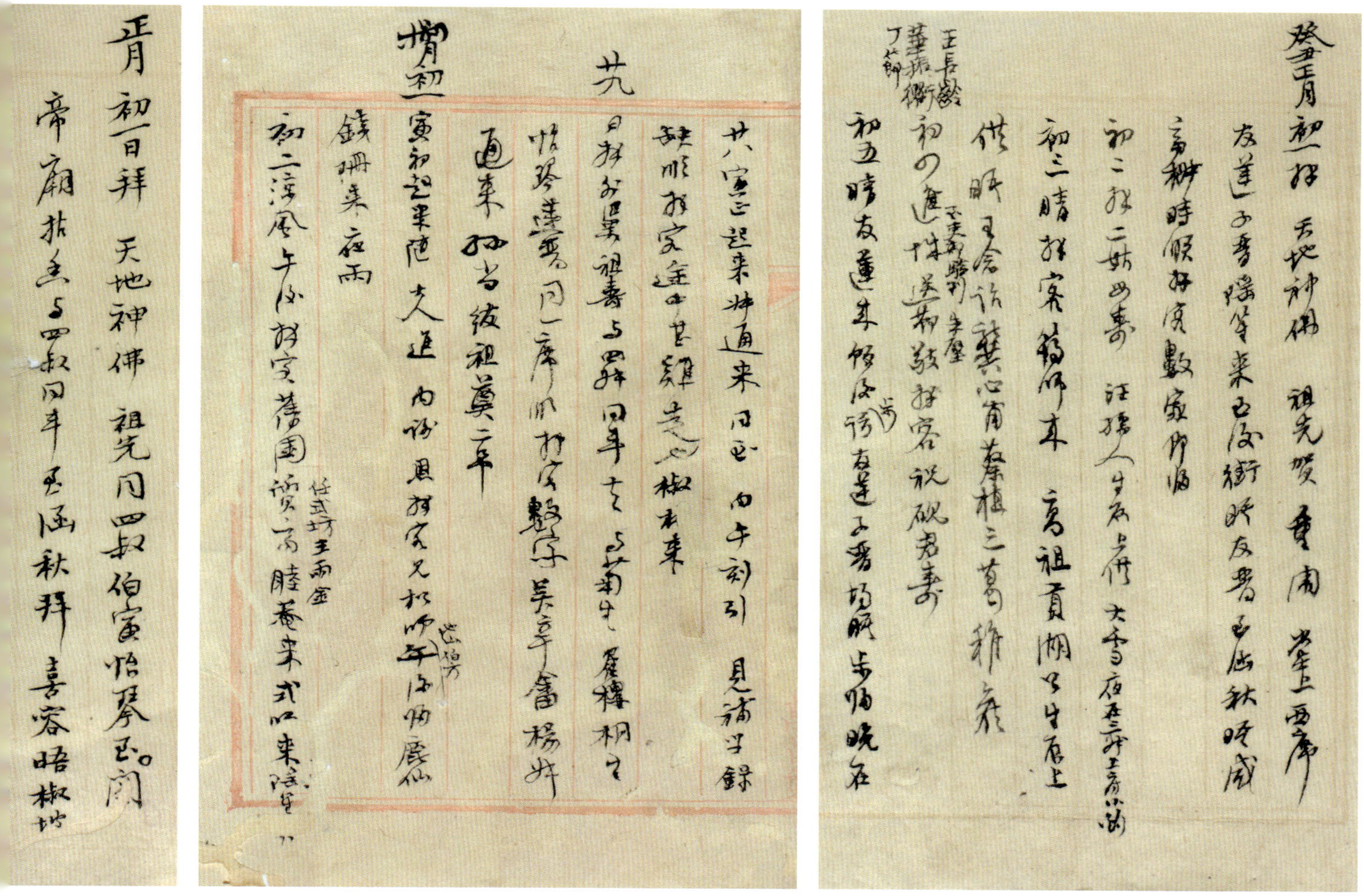

144 潘谱琴日记不分卷

（清）潘祖同撰　稿本　清咸丰元年正月初一日至三年十二月三十日

Diary of Pan Puqin

Written by Pan Zutong from the Qing Dynasty (1644-1911)

Manuscript

线装，清咸丰元年所用稿纸有二，一为蓝丝栏稿纸，版心上有“花隐盦”，版框尺寸14.5×9.6cm，半叶九行，行字数不等，白口，版心不相连，四周单边；一为朱丝栏稿纸，版心下有“青棠花室”，版框尺寸12.5×9.0cm，半叶八行，行字数不等，白口，四周双边，单红鱼尾。咸丰二年所用为朱丝栏稿纸，版框尺寸13.8×11.0cm，半叶八行，行字数不等，白口，四周双边，单红鱼尾。咸丰三年所用为朱丝栏稿纸，版心下有“万昌制”，版框尺寸13.2×9.7cm，半叶八行，行字数不等，白口，版心不相连，四周双边，单红鱼尾。

潘祖同（1829—1902），字桐生，号谱琴。清吴县人。曾莹长子。咸丰元年（1851）顺天乡试，挑取誊录。三年钦赐举人，考取国子监学正学录记名，补授学录，署学正，兼管典簿厅事务，国史馆分校、覆校。六年进士，选翰林院庶吉士、国史馆协修。咸丰八年涉及顺天乡试弊案，免官居家。建“竹山堂”，藏书四万余卷。

国家珍贵古籍名录号03993。

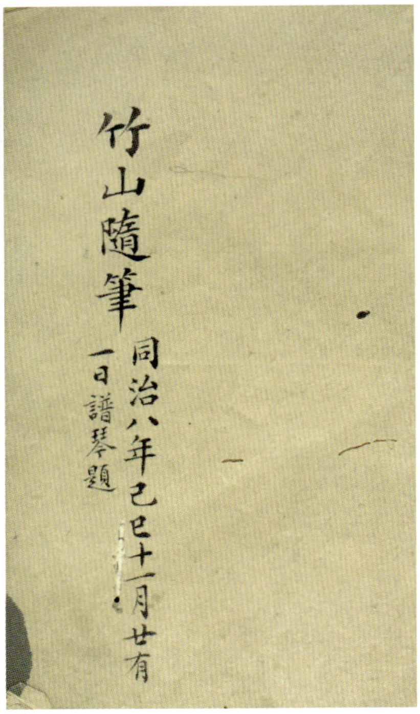

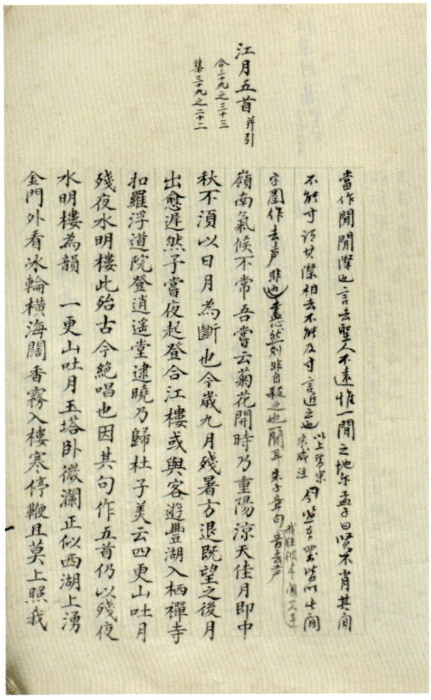

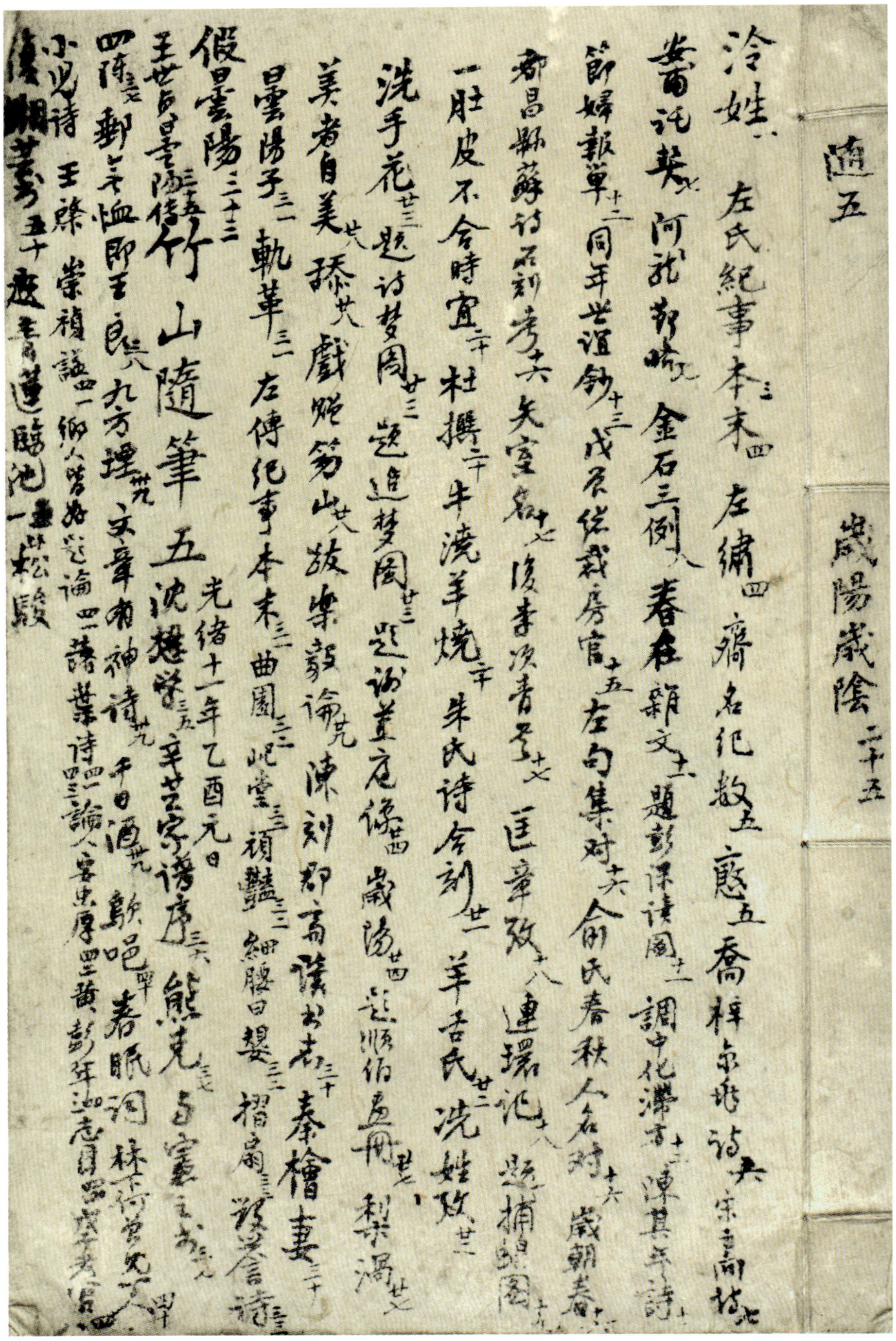

145 竹山随笔不分卷

（清）潘祖同撰　稿本　存九册（一、三至十）

Essay (the Zhu Shan)

Written by Pan Zutong from the Qing Dynasty

Manuscript

线装，所用稿纸有四，一为“青棠花室”朱丝栏纸，版框尺寸12.4×9.1cm，半叶八行，行字数不等，小字双行不等，白口，四周双边，单红鱼尾；一为朱格抄纸，每半叶一百二十格，每行间有空白栏，版心下有“修凝主人”，版框尺寸17.3×11.4cm，半叶六行，行字数不等，小字双行不等，白口，四周双边，单红鱼尾；一为朱丝栏纸，版框尺寸18.0×13.8cm，半叶十行，行字数不等，小字双行不等，红口，四周单边；一为绿丝栏纸，版框尺寸18.0×13.8cm，半叶十行，行字数不等，小字双行不等，绿口，四周单边。

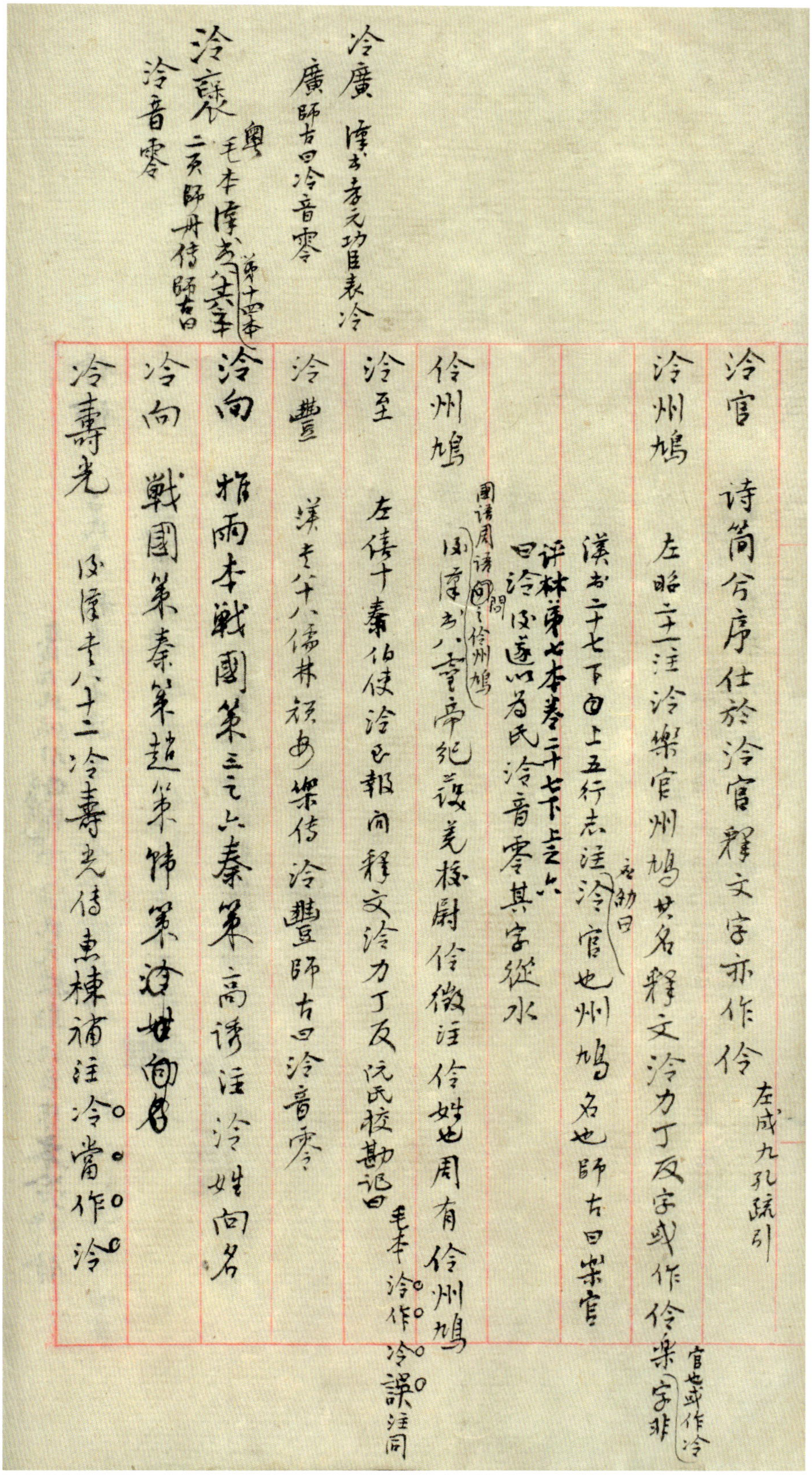

泠廣 漢書孝元功臣表泠

廣 師古曰泠音零

泠襃 毛本漢書（第十四本）粵 二頁 師丹傳 師古曰

泠音零

泠官 詩簡兮序仕於泠官 釋文字亦作伶 左成九孔疏引

泠州鳩 左昭二十一注 泠樂官州鳩其名 釋文泠力丁反字或作伶 樂字非（官也或作伶）

漢書二十七下之上五行志注 應劭曰 泠官也州鳩名也 師古曰樂官

評林第七本卷二十七下上之六 曰泠州遂以為氏 泠音零其字從水

伶州鳩 國語周語問之伶州鳩 後漢書八靈帝紀設羌校尉伶徵注伶姓也周有伶州鳩

泠至 左傳十秦伯使泠至報問 釋文泠力丁反 阮氏校勘記曰 毛本泠作冷 誤 注同

泠豐 漢書八十八儒林梁丘傳 泠豐 師古曰泠音零

泠向 指南本戰國策三之六秦策 高誘注泠姓向名

泠向 戰國策秦策趙策韓策泠向

泠壽光 後漢書八十二泠壽光傳 惠棟補注泠當作泠

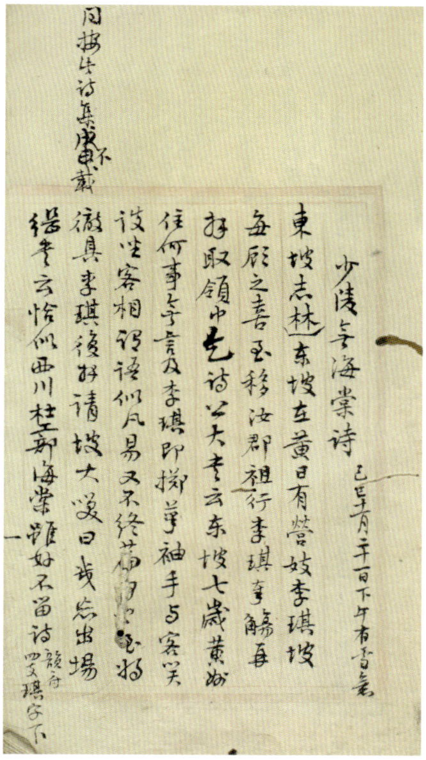

同按東坡詩集庚申不載

少陵無海棠詩 己巳年二月二十日下午有雪

東坡志林 東坡在黃日有營妓李琪坡每顧之喜至移汝郡祖行李琪拜觴為取領巾乞詩以大書云東坡七歲黃州住何事無言及李琪即擲筆袖手與客笑談坐客相謂語似凡易又不終篇何也至將徹具李琪復拜請坡大笑曰幾忘出場繼書云恰似西川杜工部海棠雖好不留詩

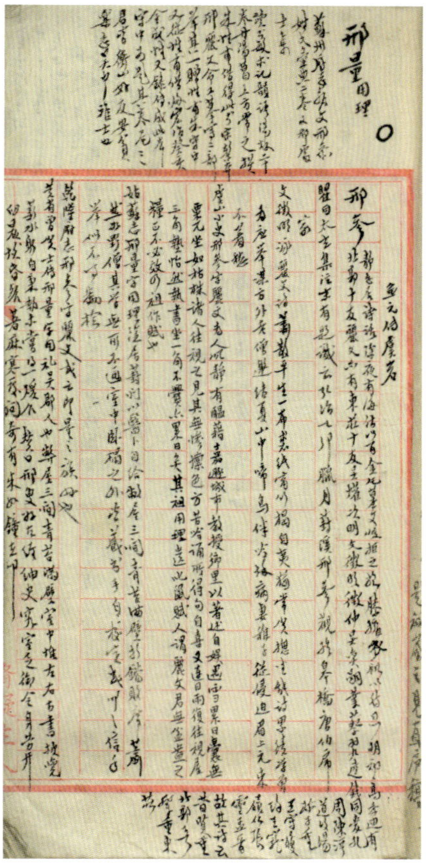

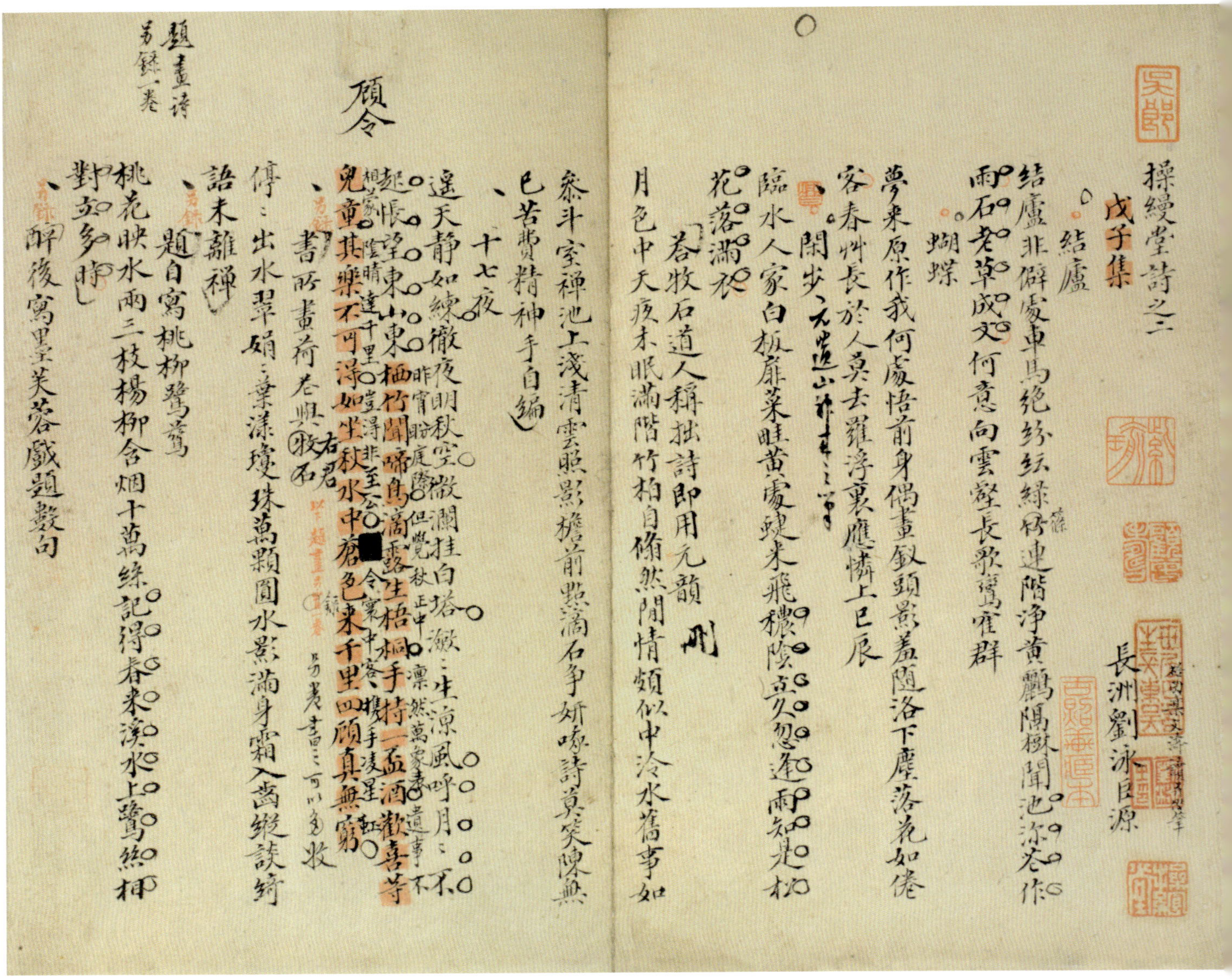

146 操缦堂诗□卷

（清）刘泳之撰　稿本　顾大昌、费树蔚跋　存二卷（二至三）

Poetry anthology of the Cao Man Tang

Written by Liu Yongzhi from the Qing Dynasty

Manuscript with Gu Dachang and Fei Shuwei's postscripts

经折装，开本25.1×15.6cm，半叶十二行，行字数不等，小字双行不等。

刘泳之，字彦冲，号梁壑、梁壑子，四川梁山人。侨寓吴门，居室名曰“归实斋”。从学朱昂之，工诗文，山水、人物、花卉无不精工。此种题签上墨书“操缦堂遗稿　此册向藏吴紫瑜家戊寅春吴君物故出以求售因重值购藏然彦翁诗稿”。卷首有道光二十八年沈涛墨序，卷末有顾大昌（刘泳之弟子，字子长，号棱伽山民）及费树蔚亲笔墨跋，书中钤印颇多，有“沈氏韫玉斋珍藏印”朱文竖长印、“濂溪钓者”白文方印、“休文后人”白文方印、“吴郎”朱文竖长印、“紫瑜”朱文方印、“顾曾寿”白文方印、“世居巴蜀生长东吴”朱文竖长印、“刘泳之印”朱白文方印、“操缦堂”白文方印、“古照轩藏本”朱文竖长印、“夔”白文方印、“刘彦冲”朱文方印、“灵琐”白文方印、“鼓”白文方印、“朱方真遗”朱文方印、“读汉书楼”朱文方印、“杨韫华”白文方印、“宝铭”白文联珠方印、“彦冲”白文竖长印、“泳之私印”白文方印、“梁壑”白文竖长印、“梁壑子”朱文方印、“迁琐”朱文方印、“费树蔚印”白文方印等三十四方。

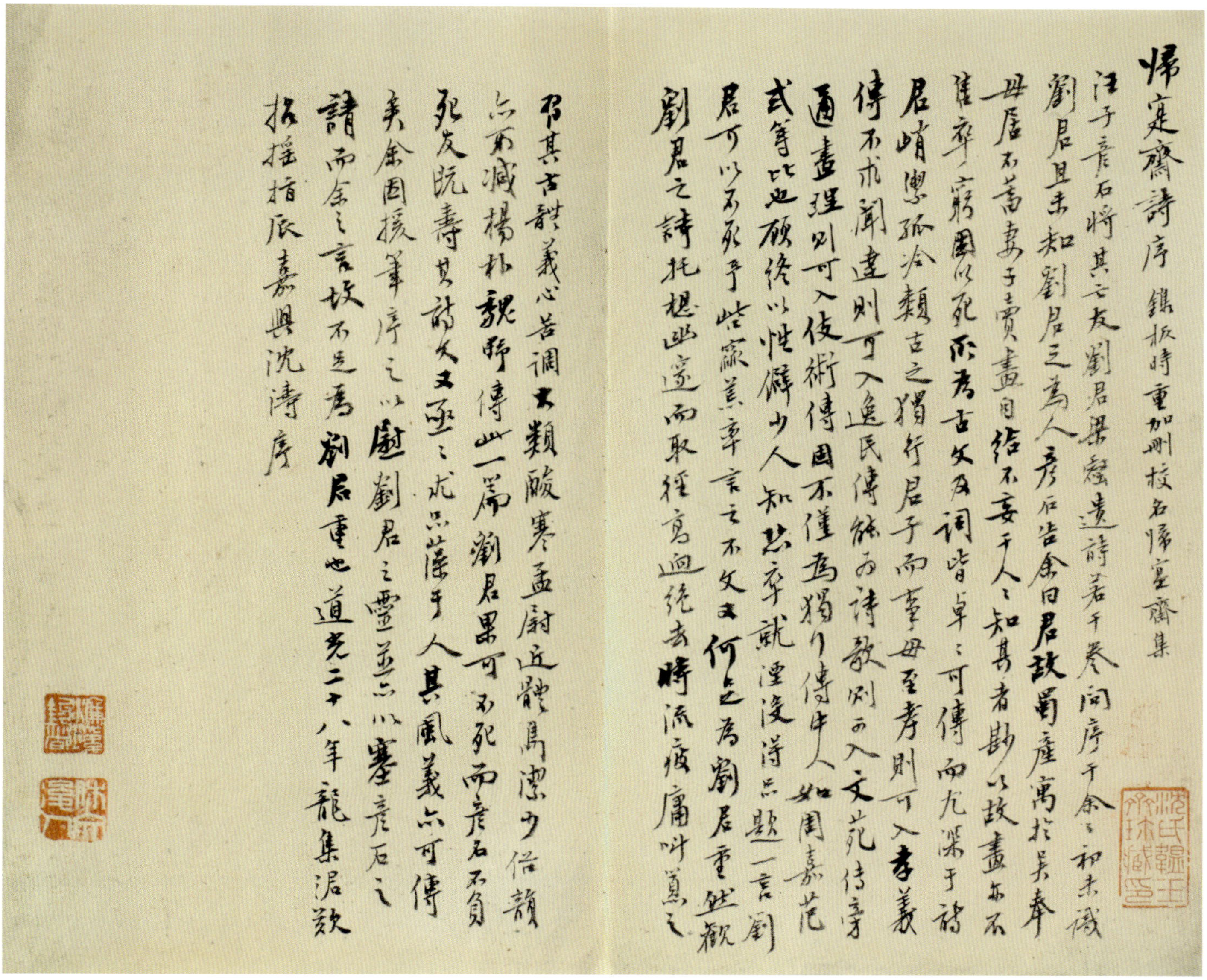

歸寔齋詩序　鎸板時重加删校名歸室齋集

汪子彥石將其亡友劉君果齋遺詩若干卷問序于余，余初未識劉君，且未知劉君之為人。彥石告余曰：君故蜀產，寓於吳，奉母居不出，妻子賣畫自給，不妄干人，人知其者尠，以故畫亦不售，卒窮困以死。所為古文及詞皆卓卓可傳，而尤深于詩。君峭潔孤冷，類古之獨行君子，而事母至孝，則可入孝義傳；不求聞達，則可入逸民傳；餘而詩歌，則可入文苑傳；旁通畫理，則可入伎術傳。固不僅為獨行傳中人，如周嘉、范式等比也。顧終以性僻少人知，卒就湮沒，得亦尠一言。劉君可以不死乎？然竊慕幸言之不文，文何足為劉君重。然觀劉君之詩，托想幽邃，而取徑高迴，絕去時流疲庸叫囂之習，其古體義心苦調，大類酸寒孟尉；近體高潔，少倍韻，亦不減楊、杜。飄野傳此一編，劉君果可不死，而彥石不負死友，既壽其詩文，又亟亟求亦藻于人，其風義亦可傳矣。余因援筆序之，以慰劉君之靈，並亦以塞彥石之請，而余之言故不足為劉君重也。道光二十八年龍集涒歎招搖指辰，嘉興沈濤序

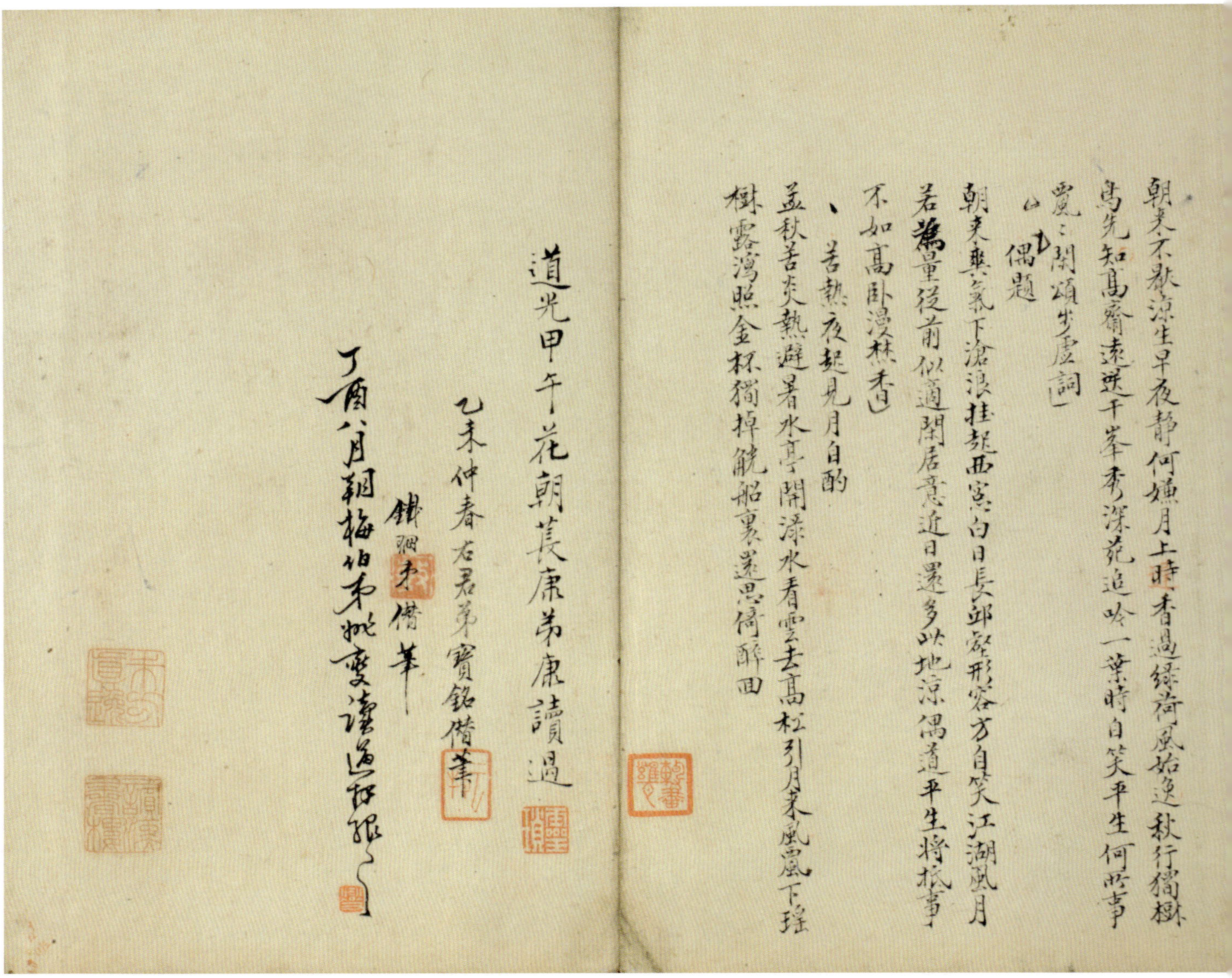

朝來不歇涼生早夜靜何妨月上時香過綠荷風始逸秋行獨樹
鳥先知高齋遠避千峯秀深苑追吟一葉時自笑平生何所事
覔覔閑頌步虛詞
偶題
朝來爽氣下滄浪挂起西窗白日長郎形容方自笑江湖風月
若爲量從前似適閑居意近日還多此地涼偶道平生將底事
不如高臥漫焚香
苦熱夜起見月自酌
孟秋苦炎熱避暑水亭開淥水看雲去高松引月來風凰下瑶
樹露濕照金杯獨棹龍船裏還思倚醉回

道光甲午花朝長康弟康讀過
乙未仲春右君弟寶銘借筆
鐵研來借筆
丁酉八月翔梅伯來此變讀過跋

操纓堂詩之三

長洲劉泳巨源

壬辰集

、元日（壬辰）

桃符影裏逐年新藍尾尊中醉汝身豈有雙趺趨世事但圖空

腹貯天真頻年種竹如生計（雞為産）今日逢花盡（一幸）賀貧莫問土牛猶滯

此來朝踏雪看鞭春（初四日立春）

正月將盡知無涯齋盆梅水僊尚無花意戲書兩詩催督

并邀玉甫同賦用山谷詠物詩韻　刪

一詩催督莫頻嗔小滯微香惱煞人為道解如過正月未妨整

倚杏梢春

未見春傳一箭機玉梅乞定此花枝（山谷水仙花詩何時持到玉宸殿乞與宮梅定等差）東風未始

稱無意只合閑人取次知

、喜晴

樹帶晴鳩遠舍鳴烟消林際看春生但多閑裏時時詠乞與春

來日日晴淺草忽迷燒後綠崩雲已動濕時聲何如自得臨書

趣此外都無事可名

（另錄）無已以白團扇索畫詩意戲書小詩于畫上

樂天久謝蘇州柳不道人前又放歌若遣老劉書此意使君何

計奈春何

君耽索句如無已我亦能狂似次公畫裏年時不同語都防桃

李笑春工

、近日缺酒適有送建茶者遂烹以雪水戲借山谷集中送

酒詩韻

自收雪水試茶方建茗春來乞屢嘗事事何如悟魚眼夢來依

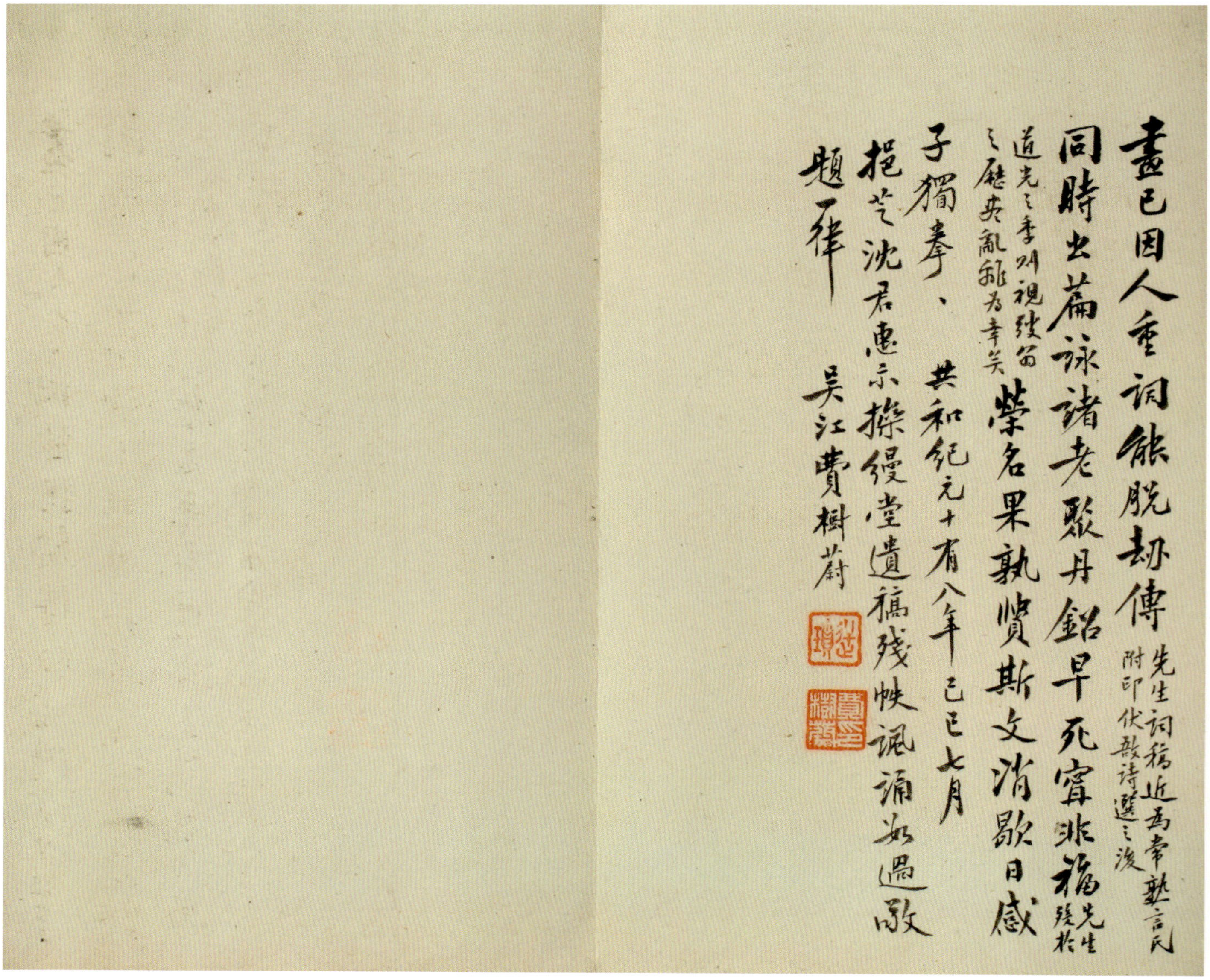
盡已因人重詞能脫劫傳先生詞稿近爲常熟言氏附印伏敔詩選之後同時出篇詠諸老聚丹鉛早死窮非福先生殁於道光之季以視殘留之經兵亂能爲幸矣榮名果孰貲斯文消歇日感子獨拳拳　共和紀元十有八年己巳七月挹芝沈君惠示操縵堂遺稿殘帙諷誦如遇敬題一律　吳江費樹蔚

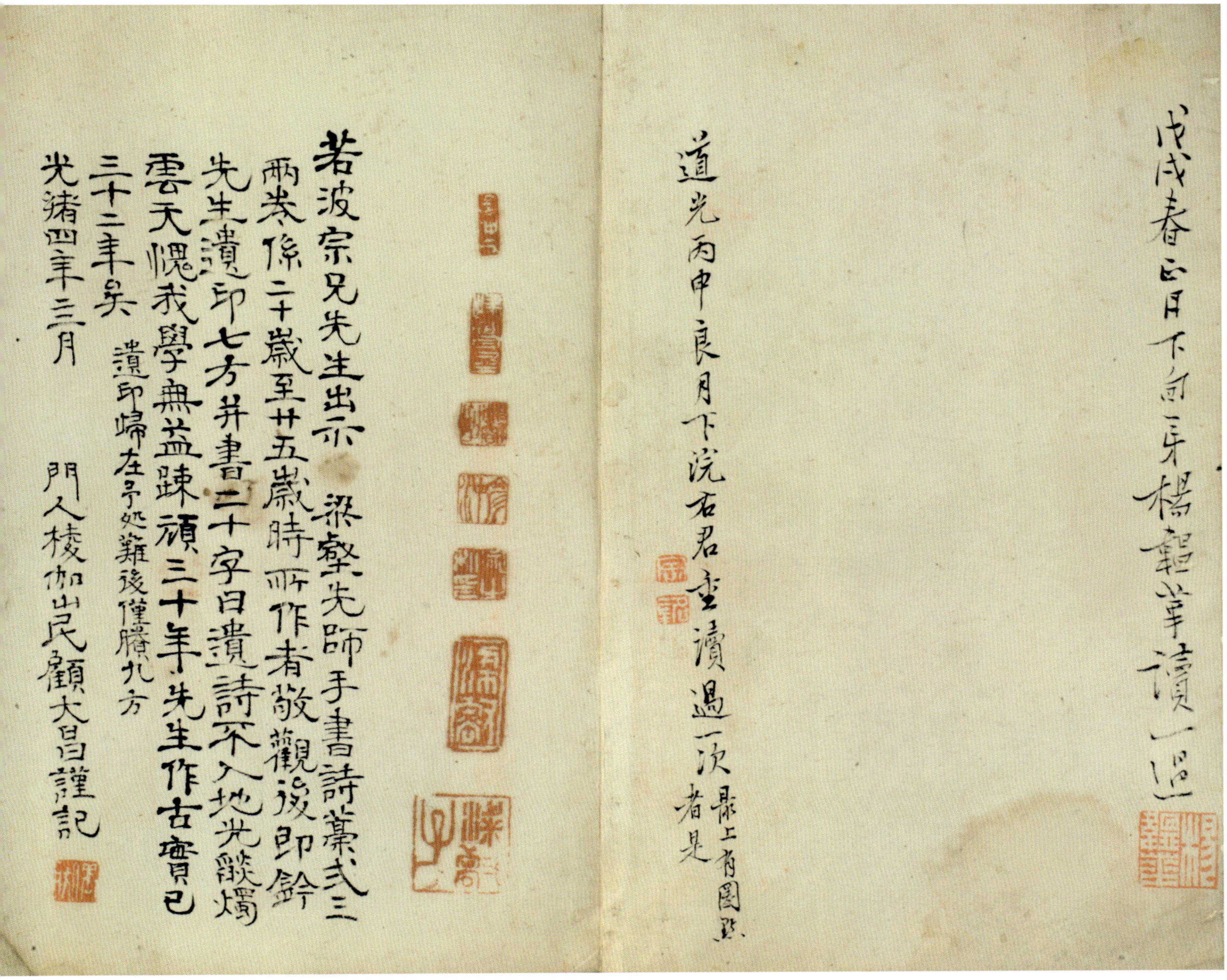

戊戌春正月下旬弟楊韞華讀一過
道光丙申良月下浣石君重讀過一次 鼎上有圓點者是
若波宗兄先生出示 梁棨先師手書詩藁弍三兩卷係二十歲至廿五歲時所作者敬觀後即鈐先生遺印七方并書二十字曰遺詩不入地光燄燭雲天愧我學無益踈頑三十年先生作古實已三十二年矣 遺印歸左子處難後僅賸九方
光緒四年三月
門人棱伽山民顧大昌謹記

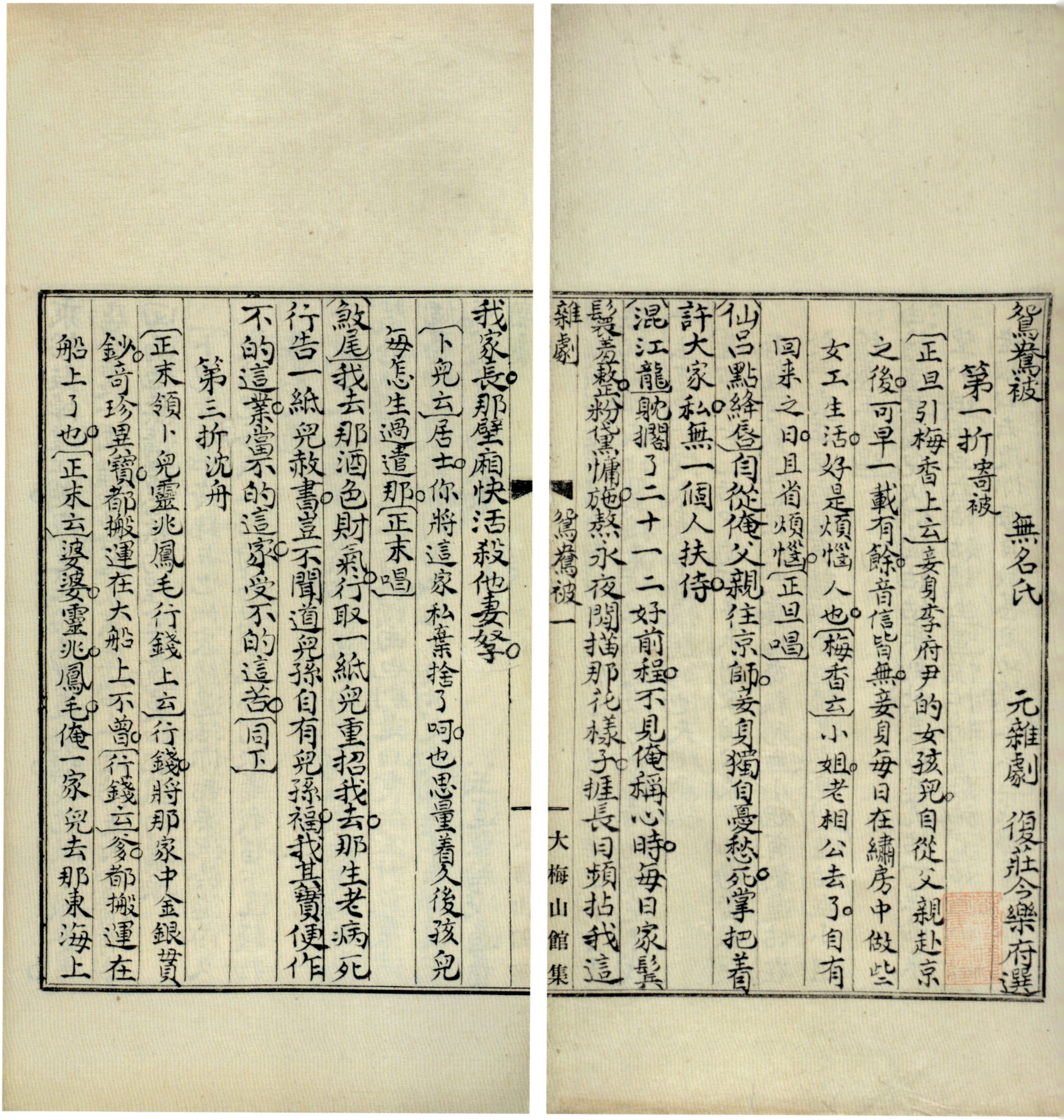
鴛鴦被　無名氏　元雜劇　復莊今樂府選
第一折寄被
〔正旦引梅香上云〕妾身李府尹的女孩兒自從父親赴京
之後可早一載有餘音信皆無妾身每日在繡房中做些
女工生活好是煩惱人也〔梅香云〕小姐老相公去了自有
回來之日且省煩惱〔正旦唱〕
〔仙呂點絳唇〕自從俺父親往京師妾身獨自憂愁死掌把着
許大家私無一個人扶侍
〔混江龍〕躭擱了二十一二好前程不見俺稱心時每日家鬢
鬟蓬鬆粉黛慵施熬永夜閒描那花樣子捱長日頻拈我這
雜劇　鴛鴦被一　一　大梅山館集
我家長那壁廂快活殺他妻孥
〔卜兒云〕居士你將這家私棄捨了呵也思量着久後孩兒
每怎生過遣那〔正末唱〕
〔煞尾〕我去那酒色財氣行取一紙兒重招我去那生老病死
行告一紙兒赦書豈不聞道兒孫自有兒孫福我其實便作
不的這業當不的這家受不的這苦〔同下〕
第三折沈舟
〔正末領卜兒靈兆鳳毛行錢上云〕行錢將那家中金銀貫
鈔奇珍異寶都搬運在大船上不曾〔行錢云〕爹都搬運在
船上了也〔正末云〕婆婆靈兆鳳毛俺一家兒去那東海上

147 复庄今乐府选不分卷

（清）姚燮辑　稿本

Opera anthology (Fu Zhuang Jin Yue Fu)

Compiled by Yao Xie from the Qing Dynasty

Manuscript

毛装，版框尺寸18.2×12.9cm，半叶十行，行二十三字，白口，四周双边，单黑鱼尾。

姚燮（1805–1864），字梅伯，号子复、复庄，别号鹤皋、大梅山民等，室名大梅山馆、红犀山馆、疏影楼、玉邃楼等，浙江镇海人。清道光十四年（1834）举人。善诗、词、曲、骈文，均负盛名，著有《今乐府考证》。

紅梨花　張壽卿　元雜劇　復莊今樂府選

第一折 園會

〔冲末扮劉太守引張千上詩云〕寒蛩秋夜忙催織。戴勝春朝苦勸耕。人若無心治家國。不知虫鳥有何情。小官姓劉名輔。字公弼。幼習儒業。頗看詩書。自中甲第以來。累蒙擢用。今除洛陽太守。某有同窗故友。乃是趙汝州。離別久矣。近日稍將一封書來。與小官書中的意思。說有謝金蓮者。欲求一見。小官在此。不知此女子是何人。張千。你近前來。我問你。咱謝金蓮是甚麼人。〔張千云〕好着相公知道。這謝金蓮是一個上廳行首。〔太守云〕原來如此。張千。你近前來。

伍員吹簫　李壽卿　元雜劇　復莊今樂府選

第二折 逃吳

〔正末抱羋勝策馬上云〕休趕休趕。且喜離驛亭相去已遠。把馬加上一鞭。趲路前去。我想養由基穿楊神箭。百發百中。若非他咬去箭頭。賣此一陣。焉能殺的出來。到得鄭國。那公子羋建。已先在彼。正待要借兵報讐。豈知鄭子產反為楚公有害某之意。某只得一把火燒了驛亭。奪路而走。可惜公子羋建。死于乱軍之中。如何是好。〔做歎科〕嗨。教我如今往那國去的是。仔細想來。唯有吳公子姬光。曾受我活命之恩。必然借兵與我。不免抱了羋勝。竟投吳國去來。

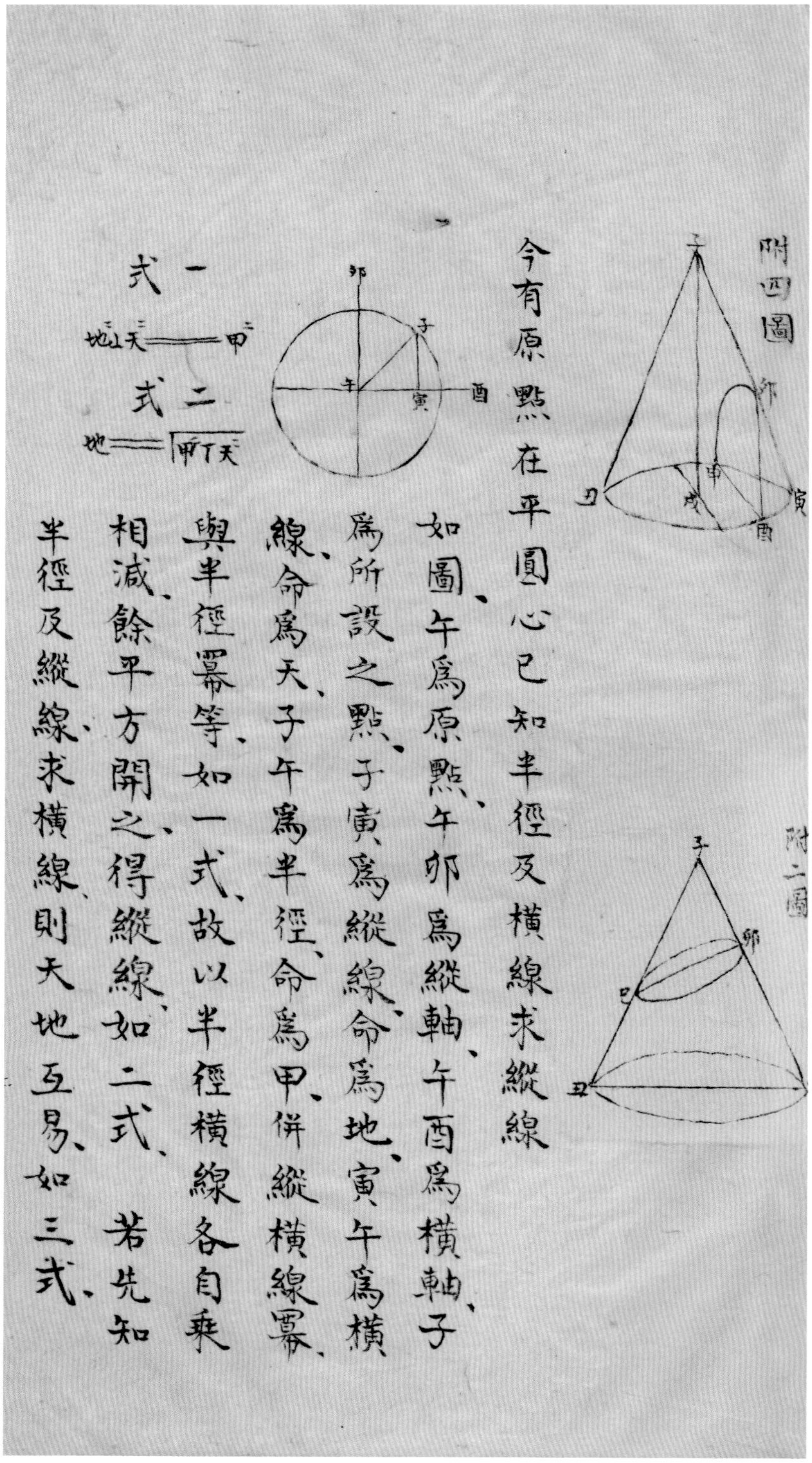

今有原點在平圓心已知半徑及橫線求縱線
如圖、午爲原點、午卯爲縱軸、午酉爲橫軸、子
爲所設之點、子寅爲縱線、命爲地、寅午爲橫
線、命爲天、子午爲半徑、命爲甲、併縱橫線冪、
與半徑冪等、如一式、故以半徑橫線各自乘
相減、餘平方開之、得縱線、如二式、若先知
半徑及縱線、求橫線、則天地互易、如三式、

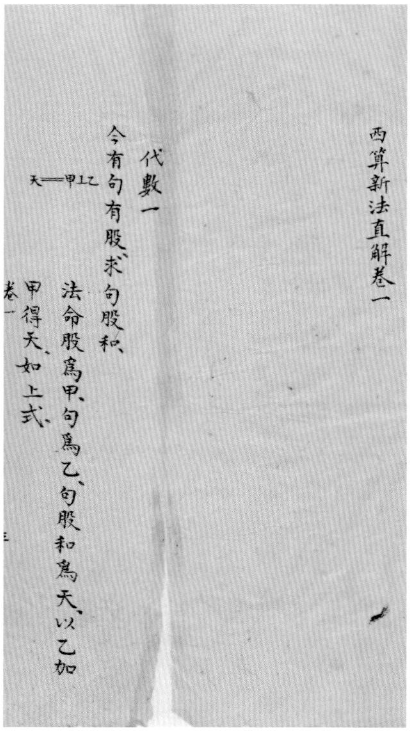

西算新法直解卷一
代數一
今有句有股求句股和、
法命股爲甲、句爲乙、句股和爲天、以乙加
甲得天、如上式、
卷一

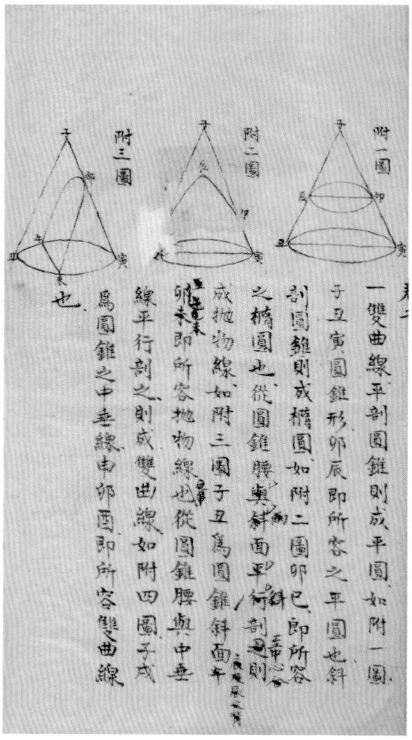

一雙曲線、平剖圓錐則成平圓、如附一圖、
子丑寅、圓錐形卯辰即所容之平圓也、斜
剖圓錐則成橢圓、如附二圖卯巳、即所容
之橢圓也、從圓錐腰與斜面平行剖過則
成拋物線、如附三圖子丑爲圓錐斜面午
未即所容拋物線也、從圓錐腰與中垂
線平行剖之、則成雙曲線、如附四圖子戌
爲圓錐之中垂線、申卯酉即所容雙曲線
也、

148 西算新法直解八卷

（清）冯桂芬、陈玚撰　稿本

Explanation of Western Mathematics

Written by Feng Guifen and Chen Yang from the Qing Dynasty

Manuscript

毛装，开本约25.3×16.0cm，半叶十行，行二十二三字不等。

冯桂芬（1809–1874），字林一，号景亭，吴县人，曾师从林则徐。道光二十年（1840）进士，授编修。少工骈文，中年后肆力古文，尤重经世致用之学。19世纪中叶，连年的战争打破了清朝正常的财政平衡，冯桂芬提议引进“诸国富强之术”，于是《西算新法直解》应运而生。它的出现不但是中国算学家对高等数学的最初反应，同时对于我们了解微积分在中国传播的历史和中国数学的西化历程大有裨益。

国家珍贵古籍名录号08422。

西算新法直解序

歲己未余引疾歸同年徐鈞卿方撫吳曩在都門同治算學
者也先是余以大小戶均賦事為僉壬所忌中蜚語甫白絕
口不挂時事至即與鈞卿約非數學不談適見李壬叔所譯
代微積拾級一書以疑義相質鈞卿曰是法壬叔外尟(㝡)能精
曉書中文義語氣多仍西人之舊奥澀不可讀惟圖式可据
宜以意紬繹圖式其理自見余公究未遑卒業君既閒其有
意(乎)余如鈞卿言讀之漸有所得偶以示陳子璿則隨讀隨通
若夙習因與之商榷凡例條分縷晰疏通而證明之成第一
卷鈞卿來見之則大喜曰此吾志也願速成之吾任剞劂事

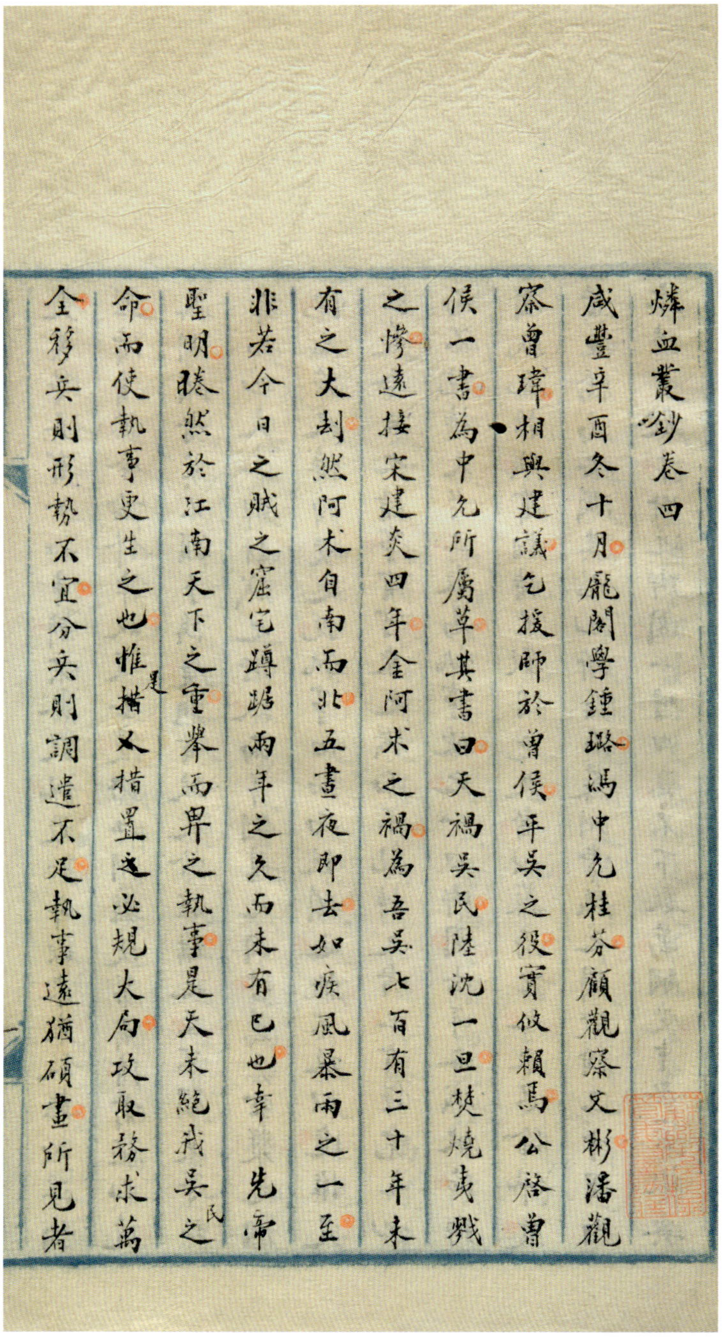

燐血叢鈔卷四
咸豐辛酉冬十月龐閣學鍾璐馮中允桂芬顧觀察文彬潘觀
察曾瑋相與建議乞援師於曾侯平吳之役實倚賴焉公啓曾
侯一書為中允所屬草其書曰天禍吳民陸沈一旦焚燒夷戮
之慘遠接宋建炎四年金阿朮之禍為吾吳七百有三十年未
有之大刦然阿朮自南而北五晝夜即去如疾風暴雨之一至
非若今日之賊之窟宅蹲踞兩年之久而未有已也幸先帝
聖明睠然於江南天下之重舉而畀之執事是天未絕我吳民之
命而使執事更生之也惟是措又措置必規大局攻取務求萬
全移兵則形勢不宜分兵則調遣不足執事遠猶碩畫所見者

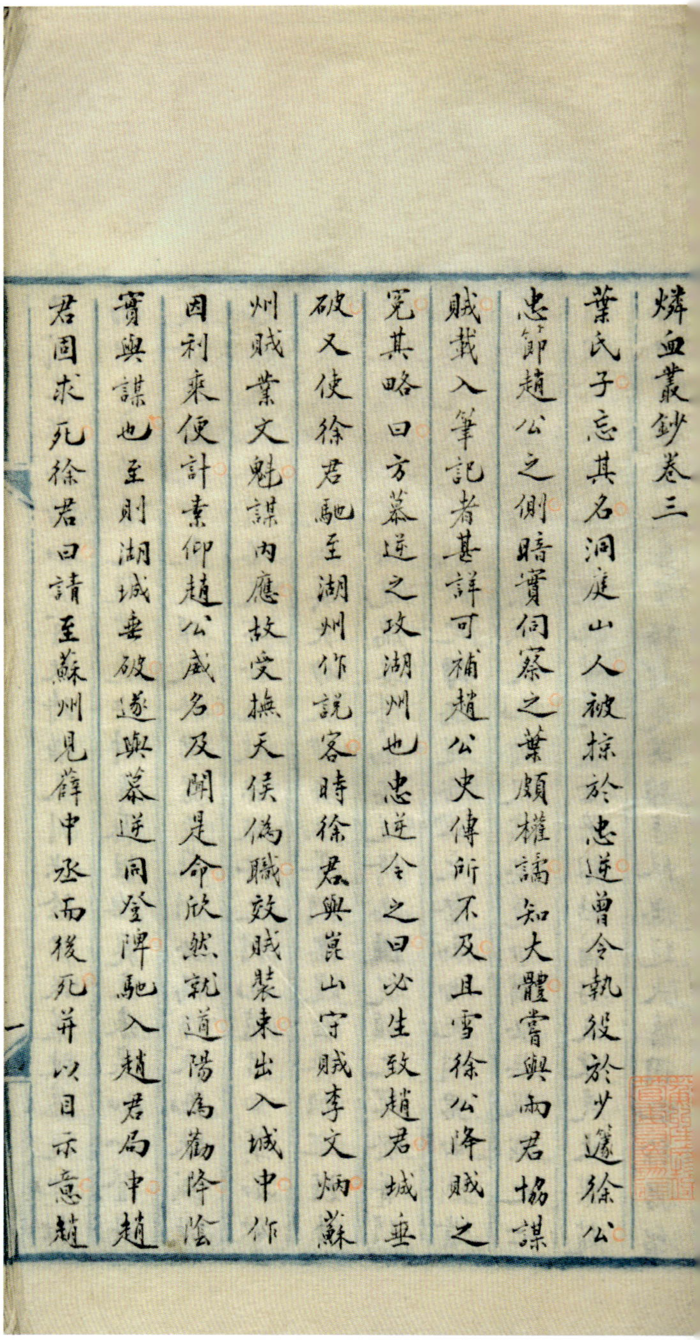

燐血叢鈔卷三
葉氏子忘其名洞庭山人被掠於忠逆曾令執役於少遂徐公
忠節趙公之側暗實伺察之葉頗權譎知大體嘗與兩君協謀
賊載入筆記者甚詳可補趙公史傳所不及且雪徐公降賊之
冤其略曰方慕逆之攻湖州也忠逆令之曰必生致趙君城垂
破又使徐君馳至湖州作說客時徐君與崑山守賊李文炳蘇
州賊葉文魁謀內應故受撫天侯偽職效賊裝束出入城中作
因利乘便計素仰趙公威名及聞是命欣然就道陽為勸降陰
實與謀也至則湖城垂破遂與慕逆同登陴馳入趙君局中趙
君固求死徐君曰請至蘇州見薛中丞而後死并以目示意趙

149 燐血丛钞四卷

（清）谢家福撰　稿本

Blood of the Taiping Heavenly Kingdom

Written by Xie Jiafu from the Qing Dynasty

Manuscript

线装，版框尺寸18.5×13.4cm，半叶十行，行二十四字，蓝口，左右双边，双对蓝鱼尾。

谢家福（1847—1896），字绥之，号望炊，吴县人。曾任职舆图局，分校各国舆图。又入广方言馆，从德人金楷理学习外语，任翻译馆译员。辑《兵事纪略》、《通商简要》等书。后应盛宣怀之邀，佐其创办上海电报总局，后历任上海织布局、苏州电报局和轮船招商局。晚岁致力于教育，受盛宣怀委托，创理苏州电报学堂。

燐血叢鈔卷一

咸豐庚申四月賊陷吳門予躬罹其厄越一月始脫虎口
同治癸亥奏恢復功予又從軍入城先收圖籍得備見賊
人著述事涉詭奇隨筆摘錄見聞所及亦附於編究所從
來不及盡憶矣

咸豐庚申春正月督師和公以節餉請於朝四十五日給一月
餉軍心遂貳二月賊陷寗國陷皖賊遂入浙境自孝豐安吉長興以
達湖州二十七日杭州亦陷張總統大軍方以長濠困金
陵至是分兵援浙宜興溧陽金壇溧水諸賊遂與金陵賊合而
攻我和帥大營駐淳化鎮張總統大營駐孝陵衛皆腹背受敵

燐血叢鈔卷二

張忠武之存亡為東南一大關鍵寶山蔣劍人敦復為作行略
云咸豐十年春閏月江南大營潰　欽差幫辦軍務總統南北
諸軍提督軍門張公國樑力戰死事聞　天子追念藎臣　綸
音褒悼　贈卹有加越三年　今上登極改元同治　兩聖聽
政大中黜陟羣盜次第就戮海隅指日蕩平而公之行狀及銘
幽表隧之文未有作者草莽臣蔣敦復伏讀　先皇帝聖諭有
云東南半壁倚為長城尚冀該提督不死出為國家宣勞又云
若張國樑尚在蘇常一帶何至糜爛若此等語感激涕零撫膺
浩歎爰詢公之舊部曲將校及粵人之能道公遺事者綴拾成

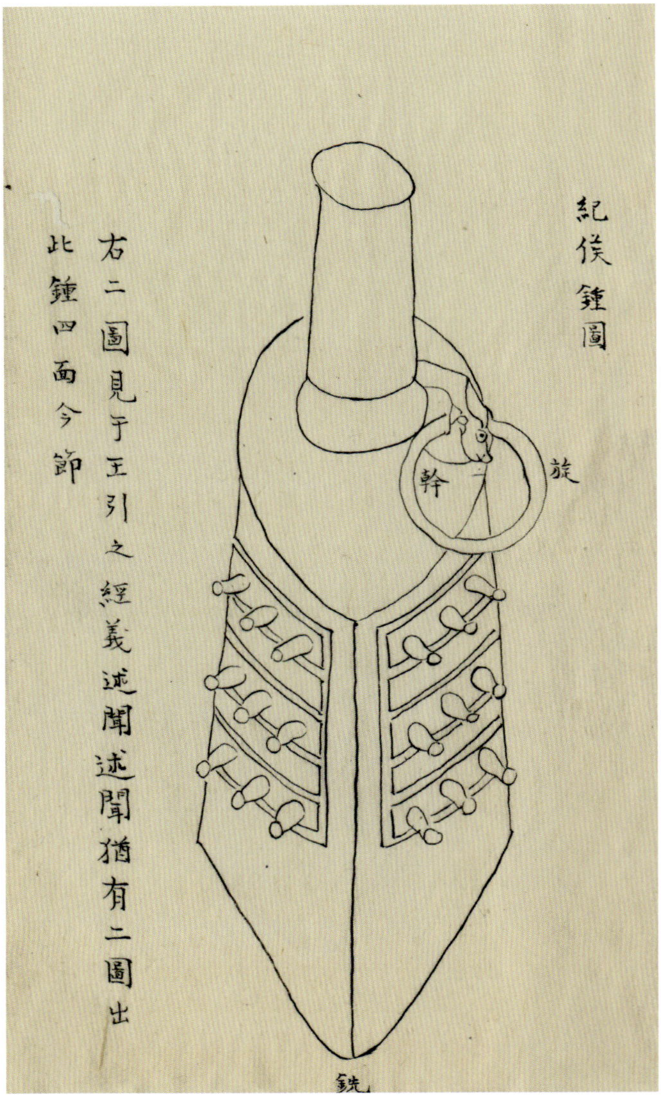

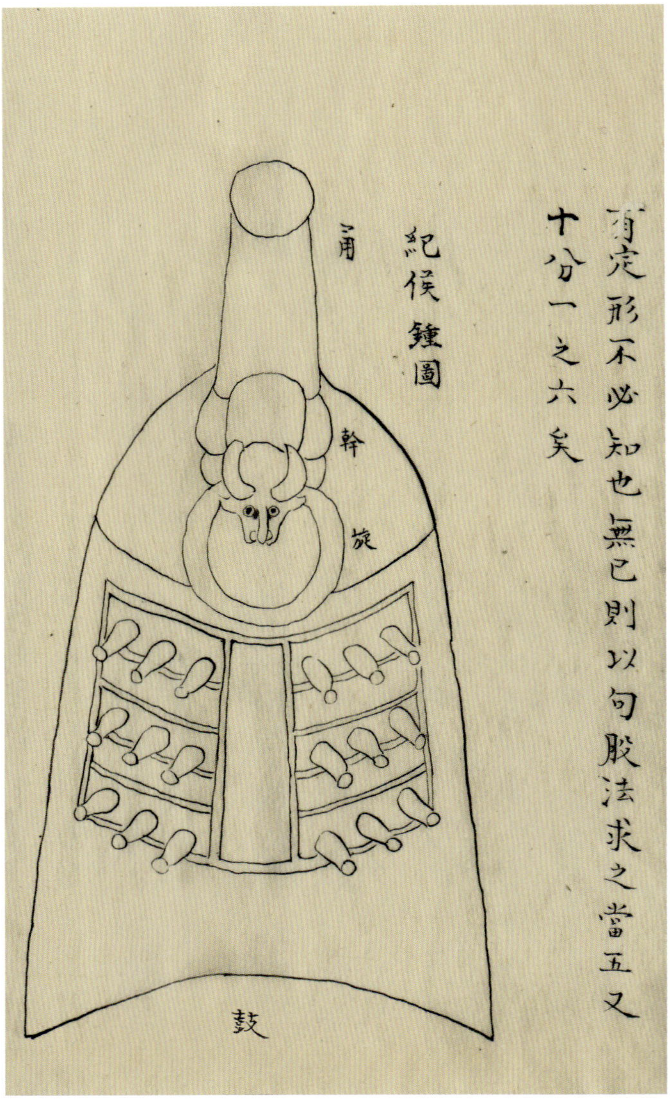

150 周礼补疏十二卷

（日本）安井衡撰　日本江户时代　稿本

The supplement and variorum of the Rites of Zhou, twelve volumes

Written by An Jing Heng (Japanese) from the Edo Period in Japan (1603-1867)

Manuscript

线装，开本22.3×15.7cm，半叶十行，行十九字。

安井衡（1799–1876），又名安井息轩，宫崎郡清武町人，日本江户时期儒学集大成者。外国著名学者所著有关中国古代文化之稿本，国内收藏不多，此其一也。

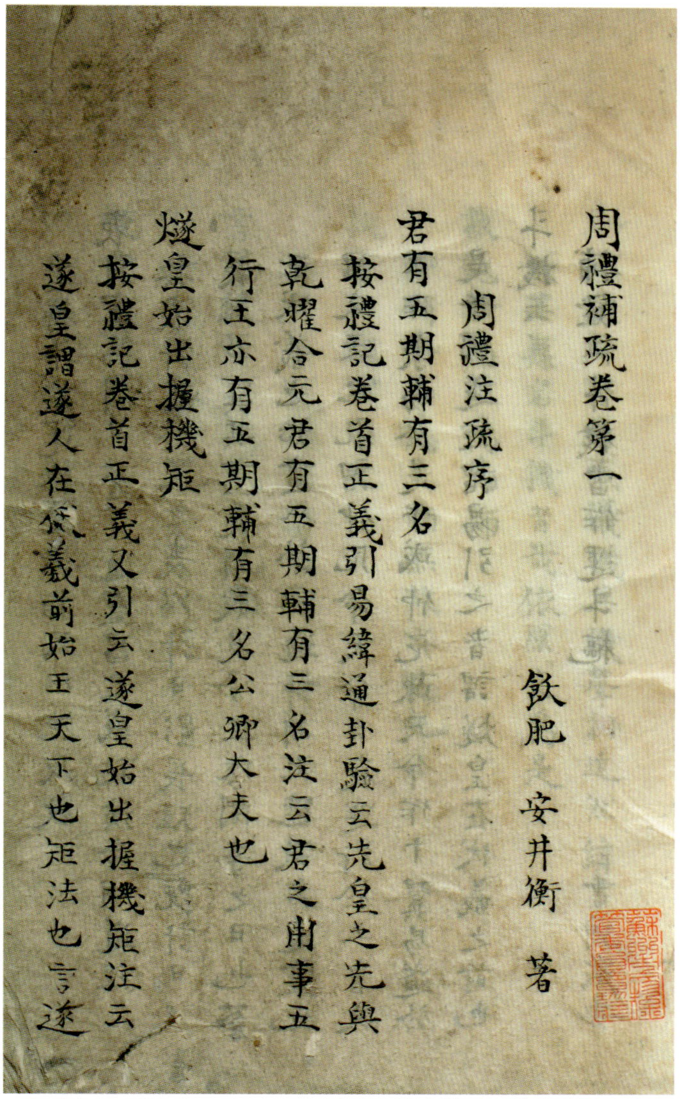

周禮補疏卷第一

欽肥　安井衡　著

周禮注疏序

君有五期輔有三名

按禮記卷首正義引易緯通卦驗云先皇之先與乾曜合元君有五期輔有三名注云君之用事五行王亦有五期輔有三名公卿大夫也

燧皇始出握機矩

按禮記卷首正義又引云遂皇始出握機矩注云遂皇謂遂人在宓義前始王天下也矩法也言遂

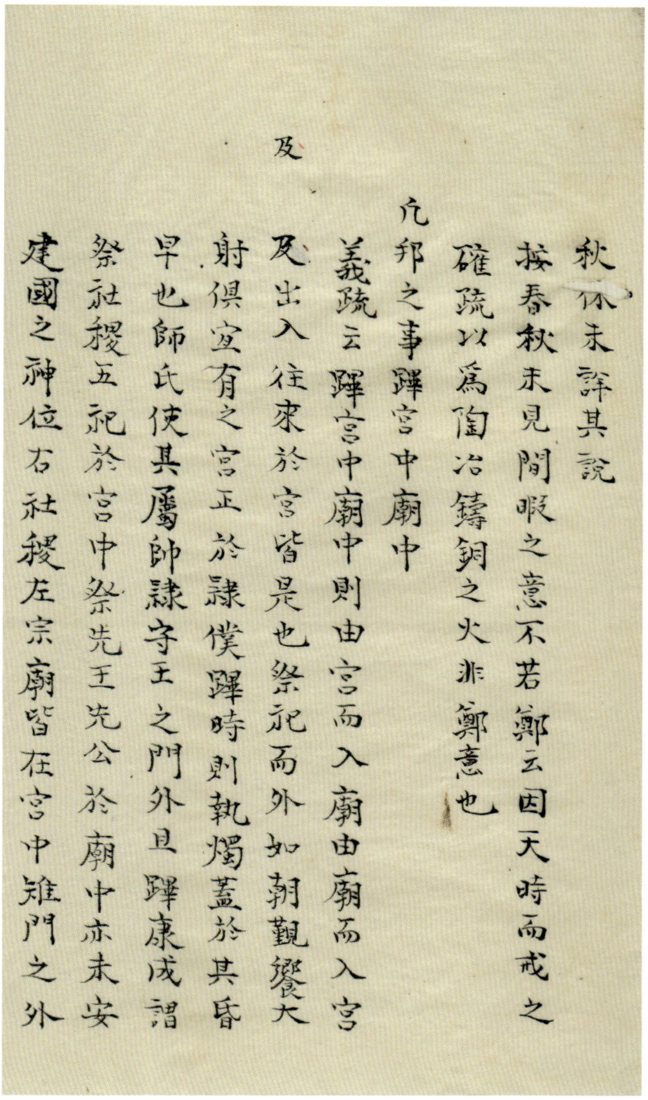

秋休未詳其說

按春秋未見閒暇之意不若鄭云因天時而戒之確疏以爲陶冶鑄銅之火非鄭意也

凡邦之事蹕宮中廟中

及

義疏云蹕宮中廟中則由宮而入廟由廟而入宮及出入往來於宮皆是也祭祀而外如朝覲饗大射俱宜有之宮正於隷僕蹕時則執燭蓋於其昏早也師氏使其屬帥隷守王之門外且蹕康成謂祭社稷五祀於宮中祭先王先公於廟中亦未安建國之神位右社稷左宗廟皆在宮中雉門之外

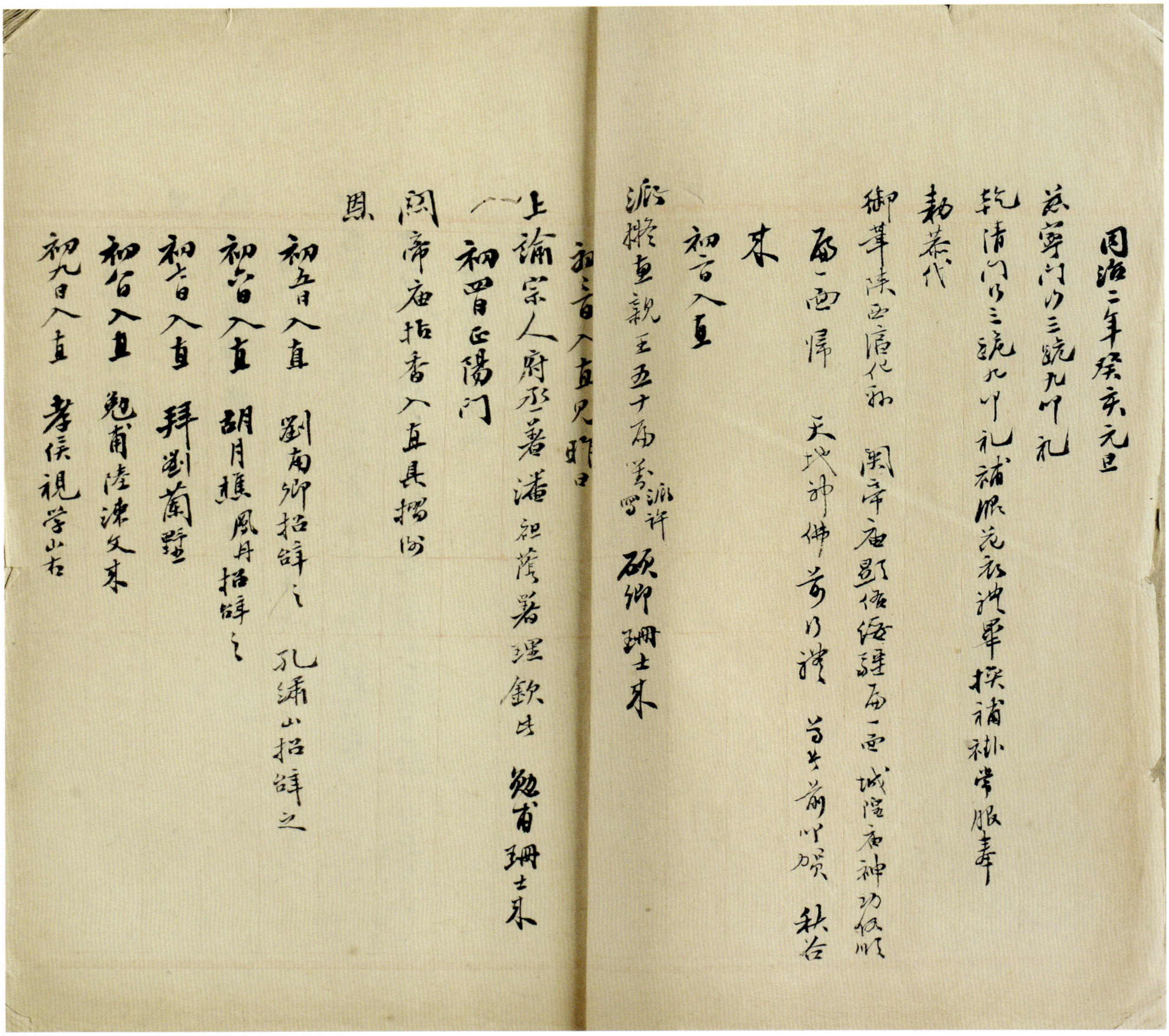

151 潘祖荫日记不分卷

清同治二年　光绪七年至十三年 光绪十五年至十六年

（清）潘祖荫撰　稿本

Diary of Pan Zuyin

Written by Pan Zuyin from the Qing Dynasty

Manuscript

线装，版框尺寸：第一册16.8×12.8cm，半叶十行，行字数不等，红口，四周双边，双对红鱼尾；第二至十二册14.0×9.5cm，半叶九行，行字数不等，白口，四周单边。

所钤印有“千载一时”白文方印、“如愿”朱文横长印、“快哉轩”白文方印、“文字之福”白文方印、“吉祥喜语”白文竖长印、“八囍斋”白文方印、“日报平安福”白文方印、“报国在年丰”朱文方印等53方。潘祖荫（1830–1890），字伯寅、东镛，号郑庵，吴县人。道光二十八年（1848）赏举人，咸丰二年（1852）一甲三名探花。任翰林院编修、侍读、南书房行走、侍讲学士等，历至工部尚书、刑部尚书、军机大臣，卒晋赠太傅，谥文勤。工诗词，精楷书，尤嘉校雠之学，又醉心金石碑版，为近代金石考证学承前启后人物。家藏甚富，其藏古物处曰“攀古楼”（收有大、小克鼎等），藏古籍善本处曰“滂喜斋”。潘氏日记稿本存世者，另有上海图书馆藏《潘文勤日记》。

国家珍贵古籍名录号01598。

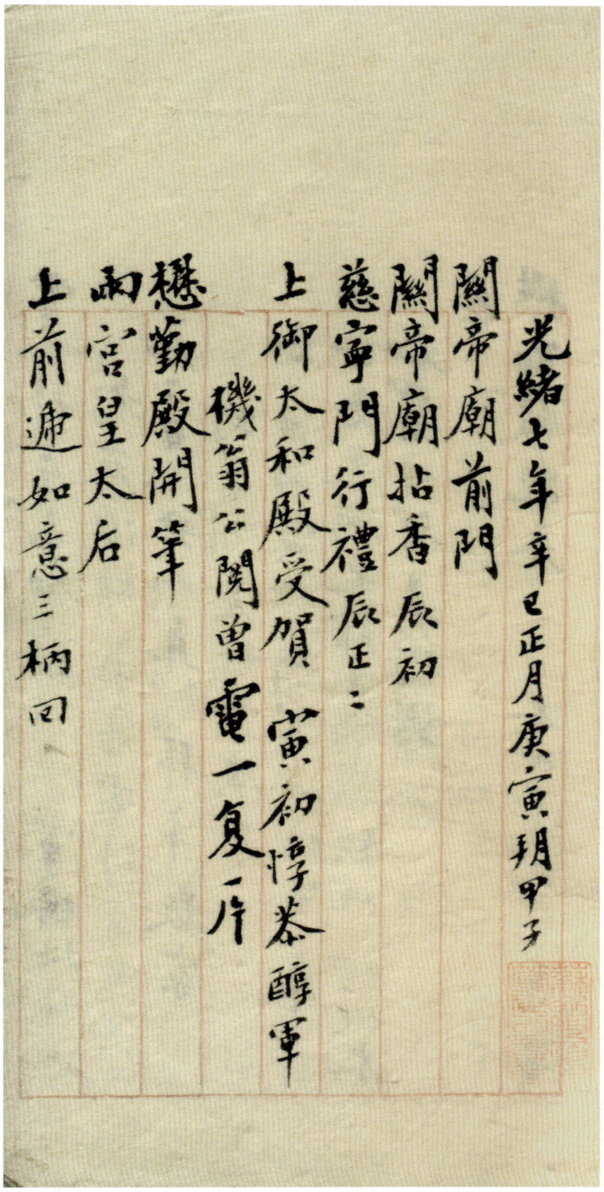

光緒七年辛巳正月庚寅朔甲子
關帝廟前門
關帝廟拈香辰初
慈寧門行禮辰正二
上御太和殿受賀寅初惇恭醇軍
機翁公閱曾電一复一片
懋勤殿開筆
兩宮皇太后
上前遞如意三柄回

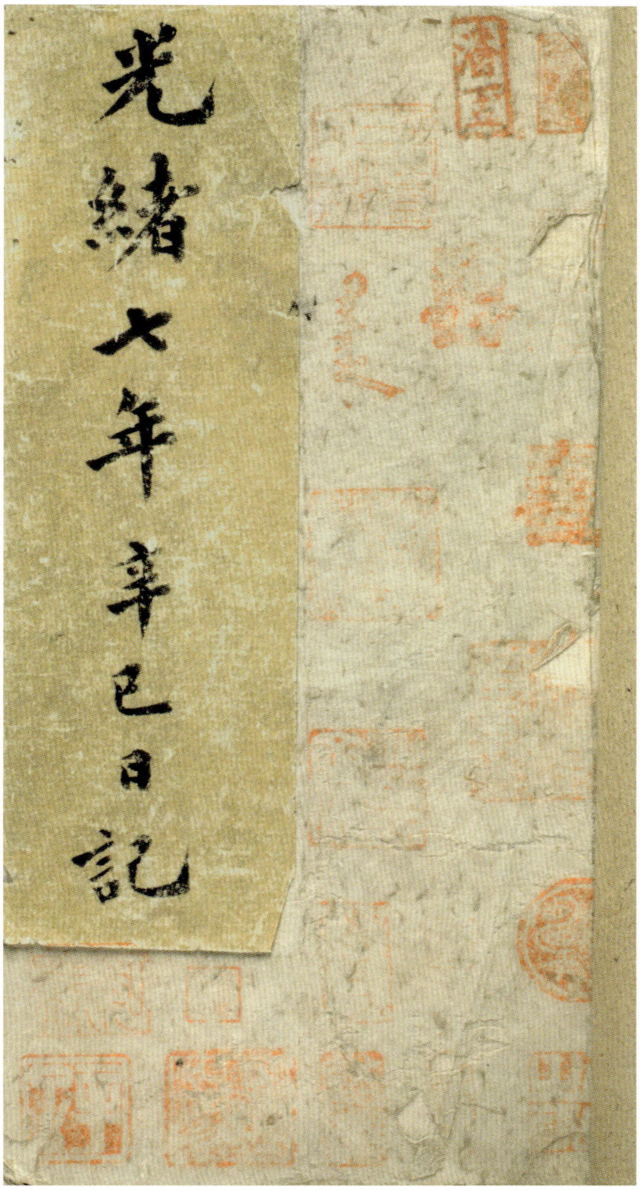

光緒七年辛巳日記

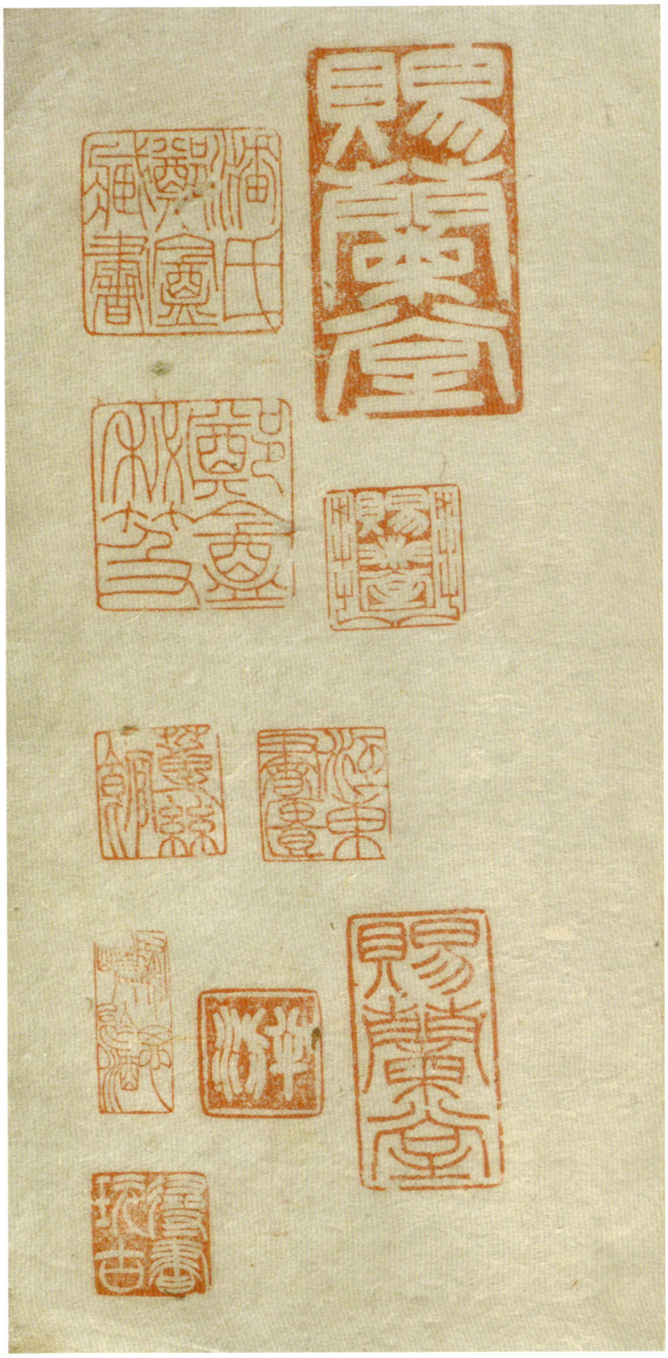

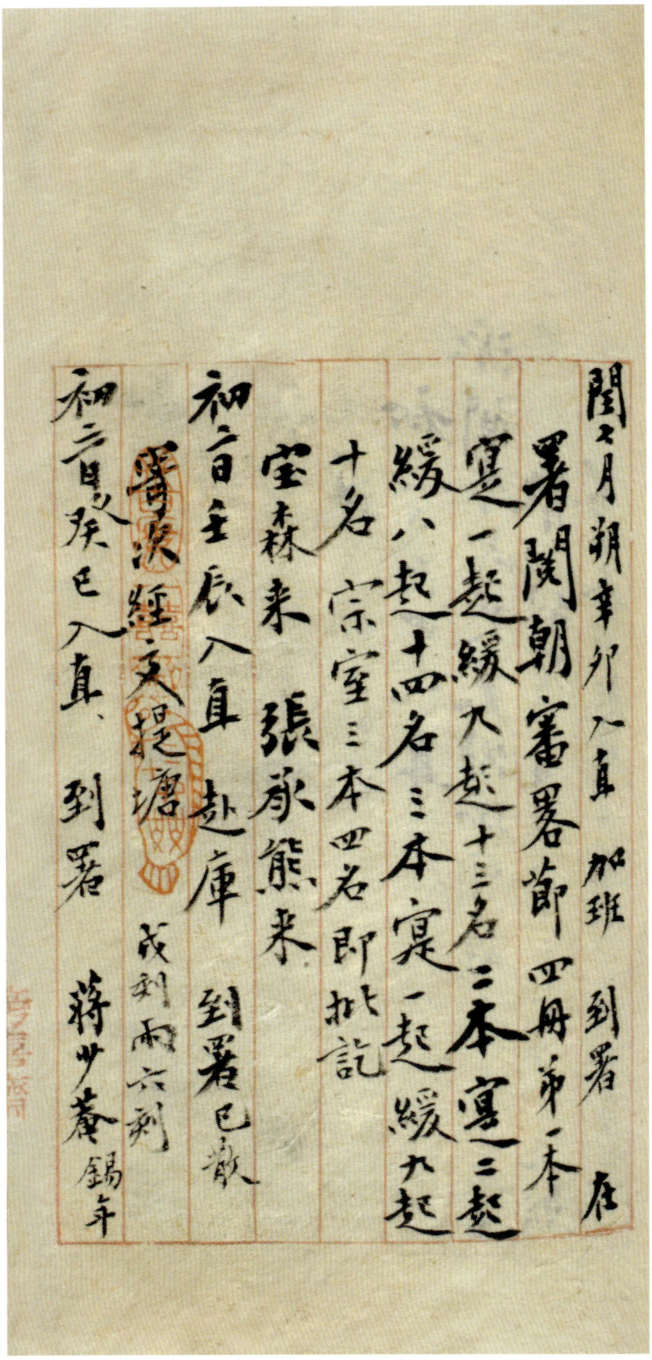

閏七月朔辛卯入直 加班 到署 在
署閱朝審署節 四册第一本
寔一起緩八起十三名 二本寔一二起
緩八起十四名 三本寔一起緩九起
十名 宗室三本四名即批記
室森来 張承熊来
初二日壬辰入直 赴庫 到署已散
晉次經天提塘 戌刻雨六刻
初三日癸巳入直 到署 蔣少蓭 錫年

查光泰　朱澔　蔡壽臻
陳鏡清　何其翔　王曾彥

李燕昌　江槐庭　李瀾均　許祐身
謝裕楷　陸學源　胡翔林

二十一日戊子入直　王真日　皆傳天壇　難民三起文安年
神樂署嵩工　籌撥局陳朱先來
查蔭及何欲以色加何太午　王芝來
三河米救民米不必查本欲明濟引見
以項壽任不至急又必五致六舟
二十二日己丑入直　陸鳳石消假　送李
仲仁墨功濤袍褂語計念物　發南信
以張福崙日來帶物卒濤振緩之清惜裡
難民三起文安年　欽馬廿五十　林字國六十　辛店十八　西刻　馬村崇俊六十餘
乃赤高信　云楣信

陸鍾琦　陸愛和
李燕昌　張馨鑣

二十三日庚寅入直　黃村馬房五十餘
黃村周家村十餘　黃村共有　余南　黃村大莊六千　文安
善　三函致六舟　附藕芳信汀後
七致六舟
二十四日辛卯入直帶引
見六名　彥秀　惠六　鍊六　中壇　唐兵　英稅
難民　天宮院百餘　王三莊七十餘　文安千
陸梅村天池送二馬　前三莊廿餘　家信　鶴粧念松
二十五日壬辰入直
辛冬十月廿五日戌初刻

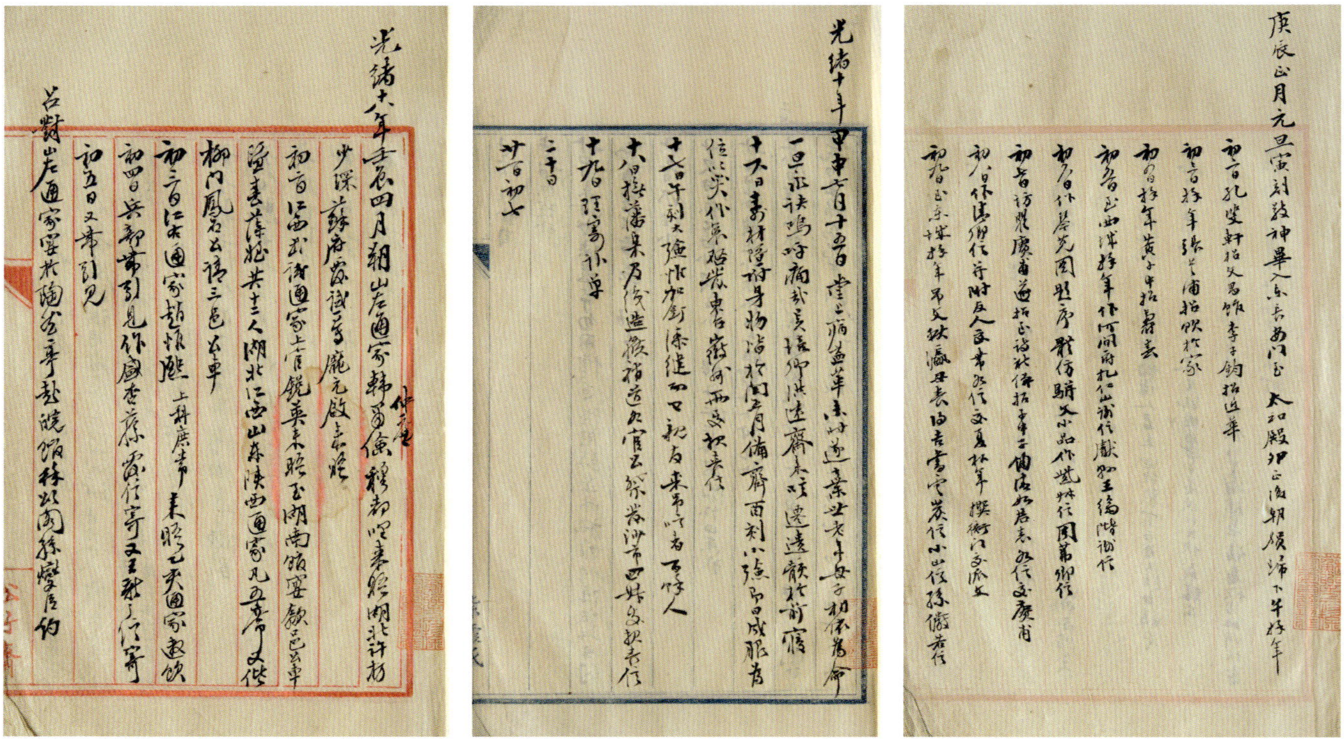

152 洪钧日记不分卷

清同治九年九月十六日至同治十年九月二十九日 光绪二年十一月初四至光绪四年九月二十二日 光绪七年正月初一至光绪九年正月二十九日 光绪十年七月十五日至光绪十三年九月十二日 光绪十八年四月初一至光绪十九年七月初三

（清）洪钧撰 稿本

Diary of Hong Jun

Written by Hong Jun from the Qing Dynasty

Manuscript

线装，第一册版框尺寸18.4×11.9cm，半叶十行，行字数不等，红口，四周双边，单红鱼尾；第二册版框尺寸18.1×12.5cm，半叶九行，行字数不等，白口，四周双边，外边以斑竹栏代替，单鱼尾；第三册版框尺寸17.5×12.5cm，半叶九行，行字数不等，白口，四周双边，单红鱼尾；第四册版框尺寸19.2×13.1cm，半叶九行，行字数不等，白口，四周双边，单蓝鱼尾；第五册版框尺寸17.5×12.5cm，半叶九行，行字数不等，白口，四周双边，单红鱼尾。

洪钧（1839—1893），字陶士，号文卿，吴县人。同治七年（1868）状元，任修撰，历任湖北学政、侍读学士、内阁学士兼礼部侍郎、兵部左侍郎、总理各国事务衙门行走。谙熟西北舆地，于元史致力尤深，参与修纂《咸丰实录》。

国家珍贵古籍名录号01601。

九月十六日午刻出凤山门朱桂之李芍卿及本家世庚鸿艳咏韵候
饯行饮至二鼓而散与刘蓉生同舟夜潮甚大有万马奔腾
之势惜已寝不及起观矣　张静斋托携本赴
十七日趁早潮行顺风行一百数十里泊札溪夜至周紫垣处饮
十八日风未顺微雨入富滩行五十里而泊偕罗少村杜蛰庵杜
紫垣少村茗饮
十九日午刻抵严州府换坐徽州船行不及二里而止
二十日早开行六十余里泊罗桐埠舟中题程杏楼湖山策马图
早年鼻子擅词场泊迹西泠究梦深落笔惊人宜啸傲胜
游多半慨沧桑闲抛簪笏寻吟骑老借湖山作酒乡自笑骑驴

光绪二年丙子十一月自陕西回京
十一月初四日黎明自武功京师起身去新店尖午后入城到府至柳门处
萧发搬府慈松俏
初五日丑初起入内候拟奏陛见召
见对于养心殿东暖阁出城柳门来与伯寅师谈读周锡珊作楼橪甫书草
行谈山林行折本行
初六日至九师内拜东胜接送陈惠山子寅行来
初七日入城谒师内拜访宾亭驰饭遇兄万苏龄师
初八日访树楼师吴慎之徐作周寿农李佳庭李海帆又诗社饭
初九日访尹宗三师又访谒魁华峰师陪

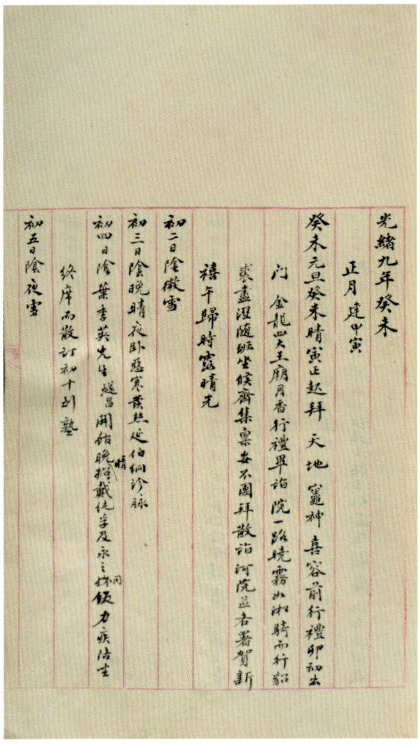

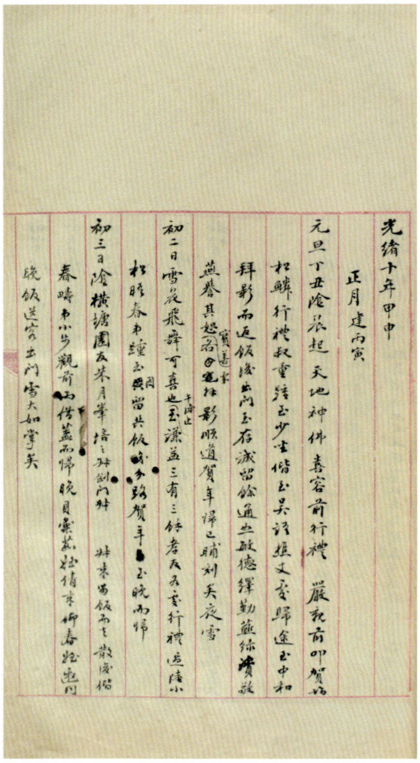

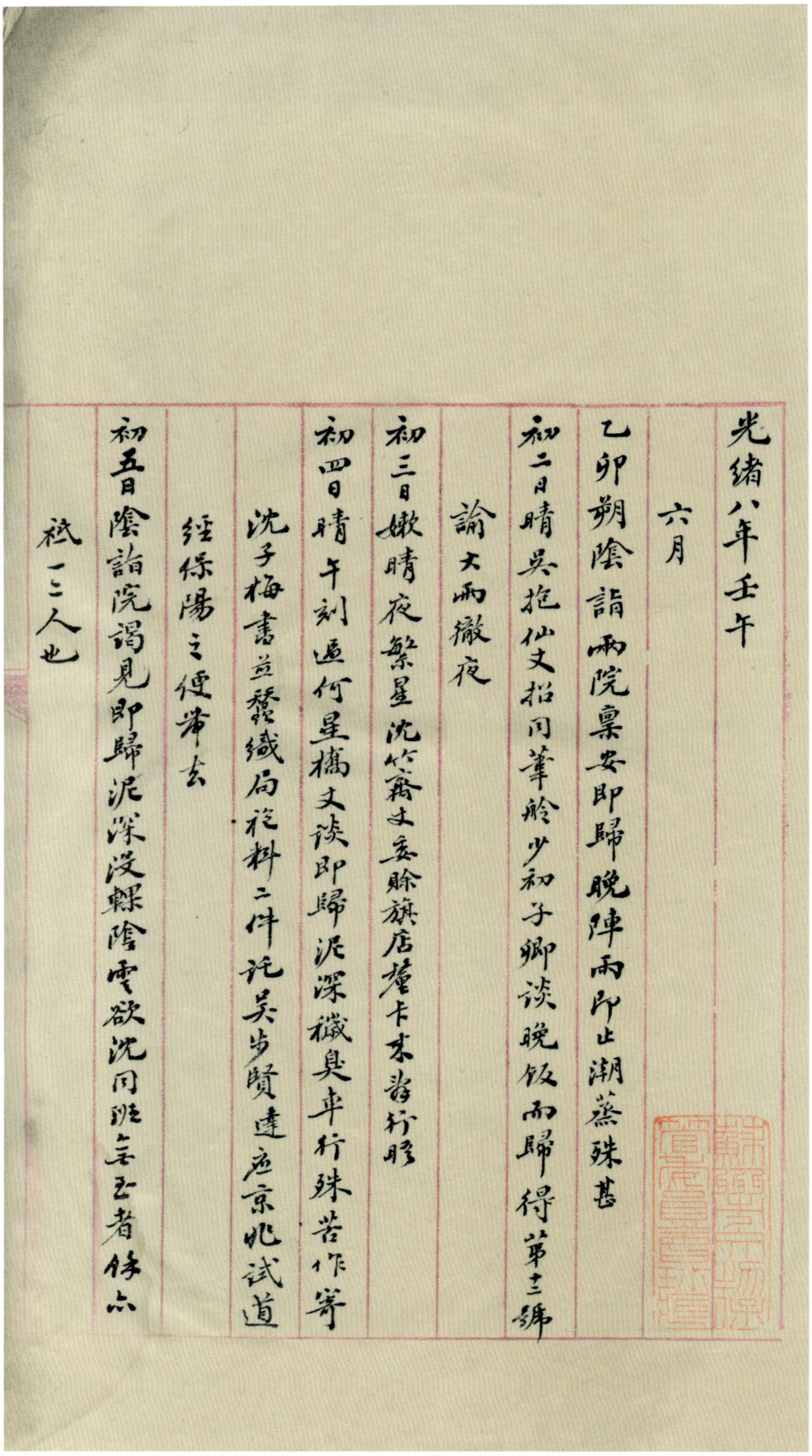

光緒八年壬午

六月

乙卯朔陰詣兩院稟安即歸晚陣雨即止潮蒸殊甚

初二日晴吳抱仙丈招同華舲少初子卿談晚飯而歸得第十三號

諭大兩撤夜

初三日嫩晴夜繁星沈竹齋丈委餘旗店釐卡來辭行

初四日晴午刻過何星橋丈談即歸泥深礙足平行殊苦作寄

沈子梅書並發織局花料二件託吳步賢達應京兆試道

經保陽之便帶去

初五日陰詣院謁見即歸泥深沒踝陰雲欲沈同班無去者餘亦

祇一二人也

153 潘观保日记不分卷

清光绪八年六月初一至十年十二月三十

（清）潘观保撰　稿本

Diary of Pan Guanbao

Written by Pan Guanbao from the Qing Dynasty

Manuscript

毛装，版框尺寸18.2×15.4cm，半叶十一行，行字数不等，白口，四周单边，单红鱼尾。

潘观保（1828—1894），字辛芝、辛之，室名鹊泉山馆，吴县人。咸丰八年（1858）署章卫怀兵备道。潜心经史，诗学韦、孟，兼工西昆。上海图书馆藏有其稿本《十三经异文考异》三十卷及《疑年汇编》。

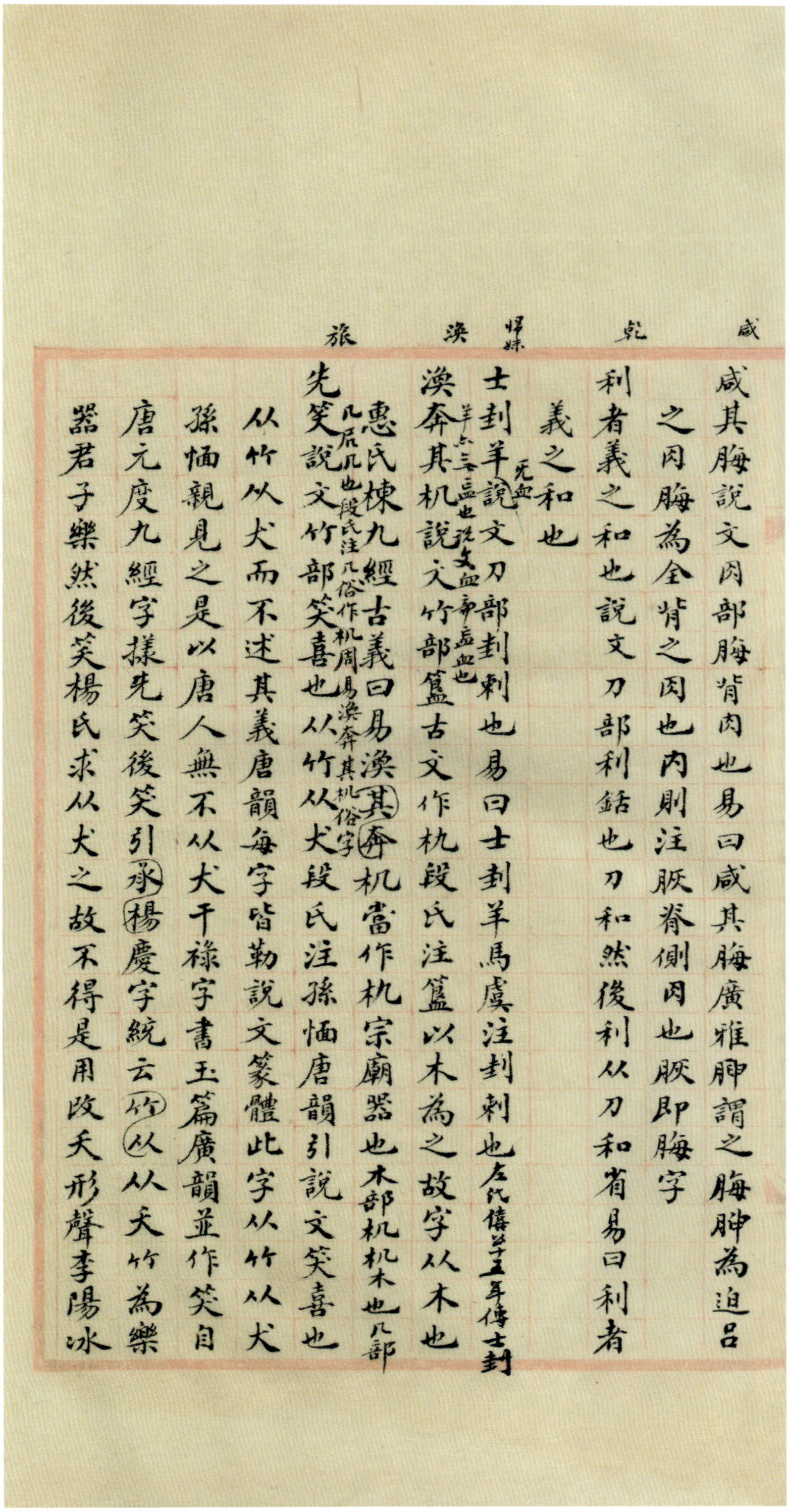

咸　乾　渙　歸妹渙　旅

咸其脢說文肉部脢背肉也易曰咸其脢廣雅胂謂之脢胂為迫呂之肉脢為全背之肉也內則注胑脊側肉也胑即脢字

利者義之和也說文刀部利銛也刀和然後利从刀和省易曰利者義之和也

士刲羊說文刀部刲刺也易曰士刲羊馬虞注刲刺也左氏僖公十五年傳士刲

渙奔其机說文竹部簋古文作朹段氏注簋以木為之故字从木也

惠氏棟九經古義曰易渙其奔机當作朹宗廟器也木部机机木也几部

先笑說文竹部笑喜也从竹从犬段氏注孫愐唐韻引說文笑喜也从竹从犬而不述其義唐韻每字皆勒說文篆體此字从竹从犬孫愐親見之是以唐人無不从犬干祿字書玉篇廣韻並作笑自唐元度九經字樣先笑後笑引承楊慶字統云竹从从夭竹為樂器君子樂然後笑楊氏求从犬之故不得是用改夭形聲李陽冰

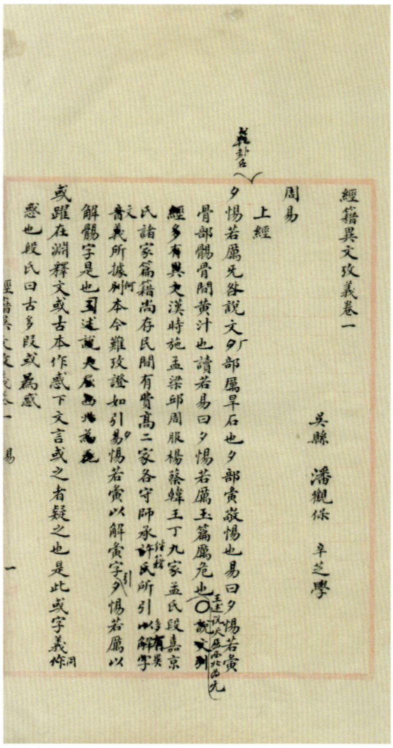

經籍異文攷義卷一

吳縣　潘觀保　辛芝學

周易

上經

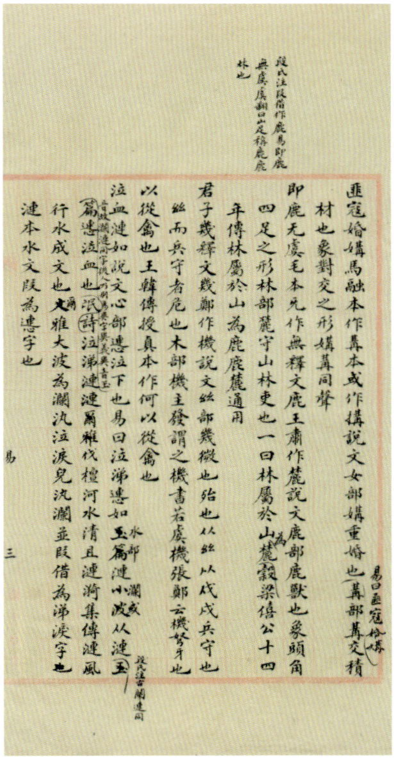

154 经籍异文考三十卷

（清）潘观保撰　稿本　存二卷（一至二）

Textual research on the books of the Classics

Written by Pan Guanbao from the Qing Dynasty

Manuscript

Two volumes collection (No. 1-2)

毛装，版框尺寸17.8×13.3cm，半叶十二行，行二十六字，红口，左右双边，双对红鱼尾。

是书于诸经正史字句异文，援引《说文段注》、《玉篇》、《经典释文》等书，考订疑义，颇可征信。

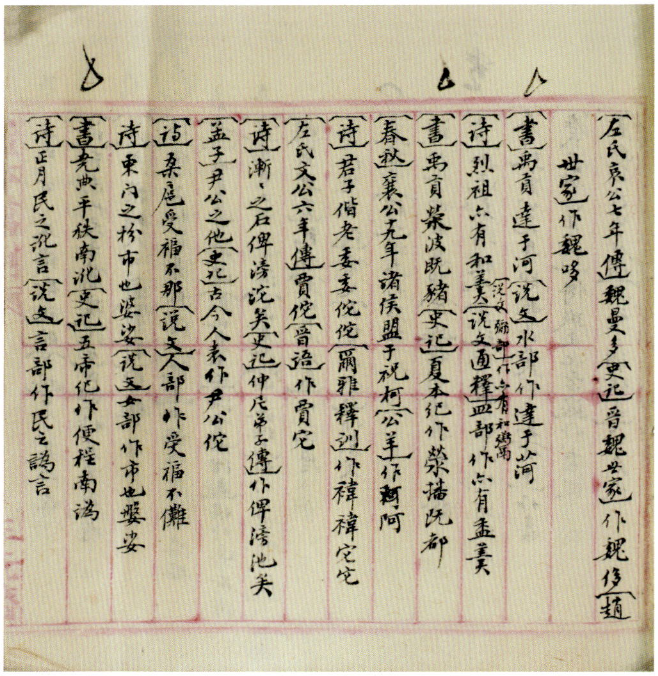

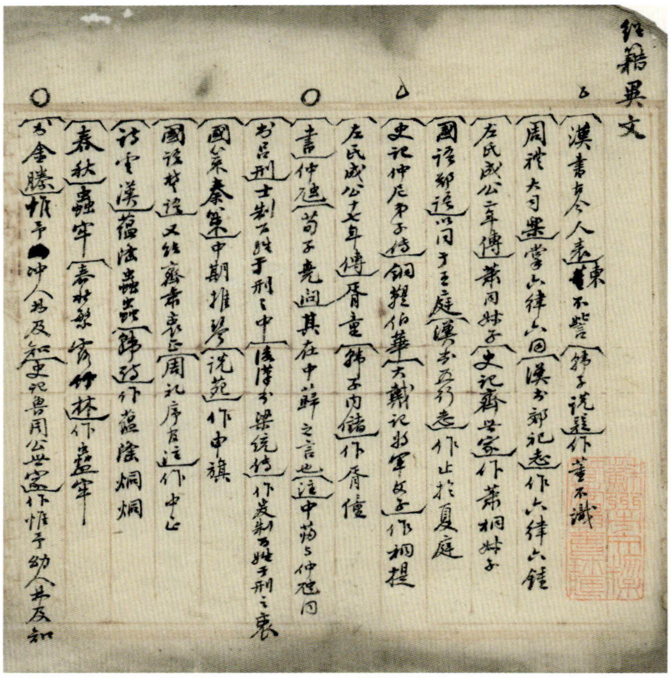

155 经籍异文考三十卷经籍异文一卷

（清）潘观保撰　稿本　存二十五卷（一至二十四、三十）

Textual research on the books of the Classics

Written by Pan Guanbao from the Qing Dynasty

Manuscript

毛装，所用稿纸有三，一为“复始堂”抄纸，版框尺寸17.8×13.3cm，半叶十二行，行二十六字，红口，左右双边，双对红鱼尾；一为“汉文斋”抄纸，版框尺寸15.7×19.5cm，半叶十二行，行二十六字，红口，左右双边，单红鱼尾；一为“三元斋”抄纸，版框尺寸16.1×19.4cm，半叶十四行，行字数不等，白口，四周双边，单紫鱼尾。

是书贯通经史，于各书字句异文，逐一条列，凡数百千条，堪为今人校书之助。

經籍異文攷義卷一

吳縣　潘觀保　辛芝學

周易

上經

乾卦名說文乙部乾上出也（批注：…从倝…文作乾）段氏注此乾之本義也（批注：執者光執執也上出者）自有文字以後乃用為卦名

孔子釋之曰健也健之義生於上出上出為乾下注則為溼故乾與溼相對俗別其音古無是也倝者日始出光倝倝也渠焉切又古寒切

夕惕若厲无咎說文厂部厲旱石也夕部夤敬惕也易曰夕惕若夤骨部䯏骨間黃汁也讀若易曰夕惕若厲玉篇厲危也王述說天屈西北為无漢時施孟梁邱周服楊蔡韓王丁九家孟氏段嘉京氏諸家篇籍尚存民間有費高二家各守師承經籍所引多有異

此条〻異文删

△

復往來也襾部覆覂也一曰蓋也覆从復得聲段借字

大人造也釋文劉歆父子作聚說文辵部造就也譚長說造上士也古文造从舟作艁𠈃部聚會也邑落曰聚本義造猶為也造聚聲相近

利者義之和也說文刀部利銛也刀和然後利从刀和省易曰利者義之和也

君子體仁足以長人釋文體仁京房荀爽董遇皆作體信說文人部仁親也臣鉉等曰臣者兼愛故从二言部信誠也

嘉會足以合禮左氏襄公九年傳嘉德足以合禮說文會部會合也从亼从曾省曾益也彳部德升也

利物足以和義釋文利物孟喜京荀陸績並作利之

確乎其不可拔古本作碻乎其不可拔者

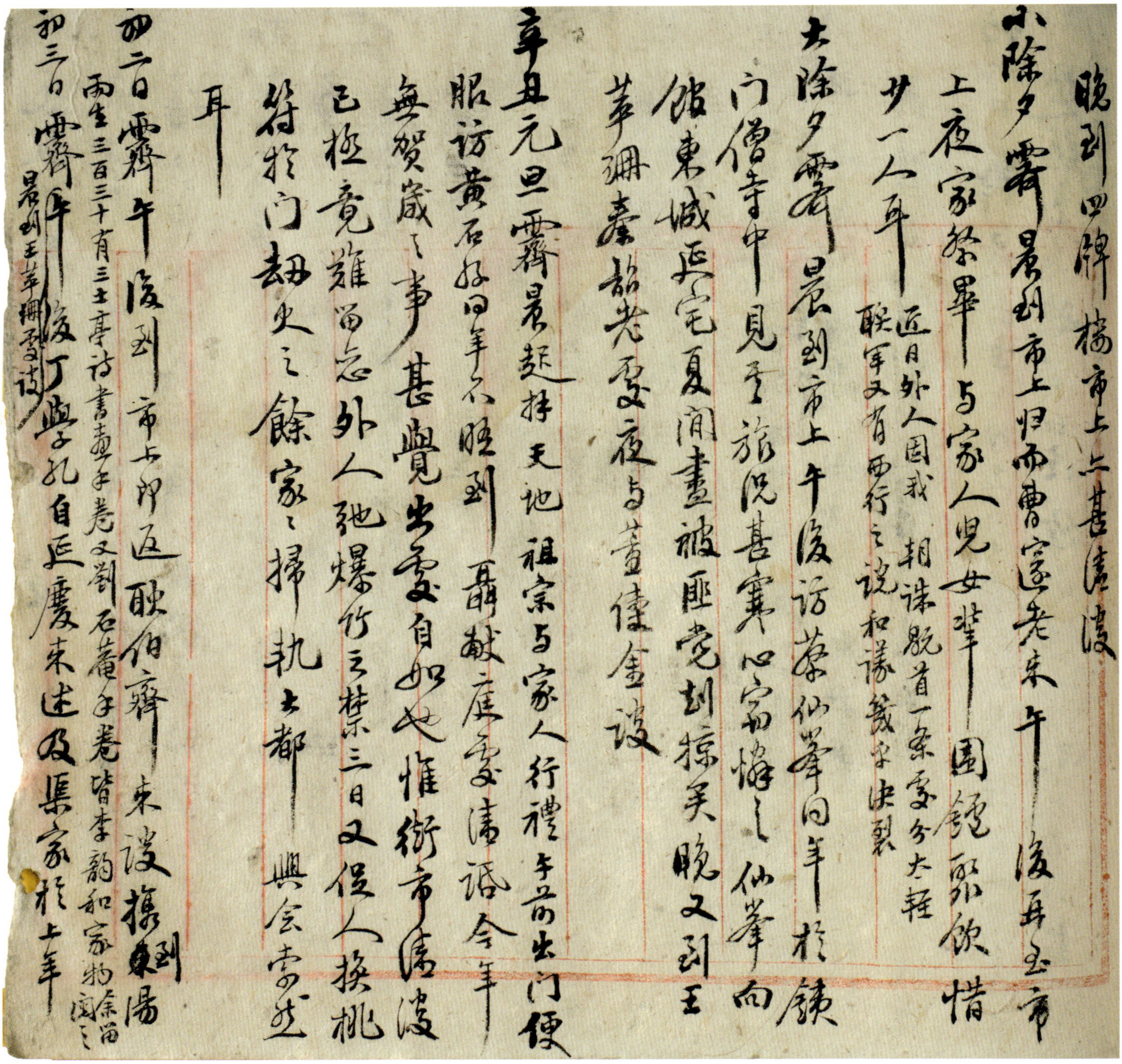

156 吴荫培日记不分卷

（清）吴荫培撰　　稿本　清光绪二十六年五月二十三日至三十二年七月二十五日、十月二十八至三十三年三月初六、五月二十一日至七月初十、八月初九至十月二十六

Dairy of Wu Yinpei

Written by Wu Yinpei from the Qing Dynasty

Manuscript

线装，开本18.7×22.2cm，半叶行数不等，行字数不等。

吴荫培（1851–1931），字树白，号颖芝、云庵、平江遗民，吴县人。光绪十六年（1890）一甲三名探花及第，授翰林院编修，1916年修志局设立省立苏州图书馆，任总纂之一。

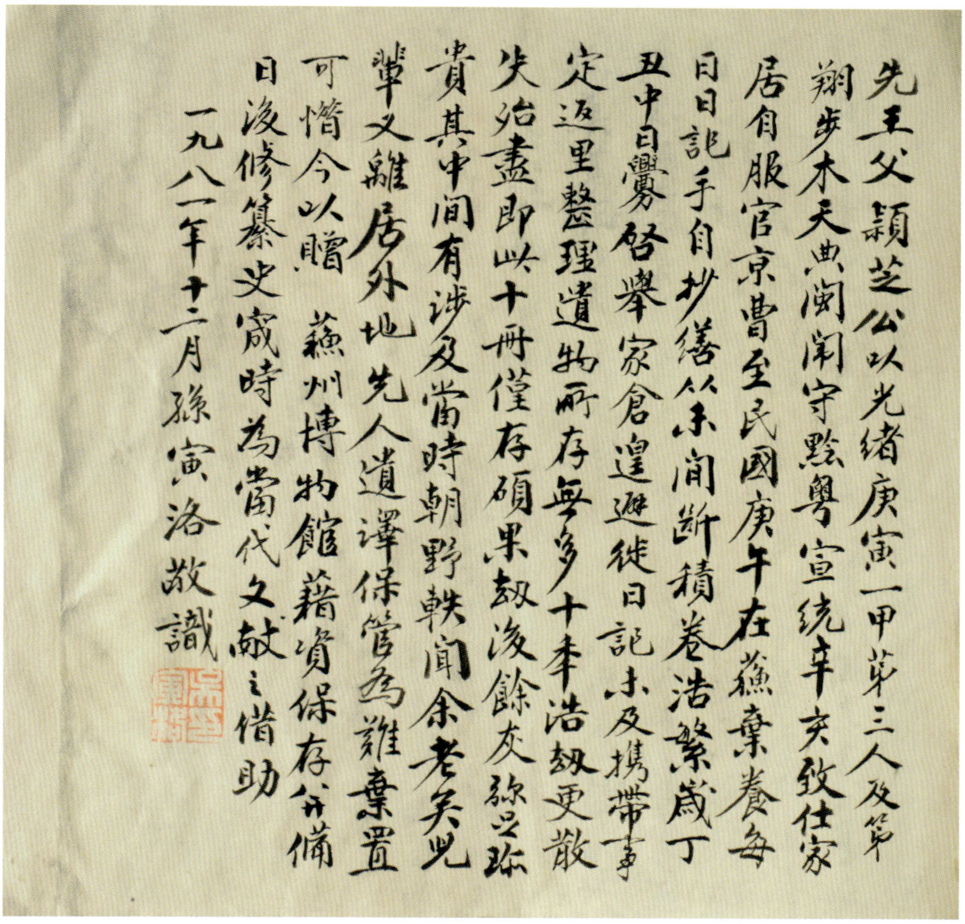

先王父顥芝公以光绪庚寅一甲第三人及第翔步木天典閩闈守黔粵宣统辛亥致仕家居自服官京曹至民國庚午在蘇棄養每日日記手自抄繕從未间斷積卷浩繁歲丁丑中日釁啓舉家倉皇避徙日記未及携帶事定返里整理遺物所存無多十年浩劫更散失殆盡即此十册僅存碩果劫後餘灰彌足珍貴其中间有涉及當時朝野軼闻余老矣兒輩又離居外地先人遺澤保管為難棄置可惜今以贈 蘇州博物館藉資保存并備日後修纂史實時為當代文獻之借助

一九八一年十二月孫寅洛敬識

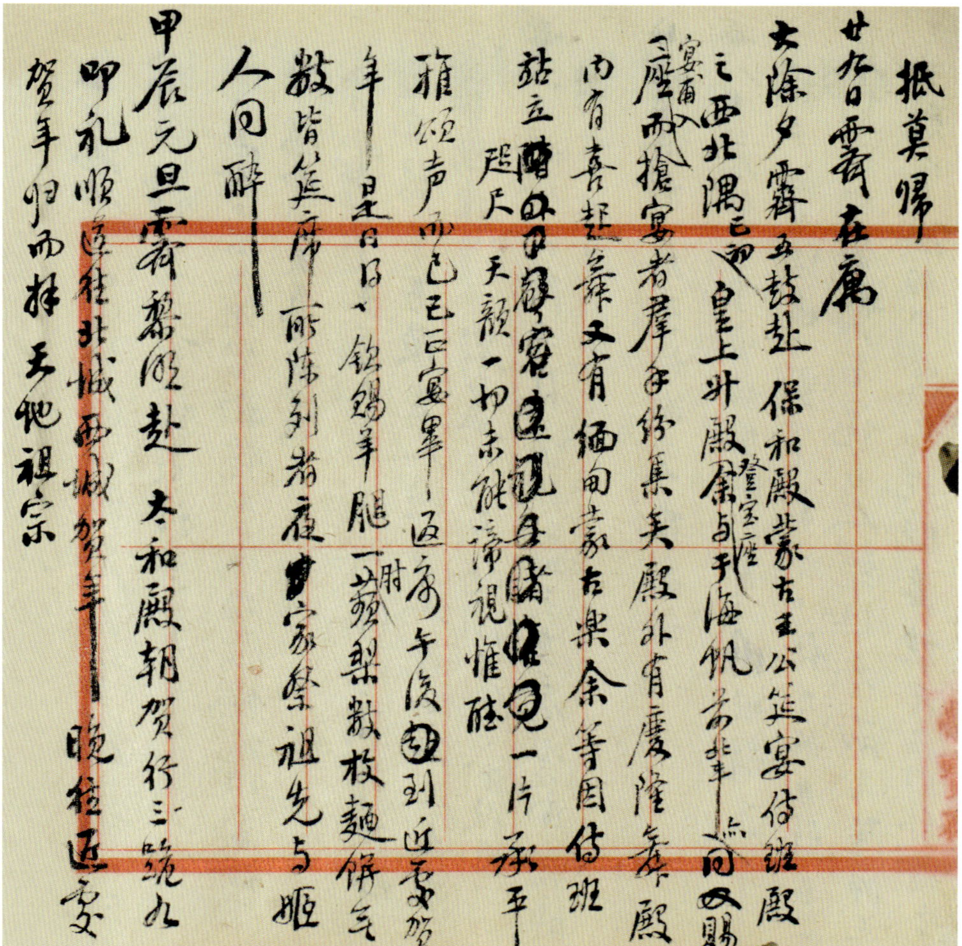

抵莫歸

廿九日霽在廣

大除夕霽 五鼓赴 保和殿 蒙古王公筵宴侍班之西北隅 巳初 皇上升殿（登寶座）余與于海帆尚書同叨賜座（宴酒入）所撿宴者犀牛肉集矣殿外有慶隆舞殿內有喜起舞又有緬甸蒙古樂余等因侍班站立 御座階前遠望見一片承平雅頌声 咫尺 天顏一切未能諦視惟睹 未正已正宴畢一返寓 午後到近處賀年 是日上賜 欽賜羊腿一肘蘋果數枚麵餅等數皆筵席所陳列者 夜間家祭祖先與姬人同醉

甲辰元旦霽 黎明赴 太和殿朝賀行三跪九叩禮 順道往北城西城賀年 晚往近處賀年歸而拜 天地祖宗

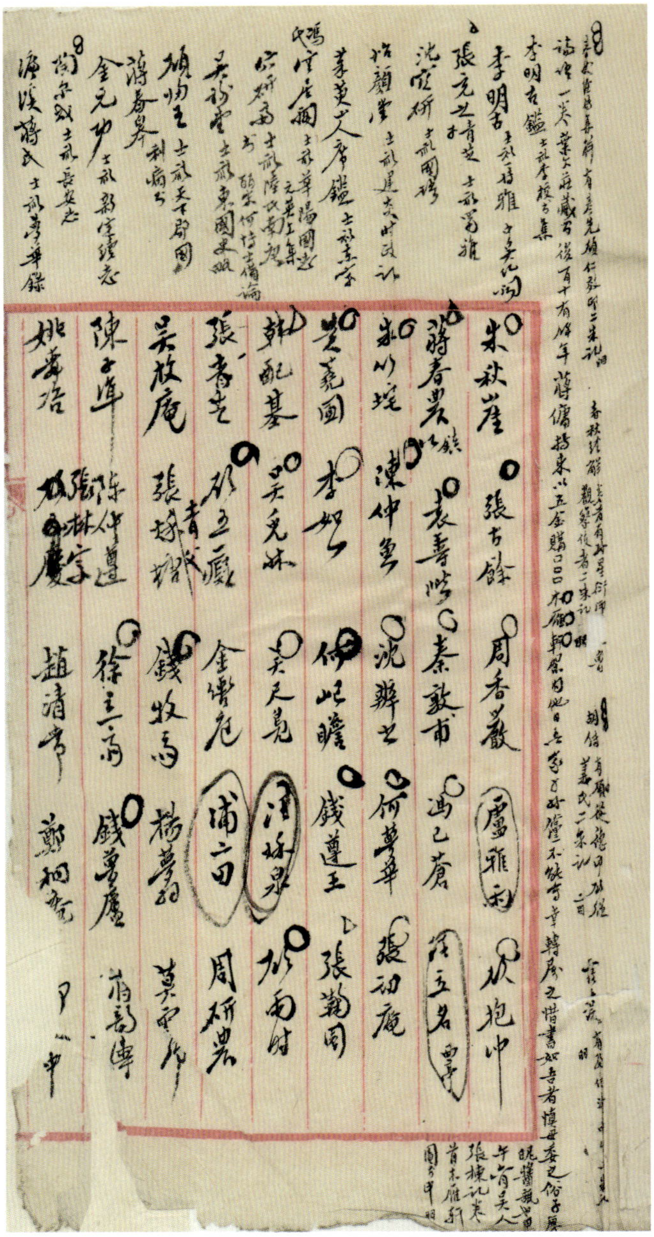

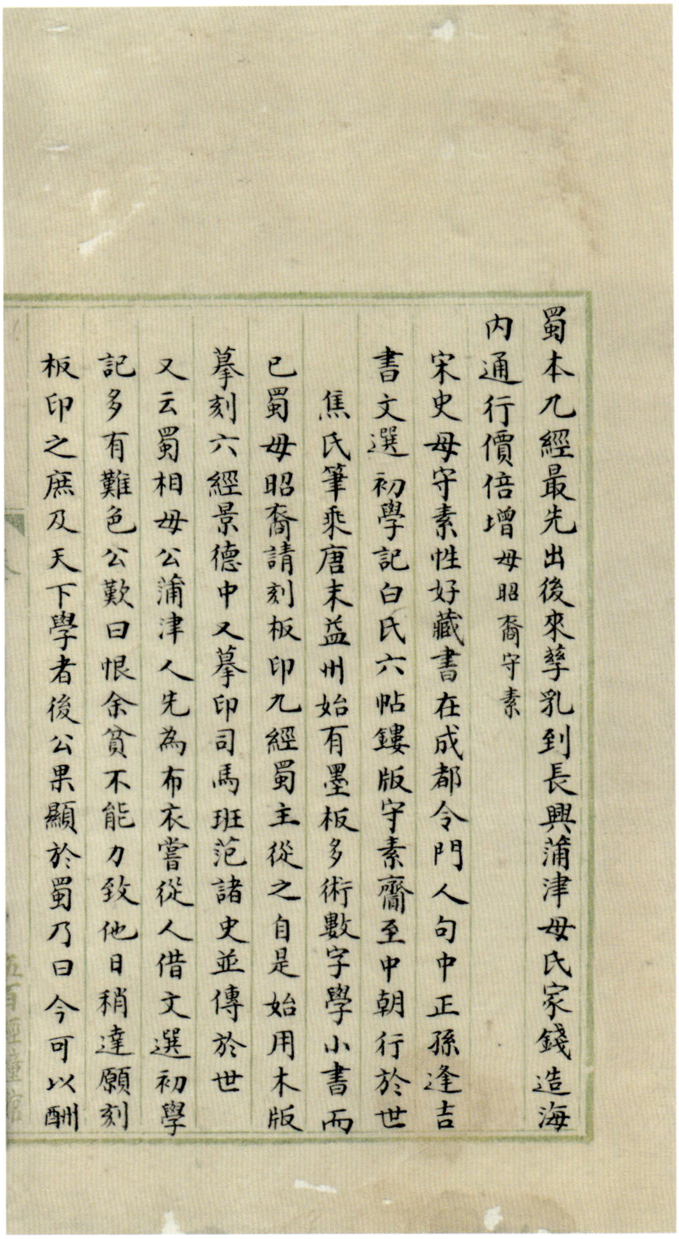
蜀本九經最先出後來孳乳到長興蒲津毋氏家錢造海
內通行價倍增 毋昭裔守素
宋史毋守素性好藏書在成都令門人句中正孫逢吉
書文選初學記白氏六帖鏤版守素齎至中朝行於世
焦氏筆乘唐末益州始有墨板多術數字學小書而
已蜀毋昭裔請刻板印九經蜀主從之自是始用木版
摹刻六經景德中又摹印司馬班范諸史並傳於世
又云蜀相毋公蒲津人先為布衣嘗從人借文選初學
記多有難色公歎曰恨余貧不能力致他日稍達願刻
板印之庶及天下學者後公果顯於蜀乃曰今可以酬

157 藏书纪事诗残帙不分卷

（清）叶昌炽撰　稿本

Anecdotes of the book collectors

Written by Ye Changchi from the Qing Dynasty

Manuscript

毛装，此种所用稿纸有二，一为叶氏专用绿丝栏抄纸，书口中有“卷”，书口下有“五百经幢馆”，版框尺寸18.9×13.1cm，半叶十行，行二十一字，白口，四周双边，单绿鱼尾；一为朱丝栏抄纸，版框尺寸17.2×10.9cm，半叶九行，行字数不等，红口，左右双边，双对红鱼尾。

此种三册，第一册中夹有大量纸条，均为叶昌炽手书《藏书纪事诗》原始文稿。三册均不分卷，与上海古籍出版社1983年版《藏书纪事诗》相较，当为原书之卷一、卷三、卷五，但次序有所不同。书中有叶昌炽墨笔校改，首册书衣有叶氏手书：“此稿屡有增删　非定本”。

叶昌炽（1847–1917），字颂鲁，号鞠裳、鞠常，一号缘裻，自号缘督庐主人，长洲人。清光绪十五年（1889）进士，选庶吉士，散官授编修。以裁缺归，著述终老。长于校勘，瞿氏铁琴铜剑楼书目、潘氏《功顺堂丛书》均由其审定。家富藏书，其处曰奇觚庼，治廧室，五百经幢馆，明哲经纶楼。其所著《藏书纪事诗》被誉为“藏家之诗史，书林之掌故”。

国家珍贵古籍名录号08148。

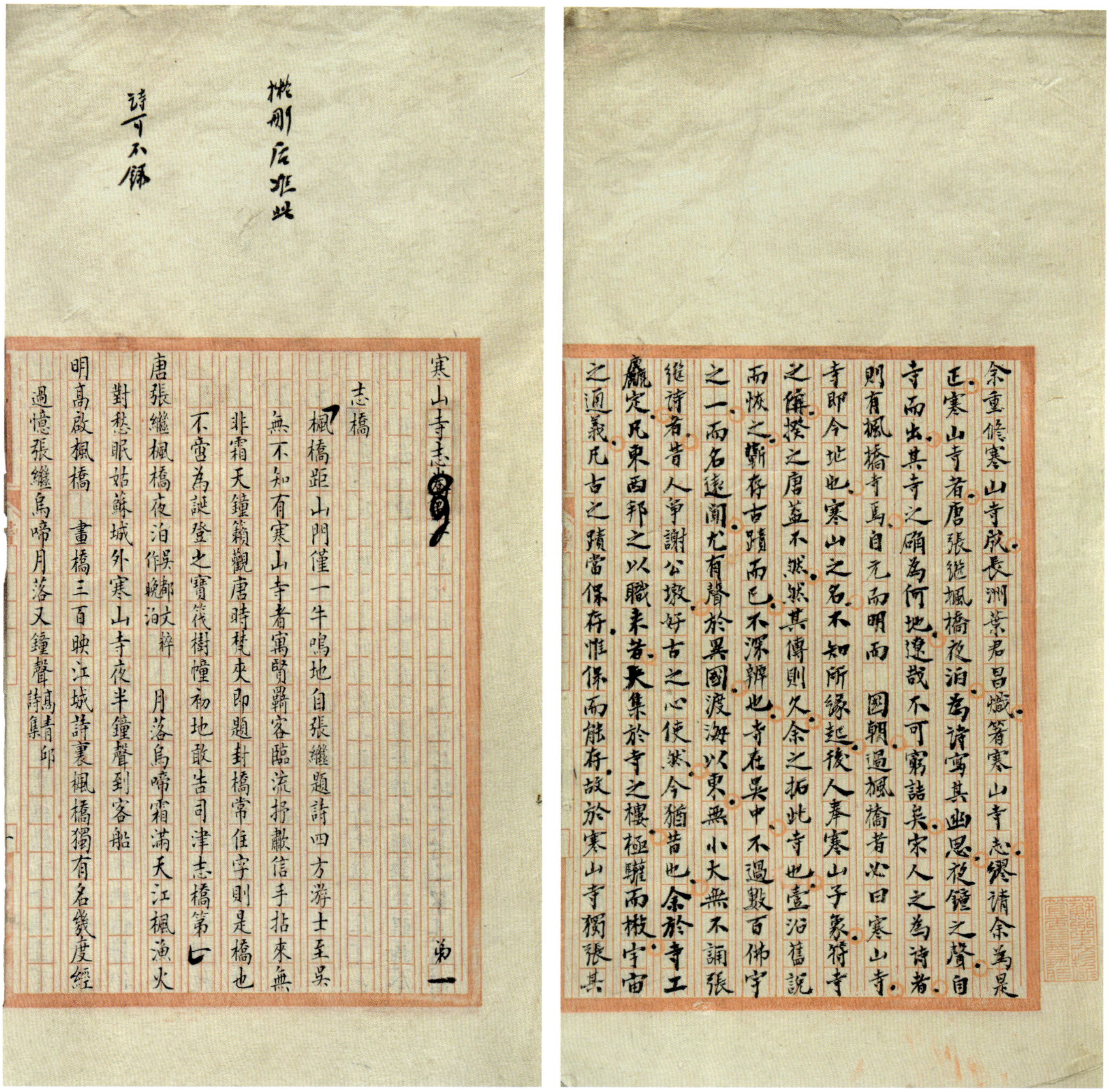

158 寒山寺志三卷

（清）叶昌炽撰　稿本　郑文焯批校

History of the Hanshan Temple, three volumes
Written by Ye Changchi from the Qing Dynasty
Manuscript
Annotated by Zheng Wenzhuo

线装，版框尺寸18.3×13.1cm，半叶十一行（每行之间均有三竖线相隔，每行中间又有一竖线，以备双行小字书写之便），行二十三字，小字双行同，红口，四周单边，单红鱼尾。

书衣上墨书“寒山寺志稿本　文小波　叶鞠裳批校”。

郑文焯（1856–1918），字俊臣，号小坡，又号叔问，自号江南退士，晚号大鹤山人，汉军正白旗人。光绪举人，曾任内阁中书，后在苏州授学于存古学堂。工诗词，通音律，擅书画，懂医道，长于金石古器之鉴。著有《比竹余音》《医故》《词源校律》等，后刊为《大鹤山房全集》。

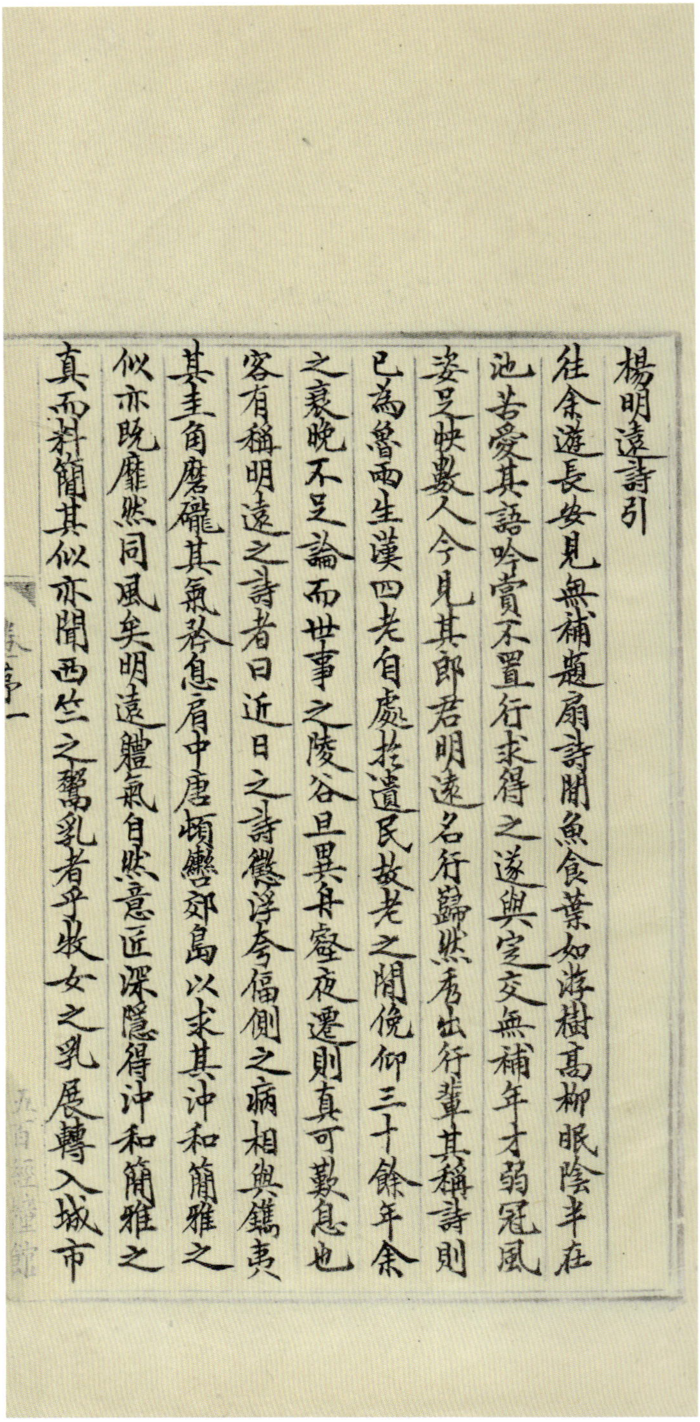

楊明遠詩引

往余遊長安見無補題扇詩閒魚食葉如游樹高柳眠陰半在池苦愛其語吟賞不置行求得之遂與定交無補年才弱冠風姿足快數人今見其郎君明遠名行歸然秀出行輩其稱詩則已為魯西生漢四老自處於遺民故老之閒俛仰三十餘年余之衰晚不足論而世事之陵谷旦異舟壑夜遷則真可歎息也客有稱明遠之詩者曰近日之詩儇浮夸偏側之病相與鐫夷其圭角磨礲其氣務息肩中唐頓轡郊島以求其沖和簡雅之似亦既靡然同風矣明遠體氣自然意匠深隱得沖和簡雅之真而斟酌其似亦聞西竺之鬻乳者乎牧女之乳展轉入城市

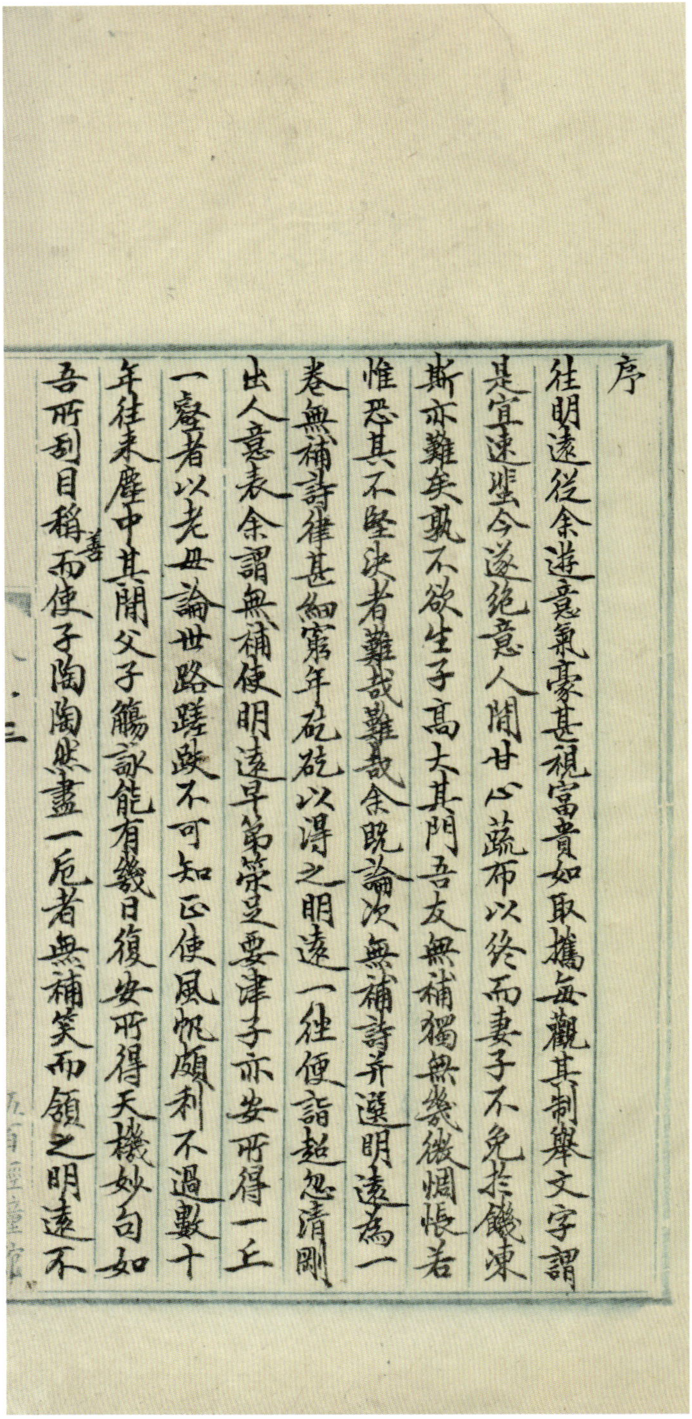

序

往明遠從余遊意氣豪甚視富貴如取攜每觀其制舉文字謂是宜速化今遂絕意人閒甘心蔬布以終而妻子不免於饑凍斯亦難矣孰不欲生子高大其門吾友無補獨無幾微惆悵若惟恐其不堅決者難哉難哉余既論次無補詩并選明遠為一卷無補詩律甚細窮年矻矻以得之明遠一往便詣超忽清剛出人意表余謂無補使明遠早第策足要津子亦安所得一丘一壑者以老母論世路巉峻不可知正使風帆順利不過數十年往來塵中其閒父子觴詠能有幾日復安所得天機妙句如吾所到目稱善而使子陶陶然盡一卮者無補笑而頷之明遠不

159 怀古堂诗选十二卷

（清）杨炤撰　清叶昌炽五百经幢馆抄本

Selected poems of the Huai Gu Tang, twelve volumes

Written by Yang Zhao from the Qing Dynasty

Transcription by Ye Changchi from the Qing Dynasty

线装，版框尺寸18.9×13.1cm，半叶十行，行二十四字，小字双行同，白口，四周双边，单蓝鱼尾。

卷前有钱谦益《杨明远诗引》，顾梦游《序》。诗编年，起顺治五年（1648），止康熙三十一年（1692）。诗多纪事，尤眷念前明之作。

杨炤（1617–1692），字明远，号潜夫，长洲人。顺治二年（1645）随父避居邓尉山。

懷古堂詩選目錄

卷之一 戊子至乙巳

懷古堂詩選卷第一

長洲楊炤明遠

懷古十詠

於戲周武王二士猶非之義不食其粟西山可樂飢柰何後世人受祿罔不宜大都惜一身何暇顧四維無如此二士視死甘如飴采薇非續命兄弟聊相嬉

世亂願身隱食力思躬耕入山早決計（甲申七月即移居鄧尉山）逝將老此生爲農良不易寇盜復縱橫同羣遂散去子立竟無成遠慚沮與溺一德齊高名

四子甘茹芝義蓋不帝秦大漢際景運莫致如鳳麟及乎國本

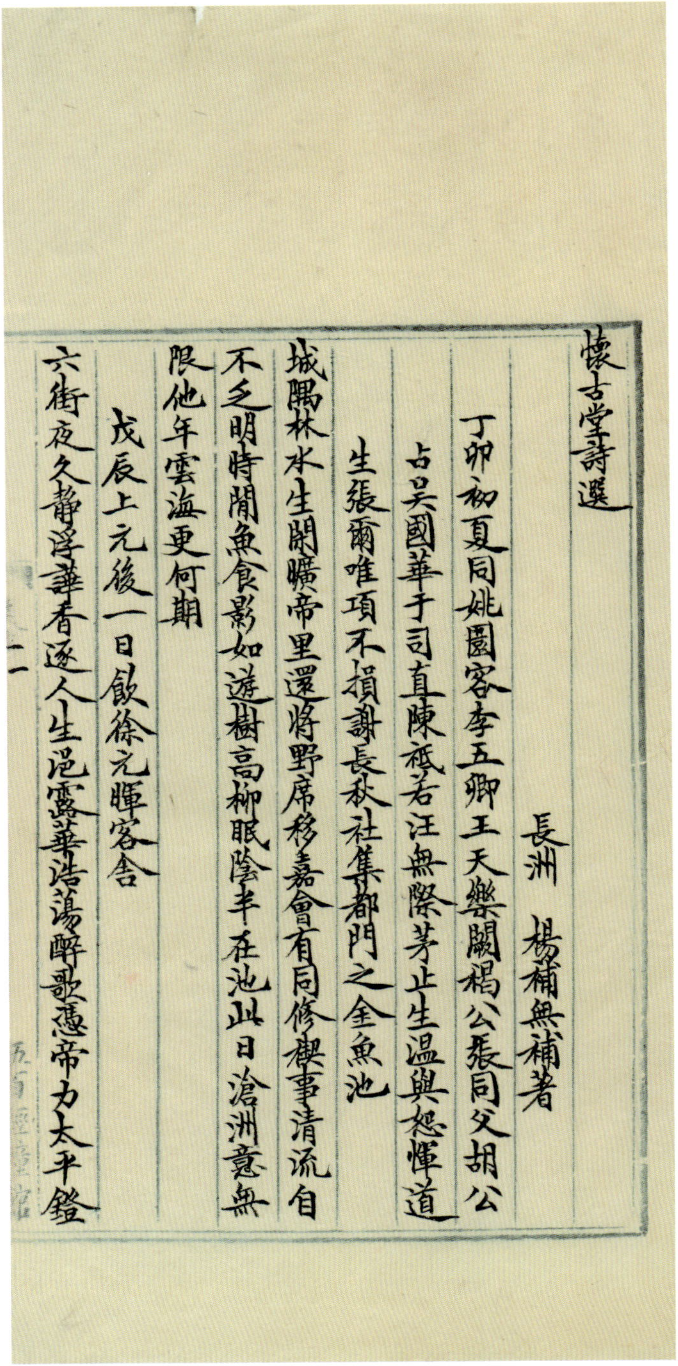

懷古堂詩選

長洲　楊補無補著

丁卯初夏同姚園客李五卿王天樂闕褐公張同父胡公
古吳國華于司直陳祇若汪無際茅止生溫與恕惲道
生張爾唯項不損謝長秋社集都門之金魚池

城隅林水生閒曠帝里還將野席移嘉會有同修禊事清流自
不乏明時閒魚食影如遊樹高柳眠陰半在池此日滄洲意無
限他年雲海更何期

戊辰上元後一日飲徐元暉客舍

六街夜久靜浮譁香逐人生浥露華浩蕩醉歌憑帝力太平鐙

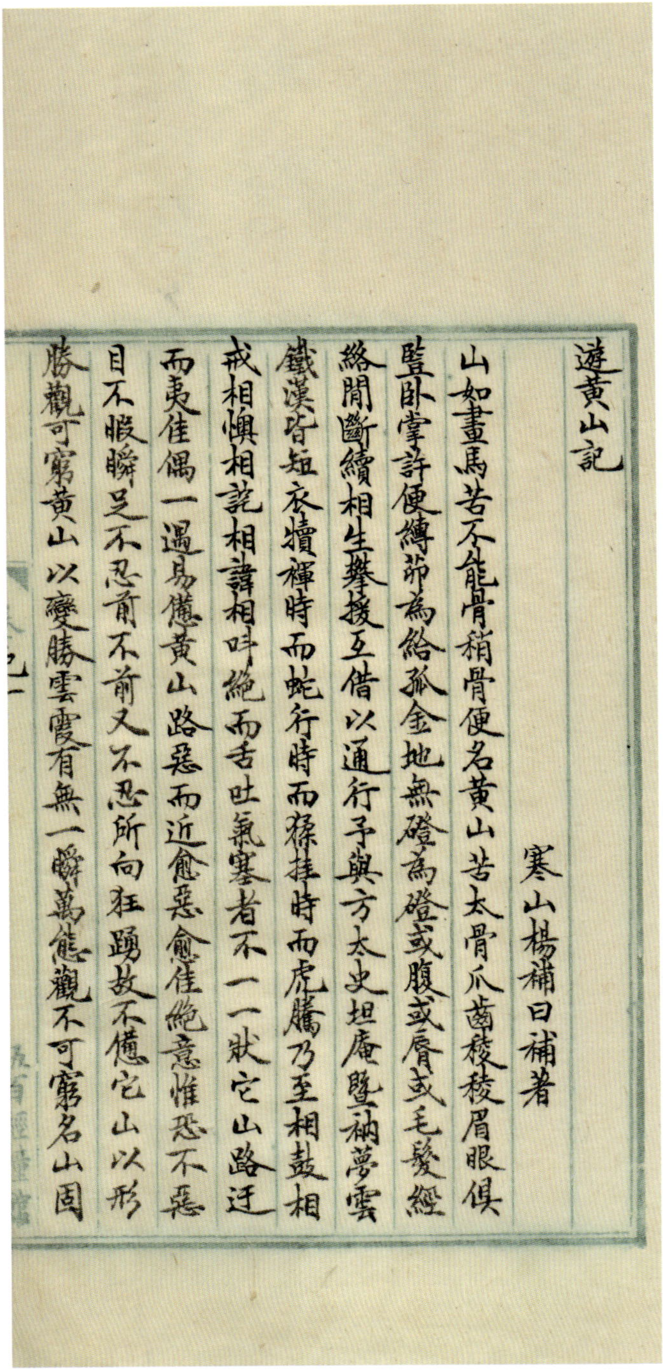

遊黃山記

寒山楊補曰補著

山如畫馬苦不能骨稍骨便名黃山苦太骨爪齒稜稜眉眼俱
豎臥掌許便縛茆為給孤金地無磴為磴或腹或膺或毛髮經
絡間斷續相生攀援互借以通行予與方太史坦庵暨衲夢雲
鐵漢皆短衣擯褌時而蛇行時而猱掛時而虎騰乃至相鼓相
戒相慎相詫相譁相吁絕而舌吐氣塞者不一一狀它山路迂
而夷佳偶一遇易憊黃山路惡而近愈惡愈佳絕意惟恐不惡
目不暇瞬足不忍前不前又不忍所向狂踴故不憊它山以形
勝觀可窮黃山以變勝雲霞有無一瞬萬態觀不可窮名山固

160 怀古堂诗选二卷游黄山记一卷

（明）杨补撰　清叶昌炽五百经幢馆抄本

Selected poems of the Huai Gu Tang, two volumes; Travelling of Mt. Huangshan, one volume

Written by Yang Bu from the Qing Dynasty

Transcription by Ye Changchi from the Qing Dynasty

线装，版框尺寸18.9×13.1cm，半叶十行，行二十四字，小字双行同，白口，四周双边，单蓝鱼尾。

杨补（1598–1657），字无补，号古农，其先江西清江人，生于吴县。好读书，工诗画，尤善山水，落笔有黄公望遗意。崇祯初游金陵，馆阁诸公皆与订交。甲申（1644）明亡后，归隐邓尉山。

《苏州博物馆藏古籍善本》四部索引

经部

经·易类

周易古义不分卷　（清）惠栋撰　稿本

经·诗类

诗集传十卷　（宋）朱熹撰　元刻本　存八卷（二至四、六至十）

经·礼类·周礼

周礼传五卷翼传二卷图说二卷　（明）王应电撰　明嘉靖四十二年（1563）吴凤瑞刻本

周礼十二卷　（汉）郑玄注　明嘉靖徐氏刻三礼本　陈祖节批校　存十卷（三至十二）

周礼注疏四十二卷　（汉）郑玄注（唐）贾公彦等疏（唐）陆德明释文　明崇祯元年（1628）古虞毛氏汲古阁刻《十三经注疏》本

周礼补疏十二卷　（日本）安井衡撰 日本江户时代　稿本

经·礼类·仪礼

仪礼注疏十七卷　（汉）郑玄注（唐）贾公彦等疏（唐）陆德明释文 明黄永应刻本（嘉靖以前）存一卷（十一）

经·礼类·礼记

礼记集说十六卷　（元）陈澔撰　明正统十二年（1447）司礼监刻本　存十四卷（二至九、十一至十六）

经·四书类·论语

论语集解义疏十卷　（魏）何晏集解 （梁）皇侃义疏　清乾隆嘉庆鲍廷博刻知不足斋丛书本　清王芑孙批校并跋　存八卷（一至四、七至十）

论语集解义疏十卷　（魏）何晏集解 （梁）皇侃义疏　清乾隆嘉庆鲍廷博刻知不足斋丛书本　清袁廷梼校跋并录清钮树玉批校　存五卷（六至十）

经·群经总义类

经籍异文考三十卷经籍异文一卷　（清）潘观保撰　清稿本　存二十五卷（卷一至二十四、卷三十）

经籍异文考三十卷　（清）潘观保撰　清稿本　存二卷（卷一至二）

经·小学类·字书

六书正讹五卷　（元）周伯琦撰　明嘉靖元年（1522）于鏊刻本

说文解字十五卷　（汉）许慎撰　清初毛氏汲古阁刻本　清顾广圻批校并录清段玉裁、钱坫批校

说文新附考不分卷　（清）钮树玉撰　稿本

史部

史·纪传类·通代

史记一百三十卷　（汉）司马迁撰 （刘宋）裴骃集解 （唐）司马贞索隐 （唐）张守节正义　明嘉靖四年至六年（1525–1527）王延喆刻本

史记一百三十卷　（汉）司马迁撰（刘宋）裴骃集解（唐）司马贞索隐（唐）张守节正义　明崇祯九年（1636）琴川毛（晋）氏汲古阁刻《汲古毛氏新刻十七史》　存十卷（一百二十一至一百三十）

史记一百三十卷　（汉）司马迁撰（刘宋）裴骃集解（唐）司马贞索隐（唐）张守节正义　明崇祯十四年（1641）琴川毛（晋）氏汲古阁刻《汲古毛氏新刻十七史》本　存三十一卷（卷一至卷十四，卷七十三至卷八十九）

旧五代史一百五十卷目录二卷　（宋）薛居正等撰（清）邵晋涵等辑　清乾隆四十九年（1784）武英殿校刊聚珍木活字本 存八十三卷（卷六十八至一百五十）

史·纪传类·断代

荆川先生批点精选汉书六卷　（明）唐顺之辑　明嘉靖刻本

后汉书九十卷志三十卷　（刘宋）范晔撰（唐）李贤注《志（晋）司马彪撰（梁）刘昭注 明嘉靖七年（1528）至九年（1530）南京国子监刻、明万历、天启、崇祯、弘光、清顺治、康熙递修刻本 存二卷【卷一至二（卷一分上、下）】

汉书评林一百卷　（明）凌稚隆辑校　明万历九

年（1581）吴兴凌稚隆刊《史汉评林》本

三国志六十五卷 （晋）陈寿撰 明崇祯十七年(1644)毛氏汲古阁刊刻本

史·编年类·通代

资治通鉴纲目五十九卷 （宋）朱熹撰 明成化九年（1473）内府刻本 存四十七卷（一至四十七）

资治通鉴纲目五十九卷首一卷 （宋）朱熹撰（宋）尹起莘发明（元）刘友益书法 （元）汪克宽考异 （元）徐昭考证（元）王幼学集览 （明）陈济正误 （明）冯智舒质实 明嘉靖八年（1529）慎独斋刻本 佚名点批 存六十卷（一至五十九，首全）

资治通鉴纲目五十九卷首一卷 （宋）朱熹撰（宋）尹起莘发明（元）刘友益书法（元）汪克宽考异（元）徐昭考证（元）王幼学集览（明）陈济正误（明）冯智舒质实 明弘治十一年（1498）慎独斋刻本 存二卷（卷首，卷十三）

续资治通鉴纲目二十七卷 （明）商辂等撰（明）周礼发明（明）张时泰广义 明弘治十七年（1504）慎独斋刻本

史·杂史类

十六国春秋一百卷 题（后魏）崔鸿撰 明万历三十七年（1609）屠氏兰晖堂刻本

甲申纪事十三卷 （明）冯梦龙辑 明弘光元年（1645）自刻本 存一卷

锦里耆旧传八卷 （宋）句延庆撰 清抄本 存四卷（五至八）

燐血丛钞四卷 （清）谢家福撰 稿本

史·诏令奏议类·诏令

硃批谕旨三百六十卷 （清）世宗胤禛撰 清乾隆内府写四库全书本 存六卷（二百十四、二百十八至二百二十二）

史·传记类·日记

张廷济日记不分卷（清）张廷济撰 稿本 存清嘉庆十三年、二十三年

潘世恩日记不分卷 （清）潘世恩撰 稿本 存清道光十八年至二十六年

丙午使滇日记一卷癸丑锁闱日记一卷锁闱偶记一卷 （清）潘曾莹撰 稿本 清潘承厚、潘承弼跋

潘曾绶日记不分卷 （清）潘曾绶撰 稿本

香禅日记不分卷 （清）潘钟瑞撰 稿本

潘谱琴日记不分卷 （清）潘祖同撰 稿本

潘祖荫日记不分卷 清同治二年 光绪七年至十三年 光绪十五年至十六年 （清）潘祖荫撰 稿本

洪钧日记不分卷 清同治九年九月十六日至同治十年九月二十九日 光绪二年十一月初四至光绪四年九月二十二日 光绪七年正月初一至光绪九年正月二十九日 光绪十年七月十五日至光绪十三年九月十二日 光绪十八年四月初一至光绪十九年七月初三 （清）洪钧撰 稿本

潘观保日记不分卷（清）潘观保撰 稿本 存清光绪八年六月初一至十年十二月三十

吴荫培日记不分卷 吴荫培撰 稿本 存清光绪二十六年五月二十三日至三十二年七月二十五日、十月二十八至三十三年三月初六、五月二十一日至七月初十、八月初九至十月二十六

史·传记类·宗谱

瓜泾徐氏家乘十卷 （清）徐埙纂辑 清乾隆六年（1741）卓荦精庐刻本

史·史抄类

东莱先生五代史详节十卷 （宋）吕祖谦辑 明正德十一年（1516）建阳刘（弘毅）氏慎独斋刻《十七史详节》本

史·地理类·方志

[弘治]昆山志十四卷 （明）吴祺、顾潜纂修 稿本 存十二卷（一至十二）

[正德]姑苏志六十卷 （明）林世远、王鏊等纂修 明正德元年（1506）刻嘉靖增修本（卷五十至卷五十一配抄本）

[正德]兴宁志四卷 （明）祝允明纂修 稿本

史·地理类·山水志·水志（附水利）

震泽编八卷 （明）蔡昇、王鏊辑 明弘治十八年（1505）林世远刻本

史·地理类·专志·寺观

寒山寺志三卷 （清）叶昌炽撰 稿本 郑文焯批校

史·地理类·游记

游志续编不分卷 （明）陶宗仪辑 清张金吾爱日精庐抄本 赵宗建批校标点

史·目录类·知见

国史经籍志六卷 （明）焦竑撰 明徐象橒曼山馆刻本

史·目录类·杂录

藏书纪事诗残帙不分卷 （清）叶昌炽撰 稿本

史·金石类·石类

金薤琳琅二十卷 （明）都穆撰 明嘉靖刻本 佚名校 存四卷（十三至十六）

史·史评类

笔梦不分卷（清）叶奕苞撰 稿本 程质清跋

过墟志感二卷 （清）叶奕苞撰 清康熙稿本

读史随笔不分卷 （清）潘世恩撰 稿本

子部

子·总类

六子书六十卷 （明）顾春编 明桐荫书屋刻

本　佚名批校

子·儒家类

纂图互注扬子法言十卷　（汉）扬雄撰　（晋）李轨、（唐）柳宗元、（宋）宋咸、吴祕、司马光注　宋刻元修本　何澄跋　存二卷（六至七）

中说十卷　题（隋）王通撰　（宋）阮逸注　明初刻本

纂图互注荀子二十卷　（唐）杨倞注　明初翻宋官刻本

新纂门目五臣音注扬子法言十卷　（汉）扬雄撰　（晋）李轨、（唐）柳宗元、（宋）宋咸、吴祕、司马光注　明嘉靖十二年（1533）顾春世德堂刻六子书本　王振声批校并跋

中说十卷　题（隋）王通撰　（宋）阮逸注　明嘉靖十二年（1533）顾春世　德堂刻六子书本

孔丛子三卷　题（汉）孔鲋撰　明万历五年（1577）新安程（荣）氏校刊本刻本

子·兵家类

孙子参同五卷　（明）闵于忱辑　明万历四十八年（1620）闵于忱松筠馆刻朱墨套印本

子·医家类·丛编

东垣十书十九卷　明嘉靖八年（1529）辽藩朱宠瀼梅南书屋刻本

子·医家类·针灸

十四经发挥三卷　（元）滑寿撰　明成化抄本　程质清批校并跋

子·天文算法类·天文

天文秘略说不分卷　（明）刘基订著　明（洪武七年1374）抄本

子·天文算法类·算书

西算新法直解八卷　（清）冯桂芬、陈场撰　稿本

子·术数类·占候

五运六气不分卷　（明）何旭明校正　（明）汪惟贞重订　明隆庆抄本

子·谱录类·器物

方氏墨谱六卷　（明）方于鲁撰　明万历十七年（1589）刻本

子·杂家类·杂学杂说

墨子十六卷　（清）毕沅校注　清乾隆四十九年（1784）毕氏灵岩山馆刻经训堂丛书本　顾广圻校　罗振常题跋并录许宗彦校

消暑随笔一卷　（清）潘世恩撰　清抄本

子·杂家类·杂记

何氏语林三十卷　（明）何良俊撰并注　明嘉靖二十九年（1550）何氏清森阁刻本

小鸥波馆随笔一卷　（清）潘曾莹撰　清抄本

西清偶笔一卷读史杂钞一卷　（清）潘曾莹撰　稿本

竹山随笔不分卷　（清）潘祖同撰　稿本　存九册（一、三至十）

子·杂家类·杂纂

吕氏春秋二十六卷　（汉）高诱注　明嘉靖七年（1528）许宗鲁刻本　存四卷（一至四）

百家类纂四十卷　（明）沈津辑　明隆庆元年（1567）含山县儒学刻本　存二卷（七至八）

吕氏春秋二十六卷　（汉）高诱训解（注）　明隆庆云间宋邦纪律性义、徐益孙等校刊刻本

子·小说类·笔记·异闻

山海经十八卷　（晋）郭璞传　清康熙天都黄（晟）氏槐荫草堂刻并藏板

子·类书类

古今合璧事类备要前集六十九卷后集八十一卷续集五十六卷别集九十四卷

外集六十六卷　（宋）谢维新辑　（宋）虞载辑　明嘉靖三十一年至三十

五年（1552–1556）夏相刻本　清狄尔勗跋　存一百七卷（续集一至十三，别集全）

子·释家类·译经

妙法莲华经七卷（后秦）释鸠摩罗什译　唐五代泥金写本

佛说天地八阳经一卷　北宋初写本

佛说阿弥陀经一卷（后秦）释鸠摩罗什译　北宋初泥金写本

杂阿含经五十卷　（刘宋）释求那跋陀罗译　北宋开宝七年（974）刻开宝藏本　存一卷（四残叶）

金光明经四卷；金光明经忏悔减罪传一卷　（北凉）释昙无谶译　北宋端拱元年（988）刊刻本

大隋求陀罗尼神咒经一卷　北宋咸平四年（1001）杭州赵宗霸刻本

大隋求陀罗尼神咒经一卷　北宋景德二年（1005）刻本（梵文）

佛说相轮陀罗尼经一卷　北宋天禧元年（1017）写本

佛说相轮陀罗尼经一卷　北宋天禧元年（1017）写本

金刚般若波罗蜜经一卷　（后秦）释鸠摩罗什译　北宋至和元年（1054）金银写本

般若波罗蜜多心经一卷　（唐）释玄奘译　北宋写本

佛说观世音经一卷　北宋写本

妙法莲华经七卷（后秦）释鸠摩罗什译　北宋刻本　释永宗跋　存六卷（一至五、七）

大般若波罗蜜多经六百卷　（唐）释玄奘译　宋湖州思溪圆觉禅院刻思溪藏本　存一卷

（一百三十七）

大般若波罗蜜多经六百卷　（唐）释玄奘译　宋元平江府碛砂延圣院刻碛砂藏本　存一卷（三百六十一）

子·释家类·撰疏·注疏

大方广佛华严经疏口口卷　（唐）释澄观撰（宋）释净源录疏注经　宋两　浙转运司刻本　存残叶一卷（一百九）

大佛顶如来密因修证了义诸菩萨万行首愣严经十卷会解补遗一卷

题（唐）释般刺密帝、释弥伽释迦译（宋）释思坦注（元）释惟则会解　（元）

释天如撰　明万历四年（1576）江左太冲居士抄本

子·道家类

上清灵宝济度大成金书四十卷　（明）周思德辑　明宣德七年（1432）杨震宗刻本　存一卷（三十六）

南华经十六卷　（晋）郭象注（宋）林希逸口义（宋）刘辰翁点校（明）王世贞评点（明）陈仁锡批注　明刻四色套印本　存十四卷（三至十六）

解庄十二卷　（明）陶望龄撰（明）郭正域评　明天启元年（1621）茅兆河刻朱墨套印本　存十卷（一至五、八至十二）

集部

集·楚辞类

楚辞集注八卷辩证二卷后语六卷反离骚一卷　（宋）朱熹撰　（汉）扬雄撰　明嘉靖十四年（1535）袁褧刻本　存八卷（辩证、后语全）

楚辞十七卷疑字直音补一卷　（汉）王逸章句　明隆庆五年（1571）豫章

夫容馆刻本　存十六卷（二至十七）

集·汉魏六朝别集类

陶渊明全集四卷　（晋）陶潜撰 明 白鹿斋刻《陶李合刻》本

集·唐五代别集类

白氏文集七十一卷　（唐）白居易撰　明嘉靖十七年（1538）伍忠光龙池草堂刻本

骆宾王集二卷　（唐）骆宾王撰　明嘉靖隆庆间刻本　清陈撰批校并跋

韦苏州集十卷拾遗一卷　（唐）韦应物撰（宋）刘辰翁注　明凌氏刻陶韦合集朱墨套印本

集·宋别集类

东莱吕太史文集十五卷别集十六卷外集五卷丽泽论说集录十卷附录三卷附录拾遗一卷

（宋）吕祖谦撰　（宋）吕祖俭辑　宋嘉泰四年（1204）吕乔年刻元明

递修本　存十四卷（文集六至十五、附录全、附录拾遗）

增刊校正王状元集注分类东坡先生诗二十五卷　（宋）苏轼撰题（宋）王十朋纂集（宋）刘辰翁批点　元刻本　存十卷（四至六、十二至十四、十七至十八、二十二至二十三）

晦庵先生五言诗抄一卷晦庵文抄七卷　（宋）朱熹撰（明）吴讷辑　明成化十八年（1482）周凰等刻本　清王振声校并跋 清叶裕仁、方宗诚、李芝绶、王庆长跋

刘须溪先生记钞八卷　（宋）刘辰翁撰　明嘉靖五年（1526）王朝用刻本

南丰先生元丰类稿五十卷续附一卷　（宋）曾巩撰 明隆庆五年（1571）

邵廉刻本　清何焯批校并跋　存二十一卷（一至二十一）

东坡文选二十卷　（宋）苏轼撰（明）钟惺评选　明万历四十八年（1620）闵氏刻朱墨套印本　存五卷（一至三、七至八）

六一居士全集录二卷　（宋）欧阳修撰（清）储欣辑　清初遗清堂刻本　清王芑孙批校

集·元别集类

倪云林一卷附题画诗一卷　（明）毛晋辑；《附》（元）倪瓒撰 明崇祯 虞山毛氏绿君亭刻本

林外野言二卷　（元）郭翼撰　清乾隆抄本　清鲍廷博、劳格批校 丁祖荫批

梧溪集七卷　（元）王逢撰　清抄本　清吴翌凤校并跋　存五卷（一至五）

集·明别集类

匏翁家藏集七十七卷补遗一卷　（明）吴宽撰　明正德三年（1508）吴奭刻本

五岳山人集三十八卷　（明）黄省曾撰　明嘉靖黄姬水刻本　存三十卷（一至三十）

松筹堂集十二卷　（明）杨循吉撰　明万历元年（1573）顾氏芸阁活字印本　钱大成跋　存二卷（一至二）

石田先生集十一卷　（明）沈周撰　明万历四十三年（1615）陈仁锡刻本

怀古堂诗选二卷遊黄山记一卷　（清）杨补撰　清叶昌炽五百经幢馆抄本

集·清别集类

汤文正公手书文稿不分卷　（清）汤斌撰　稿本　清田兰芳、吴大瀓批 清王廉跋

圭美堂集二十六卷　（清）徐用锡撰　清抄本

长吟阁诗集八卷　（清）黄子云撰　清乾隆十二年（1747）孟秋镌刊本

诗册不分卷　（清）陆燿撰　稿本

王铁夫先生山游诗□□卷　（清）王芑孙撰　稿本　存一卷（十八下）

思补堂文钞一卷　（清）潘世恩撰　稿本

思补堂诗稿一卷杂录一卷　（清）潘世恩撰　稿本

有真意斋诗集不分卷　（清）潘世恩撰　稿本　潘曾莹、潘曾绶、孙衍庆校吴荣光跋

蓼莪余咏一卷小鸥波馆文钞不分卷小鸥波馆文集不分卷　（清）潘曾莹撰　稿本

小鸥波馆诗钞十五卷　（清）潘曾莹撰　稿本　存六卷（九至十、十一、十三至十五）

百不如人室诗草不分卷文草不分卷词草不分卷　（清）潘钟瑞撰　稿本

操缦堂诗□卷　（清）刘泳之撰　稿本　顾大昌、费树蔚跋　存二卷（二至三）

怀古堂诗选十二卷　（清）杨炤撰　清叶昌炽五百经幢馆抄本

集·曲类·传奇

琵琶记三卷新镌伯喈释义大全一卷　（元）高明撰　明刻本

集·总集类·丛编

苏黄题跋二种十二卷　（宋）苏轼撰　（宋）黄庭坚撰　（明）杨鹤编　明武陵杨（鹤）氏刊刻本（万历三十二年进士）

集·总集类·通代

古乐府十卷　（元）左克明辑　元至正刻明修本　存三卷（八至十）

乐府诗集一百卷目录二卷　（宋）郭茂倩辑　元至正元年（1341）集庆路儒学刊明嘉靖三十年（1551）递修本　存七十二卷（一至四十二、七十一至一百）

广文选六十卷　（明）刘节辑　明嘉靖十六年（1537）陈蕙刻本　存三十二卷（一至三十二）

玉台新咏十卷续玉台新咏五卷　（陈）徐陵辑　（明）郑玄抚辑　明嘉靖二十二年（1543）杨士开刻本　佚名批校

西山先生真文忠公文章正宗二十四卷　（宋）真德秀辑　明嘉靖刻本　存八卷（二至三、七、十、十八至二十、二十二）

尺牍清裁六十卷补遗一卷　（明）王世贞辑　明刻本

文选六十卷　（梁）萧统辑　（唐）李善注　明末虞山毛氏汲古阁刻本

御定历代题画诗类一百二十卷　（清）陈邦彦辑　清康熙四十六年（1707）内府刻本

集·总集类·断代

唐诗品汇九十卷拾遗十卷　（明）高棅辑　明弘治六年（1493）张璁刻本　存十四卷（七十一至七十五、八十二至九十）

选诗补注八卷补遗二卷续编四卷　（元）刘履撰　明初何景春刻本

河岳英灵集三卷　（唐）殷璠辑　明嘉靖刻公文纸印本

晋二俊文集二种二十卷　（晋）陆机撰（晋）陆云撰　明嘉靖新安汪（士贤）氏校刊钱塘郭志学刻字本

集·总集类·地方艺文

息舫合刻不分卷　（清）张士俊、叶苞选　清乾隆三十九年（1774）西山徐桂荣刊，吴门李星聚镌梓精刻本

吴郡文编二百四十六卷　（清）顾沅辑　稿本　王同愈跋

集·诗文评类

东坡诗话不分卷　（清）潘世恩辑　稿本

集·词类·别集

小鸥波馆词钞□卷岁可年谱不分卷花间笛谱一卷　（清）潘曾莹撰　稿本　存二卷（三，笛谱全）

集·曲类·杂剧

复庄今乐府选　（清）姚燮辑　元杂剧不分卷　稿本

丛部

丛·汇编丛书

阳山顾氏文房小说四十种五十八卷　（明）顾元庆编　明正德嘉靖间顾元庆夷白斋刻本　存三十二种（一至二十、二十五至二十八、三十三至四十）

顾氏明朝四十家小说四十种四十三卷　（明）顾元庆编　明嘉靖十八年至二十年（1539-1541）顾氏大石山房刻本　存四种四卷（皇明天全先生遗事一卷，清夜录一卷，听雨纪谈一卷，谈艺录一卷）

古今说海一百三十五种一百四十二卷　（明）陆楫等编　明嘉靖二十三年（1544）陆楫俨山书院刻本　存八十八卷

杨升庵辑要三种十二卷　（明）杨慎辑　明刻本　吴湖帆跋

群芳清玩十二种十六卷　（明）李玙编 明崇祯 虞山毛氏汲古阁刻本

刘禹锡中唐诗不分卷　（唐）刘禹锡撰　清康熙何焯批校《中唐十二家诗集》刻本